中国经济学名家文集（多卷本）系列

汪海波文集

第一卷

经济管理出版社

ECONOMY & MANAGEMENT PUBLISHING HOUSE

图书在版编目（CIP）数据

汪海波文集/汪海波著. —北京：经济管理出版社，2011.2
ISBN 978-7-5096-1291-0

Ⅰ. ①汪… Ⅱ. ①汪… Ⅲ. ①经济—文集 Ⅳ. ①F-53

中国版本图书馆 CIP 数据核字（2011）第 040496 号

出版发行：经济管理出版社
地　　址：北京市海淀区北蜂窝 8 号中雅大厦 11 层
邮　　编：100038
电　　话：(010) 51915602
印　　刷：三河市海波印务有限公司
经　　销：新华书店
责任编辑：勇　生　张洪林
责任印制：黄　铄
责任校对：超　凡

720mm×1000mm/16　　　350.75 印张　5406 千字
2011 年 6 月第 1 版　　2011 年 6 月第 1 次印刷
定　　价：980.00 元（全十卷）
书　　号：ISBN 978-7-5096-1291-0

作者像

总　序

　　本文集是我从 1957 年夏至 2011 年春发表的论文和专著中选出并汇集而成的。

　　这里首先需要说明，收入本文集的论文和著作，除了个别文章有少量文字的删节以外，其他的都未做变动。但这并不是说改革前有些文章没有受到"左"的错误的影响，也不意味着改革后对有些问题的认识没有经历由片面到全面、由浅到深的过程。即使近年来发表的文章在许多方面也都是探索性的。所有这些方面都希望得到读者的批评、指正。但同时要说明，保持论著的原貌，不仅是为了尊重历史事实，而且也有它的好处。即使就那些受到"左"的影响的文章来说，比如收入本文集中的《试论城市街道居民生产服务合作社的分配问题》，就是我依据自己 1958 年在天津的调查写的。这对有关研究可能是有用的历史资料。但更重要的是，我是 1950 年开始上大学的，先后经过本科和研究生阶段的学习。毕业后除了"文化大革命"那段时期以外，主要是从事经济学的教学和研究工作。从这方面说，我是新中国成立以后成长起来的经济研究工作者的一个具体例子。这样，保持论文和著作原貌就可能有助于研究新中国成立后经济学界思想的变化过程，有助于有兴趣的读者从中总结治学的经验教训。

　　但在这篇序言中，主要是想简要地叙述自己研究工作的进程和所做的探索，以便有兴趣的读者把握本文集的内容。

研究工作起步，成效初显

1956 年夏，我从中国人民大学经济系研究生毕业后，在进行教学工作的同时，开展了研究工作。当时学术自由的空气虽然远不如现在浓，但还相当宽松。这期间，我与复旦大学经济系同届毕业同学周叔莲（他在中国科学院经济研究所做研究工作）进行了有效的合作。因而，这期间，虽是我的研究工作起步阶段，但在全国性报纸、杂志（《光明日报》、作为现在《经济日报》前身的《大公报》和《经济研究》以及有全国影响的地方杂志《学术月刊》、《中国经济问题》和《江汉学刊》）都发表过文章。

就这期间发表文章的政治倾向和内容来说，大体可分为三类：

1. 政治倾向和内容都是错误的。比如，《在城市街道建立人民公社的若干问题》（1958 年）一文，就是宣传当时作为经济上"左"的路线的主要内容之一的人民公社的，政治倾向根本错误，内容也谈不上什么科学性。

2. 受到"左"的影响，部分内容有错误，但主要政治倾向是好的，部分内容大体正确。如《第二次国内革命战争时期马克思主义与反马克思主义在土地问题上的斗争》（1960 年）一文，有"左"的影响，但是从经济思想史角度分析作为新民主主义革命的根本内容的土地问题，其基本政治倾向是好的，大部分内容符合事实。

3. 政治倾向和内容都是好的。如《关于扩大再生产公式的初步探讨》（1961 年）一文，就是在马克思扩大再生产理论指导下，根据"大跃进"失败的教训，并适应实施农轻重为序方针的实践需要，将苏联和我国经济学界广为流行的扩大再生产的基本公式 $I(v+m) > IIc$ 扩展为 $I(v+m) > IIc$ 和 $II(c+m) > I(v+m/x)$ 这样两个基本公式。再如《关于社会主义级差地租产生原因的探讨》（1962 年）一文，也是在马克思主义级差地租理论的指导下，依据农村人民公社化运动失败的教训，并适应实行以生产队作为基本核算单位的实践需要，提出在社会主义集体所有制的条件下，农产品的社会价值必须由劣等地的生产条件决定。

可见，即使就第三类文章来说，当时的研究工作虽然有些新的探索，但在很大程度上，还是限于政策的诠释。所以，尽管就当时学界情况看，发表文章数量并不算少，但研究工作处于起步阶段，最多只能说是成效初显。

研究工作激情奔放，奋力拨乱反正和批判"四人帮"

从 20 世纪 50 年代后半期起，"左"的路线逐步占据了主要地位，"左"的实践趋于严重，到"文化大革命"中发展到顶点。这样，学术自由空气越来越薄，到"文化大革命"就完全消失了。所以，1963~1976 年，我也就完全停止了研究工作。但到 1976 年 10 月，"文化大革命"以粉碎"四人帮"为标志宣告结束，极大地激发了我的政治热情和研究工作激情。这时学术自由逐步恢复。我在撰写文章的同时，还同周叔莲、吴敬琏等老同学进行了良好合作，这期间发表了大量的以拨乱反正和批判"四人帮"为主要内容的文章。

主要文章有：《按劳分配不是产生资产阶级的经济基础》、《论社会主义工资及其具体形式》、《必须把劳动者的一部分收入与企业的经营状况紧密地结合起来》、《批驳"四人帮"诋毁社会主义商品生产的谬论》、《利润范畴和社会主义企业管理》、《充分发挥企业的主动性》、《科学技术人员和工程技术人员也是生产劳动者》、《企业管理的劳动性质不容歪曲》、《教育部门是一个重要的生产部门》、《必须坚持合理的规章制度——批判"四人帮"破坏社会主义规章制度的谬论》等。

在这些文章中，论证了按劳分配、工资、商品生产、利润和国有企业规章制度的社会主义性质，以及它们在发展生产中的重大作用，批判了"四人帮"在这些根本问题上的谬论。

从主要方面来说，这些批判虽然还是基本上局限在计划经济体制框架内进行的，但就当时的情况来看，却是阐述了马克思主义的观点，澄清了"四人帮"在这些问题上散布的谬论，还马克思主义的本来面目，而且，在有些问题上还做了进一步探索。比如，明确提出企业必须自主经营和自负盈亏，科学技术人员、工程技术人员和企业管理人员都是生产劳动者，以及教育是重要的生产部门等。似乎可以说，这些文章不仅在拨乱反正中起了明显的积极作用，而且在某些方面做了新的探索。

这种作用可以看做是我研究工作激情奔放的结果。1977 年冬，时任广东人民出版社社长的杨奇来北京参加为期一周的全国出版工作会议。

事先他从媒体上看到了我和周叔莲、吴敬琏在按劳分配和工资问题上批判"四人帮"的文章，约我们在一周内就这两个问题写两本小册子，会后他带回广州出版。我承担写按劳分配这一本。这本书虽然是在已发文章的基础上写成的，但时间很短，仅一周时间，而且白天要上班，主要是在晚上写。但更大困难还在于，唐山大地震后，我住的公寓受到很大损害，为了安全，只好住地震棚。时值严冬，晚上棚内脸盆里的水都结了冰。我就是在这种困难条件下，在一周时间内写完了5万字的小册子。这件事确实可以看做是我的研究工作激情奔放的突出表现。

研究工作遵循实事求是的思想路线，努力探索和开拓

1978年底召开的党的十一届三中全会，重新确立了实事求是的马克思主义思想路线，开辟了以改革开放和社会主义现代化为主要特征的社会主义建设新时期。从这时起，我在研究工作中比较自觉地遵循这条思想路线，并围绕这个主要特征满怀激情地开展了研究工作，对我国经济问题进行了一系列新的探索，取得了一定成果。

1. 在社会主义商品经济研究方面：

（1）1986年系统地提出了研究社会主义商品经济的指导思想：要把马克思主义著作中否定社会主义商品经济的观点扬弃掉，并把马克思主义关于资本主义商品经济中适合社会主义商品经济和我国国情的部分运用起来；要把现代资产阶级经济学所总结的、适合社会主义商品经济和我国国情的有用部分借鉴过来，并把其中庸俗的和不适合的部分批判掉；要以我国和其他社会主义国家的实践为基础建立和发展社会主义的商品经济理论，同时又要用已经为实践所证明的社会主义商品经济理论去指导社会主义各国的实践。

（2）1979年提出要充分发挥价值规律的作用，实现企业的自动调节。为此，要使企业成为名副其实的商品生产和商品流通的独立经营者，要根本改革经济管理体制。这时虽然没有提出社会主义市场经济的概念，但涉及了这个概念的核心内容。

（3）1989年指出传统经济理论将产业后备军看做是资本主义制度的特有范畴的片面性，提出在社会主义商品经济中也必然长期存在产业后

备军。并据此提出要积极进行相应的、包括建立失业保险制度的改革，还要把调控失业率作为一项全新职能列入政府宏观经济调控。

（4）1986 年系统深入地分析了社会主义积累和消费的根本特征、比例关系及其模式，构建了确定积累率的分析框架。鉴于英国经济学家罗伊·哈罗德提出的经济增长模型 [即产量（收入）增长率（G）= 储蓄率（S）÷ 资本产出率（C）]，既有科学性也有局限性（即忽视了原有生产基金利用效率提高在产量或收入增长中的作用），我用马克思主义经济学语言将这个经济增长模型拓展为：国民收入增长率=积累率×积累基金效率+原有生产基金效率的增长率。

（5）从 20 世纪 80 年代后半期起，对经济效益问题进行了完整、系统的研究。其特点是：①涵盖了国民经济和经济各部门（除了包括工业、农业、建筑业、交通运输业和商业以外，还包括科技、教育和卫生部门）、工业和工业各部门的经济效益，以及各生产要素（除了包括劳动力、设备、原材料和资金等以外，还包括自然资源和自然环境）的利用效益。②用系统的统计资料和全要素生产率描述了我国经济效益变化的历史和现状。③运用抽象法，通过四个层次（即从生产一般开始，引入商品生产因素，再引入工业化因素，最后引入制度因素）全面地揭示了社会主义经济效益这一概念的内涵。④系统地阐述了经济效益的运行特征：速度效益型、周期波动型、粗放经营型、资金和劳动力投入主导型、不平衡型和低效益型。并从经济体制、战略、结构、技术和企业管理等方面分析了这些特征的成因，提出了相应的对策。⑤针对 20 世纪 90 年代初经济实践中又一次发生的由盲目追求速度忽视效益而导致经济过热的严重情况，连发两文，尖锐提出《真想还是假想提高经济效益》（1991年），强调《当前要强调提高速度与增进效益相统一》（1992 年）。

2. 在以建立社会主义市场经济为目标的经济体制改革的研究方面：

（1）采取历史唯物主义的态度，依据我国国情（包括社会生产力和其他各种社会条件），肯定了计划体制在新中国成立初期建立的必然性及其积极作用，又依据这些情况的变化，论证了其向社会主义市场经济体制过渡的必然性。

（2）论证了社会主义制度与市场经济的结合。分两个层次探讨了二者的结合。一是从抽象的社会主义商品经济这个层次上分析了这个结合。

二是从具体的层次上（即引入社会主义初级阶段的所有制结构和实现形式）分析了这个结合。

（3）剖析了关于社会主义市场经济的概念。运用抽象法，分四个层次（即从市场经济一般入手，引入有国家干预因素，再引入有较多国家干预因素，最后引入制度因素）全面地解释了社会主义市场经济这一概念的内涵，提出我国社会主义市场经济是社会主义制度下有更多国家干预的市场经济。

（4）1990年，针对国内出现的经济私有化的观点，尖锐提出改革方向只能和必须是社会主义制度的继续自我完善，不是也不可能是经济私有化。

（5）20世纪90年代初，在经济改革方面出现了某种凝固化倾向。我连发两文批评了这种倾向，提出必须及早采取得力措施推进改革。同时还批判了计划调节为主观点的回潮。

（6）从传统国有企业、承包经营制企业和股份制企业的行为的比较中，提出以实行股份制作为国有企业改革的目标。

（7）依据新中国的历史经验提出必须要实行以国有经济为主导、多种经济同时存在和共同发展。

（8）依据对古代社会、古典市场经济、现代市场经济和计划经济条件下的政府经济职能的考察，提出政府经济职能的一般内容，它包括维护经济基础、改革经济体制和承担社会公共职能三个方面。同时指出这种历史考察的理论意义，主要是：拓展了历史唯物主义的基本范畴，进一步揭示古代社会、资本主义社会和社会主义社会的发展规律，以及为研究转轨时期政府经济职能提供方法论。

（9）对改革开放30年来宏观调控的基本经验做了以下概括：实现宏观经济调控根本指导思想的转变；准确把握经济周期各个阶段的特点及其变化，以确定和调整宏观经济调控的方向；把对社会总需求的调控和总供给的调控结合起来；在调控社会总需求方面，主要是要调控好投资和消费以及内需与外需的关系，还要把握经济增长率和通胀率的平衡点；在调控社会总供给方面，要把对当年的调控与长远的调控结合起来；要注重宏观经济调控体系的变革和创新，并将其与市场主体和市场体系的改革结合起来；重视宏观经济调控经验的总结和升华。

（10）从改革的原因、性质和原则等方面探索了马克思主义改革观。

（11）提出在维护基本经济制度的前提下，封建主义社会和资本主义社会都进行过经济体制改革。前者如中国由领主制度到地主制度的转变，后者如由自由放任的古典市场经济到有国家干预的现代市场经济的转变。这些改革都大大推动了当时社会生产力的发展，这些历史经验对我国经济改革具有启示意义。

3. 在经济发展战略的研究方面：

（1）把我国面临的良好发展战略机遇期的原因系统地归结为经济全球化条件下的改革开放效应、知识经济时代的科技进步效应、工业化中期的阶段效应、人口大国和经济大国效应，以及可以赢得一个长期的社会政治稳定和国际和平环境。在这方面还着重提出了富有中国特色的竞争（特别是其中作为市场主体的地方政府之间的竞争）的重要作用。在这方面，还从改革前后经济周期经历的由超强波周期→强波周期→中波周期→轻波周期的变化过程，论证了良好的经济发展战略机遇期的到来。同时把我国面临的矛盾多发期的原因，从主要方面归结为封建主义余毒和资本主义弊病的叠加以及计划经济体制余病和市场经济体制弊端的叠加。

（2）依据对世界各国工业化历史经验的总结提出了工业化道路的一般内容，并对中国新型工业化道路的特征做了全面的概括。

（3）依据世界历史经验的总结提出：不断优化要素投入结构是人类社会经济发展的普遍规律，当然也是我国经济社会发展的迫切需求。

（4）系统分析了我国经济结构（第一二三产业、投资与消费以及城乡关系）的演进过程、严重失衡的现状及其成因，并从深化改革、转变经济发展目标和方式，以及改善宏观经济调控等方面提出了对策。其中，还提出要优先发展第三产业，并相应地重点推进第三产业的改革。

4. 在经济运行的研究方面：

（1）对学界流行的潜在经济增长率的定义及其测算公式做了修正，并对其在经济增长理论中的作用做了充分估计。提出现代西方经济学关于潜在经济增长率的定义具有科学成分，但也有缺陷，即忽略了资源和环境因素。我国学界流行的潜在经济增长率的定义，不仅沿袭了西方经济学在这方面的缺陷，而且错误地引入了总需求因素（因为潜在经济增长率就是总供给增长率，不包括总需求因素）。据此将潜在经济增长率定义为："在一定时期内，在既定的社会生产技术的情况下，在适度开发利用资源和保护环境的前提下，各生产要素潜能得到充分发挥所能达到的生产率。"还将测算潜在经济增长率的经济计量模型做了相应的修正，即把"潜在经济增长率=资本对经济增长的贡献率+劳动力对经济增长的贡献率+由技术进步等因素导致效率提高对经济增长的贡献率"，修正为"潜在经济增长率=资本对经济的贡献率+劳动力对经济增长的贡献率+由科技进步等因素导致效率提高对经济增长的贡献率－由适度开发利用资源和保护环境对经济增长的减缩率"。还提出现实经济增长率与潜在经济增长率的关系是经济现象和经济本质的关系，前者是经济增长理论中的一个基础性范畴。这两种增长率的差距是衡量经济冷热唯一的、无可替代的总体指标。

（2）针对学界的一种悲观看法（即因国际金融危机对我国 2009 年经济增长做了过低估计），依据我国现阶段潜在经济增长率和宏观经济调控能力，恰当估计了国际金融危机对我国经济增长的影响，提出 2009 年我国经济增长率仍将达到 8.6% 以上。

（3）对学界流行的通缩率和通胀率公式提出了修正意见。即将"通缩率=物价下降率"修正为"通缩率=物价下降率－由各种非需求不足因素引起的物价下降率"；将"通胀率=物价上涨率"修正为"通胀率=物价上涨率－由各种非需求过旺因素引起的物价上涨率"。

（4）把改革后投资膨胀的主要原因归结为我国转轨时期存在着以地方政府为主的投资膨胀机制，因而治理的重点是抑制地方政府的投资膨胀机制。

（5）提出了产品价格和服务价格指数应包括国内生产总值矫正指数、消费价格指数和生产价格指数。在纯粹形态下（即舍象了劳动生产率和产品成本变化等因素），这三种指数在衡量通胀方面各有自己的特殊功能，并不存在完全的相互替代关系。在这方面，消费价格指数是最重要的指标，当代国际通行做法也是将它作为衡量通胀的指标。但国内生产总值矫正指数是从总体上衡量通胀的完整指标。

5. 在经济史研究方面：

我主编的《新中国工业经济史》（1986 年）和撰写的《中国现代产业经济史》（2006 年），填补了这两个学科的空白。在中国现代产业经济史的研究方面，做了一系列新的探索。一是用基本经济制度（或经济体制）作为首要标准，用生产力作为第二标准，划分了新中国成立以来产业经济发展的历史时期。二是以历史方法为主并结合逻辑方法，安排了每篇的章节框架。三是把定性分析和定量分析结合起来，既有详尽的史实叙述，又有系统的统计资料。四是力图在真实再现新中国成立以来产业经济历史过程的基础上，做出画龙点睛的经验总结。

汪海波

2011 年 5 月 18 日

目　　录

本著获首届（1993）中国社会科学院优秀科研成果奖

新中国工业经济史[*]

＊　本著由汪海波（主编）、俞恒、马泉山和吕政合写，由经济管理出版社 1986 年 7 月出版。

序

一、开展新中国工业经济史研究的必要性

新中国工业的发展经历了坎坷不平的曲折道路，有伟大的成功，也有严重的失误。成功和失误的关键就在于是否遵循了工业经济发展规律的要求。研究新中国工业经济发展史，总结这方面的经验教训，有助于工业和工业企业管理干部深入认识工业经济的发展规律，进一步掌握党的十一届三中全会以来确定的一系列正确的发展工业的路线、方针和政策，以利于提高他们的工业经济管理水平和企业经营管理水平。而这一点正是当前社会主义现代化建设提出的迫切要求。

新中国成立以后，工业发展虽然几经挫折，但总的说来，表现了社会主义经济制度的巨大优越性。研究新中国工业经济史有助于揭示这种优越性。这也是当前抵制和清除资产阶级思想影响的需要。这种影响的一个重要方面就是怀疑、否定社会主义制度的优越性。

无论是作为学科来说，还是作为课程来说，工业经济史的研究都是工业经济学赖以建立和发展的基础之一。在我国，工业经济学这门学科（或课程）的建立已经有好几十年的历史了。然而迄今工业经济史这门学科仍未形成，这不能不影响到这门学科的发展。因此，开展新中国工业经济史的研究，也有利于加强工业经济学这门学科（或课程）的基础。总之，开展这项研究工作，是建设社会主义物质文明和精神文明的需要。

二、新中国工业经济史这门学科的研究任务

新中国工业经济史虽然是一门横跨经济学和历史学的边缘学科，但主要还是属于经济学。这门学科的主要任务，是要通过对新中国工业经济发

展史实的研究和叙述，具体地阐明工业中社会主义生产关系（包括基本生产关系和作为这种基本生产关系表现形式的工业经济管理体制）发展的历史过程及其规律。同时，这门学科还有具体地阐明作为社会主义经济必要补充的非社会主义工业生产关系发展变化历史过程及其规律的任务。

在这里，新中国工业经济发展的史实，是整个研究工作的出发点。一般说来，马克思主义理论"和任何理论一样，至多只能指出基本的和一般的东西，只能大体上概括实际生活中的复杂情况"。[①] 而且，"自然界在人的思想中的反映，应当了解为不是'僵死的'，不是'抽象的'，不是没有运动的，不是没有矛盾的，而是处在运动的永恒过程中，处在矛盾的产生和解决的永恒过程中的"。[②] 社会在人的思想中的反映亦复如此。这样，"一个事物的概念和它的现实，就像两条渐近线一样，一起向前延伸，彼此不断接近，但是永远不会相交"。[③] 因而，像任何科学研究工作一样，新中国工业经济史这门学科的研究工作如果从原则出发，而不从实际情况出发，就不可能完成它的使命。

如果考虑到新中国工业经济史这门学科的某些特点，那么，从事实出发的必要性，就显得更为明显了。

第一，新中国工业经济史是一门新的学科。这门学科的主要任务，是要通过对新中国工业经济发展史的研究和叙述，具体地阐述工业中生产关系发展的历史过程及其规律。这些历史过程，有些还没有用马克思主义理论深入总结过，甚至完全没有总结过。显然，对这些过程的研究，如果从定义出发，而不从实际出发，那么，这些历史过程以及支配这些过程的规律更是不可能得到揭示的。

第二，总的说来，在我国工业经济历史发展全过程中，存在着许多特殊的情况。比如，多种所有制形式和多种经营形式，生产力方面的多层次的结构，各地区工业的发展很不平衡，等等。

分别说来，工业的各个发展阶段也具有多方面的特点。这是因为：①在社会主义社会的初级发展阶段，存在着把资本主义私有制和劳动者的个体所有制变革为社会主义所有制的任务。在社会主义的基本经济制度建

---

① 列宁：《论策略书》，《列宁全集》第24卷，第25页。

② 列宁：《黑格尔"逻辑学"一书摘要》，《列宁全集》第38卷，第208页。

③ 《恩格斯致康·施米特（1895年3月12日）》，《马克思恩格斯全集》第39卷，第408页。

立起来以后，由于缺乏经验，开始建立的工业经济管理体制也很不完善，需要继续进行改革。②社会主义经济制度优越性的一个重要表现，就是它能够推动工业生产建设的迅速发展。而且，"现代工业的技术基础是革命的"。① 现代科学技术也使得工业迅猛地向前发展。这些就使得各个发展阶段上的工业面貌能够发生较大的变化。③在我国还有一个特殊因素，即在经济工作指导思想上几次犯过"左"的错误，使得我国工业的发展几次遭到严重挫折。所有这些重要因素都使得我国工业发展的各个阶段显示出较大的特殊性。

毛泽东在谈到研究矛盾特殊性的时候说过："不但事物发展的全过程中的矛盾运动，在其相互联结上，在其各方情况上，我们必须注意其特点，而且在过程发展的各个阶段中，也有其特点，也必须注意。"② 研究新中国工业经济史尤其需要注意这一点。但是，如果单靠已有的现存结论，而不是从实际出发，那么，无论是新中国工业发展全过程的特殊性，还是它的各个发展阶段上的特殊性，都是难以揭示的。

这里所说的史实，必须是经过批判地审查过的，去伪存真的，而不是实虚混杂的；是"从事实的全部总和、从事实的联系去掌握事实"，而不是"片断的和随便排出来的"；③ 是反映客观规律要求的大量事实，而不是个别的偶然现象；是表现本质的典型事实，而不是非本质的现象。

在这里，用历史的方法进行叙述，是一项重要的内容，也是一个重要特点。马克思在谈到政治经济学资本主义部分的经济范畴排列次序以及与此直接相联系的分篇时曾经指出："把经济范畴按它们在历史上起决定作用的先后次序来安排是不行的，错误的。它们的次序倒是由它们在现代资产阶级社会中的相互关系决定的。"④ 与此不同，经济史（包括新中国工业经济史，下同）的研究则必须按照历史的发展阶段来分篇。政治经济学对问题的分析是采取摆脱了具体历史形式的抽象论点进行的。而经济史则必须通过具体的历史事实来说明问题。

这样说，并不意味着经济史的研究可以不采用逻辑的方法。事实上，

---

① 马克思：《资本论》，《马克思恩格斯全集》第 23 卷，第 533 页。
② 毛泽东：《矛盾论》，《毛泽东选集》第 1 卷，第 289 页。
③ 列宁：《统计学和社会学》，《列宁全集》第 23 卷，第 279 页。
④ 马克思：《〈政治经济学批判〉导言》，《马克思恩格斯选集》第 2 卷，第 110 页。

经济史在对某个历史阶段内各方面经济问题进行分析时，也有一个这诸方面的先后次序的排列问题。而这诸方面均处于同一个历史阶段，又没有历史发展的先后次序之分。对这诸方面先后次序的安排，就不可能采取历史的方法，而只能依据它们在社会经济中的相互关系来决定。经济史对某个具体经济问题的分析所提出的各种论点的先后次序的排列，也存在这种情况。但是，经济史在这两方面采用的逻辑的方法，与政治经济学仍然不同。后者可以采取抽象的论点形式，而经济史则必须采取具体的历史形式，即通过历史事实来阐述。就这方面来说，可以称为逻辑方法与历史方法的结合。

像一切科学一样，新中国工业经济史这门学科的任务也在于揭示事物发展的客观规律。这是毋庸赘言的。

但是，无论是对用历史的方法进行叙述来说，还是对揭示事物的客观规律来说，对新中国工业发展史实的研究，都是基础的工作。马克思在讲到《资本论》的研究时曾经说过："研究必须充分地占有材料，分析它的各种发展形式，探寻这些形式的内在联系，只有这项工作完成以后，现实的运动才能适当地叙述出来。"[①] 马克思这里说的虽然是政治经济学的研究方法，但它反映了唯物主义认识论的一般规律，对经济史的研究也是适用的。经济史的研究在这方面的特点，不在于要以事实为出发点，而在于要采取历史的形式对客观规律进行叙述。

新中国工业经济史这门学科的另一项重要任务，是要通过对新中国工业生产发展史实的研究和叙述，具体地阐明工业生产力发展的历史过程及其规律。

第一，这是揭示社会主义工业生产关系发展的历史过程及其优越性的需要。按照马克思主义的观点，生产力是决定生产关系的。但这里所说的决定，不仅包括决定工业的基本生产关系（如社会主义国家所有制和集体所有制），而且包括决定作为这种基本生产关系的具体表现的工业经济管理体制（包括计划、人、财、物、产、供、销和工资、价格等方面的管理体制），决定工业生产关系及其具体表现形式中的数量关系（如工业中集体所有制企业的应有比重，国家所有制工业企业纯收入在国家与企业之

---

① 马克思：《资本论》，《马克思恩格斯全集》第23卷，第23页。

间的分割，工业固定资产投资在基本建设和更新改造之间的分配，工资的增长速度等），决定作为工业社会组织形式的公司，等等。所以，要揭示工业中生产关系这多方面变化的历史过程，就不能不研究生产力的历史发展过程。

当然，在社会主义制度下，上述的工业中社会主义生产关系各方面的变化，都是在党和国家的政策指导下进行的。这里既有成功之处，也有失误的地方。那么，检验这种成功和失误的标准是什么？按照历史唯物主义的观点，终极地说来，就是看它是否促进了生产力的发展。因此，探索生产力变化的历史过程，不仅可以揭示上述的工业生产关系诸方面发展的原因，而且成为检验这些变化以及指导这种变化的政策的成功与否、正确与否的标准。

根据历史唯物主义的原理，工业中社会主义生产关系的优越性，从根本上说来，在于它是否适合生产力的性质。因此，探索生产力发展的历史过程，也就是从根本上揭示工业中社会主义生产关系优越性的过程。

还要说明，对要揭示作为社会主义经济必要补充的非社会主义工业生产关系的发展变化来说，也需要对工业生产力发展过程进行研究。

第二，这也是发展社会主义工业现代化建设的需要。社会主义经济是计划经济，要求自觉地选择工业发展战略目标，以促进社会主义工业现代化建设。要正确地选择工业发展的战略目标，不仅需要遵循社会主义工业生产关系发展的规律，而且需要遵循生产力发展的规律。要揭示生产力发展的规律，就必须探索工业生产发展的历史过程。

要实现业已确定的正确的发展工业的战略目标，需要相应地制定一系列的为实现这个目标服务的发展工业的政策。这也离不开对工业生产力发展历史过程的研究。

为了完成阐明工业中社会主义生产关系和生产力发展的历史过程及其规律的任务，新中国工业经济史这门学科还需要研究有关的社会主义上层建筑的作用。这也是一项不容忽视的重要任务。

列宁在谈到马克思《资本论》的写作时曾经指出："他专门以生产关系说明该社会形态的结构和发展，但又随时地探究适合于这种生产关系的上层建筑，使骨骼有血有肉。'资本论'所以大受欢迎，是由于'德国经济学家'的这一著作把整个资本主义社会形态作为活生生的东西向读者表明出来，将它的生活习惯，将它的生产关系所固有的阶级对抗的具体社会表现，将维护资产阶级统治的资产阶级政治上层建筑，将资产阶级的自由平等之类的思想，将资产阶级的家庭关系都和盘托出。"[1] 列宁这里说的是马克思研究资本主义生产关系发展规律的方法，但从一般意义上说，这个方法也完全适用于我们对于新中国工业经济史的研究。就是说，我们要揭示工业中社会主义生产关系和生产力的历史发展过程及其规律，也必须联系社会主义的上层建筑来进行研究。因为，社会主义的上层建筑对于工业中社会主义生产关系和生产力的发展具有异常重要的促进作用。这种异常重要的促进作用是由下列一些特殊因素决定的：①包括工业在内的社会主义生产关系是在无产阶级取得政权以后才建立和发展起来的。②作为社会主义上层建筑核心的无产阶级专政具有组织经济（包括工业生产）的作用。③作为社会主义上层建筑重要组成部分的社会主义意识形态是由马克思列宁主义、毛泽东思想为指导的。④工业中的社会主义公有制形态，主要是社会主义国家所有制，国家在组织这种经济方面的作用，显得尤为重要。

这当然不是说，社会主义的上层建筑对工业中社会主义生产关系和生产力的发展只有促进的作用，而不可能有相反的作用。恩格斯曾经说过："国家权力对于经济发展的反作用可能有三种：它可以沿着同一方向起作用，在这种情况下就会发展得比较快；它可以沿着相反方向起作用，在这种情况下它现在在每个大民族中经过一定的时期就都要遭到崩溃；或者是它可以阻碍经济发展沿着某些方向走，而推动它沿着另一方向走，这第三种情况归根结底还是归结为前两种情况中的一种。但是很明显，在第二种和第三种情况下，政治权力能给经济发展造成巨大的损害，并能引起大量的人力和物力的浪费。"[2] 从一般意义上说，恩格斯提出的这个原理对社会主义社会也是适用的。也就是说，即使是在社会主义制度下，政权对经济发展的作用，也不仅有促进的情况，而且可能发生阻碍的情况。这是因为在社会主义社会，上层建筑和社会生产力之间也存在着矛盾。诚然，社会主义的上层建筑在根本上能适应社会生产力发展的要求，其矛盾的性质是根本区别于资本主义的。因而即便在一定时期内无产阶级国家在经济决

---

① 列宁：《什么是"人民之友"以及他们如何攻击社会民主主义者?》，《列宁全集》第 1 卷，第 121 页。

② 《恩格斯致康·施米特（1890 年 10 月 27 日）》，《马克思恩格斯选集》第 4 卷，第 483 页。

策方面发生了部分的失误甚至全局的失误，给经济的发展带来了部分损失乃至严重的损失，但依靠社会主义制度本身的力量，是可以纠正失误的，这种矛盾不会导致无产阶级政权的崩溃。这里需要进一步指出：在社会主义的上层建筑和经济基础之间也存在着上述类似的情况，就是说，在这二者之间也存在着矛盾。因而社会主义的上层建筑不仅会促进经济基础的发展，而且也可能会发生阻碍的作用。但由于二者在根本上是一致的，因而也不会导致社会主义上层建筑的崩溃。但所有这些都不排斥无产阶级政权对社会主义生产力和经济基础的发展可能起阻碍作用。这一点，在社会主义社会的初期发展阶段表现得尤为明显。我国社会主义建设的经验已经反复地证明了这一点。

由此可见，无论是为了揭示社会主义生产关系和生产力的顺利发展的历史进程，还是为了说明二者在历史发展中所遇到的严重挫折，都不能脱离社会主义上层建筑的促进作用或阻碍作用。抛开了后一点，前一点是不能说明的，至少是不能得到充分说明的。而且，为了揭示社会主义生产关系和生产力的发展规律，不仅需要总结社会主义国家在组织社会主义建设方面的成功经验；同时还需要吸取这方面的失误教训。总之，要建立新中国工业经济史这门学科，就不能忽视对有关的社会主义上层建筑的研究。

我们在前面分析社会主义上层建筑对社会主义生产关系和生产力发展的作用时，着重地讲了无产阶级国家的作用，这当然是极为重要的一点。但社会主义上层建筑在这方面的作用又不仅限于这一点，它还包括社会主义精神文明和党的思想政治工作对社会主义生产关系和生产力的维护作用和促进作用。这些重要方面，都是研究新中国工业经济史所不能忽视的。

这里也要指出：对揭示作为社会主义经济必要补充的非社会主义的工业生产关系的发展变化来说，研究有关的社会主义上层建筑的作用，也是完全必要的。

当然，对新中国工业经济史这门学科来说，这方面的研究也像对生产关系和生产力的研究一样，需要从史实出发，并且需要通过史实来阐明。

三、研究新中国工业经济史这门学科的指导思想

研究新中国工业经济史这门学科，需要遵循下列指导思想：在马克思列宁主义、毛泽东思想的指导下，从中国的实际情况出发，去探索工业中社会主义的（这是主要方面）和作为社会主义经济必要补充的非社会主

义的生产关系和生产力发展的历史过程及其规律。

过去的历史唯心主义者虽然也承认历史现象的规律性，但他们不能把这些现象的变化看做是客观的历史过程，这是因为他们只限于指出支配这些历史现象的社会思想和人的目的，而不是把这些思想和目的归结为物质的社会关系，即客观的社会生产关系。与此根本相反，历史唯物主义"之所以第一次使科学的社会学的出现成为可能，还由于只有把社会关系归结于生产关系，把生产关系归结于生产力的高度，才能有可靠的根据把社会形态的发展看做自然历史过程。不言而喻，没有这种观点，也就不会有社会科学。"①

毫无疑问，马克思列宁主义的原理应该成为我们研究新中国工业经济史这门学科的根本指导思想。从一定意义上说，马克思列宁主义原理对于这门学科的研究还有特殊重要的意义。

第一，就新中国工业经济史这门学科的任务来说，它是要探索工业中生产关系和生产力发展的历史过程及其规律；同时要研究有关的社会主义上层建筑的作用。很显然，如果没有历史唯物主义关于生产力和生产关系以及经济基础和上层建筑相互关系的原理做指导，工业中生产关系和生产力的历史过程及其规律是不可能得到阐明的，对社会主义上层建筑、对工业的作用也不可能作出正确的评价，这门学科的研究任务也就无法完成。

第二，就新中国工业经济史这门学科所要研究的史料来说，也有三种情况值得注意：

一是这门学科研究的史料涉及生产关系、生产力和上层建筑这样极为广阔的领域，情况十分复杂。再加上人的认识过程本身具有曲折性，这样在研究过程中，就很可能发生"把认识的某一个特征、方面、部分片面地、夸大地……发展（膨胀扩大）为脱离了物质、脱离了自然、神化了的绝对"，就很可能把"认识这一曲线的任何一个片断、碎片、小段都能被变成（被片面地变成）独立的、完整的直线"。而这种"直线性和片面性"，"就是唯心主义的认识论根源"。②

二是工业中的社会主义生产关系的建立、发展和生产力的增长，都是由无产阶级国家组织实现的。这种情况很容易使人们误认为，社会主义的

---

① 列宁：《什么是"人民之友"以及他们如何攻击社会民主主义者?》，《列宁全集》第1卷，第120页。
② 列宁：《谈谈辩证法问题》，《列宁选集》第2卷，第715页。

上层建筑可以决定社会主义的经济基础和生产力，而不是生产力决定社会主义的生产关系，经济基础决定上层建筑。但在实际上，无产阶级国家之所以能够完成建立社会主义生产关系的任务，"仅仅是因为它依靠了生产关系一定要适合生产力性质这个经济规律"。[①] 同样的道理，无产阶级国家能够实现发展社会生产的任务，也仅仅因为它遵循了社会主义生产关系和生产力的客观规律。

提出上面两点，并不表明社会主义制度下唯心主义认识论根源扩大了。实际上，在社会主义制度下，由于剥削阶级作为阶级已经消灭，因而唯心主义认识论的重要社会根源也就消除了。提出这两点，也不表明这些就是社会主义制度下唯心主义认识论的全部根源。实际上，社会主义制度下唯心主义的主要根源还是在于一定范围内阶级斗争的存在，国内剥削阶级的思想影响和国外资本主义思想的侵蚀；社会主义社会的基本矛盾，即生产力与生产关系和经济基础与上层建筑的矛盾；主观与客观的矛盾。但是，这两种情况确实易于导致人们在新中国工业经济史研究中发生错误认识，因而表明要正确地进行这项研究工作，必须要以马克思列宁主义作指导。

三是在社会主义社会的初期发展阶段，由于缺乏经验及其他原因，无论在建立社会主义工业生产关系及其管理体制方面，在处理工业中的社会主义生产关系和作为社会主义经济必要补充的非社会主义经济的相互关系方面，还是在组织社会生产力方面，都存在着许多不成熟的、不完善的地方，甚至发生严重的错误。这样，业已存在的工业经济史料就会有两种情形：一种是反映了工业中的生产关系和生产力发展规律的；一种是没有完全反映，甚至是根本违反了这些规律的。显然，对工业经济史料的取舍、鉴别和分析，没有马克思列宁主义的武器，也是行不通的。

在谈到马克思列宁主义的指导作用时，需要强调毛泽东思想在这方面的特别重要意义。作为党的集体智慧结晶的毛泽东思想，是马克思列宁主义的普遍真理和中国具体实践相结合的产物，因而不仅对我国的社会主义革命和社会主义建设，而且对我国的社会科学研究（其中包括新中国工业经济史这门学科的研究），都富有更直接的指导意义。

---

① 斯大林：《苏联社会主义经济问题》，《斯大林文选》，第 575 页。

在谈到马克思列宁主义的指导作用时，还须重视党的十一届三中全会以来毛泽东思想的发展。这些发展对新中国工业经济史研究，具有更全面、更现实和更深远的指导意义。所谓更全面，就是在总结新中国成立三十多年正、反两方面经验、教训（主要是"左"的错误教训）的基础上发展起来的毛泽东思想，有助于人们去鉴别工业发展过程中的"左"的错误，并注意防止右的倾向，从而达到全面总结工业发展的历史经验和揭示工业经济发展规律的目的。所谓更现实，就是依据社会主义建设实践及其需要发展起来的毛泽东思想，有助于人们立足于当前工业现代化建设的要求去总结工业发展的历史经验和探索工业经济发展规律，做到古为今用。所谓更深远，就是这样发展起来的毛泽东思想，有助于人们去探索工业未来的发展趋势。

强调重视发展了的毛泽东思想，同马克思列宁主义、毛泽东思想的指导作用，并不是对立的，而是统一的。因为所谓发展了的毛泽东思想，不是别的，而正是作为马克思列宁主义的普遍真理与中国具体实践相结合的毛泽东思想在社会主义现代化建设这个新历史时期的发展。

强调马克思列宁主义、毛泽东思想对新中国工业经济史这门学科研究工作的指导作用，也并不是要否定从中国实际情况出发在这方面的意义；恰恰相反，马克思主义从来都认为，原则不是研究的出发点，事实才是研究的出发点。从事实出发开展研究工作，正是马克思主义指导作用的基本要求。这一点，前已述及，不再重复。

四、新中国工业经济史的分期

我们把新中国工业经济史区分为六个时期：

（一）国民经济恢复时期的工业经济（1949 年 10 月—1952 年）。

（二）生产资料私有制的社会主义改造时期的工业经济（1953 年—1957 年）。

（三）社会主义建设"大跃进"时期的工业经济（1958 年—1960 年）。

（四）国民经济调整时期的工业经济（1961 年—1965 年）。

（五）"文化大革命"时期的工业经济（1966 年—1976 年 10 月）。

（六）社会主义现代化建设新时期的工业经济（1976 年 10 月—1985 年）。

对于新中国工业经济史的分期需作四点说明：①这种划分都是依据各个阶段的主要经济特征。②我国生产资料私有制的社会主义改造工作从1949年10月中华人民共和国成立以后就开始了，但主要是集中在1953年—1956年完成的。因此，生产资料私有制的社会主义改造时期和"一五"时期（1953年—1957年）在时间的外延上是有区别的。而且，"一五"时期的主要成就不仅是基本上完成了生产资料私有制的社会主义改造，还建立了社会主义工业化的初步基础。但从总的方面说来，生产资料私有制的社会主义改造不失为"一五"时期的基本经济特征。我们正是在这种意义上，把"一五"时期称做社会主义改造时期。③我国国民经济的调整实际上从1961年就开始了。所以，我们把1961年—1965年称做国民经济调整时期。④社会主义现代化建设的新时期是从1976年粉碎江青反革命集团开始的，特别是1978年年底党的十一届三中全会开始的。这个时期现在还远没有结束。我们的分析只是到1985年为止。

新中国工业经济制度是在摧毁半殖民地半封建中国工业的经济制度的基础上建立的，同新中国成立前革命根据地、解放区的新民主主义工业有着直接的继承关系。因此，我们在分期分析新中国工业经济史之前，对半殖民地半封建中国的工业和中国革命根据地、解放区的新民主主义工业也作了简要的考察。

导论 半殖民地半封建中国的工业经济和中国革命根据地、解放区的新民主主义工业经济

我们对半殖民地半封建中国工业经济以及中国革命根据地和解放区工业经济的分析，是作为《导论》来写的，其目的在于说明新中国工业的社会主义制度建立的必然性以及工业生产发展的基础和条件。因此，考察的重点就不可能（也不必要）是它们的历史发展过程，而主要是从横断面来把握它的概貌。当然，这也需要通过史实来说明。这是就总的方面来说的。

分别说来，考察前一种工业经济的目的在于说明帝国主义和官僚资本主义制度灭亡以及社会主义制度产生的必然性，说明新中国工业发展的基础是十分薄弱的。因此，重点就是揭露这种工业的依附性、落后性和剥削的残酷性。考察后一种工业经济的目的在于说明社会主义制度的优越性，说明新中国工业发展的条件。因此，重点就是分析这种工业，主要是其中的社会主义工业的进步作用，总结建立社会主义工业制度以及发展、管理工业生产的经验。

第一节 半殖民地半封建中国的工业经济
（1840 年—1949 年 9 月）

一、工业的历史发展及其所有制结构

据历史文献记载，在中国封建社会后期，在明代中叶成化年间（1465

年—1487年），在那些商品经济比较发达的地区和手工业部门，在小商品经济分化的基础上，已经开始出现了资本主义的萌芽。其后，这种萌芽又有进一步的发展。但由于中国封建社会特殊的经济、政治条件，资本主义工业生产关系的产生过程是很缓慢的，直到19世纪中叶，资本主义的工场手工业并没有发展到机器大工业阶段，中国还是一个封建社会。

但在1840年鸦片战争以后，由于外国资本主义的入侵，破坏了中国封建社会自然经济的基础，推动了商品经济的发展，从而造成了商品市场、劳动力市场的发展和货币财富的积累，促进了资本主义的发展。

但是，帝国主义列强侵略中国的目的，绝不是要把中国的封建社会变成资本主义社会，而是要把中国变成它们的半殖民地和殖民地。这样，半殖民地半封建中国工业的发展，就具有下述三方面的重要特点：

第一，整个说来，帝国主义凭借掠夺到的政治、经济特权，它们在中国开办的工业，发展是很迅速的，并在第一次世界大战前后就在中国工业中取得了垄断地位。

第二，资本主义列强为了实现其侵略中国的需要，很早就培植了为其服务的买办资本和官僚资本。而在国民党反动政权建立以后，特别是在抗日战争爆发以后，依靠美国帝国主义的支持，官僚买办资本主义工业有了异常迅速的发展，到抗日战争胜利以后，在中国工业中取得了垄断地位。

第三，民族资本主义工业，除了个别时期以外，发展是很缓慢的，而在第一次世界大战结束以后，则处于停滞和衰落的状态中，因而始终没有成为中国工业经济的主要形式。

现在依据上述的中国工业发展过程的分析，列表做一个归结（见表导 – 1）。

表导 – 1　　　　　半殖民地半封建中国工业所有制结构[①]

（不包括东北地区和台湾地区，按1936年不变价格计算）　　　单位:%

年　　份	1936	1946
全部工业资本总额	100.0	100.0
其中：帝国主义在华工业资本	61.4	32.8

[①]　陈真编：《中国近代工业史资料》第4辑，三联书店1961年版，第53页。

续表

年　份	1936	1946
中国工业资本	38.6	67.2
中国工业资本总额	100.0	100.0
其中：官僚资本主义工业资本	15.0	67.3
民族资本主义工业资本	85.0	32.7

表导－1是依靠估计数计算的，在数量上不很准确，但就其性质来说，却是典型地反映了半殖民地半封建中国工业所有制的基本特点，即外国帝国主义的工业资本以及在它支持下的中国官僚主义工业资本在工业经济中占统治地位，而民族资本主义工业资本则没有成为中国工业经济的主要形式。这是半殖民地半封建中国工业的最基本特征。

二、工业的依附性

帝国主义的统治必然造成中国工业的依附性，这种依附性表现为下列三个重要方面：

第一，工业的部门结构方面。

从生产资料工业和消费资料工业的对比关系看，消费资料工业的比重高，生产资料工业的比重低。据《中国国民所得》一书提供的资料估算，在1933年的工业（包括制造业和矿冶业）总产值中，生产资料工业产值不到30%，消费资料工业产值占70%以上。[①] 这种情况一直延续到全国解放。据统计，1949年全国工业总产值140亿元，其中主要生产生产资料的重工业产值仅有·37亿元，占26.4%，主要生产消费资料的轻工业产值为103亿元，占73.6%。[②] 如果仅就民族资本主义工业来说，生产资料工业的比重还要低些。据统计，1949年，民族资本主义工业产值中，生产资料产值只占18.5%，消费品产值占到81.5%。

从采矿和冶炼的对比关系来看，开采的部分比重大，冶炼的部分比重小。在抗日战争以前的某些年份，中国铁矿石的产量超过铁的产量（生铁的年产量约15万吨）近10倍，超过钢的产量（钢的年产量两三万吨）

① 巫宝三主编：《中国国民所得》上册，中华书局1947年版，第54、64页。
② 《中国统计年鉴》（1983），中国统计出版社1983年版，第217页。

近 100 倍。①

从矿冶业和机器制造业的对比关系来看，矿冶业的比重大，机器制造业的比重极小。据估算，1933 年矿冶业产值占工业总产值的 15%，而机器制造业的产值只占 0.1%。②

从机器制造业中的制造和修配的对比关系看，制造的比重低，修配的比重高。根据 1946 年至 1947 年上海机器业同业公会会员登记表计算，在 708 家机器制造厂中，制造兼修配的厂只占 25%，专搞修配的厂竟然高达 75%。③

工业部门结构的这种畸形发展，一方面适应了帝国主义经济体系的需要，即帝国主义掠夺投资场所、原料产地和商品销售市场以获取高额垄断利润的需要；另一方面又必然造成了中国工业在技术装备和原材料等方面对帝国主义经济的依赖关系。比如，在 1933 年至 1936 年四年间，铁矿石出口量占产量的比重分别为 51.37%、72.79%、79.74% 和 70.81%；钢铁进口量相当于产量的倍数分别为 0.8、0.9、0.6 和 0.5。1933 年铁矿石出口量为钢铁进口量的 1.1 倍，但钢铁进口值为铁矿石出口值的 30 倍；1934 年至 1936 年这三年中上述这两种倍数之比分别为 1.4 倍比 27 倍、2.1 倍比 15 倍、2 倍比 18 倍。④ 这里即使扣除了运输和冶炼等项费用，帝国主义从输出铁矿石和输入钢铁的交换差价中获得的利润也是十分惊人的！又如，抗日战争以前，机器设备的 76%，以及车辆船舶的 80%，都是依赖进口的。

第二，工业的基础设施和资金、市场方面。

在半殖民地半封建的中国，帝国主义在能源、交通运输、邮电业、金融业和国内外贸易方面都居于垄断地位。比如，抗日战争以前，帝国主义独占了煤产量的 70%，发电量的 76%，铁路里程的 90.7%，⑤ 关内的外洋航运吨位的 83.8%，国内航运吨位的 63.1%。⑥ 这既是帝国主义对中国实行经济统治的需要；同时又造成了中国工业在能源、交通运输、邮电、资金和市场等方面对帝国主义经济的依赖关系。

---

① 严中平等编：《中国近代经济史统计资料选辑》，科学出版社 1955 年版，第 77 页。
② 巫宝三主编：《中国国民所得》上册，中华书局 1947 年版，第 54、64 页。
③ 上海市机器工业史料组编：《上海民族机器工业》，中华书局 1979 年版，第 689 页。
④ 严中平等编：《中国近代经济史统计资料选辑》，科学出版社 1955 年版，第 190 页。
⑤ 严中平等编：《中国近代经济史统计资料选辑》，科学出版社 1955 年版，第 124 页。
⑥ 吴承明：《帝国主义在旧中国的投资》，人民出版社 1955 年版，第 98 页。

第三，工业的布局方面。

新中国成立前全国 70% 以上的工业偏集于占国土面积不到 12% 的东部沿海狭长地带，而沿海工业的绝大部分又聚集于上海、天津、青岛、广州和辽宁中、南部及江苏南部的少数城市。1936 年上海、天津、青岛、广州、北平、南京、无锡七市的工业产值就占整个关内工业产值的 94%。除了武汉、重庆等几个作为帝国主义盘剥内地据点的沿江城市以外，广大内地特别是边疆少数民族地区，几乎没有什么近代工业。面积占国土 45% 的西北和内蒙古广大地区，当时工业产值仅占全国的 3%，面积占国土 23% 的四川、云南、贵州和西藏，工业产值仅占全国的 6%。

工业布局的这种畸形发展，和工业部门结构一样，同样反映了帝国主义掠夺中国的需要，也表现了中国工业对于帝国主义的附属地位。

上述三方面的情况表明：尽管半殖民地半封建中国工业经历了百余年的发展，但无论在工业部门结构方面，工业以及发展工业需要的基础设施和金融业、商业方面，还是在工业的地区布局方面，都存在极不平衡的、畸形发展的状态，并没有形成独立的、完整的工业体系和国民经济体系，因而在发展工业的各项条件上都需要依赖于帝国主义经济。

三、工业的落后性

在帝国主义、封建主义和官僚资本主义的三重压迫下，中国工业是极为落后的。

第一，在工农业总产值中，机器大工业产值的比重低。抗日战争以前，机器大工业产值只占工农业总产值的 10% 左右，而农业和手工业的产值占到 90% 上下。直到 1949 年，机器大工业也只占到 17%，农业和手工业还占 83%。

第二，在全部工业中，机器大工业的比重也低。据估计，1933 年，在全部制造业总产值中，机器大工业仅占 27%，手工业（包括独立的手工业和家庭手工业）占到 73%。[1] 直到新中国成立以后的 1954 年，在民族资本主义工业中，工场手工业户数还占总户数的 79.1%，产值占总产值的 28.6%。

第三，在机器大工业中，生产资料工业比重低，消费资料工业比重高；东南沿海工业比重高，内地工业比重低。这是工业落后在工业的部门

---

[1]　巫宝三主编：《中国国民所得》上册，中华书局 1947 年版，第 59、76 页。

结构和地区布局上的反映。这一点，前面已经做过分析，这里从略。

第四，在机器大工业中，机械化的程度很低。这一点，在民族资本主义工业中尤为明显。根据 1946 年至 1947 年上海机械业同业公会会员登记表计算，在 708 家机器工厂中，平均每厂有职工 21 人，机床 10.33 台，其中拥有 5 台以下机床的工厂占总厂数的 38.28%，拥有 6—10 台的工厂占 35.73%，拥有 11—20 台的工厂占 16.10%，拥有 21—50 台的工厂占 7.63%，拥有 51—100 台的工厂占 1.98%，拥有 100 台以上的工厂占 0.28%。[①] 上述情况表明：在上海民族资本主义机器工业中，实际上还是半机械化生产。

第五，除了帝国主义和官僚资本主义的工业不说，中国民族资本主义工业的集中程度也很低，并趋于下降。面粉业是中国民族资本主义工业最发展的行业之一。但在这样的行业中，在 1878 年至 1949 年期间，民族资本新建的部分面粉工厂，平均每厂职工只有 46.4 人，钢磨 6 部，生产能力 1143.7 包。其中最高年份的 1913 年至 1921 年，平均每厂职工也仅达到 92 人，钢磨 13 部，生产能力 2237.2 包。在 1921 年以后，生产规模趋于缩小。到 1946 年至 1949 年，下降到了最低点，平均每厂职工为 25.9 人，钢磨 3.8 部，生产能力 509.1 包。[②]

第六，工业产品的技术水平低。在半殖民地半封建中国条件下，进口的工业产品技术水平一般都比当时先进水平低得多；而国内产品技术水平又几乎处于停滞状态。这一点，也表现在专利发明上。中国自 1912 年实行专利权至 1936 年，有案可查的专利注册不过 275 件，平均每年只有 11 件，而且其内容又多属于日用品的新式样，至于各种机器及其制造方法是极为罕见的。

第七，职工文化技术水平低。在中国工业中，懂得自然科学和管理科学的工程技术人员和管理人员很少，工人大多数都是文盲或半文盲。这一点，是受文化教育不发展的状况制约的。直到 1946 年(即新中国成立前最高年)，平均每万人口中高等学校学生数仅有 3 人,平均每千人口中中等学校学生数 4 人,平均每千人口中小学校学生数 50 人。[③] 1928 年至 1947 年 20

---

① 上海市机器工业史料组编：《上海民族机器工业》，中华书局 1979 年版，第 686—688 页。

② 《旧中国机制面粉工业统计资料》，中华书局 1966 年版，第 36—38 页。

③ 《我国的国民经济建设和人民生活》，中国统计出版社 1958 年版，第 329 页。

年累计高等学校毕业生也只有 18.5 万人,平均每年 9250 人;其中工科 3.2 万人,平均每年 1600 人,财经科 1.9 万人,平均每年 950 人。1931 年至 1946 年 16 年累计中等专业学校毕业生为 54.67 万人,平均每年 27335 人。[①]

第八,工业企业经营管理水平低。帝国主义和官僚资本主义的工业资本,都是垄断资本主义性质的。它们依靠经济上的垄断地位,并利用国家政权的力量,攫取高额的垄断利润。这样,就在很大程度上使中国工业进步的动因消失了。作为旧中国进步的生产形式的民族资本主义工业,情况有所不同。它们在帝国主义资本和官僚主义资本的压迫下,致力于改善经营管理,提高生产技术,并在这些方面积累了许多值得重视的经验。但是,即使对民族资本主义的工业来说,也可能通过盛行的商业和金融业的投机去获得巨额利润,又有廉价的劳动力可资利用。这些也削弱了它们发展工业的推动力。因而,企业就不去寻求科学的管理方法,而是一味依靠早期资本主义那一套延长劳动时间、加强劳动强度、压低工资、恶化劳动条件等管理方法,甚至采用养成工制、包身工制、包工制等封建性的管理制度,来加重对工人血汗的压榨。这样,企业的经营管理水平低,就成为中国工业落后的突出表现。

有人在谈到旧中国 30 年代初期作为最发达的产业纺纱业的企业管理的混乱状态时写道:"纺纱无定支","用棉无规则","技术少专家","工人无训练","设备不完全","物料不考究","用人无定额"。[②]

在官僚资本主义的工厂中,还存在着严重的官僚衙门作风,企业经营管理极为腐败。在抗日战争期间,有人在揭露这一点时写道:"综观各方对于公营事业的批评,似乎不外效率太低,服务不周,组织庞大,浪费太多诸大端。"[③] 当时还有一位国民党政府经营的灯泡厂厂长说过:"在办民营厂时,用 22 个职员可产 1 万个灯泡,现在用 70 个职员,却只能生产 3500 个灯泡。"这是因为国营事业还添上了衙门的作风,机构庞大得超过业务需要,而员工素质又低落得不够业务要求。此外,"袒护私人,排斥异己,敷衍上官,营私舞弊,无一不足以严重降低生产效率的"。[④]

① 《中国统计年鉴》(1983),中国统计出版社 1983 年版,第 520 页。
② 陈真编:《中国近代工业史资料》第 4 辑,三联书店 1961 年版,第 302—305 页。
③ 陈真编:《中国近代工业史资料》,第 3 辑,三联书店 1961 年版,第 1448 页。
④ 陈真编:《中国近代工业史资料》,第 3 辑,三联书店 1961 年版,第 1451 页。

第九，经济效益很低。其表现是：劳动生产率低，生产成本高，盈利率低。根据华商纱厂联合会 1933 年的调查资料，加以粗略的估算，中国纱厂每个工人每年产布 52.8 匹，日本在华纱厂每个工人每年产布 136.7 匹，后者的劳动生产率比前者要高出 1.6 倍。[1]

又据中国棉业统制委员会 1935 年的调查资料，一包同等的 20 支粗纱，中国纱厂工资支出 10.5 元，成本支出 43.70 元；而日本在华纱厂工资支出仅 5.8 元，成本支出 20.4 元。前者比后者分别高出 0.8 倍和 1.1 倍。[2]

再据 1934 年到 1937 年对一些纱厂的调查，华商纱厂账面盈利率为 5%—14.4%，而外商纱厂则高达 14.6%—32.3%。[3] 这种差别除了由于帝国主义拥有经济、政治特权可以获得超额利润以外，同中国纱厂经营管理水平低、经济效益差也有关系。

第十，工业生产水平低。中国工业的极端落后性，集中地反映在这方面。

表导 –2 表明：半殖民地半封建中国主要工业产品的产量，特别是重工业的产品，即便是在最高的年份，它的数量也还是很少的。但就是这样一个很低的水平，到 1919 年，除了个别产品以外，还大大下降了。下降的幅度，最低的也有 11.6%，最高的则达到 82.9%。

为了说明这一点，我们还可以把中国 1949 年主要工业产品的产量，与资本主义最发达的美国和不发达的国家印度作一下对比。

表导 – 2   半殖民地半封建中国主要工业产品最高年产量和 1949 年产量[4]

产品名称	单　位	最高年产量			1949 年产量	
		年　份	产　量	百分比（%）	产　量	为最高年产量（%）
原　煤	亿吨	1942	0.62	100.0	0.32	51.6
原　油	万吨	1943	32.0	100.0	12.00	37.5

---

① 陈真编：《中国近代工业史资料》第 4 辑，三联书店 1961 年版，第 90 页。

② 陈真编：《中国近代工业史资料》第 4 辑，三联书店 1961 年版，第 315 页。

③ 严中平等编：《中国近代经济史统计资料选辑》，科学出版社 1955 年版，第 168 页。

④ 《中国统计年鉴》（1984），中国统计出版社 1984 年版，第 249 页。

续表

产品名称	单位	最高年产量			1949 年产量	
		年份	产量	百分比（%）	产量	为最高年产量（%）
发电量	亿度	1941	60.0	100.0	43.00	71.7
钢	万吨	1943	92.3	100.0	15.8	17.1
生铁	万吨	1943	180.0	100.0	25.0	13.9
水泥	万吨	1942	229.0	100.0	66.0	28.8
平板玻璃	万标准箱	1941	129.0	100.0	108.0	83.7
硫酸	万吨	1942	18.0	100.0	4.0	22.2
纯碱	万吨	1940	10.3	100.0	8.8	85.4
烧碱	万吨	1941	1.2	100.0	1.5	125.0
金属切削机床	万台	1941	0.54	100.0	0.16	29.6
纱	万吨	1933	44.50	100.0	32.7	73.5
布	亿米	1936	27.90	100.0	18.9	67.7
火柴	万件	1937	860.0	100.0	672.0	78.1
原盐	万吨	1943	392.0	100.0	299.0	76.3
糖	万吨	1936	41.0	100.0	20.0	48.8
卷烟	万箱	1947	236.0	100.0	160.0	67.8

表导 - 3　　　1949 年中国主要工业产品产量与美国和印度之比较①

产品名称	单位	中国		美国		印度	
		产量	百分比（%）	产量	为中国倍数	产量	为中国倍数
原煤	亿吨	0.32	100.0	4.36	13.63	0.32	1
原油	万吨	12.00	100.0	24892	2074.33	25	2.08
发电量	亿度	43.00	100.0	3451	80.26	49	1.14
钢	万吨	15.8	100.0	7074	447.72	137	8.67
生铁	万吨	25.0	100.0	4982	199.28	164	6.56
水泥	万吨	66.0	100.0	3594	54.45	186	2.82
甲板玻璃	万标准箱	108.0	100.0	—	—	—	—

---

① 《中国统计年鉴》（1984），中国统计出版社 1984 年版，第 249 页；《国外经济统计资料（1949—1976）》，中国财政经济出版社 1979 年版，第 148—262 页。

产品名称	单 位	中 国		美 国		印 度	
		产 量	百分比(%)	产 量	为中国倍数	产 量	为中国倍数
硫 酸	万 吨	4.0	100.0	1037	259.25	10	2.5
纯 碱	万 吨	8.8	100.0	355	40.34	1.8	0.20
烧 碱	万 吨	1.5	100.0	202	134.67	0.6	0.40
金属切削机床	万 台	0.16	100.0	11.6	7.25	—	—
纱	万 吨	32.7	100.0	171.5	5.24	61.5	1.88
布	亿 米	18.9	100.0	76.8	4.05	34.6	1.83
火 柴	万 件	672.0	100.0	—	—	—	—
原 盐	万 吨	299.0	100.0	1413	4.73	202	0.68
糖	万 吨	20.0	100.0	199	9.95	118	5.9
卷 烟	万 箱	160.0	100.0	770	4.81	44	0.28

表导-3 说明：1949 年中国的主要工业产品产量，同美国同类产品的产量相比差几倍、几十倍、几百倍以至两千多倍。在表导-3 所列举的 14 种工业产品中，印度只有 4 种产品的产量低于中国，1 种产品的产量等于中国，其他 9 种产品的产量都高于中国。其高出的幅度，最少的有 14%，最多的达到 8.67 倍。当然，各国情况不同，其中有许多不可比的因素。但表导-3 的数字表明：旧中国工业生产水平，不仅远远落后于美国，而且同印度也有一定的差距。

1949 年中国人口为 54167 万，而同年美国和印度的人口分别为 14977 万和 35051 万，[①] 中国人口分别比美国和印度的人口要多 2.62 倍和 0.55 倍。如果把表导-3 所列的中国、美国和印度的主要工业产品产量换算成按人口平均计算的产量，那么，中国和美国的差距还要大大扩大，和印度的差距也要扩大。

中国工业的落后性，鲜明地表示了帝国主义、封建主义和官僚资本主义的生产关系和社会生产力之间处于尖锐的矛盾状态中。

---

① 《中国统计年鉴》（1984），中国统计出版社 1984 年版，第 81 页；《国外经济统计资料（1994—1976）》，中国财政经济出版社 1979 年版，第 13 页。

四、工业中剥削的残酷性

工业中资本主义剥削的残酷性，也是半殖民地半封建中国工业的一个重要特征。

从直接的生产过程来看，中国工业中资本主义剥削的残酷性，集中地表现在作为剥削程度标尺的剩余价值率高的上面。据估算，中国工业资本的剩余价值率，1933 年为 260%，1936 年上升到 280%，1946 年虽有所下降，仍然高达 180%。[①] 尽管美国工业劳动生产率比中国高得多，但 1947 年制造业的剩余价值率为 146%，[②] 比中国低得多。然而外国帝国主义在华资本和官僚资本榨取的剩余价值率还要高得多。根据对抗日战争前后外国资本经营的 40 多个企业（包括煤矿、电力和纺织工业等）的计算，它们的剩余价值率平均高达 300%—400%。[③] 根据对抗日战争胜利后官僚资本经营的 5 个企业（包括纺织、造纸和烟草公司等）的计算，剩余价值率最低的也有 316%，最高的达到 1734%。[④]

中国工业剩余价值率高，固然同劳动日长、劳动强度大和劳动条件差等因素有关，但同劳动力价值低、工资低也是直接相联系的。中国资本价值构成高明显地反映了这一点。比如，1933 年不变资本与可变资本之比为 98.4∶1.6；1946 年仍然为 97.5∶2.5。但这并不是由于资本技术构成高，而是由于劳动力价值低、工资低。比如，在 1933 年的工业生产成本中，生产工具折旧费占 4%，原料、燃料等费用占了 87%，工资仅为 9%。[⑤]

在国民收入再分配的领域里，中国统治者长期实行通货膨胀政策，特别是国民党反动政府实行恶性的通货膨胀政策对劳动人民进行了敲骨吸髓的掠夺！这是旧中国资本主义剥削残酷性的另一个突出方面。

在 1937 年 6 月至 1949 年 5 月的 12 年间，伪法币发行量增长了 1445.65 亿倍，物价指数上升了 368076.92 亿倍。[⑥] 这不仅在中国现代物价

---

① 陈真编：《中国工业近代史资料》第 4 辑，三联书店 1961 年版，第 53 页。1933 年和 1936 年按当年币值计算；1946 年仍按 1936 年币值计算。

② 《世界经济统计简编》，三联书店 1978 年版，第 542 页。

③ 陈真、姚洛、逢知合编：《中国工业近代史资料》第 2 辑，三联书店 1958 年版，第 935 页。

④ 陈真编：《中国工业近代史资料》第 3 辑，三联书店 1961 年版，第 1411—1418 页。

⑤ 陈真编：《中国工业近代史资料》第 3 辑，三联书店 1961 年版，第 53 页。

⑥ 中国科学院上海经济研究所、上海社会科学院经济研究所合编：《上海解放前后物价资料汇编 (1921—1957)》，上海人民出版社 1958 年版，第 50—51 页。其中 1948 年至 1949 年发行的伪金圆券，均按 1（伪金圆券）与 300 万（伪法币）元比数，折算成伪法币了。

史上，而且在世界现代物价史上，都是绝无仅有的！第一次世界大战以后，德国以马克为计算单位的物价总指数，比战前上升了 12616 亿倍，已成为世界现代物价史上的天文数字。而在国民党反动政府统治的上述期间内，物价指数的上升倍数等于当时德国的 29.17 倍。国民党反动政府推行的恶性通货膨胀政策，在军事上是为了支持旨在挽救它的垂危统治的反革命内战，在经济上则是为了对中国人民进行一次空前未有的掠夺！据计算，官僚资本通过滥发纸币从中国人民身上勒索了大约 150 亿银元的巨额财富。

与上述情况相联系，中国长期存在着实际工资下降的趋势。

在 1890 年到 1914 年期间，上海的纺织业工人货币工资不过增长了 30%—50%，而作为生活最大支出的米价却上涨了一倍多。在 1915 年到 1920 年期间，上海纱厂工人的货币工资只增长了 35%，而同期米价上涨了 38.2%，布价上涨了 55.2%，煤价上涨了 88.5%。1925 年 "五卅" 运动以后，有些地区工人的实际工资有所上升，但为期甚短。在 1928 年以后，由于物价上涨，实际工资又下降了。在 1930 年到 1933 年期间，物价和货币工资都下降了，但物价下降速度快于名义工资，因而上海实际工资大约上升了 15%。在 1934 年到 1937 年期间，由于物价回升，而货币工资还在下降，因而上海工人的实际工资又下降了 30% 以上。[①]

在日本帝国主义发动侵华战争以后，工人实际工资下降的幅度就更大了。现以重庆市产业工人实际工资下降为例，如以 1937 年 1 月至 6 月的实际工资指数为 100，则 1938 年为 138.5，1939 年为 106.1，1940 年为 86.9，1941 年为 78.7，1942 年为 51.7，1943 年为 34.3，1944 年为 34.5，1945 年为 27.8。[②] 这里需要说明：无论是货币工资指数，还是消费品零售物价指数，均系国民党政府的官方统计，有很大的虚假成分。也就是说，货币工资指数是被夸大了的，而消费品零售物价指数则是被缩小了的。因而实际工资指数的下降幅度比以上所述要大得多。但即使是这样，我们仍

---

① 《旧中国的资本主义生产关系》，人民出版社 1977 年版，第 346—347 页。

② 主计部统计局印：《中华民国统计年鉴》（1948），第 176 页；中国科学院上海经济研究所、上海社会科学院经济研究所编：《上海解放前后物价资料汇编（1921—1957）》，上海人民出版社 1958 年版，第 350 页。

然可以看到：在 1937 年到 1945 年间，除了 1938 年和 1939 年实际工资指数有所上升以外，其他六年都是下降的，而且下降的幅度是越来越大的，以致 1945 年的实际工资指数比 1937 年下降了 72.2%。

在抗日战争胜利以后，国民党反动政府接着发动了全面的反革命内战，并进一步推行恶性的通货膨胀政策，物价如脱缰之马，一日数涨。当然，在工人运动的强大压力下，1946 年国民党反动政府不得不规定工厂要按生活费指数发工资。但生活费指数是由国民党政府控制的，它远远不能反映工人实际生活费用上升的状况。这样，工人实际工资的下降更加变本加厉地向前发展了。在这个时期内，工人的实际工资既不只是逐年下降，也不只是逐月下降，有时甚至是逐日、逐时下降了。1947 年，上海米价比战前上涨了 40 万倍，而货币工资只增长了 10 万倍。这样，如果按米价计算，实际工资下降了四分之三。1948 年 8 月，国民党政府将伪法币改为金圆券时，上海工人每元底薪折米四升七合，到 1949 年 4 月就降为一升七合，减少了将近三分之二。① 这就必然使得无产阶级陷入饥寒交迫的悲惨境地！

总之，正如毛泽东同志所总结的："中国无产阶级身受三种压迫（帝国主义的压迫、资产阶级的压迫、封建势力的压迫），而这些压迫的严重性和残酷性，是世界各民族中少见的，因此，他们在革命斗争中，比任何别的阶级来得坚决和彻底。"②

经过上面的分析，我们可以得到这样的结论：第一，在三重压迫下，主要是在帝国主义的压迫下，旧中国是不可能实现工业化的。第二，旧中国居于统治地位的社会制度同包括工业在内的社会生产力之间处于尖锐的矛盾之中。同时，三重压迫又锻炼了包括作为领导阶级的工人阶级在内的社会力量。因而，半殖民地半封建社会的灭亡就是不可避免的。第三，社会主义新中国工业发展的物质技术基础和管理水平都是极为落后的。

---

① 《旧中国的资本主义生产关系》，人民出版社 1977 年版，第 349—350 页。
② 毛泽东：《中国革命与中国共产党》，《毛泽东选集》第 2 卷，第 607 页。

第二节　中国革命根据地和解放区的新民主主义
工业经济（1927年—1949年9月）

一、新民主主义工业的发展及其作用

一般说来，新民主主义工业包括下列三个组成部分：社会主义的国营工业，半社会主义性质的合作社工业，私营工业（包括民族资本主义工业、个体手工业和作为个体农民家庭副业的手工业）。

新民主主义工业的发展，是以革命战争和革命根据地的发展作为政治前提的，同时，又是首先服务于革命战争和革命根据地的发展的政治需要的。当然，同时又负担着满足革命根据地人民生活需要的任务。正是这个根本点决定了新民主主义工业的发展具有一系列的特点。就发展阶段看，与土地革命战争、抗日战争和解放战争的发展相适应，新民主主义工业的发展也经历了三个阶段。就工业产品的物质构成看，军需工业（包括军火工业和为军队生活服务的工业）占了显著地位。就生产力的发展水平看，在土地革命战争时期和抗日战争时期，新民主主义工业主要是在经济落后的农村发展的。因此，手工业占了主要地位，近代机器工业是很少的。只是到了解放战争时期，随着大中城市的解放，机器工业才占到了重要地位。就经济成分看，尽管国营工业居于领导地位，但在土地革命战争时期和抗日战争时期，在数量上并不占优势。只是到了解放战争的结束时，随着在中国资本主义经济中占主要地位的官僚资本主义经济的被没收，才占到主要地位。合作社工业虽然有所发展，但占的比重不大。民族资本主义工业在土地革命战争时期和抗日战争时期占的比重也很小。到了解放战争时期，占的比重才有显著的上升。在土地革命战争和解放战争时期，个体手工业和作为个体农民家庭副业的手工业在比重上是占了显著优势的。到了解放时期，才大大下降了。

三个阶段新民主主义工业的发展，是反映了这些特点的。

先看土地革命时期新民主主义工业发展的概况。据不完全统计，1934年3月，仅中央革命根据地的规模较大的国营工厂就发展到33个，工人

达 2000 多人。① 这主要是军需工业，但也有一部分民用工业，包括兵工、被服、制鞋、印刷、制币、纺织、缝纫、毛毯、制药、制糖、造纸、炼铁和农具厂等。这些厂主要是手工工场。

又据不完全统计，中央革命根据地 1934 年 2 月，手工业生产合作社发展到 176 个，有社员 32726 人，股金 58552 元。②合作社生产的产品主要是民用的，多达几十种，如采煤、采铁矿石、炼铁、炼钢、农具、造船、渔具、石灰、砖瓦、陶器、瓷器、木器、篾器、纺织、缝纫、熬盐、榨油等。

由于国民党反动派的军事"围剿"和经济封锁，也由于三次"左"倾路线的错误，这个时期革命根据地的私营工业受到了很大的破坏。

到了抗日战争时期，各根据地的新民主主义工业有了很大的发展。比如，抗日战争结束时的 1945 年，陕甘宁边区公营工厂发展到 101 个，职工达到 6354 人，分别比 1937 年增长了 30 多倍和 20 倍。公营工业包括纺织、被服、造纸、印刷、化学、石油、煤、铁、机械、纸烟和军火等行业。这些工业的大部分还是手工工场，机器工业只是小部分。合作社经营的小工厂达到 235 家，比 1937 年增长了四倍多。私营工厂包括纺织工、造纸工、炭工和盐工在内，共有职工 4258 人。私人小手工业作坊，仅就三边、陇东、绥德三地统计，共有 1425 家，工徒有 3000 人上下，估计全边区工徒有 5000 人上下。以上各项合计，全边区工厂和作坊工人当在 16000 人以上。此外，全边区还有从事家庭手工业的纺妇 20 万人上下和织妇 6 万人上下。这些家庭纺织业的绝大部分都是抗日战争时期发展起来的。③ 上述情况表明：在党的正确领导下，陕甘宁边区在抗日战争那样的艰苦环境中，工业仍然获得了巨大的发展。

解放战争时期，新民主主义工业的发展，有两个特殊的重要方面：一是主要通过没收官僚资本主义经济，掌握了国民经济命脉，建立了国营的机器大工业。据统计，1949 年国家没收的工业企业共有 2858 个，拥有生产工人 75 万人，国营工业产值占全国大工业产值的 41.3%。二是由于保护民族资本主义经济政策的贯彻执行，加速了民族资本主义工业的恢复进程。东北、河北和山东等地的一些城市解放比较早，这些地方工业的恢复

①② 《斗争》1934 年 3 月 31 日第 53 期。

③ 《抗日战争时期陕甘宁边区财政经济史料摘编》第一篇，陕西人民出版社 1981 年版，第 287 页。

情况可以表明这一点。据统计，1948 年 2 月，哈尔滨市登记开业的 12092 户私营工业企业中，获利的占 62%，收支相抵的占 30%，亏损的占 8%。[①] 据吉林市 1948 年 4 月统计，开工复业的私营工厂已经达到 92%。安东市 1948 年 3 月复业和新开的工厂达到 1400 家，其中新开的铁工厂有 31 家，棉织业有 76 家。牡丹江市 1947 年纺织业和铁工业分别为 32 家和 42 家，1948 年年初分别增加到 198 家和 60 家。齐齐哈尔市工业企业由 1947 年的 1346 家增加到 1948 年年初的 1547 家，其中针织业增加了 29 家，织布业增加了 31 家，其他有利军需民用的铁工业、木材业、皮革业和印刷业等也有显著的发展。[②] 石家庄私营工业由 1947 年解放时的 700 多家增加到 1948 年的 1700 多家。山东几个主要城市（青岛除外）原有私营轻工业厂 2906 家，到 1949 年上半年，仅有 14 家未开业，其余都复工了。

新民主主义工业的发展，曾经起过重要的作用。陕甘宁边区存在的时间长，又比较稳定，因此，工业发展所起的作用表现得比较充分。这一点，不仅是土地革命时期各个革命根据地不可比拟的，就是抗日战争时期的其他许多解放区也难以比较。因此，我们在论述土地革命时期和抗日战争时期革命根据地和解放区新民主主义工业发展所起的作用时，以陕甘宁边区为例是适宜的。概括起来，这种作用有以下五个方面：

第一，在工业发展的基础上，实现了工业产品的自给或部分自给，满足了军需民用。据统计，1944 年，陕甘宁边区公营工业和私营工业产布 14 万匹，约占军民需要量的 60%；产纸 10766 令，实现了半自给。1939 年至 1945 年，共产肥皂 211 万多条，输出边区共达 60 万条，自给有余。其他工业产品（如煤、石油和火柴等）也都能完全自给或自给有余。[③]

第二，增加了工业本身的积累。比如，陕甘宁边区建设厅所属 7 个工厂，历年资金积累共为 44988581 元，折合米 42527.35 石；净资产增加了 3 倍，折米 32583.16 石。[④]

第三，工业的发展，特别是公营工业的发展，大大减少了政府的财政支出；减少了来自国民党统治区商品的输入，增加了革命根据地商品的输

---

① 《中国经济年鉴》，太平洋经济研究社 1948 年版，第 199 页。
② 《东北经济》1948 年第 4 期，第 37 页。
③ 《抗日战争时期陕甘宁边区财政经济史料摘编》第三篇，陕西人民出版社 1981 年版，第 133 页。
④ 《抗日战争时期陕甘宁边区财政经济史料摘编》第三编，陕西人民出版社 1981 年版，第 135 页。

出，有利于实现商品输入和输出的平衡以及与此相联系的贸易收支平衡；增加了市场上商品的供应，有利于抑制市场物价的上升，总之，对于稳定财政、金融和物价起了重要的积极作用。如以陕甘宁边区 1943 年各项进口为 100，1944 年袜子减少 87%，火柴减少 46%，肥皂和毛口袋各减少 100%，棉花减少 27%。这就为边区节省了 300 亿元，使边区的进出口接近平衡。[①]

第四，提高了全体军民的生活。1943 年陕甘宁边区党政军的生活进入了丰衣足食的境地；边区工人生活也提高了一步，有些工厂甚至超过了 1938 年生活水平的 9%—10%。[②] 由于农副业的发展，由于公营经济的增长以及由此引起的农民负担的减轻，农民的收入也增加了。比如，陕甘宁边区 1943 年至 1944 年产布 24 万匹，用纱 280 万斤，每斤纺纱工资按 420 元计算，农村纺妇收入约为 11.2 亿元。[③] 到 1945 年，公粮、公草取之于民的不及 40%，而由各单位自力更生解决的达到 60%。[④]

第五，积累了建立社会主义工业制度和发展工业生产的经验，确立了一些重要的原则和制度，培养了管理工业的干部。这对于新中国成立后工业的社会主义制度的建立和工业生产的发展，都有重要的意义。毛泽东在 1942 年谈到这一点时说过："从 1938 年开始的过去五年的公营经济事业，有了非常巨大的成绩。这个成绩，对于我们，对于我们的民族，都是值得宝贵的。这就是说，我们建立了一个新式的国家经济的模型。""特别重要值得特别指出的，是我们学得了经营经济事业的经验，这是不能拿数目字来计算的无价之宝。"[⑤]

解放战争时期新民主主义工业的发展也起了重要的作用。它的主要特点是：由于没收官僚资本主义、建立社会主义国营工业，也由于贯彻保护民族资本主义工业的政策，促进了机器大工业的恢复，从而保证了军需民用，并积累了管理机器大工业的经验。比如，东北解放区的煤产量，1947 年为 300 万—400 万吨，1949 年增加到 1000 万—1100 万吨。晋冀鲁豫的重工业在抗日战争胜利后的一年内，就恢复到战前的 82%，轻工业恢复

①④ 《解放日报》1945 年 1 月 4 日。

② 《抗日战争时期陕甘宁边区财政经济史料摘编》第三编，陕西人民出版社 1981 年版，第 425 页。

③ 《抗日战争时期陕甘宁边区财政经济史料摘编》第三编，陕西人民出版社 1981 年版，第 135 页。

⑤ 《经济问题与财政问题》，《毛泽东选集》，东北书店 1948 年版，第 815、869 页。

到 90%。山东解放区原煤的日产量，抗日战争前为 13400 吨，新中国成立前为 1440 吨，新中国成立后的 1949 年 3 月就达到了 9116 吨。工业劳动生产率也有显著的提高。在伪满统治时（1942 年），鸡西煤矿的恒山矿区平均每人每天产煤 0.33 吨，而到 1947 年下半年就上升到 0.69 吨，增长了一倍多。① 山东被服四总厂，解放前每人每小时缝衣服 1.1 件、裁衣服 28 件、弹棉花 25 斤；新中国成立后的 1949 年分别提高到 1.3 件、32.6 件和 35.8 斤，即上升了 18%、16.4% 和 43%。这对于从物质上保证解放战争的需要，起了重要的作用。

革命根据地和解放区的新民主主义工业的发展，是同贯彻执行毛泽东提出的一系列的发展新民主主义经济的纲领和方针直接相联系的。重要的有：新民主主义革命的三大经济纲领，即"没收封建阶级的土地归农民所有，没收蒋介石、宋子文、孔祥熙、陈立夫为首的垄断资本归新民主主义的国家所有，保护民族工商业"。新民主主义国民经济的指导方针，即"发展生产、繁荣经济、公私兼顾、劳资两利"；② "发展经济，保障供给"；③ "自力更生"；④ "工业的进行需要有适当的计划"；⑤ "统一领导，分散经营"；⑥ "农业生产是我们经济建设工作的第一位"；⑦ 等等。这些纲领和方针是分别在三个阶段提出的，但其基本精神对发展整个新民主主义革命时期的经济都是适用的；它们并不都是专门对发展工业而言的，但许多方面对工业也是有效的。革命根据地和解放区的新民主主义工业的发展，就是在这些纲领和方针的指导下取得的。

新民主主义工业的发展同下述的国营工业的管理、手工业生产合作社的组织与管理以及保护民族资本主义工业的政策也是相关的。

二、国营工业的管理

在新民主主义革命时期，在建立和发展社会主义国营工业的过程中，积累了许多管理国营工业企业的有益经验。重要的有以下几点。

---

① 《东北经济》1948 年第 3 期，第 8 页。
② 毛泽东：《目前形势和我们的任务》，《毛泽东选集》第 4 卷，第 1197、1199 页。
③ 毛泽东：《抗日时期的经济问题和财政问题》，《毛泽东选集》第 3 卷，第 849 页。
④ 毛泽东：《必须学会做经济工作》，《毛泽东选集》第 3 卷，第 965 页。
⑤ 毛泽东：《我们的经济政策》，《毛泽东选集》第 1 卷，第 118 页。
⑥ 毛泽东：《必须学会做经济工作》，《毛泽东选集》第 3 卷，第 965 页。
⑦ 毛泽东：《我们的经济政策》，《毛泽东选集》第 1 卷，第 117 页。

第一，处理好国营企业与政府以及主管部门的关系。在这方面，有三点值得重视：

一是革命根据地和解放区工业的发展，曾经由于某种无政府状态而招致了严重的浪费。针对这一点，当时提出要加强工业的计划性。

二是解放区曾经有过这种情况，即对工业企业实行多头的、分散的领导，一个企业由政府许多部门领导。经验证明：这是不利于工业发展的。鉴于这一点，当时曾经提出，对工业企业要实行一元的、集中的领导，即一个企业由政府的一个主管部门领导。[①]

三是在政府主管机关与所属企业的财务关系方面，解放区曾经出现过三种形式：报销制（即供给制）、营业制与制造费制。

报销制就是工厂生产所需的一切原料和经费，按预决算制度向主管部门领取与报销，生产出的成品统统交给主管部门处理。这种制度的产生首先是同当时党政机关和军队办厂是为了自给，而不是作为商品来生产相联系的。同时，办厂初期，还不懂经济核算和企业化，实现经济核算和企业化还存在许多困难，因而就沿用了原有的供给制。但这种制度有许多弱点，如造成极大浪费，既削弱了政府主管机关对工厂在大的方针政策方面的领导，又束缚了工厂干部的积极性。

营业制，如陕甘宁边区石油厂1943年4月由原来的报销制改为营业制以后，企业一切开支完全自给，利润的分配以40%向上级交款，40%留做本厂公积金，15%作为职工分红，5%作为社会保险费。这种制度的产生，是同主管机关把有些产品作为商品来生产相联系的。而且，营业制能给企业实行经济核算制以鞭策的力量。但在当时，许多企业的生产还是自给性生产，商品生产不发展，产品销售有困难，因而推行这种制度就有困难。

制造费制，即由政府主管机关供给工厂原材料，定做产品，并付制造费（包括工资和20%的利润）。这种制度保留了报销制的有利方面，但克服了它的不讲经济核算的弊病，又给予工厂一定的利润，企业在经济上有一定的独立性，以利于调动企业积极性。这种制度既保留了营业制讲究经济核算的优点，又避免了它在当时商品经济不发达条件下需要依赖市场的

---

① 参见《抗日战争时期陕甘宁边区财政经济史料摘编》第三篇，陕西人民出版社1981年版，第371页。

局限性。

值得提出的是，当时人们已经作出了这样颇有见地的结论："归结起来说，报销制度不符合于工厂企业化原则的制度，因之，除了特殊情形以外，一般的必然趋向没落——或是转变成制造费制（必须保证直接供给的生产部门），或是转成营业制（必须通过市场出卖的生产部门），乃是必然的和有利的趋势。这两种制度，又将看自给经济与商品经济发展的状况而变化。"①

第二，实行厂长负责和民主管理。在土地革命时期，革命根据地国营工厂原来像军队一样，实行军事制度。政委决定厂里一切问题，权力比厂长大。当时还没有建立厂长负责制，工厂管理混乱。针对这一点，1934年4月中央工农民主政府颁布了《苏维埃国有工厂管理条例》，② 规定了厂长负责和民主管理的组织形式，即厂长对厂里一切事务，有最后决定之权，并向苏维埃政府负绝对的责任；在厂长之下，设工厂管理委员会，由厂长、党支部代表、工会代表、团支部代表、工厂其他负责人、工人代表等组成，以解决厂内的重大问题。

在抗日根据地的公营工厂又发生了"三权"（即行政、党支部和工会）鼎立的混乱现象，于是提出：在工厂内，厂长代表政府，集中管理工厂内部的一切，凡有关生产上的一切问题，他有最后决定权。厂长是厂内行政上的最高负责人，党支部和工会的一切活动，如与工厂生产计划相抵触，厂长有停止执行之权。③ 但工厂必须实行民主管理，必须实行群众路线。

1948年6月华北工商会议关于《公营工厂的经营管理问题草案》又明确提出：公营工厂"必须实行厂长负责制"，但"厂长必须走群众路线，依靠工厂管理委员会实行统一集中的领导。工厂管理委员会应以厂长为核心，由厂长、副厂长、政委（协理员、支部书记）、职工会主任及对生产起重要作用的技术人员的代表三人到五人组成，以厂长为主席"。

第三，实行经济核算制。土地革命时期根据地国营工厂原来实行供给制。这在当时是难以避免的，但也暴露了它的弊病。为了克服缺陷，《苏

---

① 参见《抗日战争时期陕甘宁边区财政经济史料摘编》第三篇，陕西人民出版社1981年版，第147—154页。

② 《红色中华》1934年4月14日第175期。

③ 参见《抗日战争时期陕甘宁边区财政经济史料摘编》第三篇，陕西人民出版社1981年版，第371、373页。

维埃国有工厂管理条例》提出国有工厂必须确立经济核算制度。[①] 1934 年
4 月中央组织局发布的《苏维埃国家工厂支部工作条例》还规定：要建立
经济核算队，把善于节约的分子组织起来，"以节省的办法应用全厂，工
厂可将节省项下抽若干为奖励金或给名誉奖"。[②]

为了克服抗日根据地公营企业内部的混乱状态，为了考核企业是否赢
利，1942 年毛泽东提出必须建立经济核算制，并规定了经济核算制的重
要内容："第一，每一工厂单位应有相当独立的资金（流动的和固定的），
使它可以自己周转而不致经常因资金困难妨碍生产。第二，每一工厂单位
的收入和支出应有一定的制度和手续，结束收支不清手续不备的糊涂现
象。第三，依照各厂具体情况，使有些采取成本会计制，有些则暂不采
取，但一切工作必须有成本的计算。第四，每一工厂的生产应有按月的生
产计划完成程度的检查制度，不得听其自流，很久不去检查。第五，每一
工厂应有节省原料与爱护工具的习惯。"[③]

1948 年 6 月华北工商会议针对当时公营工业企业中存在的严重浪费
现象，在《公营工厂的经营管理问题草案》和《公营工厂经济纪律草案》
中又一次强调："成本核算是工厂生产管理的最终表现。"公营企业要
"实行严格的经济核算制度，减低生产成本"，并规定了一系列的措施。

第四，实行工资制度和奖励制度。土地革命时期的国营工厂，开始工
人也同军队的战士一样实行供给制。为了激发工人的积极性，1932 年年
初，中央工农民主政府就将工人的供给制改为工资制，依据工人技术水平
的高低，规定了三个工资等级。1934 年颁布的《苏维埃国有工厂管理条
例》还规定：对模范生产队员和技术发明家要给予奖励。

抗日战争时期，就陕甘宁边区的情况来看，工资制度基本上经历了三
个发展阶段：

一是平均主义工资制。这种工资制的原始形态是津贴制，即吃穿等由
公家供给，此外发很少的津贴费。这是由下列条件决定的：长期的战争生
活，很自然地将军队中的供给制和津贴制移植到工厂来；而且，当时经费
困难，工人生活费用也低。由于物价上涨，津贴部分增加，于是津贴制就

---

① 《红色中华》1934 年 4 月 14 日第 175 期。

② 《斗争》1934 年 9 月 21 日第 56 期。

③ 毛泽东：《经济问题与财政问题》，《毛泽东选集》，东北书店 1948 年版，第 822 页。

转变为半供给性的混合制，但供给部分仍然占了一大半，因而基本上还是平均主义的东西。

二是全面工资制。它较好地贯彻了按劳分配原则，比平均主义工资制优越得多。但这种制度还不能将工人和工厂以及工人与工人之间的利益全面结合起来，于是工资制又向前发展了。

三是分红制。这种制度的形式很多，但大抵是工人入身份股，厂方入资产股，到一定期限按股分红。这种制度使得工人和工厂以及工人与工人之间的利益关系全面结合起来，更有利于提高劳动积极性和产品质量，节约生产资料。①

1948 年 4 月东北行政委员会首次在东北地区这样大的范围内，依据按劳分配的原则对评定工资级别的依据作了具体的规定，提出"凡可以实行计件工资的工作部门应实行计件工资"，对奖励制度也有具体的安排。②

第五，培养技术干部和管理干部。技术干部很少，管理干部更少，是解放区工业发展中的一个大矛盾。针对这一点，曾经提出：要重视和培养技术干部和管理干部。并从当时的实际情况出发，提出了一系列解决这个问题的办法。

第六，学习劳动英雄，开展生产竞赛。早在土地革命时期，《苏维埃国家工厂支部工作条例》就号召职工开展生产竞赛、技术竞赛和节约竞赛。③ 这种竞赛运动在革命根据地有过蓬勃的发展。到了抗日战争时期，在解放区这个运动有了更广泛的发展，其中最著名的有学习赵占魁的运动。④ 1948 年 6 月华北工商会议关于《公营工厂的经营管理问题草案》依据过去的经验对劳动竞赛作过一系列的规定："组织劳动竞赛是职工会的中心任务"；"组织劳动竞赛必须有充分的物质准备和组织准备"；"模范或竞赛条件要与各班计划结合"，条件的修订要"与奖励、总结经验结

① 《抗日战争时陕甘宁边区财政经济史料摘编》第三篇，陕西人民出版社 1981 年版，第 394—401 页。
② 东北行政委员会：《统一公营企业及机关学校战时工薪标准》，《东北经济》1948 年第 3 期，第 1—2 页。
③ 《斗争》1934 年 9 月 21 日第 56 期。
④ 赵占魁是陕甘宁边区农具厂翻砂股长，劳动英雄。边区总工会根据赵占魁的工作作风，提出了如下的模范工人标准，作为开展赵占魁运动中每个职工奋斗的目标：一、爱护工厂，严守纪律；二、工作积极，始终如一；三、数量最多，质量最好；四、爱惜工具，节省资料；五、吃苦在前，享受在后；六、努力学习，帮助别人；七、克己奉公，团结群众（《抗日战争时期陕甘宁边区财政经济史料摘编》第三篇，陕西人民出版社 1981 年版，第 90 页）。

合"；"竞赛的目的是为了达到成本低、数量多、质量好"；"竞赛运动不是单纯地增多工作时间，过分地提高劳动强度，必须注意与技术和工具改进相结合"。解放战争时期的竞赛运动有了更猛烈的发展。

第七，注重思想教育。革命根据地的国营工厂一开始就注意了这项工作。《苏维埃国家工厂支部工作条例》给工厂党支部规定的首要的基本任务就是："应经常向广大的工人解释和教育'以新的态度对待新的劳动'，每一党员应有最高度的劳动热忱，绝对地执行劳动纪律，学习与具备最熟练的技术，在事实上做群众的模范，教育群众怎样才是以新的态度为自己的工厂做工。"[1] 1942 年，作为马克思主义教育运动的整风运动，给广大职工注入了许多新的精神，使工厂面貌焕然一新，推进了工业建设。到了解放战争时期，对职工的思想教育工作有了更深入的发展。

上述管理国营工业的各项内容是在革命根据地和解放区的条件下提出的，不一定很完备，也并没有得到全面的贯彻，但对新民主主义革命时期工业的发展，起到了有力的推动作用，对新中国成立以后的工业建设也有重要的意义。

三、手工业生产合作社的组织与管理

在革命根据地和解放区长期发展手工业生产合作社的实践中积累了组织和管理手工业生产合作社的经验，并形成了手工业生产合作社的暂行条例或标准章程。中央工农民主政府依据各个革命根据地多年办社经验的总结，于 1933 年 9 月 10 日颁发了《生产合作社的标准章程》。[2] 1939 年，中共中央财政经济部依据各个解放区办社经验，颁发了《各抗日根据地合作社暂行条例示范草案》。[3] 1948 年 6 月华北工商会议又制定了《合作社暂行条例草案》。由于土地革命时期、抗日战争时期和解放战争时期的具体情况不同，组织手工业生产合作社的经验是随着实践的发展而发展的。因此，三个阶段手工业生产合作社的暂行条例（或示范章程）在内容上是有区别的。但总括起来，有以下几个重要方面：

合作社的性质和任务。合作社是群众在个体经济基础上，实行劳动互助的群众性的经济组织。其任务为组织群众的劳力、资力，以互助合作的

---

① 《斗争》1934 年 9 月 21 日第 56 期。

② 许毅主编：《中央革命根据地财政经济史长编》（上），人民出版社 1982 年版，第 579—581 页。

③ 《抗日战争时期陕甘宁边区财政经济史料摘要》第七篇，陕西人民出版社 1981 年版，第 514—523 页。

方式，提高生产，改善生活，并抵制和减轻剥削。

合作社社员。一切劳动者均可加入合作社。社员的主要权利有：选举、罢免、表决、提议和分红以及退社自由权等。主要义务有：缴纳股金以及遵守社章和执行决议等。

合作社权力机构。合作社的组织原则是民主集中制。其最高权力机关为社员大会或社员代表大会，主要职权为：制定合作社的章程；选举理事会；决定社务方针和赢利分配等。社员大会或社员代表大会闭幕期间的最高执行机关为理事会，主要职权为：依据社员大会或社员代表大会决议制订生产经营计划，并组织实施；任免合作社的职员；依据社章处理日常社务；定期召开社员大会或社员代表大会，并向大会作报告。

合作社的收入分配。各个阶段合作社收入大体分为公积金、公益金、奖励金和按股分配的红利等。但它们之间的比例关系是不等的。依据《各抗日根据地合作社暂行条例示范草案》的规定：公积金占30%，公益金占10%，救济金占5%，奖励金占5%，按股分配的红利占50%。[①]

合作社的联合社（简称联合社）。为了克服合作社生产的无政府状态，加强业务指导，应对一社单独难以解决的困难，可由两个以上的合作社组织联合社。联合社可以按行政区域、经济区域或业务性质组织。联合社的任务为指导、扶植参加联合社的社员社，经营联合业务，培训干部，交流经验和互通情报等。联合社的资金来源除股金以外，可以按社员社的社员大会（或代表大会）决定的数字，向各社员社按比例提取。但不得任意动用社员社的资金，也不能随意抽调社员社的干部。联合社权力机构的组织原则和赢利分配原则，与社员社大体相同。

合作社与国家的关系。合作社的干部由社员民主选举，合作社的生产经营方针也由社员民主决定，任何人不得干涉。但是，合作社应该接受政府政策的指导，并依法享受减税、免税的优待，政府帮它培训干部，国家银行给它贷款，国营商业帮它供销，以促进它的发展。

上述各项内容是新民主主义革命时期手工业生产合作社实践经验的总结，反过来又指导着这种实践的发展，并对新中国成立以后的个体手工业合作化运动起了重要的作用。

---

① 《抗日战争时期陕甘宁边区财政经济史料摘编》第七篇，陕西人民出版社1981年版，第518页。

四、保护民族资本主义工业

保护民族资本主义工商业，是毛泽东在土地革命时期提出，并且在整个新民主主义革命时期都一直坚持的一项重要经济纲领。

土地革命时期，马克思主义路线与"左"倾机会主义路线围绕这个问题展开了尖锐的、反复的斗争。三次"左"倾机会主义路线在这个问题上都犯了错误。瞿秋白、李立三混淆了中国资产阶级民主革命和社会主义革命的性质，都主张对民族资本主义工商业采取没收的政策。王明虽然承认私营企业存在的必要，但又采取了过"左"的劳动政策和过高的所得税率，并且在土地革命中打击了私营工商业。因而，实际上仍然是消灭资产阶级的政策。第三次"左"倾路线为害时间最长，对私营工商业的破坏也最严重。

这条"左"倾路线曾经受到了毛泽东的批判。他写道："我们对于私人经济，只要不出于政府法律范围之外，不但不加阻止，而且加以提倡和奖励。因为目前私人经济的发展，是国家的利益和人民的利益所需要的。私人经济，不待说，现时是占着绝对的优势，并且在相当长的期间内也必然还是优势。"① 毛泽东这里说的私人经济是包括民族资本主义工商业在内的。

在毛泽东的马克思主义路线的指导下，提出了一系列旨在纠正"左"倾错误保护民族资本主义工商业的政策。1931 年 11 月，第一次全国工农代表大会通过的《关于经济政策的决议案》提出：苏维埃对于中国资本家的企业及手工业，尚保留在旧业主手中，尚不实行国有。同时制定了鼓励工业生产的《暂行税则》，规定：在目前为发展苏维埃区域的经济起见，对于商业出、入口税和工业的出厂税暂时免税。工业所得税率，须较商业为轻。接着 1932 年 1 月，中央工农民主政府又颁布了《关于工商业投资暂时条例的决议》，以鼓励私人资本的投资。② 1933 年 10 月，重新修订公布了《中华苏维埃共和国劳动法》，在某种程度上克服了过"左"劳动政策造成的危害。③ 同月，中央工农民主政府又通过了由毛泽东主持制定的《关于土地斗争中一些问题的决定》，指出：对地主和富农兼营工商业者，其工

---

① 毛泽东：《我们的经济政策》，《毛泽东选集》第 1 卷，第 119 页。

② 许毅主编：《中央革命根据地财政经济史长编》（上），人民出版社 1982 年版，第 595—596 页。

③ 许毅主编：《中央革命根据地财政经济史长编》（上），人民出版社 1982 年版，第 791 页。

商业及与工商业相连的店铺、住房、财产照工商业者处理，不没收。①

　　毛泽东在总结土地革命时期经验的基础上，为适应抗日民族统一战线的需要，又一次强调："严肃地、坚决地保持共产党员的纯洁性，和保护社会经济中的有益的资本主义成分，并使其有一个适当的发展，是我们在抗日和建设民主共和国时期不可缺一的任务。"② 在奖励政策方面，1945年3月公布的《陕甘宁边区奖励实业投资暂行条例》是一个很好的例子。就同发展工业有关的内容来说，《条例》规定：投资人利用城镇公共基地建筑作坊等有关实业需要的工程，其基地三年免收或减收租金；经营工业，三年免收营业税；经营炼铁、掘煤等实业，如因意外遭受损失，而该业主人愿继续经营的，得呈请政府酌量予以帮助；投资人如因资金不足，又不愿或不能招股合办者，得呈请政府酌量予以贷款以协助；投资人的产品和原料，得享受政府减税或免税之奖励。如原料采购困难，或产品滞销，得商请国营贸易公司酌量调剂之；投资人如遇天灾或遭意外致损失生命或财产，妨害继续营业时，得呈请政府酌量救济之；等等。③ 在劳动政策方面，是适当地改善工人生活和不妨碍资本主义经济正当发展的两重性的政策。④ 在政治权利方面，一切不反对抗日的资本家和工人、农民有同等的人权、财权、选举权和言论、集会、结社、思想、信仰的自由权。⑤

　　到了解放战争时期，面临着两个重要的新情况：一是全国城市要解放；二是农村广大地区要进行土地改革。这样，保护民族资本主义工商业就显得格外重要了。在这种背景下，毛泽东第一次明确地把"保护民族工商业"作为新民主主义革命的三大经济纲领之一，把"发展生产、繁荣经济、公私兼顾、劳资两利这个总目标"作为新民主主义国民经济的指导方针提出来。⑥ 针对当时某些地方违反党中央的工商业政策以及由此造成严重破坏工商业的现象，毛泽东还提出：在领导方针上，"应当预先防止将农村中斗争地主富农，消灭封建势力的办法错误地应用于城市，将消灭地主富农的封建剥削和保护地主富农经营的工商业严格地加以区别，

---

① 许毅主编：《中央革命根据地财政经济史长编》（上）人民出版社1982年版，第392—393页。
② 毛泽东：《农村调查的序言和跋》，《毛泽东选集》第3卷，第751页。
③ 《抗日战争时期陕甘宁边区财政经济史料摘编》第三篇，陕西人民出版社1981年版，第642—643页。
④ 毛泽东：《农村调查的序言和跋》，《毛泽东选集》第3卷，第750—751页。
⑤ 毛泽东：《论政策》，《毛泽东选集》第2卷，第726页。
⑥ 毛泽东：《目前形势和我们的任务》，《毛泽东选集》第3卷，第1197、1199页。

将发展生产、繁荣经济、公私兼顾、劳资两利的正确方针同片面的、狭隘的、实际上破坏工商业的、损害人民革命事业的所谓拥护工人福利的救济方针严格地加以区别"。[①] 这个时期，各个解放区还就保护民族资本主义工商业问题作了具体的政策规定。1948 年 6 月，华北工商会议《关于工商业行政管理政策草案》、《公营私营关系政策草案》、《工商业负担政策草案》、《私营工商业中劳资、东伙、师徒关系的几项原则草案》、《新解放城市保护工商业政策草案》和《已被侵犯的工商业的处理办法草案》以及同年同月中共中央东北局《关于保护新收城市的指示》等文件，分别就保护民族资本主义工商业合法的生产经营，给予民族资本主义工业轻税、减税、免税和贷款（包括外汇）、合理的劳资关系以及退赔已经侵犯的民族工商业的办法等，都作了明文规定。

党的保护民族资本主义工业的政策，是促进资本主义工业恢复的重要因素，并为新中国成立以后制定和贯彻利用、限制和改造资本主义的政策积累了经验。

综上所述可知，革命根据地和解放区新民主主义工业的发展，无论对新中国成立以后工业（包括资本主义工业和个体手工业）的社会主义改造，还是工业的社会主义建设，都积累了有益的经验，这是有利方面。同时也要看到不利方面，这主要是企业财务方面和职工劳动报酬方面的供给制，企业的机关化，以及同战争环境、农村自然经济、自给性的公营经济和手工生产相联系的管理方法其中有的方面，如职工劳动报酬方面的供给制。这些在当时就受到了批判，并提出了改革措施，但分配方面的平均主义弊病并没有根治，影响很深。有的方面，如同手工生产相适应的某些管理方法，是符合当时客观情况的，但并不适应社会化大生产的需要，这对新中国成立以后的工业管理也有很深的影响。我们在本导论开头已经指出：这里只是对新民主主义工业的概貌做些分析，因而有的不利方面已经涉及了，有的还没有涉及。但在谈到新民主主义工业对新中国成立以后社会主义工业建设的影响时，是必须看到这种不利方面的。

---

① 毛泽东：《关于工商业政策》，《毛泽东选集》第 3 卷，第 1228 页。

第一篇

国民经济恢复时期的工业经济
(1949 年 10 月—1952 年)

第一章　党的七届二中全会提出的革命转变时期的经济纲领与国民经济恢复时期工业方面的主要任务

在帝国主义时代，在半殖民地半封建中国，"共产党领导的整个中国革命运动，是包括民主主义革命和社会主义革命两个阶段在内的全部革命运动"，这是两个性质不同的革命。"只有完成了前一个革命过程才有可能去完成后一个革命过程。"但又是相互联系的两个革命。"民主主义革命是社会主义革命的必要准备，社会主义革命是民主主义革命的必然趋势。"①

中国民主革命在全国范围内的伟大胜利，1949 年 10 月 1 日中华人民共和国的成立，为民主革命向社会主义革命的转变创造了基本的政治前提。

在中国民主革命向社会主义革命转变行将到来的时候，1949 年 3 月，中国共产党于河北省平山县西柏坡村举行了第七届中央委员会第二次全体会议。毛泽东代表党中央在全会上作了报告。报告全面地提出了党在革命转变时期的路线、方针和政策，并着重地阐述了党在这个时期的经济纲领。

报告强调指出：中国的工业和农业在国民经济中的比重，就全国范围来说，在抗日战争以前，现代性的工业占百分之十左右，农业和手工业占百分之九十左右。这是帝国主义制度和封建制度压迫的结果，是旧中国半

---

① 毛泽东：《中国革命和中国共产党》，《毛泽东选集》第 2 卷，第 614 页。

殖民地和半封建社会性质在经济上的表现，这也是在中国革命的时期内和在革命胜利以后一个相当长的时期内一切问题的基本出发点。从这一点出发，产生了我党一系列的战略上、策略上和政策上的问题。

党在革命转变时期的经济纲领就是从这一点出发的。

报告指出，中国的现代性工业的产值虽然还只占国民经济总产值的百分之十左右，但是它却极为集中，最大的和最主要的资本是集中在帝国主义者及其走狗中国官僚资产阶级的手里。没收这些资本归无产阶级领导的人民共和国所有，就使人民共和国掌握了国民经济命脉，使社会主义的国营经济成为整个国民经济的领导成分。

中国的私人资本主义工业，占了现代性工业中的第二位，它是一个不可忽视的力量。中国的民族资产阶级及其代表人物，由于受了帝国主义、封建主义和官僚资本主义的压迫或限制，在人民民主革命斗争中常常采取参加或者保持中立的立场。由于这些，并由于中国经济现在还处在落后状态，在革命胜利以后一个相当长的时期内，还需要尽可能地利用城乡私人资本主义的积极性，以利于国民经济的向前发展。在这个时期内，一切不是于国民经济有害而是于国民经济有利的城乡资本主义的成分，都应当容许存在和发展。这不但是不可避免的，而且是经济上必要的。但是中国资本主义的存在和发展，不是如同资本主义国家那样不受限制任其泛滥的。它将从几个方面被限制——在活动范围方面，在税收政策方面，在市场价格方面，在劳动条件方面。我们要从各方面，按照各地、各业和各个时期的具体情况，对于资本主义采取恰如其分的有伸缩性的限制政策。

占国民经济总产值百分之九十的分散的个体的农民经济和手工业经济，是可能和必须谨慎地、逐步地而又积极地引导它们向现代化和集体化的方向发展。

报告依据上述的分析，完整地提出了新民主主义的经济形态，即国营经济是社会主义性质的，合作社是半社会主义性质的，加上私人资本主义，加上个体经济，加上国家和私人合作的国家资本主义经济。

报告认为，中国革命在全国胜利，并且解决了土地问题以后，中国还存在着两种基本的矛盾。第一种是国内的，即工人阶级和资产阶级的矛盾。第二种是国外的，即中国和帝国主义国家的矛盾。这样，对内的节制资本和对外的统制贸易，就是人民共和国在经济斗争中的两个基本政策。

对外贸易的统制政策，也是建立独立的、完整的工业体系所必需的。

报告依据第二次世界大战后世界反帝国主义阵线力量空前增长的有利形势，提出了可以采取和应当采取有步骤地、彻底地摧毁帝国主义在中国控制权的方针。

报告还强调了恢复和发展生产的重要意义。如果我们在生产工作上无知，不能很快地学会生产工作，不能使生产事业尽可能迅速地恢复和发展，获得确实的成绩，首先使工人生活有所改善并使一般人民的生活有所改善，那我们就不能维持政权。关于恢复和发展生产的问题，必须确定：一是国营工业的生产；二是私营工业的生产；三是手工业生产。

最后，报告提出了全国胜利以后在经济建设方面的总目标，即使中国稳步地由农业国转变为工业国，把中国建设成为一个伟大的社会主义国家。报告着重提出，中国的经济遗产是落后的，但是中国人民是勇敢而勤劳的，中国人民革命的胜利和人民共和国的建立，中国共产党的领导，加上世界各国工人阶级的援助，其中主要的是苏联的援助，中国经济建设的速度将不是很慢而可能是相当快的，中国的兴盛是可以计日成功的。①

毛泽东的报告是从当时中国国情出发的，是依据了马克思主义关于生产关系一定要适合生产力性质这一基本原理的。

党的七届二中全会依据毛泽东的报告，通过了相应的决议。这个报告连同他在同年6月写的《论人民民主专政》一文，共同构成了同年9月中国人民政治协商会议第一届全体会议通过的，并在新中国成立初期曾经超过临时宪法作用的《共同纲领》的政策基础，并成为党在1952年年底提出的过渡时期总路线的基础。

依据党的七届二中全会的决议和毛泽东的报告，以及国民经济恢复时期的情况，工业方面的主要任务是：建立社会主义国家所有制工业，高度集中的工业管理体制和企业管理制度，恢复和发展国有工业的生产建设；恢复、改造民族资本主义工业和个体手工业；在恢复、发展工业和其他社会生产的基础上，改善职工的生活。这些就是本篇要叙述的基本内容。

---

① 毛泽东：《在中国共产党第七届中央委员会第二次全体会议上的报告》，《毛泽东选集》第4卷，第1366、1368—1373、1375页。

第二章　社会主义国有工业经济制度的建立及其生产建设的恢复和发展

第一节　没收官僚资本主义工业企业和清除帝国主义在工业方面的侵略势力

在民主革命时期的革命根据地和解放区，为了满足军需民用，依靠军队、干部和工人的辛勤劳动，已经开始建立了社会主义的国有工业。到了解放战争时期，伴随着大中城市的解放，没收了官僚资本主义工业企业，社会主义的国有工业大大增加了。在中华人民共和国成立以后，由于继续没收了官僚资本主义工业企业，并清除了帝国主义在工业方面的侵略势力，社会主义国有工业有了进一步扩大。

一、没收官僚资本主义工业企业

官僚资本主义工业在抗日战争胜利以后的半殖民地半封建中国的工业中居于垄断地位。据估算，1946 年，官僚资本主义工业资本约占中国全部工业资本（包括东北地区和台湾省）的 80% 以上。[①] 又据计算，1947年官僚资本主义工业企业提供的工业产品占国民党统治区全部工业产品的比重，电为 78%，煤为 80%，石油和有色金属分别为 100%，钢铁为98%，机械为 72%，水泥为 67%，烧碱为 65%，硫酸为 80%，盐酸为

[①]　陈真编：《中国近代工业资料》第 4 辑，三联书店 1961 年版，第 56 页。

45%，化学肥料为67%，纺锭为60%，机制纸为50%，机制糖为90%，漂白粉为41%，出口植物油为70%。①

毛泽东说过："蒋宋孔陈四大家族，在他们当权的二十年中，已经集中了价值达一百万万至二百万万美元的巨大财产，垄断了全国的经济命脉。这个垄断资本，和国家政权结合在一起，成为国家垄断资本主义。这个垄断资本主义，同外国帝国主义、本国地主阶级和旧式富农密切地结合着，成为买办的封建的国家垄断资本主义。这就是蒋介石反动政权的经济基础。这个国家垄断资本主义，不但压迫工人农民，而且压迫城市小资产阶级，损害中等资产阶级。这个国家垄断资本主义，在抗日战争期间和日本投降以后，达到了最高峰，它替新民主主义革命准备了充分的物质条件。……新民主主义的革命任务，除了取消帝国主义在中国的特权以外，在国内，就是要消灭地主阶级和官僚资产阶级（大资产阶级）的剥削和压迫，改变买办的封建的生产关系，解放被束缚的生产力。"②

所谓没收官僚资本主义工业企业，主要是指没收由国民党各级政府（包括中央政府、省政府和县市政府）经营的工业企业（包括国民党政府在抗日战争以后接收的日、德、意帝国主义在中国的工业企业）以及由国民党大官僚经营的工业企业。至于由小官僚和地主经营的工业企业，以及官僚资本主义工业企业中的民族资本的股份，都不属没收之列。

没收官僚资本主义工业企业的工作，是伴随人民解放战争在全国范围内的逐步胜利，依靠人民政权的力量，作为接管城市的重要任务，逐步向新解放的城市铺开的。1946年解放哈尔滨时，就开始了没收官僚资本主义工业企业的工作。从1947年7月人民解放战争由战略防御进入战略反攻开始，到1948年年底1949年年初辽沈、淮海、平津三大战役胜利以后，就基本上没收了长江以北的官僚资本主义的工业企业。从1949年4月渡江作战开始至1949年年底的全国解放，除中国台湾省以外的所有大陆上的官僚资本主义工业企业均被没收了。

为了完整地把官僚资本主义工业企业接收过来，尽量减少接收过程中的损失和破坏，并能在接收之后迅速地恢复生产，依据先解放城市（主要是东北地区的城市）在接收中的经验教训，着重地进行了以下几项工作：

---

① 陈真编：《中国近代工业资料》第4辑，三联书店1961年版，第1445—1446页。
② 毛泽东：《目前形势和我们的任务》，《毛泽东选集》第4卷，第1197—1198页。

第一，依靠国民党统治区的我党组织，发动广大工人群众展开反拆迁、反疏散、反破坏、保护厂矿的斗争，抵制国民党反动派的破坏阴谋，把绝大部分的物资、资料和工程技术人员、管理人员保留下来。

第二，在新解放的城市实行短期军事管理制度，设立军事管制委员会，并强调接管工作由军事管制委员会统一领导与指挥。要严明接管纪律。要普遍深入地对部队、机关、生产单位和群众进行教育。接管工作要由专门承担接收工作的人员负责，而不是由各机关临时抽调来的干部担任。产业机构和工矿企业要整个地接收，而不能分别地、多头地接收。

第三，号召所有在官僚资本企业中供职的人员，在人民政府接管以前，均须照旧供职，并负责保护资财、机器、图表、账册、档案等，听候清点和接管。保护有功者奖，怠工破坏者罚。

第四，为了安定人心，稳定企业秩序，实行"原职、原薪、原制度"的政策，不打破企业原来的组织机构。原来的厂（矿）长、工程师及其他职员，愿意继续服务的，只要不是破坏分子，就继续担任原职务。原来的工资标准、工资等级和奖励制度等，暂不取消，不任意改变。企业中原有的各种制度，暂不宣布废除，不任意改革。

由于采取了这些有力的、灵活的措施，人民政府在很短的时间内，顺利地完成了对全部官僚资本主义工业企业的接收工作，所有企业的资财、机器、图表、账册、档案等，都清点交接清楚，并促进了企业的迅速复工。

据统计，到1949年，被人民政府没收的官僚资本的工矿企业有：控制全国资源和重工业生产的国民党政府资源委员会，垄断全国纺织工业的中国纺织建设公司，国民党兵工、军事后勤系统所属企业，国民党政府交通、粮食等部门所属企业，宋孔家族和其他大官僚的商办企业，"CC"系统的"党营"企业，以及各省地方官僚资本系统所属的企业。共计有工业企业2858个，职工129万人，其中发电厂138个，采煤、采油企业120个，铁锰矿15个，有色金属矿83个，炼钢厂19个，金属加工厂505个，化学加工厂107个，造纸厂48个，纺织厂241个，食品企业844个。

1951年年初，政务院又相继发布了《企业中公股公产清理办法》和《关于没收战犯、汉奸、官僚资本家及反革命分子财产的指示》，[1] 对私营

---

① 《新华月报》1951年第2期，第820—821页。

企业和公私合营企业中尚未查出的官僚资本（包括国民党政府与其国家经济机关、金融机关等，以及官僚资本家在企业中的股份和财产）进行了清理和没收。这就彻底地完成了对官僚资本的没收工作。

没收官僚资本是属于新民主主义革命性质的任务，但没收官僚资本，是把官僚资本主义所有制经济转变为社会主义国家所有制经济，因而同时具有社会主义革命的性质。

通过没收官僚资本主义工业企业，使得社会主义国有工业空前未有地扩大起来，使得社会主义国家所有制经济掌握了经济命脉，成为国民经济的领导力量，并为国民经济的恢复、发展和改造奠定了最重要的基础。据统计，1949年，社会主义国有工业产值占全国工业总产值的26.2%，占全国大工业产值的41.3%；国有工业拥有全国电力产量的58%，原煤产量的68%，生铁产量的92%，钢产量的97%，水泥产量的68%，棉纱产量的53%。

二、清除帝国主义在工业方面的侵略势力

帝国主义在半殖民地半封建中国居于统治地位。在旧中国，帝国主义和封建主义是"压迫和阻止中国社会向前发展的主要的东西"，"而以帝国主义的民族压迫为最大的压迫"。因此，中国新民主主义的主要任务"就是对外推翻帝国主义压迫的民族革命和对内推翻封建地主压迫的民主革命，而最主要的任务是推翻帝国主义的民族革命"。[①]

党的七届二中全会确定了有步骤地、彻底地摧毁帝国主义在中国的控制权的方针。帝国主义者的这种控制权，表现在政治、经济和文化等方面。在国民党反动政府被打倒的每一个地方，帝国主义者在政治上的控制权即随之被打倒，他们在经济上和文化上的控制权也被打倒。但帝国主义者直接经营的经济事业和文化事业依然存在，被国民党承认的外交人员和新闻记者依然存在。对于这些，我们必须分先后缓急，给予正当的解决。不承认国民党时代的任何外国外交机关和外交人员的合法地位，不承认国民党时代的一切卖国条约的继续存在，取消一切帝国主义在中国开办的宣传机关，立即统制对外政策，改革海关制度，这些都是我们进入大城市的时候所必须首先采取的步骤。剩下的帝国主义的经济事业和文化事业，可

---

① 毛泽东：《中国革命与中国共产党》，《毛泽东选集》第2卷，第596、600页。

以让它们暂时存在，由我们加以监督和管制。"对于普通外侨，则保护其合法的利益，不加侵犯。"①

解放战争在全国范围内节节胜利的革命形势，迫使帝国主义者纷纷撤走在华的投资。到全国解放时，外国资本在华企业还余下一千多家，其中约有六分之五是属于英美两国垄断资本的。在外国资本企业中，有些是属于外国一般侨民经营的小企业。对于外国资本经营的企业，就是采取上述的方针。

美国政府于 1950 年 12 月 16 日宣布管制我国在美国辖区内的公私财产，并禁止一切在美国注册的船只开往中国港口，企图继其武装侵略我台湾、轰炸我东北、炮轰我商船之后，进一步掠夺我国人民的财产。鉴于美国政府这种对我国日益加剧的侵略和敌视行动，并为了防止其在我国境内从事经济破坏和危害我国人民的利益，我中央人民政府政务院于 1950 年 12 月 28 日发布命令：中国境内之美国政府和美国企业的一切财产，应即由当地人民政府加以管制，并进行清查；中国境内所有银行的一切美国公私存款，应即行冻结。②

为了有效地同帝国主义作斗争，对各个帝国主义财产的处理是有区别的，其中对美国是从严的；一般也不采取无偿没收的方式，而是有区别地采取征用、代管和征购等多种形式。对有关我国主权或与国计民生关系较大的企业，可予征用；对关系较小，或者在性质上不便于征用的企业，可予代管；对政府认为有需要的企业，可予征购；对一般企业，可加强管制，促其自行清理结束。在上述四种方式中，以征用和加强管制为主。对少数在政治上、经济上无大妨碍的外国企业，还可以有意识地在上海、天津、广州等地保留一些。

根据中央工商行政管理局的统计资料，从全国解放到 1953 年，外国资本的企业从 1192 个减少到 563 个，职工由 12.6 万人减少到 2.3 万人，资产由 12.1 亿元减少到 4.5 亿元。其中英国资本的企业由 409 个减少到 223 个，职工由 10.4 万人减少到 1.5 万人，资产由 6.9 亿元减少到 3.1 亿

---

① 毛泽东：《在中国共产党第七届中央委员会第二次全体会议上的报告》，《毛泽东选集》第 4 卷，第 1372—1373 页。

② 《中央人民政府政务院关于管制美国财产冻结美国存款的命令》，《新华月报》1951 年第 1 期，第 587 页。

元；美国资本的企业由288个减少到69个，职工由1.4万人减少到1500人，资产由3.9亿元减少到1600万元。这样，就基本上清除了帝国主义在我国工业和其他经济领域的侵略势力，并进一步扩大了社会主义国有的工业和其他经济事业的阵地。

第二节　国有工业的集中统一管理

1950年年初开始的统一财政经济工作，是恢复国民经济首要的关键的一步，起了极重要的作用。就工业来说，统一财政经济工作也有两方面重要作用。就它造成物价稳定这方面说，它是建立社会主义工业企业管理制度（如计划管理、经济核算等）和有计划地恢复国有工业生产的前提，也是利用、限制资本主义工业的一个必要条件；就它同社会主义国有工业管理体制的联系方面说，正是通过这项工作以及尔后的有关工作，初步建立了集中统一的工业管理体制的雏形。但是，统一财政经济工作的历史本身，并不是本书的考察范围。这里需要叙述的，是在这个历史过程中开始实现的对国有工业的集中统一管理。

从这方面来看，统一财政经济工作以及尔后的有关工作，实际上是初步建立集中统一的社会主义国有工业管理体制雏形的过程。从《关于统一国家财政经济工作的决定》[①] 以及国民经济恢复时期的其他有关决定来看，这个雏形包括下列几个重要方面：

就中央和地方管理工业权限划分来说，实行统一领导，分级管理。凡属国家所有的企业，分三种办法管理：一是归中央人民政府各部直接管理；二是暂时委托地方人民政府或军事机关管理；三是划给地方人民政府或军事机关管理。

就国家和企业的关系来看，开始实行集中统一的管理体制。第一，在财政方面，实行统收统支。国营企业需要的资金（包括固定资产投资和定额流动资金），按所属关系，由中央政府或地方政府的预算拨款。超定额的流动资金由中国人民银行贷款。国营企业除了均须依照中央人民政府财政部的规定缴纳税收外，还需依所属关系把折旧金和利润的大部分交中

---

① 《新华月报》1950年第4期，第1393—1395页。

央人民政府财政部或地方政府。国营企业只能分别提取计划利润的 2.5%—5% 和超计划利润的 12%—20%，作为企业奖励基金。第二，在物资供应和产品销售方面，开始实行以计划调拨为主的物资供应和产品收购体制。当时是由中央人民政府贸易部承担这个物资调拨和产品收购任务。1950 年，对煤炭、钢材、木材、水泥、纯碱、杂铜、机床、麻袋八种主要物资实行计划调拨；到 1951 年，计划调拨的物资增加到 33 种；1952 年又增加到 55 种。第三，在劳动方面，也着手建立集中管理的体制。当时设立了中央和各大行政区、省、市的编制委员会，统一管理这方面的工作。规定各部门各企业编外及多余的人员，不得擅自遣散，均由全国各级编制委员会统一调配使用；各部门各企业如须增添人员，在经过适当机关批准之后，必先向全国编制委员会请求调配，只有在调配不足时，才能另外招收。第四，在计划方面，开始对国营企业实行直接计划即指令性计划。在国民经济恢复时期，这项任务是由政务院财政经济委员会（以下简称中财委）承担的。其程序是：先由中财委提出年度的国营工业生产控制数字，报中央人民政府政务院批准，并责成中央各工业部和各大行政区工业部，根据此数字，分配给所属企业；然后再由基层企业开始，自下而上地编制本系统的生产、成本、劳动等项具体计划，逐级审查汇总，由中央各工业部分别审核后，综合送达中财委批准；最后再按系统逐级下达至基层企业贯彻执行。

建立这种集中统一的社会主义国有工业管理体制的雏形，是以在国民经济中居于主导地位的社会主义国家所有制工业为基础的，是符合工业生产发展水平低和工业结构较为简单的历史情况的，是适应当时解决财政经济困难的需要的。因此，在它建立以后，对于消除财政赤字，稳定市场，集中财力用于军事上和经济上重点恢复的需要，都起了重要的促进作用。

第三节　国有工业企业的民主改革和生产改革

如前所述，在没收官僚资本主义工业企业时实行原职、原薪、原制度的政策。这对于顺利完成接收工作起了重要的作用。但也正因为这样，反映官僚资本主义剥削压迫关系以及某些不适应社会化大生产要求的企业管理制度，就被保存下来了，这是束缚生产力发展的。在我国，这些旧制度的破坏，以及适应社会主义生产关系和社会化大生产要求的企业管理制度的建立，是通过民主改革和生产改革完成的。

一、国有工业企业的民主改革

在 1949 年完成了对官僚资本主义工业企业的没收工作以后，就开始了企业的民主改革。这项改革的某些重要方面，是结合镇压反革命、"三反"（反贪污、反浪费、反官僚主义）和知识分子的思想改造等政治运动进行的，因而是比较彻底的。这项改革工作到 1952 年"三反"运动结束后就基本上完成了。

民主改革的主要内容包括：①为了彻底改变企业的领导机构，由接收时派遣军事代表进行监督和间接管理的办法，进一步发展到由国家委派厂长（或经理）直接管理企业。②依靠和发动工人群众，彻底废除原来官僚资本主义工业企业留下的压迫工人的制度（如纺织业中的搜身制，煤矿业中的把头制，搬运业中的包工头制等），清除隐藏在企业中的反革命分子和残余的封建势力。③用批评与自我批评的方法，消除旧企业留下的某些职员与工人之间的对立情绪和不信任情绪，克服某些职员不依靠工人群众办企业的资本主义思想，改善他们之间的关系。除了这三项内容以外，关键是实现工厂管理的民主化和建立厂长负责制。

1950 年 2 月中财委在《关于国营、公营工厂建立工厂管理委员会的指示》中强调指出：这是民主革命的中心环节。[1] 只有建立工厂管理委员会，实行工厂管理民主化，才能使工人群众亲身感受到自己是企业的主人，树立新的劳动态度，充分发挥其劳动的积极性。按照当时的有关规定：工厂管理委员会，由厂长（或经理）、副厂长（或副经理）、总工程师（或主任工程师）及其他生产负责人和相当于以上数量之工人、职员代表组织之，以厂长（或经理）为主席。工厂管理委员会的任务，是依据上级企业领导机关规定之生产计划及各种指示，结合本厂实际情况，讨论和决定一切有关生产及管理的重大问题，如生产计划、业务经营、管理制度、生产组织、人事任免、工资福利等，并定期检查与总结工作。工厂管理委员会多数委员通过的决议，如厂长（或经理）认为与该厂利益抵

---

[1] 《中国工业经济法规汇编（1949—1981）》，中国社会科学院工业经济研究所情报资料室编印（后同），第 489 页。

触，或与上级指示不合时，有停止执行之权；但须立即报告上级，请求指示。1951 年 5 月，中共中央批准的《东北局关于党对国营企业领导的决议》指出，"经验证明：国营厂矿中实行厂长在生产行政管理工作上的责任制，是目前我党管理工业的比较适宜的制度"。① 这不仅是因为国营厂矿企业是现代化的高度集中的大规模生产，需要在生产行政管理上实行严格的责任制，而且随着企业民主改革的进行，新的企业管理制度的建立，以及国家经济领导机关计划管理的加强，也有条件实行这种责任制。

实行厂长负责制，必须与管理民主化结合起来，还必须合理确定企业中党、行政、工会、青年团的合理分工。企业的基本任务是在国家计划指导下发展社会主义生产。从这点出发，党、政、工、团依据本身性质的特点可作如下的分工：①企业中的生产行政工作实行厂长负责制。②党是工人阶级组织的最高形式，对企业中的政治思想领导负有完全的责任，对企业中生产行政工作负有保证和监督的责任。③工会是企业中工人阶级的群众组织，主要工作是在党和上级工会的领导下，教育与组织广大职工，积极参加生产竞赛，保证国家计划的完成；并注意改善职工的劳动、生活条件，保护职工群众的日常利益。④青年团是企业中青年职工的政治的和群众性的组织，主要工作是在党和上级团委的领导下，对团员和青年工人进行教育，发动他们参加生产竞赛，组织学习，开展体育活动。这样，企业的党、政、工、团就可以从不同的工作岗位，以不同的工作方法进行工作，共同为完成企业的基本任务而奋斗。

二、国有工业企业的生产改革

生产改革是在民主改革基础上进行的。在国民经济恢复时期，多方面地进行了生产改革工作。在 1952 年"三反"运动结束、基本上完成了民主改革之后，工作重点就由民主改革转到了生产改革。生产改革的时间比民主改革要延续得长一些。

生产改革的主要之点在于：

第一，建立健全的企业管理机构，实行科学的分工；同时建立生产管理和技术管理的责任制度，改变无人负责的混乱状态。建立健全的企业管理机构，实行科学的分工，是工业企业进行正常生产和提高生产的基本条

① 《新华月报》1951 年第 10 期，第 1306 页。

件。但新中国成立初期，从官僚资产阶级手中接收过来的国有企业，管理机构很不健全，缺乏科学的分工，很多还不适合社会主义工业发展的需要。因此，解决这个问题，就成为生产改革中的一项重要工作。比如，中央人民政府纺织工业部在 1950 年 4 月曾经作出了《关于公营纺织工厂组织机构的决定》（以下简称《决定》）。[1][2]《决定》提出：新的纺织工厂组织机构必须适合下列几方面的要求：①制订长远的、按年的、按季的、按月的、按日的生产和供应计划，并保证和推动计划的完成。②执行有效的技术检查，保证产品质量合乎一定的标准。③制定并经常提高各种技术定额，规定合理的工资，组织生产竞赛，保证劳动生产率的不断提高。④执行严格的预算制度和精确的成本核算制度，以具备研究减低成本的必要条件。⑤严格实行计划性的机械基本修理和定期的机械保全制度，保证机械的有效运转和延长寿命。

为了实现上述各项要求，管理上必须有严格的科学分工。因此，纺织工厂依据规模的大小，可以设立：①厂长、副厂长、总工程师（或兼副厂长）。②计划科。③工资劳动科。④会计科。⑤人事科。⑥总务科。⑦纺部。⑧织部。⑨保全部。⑩发电所。⑪试验室。⑫房屋管理科。⑬机物料科。⑭原料成品科。⑮保安科。⑯劳保科。⑰运输科。⑱技术检查科，总管和分管纺织工厂各方面的工作。

建立生产责任制，不仅因为它是管理工业企业的基本原则，而且因为它是新中国成立初期工业企业管理中最薄弱的环节。当时在工业企业中，相当普遍地、不同程度地存在着这样的现象：生产与建设计划不能完成无人负责，原材料供应不及时、发生停工待料无人负责，产品质量差无人负责，破坏技术操作规程招致损失无人负责，机器的保护与使用无人负责，生产不能相互配合无人负责，浪费惊人无人负责，等等。在这种情况下，不建立生产责任制，工业的恢复和改造，就无法迈开步。但建立生产责任制并不只是为了克服这种现存的消极现象，还为了明确职工的责任，使之成为提高大家责任、推动工业生产发展的积极力量。

---

① 政务院《关于各级政府所经营的企业名称的规定》指示："关于各级政府所经营的企业。目前有称'国营企业'的，有称'公营企业'的，名称殊不一致。为此，政务院特做如下规定：一、凡中央及各大行政区各部门投资经营的企业（包括大行政区委托城市代管的），称'国营企业'。二、凡省以下地方政府投资经营的企业，称'地方国营企业'。"（1952 年 9 月 8 日，载《新华月报》1952 年第 10 期，第 179 页）

② 《中国工业经济法规汇编（1949—1981）》，第 492—494 页。

建立生产责任制，要求做到人人对生产负责，事事有人负责。为此，需要建立各种生产责任制，特别是建立企业领导者的责任制以及质量责任制和安全责任制。为了保证各种生产责任制的贯彻执行，还须建立、健全检查部门和检查制度，以及奖惩制度。

第二，推行经济核算制。按照政务院《关于一九五一年国营工业生产建设的决定》，[①] 实行经济核算制的目的，是在国家计划的集中指导下，发扬各企业经营的积极性，提高劳动生产率，增加产量，提高质量，降低成本，消灭浪费与增加国家的积累，保证工业的扩大再生产与提高劳动者的物质生活及文化水平。

国家对国营企业通过以下五项方法，实施经济核算制的管理：①实行计划管理。即规定企业增加生产（数量、质量与品种）、提高劳动生产率及降低成本的任务，并建立系统的检查制度，促其实现。②确定每个企业必要的固定资产与流动资金。③实行独立会计制。由中国人民银行集中国营企业的一切信贷，允许各企业有权独立与国家银行发生往来，逐渐发挥银行对企业财务活动的监督作用。责成各企业的领导人，对所管企业的盈亏负完全责任。④在完成国家计划的前提下，企业有权通过合同制自行销售产品与收购原材料。⑤实行工厂奖励基金制。实行经济核算制的企业，在完成了国家计划之后，可以提取计划利润的 2.5%—5% 和超计划利润的 12%—20%，但总额不得超过全年基本工资总额的 15% 的企业奖励基金，用于劳动模范和集体模范单位的奖金、困难职工的救济、改善各种福利设施及其他。

经济核算制的建立与完善，是需要经过一个过程的。尚未开始实行经济核算制的企业，可以通过编制生产、劳动、材料供应、成本和财务计划，清理资产，确定资金，制定平均先进定额，建立和健全财务成本的管理制度，加强统计机构，健全基层记录制度，改善统计工作等项工作，为建立经济核算制打下初步基础。实行经济核算制已有初步基础的企业，可以通过实施车间成本管理，改善资金管理和技术管理，进一步完善经济核算制；建立保安制度与定期检修制度，建立生产责任制。

第三，改革工资制度，贯彻按劳分配原则。在半殖民地半封建中国，

① 《新华月报》1951 年第 5 期，第 138 页。

工资是劳动力商品价值的转化形态。仅就工资制度来说，也是混乱不堪的。但在新中国成立初期，由于条件的限制，对老解放区干部和新参加革命的干部还只能继续实行供给制；只是对没收企业的职工实行原薪制，即按新中国成立前三个月内每月所得实际工资的平均数领薪。由于当时物价上升，为保证职工实际工资不下降，实行了工资分、折实单位等制度，逐月按国家公布的工资分、折实单位等来计算货币工资。①

但当时除了东北地区由于解放较早而有比较统一的工资制度外，全国工资制度的混乱状态并没有得到改善。其主要表现是：①工资计算单位不统一。东北、中南等地区是分，但分的大小又不一致；上海、南京、西安、重庆等地区采用折实单位、储蓄单位或工薪单位，单位的含量也不一样。当时全国共有十几种工资计算单位。②在部门之间，轻工业职工工资高于重工业；在企业内部，辅助工人工资高于主要工人，事务人员工资高于技术人员。③同一产业部门没有统一的工资标准，同级职员的工资差别高达二至三倍。④没有统一的等级制度。企业都是多等级制，有的多到三十几级、五十几级，甚至一百几十级；级差很小，有的只有一斤小米的差距。

为了解决这个问题，1950 年 8 月全国工资会议提出以下三项原则：①要在可能的范围内调整得比较合理，为建立全国统一的合理的工资制度打下初步基础。②一定要照顾现实，尽可能做到为大多数工人拥护。③要照顾目前国家财政经济能力，不能过多增加国家财政负担。1951 年 2 月全国工业会议又进一步提出，工资制度的统一，大体上分三个步骤：①地区调整。工资在全国范围内比较低的地区可适当地提高。②实行八级工资制。凡已实行经济核算制的企业，应有准备地实行。③实行计件工资制。凡经营管理基础较好、供产销均衡发展的企业，应逐步地实行。此外，原则上确定以工资分作为全国工资的统一计算单位。

在国民经济恢复时期，在党和国家统一政策的指导下，各大行政区开始对工资制度进行局部改革。1950 年，东北人民政府决定：调整公营产业工人、技术人员的工资，即在 1949 年实际平均工资的水平上平均提高

---

① 工资分是以一定种类和数量的实物为计算基础，用货币支付的工资计算单位。工资分所含的实物种类和数量为：粮 0.8 市斤，油 0.05 市斤，布 0.2 市尺，盐 0.02 市斤，煤 2 市斤。各地区规定的实物种类是有区别的。折实单位所包括的实物种类，一般是在米、面、油、布、盐、煤等基本生活资料中选几种，其数量主要依据各地对这些生活必需品消费的比例来规定。

8%。根据这一总则，规定重工业部门平均工资为 158 分，轻工业部门的平均工资为 132 分。在调整工资的同时，将现行的多等级（39 级）的工资制度，改为工人执行八级工资制。[①] 1951 年，全国其他各大行政区开始调整工资，并推行八级工资制。到 1952 年，全国开始进行第一次工资改革，统一以工资分作为工资计算单位，并初步确立了工人、职员的工资等级制度。又根据各产业部门在国民经济中的地位、技术复杂程度和劳动繁重程度划分了各产业部门的工资顺序。经过调整，工资制度开始趋于合理，工资水平也有显著提高。

第四，开展生产竞赛运动。随着官僚资本主义经济的被没收和民主改革、生产改革的进行，职工群众成为社会主义的国家和企业的工人，劳动积极性趋于高涨，生产竞赛也随之逐步开展起来。据统计，1950 年，有 68.3 万职工参加了生产竞赛；1951 年增长到 238 万人；1952 年，"三反"、"五反"运动结束后，参加爱国增产节约竞赛运动的职工占到职工总数的 80% 以上。在 1949 年至 1952 年期间，先进集体单位达到 19000 个，其中先进小组 18000 个；先进生产工作者 20.8 万人，其中女性有 26000 人。[②] 这三年，职工群众在改进机器、改进操作方法、改进劳动组织等方面，积累了很多先进经验，提出了很多合理化建议。这三年，合理化建议达到近 40 万个，其中被采用的就有 24.1 万个。[③]

在这期间，为了使生产竞赛运动合乎规律地发展，注意做到了：①竞赛的内容必须与完成生产计划的总任务相结合，与解决当前生产中最薄弱或最关键的一环相结合，明确每一阶段、每一厂矿的竞赛目标，避免一般性与盲目性。②增产与提高技术相结合，启发职工的智慧，从改善工具、改善操作方法、改善劳动组织等方面来提高生产，防止单纯加强劳动强度、片面追求数量、忽视质量的偏向。③推广先进生产者与先进生产小组的经验，是开展生产竞赛的重要方式。比如，沈阳第五机器厂马恒昌生产小组是 1949 年上半年就涌现出来的先进生产小组。仅 1950 年，该组就改进了 15 种生产工具，创造了 25 项新纪录，提前完成了生产任务，质量达到标准的占总数的 99%。该组的特点有：一是打破技术保守思想，促进

---

① 《中国工业经济法规汇编（1949—1981）》，第 359 页。
② 《伟大的十年》，人民出版社 1959 年版，第 165 页。
③ 《中华人民共和国三年来的伟大成就》，人民出版社 1953 年版，第 151—152 页。

全组技术进步，完成和超额完成生产任务；二是互助团结，表现了工人阶级的伟大友谊，避免了个人锦标主义；三是高度的劳动热情与技术钻研精神相结合；四是把全组积累的先进经验变成日常制度。从 1950 年起，沈阳第五机器厂推广了马恒昌小组的先进经验，开展马恒昌小组竞赛活动。① 又如，当时青岛第六棉纺织厂郝建秀创造了一套科学的细纱工作法。1950 年下半年总结和推广了这个先进工作方法，并把它称之为郝建秀工作法。它的基本特点有三：一是工作主动，有规律，有计划，有预见性；二是动作合理，把几种工作结合起来做；三是抓住了细纱工作的主要环节——清洁工作。因为清洁工作做得好，断头就少，皮辊花出得少，产量就高，质量也好。② 除此以外，还推广了许多先进的生产经验。如钢铁工业的"快速炼钢法"，煤炭工业的"快速掘进法"和"快速钻进法"，电力工业的"快速检修法"，机械工业的"快速切削法"和"多刀多刃切削法"，造纸工业的"快速蒸煮法"，等等。④ 在竞赛中建立与改善各种经营管理制度，创造新的技术标准与定额，提倡联系合同（即工厂中车间与车间之间为互相配合而订立的合同）和集体合同（即工会与厂方行政为完成一定生产任务而订立的合同），使职工之间、各生产部门之间求得相互配合、相互团结的平衡发展。⑤ 在竞赛中建立合理的奖励，使得竞赛运动能够持续地发展下去。按照中财委的规定，1952 年企业奖励基金 25% 用于技术措施费，45% 用于集体福利事业，5% 用于生活困难职工的补助，其余 25% 用于职工的奖励。③ 所有这些，都促进了这个期间生产竞赛运动的健康发展。

上述历史情况表明：我国社会主义的国有企业管理制度，正是通过民主改革和生产改革建立起来的。

第四节　国有工业生产建设的恢复和发展

国民经济恢复时期还不具备进行大规模经济建设的条件，当时的主要任务是要搞好经济的调整和恢复，以便为此后的大规模经济建设创造条

① 《新华月报》1950 年第 7 期，第 554 页；1951 年第 2 期，第 759—760 页。
② 《新华月报》1951 年第 10 期，第 126 页。
③ 《新华月报》1952 年第 5 期，第 95 页。

件。但是，在没收官僚资本主义的基础上建立起来的社会主义国家所有制工业，在进行了民主改革和生产改革后，就彻底地消灭了官僚资本主义的剥削关系，清除了残存的封建主义的压迫关系，确立了劳动者在国家和企业中的主人地位，初步实现了企业管理的民主化和按劳分配原则，解放了生产力，激发了广大职工的劳动积极性，开展了生产竞赛运动，推动了国有工业生产建设的恢复和发展，所以，在这一时期，国有工业仍然取得了巨大成就。

从 1949 年到 1952 年，国有工业的产值由 36.8 亿元增长到 142.6 亿元。由于国有工业比其他经济成分具有较多的优越性，它的产值的增长速度也比其他经济成分快得多。因而它在工业总产值中的比重有了显著的上升，由 1949 年的 26.2% 上升到 1952 年的 41.5%。[1]

这个时期为了适应恢复国民经济和加强国防的需要，还进行了一定规模的工业建设。

为了保证基本建设工作的顺利进行和提高基本建设投资的效益，中财委发布了一系列指导基本建设工作的文件。其中最完备的是 1952 年 7 月 9 日发布的《基本建设工作暂行办法》。[2] 这个文件对基本建设工作的一系列重要问题都作了原则性的规定：①确定了基本建设工作的内容，包括建筑、安装工程，机器设备及属于固定资产的工具等用品的购置，设计、勘探和与之有关的地质调查和技术研究工作，以及其他。为了便于各级主管机关对建设单位的计划、设计、施工等工作在管理上有所区别，把建设单位分为"限额以上"和"限额以下"两类。限额数字由中财委依据各种事业的不同情况分别确定。凡建设单位整个建设规模所需的投资总额超过或等于规定限额的为"限额以上"的建设单位；小于规定限额的为"限额以下"的建设单位。②提出各级主管机关直至企业，凡有基本建设任务的，均须依据工作的需要设立基本建设工作的专责机构。③从国民经济恢复时期需要集中管理基本建设工作的客观需要出发，规定基本建设计划依照建设单位的隶属关系，分别按中央（包括委托大行政区代管事业）与大行政区（包括地方事业）两个系统编制、综合和批准。与此相适应，基本建设的财务预算也依照建设单位的隶属关系，分别按中央（包括委

---

① 《中国统计年鉴》（1984），中国统计出版社 1985 年版，第 194 页。

② 《新华月报》1952 年第 2 期，第 127—131 页。

托大行政区代管事业）与大行政区（包括地方事业）两个系统编制、审核与拨付。即属于中央系统的（包括委托大行政区代管事业）由中央预算拨付，属于大行政区系统的由大行政区预算或地方预算拨付。④严格规定了基本建设工作程序。首先，建设单位需要经过调查研究，提出计划任务书。其目的是确定设计对象的建设计划方案。工业建设方面计划任务书的主要内容包括：产品种类及其在国民经济中的重要性；生产规模及其发展远景；建设地点及与有关工业的关系；建设期限及与有关工业的配合；投资估计数及所需外汇数；资源与经济条件，包括原材料供应与产品销路。计划任务书经批准后，才能开始进行设计。设计工作分为"初步设计"、"技术设计"和"施工详图"三个步骤。"初步设计"是依据批准的计划任务书对设计对象作通盘的研究与计算的文件。其目的是说明设计对象在技术上的可能性与经济上的合理性。"技术设计"是对已批准的初步设计中一切规定及技术问题的明确化与具体化。依此就可进行各种设备的订货，施工的正式准备及不需要施工详图的各项工作。"施工详图"系依照技术设计绘制出供施工用的详细图样。在这以后，建设单位才能依据已批准的设计文件和基本建设计划进行施工；否则，不得进行施工。⑤还就专业银行对建设单位拨款的监督工作和各级主管部门对建设单位的检查工作，以及验收交接工作和工程决算工作做了规定。由中财委颁布的文件，特别是《基本建设工作暂行办法》，对纠正当时基本建设工作普遍存在的分散性和盲目性，以及由此带来的混乱、工作效率低的状态，起了有益的作用，促进了这个时期基本建设工作的开展。

在国民经济恢复时期，1950 年和 1951 年由于抗美援朝战争的需要，国防战备费在国家财政支出中占的比重很大，包括工业在内的基本建设投资受到了很大的限制。但到 1952 年，随着抗美援朝战争取得了伟大胜利，国防战备费的比重显著下降，包括工业在内的基本建设投资有了很大的增长，这一年，按国民经济各部门统计的工业投资达到了 16.9 亿元。①

伴随着工业基本建设投资的增长，工业固定资产有了增加。半殖民地半封建中国经过近百年的积累，1949 年工业固定资产只有 128 亿元，到 1952 年就增长到 158 亿元。这三年增加的工业固定资产大约相当于过去

---

① 《伟大的十年》，人民出版社 1959 年版，第 48 页。

近百年积累的固定资产的四分之一。[①]

与工业固定资产的增长相适应，工业产品基建新增生产能力也有了增加。1949 年至 1952 年，工业主要产品基建新增生产能力，炼铁为 76.4 万吨，炼钢为 55.8 万吨，轧钢为 33.6 万吨，铜电解为 0.2 万吨，煤炭开采为 1564 万吨，洗煤为 511 万吨，石油开采为 12.7 万吨，石油加工为 25.6 万吨，发电机组容量为 22.2 万千瓦，合成氨为 0.8 万吨，硫酸为 2.5 万吨，烧碱为 1.5 万吨，纯碱为 9.1 万吨，水泥为 55.8 万吨，机制纸为 9.4 万吨，机制糖为 1.3 万吨，棉纺锭为 23 万锭。

可见，国民经济恢复时期，尽管由于客观条件的限制，工业基本建设还不可能摆在首要的地位，建设规模也不大，但仍然取得了显著的成效。

---

① 《伟大的十年》，人民出版社 1959 年版，第 4、82 页。

第三章 民族资本主义工业和个体手工业生产的恢复及其社会主义改造的开始

第一节 扶植有益的民族资本主义工业和打击投机资本

在国民经济恢复时期，党对民族资本主义工业的利用、限制、改造方针，主要是通过扶植有益的资本主义工业和打击投机资本，调整资本主义工业，以及"五反"运动（即反对行贿、反对偷税漏税、反对盗窃国家资财、反对偷工减料和反对盗窃国家经济情报）这样依次相连的三个环节实现的。民族资本主义工业的恢复、改组和改造，也是在这个过程中实现的。

在新中国成立初期，民族资本主义工业在工业中居于重要的地位。1949 年，民族资本主义工业产值为 68.3 亿元，占工业总产值的 48.7%。[①]其中，原煤占 28.3%，烧碱占 59.4%，电动机占 79.6%，棉纱占 46.7%，棉布占 40.3%，纸占 63.4%，火柴占 80.6%，面粉占 79.4%，卷烟占 80.4%。这就决定了在当时的条件下还必须利用有益于国计民生的资本主义工业。但在半殖民地半封建中国，民族资本主义工业普遍陷入衰落状态。新中国成立初期，在原料供应、产品销售和资金周转等方面民族资本

---

① 《中国统计年鉴》（1984），中国统计出版社 1984 年版，第 194 页。

主义工业也不可避免地存在许多困难，这是一方面；另一方面，在旧中国的市场上，投机资本盛行。在这种条件下，民族资本也竟做投机买卖，他们由此获得的利润，常常超过从事生产经营获得的利润。当然，在旧中国，投机活动主要来自帝国主义资本和官僚主义资本，而不是民族资本。但在解放以后没收了官僚资本，清除了帝国主义在经济方面的侵略势力。这时候，投机活动主要就来自民族资本了。从贯彻党的利用、限制和改造的政策方面来看，上述两种情况就决定了新中国成立初期对待民族资本主义工业的双重任务：一是扶植有益于国计民生的民族资本主义工业；二是打击破坏国民经济的投机资本。

为了利用资本主义工业在发展国民经济方面的积极作用，人民政府采取了一系列措施帮助民族资本解决原料、市场和资金等方面的困难。这些措施主要是：供给原料或以原料换成品，委托加工或代销成品，发放工业贷款，降低工业税率，使其低于商业税率等。这就促使有益的资本主义工业在较短的时间内得到了不同程度的恢复。比如，解放较早的沈阳市，在1949年6月至12月的半年中，民族资本主义工业企业由9727家增加到12007家，增加了23%。另据解放较晚的上海市1949年12月对全市68个工业行业的调查，在10078家资本主义工厂中，开工的已达61.7%，其中有些行业已经达到80%以上（如棉纺织业），甚至100%（如碾米业）。

1949年是人民解放战争在全国取得胜利的一年，同时又是财政困难的一年。一方面，解放战争正在进行，对国民党反动政府留下的几百万公教人员需要采取包下来的政策，军政费用支出巨大。另一方面，国民经济受到战争的严重破坏，新解放区急剧扩大，税收工作跟不上，财政收入不敷支出。于是这年财政支出中赤字就占了三分之二，不得不依靠发行货币来弥补。这样，虽然满足了革命战争的需要，但却不能避免物价上涨。比如，1949年7月底发行货币2800亿元，到同年11月13日增加到16000亿元，上升了近五倍。在这期间，尽管人民币的流通范围扩大了，但仍然避免不了物价的上涨，京津物价上涨1.8倍、上海1.5倍。这时，投机资本为了追逐暴利，利用国家的财政困难，凭借它所掌握的经济力量，扰乱金融，囤积居奇，哄抬物价。致使1949年4月、7月、11月和1950年2月出现了四次大规模的涨价风，物价急剧上升。上海市从1949年6月到1950年2月，批发物价大约上涨了20倍。投机资本的活动，是物价急剧上升的主要因素。

在革命战争正在进行的条件下，物价在某种幅度内的上涨是不可避免的。但是，如果不改变由投机资本的活动而引起的物价急剧波动的局面，社会主义国有经济就不能取得市场领导权，国有工业的恢复就缺乏必要的前提，民族资本主义工业的积极作用就难以发挥，人民生活就会遇到很大困难，新生的人民政权也难以巩固。

为了有效地同投机资本作斗争，人民政府除了积极恢复、发展社会主义的工业和商业，逐步在市场上确立社会主义经济的优势以外，还运用政权力量加强了国家的行政管理。首先是金融管理。人民政府在建立、发展社会主义金融体系的同时，发动各地人民群众展开反对银元、金钞投机的斗争。比如，当时上海举行了大规模的"反对银元投机，保障人民生活"的游行，查封了金融投机的大本营——"证券大楼"，将破坏金融的首要分子 230 多人逮捕法办。还公布了金银外币的管理办法，禁止金银、外币自由流通，并由中国人民银行收兑。对于私营的金融机构也加强了管理，对专门经营高利贷的"地下钱庄"等违法的金融机构坚决取缔，对一般的私营银行、钱庄则加强监督。这样，就基本上制止了金融投机活动，并把私营金融机构的业务活动逐步地纳入国家银行的控制之下。

其次是加强了市场管理。当时主要措施有：公布工商业登记办法，普遍登记，不经核准不得开业；管理市场交易，建立交易所，实行主要物资的集中交易；管理市场价格，主要是保护国营商业牌价不受私商破坏，使之成为市场上的主导价格；管理采购，把大宗采购工作置于政府监督之下，防止争购；取缔投机活动，对一般私营工商业的投机违法行为，要依据情节轻重，予以处理，对少数敌视人民政府、带头哄抬物价的反动资本家，则依法制裁；保护正当的工商业。这些对打击投机资本的破坏活动、稳定物价，起了重要的作用。

然而，物价上涨是由货币和商品供应的不平衡而产生的经济问题，仅用行政管理手段，并不能从根本上解决物价上涨问题，也不能有效地打击投机资本的破坏活动，但在当时还难以缩减财政赤字的情况下，主要的经济措施，就只有依靠国营贸易部门掌握主要商品，选择有利时机，集中抛售物资，平抑物价，打击投机资本。1949 年，由于国有工业的恢复，又加强了公粮的征收工作，以及主要的工农业产品的收购和调运工作，实行了对外贸易的管理，迅速地集中了大量的物资。当时国有商业控制了商品粮的三分之一左右，棉纱供应量的30%，棉布的50%，食盐的66%。在掌握了这种物质力量的前提下，国有商业选择有利时机，集中抛售大量物资，给囤积居奇、哄抬物价的投机者以沉重打击，把物价上涨风平抑下来。这在平抑1949年11月的物价上涨风中表现得尤为明显。那次物价上涨是新中国成立以来物价上涨最猛、延续时间最长、投机资本最猖獗的一次。从11月1日起，在中财委统一领导下，一面短期紧缩通货，把一些可以暂缓的开支推迟一下，并超征能起收缩通货作用的税收；一面在全国范围内调运和集中粮食和棉纱等重要物资。然后从同月25日起，全国各大城市的国有商业乘物价高涨之时，一起开始大量抛售。于是从26日起，物价开始下跌。连续抛售了10天，物价大幅度下降，上涨风被抑平。这使得投机资本陷于措手不及的境地，受到了一次毁灭性的打击。当然，要使物价持续地稳定，投机资本无空隙可钻，还必须首先实现统一财政经济工作，平衡财政收支，然后进一步争取国家财政经济状况的根本好转。

第二节　调整民族资本主义工业

打击投机资本，统一财政经济工作，物价趋于稳定，为工业的恢复和发展创造了条件。但对从半殖民地半封建社会过来的资本主义工业来说，却暂时地发生了严重的困难，商品滞销，生产萎缩。同1951年1月相比较，全国私营工业5月份主要产品产量大幅度下降。其中棉布减少38%，绸缎减少47%，毛纱减少20%，卷烟减少59%，烧碱减少41%，普通纸减少31%。

产生这种困难的原因是：

第一，由于帝国主义、封建主义和官僚资本主义的残酷剥削和长期战争的破坏，社会生产大幅度下降，人民购买力显著下降。

第二，在过去长期的通货膨胀的条件下，人们为了避免物价上升的损失，竞相购买不是为了消费的商品。随着物价的稳定，这种虚假的购买力也就消失了。

第三，在半殖民地半封建中国发展起来的民族资本主义工业，许多方面是适应旧中国统治者的需要的。这样，随着国民党反动统治的被推翻，许多商品也就从根本上失去了销售市场，不能适应新中国市场的需要。

第四，许多民族资本主义企业机构臃肿庞大，企业经营方法也不合理，产品成本高，利润少，甚至亏本。

第五，资本主义经济特有的生产上的盲目性。所有这些都会引起私营企业的减产、停工甚至倒闭。

根据上述情况，当时毛泽东提出："今后几个月内政府财经领导机关的工作重点，应当放在调整公营企业与私营企业以及公私企业各个部门的相互关系方面，极力克服无政府状态。"①

所谓调整工商业，"就是说，在半殖民地半封建的国民经济轨道拆毁了之后，应该按照新民主主义的轨道来安排工商业的问题。其中最突出的是三个基本环节：（一）调整公私关系；（二）调整劳资关系；（三）调整产销关系"。②

调整公私工业关系又包括两个基本方面：一是调整公私工业之间的关系，二是调整税收负担。

调整公私工业之间关系的目的，是要在确保社会主义国有工业的领导地位的条件下，使私人资本主义工业在国有经济的领导下分工合作，各得其所。在实现这个目的方面，由政府或国有企业委托私营工厂加工、订货和由国营商业收购其产品具有特殊重要的意义。因为当时主要就是通过它来调整资本主义工业，维持和促进私营工厂的生产。在这方面，当时遵循的原则是：①应当依据国家的需要和可能。所谓需要，是说加工、订货、收购的产品，必须对国家当前和将来有用。所谓可能，是指加工、订货、收购的产品数量，应以国家现有的经济力量为限。②加工、订货和收购的地区分配要适当，即必须依据各个地区各种企业的不同情况，从全局观点出发给予恰当的分配。③收购价格应依据市价，不应低于或高于市价。加工的"工缴费"应依据加工地区合理经营的中等标准，计算工厂成本。④对公私工厂加工条件应当一视同仁，不应有所偏颇。⑤公私双方均应严格信守加工、订货和收购的合同。经过这次对资本主义工业的调整，加工、订货、包销和收购达到了很大的规模。1949 年，这部分产值只占私

---

① 《新华月报》1950 年第 5 期，第 99 页。

② 陈云：《中华人民共和国过去一年财政和经济工作的状况》，《新华月报》1950 年第 10 期，第 1320—1321 页。

营工业总产值的 11.5%，1950 年上升到 27.3%。

调整税收负担的目的，是在保证满足国家财政需要的前提下，适当地减轻私营企业的负担，以促使民族资本主义工业的恢复。主要内容有：继续实行工轻于商和日用品轻于奢侈品的征税政策；简化税目；对部分工业品实行减税和免税；对所得税提高了起征点和最高累进点，增加了累进级数，使累进放缓。

调整劳资关系，当时贯彻了以下三项基本原则：一是必须确认工人阶级的民主权利；二是必须首先从有利于发展生产出发；三是解决劳资关系问题，必须用协商的办法，只有在协商不成时，才由政府仲裁。

为了调整好劳资关系，1950 年 4 月中央人民政府劳动部发布了《关于在私营企业中设立劳资协商会议的指示》。① 劳资协商会议这种组织形式，是天津、武汉等地私营工厂中的工人和厂主在实际工作中创造出来的，是贯彻毛泽东提出的"劳资两利"政策的一种良好的组织形式。它的基本精神，就是要依据民主原则，用平等协商的办法解决企业中的劳资关系问题，《指示》要求用集体合同来规定劳资双方的权利和义务。这样，一方面确认了工人的民主权利，保护了工人的利益，从而激发了工人的积极性；另一方面也使资方获得了行使自己经营权的新方式，能够更好地经营企业。全国各地依照这个指示普遍地在私营企业中建立了劳资协商会议。据不完全统计，到 1950 年 6 月底为止，北京、天津、上海、武汉、广州等地就已经建立了 923 个劳资协商会议，对调整劳资关系起了有益的作用。

调整产销关系的目的是克服资本主义工业生产的无政府状态。在半殖民地半封建中国，工业畸形发展，重工业比重很小，轻工业比重很大。新中国成立初期，随着物价趋于稳定而产生的暂时困难，使得这方面的矛盾更为突出了，即一方面许多重工业亟待恢复和发展，另一方面不少轻工业又出现了生产过剩，而民族资本主要是经营轻工业的。这样，调整产销关系就成为调整资本主义工业的一个重要问题。

私人资本主义的本性是排斥社会的有计划生产。但在人民民主政权已经建立、社会主义国有经济在国民经济中的领导地位已经确立的条件下，

---

① 《新华月报》1950 年第 6 期，第 311 页。

采取经济的和行政的办法，逐步地把私人资本主义企业生产纳入国家计划的轨道，是有可能的。

为了调整产销关系，1950 年中央人民政府财经部门召开了一系列的全国性的工业专业会议。会上，公私企业的代表协商解决产销关系中的问题，依据社会需要拟订各行业的产销计划，又按照公私兼顾的原则对公私企业合理分配计划任务。对私营企业的计划任务，很多都是通过加工订货的方式实现的。比如，1950 年六七月间中央人民政府食品工业部召开了全国油脂工业会议，由各大行政区工业部门和公私企业的代表参加。针对当时油脂生产过剩的情况，会议确定这年下半年全国生产各种油 64000 吨和各种油饼 233650 吨的计划任务，依据公私兼顾和生产能力对公私企业作适当分配；并由中国油脂公司以及各地的粮食局、土产公司和粮食公司等单位委托私营油脂业加工。[①] 又如，1950 年上半年，中央人民政府重工业部召开了全国机器工业会议。这次会议所确定的国家订货，可以满足全国公私机器业这年下半年生产能力的 70% 。订货也依公私兼顾的精神分配，如分给上海私营机器业的订货可满足其生产能力的 60% 以上，天津可满足 80% 以上。[②]

为了巩固调整资本主义工商业的成果，进一步把私人资本主义工业纳入新民主主义经济的轨道，1950 年 12 月中央人民政府政务院颁布了《私营企业暂行条例》。条例规定：私营企业的设立，变更营业范围和资本，以及迁移、转业、停业、歇业等，均须经政府核准和进行登记；私营企业应接受社会主义国营经济的领导，执行国家制订的重要产品的产销计划和有关的劳动法令。条例还规定了企业盈余的分配办法。独资和合伙企业的盈余分配，除法令另有规定者外，依契约或行业通例办理。公司形式的企业在年度决算后，如有盈余，除缴纳所得税和弥补亏损外，先提 10% 以上的公积金，作为扩充事业和保障亏损之用。然后再分配股息，股息最高不得超过年息的 8% 。余额依下列各项分配：股东红利及董事监察人、经理人、厂长等酬劳金一般不少于 60% ，改善卫生设备基金，以及职工福利基金和职工奖励金等一般不得少于 30% 。[③]

---

① 《新华月报》1950 年第 8 期，第 873 页。
② 《新华月报》1950 年第 7 期，第 624 页。
③ 《新华月报》1951 年第 1 期，第 578—580 页。

调整资本主义工业，迅速取得了成效。1950 年 7 月以后，私营企业的产品销售就由停滞转变为活跃，工业生产由萎缩状态趋向迅速的恢复。上海、北京、无锡、张家口等 10 个大中城市，1950 年第二季度私营工商业开业 5903 家，歇业 12750 家，后者超过前者 6847 家。但到 1950 年下半年，开业 32674 家，歇业 7451 家，前者超过后者 25223 家。1951 年私人资本主义又有进一步恢复。与 1950 年相比，1951 年全国私营工业的户数增加了 11%，职工人数增加了 11.4%，产值增长了 39%。

第三节　"五反"运动

由于调整工商业政策的贯彻执行，资本主义工业获得了迅速的恢复。但在这个过程中，资本主义唯利是图的本质又有了更进一步的暴露。然而，在全国财政经济统一、物价稳定、社会主义国有经济已经掌握了市场领导权的条件下，资产阶级不可能像 1949 年至 1950 年年初那样，靠从事商业投机来获取暴利了。于是他们转而采用"五毒"的办法，即偷工减料、偷税漏税、盗窃国家资财、盗窃国家经济情报和行贿的办法，来获取暴利。

在资产阶级中，犯"五毒"行为的面是很广的。依照 1950 年缴纳第一期营业税后税务局的典型调查，上海 351 家纳税户中，有逃税行为的占 99%，天津 1807 家中，有偷税漏税行为的占 82%。据北京市 1952 年的调查，除掉小额回扣不算行贿，被勒索而无违法所得者也不算行贿以外，尚有 13087 户，即约占 26% 的工商户有行贿行为。[①] 又据 1952 年上半年"五反"运动期间的材料，北京、天津、上海等九大城市 15 万多户私营工商业中，不同程度地犯有"五毒"行为的就有 34 万多户，占总户数的 76%。

不法资本家的"五毒"行为达到了疯狂得令人发指的程度。比如，他们为了获取暴利，竟不顾淮河流域广大人民生命财产的安全，大量盗窃国家的治淮资财。1952 年，单是河南省治淮总部在上海招商代办工程和采购工程器材费用，就达到 500 多亿元，其中被上海奸商侵吞、讹诈和盗

---

① 《新华月报》1952 年第 4 期，第 20 页。

窃的就有一百数十亿元。① 又如，我国广大人民把中国人民志愿军称做最可爱的人。但奸商利欲熏心，竟不惜把志愿军作为暗害对象。他们从尸体上和垃圾堆里拾取腐烂的棉花，做成含有大量化脓菌、破伤风菌的急救包，以高价卖给志愿军，使许多为祖国负伤的志愿军战士，不该残废的残废了，不该牺牲的牺牲了。他们用坏牛肉做成罐头，用发霉的面粉做成饼干，用坏鸡蛋做成蛋粉，在咸菜中掺入沙子，高价售给志愿军，使志愿军中毒致病。②

资产阶级的猖狂进攻，不仅在经济上给国家造成了重大损失，而且在政治思想上严重腐蚀了国家干部；如果任其发展，国家的前途就有脱离社会主义轨道的危险。为了打退资产阶级的猖狂进攻，党中央继 1951 年 12 月 1 日作出《关于实行精兵简政、增产节约、反对贪污、反对浪费和反对官僚主义的决定》之后，于 1952 年 1 月 26 日又发出了《关于在城市限期展开大规模的坚决彻底的"五反"斗争的指示》。在党中央的领导下，1952 年上半年，全国开展了一次大规模的"五反"运动。这个运动是在党自上而下的领导和工人、店员以及全国人民自下而上的支持下进行的。

这场斗争的性质，是社会主义和资本主义两条道路的斗争，但总的来说还是属于人民内部矛盾的阶级斗争。其目的也不是要在这时候就消灭资本主义，而是要打退资产阶级的猖狂进攻，取缔他们的违法活动，使之遵守政府的法令，接受国营经济的领导。"党和国家的基本方针，是通过这些斗争使那些坚持不法行为的少数资产阶级分子在人民群众中；同时也在资产阶级内部陷于完全的孤立，而把那些愿意服从国家法令的大多数资产阶级分子团结起来。"③

为了贯彻这一基本方针，党和国家在处理违法的私人工商户时实行了下列五项基本原则："过去从宽，今后从严；多数从宽，少数从严；坦白从宽，抗拒从严；工业从宽，商业从严；普遍商业从宽，投机商业从严。"为了实行区别对待，分别处理，又划分了私人工商户的类型，即分为"守法的、基本守法的、半守法半违法的、严重违法的和完全违法的五

---

① 这是旧人民币。1955 年 1 月 21 日国务院发布了《关于发行新的人民币和收回现行的人民币的命令》。命令规定：中国人民银行自 3 月 1 日起发行新人民币，新旧币的折合比率为 1 元等于 1 万元。

② 《新华月报》1952 年第 3 期，第 34、39 页。

③ 刘少奇：《中国共产党中央委员会向第八次全国代表大会的政治报告》，《中国共产党第八次全国代表大会文件》，人民出版社 1980 年版，第 22 页。

类。就大城市说，前三类占百分之九十五左右，后两类占百分之五左右”。[①] 比如，在北京市私人工商户 50000 户中，约有守法的 5000 户，占 10% 左右；基本守法的 30000 户，占 60% 左右；半守法半违法的 12500户，占 25% 左右；严重违法的 2000 户，占 4% 左右；完全违法的 500 户，占 1% 左右。[②] 对基本守法户只退违法所得的一部分，对半守法半违法户只退违法所得而不罚款。这样做，就能够安定占私人工商户总数 95% 左右的前三类资本家，而使占 5% 左右的严重违法户和完全违法户陷于孤立。即使对完全违法户也采取了分别对待的办法，把他们分为两部分：一部分在审讯中已彻底坦白并愿立功赎罪，最后于补税退财外可以酌判罚金，而不必判刑；另一部分则须判刑。

"五反"斗争具有重大的意义。这个斗争大大地巩固了工人阶级在社会政治生活中的领导地位以及社会主义国有经济在国民经济中的主导地位；极大地教育了工人群众和广大干部，增强了他们抵抗资产阶级腐蚀的能力；深刻地触动了资产阶级的灵魂，有力地促进了民族资本主义企业中的民主改革和生产改革。这样，"五反"斗争就不仅推动了工业和国民经济的恢复工作，而且为私人资本主义接受社会主义改造铺平了道路，创造了更为有利的条件。

为了利用私人资本主义工业有益于国计民生的优点，需要在"五反"运动获得胜利的新的条件下进一步贯彻调整工商业的政策。

在调整公私关系方面，主要是国家恢复和扩大对私营工业的加工订货。为此，首先要求规定一个国家加工订货利润的合理标准。"大体上就是按照不同情况，保证私营工厂按其资本计算，在正常合理经营的情况下每年获得百分之十左右，百分之二十左右，到百分之三十左右。"此外，按照各地各业的实际情况制定了具体的加工订货规格，作为验收标准。[③] 这些规定推动了加工订货的发展。1952 年，国家对私营工业加工订货及收购的总产值达 58.98 亿元，比 1951 年增长了 13.6%。同时，在税收和银行贷款等方面也采取了一系列调整措施。过去物价上升，银行贷款利息很高。1950 年以后，物价趋于稳定，降低贷款利息的时机已经成熟。从

---

① 毛泽东：《关于"三反"、"五反"的斗争》，《毛泽东选集》第 5 卷，第 55 页。

② 《新华月报》1952 年第 4 期，第 20 页。

③ 陈云：《在中华全国工商业联合会筹备代表会议上的讲话》，《新华月报》1952 年第 7 期，第 34 页。

1952 年 6 月份起，中国人民银行决定对私营工商业的放款利率由 2.4 分至 3 分降到 1.05 分至 1.95 分；还扩大了对私营工商业的放款额。

当时的劳资关系，在一部分私营企业中是正常的，有一部分则不正常。主要是：有的企业资方对职工在"五反"中检举他的"五毒"行为，进行报复，实行停伙、停薪，也有一部分职工在"五反"运动中提出了过高的要求。这些不正常状态需要调整。当时确定："报复职工的行为，必须制止。职工所提的要求，必须适合企业经营的可能情况，不能过高。资方的财产，应受保护，对于企业中经营管理和人事调配的职权，属于资方，但应遵守政府的法令。职工的待遇应作可能和适当的改善。劳资之间的争议，应该继续采取双方协商，订立集体合同。"[1]

在产销关系方面，当时各大城市有许多工业品没有推销出去，而内地小城市和农村市场则感到工业品缺乏，某些土产品又滞销。这种情况表明需要大力开展城镇物资交流，沟通产销关系。因此，1952 年上半年，中央贸易部和西北、中南、华北、华东各大区都相继召开了物资交流会议，推动了城镇之间商品交换的发展。比如，到 1952 年 11 月底，上海市参加了 275 个地区的物资交流会，购销额达到 2.9 亿元，其中私人经营的占 46.5%。

为了在组织上进一步加强对私营工商业的领导，使它们沿着共同纲领的轨道健康发展，1952 年 6 月，召开了中华全国工商业联合会筹备代表会议，筹备成立工商界的全国性组织。工商业联合会是由全国各类工商业者（包括国营企业、合作社企业、公私合营企业和私营企业，其中主要是私营企业）联合组成的人民团体，它担负的主要任务是：一方面领导工商业者遵守共同纲领和人民政府的政策法令；另一方面代表私营工商业者的合法利益，向人民政府或有关机关反映意见，提出建议。各地工商业联合会要受同级人民政府的指导和监督。中华全国工商业联合会是于 1953 年正式成立的。当时所属省级工商联组织 28 个，市、县工商联组织 1913 个。

由于采取了一系列的经济上和组织上的措施，有力地促进了民族资本主义工业的恢复、改组和改造。

---

[1] 陈云：《在中华全国工商业联合会筹备代表会议上的讲话》，《新华月报》1952 年第 7 期，第 34—35 页。

第四节　民族资本主义工业的恢复、改组和
国家资本主义的初步发展

国民经济恢复时期，在党的利用、限制和改造方针的指引下，经过扶植有益的资本主义工业和打击投机资本的斗争，调整资本主义工业，以及"五反"运动，民族资本主义工业得到了恢复、改组，国家资本主义有了初步发展。

第一，这个期间民族资本主义工业得到了恢复。1949 年到 1952 年民族资本主义工业户数由 12.3 万增长到 14.96 万，增长了 21.6%，职工人数由 164.38 万增长到 205.66 万，增长了 25.1%，总产值由 68.28 亿元增长到 105.26 亿元，增长了 54.2%。

第二，这个期间民族资本主义工业同时经历了深刻的改组过程。就是说，有利于国计民生的工业部门，在人民政府和国有经济的领导和帮助下，得到了较快的恢复和发展。比如，与 1949 年相比，1952 年全国私营机器制造业户数增加 2.26 倍，产值增长 3.98 倍；钢铁冶炼业户数增长 2.47 倍，产值增长 4.04 倍；造纸业户数增加 88.1%，产值增长 1.88 倍；日用棉纺织业户数增长 25.84%，产值增长 59.35%。可见，这些部门无论户数的增长速度，还是产值的增长速度都超过了民族资本主义工业总户数和总产值的增长速度。然而，那些不利于国计民生的部门则处于衰落的状态，陷入被淘汰的境地，专供官僚买办和地主阶级享受的奢侈品和迷信品的生产，就是这样。比如，天津市原有 55 户造香业，解放后的 1949 年就纷纷停产或转业了。[1]

第三，这个期间还开始了对民族资本主义工业的社会主义改造过程。主要是作为国家资本主义初级形式[2]的加工订货有了较迅速的发展。在 1949 年至 1952 年期间，加工订货的产值由 8.1 亿元增长到 59 亿元；占私营工业和公私合营工业总产值的比重，由 11.5% 上升到 49.6%。这个时

---

① 《新华月报》1949 年第 11 期，第 94 页。

② 按照社会主义经济与资本主义经济联系的方式和程度的区别，工业中国家资本主义初级形式有以下五种：加工、订货、统购、包销和收购。虽然这五种形式有区别，但又有联系。因此，通常所说的加工订货是泛指这五种形式。

期加工订货的发展，主要还是为了利用民族资本主义工业的积极作用，以便国家掌握更多的日用工业品，去实现同农民的农产品交换，调整工商业，促进资本主义工业的改组。

加工订货这种国家资本主义的初级形式，虽然没有根本改变资本主义私有制，但它对资本主义的自由竞争及其剥削都有限制，因而同资本主义的本性不相容，必然遇到它们的抵抗。但是，由于有了人民民主专政国家以及居于主导地位的国有经济，特别是掌握了原料和市场；再加上1950年统一财政经济工作以后，资本主义工业暂时陷入了困难，1952年"五反"运动期间市场一度也面临停滞的局面。因而，加工订货尽管是在限制与反限制的斗争中实现的，但却能够逐步发展起来。

适应发展加工订货目的的需要，新中国成立初期加工订货是在一些大城市进行的，是以大企业为主的，多数是在同国计民生关系较大的行业中发展的。1952年，水泥和棉纺100%纳入加工订货，钢材和面粉为80%—85%，电动机、棉布和纸张为70%—79%，烧碱、胶鞋和火柴为60%—69%，金属切削机床和食用油为50%—59%。

加工订货虽然有上述各种形式，但均具有共同的根本点，即是社会主义经济成分同资本主义经济成分在企业外部的联系形式，也就是这两种经济成分在流通过程中的联系形式。通过这种联系，把私人资本主义的生产和流通开始纳入国家计划的轨道，限制了资本主义特有的盲目性；使得资本主义企业的一部分利润转化为国家的收入，限制了资本主义的剥削；增强了职工群众对资本主义企业的监督作用，限制了资本家对企业的经营管理权。因此，加工订货虽然没有根本改变资本主义企业的性质，但这时的企业已不是完全的资本主义企业了，它具有社会主义的萌芽或因素，成为实现对资本主义工业的社会主义改造的过渡形式。

在国民经济恢复时期，作为国家资本主义高级形式的个别企业的公私合营，也有了一定的发展。在1949年至1952年，公私合营企业产值由2.2亿元增加到13.7亿元，占私营工业和公私合营工业总产值的比重由3.1%上升到11.5%。

这个时期建立公私合营企业的途径有三种：多数是原来有官僚资本投资的企业，或有敌伪财产的企业，经过没收转为公股而建立的；一部分是在1952年"五反"运动以后，由没收资本家的违法所得转为公股而合营的；还有一部分是由于有些私人企业财务发生困难，国家投资作为公股而合营的。

与公私合营企业建立途径相联系，这个时期公私合营企业的一个主要特点是公股比重大。1949 年为 67.1%，1950 年为 52.4%，1951 年为 50.7%，1952 年为 52.5%。公私合营企业是由国家委派干部领导管理，因此，它具有半社会主义的性质。至于那些公股比重很大的公私合营企业，则具有更多的社会主义性质。

第五节　个体手工业生产的恢复和合作化的初步发展

解放前，我国资本主义工业没有得到充分发展，以致新中国成立初期手工业在全国工业生产中占有相当重要的地位。据统计，1949 年，个体手工业产值为 32.2 亿元，占工业总产值的 23%。[①] 因此，恢复手工业生产，是恢复国民经济的一个重要方面。

但是，当时恢复手工业生产存在许多严重困难。手工业生产本来就落后，解放以前，又长期遭受着三座大山的压迫和战争的破坏。根据对全国重点省市 18 种主要手工业产品的统计估算，1949 年手工业产值仅为抗战前的二分之一。解放初期，由于整个国民经济性质突然发生变化，手工业原有的供、产、销关系被打乱，而新的供、产、销关系还没有建立起来。当时许多手工业行业出现了产品滞销，资金周转困难，原料供应不足，致使生产减缩，关店歇业的户数增加。

当时，为了促进手工业生产的恢复，党和政府采取了以下重要措施：

第一，加强组织领导。新中国成立初期，整个经济管理组织还不完善，加上手工业本身存在着行业复杂、地区性大的特点，所以当时各地没有统一的管理机构，或由地方政府设立手工业工作委员会管理，或由工业管理部门设专门机构管理，或由财委代管，或由工商局兼管。但不久轻工业部成立手工业生产指导委员会，计划和指导全国手工业生产，并号召各地组织手工业联合会，逐步组成全国性的联合会。在这个时期，很多地区还召开了由个体手工业者、合作社及有关财政经济部门代表参加的手工业

---

① 《中国统计年鉴》(1984)，中国统计出版社 1984 年版，第 194 页。

代表会，并注意吸收个体手工业者加入工会和工商联组织，加强对个体手工业的领导。

第二，指导手工业的发展方向。要使手工业得到恢复，就必须使它的产品适合社会需要。因此，党和政府在加强组织领导的同时，对手工业的发展方向进行了指导。1950年3月，轻工业部提出手工业生产应向以下几方面发展：①与机械工业相结合。如手工轧花纺织应配合机器纺织生产，手工制纸浆应配合机器造纸生产。②向机器工业生产不足的部门发展。如当时包装材料缺乏，而麻纺工业落后，提倡手织麻袋。③与农村救灾工作结合，发展各种作为农民副业的手工业生产。④与对外贸易结合，发展可供出口的农产品加工工业。⑤与部队需要结合。如部队用的消费品由手工业生产解决。① 这样，就使个体手工业生产能与整个国民经济的发展合拍，减少了盲目生产的弊害。

第三，疏通流通渠道。这个时期，帮助个体手工业解决产销关系中的矛盾并逐步摆脱资本主义商业的控制，是一项非常重要的工作。这项工作分为两个方面：一是建立国营经济和个体手工业的商业联系。这项工作在农村主要是通过供销合作社实现的。供销合作社是个体农民与个体手工业者在流道领域自愿组织起来的集体经济组织，它根据国家计划和价格政策为国家收购产品，通过供销业务和合同制，把个体经济纳入国家计划；同时根据手工业者和农民的利益，推销手工业产品和农副产品，并供应日用工业品；所得利润按入股资金返回到手工业者和农民手中。在城市，则由国营经济通过组织原料供应，进行加工订货，收购成品等手段，对个体手工业的供销活动进行间接的计划指导。这样，就缩小了自由市场，排挤了商业资本的活动，提高了手工业生产，也促进了个体手工业者组织起来。二是在组织土产交流的活动中，调节手工业产品的供求关系。当时，多次召开了县、省、大区三级土产会议和土产展览会，用以解决远距离（跨县、跨省、跨大区）交流所产生的问题；还注意发挥初级市场的积极作用，组织了各种山会、庙会和"骡马"大会。在交流活动中，政府有关部门具体指导解决手工业产品的销路、价格、交通运输、运费和资金周转等一系列问题，使手工业生产者和消费者之间，直接建立联系，减轻或消

---

① 《人民日报》1950年4月20日。

除了中间剥削，调节了手工业产品的供求关系。

第四，运用税收和信贷手段促进手工业生产。在税收方面，政府本着发展手工业的精神，制定了工业轻于商业、必需品轻于奢侈品的税收原则。并根据手工业不同行业在国民经济发展中的作用，分别制定了不同的税率，对某些在国计民生中特别重要的手工业品，还采取了免税、减税的办法。如 1950 年年初公布的《工商业税暂行条例》规定，对手工业制造业和修理业的工商税减征 10%，并对主要是属于个体手工业的贫苦艺匠及农民家庭副业予以免税照顾。[①] 在信贷方面，个体手工业者在国家银行的支持下，逐渐摆脱了高利贷资本的剥削和控制，并且采用联购联销的形式，或联合向国营公司整批购买原料，或推定代表联合向产地购进原料，或组织联合推销组，向外推销产品。这样，不仅促进了手工业的发展，而且使得个体手工业者初步认识到组织起来的优越性，为个体手工业的合作化创造了有利的条件。

个体手工业者是劳动者，同时又是生产资料的私有者。个体手工业是一种生产力落后的经济形式，而且存在着自发的资本主义倾向。所以，为了促进手工业生产的恢复，避免个体手工业的两极分化，还需要逐步改变个体手工业的生产关系，引导他们走合作化的道路。

国民经济恢复时期，党和政府曾先后召开了两次全国手工业生产合作会议，采取了许多措施促进个体手工业合作化的发展。如进行典型试验并总结经验，制定手工业合作社的章程草案，建立民主管理、生产管理、劳动管理和收入分配等方面的制度，推广先进的经营管理经验，整顿合作社以纯洁合作社的领导成分和社员成分，并在税收和贷款等方面给合作社以优待，等等。

国民经济恢复时期除了组织具有社会主义因素的手工业、生产小组和半社会主义的手工业供销合作社以外，还试办了一批社会主义性质的手工业生产合作社。1952 年，手工业生产合作社达到 3280 个，比 1949 年增加了 10.1 倍；手工业生产合作社社员达到 21.8 万人，比 1949 年增加了 1.5 倍，占同期手工业者总数的 3%；手工业生产合作社的产值达到 2.46 亿元，比 1949 年增长了 19 倍，占同期手工业总产值的 3.4%。

---

① 《新华月报》1950 年第 3 期，第 1155 页。

国民经济恢复时期，手工业生产合作社虽属试办阶段，但也初步显示了优越性，发展了手工业生产。个体手工业组织起来后，通过合理的安排和组织，即使用原来的生产工具，一般也可以达到较高的产量。山西省阳泉市任家峪铁业生产合作社组织起来后，一般组的生产率提高 29.4%，先进组可提高 66%。安徽省合肥市爱国铁业生产合作社实行合理的管理后，产量提高 60%。[①] 把个体手工业者组织起来，还可以利用集体积累，改善手工业者的生产条件。山东省潍坊市工胜织布生产合作社三年中就积累起资金两亿多元，安装了 20 多台电动织布机。山西省阳泉市甘河硫磺生产合作社不断改进生产技术，把土炉炼磺改为灵石小炉炼磺，使产量提高了 3.63 倍，成本降低 38.6%。[②]

国民经济恢复时期，由于党和国家采取了一系列的措施以及手工业合作化的初步发展，手工业生产得到了迅速的恢复和发展。按 1952 年不变价格计算，全国手工业生产总值从 1949 年的 32.4 亿元，增加到 1952 年的 73.1 亿元，三年中增长了 1.25 倍。[③]

---

① 《新华月报》1952 年第 11 期，第 109 页。
② 《新华月报》1952 年第 10 期，第 37 页。
③ 《伟大的十年》，人民出版社 1959 年版，第 83 页。

第四章　恢复、发展工业生产的主要成就和主要经验

第一节　恢复、发展工业生产的主要成就

在 1949 年到 1952 年期间，我国在恢复和发展工业生产方面取得了巨大的成就。

一、工业生产恢复、发展的速度很快

按当年价格计算，1949 年工业总产值为 140 亿元，1950 年为 191 亿元，1951 年为 264 亿元，1952 年为 349 亿元。按可比价格计算，1950 年工业总产值比 1949 年增长 36.4%，1951 年比 1950 年增长 38.2%，1952 年比 1951 年增长 29.9%；1952 年比 1949 年增长 1.45 倍，平均每年增长 34.8%。[①] 1952 年工业总产值也超过了抗日战争以前的水平，比 1936 年增长了 22.5%。

主要工业产品产量。这方面恢复、发展的速度如表 1 - 4 - 1 所示。

表 1 - 4 - 1　主要工业产品产量恢复、发展速度

产品名称	单位	历史上最高年产量		1949 年产量		1952 年产量		
		年份	产量	产量	为历史上最高年产量的百分比（%）	产量	为 1949 年产量的百分比（%）	为历史上最高年产量的百分比（%）
原　煤	亿吨	1942	0.62	0.32	51.6	0.66	206.3	106.5

---

① 《中国统计年鉴》（1983），中国统计出版社 1983 年版，第 16—18 页。

续表

产品名称	单位	历史上最高年产量		1949 年产量		1952 年产量		
		年份	产量	产量	为历史上最高年产量的百分比（%）	产量	为1949年产量的百分比（%）	为历史上最高年产量的百分比（%）
原 油	万吨	1943	32.00	12.00	37.5	44.00	366.7	137.5
发电量	亿度	1941	60.00	43.00	71.7	73.00	169.8	121.6
钢	万吨	1943	92.30	15.80	17.1	135.00	854.4	146.2
生 铁	万吨	1943	180.00	25.00	13.9	193.00	772.0	107.1
水 泥	万吨	1942	229.00	66.00	28.8	286.00	433.3	124.9
平板玻璃	万标准箱	1941	129.00	108.00	83.7	213.00	197.2	165.1
硫 酸	万吨	1942	18.00	4.00	22.2	19.00	475.0	105.6
纯 碱	万吨	1940	10.30	8.80	85.4	19.20	218.2	186.4
烧 碱	万吨	1941	1.20	1.50	125.0	7.90	526.7	658.3
金属切削机床	万台	1941	0.54	0.16	29.6	1.37	856.3	253.7
纱	万吨	1943	44.50	32.70	73.5	65.60	200.6	147.4
布	亿米	1946	27.90	18.90	67.7	38.30	202.6	137.3
火 柴	万件	1947	860.00	672.00	78.1	911.00	135.6	105.9
原 盐	万吨	1943	392.00	299.00	76.3	495.00	165.6	126.3
糖	万吨	1946	41.00	20.00	48.8	45.00	225.0	109.8
卷 烟	万箱	1947	236.00	160.00	67.8	265.00	165.6	112.3

资料来源：《中国统计年鉴》（1984），中国统计出版社 1984 年版，第 249 页。

　　表 1 - 4 - 1 表明：1952 年主要工业产品产量大大地超过了 1949 年，超过最少的火柴为 35.6%，超过最多的金属切削机床达到了 7.563 倍。1952 年主要工业产品产量也超过了新中国成立前的最高年产量，超过最多的产品（烧碱）达到了 5.583 倍，超过最少的产品（火柴）为 5.9%。

　　工业产品的品种。在国民经济恢复时期，原有工业产品的品种有了很大的增长。以钢为例，全国解放以前，我国能生产的钢不到 100 种；1952 年增加到 400 种。[①] 同时，又增加了许多新的工业产品。新中国成立以前，冶金设备、发电设备、大型机床、机车、民用钢质船舶、电影放映机和缝

---

　　① 《伟大的十年》，人民出版社 1959 年版，第 74 页。

纫机等重要工业产品都是不能生产的。但到 1952 年，这些工业产品都能开始生产了。

上述情况表明：在国民经济恢复时期，我国工业生产恢复和发展的速度是很迅速的。

二、工业结构的重大变化

现代工业的比重。按 1952 年不变价格计算，1949 年现代工业总产值为 79.1 亿元，占全部工业总产值的 56.4%；到 1952 年，二者分别增长到 220.5 亿元和 64.2%，即分别上升了 1.79 倍和 7.8 个百分点。[①]

轻、重工业的比重。按当年价格计算，在 1949 年至 1952 年期间，轻工业产值由 103 亿元增加到 225 亿元，重工业产值由 37 亿元增加到 124 亿元；按可比价格计算，二者分别增长了 1.15 倍和 2.3 倍。在这期间，轻工业产值占工业总产值的比重由 73.6% 下降到 64.5%，重工业由 26.4% 上升到 35.5%。[②]

沿海和内地工业的比重。[③] 按 1952 年不变价格计算，在 1949 年至 1952 年期间，沿海工业产值由 100.2 亿元增加到 243.2 亿元，内地工业产值由 40 亿元增加到 100.1 亿元，二者分别增长了 1.43 倍和 1.5 倍。在这期间，沿海工业产值占工业总产值的比重，由 71.5% 下降到 70.8%；内地工业产值的比重，由 28.5% 上升到 29.2%。

可见，在国民经济恢复时期，半殖民地半封建中国留下的现代工业在工业（包括现代工业和手工业）中所占比重不大以及重工业在工业（包括重工业和轻工业）中只占小部分的状况，已经发生了重大的变化；工业布局极不平衡的情形（主要集中在沿海地区）也开始有了变化。

三、工业经济效益显著提高

劳动生产率。按 1980 年不变价格计算，国家所有制独立核算工业企业全员劳动生产率，1949 年为 3016 元，1952 年上升到 4184 元，增长了 38.7%，平均每年增长 11.5%。[④] 这期间劳动生产率的提高在发展工业方

---

① 《伟大的十年》，人民出版社 1959 年版，第 80 页。

② 《中国统计年鉴》（1983），中国统计出版社 1983 年版，第 525 页。

③ 沿海地区主要是指广东、广西、上海、江苏、浙江、安徽、福建、山东、北京、天津、河北和辽宁 12 个省、市、自治区；内地地区主要是指四川、贵州、云南、陕西、甘肃、青海、宁夏、河南、湖北、湖南和山西 11 个省、自治区。

④ 《中国统计年鉴》（1983），中国统计出版社 1983 年版，第 297 页。

面起了重要的作用。1950年工业总产值中，由劳动生产率的提高而增加的工业产值占41.1%，1951年占43.5%，1952年占37.8%。

生产设备利用率。1949年至1952年，钢铁工业的大中型高炉利用系数由0.62（吨/立方米·昼夜）提高到1.02（吨/立方米·昼夜），平炉利用系数由2.42（吨/平方米·昼夜）增长到4.78（吨/平方米·昼夜）；煤炭工业的大中型煤矿的回采率由63.1%提高到76%；电力工业的发电设备利用小时由2330小时增加到3800小时；纺织工业的棉纱每千锭时产量由16.6公斤增加到19.64公斤，棉布织机每台时产量由3516米增加到3988米。[①]

物质消耗的比重。1949年至1952年，工业生产的物质消耗是逐年下降的。比如，发电标准煤耗率由1.020下降到0.727（公斤/度），减少了28.7%；每件纱用棉量由205.85公斤下降到198.97公斤，减少了3.3%。[②]这样，到1952年，工业生产物质消耗在工业总产值中所占的比重就下降到66.9%。

工业产品成本。工业劳动生产率的提高，生产设备利用率的上升，以及物质消耗的下降，导致了工业产品成本的降低。比如，1952年国家所有制工业企业可比产品成本比1951年下降了2.5%。其中有些工业部门下降的幅度更大，如冶金工业下降了7.1%，电力工业下降了9.6%，石油工业下降了12.1%，化学工业下降了6.8%，纺织工业下降了3.6%。

总之，在国民经济恢复时期，工业经济效益是有显著提高的。

四、社会主义工业的比重有了大幅度的上升（见表1-4-2）

表1-4-2　国民经济恢复时期各种经济类型工业产值及其比重的变化[③]

年　份	合　计	国家所有制工业	集体所有制工业	公私合营工业	私营工业	个体手工业
一、绝对额（亿元）						
1949	440	36.8	0.7	2.2	68.3	32.7
1950	191	62.5	1.5	4.1	72.8	50.8
1951	264	90.8	3.4	8.0	101.2	60.1

①② 《伟大的十年》，人民出版社1959年版，第97页。
③ 《中国统计年鉴》（1984），中国统计出版社1984年版，第194页。

续表

年 份	合 计	国家所有制工业	集体所有制工业	公私合营工业	私营工业	个体手工业
1952	343	142.6	11.2	13.7	105.2	70.6
二、比重（%）						
1949	100.0	26.2	0.5	1.6	48.7	23.0
1950	100.0	32.7	0.8	2.1	38.1	26.3
1951	100.0	34.5	1.3	3.0	38.4	22.8
1952	100.0	41.5	3.3	4.0	30.6	20.6

表 1-4-2 表明：在国民经济恢复时期，五种经济类型工业产值的绝对额都有了大幅度的上升。但它们各自在工业总产值中所占的比重却有了不同的变化。社会主义性质的国家所有制工业和集体所有制工业由 1949年的 31.2%上升到 1952 年的 44.8%；半社会主义性质的公私合营工业由 1.6%上升到 4%，民族资本主义工业由 48.7%下降到 30.6%，个体手工业由 23%下降到 20.6%。

五、职工生活提高，劳动条件改善

社会主义国有工业生产的目的就是为了提高职工的物质文化生活水平。私人资本主义生产的目的无疑还是为了利润。但在人民民主专政的条件下，资本主义的利润已经受到了很大的限制。这样，伴随着国民经济恢复时期工业生产的恢复、发展，职工生活也有了明显的改善。

职工消费水平的提高。解放初期，旧中国留下 400 万左右的失业人员和为数更多的从来没有就业的失学青年和家庭妇女等。新中国成立后，随着工业和国民经济的恢复、发展，职工队伍大大扩大了，显著地减少了失业人员。1949 年至 1952 年，职工队伍由 800.4 万人增长到 1580.4 万人，增加了 97.5%，其中产业工人由 300.4 万增长到 493.9 万，增长了 16.4%。[①]

1952 年包括工业职工在内的职工平均货币工资达到了 446 元，比1949 年提高了 70%左右。[②] 1950 年至 1952 年期间，职工生活费用价格总

---

① 《伟大的十年》，人民出版社 1959 年版，第 159—160、162 页。
② 《伟大的十年》，人民出版社 1959 年版，第 187 页。

指数上升了 15.5%。① 可见，这个期间，职工生活费用价格总指数的上升幅度低于职工平均货币工资的上升幅度。这意味着职工平均实际工资水平的提高。

就业面的扩大和职工平均实际工资的上升，必然带来职工平均消费水平的提高。据调查，抗日战争前的 1936 年，全国每一职工（包括家属在内，下同）平均消费额约为 140 元（按 1957 年的物价计算，下同），1952 年则增加到 189.5 元。②

享受劳动保险职工人数和劳动保险福利费用的增长。东北地区解放较早，1949 年就开始在主要的国有企业中实行劳动保险制度。到 1950 年，有 60 万职工享受劳动保险待遇。为了保护劳动者的健康，减轻职工生活的特殊困难，政务院依据当时的经济条件，于 1951 年 2 月公布了《中华人民共和国劳动保险条例》，决定从同年 3 月起，先在雇用职工人数在 100 人以上的国有、公私合营、私营和合作社经营的工矿企业及其附属单位与业务管理机关等实行。③ 此后，享受劳动保险职工人数和劳动保险福利费用，逐年有了增加，到 1952 年二者分别增长到 330 万人和 9.5 亿元。这一年劳动保险福利费用相当于工资总额的 14%。④

劳动条件的改善。在半殖民地半封建的中国，工人是被剥削的奴隶，劳动条件极为恶劣，劳动者因工致病、致伤、致死的惨状触目惊心！比如，1942 年井陉煤矿一次事故炸死工人 343 人；1943 年本溪煤矿一次事故炸死工人 1600 多人；湖南锡矿山从开办到 1947 年，死于矽肺病的人就有 9 万多人。

新中国成立后，在社会主义国有工业中，劳动者已经从根本上摆脱了被剥削被奴役的地位，成为生产的主人。在私人资本主义企业里，工人虽然还处于被剥削的地位，但这种剥削已经受到了人民民主专政国家政策法令的约束，受到了工会的监督。这样，职工的劳动条件就大大改善了，因工而病、伤、亡的情况就大大减少了。比如，旧中国采用机械通风的煤矿仅占 30%，其余 70% 都是自然通风。而到 1952 年，国有煤矿机械通风率

---

① 《中国统计年鉴》(1983)，中国统计出版社 1983 年版，第 455 页。

② 《伟大的十年》，人民出版社 1959 年版，第 188 页。

③ 《新华月报》1951 年第 5 期，第 1010 页。

④ 《伟大的十年》，人民出版社 1959 年版，第 193 页；《中国统计年鉴》(1983)，中国统计出版社 1983 年版，第 491 页。

达到了 90%，其中华北煤矿为 100%，东北煤矿为 85%，华东煤矿为 96%。这样，死伤事故大大减少。依照中央人民政府劳动部的统计资料，按每月伤亡人数的平均数计算，1951 年同 1950 年相比，死亡事故减少了 10.7%，重伤事故减少了 9.6%；1952 年同 1951 年相比，死亡事故又减少了 39.1%，重伤事故减少了 38.3%。[①] 综上所述，国民经济恢复时期，尽管还有这样或那样的缺陷，但无论在恢复、发展工业生产，改变旧中国留下的畸形工业生产结构，提高工业经济效益方面，还是在壮大社会主义所有制工业方面，或者在改善职工生活方面都取得了巨大的成就。这些成就是在中国共产党的正确领导下，依靠工人阶级和全国人民的努力取得的，是在苏联和其他友好国家的帮助下取得的。

第二节 恢复、发展工业生产的主要经验

恢复、发展工业生产的巨大成就，同适当处理下列一系列重要关系也是直接相联系的。

一、适当地处理了生产关系和生产力的关系

在半殖民地半封建的中国，帝国主义、封建主义和官僚资本主义的生产关系，已经成为生产发展的主要阻力。中华人民共和国成立以后，清除了帝国主义在华的经济势力，没收了官僚资本，用适合生产力性质的社会主义国家所有制代替了它们，从而大大解放了工业生产力。这正是国民经济恢复时期国有工业得以迅速恢复、发展的基本原因。在这期间还进行了土地改革，消灭了封建主义所有制，发展了个体农民经济。这又大大解放了农业生产力，推动了农业的迅速恢复和发展。按当年价格计算，1949 年农业总产值为 326 亿元，1950 年为 384 亿元，1951 年为 420 亿元，1952 年为 461 亿元。按可比价格计算，1950 年比 1949 年增长 17.8%，1951 年比 1950 年增长 9.4%，1952 年比 1951 年增长 15.2%；1952 年比 1949 年增长 48.4%，平均每年增长 14.1%。[②] 农业是工业和国民经济发展的基础，农业的迅速恢复和发展，有力地促进了工业的恢复和发展。

---

① 《新华月报》1953 年第 3 期，第 125 页。

② 《中国统计年鉴》（1983），中国统计出版社 1983 年版，第 16—18 页。

在资本主义发展到帝国主义阶段以后，世界资本主义制度已经从上升时代走入了没落时代。但在帝国主义、封建主义和官僚资本主义统治的中国，民族资本主义还是一种进步的生产关系。在新中国建立初期，民族资本主义也还存在有利于国民经济发展的积极作用。但私人资本主义的本质也决定了它有不利于国民经济发展的一面。这一点，在国民经济恢复时期曾经突出地表现为：市场投机，生产上的盲目性，以及作为唯利是图本质表现的"五毒"行为。针对这种二重作用，党和政府采取了扶持和调整资本主义工业的一系列措施，发挥了民族资本主义经济的积极作用，又进行了打击投机资本的斗争和"五反"运动，限制了民族资本主义对工业和国民经济的消极作用。这些不仅促进了资本主义工业的恢复和发展，而且对发展社会主义工业也是有益的。因为在资本主义恢复和发展的基础上，国家通过对私人企业主收税可以积累一部分资金，通过加工订货等方式可以掌握更多的工业品，以便发展同农民的商品交换。这不仅可以促进农业的恢复和发展，而且有利于社会主义工业的发展。

二、适当地处理了各种经济成分的关系

新中国成立初期，我国新民主主义经济是由下列五种经济成分组成的：国有经济、合作社经济、农民和手工业者的个体经济、私人资本主义经济和国家资本主义经济。对这五种经济成分的关系的处理，实质上也就是对生产关系与生产力关系的处理。因而，处理适当与否，对工业和国民经济的恢复、发展具有极重要的意义。

国有经济是社会主义性质的经济，是先进的生产关系，掌握了国民经济命脉，在国民经济中处于主导地位。民族资本主义经济是同机器大工业相联系的经济，有有利于国民经济发展的积极作用，当然，也有不利于国民经济发展的消极作用。农民和手工业者的个体经济是以手工劳动为基础的，技术基础落后。但在新中国成立初期，这种个体经济的积极性，在发展生产方面，仍然有不可忽视的重要作用。国家资本主义经济是把私人资本主义经济改造成为国有经济的过渡形式，具有社会主义的因素或半社会主义的性质。合作社经济当时一般是半社会主义性质的经济，是把个体经济改造成为社会主义集体经济的过渡形式。总之，这五种经济成分都是新中国成立初期整个新民主主义经济的必要组成部分。

这样，就发展整个国民经济来说，"国家应在经营范围、原料供给、销售市场、劳动条件、技术设备、财政政策、金融政策等方面，调剂国营经济、合作社经济、农民和手工业者的个体经济、私人资本主义经济和国家资本主义经济，使各种社会经济成分在国营经济的领导之下，分工合作，各得其所，以促进整个社会经济的发展"。[①] 就发展工业来说，"第一是国营工业的生产，第二是私营工业的生产，第三是手工业的生产"。[②]

国民经济恢复时期，在贯彻这些方针，处理各种经济成分的工业的相互关系方面，取得了巨大的成效。前述的统计数字表明：国民经济恢复时期五种经济成分的工业产值都增长了。其中国有工业、公私合营工业、集体工业的增长速度比民族资本主义工业和个体手工业要快得多。因而前三种工业产值在工业总产值中的比重上升了，后两种工业的比重下降了。

三、适当地处理了经济体制和生产关系的关系

经济体制是生产关系的具体表现形式，确定经济体制要服从生产关系的要求。经济体制能否正确反映生产关系的要求，对于工业和整个国民经济的恢复和发展也有十分重要的意义。

经济体制包括多方面的内容，其核心是计划管理体制。国民经济恢复时期建立的计划管理体制，大体上是适合当时我国国情的。这表现为两个重要方面：

（一）我国地域大，人口多，旧中国留下的经济发展不平衡的状况又很严重。这在客观上要求对国民经济计划管理实行中央政府和地方政府分级管理的制度。国民经济恢复时期，在中央人民政府的统一领导下，实行中央和各大行政区（包括华北、东北、华东、中南、西南和西北六个大行政区）分级管理国民经济计划的制度，正是适应了我国国情。它对于调动中央和地方两级管理经济的积极性，保证国家计划的实现，充分利用各地的生产资源，促进工业和整个国民经济的恢复、发展，都起了有益的作用。

（二）在国民经济恢复时期，存在着多种经济成分。与此相联系，又有复杂的商品经济关系。这在客观上又要求实行直接计划、间接计划和市

场调节等多种形式相结合的计划管理制度。

国民经济恢复时期对国有企业一般实行直接计划。国家向企业下达指导性计划指标，财政上实行统收统支，物资供应和产品销售上实行计划调拨和计划收购。这时虽然对国有企业实行直接计划，但企业在人、财、物等方面仍然享有不同程度的自主权。比如，企业可以在国家规定的范围内增减职工；招工时可以对被招人员进行考查，择优录用；且享有一定条件下辞退职工的权力。企业可以从实现利润中按一定比例提取企业奖励基金。企业可以在不突破国家计划规定的工资指标的限度内，按照需要实行计件工资，建立奖励制度，主动解决部分职工的升级问题。企业产品主要由国家计划收购，但也可以自销一部分。

这个时期国家对一般的公私合营企业、私营企业和一部分手工业（包括一部分集体工业和个体手工业）实行间接计划。国家主要通过实行各项有关经济政策，确定合理利润和收益，推行经济合同，采用加工订货、统购包销、经销代销等经济措施，把它们的经济活动引导到国家计划的轨道上来。1952 年集体工业、公私合营工业、私营工业和个体手工业的产值占工业总产值的 55.2%。这样，实行间接计划工业产品的产值也应当在 50% 以上。

这个时期国家对个体农民经济实行估算性计划。国家主要通过各项经济政策（包括价格、信贷和税收等）和经济手段（如预购合同），促使农业经济活动按照国家计划的方向运转。

这个时期国家对品种众多的小商品的生产和经营，则不列入计划，主要由市场的供求关系来调节。

可见，这种多种管理形式相结合的计划管理体制，是体现了多种经济成分并存和多种商品经济发展要求的。所以，既有利于实现国家计划，又有利于调动各种经济成分的积极性。因而，既可以直接促进工业的恢复和发展，又可以直接促进国民经济其他部门的恢复和发展，从而间接促进工业的恢复和发展。比如，1950 年至 1952 年，国家提高了棉花价格，粮棉比价发生了有利于棉花生产的变化，加上实行预购棉花合同，并在农业生产资料的供应和税收等方面对棉农作了照顾。这样，棉花生产恢复得很快，由 1949 年的 889 万担增加到 1952 年的 2607 万担，增加了 1.93 倍。与此相联系，在同一期间，棉纱产量由 32.7 万吨增加到 65.6 万吨，增加了 1.01 倍。[①]

当然，即使在国民经济恢复时期，国家对国营企业实行直接计划为主的、主要依靠行政手段的、集中的经济管理体制，对企业积极性也有束缚作用。但新中国成立初期，经济战线上面临的主要任务，是制止通货膨胀，稳定市场，以及重点恢复、建设重工业。这都需要国家集中当时还很有限的财力、物力和人力。集中的经济管理体制是适应这种经济发展要求的，因而积极作用是主要的。而且，由于这个时期党的宏观经济决策正确，党和政府的威信很高，党的作风正派，党的干部队伍比较年轻，官僚主义比较少，党的思想政治工作很有力，广大干部和群众由全国解放而激发的政治热情很高，因而，作为这种集中的经济管理体制运行机制的行政管理的效率很高，使得这种经济体制的积极作用得到了比较充分的发挥。还要看到：在 1949 年至 1952 年期间，国有工业产值只占工业总产值的 26.2%—41.5%。直接计划大体上只是限制在这个范围以内。在此范围以外，党又很好地运用了价值规律，对私营工业和个体手工业实行了富有成效的间接计划和市场调节。同时，这时国有工业的生产社会化还没有后来那样发展，生产结构比较简单，商品经济也不发达；由于美帝国主义实行的经济封锁，对外贸易又受到很大限制。这一切又大大限制了集中的经济管理体制的消极作用。

四、适当处理了国民经济各个部门的关系

农业和工业以及轻工业和重工业的关系。旧中国留下的产业结构是畸形的，工业比重小，农业比重大；重工业比重小，轻工业比重大。这是旧中国经济落后的最鲜明的标志。为了改变这种经济落后和畸形结构的状态，实现国家的社会主义工业化，需要加快发展工业，特别需要优先发展主要生产生产资料的重工业。当然，工业并不能脱离农业而孤立地发展，重工业也不能脱离轻工业而孤立地发展，同时需要恢复、发展农业和轻工业。特别是在国民经济恢复时期开始时，由于作为工业发展基础的农业受到了严重破坏，因而还需要首先通过重点恢复农业以促进工业的恢复。

在国民经济恢复时期，较好地处理了这两方面的关系。这表现在国家

基本建设投资的分配上。就 1952 年的情况来看，工业尤其重工业是首要的投资重点，农业尤其作为恢复、发展农业根本措施的水利建设也是投资重点。这年工业投资为 16.89 亿元，占投资总额的 38.8%，其中重工业投资为 12.83 亿元，轻工业投资为 4.06 亿元，分别占投资总额的 29.5% 和 9.3%；农业投资为 5.83 亿元，占投资总额的 13.4%，其中水利投资一项就达到 4.1 亿元，占投资总额的 9.4%。[①] 这年轻工业、农业投资的比重虽然较低，但轻工业投资比重，超过了"一五"至"五五"各个时期的年平均数；农业投资比重仅低于 1963 年至 1965 年的平均数，但比"一五"、"二五"、"三五"、"四五"四个时期的年平均数要高。需要着重指出：原来农业和轻工业的比重比重工业大得多，增产的潜力也要大得多。而且，就国民经济恢复时期的具体情况来说，无论是工业还是农业，它们的恢复、发展，主要都不是依靠国家的基本建设投资。就工业来说，通过没收官僚资本，清除帝国主义的经济侵略势力，以建立国有工业，接着又进行了民主改革和生产改革，就大大解放了工业的生产力。就农业来说，主要还是通过土地改革解放了农业生产力。此外，增加农业生产资料供应，推广丰产经验，改进农业技术也起了重要作用。考虑到这些具体情况，这个期间安排的重工业投资比重比农业、轻工业更大，是符合当时实际情况的。

这样，在 1949 年至 1952 年期间，就在加快发展工业，特别优先发展重工业的同时，实现了农业和轻工业的迅速增长。这个期间，工业的年平均增长速度为 35.7%，农业为 14.1%；重工业为 49.4%，轻工业为 29%。农业和工业年平均增长速度的对比关系为 1∶2.5，轻工业和重工业为 1∶1.7。[②] 这种对比关系是适应建国初期经济发展需要的，并发挥了工业和农业、重工业和轻工业的相互促进作用，是推动工业恢复、发展的重要因素，由此又大大改变了旧中国留下的工、农业之间和重、轻工业之间比例关系极不协调的状态。

工业和运输邮电业的关系。运输邮电业是发展现代工业极重要的基础设施。国民经济恢复时期也注意到运输邮电业在这方面的重要作用。建国

---

① 《中国经济年鉴》（1981），经济管理杂志社 1981 年版，第 I - 20 页；《伟大的十年》，人民出版社 1959 年版，第 48、50 页。

② 《中国统计年鉴》（1983），中国统计出版社 1983 年版，第 17 页。

初期，交通运输也受到了严重破坏，因而在 1949 年至 1950 年，交通运输业，尤其是铁路，曾经被列为首要的恢复重点。直到 1952 年，运输邮电业尤其铁路是除了工业以外第二个基本建设投资的重点。这年运输邮电业的投资为 7.61 亿元，占投资总额的 17.5%，其中铁路投资为 5.1 亿元，占投资总额的 11.6%。① 这年运输邮电业的投资比重仅低于"四五"时期的年平均数，但高于"一五"、"二五"、"三年调整"和"五五"四个时期的年平均数，这就促进了国民经济恢复时期运输邮电业的恢复、发展。比如，1949 年至 1952 年，货物周转总量由 255 亿吨公里增长到 762 亿吨公里，其中铁路货物周转量由 184 亿吨公里增长到 602 亿吨公里；二者的年平均增长速度分别为 44% 和 48.4%。

1949 年至 1952 年，货物周转总量和铁路货物周转量与工业总产值的年平均增长速度之比依次分别为 1.23:1 和 1.35:1。② 当然，货物周转量不仅包括工业部门货物周转量，也包括其他部门货物周转量，但大部分是工业部门货物周转量。比如，1952 年铁路平均每日装车数为 12334，其中仅煤、石油、钢铁和矿物性建筑材料四项就有 6196 车，占总车数的 50.2%。③ 所以，这种对比关系表明：国民经济恢复时期运输业的恢复、发展是促进工业恢复、发展的重要因素。

工业和商业的关系。在商品生产存在的条件下，发展商品流通以及执行这种职能的商业，是发展机器大工业的一个十分重要的条件。由于长期战争的破坏，新中国成立初期，许多商品流通渠道被堵塞了。城乡之间物资交流的渠道也是如此。在这种情况下，打开城乡之间物资交流渠道，发展城乡之间的商品流通，就具有特别重要的意义。正如当时陈云指出的，"扩大农副产品的购销，不仅是农村问题，而且也是目前活跃中国经济的关键"。④ 国民经济恢复时期重视了商业的作用，并采取了一系列措施来促进商业的发展。

这个时期建立的商业体制，在恢复、发展商业方面也起了十分重要的

---

① 《中国经济年鉴》（1981），经济管理杂志社 1981 年版，第 VI - 20 页；《伟大的十年》，人民出版社 1959 年版，第 48、50 页。

② 《中国统计年鉴》（1983），中国统计出版社 1983 年版，第 17、309 页。

③ 《中国统计年鉴》（1983），中国统计出版社 1983 年版，第 312 页。

④ 陈云：《抗美援朝开始后财经工作的方针》，《陈云文稿选编（一九四九——一九五六年）》，第 105 页。

作用。这个时期为了适应打击投机资本和稳定市场的需要，开始建立国家对国有商业的高度集中的管理体制，即由中央人民政府贸易部通过建立全国性的各种专业总公司对设在各个地区的分支机构实行统一管理、统一经营和统一核算，把各个分支机构的资金、收入和商品调拨，均集中于中央贸易部。这在确立和巩固国有经济在商业方面的领导地位，稳定市场，为恢复包括工业在内的国民经济创造必要前提等方面，都起了重要作用；另一方面，这个时期国家在大力发展国有商业和合作社商业的同时，又对私营商业的发展作了统筹安排。这样，就开始建立了以国有商业为领导，合作社商业为助手，同时包括国家资本主义、私人资本主义和个体商业在内的多种经济成分并存的商业结构。因而，能够在国有商业领导下，发挥各种经济成分办商业的积极性。比如，1952 年，社会商品零售总额为 276.8 亿元，其中国有商业和合作社商业占 34.4%，公私合营商业占 0.4%，私人资本主义和个体的商业占 65.2%。[①]

与商业的多种经济成分相联系，这个时期开辟了多条商品流通渠道。这对推动商品流转也起了重要的作用。为了冲破建国初期出现的城乡物资交流呆滞的局面，举办了不同范围的、不同层次的（包括高、中、初三级）城乡物资交流大会，促进了商品流通的发展。据不完全统计，1952 年，全国各地召开的高、中、初级的物资交流会 7789 处次，成交总值为 339354 亿元，比 1951 年成交总值增长了两倍以上。[②]

这个时期国家对国有商业的投资，也是推动国有商业发展的一个因素。比如，1952 年，国家对商业、饮食业和服务业的投资为 1.2 亿元，占国家基本建设投资总额的 2.8%。[③]

这一切就使商业得到了较快的恢复、发展。按可比价格计算，1950 年社会商品零售总额为 170.6 亿元，1952 年为 276.3 亿元，增长了 62.3%，其中，农业生产资料零售额由 7.3 亿元上升到 14.1 亿元，增长了 93.2%。在这期间，农副产品采购总额由 80 亿元增加到 129.7 亿元，上升了 62.1%。[④] 这些数字表明，国民经济恢复时期商业的发展，一方面

---

① 《中国统计提要》（1984），中国统计出版社 1984 年版，第 78 页。
② 《新华月报》1953 年第 5 期，第 185 页。
③ 《中国经济年鉴》（1981），经济管理杂志社 1981 年版，第Ⅳ-20 页。
④ 《伟大的十年》，人民出版社 1959 年版，第 146、148、150 页。

开拓了工业品（包括生产资料和消费资料）的市场；另一方面为工业的恢复和发展提供了粮食、副食品和原料。在工农业产品交换价格"剪刀差"存在的条件下，由商业承担的城乡之间的商品交流还为工业积累了资金。此外，在建国初期，就实行了对外贸易垄断，并在美帝国主义对我国实行经济封锁的困难条件下发展了对外贸易。1950 年进出口总额为41.6 亿元，1952 年增长到 64.6 亿元。这不仅使得我国工业和国民经济摆脱了对世界资本主义市场的依附关系，而且又为工业的恢复、发展创造了条件。比如，1950 年出口的工业品为 11.03 亿元，相当于同年工业总产值的 3.2%；进口的生产资料为 33.53 亿元，相当于同年主要生产资料的重工业产值的 27%。[①] 可见，对外贸易也为工业品开拓了国外市场特别是为发展工业换回了大量的生产资料。这都说明国民经济恢复时期商业的发展，有力地促进了工业的恢复发展。

五、适当处理了恢复和建设的关系

新中国成立初期，由于过去长期的战争，国民经济受到了严重破坏，国家财政经济困难，旧中国留下的经济发展的畸形状态也亟待消除。这个时期本来财力、物力和人力有限，由于抗美援朝战争的需要，国防战备费又占了国家财政支出相当大的部分。因此，当时还不可能进行大规模的经济建设，主要任务是搞好经济的调整和恢复。就工业来说，应该以现有工业为主进行调整和恢复。这样做，不仅是必要的，而且是可能的。因为旧中国受帝国主义、封建主义和官僚资本主义生产关系的束缚，包括工业在内的社会生产的潜力还没有得到发挥。新中国成立以后，随着社会经济制度的变革，特别是由于社会主义国有工业制度的建立，为充分发挥包括工业在内的社会生产的潜力创造了根本的经济条件。所以，1951 年 8 月中财委召开计划工作会议提出的在工业方面应该以现有工业为主进行调整与恢复的方针，是完全正确的。

在这个方针指导下，以现有工业为主进行恢复的工作，取得了显著的成效（见表 1 - 4 - 3）。

---

① 《中国统计年鉴》(1983)，中国统计出版社 1983 年版，第 16、420、421 页。

表 1 - 4 - 3　1949 年至 1952 年主要工业产品产量和基建新增生产能力的增长

产品名称	单　位	1952 年比 1949 年增加的产量	1952 年比 1949 年基建新增生产能力的增长	新增生产能力占增加产量的比重（%）
生　铁	万吨	168.0	76.4	45.5
钢	万吨	119.2	55.8	46.8
原　煤	万吨	3400.0	1564.0	46.0
原　油	万吨	32.0	12.7	39.7
发电量	万千瓦	30.0	22.2	74.0
合成氨	万吨	3.3	0.8	24.2
硫　酸	万吨	15.0	2.5	16.7
烧　碱	万吨	6.4	1.5	23.4
纯　碱	万吨	10.4	9.1	87.5
水　泥	万吨	220.0	55.8	25.4
机制纸	万吨	26.0	9.4	36.2
机制糖	万吨	25.0	1.3	5.2

表 1 - 4 - 3 表明：在 12 种主要工业产品的产量中，基建新增生产能力占增加产量的一半以下的就有 10 种，只有两种超过了 50%。还要看到：1952 年基建新增生产能力并不是都在当年增产中起了作用。所以，实际上基建新增生产能力在增加产量中所占的比重，比上表所列的还要小得多。所以，1952 年比 1949 年增加的产量，主要是依靠发挥现有工业的潜力、恢复现有工业生产而取得的，依靠基建新增生产能力而增加的产量只占小部分。当然，现有工业生产能力的恢复，有些也离不开基本建设。但这毕竟只是其中的小部分。

六、适当地处理了生产和各种运动、工作的关系

在中国人民解放战争即将在全国范围内取得胜利、新中国即将诞生的时候，毛泽东曾经明确而又尖锐地提出"城乡的生产事业的恢复和发展"，是"中心任务"。如果这个中心任务搞不好，"那我们就不能维持政权，我们就会站不住脚，我们就会要失败"。[①] 国民经济恢复时期较好地

———————————————

① 《在中国共产党第七届中央委员会第二次全体会议上的报告》，《毛泽东选集》第 4 卷，第 1317 页。

贯彻了这个战略方针，适当地处理了生产（包括工业生产）这个中心任务同各项运动、各项工作的关系。

工业生产与经济革命运动。经济上的革命运动的目的，都是为了解放生产力。但在具体步骤和方法上，如果处理不当，也会暂时地对生产起消极作用。国民经济恢复时期经济上革命运动的特点，不仅在于它是为了发展生产，而且在具体步骤和方法上也考虑了发展生产的需要。比如，为了完整地把官僚资本主义工业企业接收过来，尽量减少接收过程中的损失和破坏，并能在接收之后迅速地恢复生产，实行了"原职、原薪、原制度"的政策，并不打碎企业原来的组织机构。至于由此保留下来的反映官僚资本主义经济关系和不适合社会化大生产要求的企业管理制度，则是通过而后的民主改革和生产改革逐步解决的。实践证明：这种做法对工业企业恢复生产，起了有益的作用。

工业生产与抗美援朝战争。即使在 1950 年 10 月抗美援朝战争开始以后，也没有放弃生产这个中心任务。诚然，1950 年和 1951 年国防战备费曾经分别占到国家财政支出的 41.1% 和 43%，超过了经济、文化建设支出。但全国范围内的工业和国民经济恢复工作仍在紧张地进行。事实上，这两年工业总产值相继增长了 36.4% 和 38.2%，社会总产值相继增长了 22.6% 和 20.1%。而到 1952 年，随着朝鲜战场局势的缓和，国防战备费就下降到 32.8%，已经显著低于经济、文化建设的支出了。[①]

工业生产与政治运动。"五反"运动是国民经济恢复时期的一项重要的政治运动。在党中央于 1952 年 1 月 26 日发出了《关于在城市限期展开大规模的坚决彻底的"五反"斗争的指示》不久，为了使全国生产不致受到"五反"运动的影响，同年 2 月 24 日中财委发出指示，要求全国各级财委和各级财政部门在运动中抽出力量，进行当前必需的业务工作，并决定贸易部立即恢复收购土产及加工订货等工作。后来在 3 月和 5 月又相继发出了《关于工商户处理的标准和办法的指示》和《关于争取"五反"斗争胜利结束中的几个问题的指示》。这些文件都依据严肃与宽大相结合、改造与惩治相结合的方针，分别规定了具体的处理原则和办法，要求做到既有利于打击资产阶级的猖狂进攻，又有利于团结资产阶级恢复、发

---

① 《中国统计年鉴》（1983），中国统计出版社 1983 年版，第 14、449 页。

展生产。这个要求是实现了的。1951 年至 1952 年，民族资本主义工业产值由 101.2 亿元增加到 105.2 亿元。①

工业生产与各项工作。毛泽东在新中国成立前夕提出："城市中其他的工作，例如，党的组织工作，政权机关的工作，工会的工作，其他各种民众团体的工作，文化教育方面的工作，肃反工作，通讯社报纸广播电台的工作，都是围绕着生产建设这一中心工作并为这个中心工作服务的。"②国民经济恢复时期较好地贯彻了这个指示，适当地处理了生产（包括工业生产）这项中心工作与城市中其他各项工作的关系。

对待工业生产与党的思想政治工作的关系也是这样处理的。这个时期还取得了这样有益的经验：如果脱离生产孤立地、一般化地进行思想政治工作，就不利于提高职工的思想觉悟，不利于动员职工群众积极地完成生产任务，党的思想政治工作就会显得没有力量。如果围绕生产这个中心来进行思想政治工作，把政治工作同经济工作结合起来，就能够有效地提高职工群众的觉悟，有效地动员职工群众努力实现生产任务，党的思想政治工作也才会显得更有战斗力。

可见，尽管国民经济恢复时期只有短短的三年，但在发展工业生产方面却积累了丰富的经验。当然，也取得了不少教训。这些经验对当时工业的发展起了促进作用，对而后的工业生产建设也有重要的意义。

---

① 《中国统计年鉴》（1984），中国统计出版社 1984 年版，第 194 页。
② 《在中国共产党第七届中央委员会第二次全体会议上的报告》，《毛泽东选集》第 4 卷，第 1366 页。

第二篇

社会主义改造时期的工业经济
（1953 年—1957 年）

第一章　党在过渡时期的总路线和社会主义改造时期工业方面的主要任务

　　马克思列宁主义的理论和社会主义各国的实践都已证明：在无产阶级革命取得胜利，建立无产阶级专政以后，并不能立即建成社会主义社会；要达到这一点，还必须经过一个过渡时期。在这个时期，无产阶级专政的国家，一方面，要在剥夺大资本，掌握国民经济命脉的基础上，发展现代工业，并把包括农业在内的整个国民经济转移到现代技术基础上来；另一方面，要改造私有制经济，使得社会主义生产关系在整个国民经济中占主要地位。

　　党中央和毛泽东依据马克思列宁主义关于过渡时期的学说，总结了中华人民共和国成立以来的经验，并依据恢复国民经济任务即将完成的情况，在1952年12月提出了党在过渡时期的总路线。党中央提出的这条总路线，在1954年已经被第一届全国人民代表大会第一次会议所接受，作为国家在过渡时期的总任务，列入了我国宪法。宪法规定："从中华人民共和国成立到社会主义社会建成，这是一个过渡时期。国家在过渡时期的总任务是逐步实现国家的社会主义工业化，逐步完成对农业、手工业和资本主义工商业的社会主义改造。""中华人民共和国依靠国家机关和社会力量，通过社会主义工业化和社会主义改造，保证逐步消灭剥削制度，建立社会主义社会。"① 当时预计，完成这个总任务，除了恢复时期的三年

---

　　① 《中华人民共和国宪法》，人民出版社1954年版，第5、7页。

以外，大概还需要15年的时间，即大概需要三个五年计划的时间。

党和国家提出的过渡时期总路线或总任务，是规定生产资料私有制的社会主义改造时期（即"一五"时期）发展国民经济主要任务的依据，也是规定这个时期发展工业经济主要任务的依据。

以工人阶级为领导的中华人民共和国的成立，以及这个共和国掌握了经济命脉，使得我国有可能依据社会主义的目标，来有计划地发展和改造国民经济。国民经济恢复任务的完成，以及这个时期社会主义国有经济在国民经济中领导地位的巩固和加强，又进一步为我国实行有计划的经济建设开辟了道路。当时苏联和其他人民民主国家对我国的援助，也是我国进行有计划的经济建设的重要条件。抗美援朝战争的伟大胜利，为有计划的经济建设争得了和平的国际环境。所有这一切都有利于社会主义改造时期有计划地发展和改造工业经济。

党和国家规定的第一个五年计划的基本任务，概括地说就是：集中主要力量进行以苏联帮助我国设计的156个建设单位为中心的、由限额以上的694个建设单位组成的工业建设，建立我国的社会主义工业化的初步基础；发展部分集体所有制的农业生产合作社，并发展手工业生产合作社，建立对于农业和手工业的社会主义改造的初步基础；基本上把资本主义工商业分别地纳入各种形式的国家资本主义的轨道，建立对于私营工商业的社会主义改造的基础。①"一五"计划的基本任务表明：它是党和国家领导我国人民实现过渡时期总任务的、具有决定意义的纲领。

上述的"一五"计划的基本任务，除了发展部分集体所有制的农业生产合作社，以及对资本主义商业的社会主义改造以外，就是"一五"时期发展工业经济的基本任务。生产资料私有制的社会主义改造，是"一五"时期最重要的经济特征，并且是促进社会主义工业化建设的重要

---

① 《中华人民共和国发展国民经济的第一个五年计划（1953—1957）》，人民出版社1955年版，第18—19页。这里对"限额"作些说明。国家为了便于管理和掌握重大的基本建设单位，按照我国的具体情况，规定出各类基本建设单位的投资限额。凡一个建设单位，不论其为新建、改建或恢复，它的全部投资额大于限额者，即是限额以上的建设单位；小于限额者，即是限额以下的建设单位。例如，在工业中，各类工业基本建设单位的投资限额规定如下：钢铁工业、汽车制造工业、拖拉机制造工业、船舶制造工业、机车车辆制造工业的投资限额为1000万元；有色金属工业、化学工业、水泥工业的投资限额为600万元；电站、输电线路和变电所、煤炭采掘工业、石油加工工业、除交通机械以外的机器制造工业、汽车和船舶的修配工业、纺织（包括印染）工业的投资限额为500万元；橡胶工业、造纸工业、制糖工业、卷烟工业、医药工业的投资限额为400万元；陶瓷工业、除制糖以外的食品工业、其他各项轻工业的投资限额为300万元。

因素。在国民经济恢复时期，已经建立了社会主义国家所有制工业和高度集中的工业管理体制的雏形。这种体制的进一步形成，也是"一五"时期发展社会主义工业的需要。基于这些考虑，本篇将依次叙述以下三个问题：民族资本主义工业和个体手工业社会主义改造的基本完成；高度集中的工业管理体制的形成；社会主义工业化初步基础的建立。

第二章　资本主义工业和个体手工业社会主义改造的基本完成

第一节　资本主义工业社会主义改造的基本完成

一、个别企业公私合营的普遍发展

国民经济恢复时期，国家资本主义有了初步发展。但主要是它的初级形式加工订货有了发展，公私合营企业还发展得不多。加工订货这种形式尽管起过很好的作用，然而并没有从根本上改变资本主义的生产资料私有制和资本主义的生产经营，因而它不可能解决由此产生的一系列的矛盾，主要是资本主义经济和社会主义经济的矛盾以及资本主义经济内部的资本家和无产者的矛盾。在社会主义建设进入有计划发展的时期以后，这种矛盾进一步尖锐化了。而公私合营企业具有半社会主义的性质，在解决这个矛盾方面迈出了关键的一步。所以，"一五"时期开始时的经济形势，要求在发展加工订货的同时，进一步发展公私合营企业。而国民经济恢复时期和"一五"初期实行的重要农产品的统购统销，主要批发商业的国有化，私营金融业社会主义改造的基本完成，国家资本主义的初步发展，税收和利率的调整，以及党在过渡时期总路线的宣传教育，又为公私合营企业的发展创造了有利的态势。

适应这种客观形势的要求，1953 年国家在有计划地扩大加工订货的同时，也着手发展公私合营企业。为了指导公私合营企业的发展，政务院于 1954 年发布了《公私合营工业企业暂行条例》。其中规定：对资本主义工业实行公私合营，应根据国家的需要、企业改造的可能和资本家的自愿；公私合营企业受公方领导，由政府主管业务的机关所派代表同私方代表负责经营管理，并应采取适当的形式，实行工人代表参加管理的制度；合营企业每年的利润，在缴纳所得税后，应当就企业公积金、奖励金和私股股东红利三个方面加以分配，私股股息红利加上董事、经理和厂长等人的酬劳金，总共可占盈余总额的 25% 左右。[①]

为了进一步解决由资本主义生产盲目性给私营企业带来的困难（如有的企业特别是老工业基地的企业"吃不饱"，生产能力不能充分发挥，有的企业"吃不了"，生产能力不足），特别是大量的、尚未进行公私合营的中小企业生产经营上的困难，1955 年党和政府提出对资本主义工业的改造要实行"统筹兼顾，全面安排"的方针，在扩展公私合营方式上，要采取个别合营与按行业改造相结合的办法。在中央和地方都建立、加强了对私营企业的领导机构，大城市设立了一些工业局，并按产业分工对国有企业、公私合营企业和私营企业统管起来。

上述方针和措施的贯彻执行，促进了各种国家资本主义形式，特别是公私合营企业迅速的发展。在 1952 年至 1955 年期间，加工订货产值由58.98 亿元增加到 59.35 亿元，占全国私营工业总产值的比重由 56.04%上升到 81.6%；公私合营企业产值由 13.67 亿元增加到 71.88 亿元，占公私合营和私营工业产值的比重由 11.5% 上升到 49.7%。与此相联系，国家资本主义也由大城市发展到中小城市，由大企业发展到中小企业。就是说，国家资本主义特别是公私合营企业得到了普遍的发展。

二、全行业公私合营的高潮

尽管 1953 年至 1955 年期间在发展加工订货和个别企业公私合营方面已经取得了巨大的成就，但并没有从根本上解决公私矛盾、劳资矛盾以及公私合营企业与未合营企业之间的矛盾。实践表明：要从根本上解决这些矛盾，就需要实行全行业的公私合营。实际上，1955 年下半年就开始出现了全行业的公私合营。首先是上海市棉纺、造纸等 8 个行业共 160 个厂按行业进行了公私合营；[②] 不久北京、天津及其他一些省市的一部分企

---

① 《新华月报》1954 年第 10 期，第 233 页。
② 《新华月报》1955 年第 12 期，第 310、311 页。

业，也按行业实现了公私合营。到 1955 年年底，全国共有 650 多户私营企业采用了按行业合营的方式。这种方式显示了比单个企业合营有更大的优越性，并为作为国家资本主义最高级形式的全行业公私合营的发展提供了经验。而 1949 年以来各项社会条件的发展又为全行业公私合营作了充分的准备。依据这种客观形势，党中央于 1955 年年底决定：把私营工商业的社会主义改造从个别企业公私合营推进到全行业公私合营的阶段。

1955 年下半年，我国农业合作化高潮的兴起，促进了资本主义工业全行业公私合营的高潮在全国的到来。1956 年 1 月 1 日，北京的私营工业者首先提出实行全行业公私合营的申请，得到政府批准。到 1 月 10 日，全市 35 个私营工业行业的 3990 户全部实行了公私合营。[①] 接着，天津、西安、沈阳、重庆、武汉、广州、上海等大城市，相继实现了全行业公私合营，并迅速地扩展到了全国。

1956 年公私合营企业工业产值达到 191.1 亿元，占公私合营和私营企业工业产值的比重达到了 99.8%。

为了贯彻对资产阶级的赎买政策，在全行业公私合营中，开展了以下几项工作：

第一，清产核资、定股。就是对原私营企业的资产和债务，本着“公平合理，实事求是”的原则，进行清理估算，核定私股股额，作为发给私股定息的依据。为了使资本家于合营后安心工作、积极接受改造，在清产核资中，采取对财产清估有关公私关系的问题从宽处理，对企业原来的各种债务关系尽量在公私合营中了结的方针，定股工作采取了在工人群众监督下，由资方自估、自报，同行评议，行业合营工作委员会（由公方、工人、资方三方面代表组成）审定的方式。截至 1956 年年底，全国公私合营工业企业的私股为 17 亿元。

第二，定息。就是由国家根据核定的私股股额，按期发给固定的股息。在个别企业公私合营的阶段，一般实行“四马分肥”的制度。虽然某些由国家统一经营的大型合营企业也实行过定息办法，但是定息作为一种普遍的赎买形式，则是从全行业合营高潮中开始的。1956 年 7 月，国

---

① 《新华月报》1957 年第 2 期，第 69 页。

家规定全国公私合营企业的定息率，统一为年息 5 厘即年息 5%。定息从 1956 年 1 月 1 日算起，期限为 7 年，从 1956 年起到 1962 年止。[①] 1962 年又宣布将定息期限延长 3 年。

第三，人事安排。本着"量才使用，适当照顾"的原则，根据企业私方人员的政治态度、工作能力、经验等，安排工作职务。绝大部分私方人员安排在公私合营企业工作。一部分人安排在国营专业公司工作，并对一些年老体弱或在原企业中有业绩而已丧失工作能力者，都作了适当的安排。人事安排采取了由工商界酝酿讨论，公私协商，最后由政府批准的办法。据 1957 年统计，全国拿定息的 71 万在职私方人员和 10 万左右的资方代理人全部安排了工作。依据几个大城市的调查，安排为企业管理人员的占 35%—40%，直接参加生产经营的占 60%—65%。

在全行业公私合营以后，原来的资本主义生产资料私有制就只是表现在定息上。公私合营企业与国有企业的区别也就是限制在这一点上。所以，全行业的公私合营企业基本上属于社会主义经济性质，它标志着资本主义工业社会主义改造的基本完成。

三、全行业公私合营后的改组和改革

全行业公私合营后，资本主义企业的性质已经发生了根本的变化，解放了生产力。但资本主义的经济组织、企业管理的许多方面还不适合生产力发展的需要，资产阶级分子还有待于进一步改造。因此，全行业公私合营高潮后面临的主要问题，一是对合营企业进行经济改组，二是对合营企业进行经营管理制度的改革，三是在调整公私关系中做好对资产阶级分子的改造工作。在全行业公私合营高潮中，这三方面的工作就已经开始进行，但由于高潮来得太快，对改造资本主义工业的复杂性认识不足，出现了一些问题。主要是贪多求快，盲目集中合并企业，要求合营企业执行暂时还不适合的管理制度，以及对一部分资本家的使用不当等。因而出现了原有的协作关系被破坏和打乱，供、产、销发生脱节，花色品种减少等问题，影响了企业生产的正常进行。

针对上述问题，全行业公私合营以后，主要进行了以下几方面的工作：

---

① 《人民日报》1956 年 12 月 16 日。

第一，经济改组。改组工作本着节约国家投资，充分利用原有生产能力并有利于经营管理和社会需要的精神，贯彻了"大部不动，小部调整"的原则。在先抓生产和做好改组规划的基础上，根据行业、地区的特点和国家计划的需要，对合营企业分期、分批，有准备、有步骤地进行全面的改组，并对高潮中盲目合并的企业进行了适当的调整。生产改组主要采取了并厂和联合管理两种形式。并厂是几个企业集中生产，统一核算。联合管理则是在一个行业内选择若干中心厂，把分散的小厂领导统一起来管理。采用联合管理形式的有一部分是分散生产、分别核算，有一部分是分散生产、统一核算。到1957年上半年，改组工作基本告一段落，在高潮中实行公私合营的工厂经过合并的约占一半以上，采取联合管理形式的约占三分之一，其余则为单独管理或迁厂、撤销。

第二，企业改革。这个时期的企业改革工作主要是：①在合营企业内部实行党委领导下的厂长（经理）负责制，建立有职工和公私各方面代表参加的民主管理机构，并健全工会组织。②推行计划管理。③逐步实行经济核算。④在合营企业的工资标准和工资制度逐步向同一地区的性质相同、规模相近的国营企业看齐的总原则下，对合营企业中工人、职员和私方人员的工资标准，采取高了的不减少、低了的根据实际情况分期逐步增加的办法。

第三，在调整企业内公私共事关系中改造资产阶级分子。在调整公私关系中，首先对公方干部和企业职工加强了党的统一战线政策教育，使他们对资产阶级分子合作共事采取正确态度。其次对资产阶级分子加强政治思想教育，使他们能够主动地接近公方干部和群众，接受公方代表的领导，努力向职工群众学习。最后建立一些必要的制度，如在党委和公方代表领导下，明确资产阶级分子的分工范围，吸收他们参加企业的民主管理机构等。

随着上述工作的开展，公私合营企业的面貌发生了新的变化，促进了生产力的提高。1956年，公私合营工业企业的总产值比1955年这些企业的总产值增加了32%。不少企业改进了产品质量，增加了品种，降低了成本。

第二节　个体手工业社会主义改造的基本完成

一、合作化手工业的普遍发展

国民经济恢复时期，虽然手工业合作化有了初步发展，但手工业者大部分还是个体的、小私有的独立劳动者。这种个体私有制的生产关系限制了手工业生产力的发展，与党的过渡时期总路线公布以后的整个国民经济发展的要求更加不相适应。这个时期试办的手工业合作组织已为个体手工业者树立了榜样，广大手工业者对社会主义改造积极拥护，同时，国家也逐步积累了管理手工业合作化的经验。因此，手工业合作化的普遍发展，就成为"一五"时期前半期经济发展的客观要求。

为了加强手工业合作化的指导，1953 年年底召开了第三次手工业生产合作会议，系统地总结了新中国成立以来手工业合作化运动的基本经验，提出对手工业的社会主义改造，"在方针上，应当是积极领导，稳步前进；在组织形式上，应当是由手工业生产小组、手工业供销生产合作社到手工业生产合作社；在方法上，应当是从供销入手，实行生产改造；在步骤上，应当是由小到大，由低级到高级"。①

为了加强对手工业及其合作化的组织领导，1954 年 6 月，党中央提出：各级党委要指定一定的工作部门、机构或专人负责领导手工业工作，各级人民政府应设立管理手工业的机构，并帮助手工业合作社逐步建立各级联社。依此指示，同年 11 月，国务院成立了手工业管理局，地方政府也相继成立了手工业管理局（处、科）。

为了促进手工业合作化的发展，这时国家在各方面对手工业合作社给予了积极的帮助：物资和工业部门拨了不少物资给手工业合作社；财政上给了必要的援助；人民银行给了低息贷款；税收上也给予了优待。

为了做好手工业合作化的思想准备和组织准备，这时各地普遍召开了手工业劳动者代表会议，采用启发报告、诉苦、对比、算账、办展览和实地参观等多种形式，宣传过渡时期的总路线，向手工业者进行社会主义前途教育。不少地区成立了手工业劳动者协会，以团结手工业者，教育他们

①　《新华月报》1954 年第 8 期，第 162 页。

遵守政府法令，指导他们改善生产经营，调节手工业内部的雇佣关系和师徒关系，并推动他们走合作化的道路。

手工业是工业和国民经济的一个组成部分。随着社会主义的建设和改造的发展，手工业与大机器工业之间以及手工业之间（包括合作化手工业和个体手工业之间）在供销方面的矛盾变得明显起来。为了统筹安排生产和改造，1954 年年底全国第四次手工业生产合作会议将对手工业社会主义改造的方针发展为"统筹兼顾，全面安排，积极领导，稳步前进"。并提出 1955 年手工业社会主义改造的中心任务是把手工业主要行业的基本情况继续摸清楚，分别轻重缓急按行业拟订供、产、销和手工业劳动者安排计划，以便有准备、有步骤地进行改造；同时整顿、巩固和提高现有社（组），总结建社、整社经验，为进一步开展手工业合作化奠定基础。1955 年 5 月，党中央批准了这个会议的报告，要求各地、各部门（特别是地方工业部门）在对各种经济类型工业进行统筹安排时，必须将手工业的安排和改造同时予以考虑，手工业部门的各种计划，首先是供、产、销计划，要逐步纳入地方工业的计划之内。同时，各级手工业联社相继建立、健全起来，加强了对合作组织的生产供销业务领导、组织领导和行业安排工作。许多地方成立了有工业、商业、手工业等有关部门参加的加工订货委员会，或按行业召开供、产、销平衡会议，根据有利于改造、有利于生产的原则，在多种经济类型工业之间，统筹安排生产任务和供销工作。这样，就使得手工业内部及手工业同其他各业在供、产、销方面的矛盾，在一定程度上得到了解决。

1955 年上半年，还在手工业合作社内部开展了以反对资本主义经营思想作风为中心的整社运动。通过整社，提高了手工业劳动者觉悟，划清了资本主义和社会主义经营思想作风的原则界限，集中解决了生产中的关键问题，建立了切实可行的民主管理制度和生产管理制度，从而使手工业合作组织的素质得到提高。

这样，手工业合作化就在全国的大部分地区、手工业的各主要行业普遍地开展起来。到 1955 年年底，全国手工业合作组织发展到 64591 多个，社（组）员达到 220.6 万人，全年产值达到 20.16 亿元，分别比 1952 年增长了 16.7 倍、8.7 倍和 6.9 倍。其中手工业生产合作社 20928 个，社员 97.6 万人，全年产值 13.01 亿元，分别比 1952 年增长了 5.4 倍、3.5 倍和 4.3 倍。

二、手工业合作化的高潮

新中国成立以后各项社会条件和手工业合作化的发展，为手工业合作化高潮的到来打下了坚实的基础。1955 年下半年农业合作化高潮也有力地推动了 1956 年春手工业合作化高潮的到来。这次合作化高潮，走在前列的是大城市，而大城市中比较突出的是首都北京。1 月间，北京市采取了全市按行业一次批准合作化的办法，在 11 日、12 日两天时间，就有 53800 多个手工业者参加了各种形式的手工业合作社，加上在此以前入社（组）的手工业者 36000 多人，全市手工业者基本上全部实现了合作化。[①] 紧接着，天津市、南京市、武汉市、上海市等大城市在几天之内先后全面实现了手工业合作化。到 2 月 20 日，全国已有 143 个大中城市（约占当时全国大中城市的 88%）和 691 个县的手工业全部或基本上实现了合作化。到 1956 年 6 月，除某些边远地区外，全国基本上实现了手工业合作化。1956 年年底，全国手工业合作组织发展到 104430 个，社（组）员达到 603.9 万人，全年产值达到 108.76 亿元，分别比 1955 年增长了 0.6 倍、1.7 倍和 4.4 倍；占手工业从业人员的比重由 1955 年的 26.9% 上升到 91.7%；占手工业总产值的比重由 19.9% 上升到 92.9%。其中手工业生产合作社 74669 个，社员 484.9 万人，全年产值 100.93 亿元，分别比 1955 年增长了 2.6 倍、4 倍和 6.8 倍，占手工业从业人员的比重由 1955 年的 11.9% 上升到 73.6%，占手工业总产值的比重由 12.9% 上升到 86.2%。

由于手工业合作化和农业合作化、资本主义工商业的社会主义改造几乎是同时进入高潮的，因而，手工业合作化与农业合作化、资本主义工商业的改造是结合起来进行的。一部分分散在农村的个体手工业者和 1000 多万农村兼营商品性手工业的人员参加了农业合作化；一部分同私营工业协作关系密切，而从业人员又很少的手工业行业如火柴、西药、碾米等，随同私营工业进行改造；另一部分半工半商、工商界限不甚分明的行业或商业性较大的服务行业如鞋帽、豆腐、糕点、屠宰等，则随同私营商业进行改造，这两类人员大都参加了公私合营企业。到 1956 年年底，共有 48000 多户个体手工业并入了公私合营企业。

---

① 《人民日报》1956 年 1 月 13 日。

这样，就基本上完成了个体手工业的社会主义改造。

三、手工业合作化高潮后的调整

由于对手工业合作化要求过急、发展过快、形式也过于简单，不顾条件地合并办大社、办多行业的综合社，盲目推行集中生产和统一计算盈亏，因此在手工业合作化中出现了一些新的问题。如：供、产、销脱节，协作中断，服务点撤销过多、居民不便，家庭辅助劳动难于安排和部分社员收入减少等。合作化高潮以后，针对高潮中出现的问题，进行了调整。

第一，处理集中经营和分散经营的关系。这个问题，在手工业合作化高潮中就引起了重视。1956 年 2 月国务院作出决定，要求不要过早、过急地集中生产和统一经营，对某些适合于个体经营而本人又不愿参加合作社的，应该维持它们原有的单独经营方式。① 高潮之后，针对盲目集中的情况，党和政府又提出，集中生产与分散生产应根据行业的特点，按社员自愿和有利于生产、不影响社员收入、有利于为居民服务的原则处理。在制造性行业内，各方面条件具备的，经过具体规划和充分准备后，可以适当集中生产，但集中的人数不宜过多。修理、服务性行业，一般应分散生产。对过分集中和不适当地统一计算盈亏的合作社，应有计划地逐步加以调整。从 1956 年下半年到 1957 年上半年，各地通过对合作社（组）的分类排队，认真地处理了集中经营和分散经营的问题，并创造了多种多样的生产组织形式和核算形式。对制造性行业中产品规格单一、能够成批生产和主要接受工商部门加工订货，或内部分工细、协作关系密切、能够逐步采用机器生产的，适当地进行了集中生产和供销，统一计算盈亏。对产品直接与消费者见面的制造性行业合作社，以及固定设点、以门市加工为主的修理、服务性合作社，则以小组为单位进行生产，并对其中的一些小组实行了自购自销，各自核算盈亏。而对分散在家庭生产又接受商业部门加工订货的制造性合作社，如挑花、刺绣、编织等，则采取分散生产、统一供销、统一计算盈亏。对流动性强的修理服务性合作社，采取了分户生产、自购自销、各负盈亏的方式。

第二，调整手工业的管理体制。手工业是地方性的经济，在社会主义改造高潮后，资本主义性质的自由市场基本消灭，为了从根本上解决手工

---

① 《新华月报》1956 年第 5 期，第 71 页。

业供销关系和协作关系，需要大大加强地方对包括手工业在内的各种经济类型的统筹安排。1956年下半年，改变了对手工业合作组织垂直的管理系统，将手工业合作社的供产销安排、计划平衡以及组织和教育个体手工业者等各项工作，主要交由地方直接领导，分级管理。同时，还根据有利于生产、有利于改造的原则，开始调整行业隶属关系，把原来由手工业部门管理的部分行业，划归工业、商业、城市服务等有关部门管理。

第三，调整社员工资。手工业合作化高潮中，因集中规模过大、公共积累过多、管理不善等原因，出现了收入平均化和部分社员收入减少的情况。1956年下半年，本着"按劳取酬，多劳多得"和"先工资、次治病、后积累"的原则，各地手工业合作社普遍调整了工资。在生产发展和合理分配的前提下，绝大多数社员增加了收入。1957年手工业生产合作社的劳动生产率比1956年提高5.2%，比1952年提高55.8%。这年每人每年平均工资达到384元，较1956年增长10.7%，较1952年增长83%，五年当中平均每年增长12.9%。[1]

经过以上几方面的努力，高潮中出现的问题，在一定程度上得到解决，促进了手工业生产合作社的巩固和发展。

1956年9月党的八大一次会议提出，在适当条件下，一部分合作组织将要发展为国营企业或并入国营企业。根据这一精神，1957年4月全国手工业合作总社筹委会要求，在个别合作社的生产关系已经不能适应生产力发展需要时，经过省级批准，可以实行转厂过渡。当时过渡主要有两种形式：一是直接过渡或并入地方国营工厂；二是先转为联社经营的合作工厂，再转成或并入地方国营工厂。参加转厂的合作社，或是同行业中国家新建、扩建需要的，或是其生产与国有企业存在长期、固定、全部协作关系的，或是已经发展到相当规模，在资金、技术、产品品种等方面具备一定条件，而合作社的制度与生产的进一步发展不相适应的。到1957年年底，全国由手工业生产合作社转来的合作工厂有一千多个，还有少数手工业生产合作社转为地方国营企业。

---

① 《中国手工业社会主义改造的初步总结》，人民出版社1958年版，第89、94页。

第三节 资本主义工业和个体手工业社会
主义改造的主要经验

在我国资本主义工业和个体手工业的社会主义改造过程中创造了许多极为宝贵的经验。集中起来说，就是创造了一条具有中国特点的社会主义改造的道路。就资本主义工业的社会主义改造来说，我国实行了和平改造的方针及利用、限制、改造的政策和赎买的政策，实行了由低级到中级再到高级的国家资本主义，再由高级形式国家资本主义向社会主义逐步过渡的形式，并把企业的改造与人的改造结合进行。就个体手工业的社会主义改造来说，我国实行了由手工业生产小组到手工业供销合作社，再到手工业生产合作社的逐步过渡的形式。这些重要经验都是适合我国国情的。因而，既能够在一定时期内发挥资本主义工业和个体手工业的积极性，又能够避免社会主义改造过程可能暂时给生产带来的消极影响，还能及时发挥国家资本主义工业和合作化手工业对生产的促进作用。所有这些都大大促进了工业生产的发展，表 2 - 2 - 1、表 2 - 2 - 2 可以系统地说明这一点。

表 2 - 2 - 1　社会主义改造过程中资本主义工业生产的变化

	单位	1949 年	1952 年	1953 年	1954 年	1955 年	1956 年	1957 年
1. 总产值	亿元	70.5	119.0	151.2	154.3	144.5	191.4	206.7
公私合营	亿元	2.2	13.7	20.1	50.9	71.9	191.1	206.3
加工、订货包销、收购	亿元	8.1	59.0	81.1	81.2	59.3	}0.3	}0.4
自产自销	亿元	60.2	46.3	50.0	22.9	13.3		
2. 职工人数	万人	174.9	230.4	250.1	232.9	209.5	244.4	241.0
公私合营	万人	10.5	24.8	27.0	53.3	78.5	243.0	239.7
私　营	万人	164.4	205.6	223.1	179.6	131.0	1.4	1.3
3. 劳动生产率	元/人	4030.9	5164.9	6045.6	6625.2	6897.4	7831.4	8576.8
公私合营	元/人	2095.2	5524.2	7444.4	9549.7	9159.2	7854.2	8606.6
私　营	元/人	4154.5	5121.6	5876.3	5757.2	5542.0	2142.9	3076.9

表 2-2-2　手工业合作化过程中手工业生产的发展

	单位	1952 年	1953 年	1954 年	1955 年	1956 年	1957 年
1. 手工业从业人员数	万人	736.4	778.9	891.0	820.2①	658.3	652.8
合作化手工业	万人	22.8	30.1	121.3	220.6	603.9	588.8
其中：手工业生产合作社	万人	21.8	27.1	59.6	97.6	484.9	474.1
个体手工业	万人	713.6	748.8	769.7	599.6	54.4	64.0
2. 手工业总产值	亿元	73.12	91.19	104.62	101.23	117.03	133.67
合作化手工业	亿元	2.55	5.06	11.70	20.16	108.76	27.22
其中：手工业生产合作社	亿元	2.46	4.86	8.56	13.01	100.93	118.74
个体手工业	亿元	70.57	86.13	92.92	81.07	8.27	6.45
3. 劳动生产率	元/人	992.9	1170.8	1174.2	1234.2	1777.8	2047.6
合作化手工业	元/人	1118.4	1681.1	964.6	913.9	1801.0	2160.7
其中：手工业生产合作社	元/人	1128.4	1793.4	1436.2	1333.0	2081.5	2504.5
个体手工业	元/人	988.9	1150.2	1207.2	1352.1	1520.2	1007.8

表 2-2-1 表明：①在 1949 年到 1957 年的整个资本主义工业的社会主义改造过程中，包括公私合营企业和私营企业在内的工业总产值除了1955 年以外，是以较大的幅度逐年增长的；劳动生产率也是以较大幅度逐年上升的。②公私合营企业工业总产值则是以更大的幅度逐年上升的，劳动生产率除了 1956 年和 1957 年这两年以外，也是以很高的速度逐年增长的。③在 1949 年以后，尽管逐年有许多私营企业转变为公私合营企业，但在 1953 年以前，私营企业无论是工业总产值或劳动生产率都是逐年上升的，1954 年和 1955 年这两年二者比 1953 年虽然有所下降，但比 1949年仍然是显著地增长了。只是在 1956 年资本主义工业的社会主义高潮到来以后，私营企业工业总产值才急剧地下降了，劳动生产率也大幅度地下降了。因此，我国资本主义工业的社会主义改造过程，不仅没有影响公私合营工业企业的生产，还大大促进了它的生产的发展；甚至在社会主义改造高潮到来以前，对私营工业企业的生产也没多大的影响。

表 2-2-1 还表明了半社会主义性质的或基本上是社会主义性质的公私合营工业企业对于私人资本主义企业的巨大优越性。因为：①在 1949

---

①　1955 年至 1957 年手工业从业人员减少，是由于在合作化过程中，一部分城市手工业者被吸收入国营工厂，另一部分农村手工业者加入了农业生产合作社。

年到 1957 年期间，无论是工业总产值的增长，还是劳动生产率的上升，主要都是靠的公私合营企业。在这个期间，包括公私合营企业和私营企业在内，工业总产值和劳动生产率分别增长了 1.93 倍和 1.13 倍。但公私合营企业这两项指标分别增长了 92.77 倍和 3.11 倍。②这个期间公私合营企业工业总产值的迅速增长，固然同大量私营企业转入公私合营，从而职工大量增长有很大的关系，但主要原因还是由于劳动生产率的增长。根据表 2-2-1 所列的数字计算，在 1957 年公私合营企业工业总产值 206.3 亿元中，由于职工人数增长创造的价值为 50.2 亿元，而由劳动生产率的上升而增加的价值为 156.1 亿元，前者只占工业总产值的 24.3%，后者占了 75.7%。③公私合营企业劳动生产率，无论在增长速度上，或者在能够达到的水平上，都大大超过了私营企业劳动生产率。1952 年前者为 5524.2 元，后者只有 5121.6 元，前者比后者高出 7.9%。到 1957 年前者高达 8606.6 元，后者下降到 3076.9 元，前者比后者高出 1.8 倍。当然，1956 年以后，私营企业劳动生产率的下降，同规模大、技术高的私营企业均已转入公私合营，而留下的企业多是规模小、技术低有关系。但更重要的是明显地暴露了资本主义的生产关系越来越束缚社会生产力的发展。

表 2-2-2 也表明了类似的情况，即我国个体手工业的社会主义改造过程不仅没有影响合作化的手工业生产，还大大促进了它的生产的发展，甚至在手工业合作化高潮到来之前，对个体手工业生产也没多大的影响。这表现在：①尽管 1955 年到 1957 年期间，手工业从业人员就有了显著的减少，但在 1952 年到 1957 年期间（1955 年除外），手工业总产值是逐年以较大幅度上升的，劳动生产率也是逐年上升的。②合作化手工业总产值则是以更大的幅度逐年上升的，劳动生产率除了 1954 年和 1955 年这两年以外，也是以很高的速度逐年增长的。③尽管在合作化的过程中，逐年有大量个体手工业者转入合作化的手工业，但直到 1954 年，个体手工业的总产值都是逐年上升的，1955 年比上年虽有所下降，但比 1952 年仍有很大的增长。至于劳动生产率，直到 1956 年都是逐年上升的。

表 2-2-2 还反映了这样的情况：具有社会主义性质的手工业生产合作社对于个体手工业的巨大优越性。因为：①在 1953 年到 1957 年期间，无论是手工业总产值的增长，还是劳动生产率的上升，主要靠的是手工业生产合作社。在这个期间，手工业总产值和劳动生产率分别增长了

82.8%和106.2%。但手工业生产合作社这两项指标分别增长了47.3倍和121.9%。②这个期间手工业生产合作社总产值的迅速增长，固然同大量的个体手工业转入手工业生产合作社有关系，但主要还是靠劳动生产率的提高。根据表2-2-2所列的数字计算，在1957年手工业生产合作社总产值118.74亿元中，由于从业人员增加而创造的价值为53.5亿元，而由劳动生产率上升而增加的价值为65.24亿元；前者占45.1%，而后者占到54.9%。③手工业生产合作社的劳动生产率，无论在增长速度上，或者在能够达到的水平上，都远远超过了个体手工业。1952年手工业生产合作社劳动生产率为1128.4元，比个体手工业的988.9元高14.1%。但到1957年，前者上升到2504.5元，比后者的1007.8元高1.49倍。

可见，尽管资本主义工业和个体手工业社会主义改造的后期有发展过快、集中过多等缺点，但整个说来，我国创造的这条社会主义道路是成功的。

第三章　高度集中的工业经济管理
体制的形成及其改革
方案的提出

第一节　高度集中的工业经济管理体制的形成

一、高度集中的工业经济管理体制形成的历史背景

前面已经说过，在国民经济恢复时期，已经确立了高度集中的工业经济管理体制的雏形。到了"一五"时期，这个雏形有了进一步的发展，形成了高度集中的工业经济管理体制。

高度集中的工业经济管理体制形成的历史背景，一是以往几千年封建社会形成的自然经济思想的影响。二是在过去20多年革命根据地和解放区处于被包围、被分割的农村情况下形成的自给自足、各自为战的管理制度，以及战时共产主义供给制的影响。三是在缺乏社会主义建设经验的情况下，基本上学习了苏联斯大林时期实行的工业经济管理体制。这些因素都是重要的，但都是历史的或外在的因素，而不是现实的和内在的因素。四是这个现实的和内在的因素，就是这种体制适应了"一五"时期集中主要力量进行以重工业为主的重点建设的需要。

这种高度集中的经济管理体制有一个很大的优点，就是能够把社会资金、物资和技术力量集中起来，用于有关国计民生的重点项目、国民经济发展中的薄弱环节和经济落后地区，从而比较迅速地形成新的生产力，克服国民经济各个部门之间和各个地区之间的发展不平衡状态，促使国民经

济按比例迅速地发展。这一点，正好适应了实现"一五"计划基本任务的需要。

"一五"计划首要的基本任务，是集中主要力量进行以苏联帮助我国设计的 156 个建设项目为中心的、由限额以上的 694 个建设项目组成的工业建设，建立我国的社会主义工业化的初步基础。显然，要实现这项任务，需要大量的财力、物力和技术力量。1952 年，尽管我国国民经济已经得到了恢复，但经济力量仍然是很薄弱的，财力、物力和技术力量都很有限，不能充分满足建立社会主义工业化初步基础的需要。要使有限的经济力量能够满足社会主义工业化建设的需要，就需要适当集中全国的经济力量。根据"一五"计划的规定，单是苏联帮助设计的建设单位在五年内的投资就达到 110 亿元，占工业基本建设投资 248.5 亿元的 44.3%。而且，直接配合这些建设单位的，还有 143 个限额以上的建设单位，五年内对这些建设单位的投资是 18 亿元，占工业基本建设投资的 7.2%。两项合计共占 51.5%。[①] 这就表明：在"一五"期间，需要集中主要的投资来保证苏联帮助设计的重点工程及其直接配套工程的建设。还要进一步看到：限额以上的 694 个建设单位，特别是苏联帮助我国设计的 156 个建设单位，都是关系国民经济命脉的项目。它包括建立和扩建电力工业、煤矿工业和石油工业，建立和扩建钢铁工业、有色金属工业和基本化学工业，建立制造大型金属切削机床、发电设备、冶金设备、采矿设备和汽车、拖拉机、飞机的机器制造工业等。建设这些项目不是为了满足一个地区的需要，而是为了满足全国的需要。这些建设项目不仅技术复杂，而且投资量大。这种情况又决定了这些建设项目必须由中央集中统一管理。因而也需要由中央集中资金、物资和技术力量。显然，如果不实行由中央集中全国经济力量（包括资金）的高度集中的经济管理体制（包括工业经济管理体制），是难以实现"一五"期间建立社会主义工业化初步基础的任务的。

发展手工业生产合作社、建立手工业的社会主义改造的初步基础，以及基本上把资本主义工业纳入各种形式的国家资本主义的轨道、建立对于私营工业的社会主义改造的基础，是"一五"计划的两项基本任务。为

---

① 《中华人民共和国发展国民经济的第一个五年计划（1953—1957）》，人民出版社 1955 年版，第 31 页。

了实现这两项基本任务，需要国家掌握雄厚的财力和物力，为社会主义改造提供强大的物质力量。从这一点来说，建立高度集中的经济管理体制，也是实现社会主义改造的要求。

二、高度集中的工业经济管理体制的主要内容

在实行这种高度集中的工业经济管理体制的条件下，无论就中央政府和地方政府对工业的管理权限来说，或者就国家和企业的管理权限来说，都是高度集中在中央政府手中的。

第一，工业企业的管理。

如前所述，国民经济恢复时期，在国家对工业企业的管理方面，曾经实行了统一领导和分级管理的原则。当时除了在华北地区中央政府直接管理了一部分国有工业企业以外，在其他各大行政区，工业企业基本上是由各大行政区直接管理的。但在"一五"期间，中央政府各部门直接管理的工业企业数大大增长了。即由1953年的2800多个增长到1957年的9300多个，大约占当年国有工业企业总数58000个的16%，工业产值接近国有工业总产值的一半。决定这一点的有三个基本因素：①有计划经济建设的开展，要求进一步加强中央政府的集中统一领导。与此相联系，1954年6月19日中央人民政府决定撤销大区一级的行政机构。在国民经济恢复时期，各大行政区代表中央人民政府领导和监督地方政府，对于贯彻中央政府的政策、恢复国民经济，以及进行政治文化等项工作方面，都起过很重要的作用。但随着国家进入有计划的经济建设时期以后，这种管理体制不适应进一步加强中央集中统一领导的要求。为了中央政府直接领导省市以便更能切实地了解下面的情况，减少组织层次，增加工作效率，克服官僚主义，有必要撤销大区一级的行政机构。随着大行政区的撤销，原来由各大行政区直接管理的国有企业就转到中央政府各部门手中了。②随着私人资本主义工业的社会主义改造的基本完成，原来的私营工业企业变成了公私合营的工业企业，其中一部分也由国家来直接管理了。③由国家投资兴建的工业企业投产以后，也由中央政府有关部门直接管理。

第二，工业基本建设项目的管理。

"一五"期间，基本建设项目（特别是大中型基本建设项目）投资的绝大部分都是由中央政府直接安排的。从"一五"计划实际执行的结果来看，国家预算内投资达到 531.18 亿元，占基本建设投资总额的 90.3%。[①] 其中，属于中央政府直接管理的项目的投资占 79%，属于地方政府直接管理的项目的投资占 21%。

"一五"期间，基本建设项目的审批权也是高度集中的。依据有关文件规定，国务院各部门和各省、市、自治区管理的各类基本建设项目在 500 万元至 3000 万元之间的，需经国家建设委员会审核，国务院批准；60 万元至 300 万元之间的各类基本建设项目需经国务院各部或各省、市、自治区人民委员会审核批准；60 万元以下的各类基本建设项目，其审核和批准程序，分别由国务院各部和各省、市、自治区人民委员会自行规定。[②] 在这期间，中央政府各主管部门对重点建设项目的管理权也很集中，从人、财、物的调度，到设计施工，再到生产准备的安排，是一管到底的。

第三，计划管理。

国民经济恢复时期结束的时候，工业中的社会主义经济成分的比重大大增长了，但各种私有制工业也还占有很大的比重。据统计，1952 年社会主义国家所有制工业产值占工业总产值的 41.5%，集体所有制工业产值占 3.3%，公私合营工业产值占 4%，私人资本主义工业产值占 30.6%，个体工业产值占 20.6%。[③] 依据这种实际经济状况，"一五"期间实行了直接计划、间接计划和市场调节相结合的计划管理制度。就是说，对国有企业和生产国家计划产品的一部分公私合营企业实行直接计划，由国家向这些企业下达指令性生产指标。指令性指标有 12 项：总产值、主要产品产量、新种类产品试制、重要的技术经济定额、成本降低率、成本降低额、职工总数、年底工人到达数、工资总额、平均工资、劳动生产率和利润。对多数公私合营企业和私人资本主义工业以及一部分手工业实行间接计划，主要由国家采用各种经济政策、经济合同和经济措施，把它们的经济活动引导到国家的计划轨道。至于对各类小商品生产，一般不列入国家计划，由市场进行调节。

在"一五"前期，有关国计民生的工业品生产已经纳入国家的直接计

---

① 《中国统计年鉴》(1981)，中国统计出版社 1981 年版，第 303 页。

② 国务院关于《基本建设工程设计和预算文件审核批准暂行办法》(1955 年 7 月 12 日发布)，《中国工业经济法规汇编 (1949—1981)》，第 209—210 页。

③ 《中国统计年鉴》(1984)，中国统计出版社 1984 年版，第 194 页。

划。但工业生产中的间接计划和市场调节部分仍占有很大的比重。1952年，公私合营工业、私人资本主义工业和个体工业产值占工业总产值的55.2%，直到1955年还占到41%。[①] 所以，即使扣除了公私合营工业产值中已纳入国家直接计划的部分，在"一五"前期，间接计划和市场调节部分的比重仍然不小。这种直接计划、间接计划和市场调节相结合的计划管理制度，既具有宏观经济发展需要的统一性，又在某些方面（主要是私有经济中）具有微观经济发展需要的灵活性，从而成为这个时期经济发展的重要因素。

但到"一五"后期，工业生产中直接计划的部分却大大增长了，而间接计划的部分却大大缩小了。1953年，国家计委统一管理、直接下达计划指标的产品是115种；到1956年，增加到380多种，其产值占工业总产值的60%上下。这部分的是由于重点建设的开展，需要中央政府集中更多的财力和物力；部分的是由于国民经济计划工作经验的积累，对各种生产条件的认识更加清楚，有可能制定更多的指令性计划指标；部分的是由于生产资料私有制的社会主义改造的基本完成，有可能把原来对国有工业企业的管理制度推广到更多的公私合营的企业中去。

第四，财务管理。

"一五"时期，国家对国有企业继续实行统收统支的财务管理制度。国有企业需要的资金（包括固定资产更新改造需要的技术措施费、新产品试制费和零星固定资产购置费，以及定额流动资金），按企业隶属关系，由中央政府或地方政府的财政拨款，超定额流动资金由国家银行贷款。国有企业除了需要依据中央人民政府财政部的规定缴纳税款外，还需要按照隶属关系把全部折旧基金和大部分利润上缴中央政府财政部或地方政府。企业只能按照国家规定提取一定比例的计划利润和超计划利润作为企业奖励基金。前面说过，1952年曾经规定，各产业部门的国有企业可以提取计划利润的2.5%—5%和超计划利润12%—25%作为企业奖励基金。[②] "一五"时期，对提取奖励基金的条件和比例作了一些修改。同时，为了发挥企业超额完成国家计划的积极性，还对中央各部门直属的企业超计划利润的分成和使用，进一步作了规定。国有企业超计划利润分成的计

---

① 《中国统计年鉴》（1984），中国统计出版社1984年版，第194页。

② 国务院财政经济委员会：《国营企业提用企业奖励基金暂时办法》，《新华月报》1952年第2期，第132页。

算，以年度为准，以主管部为单位。超计划利润扣除应提的企业奖励基金和企业社会主义竞赛奖金以后，以40％留归主管部使用，60％上缴国库。各主管部可以将超计划利润留成的一部分，分给企业使用。使用范围包括：弥补企业因超额完成生产任务或者其他原因而发生的流动资金的不足，弥补基本建设计划内已列项目的资金的不足，弥补技术措施费、新产品试制费和零星基本建设支出的不足；经国家专案批准的基本建设项目（包括职工宿舍），以及其他用途（如各项奖金等）。至于地方国有企业超计划利润的分成和使用，可由县、市、自治区按照具体情况自行规定。[①]但这并没有改变国有工业经济中财权高度集中的状况。据计算，"一五"期间，国有企业奖励基金和超计划利润提成五年合计仅有12.4亿元，相当于同期企业上缴国家财政总数的3.75％。

第五，物资管理。

"一五"时期，为了加强对物资的集中统一管理，将物资分为三类：一是统配物资，即关系国计民生的最重要的通用物资，由国家计划委员会组织生产和分配的平衡。二是部管物资，即重要的专用物资，由国务院各主管部门组织生产和分配的平衡。这些列入国家计划分配的物资，均由国家计委或国务院各主管部门统一组织生产和分配，生产企业、国务院其他部门和地方政府无权支配。三是地方管理物资，即第一、二两项以外的工业品生产资料，不由国家计划分配，而是一部分由地方政府安排生产和销售，大部分由企业自产自销。

与这种物资管理体制相适应，在物资价格管理上，第一、二类物资都是按国家的计划价格组织调拨，第三类物资的价格由地方或企业自行规定。

同直接计划与间接计划相结合的计划管理体制相配合，计划物资也采取直接计划与间接计划相结合的分配办法，将需要第一、二类物资的企业分为两类。一是申请单位，包括中央政府各主管部门的直属企业、地方政府所属的大型企业以及生产国家计划产品的一部分公私合营企业，国家对这些企业的全部生产或部分生产实行直接计划，下达指令性指标；对它们需要的第一、二类物资也实行直接计划供应的办法，即由它们通过主管部

① 财政部《关于一九五六年国营企业超计划利润分成和使用的规定》（1956年10月11日），《中国工业经济法规汇编（1949—1981）》，第111页。

门申请供应，并对供应它们的物资实行国家计划调拨。二是其他企业，为非申请单位。对它们需要的第一、二类物资，实行间接计划供应的办法，由商业部门依照市场牌价通过门市部供应。

前面说过，"一五"时期，国家直接计划生产的产品的范围不断扩大。与此相联系，计划分配物资的种类也在增长。1953年，计划分配的物资为227种，其中一类物资为112种，二类物资为115种。到1957年，计划分配物资增长到532种，其中一类物资为231种，二类物资为301种。与此相对应，非计划分配的重要物资，不仅在品种上减少了，在供应的数量上也下降了。通过商业部门向非申请单位供应的钢材占全国钢材供应总量的比重，1953年为35.9%，1956年下降到8.2%。

第六，劳动工资管理。

在劳动管理方面，1954年以前，是在中央统一政策指导下，以大行政区管理为主的。当时，不论是国有企业，还是私营企业都可以在国家政策允许的限度内自行增减职工；企业招工可以对职工进行考核，并可择优录用，还有辞退职工的权力。进入"一五"时期以后，1954年撤销了大行政区，对劳动用工的管理，就逐步转到以中央集中管理为主了。同时，为了适应有计划的经济建设的需要，又逐步扩大了国家对职工统一分配的范围，从大学毕业生，到中专毕业生和技工学校毕业生，一直到复员退伍军人。而在全行业公私合营以后，对原来私营企业的职工又实行了包下来的政策。这就形成了能进不能出的"铁饭碗"的制度，同时也意味着企业的用工权力丧失殆尽了。

在工资管理方面也存在类似的情况。在国民经济恢复时期，工资也是以各大行政区的分散管理为主的。进入"一五"时期以后，1953年已经开始对工资实行集中管理。但这时国家只控制工资总额和平均工资指标，而且这两个指标是逐年增加的。这样，地方、部门和企业都可以在国家规定的范围内安排部分职工升级，并依据需要实行计件工资和建立奖励制度。1954年，大行政区撤销以后，工资管理就集中到中央政府劳动部手中。经过两年的准备，到1956年，进行了全国工资改革。从建立全国统一的国有企业工资制度来说，这次工资改革的内容主要包括：取消工资分制度和物价津贴制度，统一实行直接用货币规定工资标准的制度，分别按产业规定工人的工资等级数目和工资等级系数，统一制定或修改技术等级标准，实行等级工资制，对企业领导人员、工程技术人员和职员，实行职务或职称的等级工资制；地方国有企业职工的工资标准和工资制度，由各省、市、自治区根据企业的规模、设备、技术水平和现在的工资情况等条件，参照中央国有企业职工的工资标准和工资制度来制定。

但这次工资改革，不仅涉及中央国有工业企业和地方国有工业企业，而且还涉及公私合营的工业企业。按照当时的有关规定，在全行业公私合营以前实行了公私合营的企业，一般与国有企业同时进行工资改革，使他们的工资标准和工资制度与同一地区性质相同、规模相近的国有企业大致相同，现行工资标准高于当地同类性质国有企业的，一律不予降低。全行业公私合营以后建立的公私合营企业的工资标准和工资制度，逐步向同一地区性质相同、规模相近的国有企业看齐。公私合营企业的职工和私方人员的现行工资标准，同当地同类性质的国有企业的工资标准相比较，高了的不减少，低了的根据企业生产、营业情况和实际可能，分期地逐步增加。

这样，经过这次工资改革，不仅在国有经济（包括国有工业）内部建立了统一的工资制度（包括由中央政府统一规定职工工资标准以及职工定级、升级制度等方面），而且开始把这种统一的工资制度向公私合营企业推广了。

上述情况表明："一五"时期，我国在对工业企业的管理、基本建设项目的管理、计划管理、财务管理、物资管理和劳动工资管理等方面都建立了高度集中的管理制度，从而形成了较完整的高度集中的工业经济管理体制。

当然，"一五"时期是我国高度集中的工业经济管理体制的形成时期。因而，在这方面，"一五"前期（即1956年生产资料私有制的社会主义改造基本完成以前）和"一五"后期（即1956年生产资料私有制的社会主义改造基本完成以后）就会出现阶段性的差别。

总的说来，"一五"前期的工业经济管理体制也已经是高度集中的管理体制，但相对"一五"后期来说，中央政府的集权还不是很高，地方政府和工业企业还有较多的管理权力。但到了"一五"后期，伴随着生产资料私有制的社会主义改造的基本完成，以及社会主义工业建设对于财力、物力的需要和财力、物力供应不足的矛盾的发展，这种高度集中的工业经济管理体制就进一步向前发展了，对工业经济的管理权力更进一步集中在中央政府手中，地方政府和工业企业就没有多少活动余地了。

这一点，表现在工业经济管理体制的各个方面。在中央政府直接管理的国有企业的数量方面，"一五"后期比"一五"前期增长了。在计划管理方面，1956年以后，列入国家直接计划的工业产品品种增长了，间接计划和市场调节的部分缩小了。在物资供应方面，1956年后，由国家计划分配的主要物资品种增长了，非计划分配的重要物资的品种减少了。在商品流通方面，"一五"后期，国家计划收购的部分大大增长了，而国有企业特别是私营企业自产自销部分大大减少了。[①] 在劳动用工方面，1956年由于对私营企业的职工实行包下来的政策，就最后形成了统包统配的制度。在工资方面，经过1956年的工资改革，尽管企业还有自行决定计件工资和奖励制度的权力，但由于要执行国家统一规定的工资标准和定级、升级等项制度，在这方面，企业的活动余地也就变得很狭小了。可见，"一五"后期，我国高度集中的工业经济管理体制大大向前发展了。

三、高度集中的工业经济管理体制的历史作用及其弊病

历史经验已经证明，"一五"时期建立起来的高度集中的工业经济管理体制，对"一五"计划各项任务的实现，起了重要的促进作用。这种体制有利于集中主要力量进行以苏联帮助我国设计的156个建设单位为中心的，由限额以上694个建设单位组成的工业建设，建立我国的社会主义工业化的初步基础；有利于优先发展重工业，克服半殖民地半封建的中国留下的农业、轻工业和重工业之间的比例失调状态，也有利于加快内地工业的发展，克服旧中国留下的沿海和内地之间的经济发展的严重不平衡情况，从而有利于实现国民经济有计划按比例的发展；有利于国家掌握雄厚的经济力量，为生产资料私有制的社会主义改造提供良好的物质条件；有利于保证国家财政收入的增长、市场价格的稳定和人民生活的提高。有关的统计资料将在本篇的第四章进行系统介绍。这里先举一个典型事例。鞍山钢铁公司三大工程（无缝钢管厂，原计划生产能力6万吨；大型轧钢厂，原计划生产能力50万吨；第七号炼铁高炉，原计划生产能力36万

---

① 据统计，私营企业自产自销部分的产值占私人资本主义工业总产值的比重，1952年为38.9%，1956年不到0.2%。

吨）生产规模大，技术水平高，是苏联帮助我国建设的三项重点工程。但在实行高度集中的工业经济管理体制的条件下，在全国支援鞍钢口号的推动下，除了集中一定的资金用于这三项重点建设以外，还从全国各地调来了将近500个司局一级的干部和几千个工程技术人员到鞍钢工作，并组织了199个企业向鞍钢提供物质和技术支援。这样，这三项工程只用了一年多的时间，就全部实现了竣工投产。

历史经验还表明：高度集中的工业经济管理体制固有的弊病，在"一五"时期也已经有了暴露。这包括：这种体制不适合国有企业作为相对独立商品生产者的要求，束缚了企业的积极性；由这种体制造成的条块分割状态，割断了发展商品经济要求的部门之间和地区之间的经济联系；这种体制容易造成基本建设投资膨胀，引起国民经济比例关系的失调；这些又会导致经济效益低的后果等。当时报刊上已经有文章披露这种体制的弊病。比如1956年有一篇文章写道："在上海，一些国营工厂和公私合营工厂的负责人经常这样说，由于上级国家机关在计划管理、财务管理、干部管理、职工调配、福利设施等方面管理过多、过死，许多事情他们做不了、管不了，只能起'算盘珠子'的作用。"这位作者在讲到工厂财权太小时举例说："目前一般国营工厂厂长在财务方面只有二百元到五百元的机动权；公私合营企业就更少，有的新合营企业根本没有财权，购买一块肥皂都要上级专业公司来批。""厂内开一个天窗，开一个太平门，修造一个厕所都得呈报批准，往往几番周折，结果还是不准。"[①]

高度集中的工业经济管理体制虽然既有积极作用，也有消极作用，但二者并不是平分秋色的关系。在"一五"时期具体条件下，其积极作用得到了较充分的发挥，是主要的方面；其消极作用受到了限制，是次要的方面。半殖民地半封建的中国产业结构是畸形的，农业比重过大，工业比重过小，轻工业固然落后，重工业尤其薄弱。新中国成立以来，经过国民经济恢复时期的建设，这种畸形状态有了一定程度的改善，但并没有得到根本的改变，所以，在第一个五年计划期间，继续优先发展重工业，是一个正确的战略决定。它不仅是加速实现社会主义工业化的需要，而且是继续协调工业和农业、重工业和轻工业的比例关系的需要。这个时候我国工

---

① 《新华半月刊》1956年第3期，第46—47页。

业基础仍然是很薄弱的，外延的扩大再生产形式，即主要依靠新建企业来进行的形式占有特别重要的地位。但相对于发展轻工业和进行内涵的扩大再生产形式（即通过对原有企业的技术改造实现扩大再生产）来说，发展重工业和进行外延的扩大再生产，均需要较多的资金。而在第一个五年计划时期，社会拥有的财力仍然是很有限的。这就需要把社会有限的财力集中于国家手中，用于建设有关国计民生的重点项目，以加速工业和整个国民经济的发展。高度集中的工业经济管理体制，正好适应了经济发展的这一客观要求，并促进了生产的发展。这是第一。

第二，以行政管理为主的工业经济管理体制，它的运用机制是国家各级上级机关对各级下级机关以及国家行政机关对企业的行政命令，是国家各级下级机关对各级上级机关以及企业领导人对国家行政机关的行政责任，是维护行政命令和行政责任的行政纪律，是国家各级行政干部和企业领导人的责任心，是党的思想政治工作。而在第一个五年计划期间，党和政府的威信很高，党的作风正派，党的干部队伍比较年轻，官僚主义比较少，广大干部的政治激情高涨，党的思想政治工作也很有力。这一切就使得工业经济管理体制的运行机制是比较灵敏的，行政管理的效率也是比较高的。

在这里还要着重指出一点：第一个五年计划期间党和国家的宏观经济决策是正确的。在各种经济管理体制下，党和国家的宏观经济决策都是重要的。而在高度集中的、以行政管理为主的工业经济管理体制下，党和国家的宏观经济决策的正确与否，其意义尤为巨大。也只有宏观经济决策正确了，才能从根本上保证行政管理的效率，否则，就根本谈不上行政管理的效率。所以，第一个五年计划期间正确的宏观经济决策，是充分发挥高度集中的工业经济管理体制积极作用的一个十分重要的条件。

上面分析的仅仅是问题的一个方面，即由于第一个五年计划期间的各种具体条件，使得高度集中的工业经济管理体制的积极作用得到了较充分的发挥。另一方面，在这个期间，这种经济管理体制的消极作用却受到了很大的限制。①我国生产资料私有制的社会主义改造基本上是在1956年完成的。在这之前，社会主义经济虽然已经居于领导地位，但还存在着大量的资本主义经济以及个体的手工业经济。而且，在这期间，党和政府比较成功地通过运用价值规律，对这些私有经济实行了计划指导。所以，由这种工业经济管理体制产生的管理过于集中、管得过死、否定价值规律和市场调节的作用等缺陷，这期间首先在范围上受到了限制。②在这期间，生产社会化和社会主义的商品经济都还不发达；由于美帝国主义对我国实行封锁禁运，对外贸易也受到了很大的限制。这样，由这种经济管理体制带来的否定国有企业的相对独立商品生产者的地位以及阻碍社会主义商品生产等消极作用，这期间也暴露得不甚充分。

上述情况表明：高度集中的工业经济管理体制，是适应了"一五"时期社会生产力发展的要求，并符合"一五"时期的具体情况，从而使它的积极作用成为主要方面。

这是把"一五"时期作为一个整体来说的，它并不意味着这种体制的积极作用和消极作用，在"一五"前期和后期都是同等的。实际上，由于前面已经论述过的原因，在"一五"前期，这种体制的积极作用更大些，消极作用要小些；而在"一五"后期，虽然还有主要的积极作用，但消极作用明显地增长了。正如党的十二届三中全会所总结的："建国初期和第一个五年计划期间，我国面临着实现全国财政经济统一、对资本主义工商业进行社会主义改造和开展有计划的大规模经济建设的繁重任务，逐步建立起全国集中统一的经济体制。那个时候，在许多方面还没有统得很死，而且在社会主义改造的方法和步骤上坚持了从中国实际出发，有很大的创造。但是，随着社会主义改造的基本完成和我国经济发展的规模越来越大，原来为限制和改造资本主义工商业所采取的一些措施已不再适应新的形势，经济体制方面某些统得过多过死的弊端逐渐暴露出来。"① 这个分析对于工业经济管理体制也是完全适用的。

第二节　工业经济管理体制改革方案的提出

前面说过，在国民经济恢复时期，已经建立了高度集中的工业经济管理体制的雏形。"一五"时期形成了高度集中的工业经济管理体制。到1956年，在建立工业经济管理体制方面，已经积累了几年的经验。而且，这时高度集中的工业经济管理体制的弊病，已经较多地和较明显地暴露出

---

① 中共中央《关于经济体制改革的决定》，人民出版社1984年版，第8—9页。

来。正是在这种历史背景下提出了改革工业经济管理体制的问题。

为了总结新中国成立以来社会主义建设的经验（包括建立经济管理体制的经验），探索社会主义建设的正确道路（包括经济管理体制改革的正确道路），建立具有中国特色的社会主义（包括具有中国特色的经济管理体制），毛泽东从 1956 年 2 月起，用了一个多月的时间听取中央 34 个部门（包括工业、农业、交通运输业和财政等）的工作汇报，作了系统的调查研究。在这个基础上，做了著名的《论十大关系》的报告。根据党中央的指示，国务院在同年的 5 月到 8 月召开了全国体制会议，对于当时存在的中央集权过多的现象作了检查，对改进国家行政体制问题进行了讨论，并且提出了关于改进国家行政体制的决议草案。在同年 9 月召开的党的第八次全国代表大会上，刘少奇在《中国共产党中央委员会向第八次全国代表大会的政治报告》、周恩来在《关于发展国民经济的第二个五年计划的建议的报告》以及陈云在《社会主义改造基本完成以后的新问题》的讲话中，都总结了建立经济管理体制的经验，并提出了改革的原则和方法。同年 9 月至 10 月召开的党的八届三中全会基本上通过了《关于改进工业管理体制的规定（草案）》、《关于改进商业管理体制的规定（草案）》以及《关于改进财政体制和划分中央和地方财政管理权限的规定（草案）》。同年 11 月国务院讨论通过并公布了这三个规定。

国务院《关于改进工业管理体制的规定》（以下简称《规定》）指出：我国是社会主义国家，我国的建设是有计划的建设，全国各地区各企业的生产和建设工作都必须服从国家的统一计划，绝不可违反国家的统一计划。我们现行的工业管理体制基本上是符合这些要求的。但《规定》也强调了现行工业管理体制存在着两个主要的缺点：一个是有些企业适宜于交给地方管理的，现在还由中央工业部门直接管理；同时地方行政机关对于工业管理中的物资分配、财务管理、人事管理等方面的职权太小。另一个是企业主管人员对于本企业的管理权限太小，工业行政部门对于企业中的业务管得过多。这两个主要缺点限制了地方行政机关和企业主管人员在工作方面的主动性和积极性。

在适当扩大省、市、自治区管理工业权限方面，《规定》指出：

（一）调整现有企业的隶属关系，把目前由中央直接管理的一部分企业，下放给省、市、自治区领导，作为地方企业。其中，现在属于轻工业部和食品工业部的企业，除了若干企业必须由中央管理以外，大部分企业都下放给省、市、自治区管理。纺织工业先下放一小部分，以后根据具体情况，再定大部分下放的步骤。重工业各部门所属的企业，凡是属于大型矿山，大型冶金企业，大型化工企业，重要煤炭基地，大电力网，大电站，石油采炼企业，大型和精密的机器、电机和仪表工厂，军事工业以及其他技术复杂的工业，仍旧归中央各工业部管理。除此以外，其他工厂凡属可以下放的，都应该依据情况，逐步下放。

一切仍归中央各部管辖的企业，都实行以中央各部为主的中央和地方的双重领导，加强地方对中央各部所属企业的领导。

（二）增加各省、市、自治区在物资分配方面的权限。省、市、自治区对于所属范围以内的中央企业、地方企业和地方商业机关为本企业生产经营所申请分配的物资，在保证完成国家计划的条件下，有权根据当地的情况和需要的缓急，在各个企业之间进行数量、品种和使用时间方面的调剂。

省、市、自治区管理的企业所生产的统配物资和部管物资，如果生产数量超过国家计划规定的数量，超过计划的部分，当地政府可以按照一定比例提成。中央各部所属企业的超过计划的产品，除了中央指定的少数企业和少数产品品种以外，地方政府也可以按照中央批准的比例分成。

（三）原来属中央各部管理现在下放给地方政府管理的企业，全部利润百分之二十归地方所得，百分之八十归中央所得。

除了属于第二机械工业部、邮电部、铁道部、对外贸易部外销部分和民航局等部门的企业和大型矿山、大型冶金、大型化工、大型煤矿、大电力网、石油采炼、大型机器和机电的制造等企业以及长江、沿海跨省经营的航运企业以外，所有仍旧归中央各部管理的其他企业，例如纺织企业，地方政府也可以分得全部利润的百分之二十。

所有地方政府参与利润分成的企业，上述规定的二八分成的比例，三年不变。

（四）在人事管理方面，增加地方管理的权限。凡是属于中央各部下放给地方政府管理的企业，在人事管理方面，都按照地方企业管理。各省、市、自治区对仍旧归中央各部管辖的企业的所有干部，在不削弱主要厂矿的条件下，可以进行适当的调整。中央各部所属企业和分驻各地的管理机构，有关编制定员工作，应该受当地政府的领导和监督。

在适当扩大企业主管人员对企业内部的管理权限方面，《规定》提出：

（一）在计划管理方面减少指令性的指标，扩大企业主管人员对计划管理的职责。在生产计划方面，原来国务院规定的指令性指标共有 12 个：总产值、主要产品产量、新种类产品试制、重要的技术经济定额、成本降低率、成本降低额、职工总数、年底工人到达数、工资总额、平均工资、劳动生产率和利润。现在把指令性指标减为 4 个：主要产品产量、职工总数、工资总额和利润。其余 8 个指标，在一般情况下，都作为非指令性指标。

在基本建设计划方面，国务院于 1957 年规定了 4 个指令性指标：总投资额、限额以上项目、动用生产能力和建筑安装工作量。今后仍旧按照这 4 个指令性指标执行。

（二）国家和企业实行全额利润分成，改进企业的财务管理制度。分成的基数根据各工业部门第一个五年计划期间领取的四项费用（技术组织措施费用、新种类产品试制费用、劳动保护费用、零星购买费用），加上企业奖励基金，再加上百分之四十的超计划利润，把各部所领取的这三笔收入与各该工业部门在同一时期所实现的全部上缴利润，以部为单位，分别算出比例。分成比例确定以后，三年不变。各工业部对于所属企业根据上述原则和具体情况，分别确定各个不同的分成比例。各工业部可以在自己直属各企业的全部分成所得中集中一部分作为企业间调剂之用。各省、市、自治区对直属企业也可以这样做。[①]

这个改革方案，在我国高度集中的工业经济管理体制建立时间不长，还缺乏经验的条件下，已经开始提到了这种体制两个重要弊病（地方政府管理工业的职权太小和企业主管人员对于本企业的管理权限太小），并相应地提出了改革措施，这是改革我国工业经济管理体制第一个方案，具有重要的历史意义。但是，由于当时条件和认识水平的限制，这个改革方案还有很大的局限性。《规定》虽然提到了高度集中的工业管理体制的缺点，但没有看到从发展趋势来说这种体制是根本不能适应社会主义有计划

---

① 国务院《关于改进工业管理体制的规定》，《新华半月刊》1957 年第 24 期，第 57—58 页。

的商品经济发展的要求，因而也提不出进行根本改革的措施。诚然，《规定》也提到了企业主管人员对于本企业的管理权限太小，并提出了适当扩大企业主管人员对企业内部的管理权限的措施，但没有指出国有企业是相对独立的商品生产者和经营者，没有提出增强企业活力是经济体制改革的中心环节，没有提出措施要使企业真正成为相对独立的经济实体。这样，即使《规定》提出的各项措施全面地、坚持地付诸实现了，也只能使得高度集中的工业经济管理体制的弊病得到一定程度的缓解，而并不能获得根治。正如党的十二届三中全会所指出的，过去"多次权力下放，但都只限于调整中央和地方、条条和块块的管理权限，没有触及赋予企业自主权这个要害问题，也就不能跳出原有的框框"。①

这里还要着重指出：陈云同志当时依据"一五"时期社会主义建设经验的总结，还就包括工业在内的整个国民经济的管理体制提出了以下重要的原则："在工商业经营方面，国家经营和集体经营是工商业的主体，但是附有一定数量的个体经营。这种个体经营是国家经营和集体经营的补充。""在生产计划方面，计划生产是农业生产的主体，按照市场变化而在国家计划许可范围内的自由生产是计划生产的补充"，"在社会主义的统一市场里，国家市场是它的主体，但是附有一定范围内国家领导的自由市场"。② 显然，这些经验对于当前工业经济体制的改革具有更重要的意义。

---

① 中共中央《关于经济体制改革的决定》，人民出版社 1984 年版，第 9 页。
② 陈云：《社会主义改造基本完成以后的新问题》，《陈云同志文稿选编（一九五六——一九六二年）》，人民出版社 1980 年版，第 15 页。

第四章　社会主义工业化初步基础的建立

第一节　建立社会主义工业化初步基础的历史过程

一、1953 年在建立社会主义工业化初步基础方面迈出了重要的一步，但也"小冒了一下"①

1953 年的国民经济计划（包括工业生产建设计划）是依据党在过渡时期总路线和"边打、边稳、边建"的方针制定的。这个总的指导思想无疑是正确的。但是，这一年是我国开展有计划的、大规模的经济建设的第一年，百业待举。这年上半年，朝鲜战争的停战协定还未签字。这种形势也要求加快社会主义经济建设。1952 年，农业是一个丰收年，农业总产值比上年增长了 15.2%。② 在这种经济、军事形势下，急于求成的思想冒了头，把工业生产特别是基本建设的摊子铺得过大了。

为了促进这年工业生产建设的发展，着重抓了建立和加强计划管理与责任制，学习和推广苏联先进经验，逐步实行严格责任制，以及加强基本建设工作。为了解决由基本建设规模过大而带来的财政收支不平衡的问题，这年 8 月党中央发布了《关于增加生产、增加收入、厉行节约、紧缩开支、平衡国家预算的紧急通知》，9 月全国总工会又发了《关于进一步开展增产节约劳动竞赛保证全面地完成国家的生产计划的紧急通知》，推动了全国的群众性的增产节约运动的展开，促进了工业生产建设计划的实

---

① 周恩来：《经济建设的几个方针性问题》，《周恩来选集》下卷，人民出版社 1984 年版，第 235 页。

② 《中国统计年鉴》（1984），中国统计出版社 1984 年版，第 25 页。

现。这年工业（不包括手工业）产值完成了计划指标的 107%，[①] 工业总产值为 450 亿元。比上年增长 30.3%。[②] 国家所有制工业基本建设投资由上年的 16.9 亿元增加到 28.4 亿元。新增工业固定资产由上年的 11.3 亿元增加到 23.4 亿元。[③] 所以，这年在建立社会主义工业化初步基础方面迈出了重要的一步。

但是，就是从计划执行的实际结果来看，这年的工业生产特别是基本建设也"小冒了一下"。这年包括工业在内的国家基本建设投资比上年增加了 107.6%；而作为基本建设投资来源的国家财政收入只增长了 21.3%，作为基本建设三大材料的钢材、水泥和木材只是分别增长了 38.7%、35.7% 和 42.3%。与工业生产建设发展相联系的消费品购买力增加了 25.8%，而这种购买力赖以实现的消费品货源只增长了 18.7%。[④]

二、1954 年工业生产建设稳步发展

1954 年的工业生产建设是在困难的条件下进行的。一是工业设备和原料不能满足工业生产建设的需要，供、产、销不平衡的问题比较突出。这主要是由于我国原来工业基础薄弱，新的工业基础还没有建立起来，旧的工业还没有进行技术改造；小农经济技术落后，生产发展很慢；1953 年 7 月签订了朝鲜停战协定，使得 1954 年的社会主义工业建设有可能在更大的规模上展开。二是作为工业发展基础的农业，1953 年遭受了严重的自然灾害，以致农业总产值仅比 1952 年增长 3.1%，而作为工业最重要的原料的棉花产量，还下降了 9.9%。[⑤] 这就不仅减少了农产品原料，而且增加了国家的财政支出（如救灾费用），减少了财政收入来源（如农业税），从而不仅使得社会主义工业建设中的原料问题，而且使得资金问题变得更加紧张起来。三是随着工业生产建设在更大规模上的展开，技术力量不足和技术水平不高的矛盾也更明显地暴露出来。1953 年，重工业部门技术人员在职工中的比例为 4.6%，轻工业只有 3.6%；高级技术工人

---

① 《关于一九五三年度国民经济发展和国家计划执行结果的公报》，《新华月报》1954 年第 10 期，第 223 页。

② 《中国统计年鉴》(1984)，中国统计出版社 1984 年版，第 23、25 页。

③ 《伟大的十年》，人民出版社 1959 年版，第 48、57 页。

④ 《中国统计年鉴》(1984)，中国统计出版社 1984 年版，第 225、226、301、417 页。

⑤ 《中国统计年鉴》(1984)，中国统计出版社 1984 年版，第 25、142 页。

在工人中的比例也很低，那些真正既有理论又有实际经验的、能够解决复杂技术问题的高级专家就更为缺乏。

为了促进1954年工业生产建设的发展，着重抓了下述三方面的措施。

第一，在工业企业的生产方面，首先，是充分发挥国有企业的潜在力量，努力增产。其次，是进一步贯彻对私营工业的利用、限制、改造政策，加强加工订货工作，特别是有步骤地把私营企业改造成为公私合营企业，促进其生产的发展。

第二，在工业基本建设方面，一是继续贯彻重点建设方针，集中使用资金和建设力量，并抓紧工程质量和建设速度，加强检查工作。二是加强勘探、设计、施工与设备、材料的供应工作，使之密切衔接。三是加强工业城市的规划工作，使之赶上工业建设的要求；同时加强各有关部门的密切协作，保证新建工业地区的厂外各种工程的及时配合。

第三，从综合工业的生产和建设两方面来看，重要的措施有：①为了解决资金不足的问题，要求各经济部门进一步贯彻经济核算制，完成和超额完成利润、税收上缴计划，增加国家财政收入；要求文教部门和国家机关厉行节约；并提倡社会节约，奖励储蓄。②为了保证工业生产建设对于物资的需要，加强重要物资的分配工作。增加国家集中分配的主要物资的品种和数量，开辟新的物质来源，合理确定物资使用方向，实现物资供应的地区平衡和季节平衡，节约使用物资。物资供销双方可以根据国家物资分配计划采用合同形式把供产销的工作结合起来。③为了解决技术力量的不足，要求办好现有的高等学校、中等技术学校和技工学校；充分利用现有的厂矿企业和正在建设中的厂矿企业，培养新的技术人才；各工业部门和企业要加强对现有的技术人员的教育团结工作和提高工作，并合理地使用技术力量。④要进一步对企业职工和经济管理干部深入进行党在过渡时期总路线的教育，使之成为动员他们刻苦钻研技术和业务、勇于克服困难，以及推动生产建设的力量的源泉。⑤要进一步加强党对工业生产建设的领导，经常检查政策的执行情况，加强对干部的培养和教育，继续抽调优秀干部加强工业战线。

上述各项措施有力地推进了1954年的工业生产建设，使得工业在困难的条件下仍然赢得了稳定的发展。1954年，工业（不包括手工业）产值完成了计划指标的 106%，① 工业总产值达到 515 亿元，比 1953 年增长 16.3%。② 国家所有制工业基本建设投资由 1953 年的 28.4 亿元增加到 1954 年的 38.3 亿元，工业新增固定资产由 23.4 亿元增加到 28.2 亿元。③

三、1955 年工业生产建设有了进一步的发展，但有局部性的保守错误

前述的 1954 年工业生产建设面临的各种困难，在 1955 年仍然是存在的。而就前两年（1953 年和 1954 年）农业连续遭受严重的自然灾害来说，困难就更加重了。1954 年农业总产值只比上年增长了 3.4%，棉花产量又下降了 9.4%。④

为了推进 1955 年工业生产建设，仍须继续贯彻前述的、1954 年提出的一系列措施。鉴于 1955 年工业资金问题很紧张，而生产和建设等方面又普遍存在浪费现象，因而特别需要进一步建立严格的节约制度，推行经济核算制，以增加社会主义的内部积累。为此，1955 年 7 月中共中央发布了《关于厉行节约的决定》。决定要求：在基本建设方面，除了新建的主要厂房、主要设备以及其他主要的生产性和技术性工程须按现代化技术的标准进行设计、施工和安装，并保证其进展和质量外，其他次要的和附属的各种建筑工程能削减者削减，不能削减者也须降低设计标准和工程造价。非生产性的建设，必须严格控制，削减非急需建设项目，降低设计标准和工程造价。要求各经济部门改善经营管理，贯彻经济核算制，降低成本，增加上缴利润。要求在机关、学校、部队和企业的生活设施方面降低汽车、宿舍、家具的使用标准。在中央决定的号召下，一个群众性的节约运动在全国特别是在基本建设方面普遍地、蓬勃地开展起来，并取得了显著的成效。根据 1955 年对 3280 个较大的建设单位的统计，节约的资金达到 10 亿多元，比原投资计划减少了 16.1%。⑤

1955 年工业生产建设获得了进一步的发展。这年工业（不包括手工

---

① 《关于 1954 年度国民经济发展和国家计划执行结果的公报》，《新华月报》1955 年第 10 期，第 166 页。

② 《中国统计年鉴》（1984），中国统计出版社 1984 年版，第 23、25 页。

③ 《伟大的十年》，人民出版社 1959 年版，第 48、57 页。

④ 《中国统计年鉴》（1984），中国统计出版社 1984 年版，第 25、142 页。

⑤ 《关于 1955 年度国民经济计划执行结果的公报》，《新华半月刊》1956 年第 13 期，第 41 页。

业）产值完成计划指标的 101%，① 工业总产值达到 534 亿元，比 1954 年增长 5.6%。② 工业基本建设投资由 1954 年的 38.3 亿元增加到 1955 年的 43 亿元，新增工业固定资产由 28.23 亿元增加到 35.29 亿元。③

1955 年工业生产增长速度是偏低的，比"一五"时期的其他四年都低，比增长较快的 1953 年要低 24.7 个百分点，比增长较慢的 1957 年还低 5.9 个百分点。这年工业增长速度较低，有客观原因，主要是农业连续遭受了自然灾害。以棉纱为例，1954 年生产 459.8 万件。1955 年因原料不足，计划定为 400 万件，后又因原料收购情况不好，又削减为 392 万件。这样，棉纱一项即比 1954 年减产将近 68 万件，减少产值 17 亿元。此外，还有卷烟、麻袋等产品减产，如卷烟比 1954 年减少 25.8 万箱，麻袋减少 787 万条，两项共减少产值 1 亿元。仅此两项就相当于 1955 年工业总产值的 3.4%。但也有主观原因。就是说，同经济工作中的保守倾向，没有充分估计和挖掘工业生产建设的潜力也有联系。这一年，不但财政上出现了过多的结余，而且在重要的建筑材料方面（如钢材、水泥和木材等）也出现了过剩现象，铁路运力也未得到充分的利用。据 1955 年 9 月的估算，如果按照原定的计划进行，并考虑到节约运动全面开展起来以后财力、物力和运力节约的情况，那么，到 1955 年年底，财政上将结余 23 亿—28 亿元，水泥、玻璃和木材分别积压 120 万吨、100 万箱和 1300 万立方公尺，铁路货运只能完成原计划的 93.2%。后来又把一时过剩物资当做一个比较长期的趋势来看待，因而用出口的办法解决钢材和水泥一时多余的困难。这种情况表明工业生产潜力没有得到充分的发挥。当然，相对工业生产建设的全局而言，这种保守倾向只是局部性的。

四、1956 年加快了工业生产建设的发展，但有局部性的冒进错误

提出加快 1956 年工业生产建设发展速度的要求，是同作为"一五"时期第三年的 1955 年下半年的经济形势相联系的。据这年 9 月预计，包括有些工业部门在内的某些经济部门 1955 年实现的计划指标有可能达不到"一五"计划规定的当年水平，尤其是包括工业在内的基本建设投资，

---

① 《关于 1955 年度国民经济计划执行结果的公报》，《新华半月刊》1956 年第 13 期，第 39 页。

② 《中国统计年鉴》（1984），中国统计出版社 1984 年版，第 23、25、27 页。

③ 《伟大的十年》，人民出版社 1959 年版，第 48、57 页。

前三年（1953 年—1955 年）只能完成五年投资总额的 51%，后两年（1956 年—1957 年）还须完成 49%。如果把厉行节约后新增加的一些项目的投资计算进去，实际上后两年还须完成五年投资总额的一半以上。如不加快工业生产建设的发展，"一五"计划规定的指标，有可能不能按期实现。这是一方面的情况。另一方面，1955 年下半年，我国开始形成了个体农业、个体手工业和资本主义工商业社会主义改造的高潮，这个高潮大大推动了社会主义建设高潮。1955 年农业获得了大丰收，农业总产值比上年增长 7.6%，是 1953 年—1955 年这三年增长速度最高的一年。在执行"一五"计划前三年过程中，财力有了一定的结余，物力上有了一定的储备，技术力量有了一定的成长，基本建设的设计、设备和施工组织都有了较好的准备。在这种背景下，既有必要也有可能加快 1956 年工业生产建设的发展速度。

但在这方面也面临着困难。这不仅是因为工业生产建设中原有的一些不利因素还存在，而且还会出现新的困难。比如，随着工业基本建设在更大的规模上开展，开始施工的重点建设单位增多，技术更加复杂，而技术力量的成长还不能完全跟上去；生产资料和生活资料的供应也会有某些紧张。1955 年的节约运动取得了很大成绩，但也发生了某些偏差。如有些工厂和建设单位只顾节约，不顾产品或工程质量，不积极地去完成新产品试制计划，以致产品的质量低劣和品种规格太少，成为当时工业中的一个严重问题。

为了加快 1956 年工业生产建设的发展，要继续贯彻前述既定的各项措施。在这方面，党中央着重强调必须继续贯彻关于在各个部门、各个地方和一切方面反对浪费、厉行节约的指示。要求各部门、各地方精打细算，把各方面节约的潜力直接规定在 1956 年各种计划指标之内，并使节约成为经常的制度。党中央还再次把提高产品质量和增加品种规格作为发展工业的方针提出来。要求在不断地提高质量的前提下，力求节约原材料，降低成本；在不断增加适合社会需要的新种类、新规格产品的前提下，力求完成和超额完成产量和产值计划。要求凡原来质量较好的产品，不许降低质量，已经降低了的，必须迅速提高；凡适合社会多种多样需要的产品，不许减少品种，已经减少了的，必须迅速恢复；凡国家和人民需要而又有条件试制的新产品，必须加紧试制，保证质量合格，争取尽速转入成批生产；凡设计和试制新产品成功者，必须给予奖励。

1956 年，我国工业像整个国民经济一样，发生了巨大的变化，个体手工业和资本主义工业已经基本完成了社会主义改造，工业生产建设获得了巨大的发展。工业（不包括手工业）产值完成了年度计划的 109%，并且超额 9.5% 完成了"一五"计划规定的 1957 年的水平。[1] 这一年工业总产值达到 642 亿元，比上年增长 28.1%。[2] 这一年，工业基本建设投资由上年的 43 亿元增长到 68.2 亿元，工业新增固定资产由上年的 35.3 亿元增长到 49 亿元。[3] 1956 年工业和整个国民经济取得的巨大成就，为完成和超额完成"一五"计划打下了牢固的基础。

但是，由于急于求成思想的影响，1956 年的工业生产建设也发生过冒进倾向。据计算，包括工业在内的基本建设投资多了 15 亿元到 20 亿元。与此相联系，由于职工人数的增加，工资总额也增加得多了（当然，这年工资总额过多，同学校发展快以及一部分职工工资增加过多也有关系）。于是造成当年财政赤字 18.3 亿元，除动用历年财政结余 16.5 亿元以外，还向银行透支 1.8 亿元。再加上这年银行对农业、手工业和公私合营企业的贷款超过了计划，信贷也出现了差额，相应地增加了货币发行。与 1955 年年底相比较，1956 年年底市场货币流通量增加了 16.9 亿元。这样，尽管这年生产资料和生活资料的增长幅度都很大，但二者供需矛盾仍然很大。单是当年社会零售商品货源与当年社会商品购买力的差额就达 25.6 亿元。由于商品供应紧张，这年动用了国家商品物资库存约 20 亿元。[4]

但这种冒进倾向是局部性的。就包括工业在内的基本建设投资多支出的 15 亿元到 20 亿元来说，只相当于同年基本建设投资总额的 5%—6%。就多发行的 16.9 亿元的货币来说，其中大部分是发展商品流通的正常需要，只有一小部分是超过正常需要的。社会商品零售货源与社会商品购买力的差额为 25.6 亿元，只占当年社会商品购买力的 5.3%。动用国家商品

① 《关于 1956 年国民经济计划执行结果的公报》，《新华半月刊》1957 年第 17 期，第 201 页；《新华半月刊》1957 年第 14 期，第 29 页。
② 《中国统计年鉴》（1984），中国统计出版社 1984 年版，第 23、25 页。
③ 《伟大的十年》，人民出版社 1959 年版，第 48、57 页。
④ 《新华半月刊》1957 年第 14 期，第 4、18、19 页。

物资库存约 20 亿元，也只占库存很小的一部分。当年仅国家商业部门经常保有的库存物资就有 200 亿—300 亿元。[1]

五、1957 年工业生产建设又获得了稳步发展

1956 年，我国基本上完成了生产资料私有制的社会主义改造，取得了社会主义建设的巨大胜利。这就为 1957 年的工业生产建设创造了有利的条件。但是，1956 年，发生了局部性的冒进错误，以致国家财政出现赤字，物资储备减少。这年农业又遇到了严重的自然灾害，农业总产值只比上年增加 5%，棉花产量又下降了 4.8%，[2] 这样，就发展工业生产建设来说，财力、物力供应都比较紧张。

为了解决财政经济方面所发生的这些问题，以促进 1957 年工业生产建设的发展，主要抓了以下四项工作：

第一，普遍而深入地、全面地开展增产节约运动。为此，中共中央于 1957 年 2 月发布了《关于一九五七年开展增产节约运动的指示》。就工业的生产建设来说，在增产方面，凡属有原料、有销路的工业产品，都应该尽量增产；在节约方面，除了保证必需的费用以外，都要节省一切可以节省的开支。

第二，适当压缩包括工业在内的基本建设投资，使 1957 年的基本建设规模，适应国家财力和物力供应状况。1957 年，包括工业在内的基本建设投资计划安排为 111 亿元，为上年的 79.4%。[3] 这样，对原定在 1957 年开工的建设项目，要依据具体情况，重新排队，把那些在 1957 年和 1958 年都有可能和必要的施工项目，列入年度计划，把那些 1957 年虽有可能施工，但 1958 年没有条件继续施工的项目，从年度计划中取消；把那些需要建设、已经设计，但目前限于条件还不可能施工的项目，列入预备项目。

在基本建设投资的使用上，根据保证重点、保证急需的原则，作了合理的分配。在工业方面，着重保证了生产能力不足的冶金、煤炭、电力、化学（包括化学肥料）、建筑材料等原材料工业、动力工业以及与农业直接有关的工业的投资，着重保证了那些有原料、有销路的轻工业投资；而

---

① 《新华半月刊》1957 年第 14 期，第 4、18、19 页。

② 《中国统计年鉴》（1984），中国统计出版社 1984 年版，第 25、146 页。

③ 《新华半月刊》1957 年第 14 期，第 33 页。

对于重工业和轻工业中（如机械制造工业以及纺织工业和食品工业等）生产能力有余或者目前并不急需的投资作了适当的削减。

这年在基本建设投资的安排方面，还依据勤俭建国的方针，在保证工程质量的前提下，修改了某些过高的和不适当的设计标准，并且尽可能就地取材，以降低工程造价。

第三，为了有计划地控制社会购买力增长的速度，除了在提高农产品收购价格方面采取适当的限制措施以外，还有计划地控制工资总额的增长。采取这些办法来恢复消费品供应量和社会购买力的平衡。

第四，适当降低工业的发展速度。1957 年，工业产值（不包括手工业产值）计划安排为 603.4 亿元，比上年增长 4.5%。这主要是因为 1956 年农业遭受严重自然灾害。1957 年计划安排的工业消费品增产很少。而工业消费品产值在工业产值中占的比重又很大，1956 年为 50.3%，1957 年计划为 48.4%；在消费品工业产值中，纺织、食品工业的产值占的比重又最大，1956 年为 77.7%，1957 年计划为 77%。由于棉纱产量 1957 年计划比上年减产 61.1 万吨，使棉纺织工业产值将减少 14.4 亿元。仅此一项，就使工业产值增长速度降低约 2.5%。1957 年计划安排的食品工业产值虽比上年有所增长，但增长很少，仅 2.2 亿元。另外，由于有些农业机械工业（如新式畜力农具、锅驼机和水车等）1956 年生产过多，1957 年基本上停止生产。机械工业的其他若干产品则又因 1957 年计划安排的基本建设投资大量减少，其产值也要相应下降。这样，1957 年计划安排的机械工业产值为 54.9 亿元，只相当于上年的 95.6%。[①]

由于采取了上述重要措施，1957 年工业生产建设又获得了稳步发展，并完成和超额完成了"一五"计划规定的指标。1957 年工业（不包括手工业）产值完成了计划指标的 104.1%，超过了"一五"计划规定 1957 年指标的 17.3%。[②] 这一年工业总产值达到 704 亿元（为"一五"计划规定的 1957 年指标的 107.8%）比上年增长 11.5%，比 1952 年增长 128.6%；"一五"期间平均每年增长 18%。五年增长速度比"一五"计

---

① 《新华半月刊》1957 年第 14 期，第 31—32 页。

② 《新华半月刊》1958 年第 5 期，第 13 页。

划指标要多 38.2 个百分点，平均每年增长速度要多 4.3 个百分点。^①这一年工业基本建设投资由上年的 68.2 亿元达到 72.4 亿元，新增工业固定资产由上年的 49 亿元增加到 64.7 亿元。五年用于工业基本建设的投资总额达到 250.3 亿元，比"一五"计划指标要多 1.8 亿元；新增工业固定资产总额达到 200.6 亿元。^②

上述五年的情况表明，"一五"时期我国工业生产建设得到了稳步的持续的发展。1953 年工业生产建设取得了重大的进展，只是"小冒了一下"。1954 年工业生产建设得到了稳步的发展。1955 年和 1956 年工业生产建设方面分别发生的保守倾向和冒进倾向，都是局部的。1957 年工业生产建设的发展也是正常的。所以，从总的方面说，"一五"期间我国工业生产建设的发展是稳步的、持续的、高速度的，比较充分地表现了社会主义制度的优越性。

第二节 建立社会主义工业化初步基础的
重要原则和重大措施

"一五"时期，我国在建立社会主义工业化初步基础的过程中，注意遵循了一系列的重要原则，采取了许多重大措施。

一、注意遵循量力而行的原则

在"一五"时期的具体条件下，为了建立社会主义工业化的初步基础，无疑需要集中主要力量进行以重工业为主的工业建设，并且取得了巨大成就。

"一五"计划规定的工业生产建设指标是超额完成了的。所以，总的说来，"一五"计划确定工业生产建设的规模和速度，是遵循了量力而行的原则。表 2 - 4 - 1 所列"一五"时期各个年度同基本建设投资有关的情况，还可以进一步说明这一点。

---

① 《中华人民共和国发展国民经济的第一个五年计划（1953—1957）》，人民出版社 1957 年版，第 27 页；《中国统计年鉴》（1984），中国统计出版社 1984 年版，第 23、25 页。

② 《伟大的十年》，人民出版社 1959 年版，第 48、57 页。

表 2 - 4 - 1　1952 年—1957 年同基本建设投资有关的情况①

项　目	1952 年	1953 年	1954 年	1955 年	1956 年	1957 年
基本建设投资：总额（亿元）	43.56	90.44	99.07	100.36	155.28	143.32
比上年增长（%）	—	107.6	9.5	1.3	54.7	-7.7
国家财政收入：总额（亿元）	183.7	222.9	262.4	272.0	287.4	310.2
比上年增长（%）	—	21.3	17.7	3.7	5.7	7.9
钢材：总额（万吨）	106	147	172	216	314	415
比上年增长（%）	—	38.7	17.0	25.6	45.4	32.2
水泥：总额（万吨）	286	388	460	450	639	686
比上年增长（%）	—	35.7	18.6	-2.2	42.0	7.4
木材：总额（万立方米）	1233	1754	2221	2093	2105	2787
比上年增长（%）	—	42.6	26.6	-5.5	0.6	32.4
当年消费品购买力：总额（亿元）	273.9	343.0	362.8	366.4	439.4	446.7
比上年增长（%）	—	25.8	7.2	2.0	21.3	1.7
当年消费品货源：总额（亿元）	297.1	365.5	388.0	412.1	413.4	487.8
比上年增长（%）	—	18.7	7.6	6.8	2.6	14.7

表 2 - 4 - 1 表明：1953 年，包括社会主义国家所有制工业在内的基本建设投资的增长速度，大大超过了国家财政收入和钢材、水泥、木材的增长速度。同基本建设投资增长有关的当年消费品购买力的增长速度也超过当年消费品货源的增长速度，所以，1953 年基本建设投资规模实际上是偏大了的，"小冒"了一下。1954 年在这方面的情况，基本上是正常的。1955 年，基本建设投资的增长速度是低于国家财政收入和钢材的增长速度的。与此相联系，当年消费品购买力的增长速度也低于当年消费品货源的增长速度。这年有局部性的保守错误。1956 年在这方面的情况，与 1955 年刚好是相反的，有局部性的冒进错误。至于 1957 年基本建设投资的下降，以及由此引起的与国家财政收入和钢材、水泥、木材的增长不相适应的情况，是为了解决由前一年基本建设投资规模偏大而引起的国家财力、物力的紧张问题。这是经济发展的需要，同 1955 年的情况是不同的。可见，尽管"一五"时期的有些年份有保守错误或冒进错误，但都

---

① 《中国统计年鉴》(1984)，中国统计出版社 1984 年版，第 225、226、301、417 页。

是局部性的，不是全局性的。

"一五"计划确定工业生产建设规模和速度，大体上遵循了量力而行的原则，这是"一五"时期工业生产建设能够稳步地、持续地发展的极重要因素。

"一五"时期工业生产建设的经验还证明：要贯彻量力而行的原则，正确地确定工业生产建设的规模和速度，需要注意防止和纠正右倾保守倾向，特别需要着重防止和纠正"左"倾冒进倾向。1953 年经济计划工作的实践表明：冒进思想是当时的主要危险。

在制订这年基本建设计划的过程中，有些工业部门提出了许多当时力所不及的工程项目：有的工程缺乏起码的地质资源或工程地质的资料，有的工程的技术条件和技术力量无法解决，有的工程的设备和原料不能供应，有的工程是财力所不及，等等。这年基本建设投资计划虽经党中央三次削减，但从执行的结果看，仍然偏大。后来，1956 年又犯了局部性的冒进错误。

二、在集中主要力量进行重点建设的同时，注意充分发挥现有企业的潜力

为了建立社会主义工业化的初步基础，必须进行以重工业为主的重点建设。这个重点建设的方针是完全正确的。但现有工业企业是生产和扩大再生产的主要物质基础，它不仅为新建企业提供物力、财力和技术力量，而且是扩大现有企业生产和提高人民物质文化生活的物力、财力的主要来源。按照全国的工业总产值大体计算，1957 年比 1952 年新增加的产值中，由原有企业增产的占 70% 左右，由新建和重大改建的企业增产的只占 30% 左右。[①] 所以，又必须充分注意发挥现有企业的潜在力量。

为此，需要合理安排包括工业在内的基本建设投资。"一五"时期新建项目投资为 271.62 亿元，改建、扩建项目投资为 309.24 亿元，前者占基本建设投资总额的 46.2%，后者占 52.6%。此外，"一五"时期还为现有企业安排了更新改造和其他措施的投资，这部分投资是逐年增长的。1953 年为 1.15 亿元，占固定资产投资总额的 1.3%，1957 年增加到 7.91

---

① 《中华人民共和国发展国民经济的第一个五年计划（1953—1957）》，人民出版社 1955 年版，第 190 页。

亿元，占 5.2%。^① 这就为重点建设和发挥现有企业潜力提供了财力保证。

为了贯彻重点建设的方针，"一五"时期注意了以下几项重要工作：一是选准重点建设项目。依据当时的国际形势和国内经济状况，确立以军事工业和重工业为建设重点。但绝大多数重点建设项目还是民用工业，主要是建立和扩建电力、煤矿和石油工业，建立和扩建现代化的钢铁、有色金属和基本化学工业，建立制造大型金属切削机床，发电、冶金和采矿设备，以及汽车、拖拉机和飞机的机器制造工业。二是集中财力、物力和技术、管理力量用于重点建设项目。"一五"时期平均每年国家财政收入占国民收入的 33.6%；基建拨款占财政支出的 37.6%，五年合计达 531.18 亿元。^② 国家计划分配的物资由 1952 年的 227 种增加到 532 种；它们占这些物资总量的比重，逐步达到了 70%—90%。据不完全统计，从 1952 年 1 月至 1954 年 9 月两年多的时间，就有 16.3 万多名干部从其他部门转到工矿部门，其中县级以上的干部近 1.6 万人。这样，就在财力、物力和干部等方面为贯彻重点建设方针创造了条件。三是严格遵循基本建设程序进行重点建设。继 1952 年 1 月 9 日政务院财政经济委员会颁发《基本建设工作暂行办法》之后，"一五"时期国务院又就基本建设问题多次发文，形成了一套科学的管理制度。制度明确规定，没有进行勘察（包括对地质、水文、地震、气象、资源等的勘察）和调查（包括对原材料、燃料、动力、供水、排水、交通运输和生产力的配置等条件的调查），就不能进行设计；没有设计，就不能施工；施工完工后验收不合格，不得交付使用。这些制度得到了严格执行，从而成为"一五"时期重点建设能够基本上做到保质保量并按期投产的一项重要保证。

为了充分发挥现有企业的潜力，"一五"时期着重抓了以下三项工作：①轻工业原料（包括来自农业和重工业的原料）不足，是"一五"时期发展轻工业的最主要困难。因此，需要增产和节约工业原料。在这两方面都是有潜力的。比如，1955 年上半年全国很多地区纺织工业生产每件棉纱的平均用棉量都在 394 斤以上，而上海市纺织厂的平均用棉量只有 386.1 斤。依据 1955 年产量计算，如果全国棉纺织厂生产每件棉纱节约两斤棉花，全国至少可以增产两万件棉纱。②工业产品品种不足，是"一

① 《中国统计年鉴》（1984），中国统计出版社 1984 年版，第 301、305 页。

② 《中国统计年鉴》（1984），中国统计出版社 1984 年版，第 35、303 页。

五"时期发展工业的另一个困难。这一点在机械工业方面表现得很突出。比如，单从金属切削机床而论，当时需 700 多种，而国内机械工业能够制造的仅 120 种。因此，为了实现工业品的增产，当时积极开展了试制工业新产品的工作。③经过国民经济恢复时期的工作，企业管理工作虽然有了很大的改进，但管理水平不高。当时相当普遍存在的工业产品品种少、质量低、成本高等现象，都是同企业管理水平不高有联系的。这样，提高企业管理水平就成为发挥现有企业潜力的关键之一。为此，"一五"期间进一步建立健全了各种责任制，加强了计划管理和技术管理，贯彻了经济换算制，加强了思想政治工作。

在建立、健全各种责任制方面，进一步推广厂长负责制，具有关键的意义。这里且就这项制度在"一五"时期的发展和变动情况，作些简要的叙述。东北地区首先实行厂长负责制，在 1951 年 5 月得到党中央肯定以后，同年下半年就在东北地区推行。1953 年 4 月党中央在中财委有关报告又提出：要建立和健全厂长责任制。从 1953 年下半年以来先后在全国各地推行。但真正贯彻厂长责任制管理原则的工厂并不多。为此，1954年 6 月，经党中央批准的国家计划委员会有关报告中又指出：在继续建立、健全责任制中，要普遍推行企业管理上的厂长负责制；同时还需加强党的政治领导和保证、监督作用，加强工会和青年团的活动。1955 年 10月党中央在批转《中共中央第三办公室关于厂矿领导问题座谈会的报告》中又一次强调："党组织必须把确立一长制（即厂长负责制——作者注）作为自己的一个基本的政治任务。"同时指出："一切行政领导同志必须十分注意并帮助党组织加强政治工作。"此后，厂长负责制得到了进一步推广。但在 1956 年 9 月召开的党的第八次全国代表大会上，厂长负责制受到了不应有的责难。此后，转而实行党委领导下的厂长负责制。这样，就不适当地否定了适应现代化生产要求的，并且同党的领导和民主管理可以相容的厂长负责制，使得我国企业领导制度出现了一次严重的曲折。

三、在优先发展重工业的同时，注意各生产部门之间的协调发展

"一五"计划确定的优先发展重工业的战略方针，大大促进了我国工业的发展。实践表明：这个方针是正确的。在贯彻这个方针的过程中，"一五"时期注意了各产业部门之间的协调发展。

（一）在着重发展工业（主要是重工业）的同时，注意了农业的发展。"一五"时期工业占国家对工农业基本建设投资的比重达到了85.7%，而农业的投资仅占14.3%。[①] 但是，这里说的农业投资没有包括"一五"时期个体农民和农业生产合作社的货币投资和劳动积累。据统计，1957年，农业生产合作社提取的公积金为18亿元。仅此一项，大约相当于这个时期农业投资的40%。当然，公积金并不全部用于基本建设，但也有一部分用于这项支出。此其一。其二，在半殖民地半封建的旧中国，农业在工农业总产值中占的比重大，工业比重小。经过国民经济恢复时期，工业比重大大上升了，农业比重大大下降了。但相对说来，农业比重还比较大，增产的潜力比较大。农民的个体经济的积极性（在农业合作化高潮以前）和互助合作的积极性为发挥这种潜力提供了良好的社会条件。而且，农业资金有机构成大大低于工业。特别是在"一五"时期的情况下，需要实行优先发展重工业的战略方针。从这些方面说，工业需要的基本建设投资也要多些。考虑到这些情况，可以说，"一五"时期基本建设投资的分配虽然工业多了，农业少了，但大体上是体现了着重发展工业，但又注意发展农业的精神。

"一五"时期，农业总产值平均每年增长4.5%，工业总产值为18%。[②] 二者增长速度之比为1:4。这种增长速度的对比关系虽然差距大一些，但大体上也体现上述精神。因而"一五"时期农业基本上满足了包括工业职工在内的人民生活的需要。在1952年—1957年期间，全国平均每人生活消费的粮食由395.34斤增加到406.12斤，食用植物油由4.19斤增加到4.84斤。[③]

但这并不是说；这方面不存在问题了。"一五"期间工业增长速度毕竟快了，部分地超过了作为工业发展基础的农业的承担能力。这一点，从前述的工农业增长速度的对比关系上已经可以看得出来。但如果考虑到外贸因素，那么，二者增长速度的差距还要大一些。在"一五"期间，出口的农副产品占出口商品额在40.1%—55.7%之间，而进口的生产资料（即工业品），在91.5%—93.8%之间。由于工业增长过快，农业就不能充分满足工业的需要。这一点，特别明显地表现在作为轻工业最重要原料

① 《中国工业的发展（1949—1984）》，中国统计出版社1985年版，第7页。
② 《中国统计年鉴》（1984），中国统计出版社1984年版，第26页。
③ 《中国工业的发展（1949—1984）》，中国统计出版社1985年版，第477页。

的棉花的增长赶不上棉纱生产能力的增长。在 1952—1957 年期间，棉纺锭增长了 36.2%，而棉花产量只增长了 25.8%。[①] 如果考虑到由于棉纺锭利用率的提高而带来的每枚纺锭耗棉量的增长，那么，二者之间的不适应状况还要明显得多。"一五"期间，由农业提供的副食品供应逐步紧张起来，这也表现了工业发展超过了农业的负担能力。这种情况固然同工业投资多、农业投资少有关，但同工业生产为本身服务得多，为农业服务得少也有联系。"一五"期间，直接为农业生产服务的化肥、农药和农机投资只占工业总投资的 2.9%，农业和农业机械耗费的钢材只占钢材生产总量的 9.4%；农村用电占全国用电总量仅由 1952 年的 0.5% 增加到 1957 年的 0.6%；而工业用电则由 63.6% 增加到 70.2%。[②]

（二）在着重发展工业（主要是重工业）的同时，注意了运输邮电业的发展。在 1952 年到 1957 年期间，工业总产值增长了 128.6%，运输货物周转量增长了 137.5%，其中铁路运输货物周转量增长了 123.6%，邮电业务总量增长了 79.3%。[③] 工业总产值的增长速度与运输货物周转量、铁路运输货物周转量和邮电业务总量的增长速度之比，依次分别为：1:1.07，1:0.96，1:0.62。当然，无论是运输业，还是邮电业，都不只是为发展工业服务，而是为发展整个国民经济服务。但为发展工业服务在其中占了最重要的地位。比如，1957 年，铁路平均每日装车数为 21259 车，其中仅煤、石油、钢铁和矿物性建筑材料四项就有 11676 车，占总车数的 54.9%。[④] 可见，"一五"时期，由于注意了运输邮电业的发展，因而基本上适应了工业发展的需要。

但在这方面也存在着部分的不协调状况。这一点，从上述的工业发展速度和运输邮电业发展速度的对比关系上已可看出。实际上，"一五"时期，铁路运输一直是比较紧张的。1956 年，工业总产值比上年增长了 28.1%，而货物周转总量只增长了 13.8%，邮电业务总量增长了 25.2%。[⑤] 因而更明显地暴露了这种紧张状况。这一点，同"一五"时期对工业和运输邮电业的投资的安排不尽恰当是有联系的。在 1952 年到

---

① 《中国统计年鉴》(1984)，中国统计出版社 1984 年版，第 146、330 页。
② 《中国工业的发展（1949—1984）》，中国统计出版社 1985 年版，第 77 页。
③ 《中国统计年鉴》(1984)，中国统计出版社 1984 年版，第 12、13、296 页。
④ 《中国工业的发展（1949—1984）》，中国统计出版社 1985 年版，第 288 页。
⑤ 《中国统计年鉴》(1984)，中国统计出版社 1984 年版，第 25、285、296 页。

1957 年期间，工业占国家对基本建设投资的比重由 38.8% 增长到 50.5%，而运输邮电业却由 17.5% 下降到 14.4%。^① 在这期间，工业用电量占全国用电总量的比重由 63.6% 上升到 70.2%，而运输邮电业却由 0.8% 下降到 0.4%。^② 工业这种过多为自身服务，部分忽视为运输邮电业服务的状况，也是形成这个时期二者关系不尽协调的一个因素。

（三）在优先发展重工业的同时，注意了轻工业的发展。在 1952 年到 1957 年期间，重工业产值增长了 210.7%，轻工业产值增长了 83.3%；平均每年增长速度，前者为 25.4%，后者为 12.9%。轻工业和重工业每年平均增长速度的对比关系为 1:1.97。^③ 这种发展状况既体现了优先发展重工业的要求，又使得轻工业的发展基本上适应了重工业和国民经济其他部门的需要。就后一方面来说，其重要标志是："一五"时期合计的消费品货源（与主要生产消费品的轻工业发展相联系的）为 2066.8 亿元，而消费品购买力（与重工业和整个国民经济的发展引起的劳动者货币收入的增长相联系的）为 1958.3 亿元，前者超出后者 108.5 亿元。

但在这方面也存在着部分不协调的状况。就是说，重工业的增长速度快了一些，轻工业慢了一些。这一点，虽然同这个时期轻工业投资少有关系，但最重要的还不是这一点。诚然，"一五"时期，轻工业投资只占工业基本建设投资的 14.97%，而重工业高达 85.03%。^④ 但是，这里说的投资仅仅包括国家的基本建设投资，没有包括私营工业的投资，而后一部分投资主要是用于轻工业的。更重要的问题在于：当时限制轻工业发展的最重要因素并不在于投资，而是原料。事实上，就是"一五"时期那样的投资水平，由于缺乏原料，轻工业设备利用率并不高。1954 年，卷烟、火柴工业的设备利用率不到 1/3；油脂、面粉工业在 50% 左右；皮革工业为 60% 左右；纺织工业虽然高达 90% 以上，但 1954 年农业受灾，1955 年又下降到 70% 以上。如果仅从轻重工业发展的相互关系来考察，那么，轻工业发展较慢，是同重工业过分地为自身服务，而部分地忽略为轻工业服务相联系的。在建设社会主义工业化基础的时期，重工业的生产建设较

① 《中国统计年鉴》（1984），中国统计出版社 1984 年版，第 18 页。

② 《中国工业的发展（1949—1984）》，中国统计出版社 1985 年版，第 76 页。

③ 《中国统计年鉴》（1984），中国统计出版社 1984 年版，第 24、26 页。

④ 《中国工业的发展（1949—1984）》，中国统计出版社 1985 年版，第 68 页。

多地为自身服务是必要的。但过了头，就不妥了。比如，"一五"期间，钢材产量增长了将近三倍，而轻工市场产品生产消费的钢材只增长了一倍多；占钢材消费总量的比重，由 1953 年的 22.5% 下降到 1957 年的 20.7%。在这期间，重工业中原料工业产值增长了将近两倍，而以工业品为原料的轻工业在轻工业产值中的比重只是由 12.5% 上升到 18.4%，增长了 47.2%。[①] 这一点也是导致"一五"时期轻工业发展速度较慢、轻重工业比例关系不够协调的一个因素。

这里还要指出一点，就重工业内部来说，"一五"时期在发展采掘工业的同时，使得原材料工业特别是制造工业有了较快的发展。"一五"期间，采掘工业平均每年增长 21.5%，原材料工业为 23.4%，制造工业为 28.6%。[②] 这种情况是适应了"一五"时期需要加强原材料工业特别是机械工业的要求，而且这样做的结果也确实使得我国原材料和机器设备的自给率大大提高了。

但在这个期间制造工业发展得快了，原材料工业发展得慢了，采掘工业发展得更慢了，以致在某种程度上使得采掘工业（如采煤）和原材料工业（如钢材）的发展不能满足整个工业增长的需要。在"一五"时期，钢、铁特别是煤、电的供应都比较紧张。这种情况除了采掘工业和原材料工业的发展需要投资多、建设周期长等原因以外，同"一五"时期军事工业占的比重较大也有联系。"一五"时期，国防工业和国防科研的投资共占了工业基本建设投资的 11.8%，相当于民用机械工业投资的比重；前者消费钢材的比重，相当于后者的 18.6%。"一五"时期军事工业比重大，"国防工业突出"，[③] 首先是同当时的国际形势有联系的。1956 年周恩来对这一点作过说明。他说："当我们开始订第一个五年计划的时候，朝鲜战争还在进行，那时候设想，应该加紧发展的不仅是重工业，国防工业也要平行发展。1953 年停战以后，1954 年、1955 年又出现台湾海峡局势的紧张，整个世界局势怎样还要看一看。直到日内瓦会议、万隆会议以后，到去年年终和今年年初，才慢慢感到国际局势是缓和下来了。在这样

---

① 《中国工业的发展（1949—1984）》，中国统计出版社 1985 年版，第 65 页。

② 《中国工业的发展（1949—1984）》，中国统计出版社 1985 年版，第 66 页。

③ 陈云：《关于第一个五年计划的几点说明》，《陈云文稿选编（一九四九——九五六年）》，人民出版社 1982 年版。

的情况下，我们才设想今年、明年把国防工业步子放慢，有些生产规模可以缩小。"① "一五"时期军事工业比重大，同军用工业和民用工业相互分离的管理体制也有关系。朱德依据"一五"时期的经验，在1957年尖锐地提出："最突出的问题，是兵工生产如何同民用生产相结合的问题。"这个问题"是一个全国性的问题。一般说来，兵工厂的特点是投资大、厂房好、职工多、设备新、技术水平高、生产能力大。这些厂去年就吃不饱，今年情况较去年更加严重。""看来兵工生产在和平时期兼产一些民用物品或同民用生产相结合的问题，迟早非解决不可。我认为这个问题要及早解决，否则损失更大。"② 这个经验总结，具有重要的意义。可惜，由于后来的"左"的错误，这个经验总结也像"一五"时期许多好的经济总结一样，并没有付诸实践。

四、把工业建设的重点转向内地的同时，注意利用和发展沿海地区的工业

在恢复国民经济的任务完成以后，半殖民地半封建中国留下的沿海地区和内地在工业和其他经济事业发展方面的极不平衡的状态已经有了很大改变，但并没有根本的改观。为了改变这种状态，合理配置生产力，并为了从当时国际形势来考察的国防利益，需要把工业重点逐步地、合理地移向内地。但沿海地区工业不仅是建设内地工业的"根据地"，而且是发展全国工业最重要的物质基础，因而又需要利用和发展沿海地区的工业。

"一五"期间，沿海地区包括工业在内的投资占基本建设总额的41.8%；内地占47.8%。③ 限额以上的694个工业建设单位，有472个分布在内地，占总额的68%，有222个分布在沿海地区，占32%。这样，就促进了沿海地区工业的发展，特别是加速了内地工业的发展。在1952年到1957年期间，沿海地区工业平均每年增长17%，而内地工业为20.2%。这就进一步改变了内地和沿海地区经济发展不平衡状态。

但在"一五"期间，由于当时国际形势的影响；也由于国际形势明朗化有一个过程，人们正确认识的形成要有一个过程，一段时间内把战争

---

① 周恩来：《经济建设的几个方针性问题》，《周恩来选集》下卷，人民出版社1984年版，第236页。

② 朱德：《外出视察的报告》，《朱德选集》，人民出版社1983年版，第352页。

③ 沿海加内地的数字，不等于全国总计，因为全国统一购置的机车车辆、船舶、飞机等不分地区的投资未划到地区内。

形势估计得严重了；还由于当时实行的"一边倒"的外交政策，因而对发展沿海地区工业注意不够，沿海地区工业的潜力没有得到应有的发挥，工业生产没有得到应有的发展。依据 1956 年的估计，上海 40 种主要工业品的设备利用率有 35 种在 80% 以下，其中 16 种甚至在 40% 以下，天津 38 种主要工业品的设备利用率，在 40% 以下的有 15 种，60% 以下的有 17 种，70%—80% 的只有 6 种。此外，内地工业布局也有不合理之处。例如，依据富拉尔基的条件，当时不应该摆那么多的工厂。再如，兰州那个地方山太高，废气难以排出去，由于当时工厂建多了，空气污染得很厉害。

五、注意兼顾国家建设和职工生活两方面

"一五"时期在处理国家的工业生产建设和职工生活的问题上，基本上做到了兼顾两方面。其基本标志是"一五"时期各年职工实际工资增长速度均低于工业劳动生产率的增长速度，低的幅度大体上也是适当的。按 1950 年不变价格计算，社会主义国家所有制工业职工全员劳动生产率，由 1952 年的 4167 元提高到 1957 年的 6336 元，提高了 52.1%，平均每年提高 8.7%；而职工平均实际工资由 515 元提高到 673 元，提高了 30.6%，平均每年提高 5.5%。这里说的低的幅度适当，是从"一五"时期来说的，它并不排斥有的年份低的幅度过大，对职工生活有所忽视的情况。比如，1955 年，工业全员劳动生产率比上年提高了 9.9%，而职工平均实际工资只提高了 1.5%，前者为后者的 6.6 倍。

由于职工平均工资的增长速度适当低于劳动生产率的增长速度，因而一方面有可能为国家提供更多的建设资金。1952 年到 1957 年社会主义国家所有制职工平均每人提供利润和税收由 1220 元增加到 2040 元，提高了 67.2%，平均提高 10.6%。另一方面又可能保证职工生活的提高。职工生活的提高，除了主要表现为平均实际工资的提高以外，还表现为：①享受劳动保险职工人数和劳动保险福利费用有了进一步的增长。前者由 1952 年的 330 万人增长到 1957 年的 1150 万人；[①] 后者由 9.5 亿元增加到 27.9 亿元，相当于工资总额的比重由 14% 增加到 17.9%。[②] ②职工劳动条件又有很大改善。这样，"一五"期间，社会主义国家所有制企业职工

① 《伟大的十年》，人民出版社 1959 年版，第 193 页。

② 《中国统计年鉴》(1983)，中国统计出版社 1983 年版，第 491 页。

因工千人死亡率下降了22.2%，千人重伤率下降了89.1%。

但是，"一五"时期，包括住宅和城市公用事业等在内的非生产性建设投资总额存在下降趋势。这五年顺次分别为43.54亿元、39.19亿元、29.89亿元、43.12亿元和38.23亿元。特别是它的比重逐年大幅度下降。这五年非生产性建设投资在基本建设投资总额中的比重依次分别为：48.1%、39.6%、29.8%、27.8%和26.7%。[①] 这样，在1955年以后，基本建设方面就已经开始并越来越明显地表现出"骨头"和"肉"不协调的状态了。所以，"一五"后期在生产性建设投资和非生产性建设投资的安排方面，是存在过前者偏多、后者偏少的缺陷的。

尽管"一五"时期在某些年份（如1955年）、某些方面（如非生产性建设）存在过忽视职工生活改善的缺点，但应该说，基本上是兼顾了国家建设和职工生活两方面的。这样，就发挥了发展国家建设和提高职工生活的相互促进作用，在很大的程度上形成了一种良性循环。

六、注意贯彻按劳分配原则，进行工资改革

20世纪50年代上半期的工资改革，对于旧的工资制度留下的不合理因素并没有完全克服，而且伴随国民经济的迅速发展，又出现了一些新的问题，以致当时工资制度中还有不少不合理的现象，特别是平均主义相当严重。因此，1956年又进行了一次全国范围的工资改革。就克服平均主义、建立符合按劳分配原则的工资制度来说，这次改革的主要内容有以下几方面：

（一）取消工资分制度和物价津贴制度，实行直接用货币规定工资标准的制度，以消除工资分和物价津贴带来的不符合按劳分配及其他的不合理现象。

（二）改进工人的工资等级制度，使得熟练劳动和不熟练劳动、繁重劳动和轻易劳动，在工资标准上有比较明显的差别。同时，为了使工人的工资等级制度更加合理，各产业部门要根据实际情况制定和修订工人的技术等级标准，严格地按照技术等级标准进行考工升级，使升级成为一种正常的制度。

（三）改进企业职员和技术人员的工资制度。企业职员和技术人员的

---

① 《中国统计年鉴》（1983），中国统计出版社1983年版，第339页。

工资标准，要依据他们所担任的职务确定。对于技术人员，除了按照他们所担任的职务评定工资以外，对其中技术水平较高的，要加发技术津贴；对企业有重要贡献的高级技术人员，要加发特定津贴。有些高级技术人员的现行工资标准高于新定职务工资标准的，可以给他们单独规定工资，使他们的工资仍然有所增加。对于某些地区和某些产业的工程技术人员，如果按职务统一规定工资标准确有困难的时候，可以单独规定技术人员的工资标准，但是必须与实行职务工资的同类技术人员的工资水平适当平衡，不能差别过大。

（四）推广和改进能够较好地体现按劳分配原则的计件工资制度、奖励工资制度和津贴制度。① 这项工资改革对于克服熟练劳动和不熟练劳动、繁重劳动和轻易劳动，特别是脑力劳动（尤其是其中的高级科学技术人员）和体力劳动之间的平均主义起了重要的作用，在这些方面进一步贯彻了按劳分配原则。

但这次工资改革也有不足之处。一是在高度集中的经济管理体制下，基本上不可能实现企业劳动者的工资和企业的经济效益挂钩。二是由于工资标准过于繁杂，再加上企业劳动管理制度还不很健全，因而也难以完全实现劳动者个人的劳动报酬和自己的劳动成果挂钩。此外，在一部分领导者与收入最低的劳动者之间存在着劳动报酬差别过大的情况。在城乡接合部的工人工资与农民收入之间的差别方面，也有类似的情况。然而，相对于以前的工资制度来说，这次改革在贯彻按劳分配原则，克服平均主义方面，是前进了一大步的，因而成为鼓励劳动者完成和超额完成"一五"计划指标的重要力量。

七、注重提高经济效益

"一五"时期是重视提高工业生产建设的经济效益的。这除了表现为注意贯彻量力而行的原则，正确处理产业结构，妥善安排工业布局，兼顾国家建设和职工生活，认真贯彻按劳分配原则，并把物质鼓励和思想教育结合起来以外；还表现为不断降低非生产性建设标准和生产性建设成本，注重建设工程质量，加强企业的经济核算，特别是始终注意开展群众性的增产节约运动，并且围绕这个中心坚持开展了社会主义劳动竞

---

① 参见国务院《关于工资改革的决定》，《新华半月刊》1956 年第 15 期，第 175—177 页。

赛。

这样，"一五"时期工业生产建设方面的经济效益指标都是比较先进的。

劳动生产率。按 1980 年不变价格计算，社会主义国家所有制独立核算工业企业全员劳动生产率，由 1952 年的 4184 元增长到 1957 年的 6362 元，上升了 52.1%，平均每年提高 8.7%。[①] 在这期间，由提高劳动生产率而增加的工业产值在工业产值增加额中的比重大大提高了。国民经济恢复时期这一比重合计为 48%，在"一五"时期提高到 59.8%。

生产设备利用率。1952 年至 1957 年，钢铁工业的大中型高炉利用系数由 1.02（吨/立方米·昼夜）提高到 1.32（吨/立方米·昼夜），平炉利用系数由 4.78（吨/平方米·昼夜）提高到 7.21（吨/平方米·昼夜）；煤炭工业大型煤矿回采率由 76% 提高到 81.9%；电力工业的发电设备利用小时由 3800 小时提高到 4794 小时；机械工业的金属切削机床利用率由 58.8% 提高到 64.8%；纺织工业的棉纱每千锭时产量由 19.64 公斤提高到 20.67 公斤，棉纺布机每台时产量由 3988 米提高到 4075 米。[②]

物质消耗的比重。1952 年—1957 年，工业生产的物质消耗继续下降。比如，发电标准煤耗率由 0.727（公斤/度）下降到 0.604（公斤/度）；每件纱用棉量由 198.97 公斤下降到 193.56 公斤。[③]这样，工业生产物质消耗在工业总产值中的比重，"一五"时期平均为 65.6%，比 1952 年下降了 1.4 个百分点。

工业产品成本。国家所有制工业企业可比产品成本的降低率，"一五"时期平均为 6.5%。

资金利用效率。国家所有制独立核算工业企业每百元资金实现的利润和税金，"一五"时期平均每年为 31.9 元，每百元产值占用的流动资金，平均每年为 19.4 元。

固定资产交付使用率和大中型项目建成投产率。"一五"时期合计，包括工业在内的固定资产交付使用率为 83.6%，大中型项目建成投产率为 15.5%。

可见，"一五"时期工业经济效益比国民经济恢复时期是有显著提高

---

① 《中国统计年鉴》（1983），中国统计出版社 1983 年版，第 297 页。

②③ 《伟大的十年》，人民出版社 1959 年版，第 97 页。金属切削机床利用率是 1953 年至 1957 年的数字。

的。这当然不是说"一五"时期就不存在浪费现象了。实际上，由于缺乏经验，制度不健全，以及盲目贪多求快等原因，在工业生产建设方面还存在着大量的浪费。比如"一五"时期，有一个钢铁厂的改建工程，由于违反基本建设程序，边设计、边施工，造成窝工和材料积压。仅 1954 年，窝工开支就达 200 万元，材料积压达 700 多万元。1954 年，第一机械工业部有些厂，全年铸件废品率达到 12.5%，报废生铁 2 万多吨，全年共损失 2000 多万元。[①] 但这并不妨碍我们从总体上说"一五"时期经济效益是比较高的。

八、重视引进设备、技术、人才、资金和管理经验

"一五"时期，斯大林领导的苏联政府对我国社会主义工业建设给予了巨大的帮助。这个时期我国从苏联引进了 156 项工业工程。苏联在这些项目方面的帮助，包括从勘探地质、选择厂址、供应设备、指导建筑安装和开工运转、供应新产品的技术资料，一直到指导新产品的创造等一系列全过程。同时还从苏联引进了大批的专家和巨额的建设资金。1950 年 2 月，苏联政府以优惠的条件（年利率 1%，10 年还清）给予我国 3 亿美元贷款，1954 年 10 月又以优惠条件给予我国 5.2 亿卢布的长期贷款。当然，这些贷款在"一五"时期我国工业建设资金中占的比重是很小的，资金主要来自我国社会主义的内部积累，但它是用来支付从苏联引进的技术装备的，因而其作用是很大的。

据计算，20 世纪 50 年代（主要是"一五"时期）技术引进的构成为：能源（包括石油、煤炭和电力）工业占 36.8%，原材料（包括冶金、化学和建材）工业占 31.1%，民用机械工业占 11.3%，军事工业占 11.8%。这些数字既表明了苏联和东欧其他国家的援助在建立我国社会主义工业化初步基础方面所起的巨大作用，又表明了引进在这方面的重要意义。

"一五"时期不仅重视引进技术装备，同时重视在科研、设计、施工和管理等各个环节上进行全面的学习和培训，使得研究、设计、生产工艺和设备制造等环节上技术水平的提高基本上是同步的，因而比较快地提高

---

① 《中华人民共和国发展国民经济的第一个五年计划（1953—1957）》，人民出版社 1955 年版，第 221—222 页。

了使用能力、消化能力和创新能力。例如，哈尔滨电机厂是"一五"时期苏联帮助建设的 156 项工业工程之一。在"一五"时期以后的 1958 年、1959 年和 1960 年这三年，分别相继地制造出 2.5 万千瓦、5 万千瓦和 10 万千瓦的发电机组，随后又制造了 20 万千瓦的发电机组。

至于新中国成立初期（包括"一五"时期）从苏联引进的经济管理和企业管理的经验，在建设我国社会主义经济管理制度和企业管理制度方面，显然起了重要的作用。

但"一五"时期在引进方面也存在着局限性和缺陷。由于当时的国际形势，以及美帝国主义对我国实行封锁禁运政策，再加上"一边倒"的外交政策，引进主要还只限于苏联和其他东欧国家。在学习苏联经验方面也存在着教条主义的毛病，特别是照搬了苏联高度集中的经济管理体制。尽管这种体制在"一五"时期起了重要的积极作用，但在而后的一个长时期内成为我国经济发展的沉重负担。

由于"一五"时期在建立社会主义工业化初步基础的过程中注意遵循了上述的重要原则，并采取了上述的重大措施，因而在这方面取得了巨大成就。

第三节　建立社会主义工业化初步基础的主要成就

"一五"时期，建立社会主义工业化初步基础的主要成就有下列一些重要方面：

第一，社会主义性质的或基本上是社会主义性质的工业在全部工业中占了主要地位。社会主义国家所有制工业产值占工业总产值比重，由 1952 年的 41.5% 上升到 1957 年的 53.8%，社会主义集体所有制工业产值的比重由 3.3% 上升到 19%，基本上是社会主义性质的公私合营工业产值的比重由 4% 上升到 26.3%，资本主义私营工业产值的比重由 30.6% 下降到 0.1%，个体工业产值的比重由 20.6% 下降到 0.8%。[①] 可见，到 1957 年，社会主义的或基本上是社会主义的工业产值的比重占到 99.1%，而资本主义经济的和个体经济的工业产值比重只占 0.9%。

---

① 《中国统计年鉴》（1984），中国统计出版社 1984 年版，第 194 页。

第二，工业总产值在工农业总产值中占了大部分。工业总产值占工农业总产值的比重，由 1952 年的 46.9% 上升到 1957 年的 56.7%；农业总产值的比重由 53.1% 下降到 43.3%。①

第三，现代工业在全部工业中占了显著的优势。现代工业产值占工业总产值的比重，由 1952 年的 64.2% 上升到 1957 年的 70.9%。②

第四，主要生产生产资料的重工业在全部工业中的比重有了大幅度的上升。1952 年，这一比重为 37.3%，1957 年上升到 45%，与此相对应，主要生产消费品的轻工业比重由 62.7% 下降到 55%。③

第五，在重工业中，采掘工业和原料工业有了进一步发展，特别是制造工业得到了加强。"一五"期间，采掘业和原料工业生产大大增长了，但比重下降了。采掘工业的比重由 1952 年的 15.3% 下降到 1957 年的 13.1%，原料工业的比重由 42.8% 下降到 39.5%，制造工业的比重由 41.9% 上升到 47.4%。其中生产机器的机械工业由 31.9% 上升到 37.7%。④ 这表明，半殖民地半封建的中国留下的那种工业主要是提供燃料和原材料、机械工业主要是从事修配的畸形发展的状况，已经有了根本的改变；重工业内部得到了较均衡的发展，重工业提供生产资料特别是机器的能力大大增长了。

第六，轻工业的原料来自重工业的部分增长了，来自农业的部分下降了。以工业品为原料的轻工业产值占轻工业总产值的比重，1952 年为 12.5%，1957 年上升到 18.4%，与此相对应，以农产品为原料的轻工业产值的比重由 87.5% 下降到 81.6%。⑤ 这表明重工业为轻工业提供原料的能力显著增长了。

第七，原来工业比较发展的沿海地区的工业有了进一步发展，有些工业基地得到了进一步加强；原来工业不发展的内地的工业有了更迅速的发展，一些新的工业基地正在形成。经过"一五"时期的工业建设，以鞍钢为中心的东北工业基地已经基本上建成，上海和其他沿海城市的工业基地也都已经大为加强；同时，在华北地区、华中地区和西北地区，新的工

①③ 《中国统计年鉴》（1984），中国统计出版社 1984 年版，第 27 页。

② 《伟大的十年》，人民出版社 1959 年版，第 80 页。

④ 《中国工业的发展（1949—1984）》，中国统计出版社 1985 年版，第 65、66 页。

⑤ 《中国工业的发展（1949—1984）》，中国统计出版社 1985 年版，第 65 页。

业区正在形成，在西南地区和华南地区，也开始了部分的工业建设。由于内地工业比沿海地区工业的发展速度更快，因而在 1952 年到 1957 年期间，内地工业产值在工业总产值中的比重，由 29.2% 上升到 32.1%；而沿海地区由 70.8% 下降到 67.9%。这表明，半殖民地半封建的中国留下的工业集中于沿海地区而内地工业很少发展的畸形状态，在"一五"期间有了很大的改变，在沿海和内地工业均有发展的条件下，工业得到了比较合理的分布。

第八，随着新的工业部门的建立，工业生产能力的增长，以及工业产量和工业产品品种的增加，机器设备和原材料的自给率大大提高了。在"一五"期间，施工的工矿建设单位达 1 万个以上，其中，黑色金属 312 个，电力 599 个，煤炭 600 个，石油 22 个，金属加工 1921 个，化学 637 个，建筑材料 831 个，造纸 253 个，纺织 613 个，食品和其他约 5000 个。在这 1 万多个工矿建设单位中，限额以上有 921 个（比"一五"计划规定的单位数增加了 227 个），到 1957 年年底，全部投产的有 428 个，部分投产的有 109 个。这样，就建立了许多新的工业部门，并使得主要工业产品生产能力有了很大的增长。这些新的工业部门包括飞机制造业、汽车制造业、新式机床制造业、发电设备制造业、冶金和矿山设备制造业，以及高级合金钢、重要有色金属冶炼业等。主要工业产品新增的生产能力（以设计的年生产能力计算）为：炼铁 330 万吨、炼钢 282 万吨、轧钢 165 万吨、采煤 6376 万吨、发电（以发电机容量计算）246.9 万千瓦、天然石油 131.2 万吨、人造石油 52.2 万吨、合成氨 13.7 万吨、水泥 261 万吨、金属切削机床 8704 台、载重汽车 30000 辆、纱锭 201 万枚、织布机 5.5 万台、机制糖 62 万吨、机制纸 25 万吨。[①]

由于新建和改建企业的投产，以及原有企业生产的增长，工业产品产量有了很大的提高（见表 2-4-2）。

---

① 《关于发展国民经济的第一个五年（1953 年到 1957 年）计划执行结果的公报》，中国统计出版社 1959 年版，第 4—5 页。

表 2 - 4 - 2　"一五"期间主要工业产品产量的增长①

产品名称	单 位	1952 年产量	1957 年产量	1957 年比 1952 年增长（％）
原 煤	万吨	6649.0	13000.0	96
原 油	万吨	43.6	146.0	235
发电量	亿度	72.6	193.0	166
钢	万吨	135.0	535.0	296
生 铁	万吨	193.0	594.0	208
水 泥	万吨	286.0	686.0	140
木 材	万立方米	1120.0	2787.0	149
硫 酸	万吨	19.0	63.2	233
纯 碱	万吨	19.2	50.6	164
烧 碱	万吨	7.9	19.8	150
化学肥料	万吨	18.1	63.1	249
金属切削机床	万台	1.37	2.8	104
机 车	台	20.0	167.0	735
货 车	辆	5792.0	7300.0	26
民用船舶	万吨	1.6	5.4	338
内燃机	万马力	2.76	60.9	2100
棉 纱	万吨	65.6	84.4	28
棉 布	亿米	38.3	50.5	32
纸	万吨	54.0	122.0	126
食用植物油	万吨	98.0	110.0	12
糖	万吨	45.1	86.4	92
原 盐	万吨	494.5	827.7	67
卷 烟	万箱	265.0	446	68

　　表 2 - 4 - 2 表明："一五"期间，主要工业产品产量增长的幅度是很大的，其中许多产品是成倍地增长了。

---

　　① 《关于发展国民经济的第一个五年（1953 年到 1957 年）计划执行结果的公报》，中国统计出版社 1959 年版，第 6—7 页。

由于新的工业部门的建立和原有企业技术水平的提高，生产了许多新的工业产品。钢铁工业方面有：高级合金结构钢、特殊仪表用钢、矽钢片、造船钢板、锅炉用无缝钢管、50 公斤的重轨等主要钢材。1952 年，我国只能生产 180 多种钢和 400 多种规格的钢材，1957 年已经能够生产 370 多种钢和 4000 多种规格的钢材了。机械工业方面有：飞机、载重汽车、客轮、货轮、容量 1.2 万千瓦的成套火力发电设备。1.5 万千瓦的成套水力发电设备，容积 1000 立方米的高炉设备、联合采煤机、200 多种新型机床、自动电话交换机，以及全套纺织、造纸、制糖等设备。在化学工业方面，已经能够生产化学纤维、各种抗菌素等产品。[①]

由于工业产量的巨大增长和新产品的大量涌现，我国工业材料和设备的自给率有了很大的提高。到 1957 年，我国钢材自给率达到 86%，机械设备的自给率达到 60% 以上。[②]

第九，工业生产技术水平、技术力量和工人技术装备水平有了显著的提高。

旧中国工业生产技术比资本主义国家要落后半个多世纪。经过"一五"时期的建设，由于许多限额以上的重点建设单位的投产，就使得那些经过重大改建的老工业部门，特别是新建工业部门的技术提高到 20 世纪 40 年代后半期的水平。1957 年，全国工业工程技术人员达到 17.5 万人，比 1952 年增长了两倍。[③] 到 1957 年，我国已经能够设计一些比较大型的、技术复杂的工程。如年产 240 万吨的煤矿，100 万千瓦的水电站（1952 年为 1.2 万千瓦），65 万千瓦的大电站（1952 年为 1 万千瓦），年产 150 万吨的钢铁联合企业，年产 7.4 万吨的重型机器厂，日产 120 吨的造纸厂，日处理 2000 吨甘蔗的制糖厂。[④] 1957 年，每一工人平均生产用的固定资产比 1952 年提高了 49.1%；每一工人使用的动力机械总能力提高了 79.2%；每一工人使用的电力提高了 80.4%。[⑤]

第十，地质勘探工作有了巨大的进展。

①② 《关于发展国民经济的第一个五年（1953 年到 1957 年）计划执行结果的公报》，中国统计出版社 1959 年版，第 7—8 页；《新华半月刊》1958 年第 2 期，第 57 页。

③ 《关于发展国民经济的第一个五年（1953 年到 1957 年）计划执行结果的公报》，中国统计出版社 1959 年版，第 8 页。

④ 《伟大的十年》，人民出版社 1959 年版，第 67 页。

⑤ 《伟大的十年》，人民出版社 1959 年版，第 98 页。

"一五"时期地质勘探主要实物工作量有了迅速的增长。1953 年到 1957 年总计的钻探总进尺达到了 1289.8 万米,为 3 年国民经济恢复时期总计数的 26 倍,其中 1957 年为 426.1 万米,为 1952 年的 12 倍。[①] 与此相联系,探明了大量的矿藏储量。到 1957 年年底,已探明的煤矿储量约为 544 亿吨,铁矿储量约为 56 亿吨,石油、有色金属、稀有金属矿藏储量也都有很大增长。[②] 这就使得新中国成立初期地质资源的勘探工作跟不上建设需要的情况,已经开始有了很大的改变,并为工业生产建设的进一步发展提供了资源条件。

上述十种成就情况说明:我国社会主义工业化的初步基础已经在"一五"时期建立起来。

---

① 《伟大的十年》,人民出版社 1959 年版,第 68 页。

② 《关于发展国民经济的第一个五年(1953 年到 1957 年)计划执行结果的公报》,中国统计出版社 1959 年版,第 5 页。

第三篇

"大跃进"时期的工业经济
（1958 年—1960 年）

第一章 工业生产建设"大跃进"指导方针的形成

第一个五年计划时期,我国已经建立了社会主义工业化的初步基础。从 1958 年开始进入了第二个五年计划时期。按照中国共产党第八次全国代表大会的建议,这一时期的工业生产建设的基本任务是,继续进行以重工业为中心的工业建设,推进国民经济的技术改造,建立我国社会主义工业化的巩固基础;在发展基本建设和继续完成社会主义改造的基础上,进一步发展工业生产,在发展包括工业在内的社会生产的基础上增强国防力,提高包括职工在内的人民的物质、文化生活水平。[①]

总的来看,"八大"关于第二个五年计划建议中提出的工业生产建设的基本任务及其发展速度和规模是比较切合当时实际的,是积极而又稳妥可靠的。但是,进入 1958 年后,由于走上了"大跃进"的道路,这个计划建议实际上被搁置起来,没有加以具体化,工业生产建设的进程完全偏离了"八大"的建议。

"大跃进"是以急于求成、夸大主观意志和主观努力的作用为特征的"左"倾思想的产物。"大跃进"指导思想的酝酿和口号的提出,是和经济工作中反对所谓"右倾保守"和批判"反冒进"相伴而行的。

早在 1955 年年末,毛泽东在《中国农村的社会主义高潮》序言中就提出,要在工业和手工业生产、工业和交通运输的基本建设的规模和速度等方面不断地批判"右倾保守思想"。在当时社会主义改造已经过快的情

---

① 《中国共产党第八次全国代表大会关于发展国民经济的第二个五年计划(1958 年到 1962 年)的建议》,《中国共产党第八次全国代表大会文件》,人民出版社 1956 年版,第 164 页。

况下，这篇序言对工业生产建设方面滋长急于求成的急躁冒进思想，起了促进作用。在这种反对所谓"右倾保守思想"精神的影响下，1956年出现了基本建设规模过大、职工人数增加过多、信贷突破计划、财政出现赤字的偏差。针对这种情况，党中央及时提出了既反保守又反冒进，即在综合平衡中稳步前进的经济建设方针。但是，不久，这一正确的方针却被指责为右倾。1956年社会主义改造取得了决定性的胜利。接着，1957年又胜利地完成了初步建立社会主义工业化的艰巨任务。在一系列胜利面前，中央和地方不少领导同志滋长了骄傲自满情绪和急于求成的思想情绪，不恰当地夸大了主观意志和主观努力的作用，低估了制约我国经济发展的困难。1957年反右派斗争的严重扩大化，又直接波及经济工作的指导思想。从1957年第四季度开始，对既反保守又反冒进的正确方针又一再进行了批判。

经过近两年的反"右倾保守"和批判"反冒进"，"大跃进"的指导方针逐渐酝酿成熟。1957年11月第一次正式提出了"跃进"、"大的跃进"的口号。当时虽然是就农业而言的，但是它的精神实际上被运用于工业以至于整个国民经济。1958年2月，根据党中央杭州会议、南宁会议"反冒进"的精神进一步宣称，我们国家正面临着一个全国"大跃进"的新形势，正式提出了工业生产建设"大跃进"的口号。

1958年5月，中国共产党第八届全国代表大会第二次会议，继续严厉批评1956年的"反冒进"，并作出了从1956年到1958年间的所谓"跃进—保守—大跃进""马鞍形"的错误结论。会议片面强调，建设速度问题是社会主义革命胜利后摆在我们面前的最重要的问题，并且把"大跃进"运动同马克思关于无产阶级革命将使我们进入"会有一天等于二十年"的伟大时期的预言相提并论，完全肯定了"大跃进"的口号。在这种思想指导下，会议提出了争取7年赶上英国、15年赶上美国的要求。在这次会议上正式通过了鼓足干劲、力争上游、多快好省地建设社会主义总路线。这条路线虽然反映了广大人民群众迫切要求改变我国经济、文化落后状况的普遍愿望。但是，它过于强调人的主观意志和主观能动作用，忽视了客观的经济规律的作用。1958年6月21日《人民日报》以"力争高速度"为题的社论突出地反映了这种偏向。社论宣扬："用最高的速度来发展我国的社会生产力，实现国家工业化和农业现代化，是总路线的基本精神。它像一根红线，贯穿在总路线的各个方面。如果不要求高速度，当然没有什么多快好省的问题；那样，也就不需要鼓足干劲，也就无所谓力争上游了。因此可以说，速度是总路线的灵魂。""八大"二次会议偏离了"八大"一次会议的正确路线，为"大跃进"指导方针的最终形成，注入了理论的内容和路线的形式。

我们在后面将依次叙述工业生产建设"大跃进"的过程和重大措施，与"大跃进"相联系的工业管理体制的改革，以及工业生产建设的成就和"大跃进"造成的严重后果。

第二章　工业生产建设"大跃进"的历史过程及其重大措施

第一节　工业生产建设"大跃进"的历史过程

工业生产建设的"大跃进",经过较长时间的酝酿,经历 1958 年下半年和 1960 年上半年两次高潮,前后持续时间长达 3 年。其具体过程如下:

第一,1958 年工业生产建设计划指标不断加码,出现了"全民大炼钢铁"和"大办工业"的群众运动高潮。

1957 年七八月间,第五次全国计划会议通过了 1958 年国民经济计划控制数字。会议认为,当时国民经济发展的突出问题是:消费资料生产的发展,特别是农业生产的发展,大大落后于人民生活水平逐步提高的需要;在生产资料生产的发展方面,原材料、燃料工业的发展又赶不上加工制造工业和其他工业发展的需要。会议提出,应在肯定以发展重工业为中心的基础上,贯彻执行发展工业和发展农业同时并举的方针,增加能够促进农业生产的工业的投资,以加速农业的发展;积极地发展原材料工业,特别是发展某些特殊的和供应不足的原材料的生产;继续贯彻执行大中小型企业相结合和充分利用小工业、手工业的政策。工业生产和发展计划控制数字为:工业总产值为 666.1 亿元。这是符合实际的。但不久就开始加码。

1958 年 2 月,第一届全国人民代表大会批准的 1958 年国民经济计划的工业生产主要指标大大超过了控制数字的规定：工业和手工业总产值达747.4 亿元，钢产量为 624 万吨，原煤为 15000 万吨。① 这一计划作为国家的第一本账下达各地区、各部门，不久国家经委提出了反映"大跃进"新形势的 1958 年计划的第二本账。② 这本账规定工业总产值为 915 亿元，钢为 711 万多吨，原煤为 18052 万吨。在"八大"二次会议期间，中央将它转发各地，要求共同努力促其实现。这本账的安排，即使在当时，也是留有很大缺口的。

"八大"二次会议后，工业生产计划指标越抬越高，失去了应有的控制。1958 年 8 月，党中央在北戴河召开政治局扩大会议。会议基于对农业生产形势的过高估计，决定 1958 年的钢产量要达到 1070 万—1150 万吨，比 1957 年翻一番；工业的生产和建设，必须首先保证钢铁和机械生产，特别是钢铁生产。会议号召全党、全民为生产 1070 万吨钢而奋斗，在尽量短的时间内，在全国掀起一个工业生产建设的新高潮。

北戴河会议确定 1958 年钢产量翻一番是超越客观实际可能的。当年1—8 月钢产量实际只完成了 450 万吨，要在剩下的 4 个月时间里生产 600万—700 万吨钢是不可能的。首先，它超过钢铁工业本身的生产能力，采矿、炼铁、炼钢能力严重不足。1957 年年底炼铁和炼钢能力分别为 696万吨、648 万吨。北戴河会议确定，除原来计划建设项目外，全国再新建小型高炉 12507 座、中型高炉 142 座；新建各种转炉设备 205 套，各种电炉 44 台。即使所有这些建设项目全部实现，也远不能适应 9—12 月生产任务的需要。采矿能力与任务的矛盾更大。其次，超过交通运输的能力。当时，不论铁路运输、公路运输、水上运输还是航空运输，都异常紧张。截至 1958 年 8 月底，全国铁路已积压物资 650 万吨，许多车站、专用线严重堵塞。再次，超过能源供应的可能。按钢产量翻一番的要求，原煤产量必须相应地提高到 22000 多万吨。但 1—8 月，只生产了 12000 多万吨，在剩下 4 个月的时间里要生产近 1 亿吨原煤困难重重。电力供应始终处于紧张状态。全国 36 个主要供电地区有三分之二受到缺电的威胁，特别是

---

① 薄一波：《关于 1958 年度国民经济计划草案的报告》，《新华半月刊》1958 年第 5 期，第 12—23 页。
② 毛泽东在 1958 年年初拟定的《工作方法六十条》（草案）中要求生产计划制定三本账，即中央有两本账，第一本账是公布的必成的计划，第二本账是不公布的期成的计划；地方也有两本账，第一本账就是中央的第二本账，是必成的，第二本账是地方期成的。全国评比，以中央的第二本账为标准。

东北、西南和山东等地区更为严重。

为了强制实现这一任务，9 月 1 日，《人民日报》发表了社论《立即行动起来，完成把钢产量翻一番的伟大任务》，号召"全党、全民行动起来，鼓足干劲，苦战四个月"。全国广大工人、农民、干部、学生和城市居民纷纷响应号召，在极短的时间里，掀起了一个空前规模的"全民大炼钢铁运动"。"大炼钢铁"成为压倒一切的中心任务。

在采取一系列非常措施后，1958 年钢产量在表面上有了迅速的增长。如以 1—8 月平均产量为 100，则 9 月份为 178，10 月份为 341，11 月份为 440，[①] 到年底宣布全年完成钢产量为 1108 万吨。实际上，真正的好钢只有 800 万吨。其他一些重工业产品产量也有显著的增长。生铁产量为 1369 万吨，比 1957 年增长 1.3 倍，其中土铁达 416 万吨；煤炭为 27000 万吨，增长 1 倍多。工业总产值为 1083 亿元，比 1957 年增长 54.8%；其中重工业总产值为 580 亿元，增长 78.8%。[②]

采用违反客观经济规律的做法来强化重工业生产，特别是钢铁生产，给国民经济造成了极其严重的后果。1958 年 12 月，党的八届六中全会明确指出，在 1958 年工业生产"大跃进"期间，在有些方面存在着某种程度的比例失调现象。例如煤、铁、钢、钢材的生产不能互相适应；很多设备的制造和供应不能配套；电力和交通运输的发展赶不上钢铁生产和整个国民经济的需要；在钢铁生产上使用人力和物力过多，工业的其他部门、农业、商业等方面都受到一些影响；等等。

第二，1959 年上半年"压缩空气"，不断调整工业生产建设计划指标。

关于 1959 年工业生产建设计划指标，1958 年北戴河会议，曾从工业提前赶上英国、农业提前实现 1956—1967 年全国农业发展纲要的需要出发，做了如下的安排：钢产量 2700 万吨，争取 3000 万吨；煤 3.7 亿吨。实现这个计划，钢铁和其他主要工业产品的产量，除电力等少数几种以外，都将超过英国。这是急躁冒进、急于求成思想达到最高点时提出来的要求。

同年 11 月的武昌会议和 12 月的八届六中全会初步觉察到"大跃进"

---

① 《新华半月刊》1959 年第 1 期，第 70 页。

② 《中国统计年鉴》(1984)，中国统计出版社 1984 年版，第 23、25、225 页。

高潮所造成的后果。针对出现的问题，明确指出 1958 年的"大跃进"给了我们两点启示：首先是国民经济发展的速度必须建立在客观的可能性的基础上，超过这个可能性的计划就不能变为现实。为了实现一定的经济发展指标，不仅需要充分的革命干劲，而且需要一定的物质技术条件。其次是社会主义国民经济必须遵守有计划、按比例发展的法则。为了保证整个工业和全部国民经济的迅速发展，在重工业各部门之间、重工业和轻工业之间、工业和农业之间、工农业和交通运输业之间、生产和基本建设之间、生产和流通之间、生产和消费之间，都要有全面的安排。只有注意到国民经济各部门的按比例的发展，才能最充分地、最合理地和最有效地利用人力、物力和财力。在这两次会议上，反复提出，要"压缩空气"，要把根据不足的高指标降下来；必须把冲天干劲和科学精神结合起来；反对浮夸；反对虚报成绩，隐瞒缺点；要求经济工作越做越细，一定要尽可能接近和符合实际。

　　根据上述精神，从八届六中全会开始，对工业生产建设计划多次进行了讨论，并不断作了调整。

　　首先，不断调整工业生产建设的速度和规模，力求退到可靠的阵地上来。八届六中全会把钢产量计划指标降到 1800 万—2000 万吨；第二届全国人民代表大会第一次会议又把好钢的产量计划压缩到 1650 万吨。1959年 5 月，中共中央鉴于一季度只产钢 248 万吨，三、四月间钢的日产水平一直稳定在 3 万吨不动，原定第二季度工业生产建设计划不能如期完成的情况，按照"稳住阵地再前进，免得继续被劲"的总的精神，在分析钢铁工业内矿石、焦炭、耐火材料、冶炼、轧材等各个环节以及运输条件后，进一步把钢产量降到 1300 万吨。

　　其次，对工业各部门之间的关系作了某些调整。这项工作从以下三方面进行：

　　一是在工业生产方面，强调抓轻工业生产，抓日用工业品生产。为了缓和日用百货供应紧张的矛盾，自 1959 年 2 月以后，陆续采取了以下一些措施积极安排日用必需品的生产：①拨出一部分原材料，专门保证日用品生产的需要。②责令已经改行的原来生产小商品的工厂归队恢复生产。③恢复被挤掉的而为人民迫切需要的手工业品生产，将手工业产品的品种和质量迅速恢复到 1958 年 8 月以前的状况，并且根据市场需要积极增加产量；有计划地组织原来从事手工业的人员归队；恰当地安排手工业所需材料的供应渠道。与此同时，压缩了某些重工业，如重型设备、发电设备、交通运输工具等的生产指标。

二是在工业基本建设方面，在 1959 年年初的安排中适当地减少了机械、电力、铁路、冶金和"尖端"工业部门的投资，增加了煤炭、化工、轻工、纺织、交通、商业、文教等部门的投资，并且补列了城市建设的投资。在重工业内部，加强了煤矿、铁矿、有色金属矿、石油等采掘工业的发展。减少了加工工业投资，使采掘工业和加工工业保持适当的比例。在各工业部门内部，针对薄弱环节，也进行了必要的调整：在冶金工业方面，安排了铁矿和炼焦的建设；在机械工业方面，注意解决了设备配套的需要；在化学工业方面，多是为了克服酸、碱、氨和其他化工原料等薄弱环节而建设的；在轻工业方面，主要安排了纺织、造纸、盐和糖的建设项目。

三是在物资分配方面：①尽可能地安排好重工业、轻工业、农业之间应有的比例关系，注意解决纺织工业、轻工业和其他市场物资的迫切需要；同时照顾到农业上的某些需要，使各方面逐步获得比较协调的发展。②首先照顾生产和维修的需要，然后照顾必要的基本建设的需要，尽量使生产和基本建设、今年和明年有所兼顾。③在工业生产用料中，首先满足经营、维修和配件、备品制造的需要，照顾机械配套的需要，然后照顾必要的主机制造的需要。④在安排基本建设材料的时候，既适当满足重点部门的需要，又不使重点部门占用的材料过多，妨碍一般部门的必要发展。⑤保证出口和援外的需要。⑥尽可能留有余地，适当地补充一些库存。

与此同时，人们对经济工作的认识也逐渐同实际接近起来。1959 年 6 月中下旬和 7 月初，毛泽东指出，"大跃进"中的主要问题是综合平衡、有计划按比例地发展经济抓得很不够；工业各个部门的联系，工业与农业的联系，重、轻、农的联系，都没有照顾到；一些指标定得那么高，使我们每天处于被动地位，工业、农业指标都有一部分主观主义，对客观的必然性不认识。毛泽东还指出，过去安排国民经济的次序是重、轻、农，应当反过来，以农、轻、重的次序安排国民经济计划，重工业要为轻工业和农业服务。他肯定了陈云关于先安排好市场，再安排基本建设的方针，指出要把衣、食、住、用、行五个方面安排好，这是关系到六亿五千万人民安定不安定的问题。

从1958年11月到1959年7月庐山会议前的9个月间,党中央领导全党认真纠正"大跃进"运动的"左"倾错误,由于当时"左"的指导思想没有根本转变,这种纠正是在基本肯定"大跃进"运动的前提下进行的,因而是很不彻底的。尽管如此,纠正工作还是收到一定成效的。

再次,庐山会议发动"反右倾"斗争,中断了工业生产建设的调整工作。

1959年7月2日到8月1日,在庐山召开了中央政治局扩大会议。会议原定的主要议题是进一步总结1958年以来的经验教训,继续纠正"左"的错误。但是,会议后期形势急转直下,由纠正"左"变成了反右,发动了对彭德怀等的所谓"右倾"的批判。接着在8月召开的党的八届八中全会上,错误地作出了为保卫党的总路线、反对右倾机会主义而斗争的决议,从而把反右倾斗争扩大到全国各地区党政机关和基层组织。

这场反右倾斗争,在经济上,打断了第一次郑州会议以来纠正"左"错误的进程,使错误持续了更长时间。在八届八中全会上,作出了《关于增产节约运动的决议》,要求在1959年内,在工农业主要产品产量方面完成原定1962年实现的第二个五年计划:从1958年算起的十年内,在主要工业产品产量方面赶上英国。全会召号全国人民立即动员起来,开展增产节约运动,掀起新的生产大高潮。在反右倾斗争中全面否定了八届六中全会以来所得到的一些正确的认识,为工业生产建设上"左"的思想的继续发展开辟了道路。急于求成的思想重新占据了主要地位。当时,把六七月间各地降低一些偏高的指标,减少某些方面的生产,说成"是受一股右倾歪风袭击的结果",使人们泄了气,松了劲;把1959年5月下旬到8月上旬间出现的两头高、中间低的工业生产情况,指责为"小小的马鞍形"。从9月到12月,在工业方面,召开了一系列会议,要求贯彻党的八届八中全会精神,大反右倾,大鼓干劲,大搞群众运动,大搞增产节约运动,确保当年的继续跃进,并为1960年的"开门红"和"满堂红"做好一切必要的准备工作。

在"反右倾,鼓干劲"的强大政治压力下,重工业继续高速度发展。到1959年年底,工业总产值完成1483亿元,比上年增长36.1%,其中重工业总产值为867亿元,增长48.1%。它在工业总产值中的比重由上年的

53.5%上升到 58.5%。钢产量达到 1387 万吨，增长 73.4%；原煤为 36900 万吨，增长 36.7%；原油、水泥、木材、发电量、机床等产品也都大幅度增长。[①] 1959 年工业基本建设投资总额高达 208.9 亿元，比 1958 年增长 20.8%，比 1957 年增长近两倍。重工业的孤军突进和基本建设规模的进一步扩大，使国民经济的主要比例关系失调的情况越来越严重。

最后，1960 年再次掀起"大跃进"高潮，开展了以"保钢"为中心的增产节约运动。

1960 年第二届全国人民代表大会第二次会议号召为争取实现 1960 年继续跃进而奋斗。会议批准了贯彻"反右倾，鼓干劲"精神的 1960 年国民经济计划，对工业生产建设做了如下的安排：工业总产值为 2100 亿元，其中重工业总产值为 1270 亿元。重工业的发展，继续执行"以钢为纲、全面跃进"的方针；继续抓紧钢铁工业的建设，同时努力加强动力工业、采掘工业、有色金属工业、石油工业、合成橡胶工业等部门的建设，使它们更好地适应于整个工业以及整个国民经济继续跃进的需要。计划规定：生产钢（不包括土钢）1840 万吨，增长 38%；生产煤炭 4.25 亿吨，增长 22%。

这个计划要求工业生产建设获得更大、更全面的跃进，是一个难以完成的计划。但是，在此以后，还按照"逐步看涨"的办法安排生产指标，"分两步走"的办法安排基本建设指标、继续提高计划指标。1960 年 5 月 30 日，党中央批准了国家计委、国家经委、国家建委关于 1960 年计划第二本账安排的报告。第二本账确定工业总产值为 2500 亿元，钢产量为 2040 万吨，原煤产量为 4.62 亿吨。同时，中央还要求集中力量大抓煤、铁、矿、运，以此为中心，大力保钢，带动其他，努力争取当年钢的产量达到 2100 万吨到 2200 万吨。中央把这个指标作为钢铁生产的第三本账，要求各地区、各部门努力完成。对 1960 年钢产量计划指标一再加码，使本来就难以完成的 1960 年工业生产建设计划更加超越了实际的可能。

为了在 1960 年继续跃进，当时提出了"开门红、满堂红、红到底"的口号，要求各个企业、各个行业、各个地区第一季度的平均日产量不低于或略高于上年第四季度的水平，并且实现月月红、季季红，实现产量、

---

① 《中国统计年鉴》（1984），中国统计出版社 1984 年版，第 23—27、225—226 页。

质量、品种、成本、安全样样红，全面跃进。与此同时，继续推行反右倾斗争，以压制对实际情况的反映，强行贯彻高指标。并且，重新大搞"小土群"、"小洋群"，大搞技术革新和技术革命运动，再次掀起"大跃进"的高潮。

通过上述办法，1960 年第一季度勉强实现了"开门红"。但是，4 月份以后，主要工业产品生产出现下降的局面。第二季度在 20 种主要产品中，除煤炭、水泥、农药 3 种外，其余 17 种都没有完成计划。钢、钢材、铜、原煤、硫酸、烧碱、化肥、木材、棉纱 9 种主要产品的平均日产水平都比第一季度下降。其中钢下降 5.8%，钢材下降 6%。

1960 年 6 月中旬，中央政治局在上海召开扩大会议，总结几年来的经济建设工作，讨论 1960 年国民经济计划。会上毛泽东指出，1959 年讲数量，1960 年要讲质量、规格、品种。要把品种、质量放在第一位，数量放在第二位。计划指标还要加以调整。会议期间，毛泽东写了《十年总结》。他指出，当时存在一个极大的危险，就是对于留有余地、对于藏一手、对于实际可能性还要打一个大大的折扣，人们还不懂得。搞工业的，以及搞农业、商业的同志在一个时间内思想方法有些不对头，忘记了实事求是的原则。但是，在实际工作中，并不认为工业生产出现下降的趋势是由于计划指标定得过高，违反了实事求是原则，而认为工业生产情况不好的最大教训：一是措施不够具体有力；二是虽有措施，但组织执行抓得不紧。为扭转这一局面，保证"以钢为纲"的工业生产计划的实现，要求在第三季度内下最大决心尽快地解决工业管理上的"松"、"散"现象。

正是在这个时候，苏联政府突然单方面决定在一个月内撤回全部在华专家，撕毁了专家合同和合同补充书，废除了科学技术合作项目。这一事件的发生，严重地干扰了我国的工业生产建设工作，更加加重了我国的经济困难，进一步增强了调整工业生产以至整个国民经济的必要性。但是从政治角度出发，却进一步加强了要完成 1960 年工业生产建设计划，特别是钢产量计划的决心，要求集中力量"保钢"、"炼争气钢"。这就把本来应该进行调整的工业生产建设安排变成必须保证完成的任务。1960 年 8 月 14 日，党中央发布指示指出，摆在全党面前的紧急任务是，立即在全国开展一个以"保粮"、"保钢"为中心的增产节约运动，争取完成和超额完成 1960 年的国民经济计划。

开展以"保粮"、"保钢"为中心的增产节约运动后，钢产量有所回升。但上升十分缓慢，而且其中相当一部分是靠废钢铁来支持的，煤炭等其他主要工业产品产量还大幅度下降。到 9 月底，全国共产钢 1290 万吨。如要完成 1840 万吨或 1900 万吨到 1950 万吨的产量，从 10 月 1 日起，每日必须生产 6 万吨或 6.6 万到 7 万吨才能达到；而当时的日产水平一直只在 5 万到 5.5 万吨之间波动。鉴于全国钢铁生产的严峻形势，党中央一再发出保证钢铁生产的通知和紧急指示，指出能不能完成 1840 万吨钢的生产任务，是国内外瞩目的一件大事，是一个政治性的问题。如果不立即抓紧时机，扭转生产下降的局面，全年钢铁生产的任务就有完不成的危险。这对于国内外的政治斗争是不利的；并且号召全党和工业交通战线上的全体同志紧急动员起来，鼓足干劲，反对一切右倾思想和畏难情绪，加强组织管理工作，战胜一切困难，为保证完成和超额完成全年生产 1840 万吨钢的任务而斗争。这样才勉强地把钢、铁、原煤的产量促了上去。

在不断地反右倾和政治动员下，在不顾一切后果集中全力"保钢"，挤掉轻工业、农业和其他方面发展的条件下，到年底，钢产量勉强达到 1866 万吨，比 1959 年增加了 479 万吨，增长 34.5%。为了保钢，有关的重工业产品产量都比上年增加。1960 年重工业产值达到 1090 亿元，增长 25.9%。可是，棉纱、棉布、食糖、卷烟等不少轻工业产品的产量，都比上年大幅度减少。轻工业产值从上年的 616 亿元下降到 547 亿元，下降 9.8%。这是新中国成立以来从未发生过的现象。农业产值则在上年大幅度下降的情况下又下降了 12.6%。[①] 已经失调的国民经济比例关系又进一步加剧了，国民经济陷入了极端困难的境地。"大跃进"运动已经到了山穷水尽的地步。

第二节　支撑工业生产建设"大跃进"的几项重大措施

工业生产建设的"大跃进"是脱离我国实际、违反客观经济规律的行动。它竟出现两次高潮，持续三年之久，并完成了钢铁等某些重工业产

----

① 《中国统计年鉴》(1984)，中国统计出版社 1984 年版，第 23、25、220、223、225 页。

品的高指标，除了由于不断地反右倾、鼓干劲外，主要是依靠以下五项措施的支撑：

第一，不顾一切扩大基本建设规模，并盲目地使设备超负荷运转，强化生产。

"大跃进"三年，勉强完成生产高指标的一项重要的措施，是采取各种手段拼凑资金，追加投资，使基本建设以异乎寻常的规模不断扩大。当时，除了国家压缩消费基金、扩大积累基金，甚至预支下一年的投资增加基本建设预算拨款外，各地方和各企业还用发行公债、挪用流动资金、摊入成本等各种手段拼凑自筹资金，进行基本建设。不断扩大基本建设规模，不断增加新的生产能力。1958 年工业部门基本建设投资 173 亿元，达到第一个五年计划期间投资总和的 69.1%。1959 年增加到 208.9 亿元；1960 年又增加到 229.6 亿元。三年工业基本建设投资总额高达 611.5 亿元，超过第一个五年计划期间总和的近一倍半。集中这样多的资金进行大规模的工业建设，固然一时新增加了不少生产能力，对于完成当时的生产任务起到了一定的作用，但是带来的问题是十分严重的。它不仅影响其他部门的发展和影响消费与积累的比例关系，而且给基本建设本身造成非常严重的后果。

为了"大跃进"，不顾一切地拼凑追加投资，扩大基本建设规模。但是，新建大型厂矿又远水解不了近渴。因此，只有大办在短时间就能投产的但耗能大、质量差的小企业，即使这样做，生产能力仍有缺口。这就迫使老企业拼命增产，或强化开采，以致设备超负荷运转或"带病运转"，不仅设备大量被破坏，而且产品质量日益下降，原材料消耗量增加，同时资源也遭到严重破坏。如 1960 年计划生产 1840 万吨钢，根据矿石品位情况，需矿石 9000 万吨以上和辅助原料 2800 万吨。而全国铁矿和辅助原料矿开采能力，到 1962 年才分别达到近 4000 万吨和 1000 万吨，实际能力更低。为了保钢，只得强化开采，到 1960 年年底，铁矿掘进（剥离）共欠账 2731 万米，设备完好率仅 36.8%。煤矿的情况也相类似。在"大跃进"三年中，工业总产值增长 1.34 倍，而煤炭开采能力只增加 80% 多，其中不少是简易投产的新建矿，尚未形成生产能力。这几年为了满足钢铁翻番，煤炭产量勉强由 1.3 亿吨增到 3.9 亿吨，多是依靠原有企业强化开采和拼设备。因此矿井本身生产能力受到很大破坏。

第二，大办地方工业。

实现工业生产"大跃进"，当时的设想是，主要依靠地方工业的发展。在发展中央工业之外，把全国各地办工业的积极性统统调动起来，大办地方工业。在大型企业之外，大量办中、小型企业，使我国工业高速度地向前发展。

对地方工业的发展，毛泽东在 1958 年年初提出了在 5 年到 10 年内，各地方的工业产值（不包括中央直属企业的产值）都要超过当地的农业产值的要求。不久，又提出了地方（包括协作区、省）应建立独立的工业体系的要求。

为了加快地方工业的发展，1958 年 3 月，党中央明确地提出了发展中央工业和发展地方工业同时并举的方针，并规定地方工业的任务是：为农业服务（这是基本的），为国家大工业服务，为城乡人民生活服务，为出口服务。实现这些任务的方法是：打破对于工业化的神秘观点，全党办工业，各级办工业，全面规划，加强领导，走群众路线。党中央要求各省、市、自治区制定出地方工业发展规划，同时采取了以下三项措施：①建立东北、华北、华东、华南、华中、西南、西北 7 个协作区。②把一大批中央工业企业下放给地方。③把管理工业生产建设的许多权限，如资金、劳动力管理、基本建设项目审批等权限下放给地方。关于②、③两点将在第三章内专门叙述。

根据党中央的要求，各地从 1958 年上半年开始掀起了一场大办工业的群众运动。8 月北戴河会议后，各省、市、自治区党委把主要力量转移到工业战线上来，全党办工业，全民办工业，由第一书记挂帅抓紧工业生产和建设工作，地方工业有了进一步的发展。到 1958 年年底，工业企业达到 26.3 万个，比 1957 年年底增加了 9.35 万个，其中全民所有制工业企业达到 11.9 万个，增加 6.1 万个；集体所有制企业达到 14.4 万个，增加 3.25 万个。1959 年集体所有制企业又增加了 7.56 万个，达到 21.96 万个。[①] 这两年增加的工业企业，主要是地方工业企业。

这一期间在地方工业的发展中，农村社办工业和城市社办工业、街道工业发展很快。几乎每个公社都兴办了一批工业企业。到 1958 年年底，

---

① 《中国统计年鉴》（1984），中国统计出版社 1984 年版，第 193 页。

农村人民公社工业的职工达到 1800 万人，产值有 60 亿元左右。[①] 1959 年产值又上升到 100 亿元左右。1959 年城市人民公社工业和城市街道工业的产值为 20 亿元左右，比 1958 年约增长 4 倍。[②]

在地方工业一哄而上的发展中也出现了不少问题。最突出的是规模求大、求全，产品求高、求尖，忽视就地取材发展原有的、有前途的传统产品和人民生活必需品，以致品种大量减少，既丧失了国外市场，又使国内市场供应紧张，不少产品不断脱销。其次是由于各地区力求加速本地区工业的发展速度，使工业总产值超过农业总产值，追求本地区工业自成体系，各下一盘棋，缺乏合理规划，基建摊子摆得过多，战线搞得很长，盲目建设、重复建设十分严重。再次是干部、技术、管理等方面都缺乏准备。加上经营方针不明确，企业经营管理十分混乱，生产效率低，产品质量不高，不少企业亏本。此外，在社办工业中还发生了对集体和社员家庭财产"平调"（即无偿调用）的错误。

第三，大搞以"小土群"、"小洋群"为特征的群众运动。

1958 年 9 月，毛泽东在视察各地时明确指出，发展钢铁工业一定要搞群众运动，什么工作都要搞群众运动，没有群众运动是不行的。回北京后，他又说，我们还有一些同志不愿意在工业方面搞大规模群众运动，他们把工业战线上搞群众运动说成是"不正规"，贬之为"农村作风"、"游击习气"。这显然是不对的。这就把群众运动正式确定为工业生产建设"大跃进"的基本方法。当时工业生产建设群众运动的主要特征是"小土群"和"小洋群"。

兴办采用土法生产的小型工业企业在进入 1958 年后就已逐步展开。从 1 月到 8 月，在生铁生产方面，全国共建成小高炉、土高炉 24 万多座。参加采矿、炼铁的人数有几百万人。9 月份，"小土群"运动蓬勃高涨。参加"小土群"钢铁生产建设的人数激增到 5000 多万人，建成的小高炉、土高炉达到 60 万座。10 月以后，投入"小土群"钢铁生产建设的人数更多。在开展土法炼铁、炼钢的同时，在地质、煤炭、电力，甚至有色金属冶炼、石油提炼等方面，也开展了"小土群"。可以说，哪里有困难，哪里就大搞"全民大办"，开展"小土群"。

---

① 《现代中国经济事典》，中国社会科学出版社 1982 年版，第 213 页。
② 《新华半月刊》1960 年第 8 期，第 7 页。

1958 年开展钢铁"小土群"的群众运动，是得不偿失的。土钢、土铁的质量很差，含硫量高，很难加工使用；同时，消耗大，成本高。1958 年小钢铁亏损达十几亿元，需要国家补贴。为了生产这些土钢铁，却过量地开采了矿石，强伐了大量的树木，砸掉了大量的铁锅铁器，破坏了矿产和森林资源，影响了人民生活。

1959 年，由于收缩、整顿人民公社，调整经济指标，控制招收新职工，控制小高炉原料，特别是焦炭的消耗量，生产建设运动的重点逐渐从"小土群"转到"小洋群"上来。党的八届六中全会决议指出，钢铁战线上的"小土群"转向"小洋群"，这是群众运动的必然前进过程。同时也明确指出，土铁、土钢、土钢材、土机械、土铁路等，在今后相当时期内，特别是在地方工业、公社工业中仍将起重大作用。小型、土法的群众运动还必须在炼铜、炼铝、采煤、发电、化工、建筑材料和轻工业等方面继续发展。1959 年内，"小洋群"和"小土群"继续有所发展。到 1959 年年底止，全国已有正常生产的钢铁"小洋群"1300 多个，矿山"小洋群"1000 多个，炼焦"小洋群"400 多个。这些"小洋群"拥有高炉约 6 万立方米，转炉 600 余吨，小型轧机 170 台，简易焦炉 1600 余座。1959 年，"小洋群"和"小土群"生产的生铁占全国生铁产量的 50%，铁矿石占 45%，焦炭占 70%。

进入 1960 年，当时认为工业问题主要还是煤、铁、钢，解决的办法还是发展"小洋群"、"小土群"，要有一两千万人上山。在"小洋群"、"小土群"中，"小洋群"的地位进一步突出了。党中央明确指出，"小洋群"具有伟大的生命力，发展"小洋群"是我国加速社会主义建设的一个长期的战略方针。

1960 年国民经济计划规定，各个工业部门、各个地方和人民公社都应当继续积极地发展一批"小洋群"企业和"小土群"企业。同时，提高原有"小洋群"企业和"小土群"企业的生产水平。在有煤有铁的地方都要积极建立一批新的采煤、炼焦、炼铁、炼钢的"小洋群"企业，或者"小土群"企业，以带动其他行业的"小洋群"、"小土群"企业的发展。

经过三年"跃进"，到 1960 年，据 21 个省、市、区的统计，工业部门职工共有 1820 万人。其中"小洋群"为 686.6 万人，"小土群"为 318

万人，合计 1004.6 万人，占职工总数的 55.2%。"小洋群"、"小土群"在工业领域中占了很大的比重。

第四，大搞群众性的技术革新、技术革命运动。

1958 年"八大"二次会议明确确定，我国正在进入以技术革命和文化革命为中心的社会主义建设的新时期。此后，在全国范围内就逐渐开展了技术革新和技术革命的运动。当时要求全面推广的主要技术新项目有：煤炭部门的水力采煤法和用成堆干馏法从煤炭中提炼石油和化工原料进行综合利用；机械工业部门用积木式活动机床和组合机床，以"蚂蚁啃骨头"的办法制造大型设备，以及用土铁做"土"球墨铸铁；电力部门采用熔渣焊接法、新型铸造工艺和铸锻焊联合工艺，拼小成大，以铸代锻，以铁代钢制造汽轮机、水轮机、发电机的转轴、护环等大型锻件和大型加工件；轻工业部门以陶瓷代钢铁制造轻工业机械；等等。

在 1958 年、1959 年工作的基础上，到 1960 年，群众性的技术革新和技术革命运动被看成是高速度发展国民经济的一项重要保证，要求在全国范围内全面铺开。

1960 年年初，党中央两次发出指示，号召立即掀起一场以大搞机械化和半机械化为中心的技术革新和技术革命运动。此后，全国各地区、各部门，很快就掀起了一场群众性的技术革新和技术革命运动的高潮。到一季度末，工业和交通运输部门已经有 80% 以上的职工参加这场运动。根据第一季度的发展情况，党中央和国务院在 1960 年 3 月再次号召，把以技术革新和技术革命为中心的增产节约运动进一步开展起来，积极发展机械化、半机械化、自动化、半自动化的群众运动。并且明确提出这一运动需要长期坚持的方向是：要普遍地使单项技术的革新发展成为成套技术的革新，使各个企业、各个行业、各个部门的革新互相配合，形成系统。

技术革新和技术革命运动在 1960 年内大体上经历三个阶段：在 4 月份以前，以大搞机械化、半机械化、自动化、半自动化为主；5 月份以后，以超声波、煤气化、管道反应化为主，推广新技术，创造新产品；8 月份以后，力求把技术革新、技术革命运动同以"保粮"、"保钢"为中心的增产节约运动结合起来。

在这场运动中，广大职工群众表现出了极大的热情，大大发扬了首创精神，创造出了一批行之有效的革新成果。据有关部门整理的资料，到

1960 年 6 月底为止，全国工业生产部门机械化、半机械化程度，已经从 1959 年年末的 30% 左右，提高到 50% 左右。在采用新技术、新工艺和创制新产品方面，也取得了一定的成就。

但是，在这一运动中，同样体现了所谓"大跃进"的精神，采取了大轰大嗡的办法，出现了不少偏差和问题：一是急于求成，提出了许多不切实际的难以实现的奋斗目标。二是不顾条件，盲目推广，或者是好高骛远，盲目追求尖端，却忽视一般技术改革，把多少年来积累下来的许多行之有效的先进经验搁置起来，不进一步总结、提高，予以推广，分散了企业的力量，直接影响了生产。三是出现了不少浮夸虚假的现象。

第五，各方面"停车让路"，全力保证钢铁生产。

"以钢为纲、全面跃进"的方针的本意，是钢铁一马当先，带动其他各工业产品万马奔腾。而实际上却是各部门、各地方都把钢铁的生产和建设放在首要地位，其他各方面停车让路，以保证钢铁生产。当时要求："当钢铁工业的发展与其他工业的发展，在设备、材料、动力、人力等方面发生矛盾的时候，其他工业应该主动放弃或降低自己的要求，让路给钢铁工业先行。不管任何地方、任何部门，有材料、有设备、有交通运输工具，必须首先让给钢铁工业；有制造能力的，必须首先为钢铁工业而生产；电力必须首先输送给钢铁工业；煤炭及其他燃料必须首先满足钢铁工业的需要；有劳动力和技术力量的，必须首先调给钢铁工业。"[1] 总之，一切工业部门都要保证钢铁元帅升帐。1958 年 9 月初，北戴河工业书记会议又具体确定了机械制造、主要原材料、电力、交通运输的排队原则，即首先满足冶金设备和冶金工业增产的需要；其次满足制造发电设备的需要；再次满足主要机床的需要；最后才是其他。这一精神基本上贯穿"大跃进"的始终。

---

[1] 《人民日报》1958 年 9 月 1 日社论：《立即行动起来，完成把钢产量翻一番的伟大任务》。

第三章 工业经济体制的改革

第一节 工业经济管理体制改革的一次重大尝试

在第一个五年计划期间逐步建立起来的集中统一的管理体制，随着社会主义改造的基本完成和社会主义建设的巨大进展，已逐渐不能与新的形势相适应，统得过多、管得过死的缺陷日益明显地暴露出来，亟待加以改进。在"大跃进"期间，对工业管理体制的改革进行了一次重大的尝试。

一、改进工业管理体制方案的实施

1957 年，国务院制定了《关于改进工业管理体制的规定》。1958 年 3 月成都会议又进一步决定，对计划、工业、基本建设、物资、财政、物价、商业和教育等方面的管理体制，按照统一领导、分级管理的原则进行改革。

根据上述规定和决定，对工业管理体制进行了如下的改革：

（一）调整中央和地方关系，扩大地方管理工业的权限。扩大地方管理工业的权限的中心是，调整企业的隶属关系，把由中央直辖的一部分企业，下放给省、自治区、直辖市领导，作为地方企业。

1957 年 11 月轻工业部第一批下放了 43 个纸厂和胶鞋厂，接着又下放了食品工业各厂。同年 12 月，纺织工业部下放了在上海、山东、浙江、陕西、四川、湖南、黑龙江、辽宁、吉林、新疆等 11 个省、自治区、直辖市的 59 个大中型纺织企业，分别由所在省、自治区、直辖市领导。1958 年 3 月继续下放了 143 个纺织企业、事业单位，把棉、毛、麻、丝纺织企业全部下放，改由地方管理。

成都会议后，中共中央、国务院作出了《关于工业企业下放的几项决定》，① 进一步扩大了下放的范围。文件规定：国务院各主管工业部门，不论轻工业或者重工业部门，以及部分非工业部门所管理的企业，除了一些主要的、特殊的以及"试验田"性质的企业仍归中央继续管理以外，其余企业原则上一律下放归地方管理。下放的步骤：先轻工业、后重工业。在下放企业后，中央各工业部门的职责是，以三四分力量掌握全国规划和直接管理的大企业，加强科学研究工作，以六七分力量，从供给技术资料、指导技术设计、培养技术人员、交流先进经验、进行全面规划等方面，帮助地方办好企业。

根据这一决定，1958 年 6 月 2 日，中共中央确定，轻工业部门所属单位，除四个特殊纸厂和一个铜网厂外，全部下放；重工业部门所属单位大部分下放。6 月 6 日正式批转了冶金、第一机械、化学、煤炭、水利电力、石油、建筑、轻工、纺织 9 个工业部门关于企业下放问题的报告。要求他们一律于 6 月 15 日以前完成全部下放企业的交接手续。从 1957 年年底开始到 1958 年 6 月 15 日止，上述 9 个工业部门陆续下放了 880 多个单位。中央各工业部所属企业、事业单位 80% 左右交给了地方管理。② 1958 年中央直属企业的工业总产值占整个工业总产值的比重由 1957 年的 39.7% 降为 13.8%。③

在下放工业企业的同时，还对直接涉及工业管理的计划、基本建设、物资、财政、劳动、教育等方面的体制进行了改革。

第一，计划管理体制的改革。主要是实行在中央领导下以地区综合平衡为基础的、专业部门和地区相结合的计划管理体制。具体做法是：①各地方、各部门的经济、文化的建设，都纳入全国统一计划之内。②在保证完成国家规定的生产建设和财政收入任务以及重要物资调拨计划的条件下，各省、市、自治区可以对本地区的工农业生产指标进行调整；可以对本地区内的建设规模、建设项目和投资使用，进行统筹安排；可以对本地区内的物资进行调剂使用；可以对本地区超收分成和支出结余的资金以及

---

① 《中国工业经济法规汇编（1949—1981）》，第 117 页。

② 《新华半月刊》1958 年第 13 期，第 63 页。

③ 《我国经济体制改革的历史经验》，人民出版社 1983 年版，第 71 页。

其他资金自行支配使用。③自下而上地逐级编制计划和进行综合平衡。实行在中央领导下，以地区综合平衡为基础、专业部门和地区相结合的计划管理体制。各区、分、社的经济、文化建设都纳入县的统一计划之内；各县、专区的计划经过综合平衡后纳入省、自治区、直辖市的计划，经过各协作区综合平衡后，纳入全国统一计划内；中央各部门在地区平衡的基础上编制全国范围的专业计划；中央计划机关在地区平衡和专业平衡的基础上，进行全面的综合平衡，编制国家的统一计划。实行这一规定后，1959年国家计委管理的工业产品从1957年的300多种减少到215种，按产值计算占全国工业总产值的58%。[①]

第二，基本建设管理体制的改革。主要从两个方面进行改革：一是放松基本建设项目的审批程序，为了加快发展地方工业，1958年4月中央决定放松基本建设项目的审批程序，放手让地方扩大基本建设规模。各省、自治区、直辖市兴办限额以上建设项目，除了提出简要的计划任务书（其中规定产品数量、品种、建设规模、厂址和主要的协作配合条件）报送中央批准外，其他设计和预算文件，都由省、自治区、直辖市自行审查批准。某些与中央部门管理的企业没有协作配套关系、生产的产品不需要全国平衡的限额以上建设项目，其计划任务书先经省、自治区、直辖市批准，再报送中央有关部门备案。限额以下的项目完全由地方自行决定。

接着在同年9月，国务院又进一步决定：中央将集中主要力量对全国分地区、分事业的规划进行审查和研究（如一个协作区安排完整的工业体系的规划、煤矿的开发规划等）。中央只负责审批以下建设项目的设计任务书：①生产全国平衡的工业产品的骨干建设项目。②具有全国性的或者同几个省、自治区、直辖市有重大协作关系的重大建设项目。③对生产力的地区分布上有重大影响的建设项目。④贯穿几个省（自治区、直辖市）的铁路干线。其余建设项目的设计任务书，属于地方管理的，由各省、自治区、直辖市审批报有关部委备案；属于中央各部管理的，由各部审批后报国家计委、建委备案。

二是实行基本建设投资包干制度。把年度国民经济计划和国家预算核定的基本建设投资（包括储备资金），在保证不降低生产能力、不推迟交

---

① 《我国经济体制改革的历史经验》，人民出版社1983年版，第71页。

工日期、不突破投资总额和不增加非生产建设比重的条件下，交由各有关建设部门和单位统一掌握，自行安排，包干使用。建设工程竣工以后，资金如有结余，可以留给建设部门和建设单位另行使用在其他生产建设上。据不完全统计，1959 年全国实行投资包干的建设单位达 5000 多个，占全国投资总额的 40% 左右。其中冶金、煤炭、水电、石油、化工等系统实行包干的投资额占本部门投资总额的 75%—85%。

第三，物资管理体制的改革。主要内容是增加各省、市、自治区人民委员会在物资分配方面的权限，实行全国统一计划下的、以地区管理和地区平衡为主的物资调拨制度。具体做法是：①主要原材料和设备，由中央统一分配，并由中央各主管部门负责同省、市、自治区协商。编制该地区的年度的调出调入计划。不在中央统一分配范围内的原材料和设备，由各省、市、自治区，各专区、各县分别确定产品目录和分配计划进行统一调度。②机械产品由有关主管部分工负责分配。冶金设备由冶金工业部负责，发电设备由水利电力部负责，化肥设备由化学工业部负责，水泥设备由建筑工程部负责，采油炼油设备由石油工业部负责，采煤设备由煤炭工业部负责，纺织机械由纺织工业部负责，机车、车辆由铁道部负责，拖拉机及其他农业机械由农业部负责，汽车、卡车、船只由交通部负责，其他主要机械产品都由第一机械工业部负责。生铁、钢材和其他金属材料，除钢轨由铁道部统一分配外，都由冶金部统一分配。③中央所属的企业单位和事业单位生产、基本建设所需要的物资，除军工生产单位所需要的物资，出口、援外和储备所需的物资，民航所需燃料外，都向所在地的省、市、自治区提出申请，由省、市、自治区的主管机关组织供应。④各省、市、自治区在保证完成国家计划的条件下，对国家分配的物资有权在本地区内进行调剂。

实行这一制度后，1959 年，统配、部管物资减少到 132 种，比 1957年的 532 种减少了四分之三。[①] 对保留下来的统配、部管物资，也由过去"统筹统支"，改为"地区平衡，差额调拨"，中央只管调出、调入。在分配供应方面，除铁道、军工、外贸、国家储备等少数部门外，不论中央企业还是地方企业所需物资，都由所在省、市、自治区申请、分配、供应。

---

① 《当代中国的经济体制改革》，中国社会科学出版社 1984 年版，第 505 页。

第四，劳动管理体制的改革。主要进行两方面的改革：一是试行合同工和亦工亦农制度。从1957年年底到1958年年初，针对单一的固定工形式和能进不能出的弊病开始进行改革的试点。对原有工人和干部继续实行固定工制度；对新招收的工人实行合同工制度；从农村招收的，实行亦工亦农，合同期满仍回家务农。县以下企业增加工人基本上实行亦工亦农的合同工制度。这项改革1958年在四川、河北少数地区试点，但不久受"大跃进"、人民公社化运动的冲击而停止。

二是放松招收新工人的审批管理。1958年6月中共中央决定放松国家对招收新工人的审批管理，把劳动力的招收、调剂等项工作，交由各省、市、自治区负责管理。1958年的招工计划，经省、市、自治区确定之后即可执行，不必经过中央批准。① 这是改革劳动力高度集中管理的一种尝试。

第五，财政税收管理制度的改革。在财政管理体制方面，实行工业企业利润分成制度。除了军工部门的企业和少数大型工业企业以外，其余的仍旧属于中央管理的其他工业企业和原来属于中央各部管理现在下放给地方政府管理的工业企业，全部利润的20%归地方所得，80%归中央所得。分成比例，三年不变。

在税收管理制度方面，主要是减少税种，简化征税办法。把商品流通税、货物税、营业税和印花税四种税合并为"工商统一税"，并且把原来的多次征税改为工业品在工厂一般只征一道税。这个办法在对棉纺织与印染、日用化学、制笔和热水瓶四个行业的产品试点的基础上，于1958年9月3日在全国各行业普遍试行。与此同时扩大地方对税收的管理权限。各省、市、自治区可以在一定的范围内，根据实际情况，对某些税收采取减税、免税或加税的措施。为了调节生产者的收入，平衡负担，开辟财源，或者为了有计划地安排生产，限制盲目的生产经营，在必要的时候，各省、自治区、直辖市可以制定税收办法，开征地区性的税收。对于工商税的征收环节和起征点的规定，省、市、自治区凡是认为确实不合理的，可以机动处理。实行这一办法，为地方发展地方工业，减免税收开了绿灯。

此外，在这一期间，为了给地方发展工业提供资金方面的有利条件，

---

① 《中国劳动立法资料汇编》，工人出版社1980年版，第17页。

银行、信贷体制也进行了改革。

（二）调整国家与企业的关系，扩大企业的管理权限。主要进行了四方面的改革。

第一，减少指令性指标，扩大企业主管人员对计划管理的职责。依据前述的国务院《关于改进工业管理体制的规定》，将指令性指标由 12 个减为 4 个，其余 8 个指标列入计划作为计算根据。

第二，实行企业留成制度。工业企业的利润，由国家和企业实行全额分成。具体办法是：①企业留成比例，以主管部为单位计算确定；确定以后，基本上五年不变。主管部可以在本部企业留成所得总数范围内，根据各个企业的具体情况，分别确定它们的留成比例。②留成比例以第一个五年计划期间各部所使用的下列资金作为计算基数：预算拨付的技术组织措施费、新种类产品试制费、劳动安全保护费、零星固定资产购置费四项费用；企业奖励基金和社会主义竞赛奖金；按规定提取的超计划利润留成部分。将上述基数与在同一时期内所实现的利润总数比较，算出企业留成的比例。③企业留成所得的使用原则是：大部分用于生产，同时适当照顾职工福利，用于社会主义竞赛奖金和其他不包括在工资总额以内的奖金支出，以及用于职工福利设施和职工生活困难补助。支出合计，不得超过企业职工工资总额的 5%。[①] 当时，规定企业留成比例为 13.2%。从 1958 年到 1960 年，利润留成额逐年增加，分别为 30 亿元、51 亿元、60 亿元。其中用做自筹基建投资的金额分别为 6 亿元、16 亿元、30 亿元，它所占的比重从 20%、31.4%上升到 50%。

第三，试行流动资金的"金额信贷"制度。1958 年，国营企业定额流动资金，实行 70%由财政拨款、30%由银行贷款的办法。从 1959 年起，国营企业的流动资金，一律改由人民银行统一管理。过去国家财政拨款给国营企业的自有流动资金，全部转作人民银行贷款，统一计算利息。在此以后，国营企业需要增加的定额流动资金，由各级财政在年度预算中安排，交当地人民银行统一贷款。[②]

第四，改进企业的人事管理。除企业主管负责人（厂长、副厂长、经

---

① 《中国工业经济法规汇编（1949—1981）》，第 118 页。

② 国务院《关于人民公社信用部工作中几个问题和国营企业流动资金问题的规定》，《新华半月刊》1959 年第 1 期，第 65 页。

理、副经理等）、主要技术人员以外，其他一切职工均由企业负责管理。在不增加职工总数的条件下，企业有权调整机构和人员。

二、改革工业管理体制中出现的问题和初步的调整

在1958年年初提出国民经济全面"大跃进"后，以实行地方分权，把大量管理权限下放给地方为重点的管理体制改革，成为尽快实现地方工业产值超过当地农业产值，建立地方各自独立的工业体系，实现"大跃进"、超英赶美的一项主要措施。这样就把这一次改革纳入了"左"倾思想的轨道，产生了急躁冒进的错误，出现了下放管理权限过多、过急的现象。

首先是中央所属企业下放过了头。一些关系国民经济命脉的大型骨干企业也下放了。而且企业下放采取了政治运动的方式突击完成，时间过急，改变过快。企业下放后，多数地方又层层下放，有的下放到专区、县或城市的区，有的还下放到街道和公社。这样大量的复杂的企业在很短的时间里下放给地方，地方的管理工作一时难以跟上，其结果是管理混乱，协作关系被打乱，经济效益下降。

其次是计划权、劳动管理权、财权、基建审批权、物资权下放过多，一些应由中央掌握的决策权也下放给了地方，而宏观经济控制不仅没有相应地加强，反而抛弃了一些原来行之有效的东西，以致出现了严重失控的现象。

（一）财权下放后，地方一年的分成收入超过了原设想的三年累计数。1958年中央支配的财力由"一五"时期约占75%下降到50%以下，从1958年开始，连续四年出现财政赤字；地方支配的财力则由约占25%上升到50%以上。原规定国营企业利润留成三年总额不得超过36亿元，实际上三年共留成141亿元，超过近三倍。[①]

（二）劳动管理权下放后，放松了对招工的方针、职工总数和工资总额计划等方面的控制，为1958年职工队伍急剧膨胀开了口子。1958年年底，全民所有制职工人数达4532万，比1957年年末数猛增2081万。其中工业部门职工人数为2316万，比1957年年末的748万人增加了1568万

---

① 《我国经济体制改革的历史经验》，人民出版社1983年版，第72、77页。

人，增加两倍多。①

（三）不少地方在掌握了一定财力、物力、人力和基建项目审批权后，不严格执行基本建设程序，片面追求工业自成体系，盲目建厂，拉长了基建战线，使重点建设得不到保证。全国施工的大中型项目 1958 年有 1587 个，② 超过"一五"时期五年施工 1384 个的总和。

（四）省际间的经济交流和企业之间的经济协作关系被破坏，工业企业生产组织工作遇到严重困难，出现了产品不配套，半成品大量积压等不正常的情况。各地工业企业建成后，原材料、燃料、电力供应没有保证，长期不能发挥作用，造成很大损失。

出现上述问题的主要原因是宏观决策失误，高指标，瞎指挥，但管理权限不适当的下放过多也是重要原因。这些问题在 1958 年下放管理权限后不久已经陆续出现，党中央也有所察觉，指出了问题所在，采取了一些措施予以补救和纠正。

1958 年 12 月，中共中央武昌会议作出了关于工业建设中的几项规定，规定个别骨干企业，因建设任务过重或技术复杂等原因，地方管理确有困难的，可由省、市、自治区提出，将各该企业的投资、原材料、设备以及主要技术人员，仍归中央主管部门负责管理和调度。1959 年 6 月，毛泽东指出：现在有些半无政府主义。"四权"（人权、财权、商权和工权）过去下放多了一些，快了一些，造成混乱。应当强调一下统一领导，中央集权。下放权力，要适当收回。

根据上述规定和毛泽东的讲话，陆续收回了某些部门的若干企业的管理权限。

1959 年 9 月，对民航的各项事业实行统一集中管理。1958 年 6 月，下放给地方管理的地方航线和农业航空，改为以中央为主的双重领导。

接着，从 1960 年 1 月 1 日起，若干煤矿企业实行以煤炭部为主的双重领导。

不久，又把 1958 年下放地方的石油普查队除江西、福建、广东、山西之外，全部收回，建立区域性、综合性的石油普查大队，由地质部领导。

---

① 《中国统计年鉴》（1984），中国统计出版社 1984 年版，第 110、114 页。
② 《中国统计年鉴》（1983），中国统计出版社 1983 年版，第 354 页。

在收回若干企业管辖权限的前后，中共中央、国务院还在财政、基本建设、物资、劳动工资、资金使用等方面采取了一些补救、纠正措施，进行了初步的调整。

（一）整顿财经纪律，加强财政管理，适当集中财权。从 1959 年起，在中央和地方的关系上，改变"以收定支，五年不变"的办法，实行"总额分成，一年一变"① 的财政体制。试图以此解决财力分散，财政计划同国民经济计划不相衔接的问题，但仍难奏效。

1960 年 12 月财政部进一步提出了改进财政体制、加强财政管理的意见。主要内容是：①国家财权基本上集中在中央、大区和省、市、自治区三级。②国家财政预算，从中央到地方实行上下一本账，坚持收支平衡，一律不搞赤字预算。③整顿预算外资金并加强管理，用预算外资金兴办的企业的收入一律纳入国家预算；把企业留成的比例，减掉一半左右；不准化预算内收入为预算外收入，不准把预算外开支挤入预算内开支。④企业要严格实行资金管理和成本管理制度，不准将利润留成资金用于计划外基本建设和挪作行政开支；不准将属于大修理基金、利润留成资金和基本建设投资以及行政、事业经费中的开支挤入企业的成本。⑤工商统一税税目的增减和税率的调整，盐税税额的调整，必须报中央批准。凡属地方性税收的开征，地方税目税率的变动，必须报经中央局批准。

（二）加强对基本建设的计划管理。1959 年 5 月，国务院在肯定投资包干制度的积极作用的同时，强调要进一步加强国家计划管理，建设部门和建设单位必须执行统一的国家建设计划，保证完成国家既定的建设任务；强调要保证工程质量，不能片面地求多、求快、求省而忽视工程质量；建设单位节约下来的投资，用于增加新的建设项目时，必须事先报告；强调要加强经济核算，健全财务管理制度；对生产资金和基本建设资金严格分开管理，保证执行全国一盘棋的方针；各级财政部门要根据计划拨款，并监督使用。1960 年年末又规定投资包干结余资金用于新增建设项目，必须经国家计划部门批准。

（三）上收招收新工人的审批权限和工资管理权限。1959 年中共中央先后规定，自各基层单位到各省、市、自治区再到中央各部，都应该在编

---

① "总额分成"是地方负责组织的总收入和地方财政的总支出挂钩，以省、自治区、直辖市为单位，按地方财政总支出占地方财政总收入的比例，作为地方总额分成的比例。

制生产事业计划的同时，编制劳动工资计划。计划必须逐级批准。计划一经确定，必须严格按照计划办事。各类人员的工资标准非经国务院有关部门批准一律不得变动，并把废除了的奖励制度改为综合奖。1960 年 9 月，中共中央又一次强调上述精神，并要求进一步加强工资基金管理、户口管理和粮食管理工作，对于任何单位不经批准私自增加的人员，银行不拨给工资基金，粮食部门不供应口粮。

（四）增加统配、部管物资的种类。鉴于统配、部管物资减少过多，1959 年下半年从上半年的 132 种调整为 285 种。①

（五）清理资金的使用状况，加强资金管理。针对许多地区和部门擅自挪用银行贷款和流动资金的混乱情况，1959 年 2 月，国务院要求各企业保证国家拨给的自有流动资金完整无缺，抽调企业流动资金运用于基本建设和其他用途的，应当设法补足，不得冲减企业法定基金，不得减少国家流动资金。同年 7 月中共中央强调要划清基本建设投资和流动资金的界限；凡是 1958 年以来，动用银行贷款和流动资金进行基本建设，或者用于其他财政性开支的，都应当用财政拨款归还银行和企业。根据中共中央的要求，从 1959 年 8 月开始对过去的财政信贷资金进行了一次清理。清理的结果是，1958 年和 1959 年，各地区、各部门动用银行贷款和企业流动资金作为财政性开支的款项共有 100 亿元。其中用于基本建设有 27.2 亿元，炼铁炼钢补贴有 64 亿元，其他财政性开支有 8.8 亿元。这两年动用的资金中，过去已经处理 50.5 亿元。剩余 49.5 亿元，由中央财政负责归还 39.1 亿元，由地方财政和企业部门负责归还 10.4 亿元。

为了严格财经纪律，合理使用资金，缓和市场紧张状况，从 1960 年 12 月 25 日起，把截止到这一天的各机关、团体、事业单位的存款，国营企业的专项存款，包括企业利润留成、工资附加、固定资产变价收入等，以及基本建设单位的已完工程包干结余资金存款、自筹资金存款等全部冻结，进行审查清理。凡是资金来源不合乎国家规定的，一律交回中央财政或地方财政；资金来源合乎国家规定的，在 1961 年 6 月 30 日前原则上不要动用。

综上所述，1957 年中共中央、国务院制定的扩大地方和企业权力的

① 《我国经济体制改革的经验》，人民出版社 1983 年版，第 71 页。

规定对调动地方积极性，发展地方工业起了一定的积极作用。但是，这次改革尝试是在"左"倾错误思想指导下进行的，不少做法脱离了当时的实际条件。在 1958 年的改革中，只强调中央与地方的行政管理权限的划分，扩大地方管理工业的权限，而忽视企业经营自主权。同时，把下放管理权限作为促进地方工业发展，实现工业生产建设"大跃进"的一项重大措施，过多过急地下放权限。而整个管理体制由以"条条"为主变为以"块块"为主，在宏观上却缺乏一套有效的控制办法。更重要的是整个宏观决策的失误，影响了工业管理体制的改进。因此，产生了很多的弊病，使经济生活出现混乱的局面，激化了各方面的矛盾，加重了"大跃进"期间经济失调现象，最后，被迫重新恢复集中统一的管理体制。

第二节　工业企业管理改革的一次探索

1956 年，鉴于苏联工业企业不重视政治思想工作和群众路线，以致出现种种弊端的现象，中国共产党第八次代表大会正式决定，在工业企业中建立以党委为核心的集体领导和个人负责相结合的领导制度。接着，1957 年邓小平在党的八届三中全会上提出，党委领导下的职工代表大会制，是扩大企业民主，吸引广大职工群众参加管理，监督行政，克服官僚主义的良好形式，是正确处理人民内部矛盾的有效方法之一，应该充分运用和全面推广。这两项制度的推行，主要是为了解决党对企业的领导问题和社会主义企业应当采取什么方法来贯彻民主集中制的问题。

在"大跃进"期间，对工业企业管理的改革又进行了一次重大的探索。这种探索大体上有以下几方面：

一、加强党的统一领导

当时主张新的企业生产管理秩序的特点之一，就是把企业管理置于党的绝对领导之下。企业年度、季度生产、技术、财务计划以及在计划执行中所发生的重大关键问题，上级行政机关重要指令的贯彻执行，由厂管理的行政、技术干部的任免、调动和奖惩，以及其他临时性的重大问题等，都要提交党委讨论。车间的行政工作也要在党支部的统一领导下进行。

二、强调政治挂帅

在党的领导下，把企业的各项经济技术工作都置于政治的统率之下。

从当时的具体做法来看，主要内容有以下三方面：

（一）加强政治思想工作，贯彻总路线、"大跃进"的精神，贯彻各项决定，实现各项任务。突出表现在不断地反对右倾思想，从而使"左"倾错误渗透到企业管理中去。

（二）大兴共产主义协作之风。在企业内部各科室之间、科室与车间之间、车间与车间之间，以及企业相互之间，都开展了共产主义大协作。这不仅是企业管理所必需的，同样也是整个工业管理，以至国民经济管理所必须提倡的精神。它对于克服部门之间、单位之间的扯皮、"踢皮球"、闹本位主义、互相推诿责任的不正之风，加强工作中的互相支援、主动配合，搞好生产起了一定的作用。但是，也出现了两种偏向：一是只讲政治挂帅、协作、支援，不讲经济核算，甚至无偿调拨；二是只讲协作，取消了互相制约、互相监督，实际上放松了管理。

（三）强调政治挂帅与物质鼓励相结合，政治挂帅第一，物质鼓励第二，实际上是只讲"政治挂帅"，否定按劳分配和物质利益。自1958年8月后，在一个时期内，流行的一种观点认为按劳分配、工资制度、脑力劳动与体力劳动的收入差别等，都是资产阶级法权思想的残余，把实行物质利益原则，实行等级工资制、计件工资制，统统斥之为提倡"钱能通神"，实行"金钱挂帅"，主张立即取消工资制，实行供给制。按照这些观点，不少地区和部门先后废除了工矿企业的计件工资制度。强调政治挂帅，宣扬本应扬弃的供给制思想，刮"共产风"，破坏按劳分配原则，使"一五"时期还不突出的端"铁饭碗"、吃"大锅饭"的弊病大大严重起来。

三、大搞群众运动

在毛泽东提出什么工作都要搞群众运动，办工业也要搞群众运动后，企业管理中的群众路线工作方法被进一步发展成为大搞群众运动的方法，并且把这看做是打破过去那种依靠少数人冷冷清清办企业的局面，真正体现党的依靠全体工人阶级办好企业的方针的方法。

当时企业管理中大搞群众运动的具体做法大体上有以下三方面：

（一）把依靠群众和依靠专家对立起来，在企业生产、管理中排斥知识分子。

（二）运用大鸣、大放、大字报、大辩论的方法，贯彻落实各项任务、各项政策、各项决定。

（三）把搞政治运动的一套方法，把组织战争的一套方法运用到企业生产、管理中去，代替正常的科学管理工作。例如，在组织生产中搞"叫劲比武"、组织"战役"、"插红旗、拔白旗"等，以此来促进生产的提高。

四、两参、一改、三结合

两参，是指干部参加劳动，工人参加管理。一改，是指改革不合理的规章制度。三结合，是指领导干部、技术人员（专业管理人员）、工人结合起来，共同研究解决生产技术和企业管理中的问题。

关于这一方面的探索，最早取得经验的是黑龙江省庆华工具厂。他们的经验包括三方面的内容：一是科室、车间管理干部每天参加半日劳动，厂级主要领导干部每周参加一天劳动；二是工人在车间行政的领导下，直接参加生产小组的一部分日常管理工作；三是坚决改进企业管理业务，即改革不合理的规章制度。对庆华工具厂的经验，《人民日报》在编者按语中指出：这是对企业管理的一项重大改革和提高，是完全符合社会主义企业管理原则的。这项经验在全国各地的一切具备条件的工业企业中都应当推行。[①]

进入 1958 年，工业企业管理改革的探索的基本立足点是贯彻民主集中制，相信群众，依靠群众，调动广大群众的积极性，促进企业生产的发展。在探索中，在群众创造的基础上，毛泽东总结了实践的经验，提出了若干正确观点，如，工人是企业的主人，要实行干部参加劳动、工人参加管理、改革不合理的规章制度和技术人员、工人、干部三结合，等等。这对建立我国自己的工业企业管理制度是有益的。但是由于片面地理解党的领导，过分地强调政治的作用，不适当地提倡大搞群众运动，在实际工作中没有定出恰当的范围和界限，以致在不少方面偏离了探索的基本立足点。不仅一些正确的观点和合理的设想未能得到实现，而且不少方面违背了客观规律，违背了科学管理原则，严重地破坏了正常的企业管理秩序，工业企业普遍出现了严重的混乱情况。对于这种情况，在 1959 年第二、三季度，有关工业部门曾分别进行了调查、检查。混乱状态主要有以下几点：

---

① 《人民日报》对中共黑龙江省国营庆华工具厂委员会《关于干部参加生产、工人参加管理和业务改革经验的初步总结》一文的编者按，《新华半月刊》1958 年第 10 期，第 90 页。

（一）许多企业在实行党委统一领导、大权独揽的时候，没有注意加强企业生产行政管理方面的厂长负责制，以致削弱甚至取消了厂长的职权。企业的生产指挥系统失灵，生产行政工作处于调度不灵或缺乏统一指挥的状态。

（二）不少企业在实行精简机构的时候，不考虑现代化企业管理的需要，把计划、设计、技术经验、技术安全、设备动力、工艺等必要的职能科室取消了，或者合并成一个或两三个办公室。有些企业还不适当地推行"无人管理"和"工人自我管理"，无人负责的现象相当严重。

（三）不少企业在改革规章制度工作中，只求多快，忽略好省；注意了破，忽略了"立"。把破除迷信同尊重科学对立起来，甚至把规章制度看成是束缚工人群众的积极性的"教条主义"的东西；强调大搞群众运动，否定集中领导；等等，以致破得多，立得少。把一部分不应当破的规章制度也破了，或者虽然未宣布废除，但也无人执行，结果造成了许多工作无章可循、有章不循的混乱局面。

此外，在工业企业中还比较普遍地存在着以下一些问题：对科学技术不尊重，忽视技术人员和老工人在生产中的作用；职工的工资、奖励制度存在着严重的平均主义倾向，在分配上不以劳动的数量和质量为主要依据；经营不计工本，不讲究经济核算，经济效果很差，亏本赔钱，等等。

这些管理混乱的状态，给工业生产带来了严重损害。如事故增多；物资账实不符，心中无数；设备超负荷运用，失修损坏严重；窝工浪费严重；产品质量下降；等等。针对上述情况，1959 年 3 月 15 日《人民日报》发表了题为"有破必有立"的社论。明确提出，当前主要的任务应当是"立"，应当把破了以后没有立起来的规章制度立起来，特别是要把那些对生产建设关系重大的规章制度，例如党委领导下的厂长负责制、各种责任制、各种工艺规程和操作规程、各种检验制度和安全制度等建立起来，而且立了要行，行要彻底。

1959 年 6 月，党中央要求各工业部门和各省、市、自治区认真抓一下企业管理工作，发动干部和工人充分揭露企业管理中的问题，采取实事求是的态度，对原有的和新建立的规章制度进行审查、修订和补充。对于某些必须由上级管理部门统一规定的规章制度和直接掌握的重大问题，有关部门应尽快作出具体规定，发布实施。但是在党的八届八中全会开展反右倾斗争后，改进企业管理、整顿工业生产秩序工作受到了极大的影响。

第三节 手工业合作组织的"转厂过渡" 和"转产改向"

1956 年下半年，国家曾放宽了对某些商品市场的管理，活跃了经济，城镇中也重新出现了一些小型私营工业、个体手工业。但是，在反右派斗争后，夸大了个体手工业存在资本主义自发倾向的严重性，忽视了它们存在的必然性和必要性。1958 年 4 月，中共中央决定要对城镇个体工商业者严厉限制，加强改造。主要的措施是：第一，组织入社。对于个体手工业户，除不适合组织集体生产的某些特殊手工业品允许继续进行个体生产外，都组织他们加入手工业合作社。第二，个体劳动者的收入水平不超过同行业合作社或国营企业职工的平均收入。对超过的，采取经济措施加以限制。第三，把集体工业并入或转为国营企业。这样，就中断了在国家统一计划下实行市场调节的实践。

1958 年 8 月以后，对于所有制的变革，盲目追求"一大二公"，限制集体经济，总想尽快过渡到国营经济，取消个体经济，以单一的公有制代替公有制占优势、多种经济形式并存的结构，甚至急于向单一的全民所有制过渡。

在上述思想指导下，在农村相继出现联乡并社转公社热潮的同时，对于手工业合作社也错误地进行了"转厂过渡"、"转产改向"。1958 年—1959 年全国 10 万多个手工业合作社（组）的 500 多万社员中转厂过渡的占总人数的 86.7%。其中过渡为地方国营工厂的占 37.8%，转为合作工厂的占 13.6%，还有一部分转到人民公社。① 由于"转厂过渡"超越了大多数手工业生产力发展水平，挫伤了社员的生产积极性，严重地阻碍了生产力的发展。在匆忙"转厂过渡"的同时，又盲目地"转产改向"，刮起了"转产风"。在这两方面的因素影响下，手工业出现了许多问题。主要有：第一，集中过大，撤点过多，使居民生活极大不便。缝纫业和理发业是突出的例子。不少地区把农村的农具修配站、修配组集中合并成较大的

---

① 《当代中国经济体制改革》，中国社会科学出版社 1984 年版，第 69 页。

机械制造厂，影响了农具的及时修理。第二，片面追求"高精大"产品，忽视"低粗小"大众化产品的生产。如北京市著名的王麻子刀剪厂，从1958年9月份起，300多人转为生产产值大的炼钢用具和翻砂工具，只留下20人生产刀剪，产值计划虽然超额完成，但是刀剪产量却从月产35000把降到3000把。原有各种剪子200多种，只剩下11种；原有各种刀子360种，只剩下7种。杭州张小泉剪刀厂的情况也相同。第三，转行改业。在各地大搞钢铁和大办地方工业中，有些生产小商品的行业，劳动力、技工和机具设备被抽走了，改行转业，东调西调。第四，不适当地实行统一核算，共负盈亏，大大影响了服务的积极性。第五，削弱了对手工业工作的管理工作。有的地区手工业联社和机构撤销了；有的地区联社与其他工业部门合并以后，无人管理手工业工作；有些地区把一些生产名牌产品的合作社、厂也下放给区、街道或农村人民公社去管理，其结果是省、市不管了，区、社管不了，无法安排生产，或者简单地命令改行。第六，不少地方对手工业生产灵活多样、能够适应社会多方面需要的特点认识不够，对手工业合作社在发展生产、安排供销、民主办社、勤俭办社等方面的丰富经验重视和研究不够，把原来的一套制度搞乱了，供销渠道搞乱了，致使手工业的经营管理发生了一些混乱现象。许多地区片面地追求产值忽视品种和质量。许多手工业合作社转为人民公社工厂以后，没有单独建立核算制度，生产不计成本，原料使用无数。有的公社随便取用产品不计价格。个别厂发生了股金抽光和生产停顿的情况，甚至散了伙。有的单位还机械地执行了上下班制度，而且价格提高，质量下降，群众很不满意。

由于急于过渡、急于改组和下放，加上手工业所需的原材料供应困难没有及时得到解决，造成日用工业品减产，以致全国各地出现了手工业品供应十分紧张的局面。各地大中城市和广大农村，木盆、菜篮、竹床、木桶、拖把、小锅、小勺、鞋钉、鞋眼、顶针等日用品严重供应不足。农村中的小农具，如镰刀、锄头等也十分缺乏。

为了改变上述情况，各地在1959年上半年采取了一些措施，恢复了一些减产或停产的小商品。中共中央在1959年8月发出了《关于迅速恢复和进一步发展手工业生产的指示》，[①] 提出了18条措施。其中属于调整

---

① 《中国工业经济法规汇编（1949—1981）》，第10页。

所有制和企业规模的措施有：①鉴于人民生活的需要是多样化的，手工业产品的花色品种也应当多样化，服务方式也应当多样化，所有制形式也应当多样化，要有全民所有制和集体所有制，也要允许部分必要的个体经营，不能用千篇一律的简单办法处理。②有些手工业合作社转为全民所有制后，对生产不利，对居民不便的，应该采取适当的步骤再退回来。有的可以退回到联社经营的大集体所有制的合作工厂，有的可以恢复到原来的合作社，个别的还可以退回到合作社领导下的自负盈亏。已经转为公社工业的，仍然应当按照手工业合作社的办法来办，实行集体所有制，单独经济核算。③由小并大的企业，如果不能按照社会需要保持和恢复原有品种和数量的，对人民生活不便的，应该适当划小，划小以后，有些仍然可以保持全民所有制，有些也可以保持集体所有制。④一些游街串巷的修理、服务行业，他们的收入，可以采取分成的办法，或者自负盈亏的办法。⑤在社会主义条件下，家庭手工业是社会主义经济的补充和得力助手，应该在社会主义经济的领导下，在不妨碍农业生产的条件下，特别是在保证产品质量的要求下，经过商业部门或手工业联社采用加工订货的办法，充分发挥它的积极作用。关于加强手工业的管理和经营方面，要按行业、按产品实行分工分级管理；凡是归那里管理而且管理得适当的，就固定下来不再改变；归得不适当的，就应当进行调整。在手工业企业内部，应当实行经济核算制；要充分发扬原有手工业合作社勤俭办社的优良作风。此外，还规定必须认真做好手工业的原材料、燃料的供应工作。

这些措施对手工业生产的恢复起了一些作用。但是，由于反右倾斗争，在"左"的思想影响下，对这些措施，各地并没有很好地贯彻，因此，其作用是有限的。按 1957 年不变价格计算，集体所有制工业产值 1958 年下降到 118 亿元，1959 年回升到 169.9 亿元，但 1960 年又下降到 155.1 亿元。①

---

① 《中国统计年鉴》(1983)，中国统计出版社 1983 年版，第 214 页。

第四章 工业生产建设的成就和
"大跃进"的严重后果

第一节 1958年—1960年工业生产建设的成就

在1958年到1960年间，由于广大人民群众迫切要求改变"一穷二白"的面貌，意气风发，斗志昂扬，由于全国上下遵循自力更生、艰苦奋斗的原则，团结协作，互相支援，动员了空前规模的人力、物力、财力，工业主要是重工业的生产建设有了迅速的发展和变化。

第一，建成了一批重要的工业项目，新增了大量的生产能力。

在这三年中，从中央到地方，各个工业部门投入了大量的资金，进行工业建设。施工的大中型工业项目达到2200个左右，其中完工和部分完工而投入生产的有1100个左右。施工的小型工业项目有9万多个。而第一个五年计划合计，施工的大中型项目只有921个，其中完工和部分完工的为537个；施工的小型工业项目只有9000多个。据1964年统计，新中国成立以后到1964年，许多重工业部门新建设的大中型企业中，属于1958年以后开工的占2/3以上。

由于在1961年到1964年间，基本上没有新开工的项目，上述1958年以后开工的项目绝大多数是在三年"大跃进"期间开工的。不少重要的工业工程，如洛阳第一拖拉机制造厂、保定化学纤维联合厂、新安江水电站，以及我国第一座试验性的原子反应堆和回旋加速器等，就是在这一期间投产的。

由于进行了大规模的基本建设，主要工业部门，特别是重工业各部门的现代化生产设备和生产能力有了很大的增长。1960 年与 1957 年比较，煤炭部直属煤矿的正规矿井由 294 对增加到 568 对；全国 55 立方米以上的高炉由 43 座增加到 334 座，有效容积由 1.4 万立方米增加到 5 万立方米；平炉由 42 座增加到 83 座，炉底面积由 1600 多平方米增加到 3600 多平方米。主要产品产量的新增生产能力见表 3 - 4 - 1。

表 3 - 4 - 1　1958 年—1960 年主要工业产品新增生产能力①

工业产品名称	单位	"一五"期间新增生产能力	1958 年—1960 年新增生产能力	1958 年—1960 年新增能力为"一五"期间新增能力的倍数
炼钢	万吨	281.6	1.254	4.45
炼铁	万吨	338.6	1339	3.95
铁矿开采	万吨	1643.4	2177	1.32
煤炭开采	万吨	6.376	13574	2.13
发电机组容量	万千瓦	246.9	750.3	3.04
石油开采	万吨	131.2	501.3	3.82
合成氨	万吨	13.7	36.5	2.66
化学肥料	万吨	9.24	60.13	6.51
水泥	万吨	261.3	1141.2	4.37
棉纺锭	万锭	201	287.4	1.93
原盐	万吨	151.3	591.9	3.91

上述新增生产能力经过调整后发挥了重要的作用。三年内，还新建了石油化工设备、拖拉机制造、精密机械制造、有机合成等过去没有的重要工业部门。

经过上述建设，我国工业的物质技术基础有了加强。1960 年与 1957 年比较，全民所有制工业企业的固定资产原值由 334.6 亿元增加到 721.8 亿元，增长 1.16 倍；工业企业的工程技术人员数由 17.5 万增加到 40 多万，增加一倍多。

第二，工业总产值和主要工业产品产量，特别是以钢铁为中心的重工

---

① 《中国统计年鉴》（1983），中国统计出版社 1983 年版，第 348—350 页。

业产品产量迅速增长。

1960 年与 1957 年比较，工业总产值由 704 亿元增加到 1650 亿元（按 1957 年不变价格计算），增加了 1.34 倍。其中重工业产值由 330 亿元增加到 1100 亿元，增加了 2.3 倍。主要工业产品产量如表 3 - 4 - 2 所示。

表 3 - 4 - 2　1960 年主要工业产品产量相对 1957 年的增长[①]

工业产品名称	单　位	1957 年产量	1960 年产量	1960 年为 1957 年的百分比（%）
原　煤	亿吨	1.31	3.97	303.1
原　油	万吨	146	520	356.2
发电量	亿度	193	594	307.8
钢	万吨	535	1866	348.8
生　铁	万吨	594	2716	457.2
水　泥	万吨	686	1565	228.1
平板玻璃	万标准箱	462	670	145.0
木　材	万立方米	2787	4129	148.2
硫　酸	万吨	63.2	133	210.4
纯　碱	万吨	50.6	81.5	161.1
烧　碱	万吨	19.8	40.7	205.6
农用化肥	万吨	15.1	40.5	268.2
化学农药	万吨	6.5	16.2	249.2
金属切削机床	万台	2.8	15.35	548.2
汽　车	万辆	0.79	2.26	286.1
内燃机（商品量）	万马力	69	525	760.9
纱	万吨	84.4	109.3	129.5
布	亿米	50.5	54.5	107.9
机制纸及纸板	万吨	91	180	197.8
原　盐	万吨	828	1287	155.4
糖	万吨	86	44	51.2
卷　烟	万箱	446	449	100.7

此外，在这三年中，还勘探了不少地下资源。除了对黑色、有色金属和燃料等矿产资源的勘探外，国防和尖端工业技术所不可缺少的稀有元素

①　《中国统计年鉴》（1984），中国统计出版社 1984 年版，第 220—229 页。

的地质工作在 1958 年以后也有了较大发展。部分省、区建立了专业性的稀有元素普查勘探队，对若干地区进行了勘探。到 1960 年年底，已对锂、铌、钽、锆等 18 种元素探明了部分的工业储量，其中以锂、锆等获得的储量较大。

但是工业生产建设的上述发展和变化，是极不正常的，是畸形的。工业生产建设"大跃进"是在急躁冒进、急于求成的指导思想下进行的，它大大超过了当时的国力。它又是在"以钢为纲"的方针指引下进行的，突出一点，不及其余。因此，这一期间的发展和变化是以投入超越实际可能的财力、物力、人力，破坏国民经济的合理比例关系，降低经济效益，降低人民生活水平为代价的。工业本身的某些成就，如主要工业产品的高产量，也是建立在不稳固的基础上的，是不能持久的。

第二节　工业生产建设"大跃进"的严重后果

如前所述，工业生产建设"大跃进"是在错误的指导思想、错误的方针指引下进行的，它是以急于求成、夸大主观意志和主观努力的作用为特征的"左"倾思想的产物，因此，它的后果是十分严重的。主要表现在以下几个方面：

一、工业与国民经济其他部门的比例关系严重失调

工业生产建设"大跃进"超过了当时财政的可能，超过了农业可提供的产品和人力的可能，超过了交通运输能力的可能，一方面，挤占了其他各方面发展需要的资金、物力和人力；另一方面也破坏了财政应有的平衡，以及农业和交通运输的发展，从而使国民经济各部门的比例关系遭到了严重的破坏。

（一）工业生产建设的高指标，超过了国家财力的可能，破坏了财政应有的平衡。"大跃进"期间基本建设投资总额比"一五"时期五年合计增加 418.94 亿元。其中用于工业投资的占 86.2%。工业投资三年共达611.42 亿元，比第一个五年计划时期增长 1.44 倍。工业投资额占整个基本建设投资额的比重，第一个五年计划时期为 42.5%，"大跃进"期间上升到 60.7%。基本建设投资额的增长，大大超过了国家财政收入的增长。1960 年与 1957 年比较，基建投资增长 1.7 倍，而国家财政收入仅增长

84.5%。基建拨款在国家财政支出中所占比重也提高得过大了。第一个五年计划期间，它的年平均比重为 37.6%；当时，各方面的关系都比较协调。"大跃进"三年猛升到 54%—56%。这不仅挤占了其他各方面发展所需的资金，而且使国家财政连续三年出现了赤字，1960 年赤字达到 81.8 亿元。[①]

（二）工业生产建设的"大跃进"超过了农业可提供产品和人力的可能，破坏了工业与农业的合理的比例关系。自第一个五年计划开展大规模工业建设开始，农产品供应就比较紧张。1958 年工业总产值增长 54.8%，而农业总产值仅增长 2.4%；1959 年、1960 年工业总产值又继续增长 36.1% 和 11.2%，而农业总产值却在下降了 13.6% 以后又下降了 12.6%。与发展工业有关的各种主要农产品供应不足的情况日益严重。工业的增长越来越超过了农业负担的可能。从粮食产量来看，1958 年增产 495 万吨，但由于工业职工和城镇人口增长过多过猛，粮食需要量迅猛上升，迫使粮食收购量提高到 5876 万吨，比 1957 年增加了 1072 万吨，超过增产数一倍以上。1959 年粮食产量下降 3000 万吨而收购量继续增加 864.5 万吨，这就不得不挤掉农民的消费量。1960 年粮食又减产 2650 万吨，收购量减少了 1635.5 万吨，[②] 城镇粮食供应局势很不稳定，而且情况越来越严重。到 1960 年 9 月，不得不决定压低农村和城市的口粮标准。从作为轻工业原料的经济作物来说，1958 年的产量有很大的增长，这是 1959 年轻工业总产值增长 22% 的重要因素。即使这样，轻纺工业的原料供应仍然十分紧张。1959 年、1960 年，棉花、油料、甘蔗、烤烟等都大幅度减产，无法维持原料的供应，以致轻工业总产值从 1960 年起也连续大幅度下降。

在人力方面。1958 年，由于工业生产建设规模的扩大，工业和基建队伍迅速膨胀。全年全国工业和建筑企业共增加新职工 1900 多万人，相当于原有职工总数的两倍。这是新中国成立以来所没有过的。在新增职工中，从农村招收的为 1000 万人左右。不仅如此，全国大办钢铁，全民大办工业，大搞以"小土群"为特征的群众运动，更大量地占用了农业生产第一线的青壮劳力。到 1958 年年底，工业劳动者达到 4416 万人，比上年增加了近 3000 万人，增长两倍多；农业劳动者减少 3818 万人，减少近

---

①　《中国统计年鉴》(1983)，中国统计出版社 1983 年版，第 323、445、448 页。

②　《中国统计年鉴》(1984)，中国统计出版社 1984 年版，第 141、370 页。

20%。工业和农业劳动者的比例从 1957 年的 1：13.8 下降到 1：3.5。①

1959 年，党中央觉察到这一问题的严重性，采取了一系列措施，压缩工业劳动者，增加农业劳动者。但是 1959 年和 1960 年工业与农业劳动者的比例仍然只有 1：5.6 和 1：5.7。1960 年使用在农业第一线上的劳动力为 17019 万人，仍比 1957 年减少 2291 万人。工业生产建设的"大跃进"过多地占用了农村劳动力，这是 1958 年农业丰产不丰收的重要原因，也是 1959 年、1960 年粮食、经济作物减产的一个重要因素。

（三）工业生产建设"大跃进"超过了交通运输业可提供的运输能力，破坏了工业和交通运输业的比例关系。1958 年至 1960 年间，铁路、水路、公路的运输能力都有比较大的增长，但工业生产建设的"大跃进"对运输的需要远远超过运输能力，交通运输一直处于十分紧张的状态。

为了适应工业生产建设"大跃进"对运输的需要，1958 年 4 月下旬提出了"全党全民办交通"的口号，动员了各个方面的力量修建了简易公路、土铁路，组织机关、企业汽车参加运输，同时还开展了群众性的短途运输。从 1958 年第四季度开始，又根据中共中央关于加强当前运输工作的指示，进一步把各机关、企业、军队、学校和合作社等部门的汽车、工矿专用铁道车辆、船舶、飞机、兽力车、人力车等运输工具组织起来，甚至加以征用参加运输。在大量物资积压的地区，动员了一切可以动员的力量，组织突击运输运动。与此同时还采用了超载多拉、连续运转、强化使用设备、拼设备等办法提高运输力，使运输设备因过度使用而损坏严重，从而使已经不足的运输能力进一步大幅度下降。通过上述办法，全国货运量超过了正常运输能力得到比较快的增长，1960 年比 1957 年增长了1.1 倍，但仍然赶不上需要。全国交通运输经常处于被动状态，顾此失彼，保了工业用煤及粮食等运输，就保不了轻工市场物资的运输。即使是重工业产品的运输也得不到充分的保证。

二、工业内部各种比例关系严重失调

工业生产建设的急躁冒进以及实行"以钢为纲"的方针，也引起了工业本身内部各种比例关系的严重失调。

（一）轻重工业的比例关系严重失调。"一五"时期已开始出现重工

① 《中国统计年鉴》（1984），中国统计出版社 1984 年版，第 109 页。

业过重的倾向。在"大跃进"三年中，工业生产建设的安排又以保证钢铁元帅的升帐为中心，着重发展钢铁生产所需的煤炭、电力、机械等部门。重工业三年投资达 545.7 亿元，为"一五"时期重工业投资额的 2.6 倍。而轻工业投资仅为 65.7 亿元，只比"一五"时期增加了 75.3%，仅比冶金工业一个部门的一年投资额稍多一些。轻工业的投资比重由第一个五年计划期间的 15% 降低到 10.7%。同时，为了保钢，轻工业生产所需的燃料动力、钢材、木材等原材料，以及运输能力经常被挤占，使轻工业生产能力不能得到充分的利用和发挥。例如，供机械制造用的钢材占整个钢材生产消费量的比重，1957 年为 34.8%，"大跃进"三年上升到近 50%。而轻工市场产品消费的钢材占整个钢材生产消费量的比重，1957 年为 20.7%，1958 年下降到 13.8%，1959 年、1960 年又连续下降到 11% 和 10.2%。一些以工业品为原料的轻工产品，如电池、灯泡、民用锁、火柴、铁锅，甚至发卡等小商品供不应求。与此同时，由于受到"以钢为纲"发展工业的影响，1959 年、1960 年农业全面减产，轻工业所需的农产品原料也来源不足，很多轻工业企业开工不足。此外，原来生产市场日用消费品的部分轻工业企业和重工业企业，有的转产机电设备，有的改为重工业服务。因此，轻工业总产值从 1960 年开始下降，当年下降了 10%。轻工业总产值与重工业总产值的比例发生了很大的变化，1957 年为 55:45，1960 年变为 33.4:66.6。轻工业生产的发展过分落后于重工业生产，产品产量甚至下降，造成了市场供应严重困难，影响了城乡人民的生活。

（二）重工业内部加工工业和采掘工业的比例关系严重失调。采掘工业是原材料工业的基础，它的发展需要的投资大，周期长。在"一五"期间，在重工业内部投资的分配上，采掘工业占 28.6%，原材料工业占 33.8%。但在"大跃进"三年中，采掘工业的投资比重下降到 21.7%，原材料工业的投资比重增长到 42.3%，两者的比例显然是不合理的。这种不合理的状态突出表现在采掘工业能力与冶炼加工工业能力增长的关系上。"大跃进"期间，采取"抓中间带两头"的方针，钢铁冶炼工业一马当先，但是，铁矿石、辅助原料矿石的采选、烧结并未相应地带动起来，赶不上冶炼的需要。有色金属内部的冶炼和开采关系也不协调。煤矿的发展同样跟不上冶炼生产的需要。1957 年原煤产量为 1.3 亿吨，"大跃进"三年新增机械化、半机械化采煤能力只有 1.1 亿吨，而 1960 年实际采煤达 3.97 亿吨，其余 1.6 亿吨原煤是依靠老矿强化开采和小矿简易投产来突击增产的，以致煤矿的开采与掘进比例也严重失调，设备损坏严重。即使如此，由于冶炼用煤大幅度增长，原煤供应十分紧张。1957 年炼焦用煤在煤炭消费量中的比重为 11%，1960 年提高到 28.1%，从而使生活用煤比重相应地由 43.4% 下降到 18.1%，铁路用煤的比重也由 7.5% 下降到5.9%。人民的正常生活和铁路运输都受到严重影响。不少工业企业，特别是轻、纺工业企业，因缺煤而停工、半停工。总之，当时整个采掘工业，包括煤矿、铁矿、有色金属矿、辅助原料矿、化学矿、石灰石矿都落后于冶炼加工能力。

（三）加工工业内部各环节之间的比例关系失调。这突出表现在主机与配套设备的关系上和生产与维修的关系上。由于在生产安排上重主机、轻配套，许多配套厂转产主机，不少设备往往缺这少那，不能成套供应使用。1960 年，电力系统新增装机容量中，有 1/3 以上的机组缺乏配套设备不能充分发挥作用。在冶金系统大中型项目中，轧机不配套的占 30%，高炉占 50% 以上，平炉和铁矿山占 80% 以上。其他部门也都存在同样的问题。设备配套已经成为当时我国新建企业能否迅速投入生产的一个决定性环节。与此同时，在生产安排上，还重制造、轻维修，把许多承担修理和生产配件的工厂、车间升级制造设备。三年内机械制造能力增长很快，而维修和配件生产能力却有减无增。在原材料分配上又挤占了维修用料，从而使大量的因过度运转而损坏的设备无法修复。如 1959 年第二季度，全国有 17 万辆汽车，由于损坏后缺少配件不能修复的就有 1.8 万多辆，而当年计划新生产的汽车也不过 1.8 万辆。又如河北省当时交给农村使用的近 30 万马力的排灌机械，根据天津、保定、唐山、石家庄、邯郸五个专区的调查，真正运转的只有 1/3。其余的，一部分是缺少配件和燃料而停顿下来，大部分是损坏了，未能修复。在工业企业里情况也相类似，不少设备坏了，未能及时修复。

三、工业生产建设的经济效益大幅度下降

在工业生产建设"大跃进"中，片面追求多、快，高指标、瞎指挥盛行，规章制度废弛，工业生产秩序和企业管理混乱，不论是在工业生产上还是在工业建设上，经济效益都大幅度下降。这种下降的情况，有的在当时已明显表现出来，有的则在"大跃进"被迫停止后的一两年内突出显露出来。

在工业生产方面，首先，产品质量下降。例如，1960 年生铁合格率由 1957 年的 99.4% 下降到 74.9%，其中重点钢厂由 99.4% 下降到 85.9%。中央直属煤矿所产煤炭的灰分由第一个五年计划期间平均的 21% 增加到 24%。其次，劳动生产率降低。全国全民所有制工业企业全员劳动生产率，1957 年为 6362 元，1958 年后逐年下降，到 1960 年下降了 7.8%。[①] 最后，物资消耗增加，成本提高。以 1960 年与 1957 年相比，全国工业企业每百元产值的生产费用从 51.1 元增加到 56.4 元，每亿元工业总产值平均耗用的电力由 2501 万度增加到 3443 万度，每亿元工业总产值平均耗用的煤炭由 10 万吨左右增加到 21 万吨。[②] 特别是在群众运动中仓促投产的小型企业，一般都消耗大、质量差、效率低、成本高。例如，小高炉生铁质量很差，成本一般高达 250—300 元，比生铁调拨价格（每吨 150 元）高出 66%—100%；焦炭的消耗比大高炉一般超过 1—2 倍。小高炉生铁在生铁总产量中所占的比重很大（如 1959 年占一半左右），严重影响整个工业生产的经济效果。此外，物资报废、损坏、霉烂变质等现象也十分严重。因此，工业企业亏损激增。

在工业建设方面，同样存在着经济效益差的情况。建设项目建成投产少，建设周期长，占用资金多，固定资产交付使用率下降，新增生产能力计划完成差，报废损失严重，等等。1960 年年末，平均建设周期拉长到 9 年，比"一五"时期延长了 3 年；[③] 固定资产交付使用率降到 68.8%，比 1957 年降低 24.6 个百分点。[④]

四、市场上商品供应量和需求量严重失调

由于工业生产建设规模迅速膨胀，职工人数猛增，社会购买力迅速增长。1957 年社会购买力为 488.2 亿元，1958 年增加到 578.8 亿元，1959 年、1960 年又分别增加到 675.1 亿元和 716.7 亿元，平均每年增加 76 亿元。其中全民和集体所有制职工工资总额由 1957 年的 217.6 亿元增加到 1960 年的 324.1 亿元，平均每年增加 35.5 亿元。城镇集团购买力平均每年也增加 10.8 亿元。但是，市场上商品的供应，特别是吃穿商品的供应

① 《中国统计年鉴》（1984），中国统计出版社 1984 年版，第 270 页。
② 《当代中国的经济体制改革》，中国社会科学出版社 1984 年版，第 79 页。
③ 《中国经济体制改革的历史经验》，人民出版社 1983 年版，第 76 页。
④ 《中国统计年鉴》（1983），中国统计出版社 1983 年版，第 343 页。

由于轻工业和农业减产，进口消费品又限于外汇短缺不能增加，缺口很大。为了缓和市场供求矛盾，不得不挖商品库存，如 1960 年年底与 1957 年比较，花纱布的库存减少了 1/3 左右。即使如此，1960 年社会商品购买力仍大于零售商品货源 74.8 亿元，占当年社会购买力的 10.4%，到年末，有 176.4 亿元的购买力未能实现。1960 年每元货币所有的国内贸易消费品库存，由 1957 年的 5.2 元减为 1.1 元，下降了 21.1%。人民的基本生活必需品供应量也日益减少。例如，1960 年全国每人平均的棉布供应定量降到新中国成立以来前所未有的低水平。其他商品，如食盐、火柴、锅、盆、碗、筷之类的日用工业品也都严重供应不足。到 1960 年 9 月，各地凭票、凭证限量供应的商品多达 30 多种。

五、职工生活水平下降

三年"大跃进"期间，工业总产值和主要重工业产品成倍地增长，而工业企业职工的收入，不仅没有相应增加，反而有所减少。全民所有制工业部门职工平均工资 1957 年为 690 元，1958 年降为 526 元，1959 年降为 514 元，1960 年略有回升，也只有 538 元，仍比 1957 年下降 22%。[①]平均工资下降的主要原因是新工人增加过多。新参加工作的工人的技术等级比较低，平均工资也比较低，从而把整个平均工资拉低。但是，原有职工标准工资没有调整，计件工资制和某些奖金、津贴反而被取消或减少，也是平均工资下降的原因之一，这不能不影响职工的实际收入。在三年期间，城镇居民按货币表现的消费水平，只是由于职工家庭从事工作的人数增加，每个职工负担人数减少，才勉强有一些提高。但是这一期间全国物价指数提高了。如果按可比价格计算，1960 年非农业居民的平均消费水平比 1957 年实际下降了 14%（到 1961 年则下降了 26.1%）。[②]

从以上所述可以看出，无论是发展工业生产建设的条件，还是工业内部各环节之间的关系，以及工业生产建设"大跃进"对市场和人民生活的严重影响都充分说明，不仅"大跃进"难以为继，即使要维持简单再生产也困难重重，工业生产建设已到了非调整不可的时候了。只有在调整中巩固、充实、提高，才能摆脱困境，走上正常的发展道路。

---

① 《中国统计年鉴》（1983），中国统计出版社 1983 年版，第 490 页。
② 《中国统计年鉴》（1983），中国统计出版社 1983 年版，第 484 页。

第四篇

调整时期的工业经济
（1961 年—1965 年）

第一章 "调整、巩固、充实、提高"方针的提出

　　三年"大跃进",严重地破坏了国民经济的重大比例关系以及工业内部各部门之间的比例关系。为了改变这种混乱局面,理顺经济关系,摆脱困境,1961年年初,党的八届九中全会正式决定:从1961年起,对整个国民经济实行"调整、巩固、充实、提高"的方针,即调整各个部门之间已经变化了的相互关系,巩固生产力和生产关系在发展和变革中获得的重大成果,充实新发展起来的一些事业的内容,提高那些需要进一步改善的新事物的质量。针对当时国民经济发展中的主要问题,全会还具体指出,在国民经济的安排中,要把农业放在国民经济的首要地位,先安排好农业,再安排工业;要努力加强农业战线,适当缩短工业战线,要认真注意品种的增加和质量的提高,适当放慢数量的增长。在工业生产建设的安排中,根据农业发展情况,先安排好轻工业再安排重工业;要先生产、后基建,先采掘、后加工,先维修、后制造,先配套、后主机,先质量品种、后数量,以便在现有数量的基础上加强薄弱环节,填补缺门,完成配套,维护设备,增加品种,改善质量,降低成本,提高劳动生产率。在采掘工业中,要首先注意对煤炭、木材、铁矿的安排。全会向全国人民宣布:全国必须集中力量加强农业战线,贯彻执行以农业为基础的方针,大办农业,大办粮食;1961年应当适当缩小基本建设的规模,调整发展速度,在已有的胜利的基础上,采取巩固、充实和提高的方针,这标志着我国国民经济开始从"大跃进"转向调整阶段。

　　贯彻"八字"方针,重点在于搞好调整。从整个国民经济来说,调

整的中心是努力加强农业战线，坚决缩短工业生产建设战线。对工业生产建设的调整则要求大力压缩重工业特别是钢铁工业的发展速度，缩短基本建设战线；努力加强对农业的支援，增加农业生产资料的生产；加强轻工业和手工业生产，增加市场日用工业品的供应；加强采掘工业和采伐工业的生产能力；加强设备修理工作；满足国防工业生产的迫切需要，加强国防工业必需的新型材料的研究、试制和生产；提高工业品质量，增加品种规格，降低成本，提高劳动生产率，提高整个工业生产的经济效果。

贯彻"八字"方针的过程是先退够，后前进。这两步不是截然分开的，是有交叉的，在退中有进。因此，在整个调整时期工业生产建设基本上经历了两个大阶段。

第一大阶段，从1961年到1962年是后退阶段。这一阶段的初期只是放慢重工业前进速度。1961年8月在庐山召开的中央工作会议，研究了工业问题。会议认为，为了克服工业生产建设中的混乱现象，摆脱工业工作的被动局面，必须以最大的决心把工业生产指标和基本建设规模降到切实可行的水平上来。要把工业内部比例关系调整好，应该后退的地方，必须坚决后退，而且退够，应该前进和可能前进的地方必须积极前进。在工业管理上，要改变过去权力下放过多、分得过散的现象，实行高度集中统一的领导。做好企业管理的整顿工作，尽快把企业的各项工作纳入正轨。这次工作会议为扭转工业被动局面指明了方向，使"调整、巩固、充实、提高"的方针开始在工业领域全面贯彻，工业生产建设进入了调整的决定性阶段。

关于工业生产建设的调整，在1962年5月召开的中央工作会议上，又明确了两条原则：要把建设的规模调整到同经济的可能性相适应，同工农业生产水平相适应的程度；把工业生产战线调整到同农业提供粮食和原料的可能性相适应，同工业本身提供原材料和燃料动力的可能性相适应的程度。这次会议还决定，要切实按农、轻、重次序对国民经济进行综合平衡，要坚决缩短工业生产建设战线，继续大量减少职工和城镇人口，这是继续进行经济调整的最重要的一步。

实行上述方针和措施后，1962年把工业总产值压到920亿元，比1960年降低43.8%。工业生产后退到最低谷，从而使工业生产建设由被动而逐步转入主动，由恶化逐步转入良好。

第二大阶段，从 1963 年到 1965 年是恢复和发展阶段。经过各地区、各部门的努力，1963 年工业生产稳步上升。这一年的 9 月，中共中央工作会议认为我国国民经济出现了全面好转的局面。但是整个工业，特别是基础工业，还需要进行大量的工作；许多企业的经营管理还要花大力气进行整顿，尤其是亏损企业为数还不少，要进行工作加以改变。会议确定，从 1963 年起，再用三年时间继续进行调整、巩固、充实、提高的工作，作为今后的过渡阶段。在这个阶段，要求工业生产水平在 1957 年的基础上提高 50% 左右；工业和农业之间、工业内部各部门之间的关系应力争在新的基础上取得基本协调；工业的各部门要认真做好提高质量、增加品种、填平补齐、配套成龙、设备更新和专业化协作；工业部门的经营管理工作走上正常的轨道。这次中央工作会议作出的继续调整三年的重要决策对抵制形势稍有好转就急于"大上"的"左"倾思想干扰，继续坚持"八字"方针，促进国民经济迅速根本好转，具有重大的意义。

在 1963 年工业生产建设逐步回升的基础上，1964 年工业生产建设形势继续好转。当年 12 月，周恩来在第三届全国人民代表大会第一次会议上指出："经过调整，工业和农业的关系比较协调了，工业内部关系也比较协调了，工业支援农业的能力进一步加强了，企业内部的生产能力绝大部分已经填平补齐、成龙配套，设备损坏和失修的情况已经改善。"他庄严宣布，现在"调整国民经济的任务已经基本完成，工农业生产已经全面高涨，整个国民经济已经全面好转，并且将要进入新的发展时期"。1965 年要大力组织工业生产高潮，继续完成国民经济调整工作中某些尚未完成的任务。在这次会议上，周恩来总理还第一次提出了建设四个现代化社会主义强国的蓝图。[①]

按照三届全国人大一次会议的决议，1965 年大力组织了工业生产建设高潮。到年底，工业经济状况已经得到了全面的恢复，并有所发展。工业生产建设贯彻"八字"方针的任务基本上胜利完成。

我们在下面将依次叙述工业生产建设的调整，与工业调整相联系的工业管理权限的重新集中统一和工业管理体制改革的新尝试，工业生产秩序的整顿，以及工业调整的成就和经验。

---

① 周恩来：《政府工作报告》（1964 年 12 月 21、22 日在第三届全国人民代表大会第一次会议上），《新华月报》1965 年第 2 期，第 4 页。

第二章 工业生产建设的调整

按照应该后退的地方坚决后退、退够和应该前进、可能前进的地方积极前进的决策，工业生产建设的调整工作基本上也可以划分为两大方面：一是缩短战线，实行后退；二是充实和加强薄弱环节，积极调整工业结构。

第一节 坚决缩短工业生产建设战线

缩短工业生产建设战线，主要在生产指标、建设规模、职工人数、企业数量四个方面进行。这些措施主要是在 1961 年、1962 年两年内实施的。

第一，降低工业生产计划指标。

高指标是"大跃进""左"倾错误的主要标志，是造成工业比例失调，以致整个国民经济比例失调的主要根源。把不切实际的高指标降下来，是调整的首要一环，也是调整能否顺利进行的关键。这一措施，在实际推行中，有一个逐步认识和转变的过程。在 1960 年秋初次提出调整方针的当时，并没有坚决地、大幅度地把过高的生产计划指标压下来。1961 年年初，由于急于求成的"左"倾思想没有清算，加上情况不明，对于整个经济困难的严重程度、恢复的快慢，特别是对工业生产规模是不是过大、要不要大幅度压缩，在认识上不完全一致。当时只是放慢了重工业的发展速度，1961 年工业生产主要指标仍然维持在 1960 年的高水平上，没有坚决降下来。因此 1961 年实际执行结果，与原定计划差距很大，工业总产值为 1062 亿元，为原定计划的 46% 。后来，依据前述的 1961 年 8 月和 1962 年 5 月两次中央工作会议精神，对 1962 年工业生产建设计划不断进行了调整，使它基本上落到了实处。工业生产建设指标的大幅度下降，为国民经济和工业本身其他各方面的调整提供了前提。

第二，压缩工业基本建设规模，缩短工业基本建设战线。

这是调整国民经济，特别是调整工业的一项十分重要的工作。对这项工作，同对降低生产指标一样，也有一个认识和转变的过程。1960 年秋，不少人认为：在基本建设方面，主要的问题不在于投资规模大，而在于材料、设备不足，项目太多，战线太长。因此，只要求下项目，缩短战线，集中力量打歼灭战，保证重点，没有决心压缩投资规模。当时确定的 1961 年国家预算内基建投资计划控制数字仍高达 275 亿元，比 1959 年实际完成数和当时预计的 1960 年完成数都高。1961 年年初按照先生产、后基建的方针，开始压缩规模，把 1961 年国家预算内的基本建设投资压缩到 167 亿元，比 1960 年预计减少 103 亿元；其中工业投资为 94.58 亿元，比 1960 年预计（139.5 亿元）减少近 50 亿元。即使作了这些调整，规模仍然过大，战线仍然过长。当时工业生产水平继续下降，各地方在国家计划之外又上了很多大中型项目，材料、设备供应还是十分紧张。1961 年秋，全国计划会议和中共中央工作会议又进行了讨论和分析，才真正认识到基本建设必须退够才能搞好经济调整。但是，在实际执行中，各部门、各地区对大幅度调整基本建设的工作决心不大，行动迟缓，不少单位采取各种办法继续施工。鉴于这种情况，1962 年 3 月陈云强调要把基本建设指标痛痛快快地退下来，不要怕"伤筋动骨"。这才比较有效地把各部门、各地区盲目增加投资、上项目的做法控制住，把基本建设大幅度压缩下来。国家预算内投资 1961 年实际完成 93.87 亿元，比 1960 年下降 68.9%；1962 年实际完成 60.25 亿元，又下降了 35.8%。[①] 在压缩国家预算内的基本建设投资的同时，还采取了各种措施严格控制地方和企业用自筹资金进行基本建设。①上收 1958 年下放的财权和银行权力，限制地方利用机动财力和银行信贷搞基本建设。②降低企业利润留成比例，并明确规定企业利润留成资金不得用于扩大基本建设投资。③严格审查用自筹资金进行基本建设的项目，被批准的项目，必须在资金、物资、施工力量三方面落实后才能施工。④用自筹资金进行基本建设，一般只能搞小型项

---

① 《中国统计年鉴》（1984），中国统计出版社 1984 年版，第 301 页。

目，或补充国家预算内大中型项目投资的不足；如用于大中型项目，必须经有关中央局审查，专案报中央批准。⑤预算外的建设项目必须全部纳入国家计划。⑥严禁楼、馆、堂、所和一切计划外工程的建设，等等。采取这些措施后，自筹资金投资额逐步下降。1960 年，全国自筹资金投资86.9 亿元，占全部投资额的 22.4%，1961 年压缩到 33.6 亿元，1962 年进一步压缩到 11 亿元，只占全部投资额的 15.6%。①

通过对国家预算内外基本建设投资的压缩，1961 年基本建设总投资额下降到 127.42 亿元，比 1960 年减少 67.2%，②其中工业投资 76.79 亿元，比上年减少 66.6%；1962 年基本建设总投资额为 71.26 亿元，又减少了 44.1%，③其中工业投资 40.09 亿元，比上年减少 47.8%。这是我国开始有计划地进行社会主义建设以来投资额最低的一年。

大规模地压缩基本建设投资规模是同大量削减建设项目、缩短战线同时进行的。以工业建设为主的全国施工的基本建设项目 1960 年达 82000多个，1961 年减为 35000 多个，1962 年又进一步削减为 25000 多个，其中大中型项目也由 1815 个减为 1409 个，再减为 1003 个，对于继续施工的项目，也区别不同情况加以调整。有的缩小建设规模，有的放慢建设进度，有的合并相同项目，有的节约资金、简易投产。对于重点项目则集中财力、物力，坚决保证按计划建设，按计划投产。当时，在工业方面，确保的项目有：煤矿、铁矿等生产矿井的延伸、开拓工程，特别是当年可以移交生产的矿井、矿山；松辽油田和四川石油、天然气的勘探；当年可以投产的化工厂、化工原料厂矿、轻工业原料厂和满足市场、支援农业、出口需要的项目，如人造纤维、合成脂肪酸、农药、化肥等建设项目；全国奇缺的一部分原材料项目和设备制造项目；国防尖端项目；等等。在削减建设项目时，实际上也进行了一些调整投资方向的工作。

经过上述调整后，首先，减少了对资金的需要量。"大跃进"期间工业基本建设投资额为 611.42 亿元，调整时期减为 327.06 亿元。整个基本建设拨款占财政支出的比重也由"大跃进"期间的 55% 左右，大幅度下降。1961 年下降到 30%，1962 年下降到 18.2%，1963 年略有回升，为23.6%。④其次，减少了对材料设备的需要量。基本建设用的钢材消耗量

---

① ② ③　《中国统计年鉴》（1984），中国统计出版社 1984 年版，第 301 页。

④　《中国统计年鉴》（1984），中国统计出版社 1984 年版，第 35 页。

占生产建设全部钢材消耗量的比重，1960 年为 30.2%，1962 年下降到 16.6%；木材消耗量的比重由 37.8% 下降到 16.5%；水泥消耗量的比重由 91.1% 下降到 68.6%。再次，减少了对基本建设工人的需要。基本建设职工人数，1960 年年末为 692.8 万，1961 年末减为 397.2 万，1962 年年末又减为 244.5 万。[①] 这样，就减轻了对物资供应的压力，缓和了对农业劳动力的冲击，不仅使国民经济得到休养生息，而且把减少下来的财力、物力、人力用在急需的事业上，搞好生产维修，搞好市场供应，把国民经济严重失调的比例关系逐步调整过来。

第三，精减职工，压缩城镇人口。

生产建设的高指标和劳动管理权限的下放，放松了对招工的控制，加上大批集体所有制企业过早地过渡为全民所有制企业使国家职工人数急剧膨胀。1958 年年末，国家职工总数达到 4532 万人，其中工业部门职工为 2316 万人，分别比 1957 年年末增加了 2081 万人和 1568 万人。增加的国家职工人数中 3/4 是工业职工。[②] 在国家职工大幅增加的同时，城镇人口也大幅度地增加。这样，一方面严重削弱了农业生产第一线的力量，影响农业生产；另一方面又加剧了粮食和市场供应的矛盾，使农业问题和市场问题成为国民经济中的大问题。因此，根据需要与可能，重新调整劳动力的分配比例，把工业生产建设战线和其他部门的劳动力精减下来，充实农业生产第一线，增强农业生产能力并缓和市场压力，是调整国民经济的一项关键性的措施。

早在 1959 年 6 月，中共中央就指示，在 1959 年内要把县以上企业职工人数减少 800 万到 1000 万。根据这一指示工业部门在 1959 年内净减了职工 323 万。到年底，职工人数减少到 1993 万。但是，在"反右倾"错误的影响下，1960 年又回升到 2144 万人，国民经济各部门国家职工总数突破了 5000 万人的大关。[③] 职工人数和城镇人口过多，农村负担过重的问题并未得到妥善解决。粮食供应紧张的状况日益严重。

针对这一严重情况，1961 年 5 月陈云在中央工作会议上又一次提出，动员城市人口下乡、减少城市粮食的销量，是解决摆在我们面前的粮食紧张问题的必不可少的、非采取不可的办法。根据这次中央工作会议的讨

---

① 《中国统计年鉴》（1984），中国统计出版社 1984 年版，第 114 页。

②③ 《中国统计年鉴》（1984），中国统计出版社 1984 年版，第 110、114 页。

论，6月下旬先后发出关于减少城镇人口和压缩城镇粮食销量的九条办法和关于精减职工工作若干问题的通知，决定在1960年年末城镇人口13073万的基础上，在三年内减少2000万以上。其中1961年争取至少减少1000万。当时，对1958年1月以来参加工作的来自农村的新职工，大力动员他们回到各自的家乡，参加农业生产。由于城市生活困难，农村的粮食、副食品等基本生活资料供应相对来说比城市好，因而动员家在农村职工回乡生产阻力不大。1961年国家职工减少了873万人，其中工业部分职工减少547万人，[①] 城镇人口减少了1000万人左右，基本上完成了当年的精减任务。

1962年财政经济的困难还很严重。职工人数仍大大超过经济水平，特别是农业的生产水平。5月，中共中央和国务院要求全国职工人数再减少1056万到1072万，城镇人口再减少2000万，这一精减任务要求在1962年、1963年内基本上完成，1964年上半年扫尾。

为了完成精减职工的任务，当时把这一工作与国民经济的调整，特别是工业的调整和企业的裁并结合起来进行。经过努力，到1962年10月，大中城市和重要企业减少职工的任务已经基本完成或者接近完成，精减工作的重点转移到专区、县、公社、大队管理的企业和事业单位。

1963年6月，全国性的减人工作任务基本完成，精减职工的工作基本结束。从1961年1月开始到1963年6月止，共精减职工2887万人。城镇人口减少2600万。到1963年年底，精减职工的人数又增加到1940万。由于同一时期新安排大学、中专毕业生就业，实际净减职工1751万人，其中工业部门净减职工1025万人。[②]

大量的职工和城镇人口下乡，不仅减少了粮食的销量，减轻了农业的负担，而且加强了农业战线，有力地促进了农业生产的恢复和发展。对于工业本身来讲，不仅没有受到严重影响，而且还促进了企业经营管理的改善和劳动生产率的提高。1962年工业全员劳动生产率比1961年提高15.3%，1963年又比1962年提高26.7%。与此同时，还节省了国家工资开支。1963年在对40%职工调整工资的情况下全民所有制工业部门职工工资总额还比1960年减少了52亿元。[③] 这项工作对于改善城乡关系，争取

① 《中国统计年鉴》(1984)，中国统计出版社1984年版，第110、114页。

②③ 《中国统计年鉴》(1984)，中国统计出版社1984年版，第458页。

财政经济情况好转，调整整个国民经济起了十分显著的作用。

第四，关、停、并、转部分工业企业。

"大跃进"期间，全党全民办工业，从中央各部门到各地区，从省、自治区、直辖市到专区、县、公社、街道或队，层层都办工业企业，工业企业数骤然增长。1959 年年末达到 31.8 万个，其中全民所有制企业有 11.9 万个。增加的企业，主要是地方小企业。这类企业，用人多，效率低，物资消耗高，产品质量差，不少企业还与大企业争原料、争材料，加剧了大企业原材料供应的紧张。1960 年中共中央确定精减职工，上收一部分工业管理权限，加强企业管理，限制社办工业占用农村劳动力的数量，把一部分转为全民所有制的手工业合作社重新转回去，工业企业数开始逐步减少。1960 年减少 6.4 万个，其中全民所有制企业 0.3 万个，1961 年又减少了 3.7 万个，其中全民所有制企业 2.5 万个。[①]

1962 年工业生产指标大幅度降低后，大多数工业企业任务不足，能力过剩，人员过多。同时，进入 1962 年以后，精减职工的工作难度增大。这年 4 月，周恩来明确指出，只有把精减城市人口同拆庙、拆架子结合起来，精兵简政才有出路；每个部都要按行业提出企业排队计划，下决心关一批，并一批，转一批，缩小一批。不久，中共中央、国务院正式作出决定，精减职工的工作与工业的调整和企业裁并结合起来进行。工业企业的关、停、并、转工作进入一个有计划有步骤进行的新阶段。

按照中央的决定，首先分地区对各个行业的所有企业，根据原材料、燃料、动力的供应的可能，农业和市场的需要，以及企业的具体情况，通盘考虑，综合平衡，进行排队，然后制订出统一的关、停、并、转的调整计划，经国家计委批准下达，限期执行，调整的总原则是保留骨干企业、重点裁并中小企业。具体做法是：①省、自治区、直辖市和中央直属的工业企业，按行业统一排队调整，该关闭的坚决关闭，该合并的坚决合并，该缩小的坚决缩小，该改变任务的坚决改变任务。②关一批省辖市和专区所属的企业。③县办工业企业绝大部分关掉。④农村社办工业企业和城市公社工业除少数确实比较好的转为手工业或地方工业外，原则上停办。⑤清理城市手工业企业，凡是适宜个体生产的，退回到个体手工业或家庭

---

① 《中国统计年鉴》(1984)，中国统计出版社 1984 年版，第 193 页。

手工业。在具体排队时，着重掌握两条原则：一是经济合理。凡消耗少、成本低、质量好、劳动生产率高的企业，优先分给生产任务，保证原材料、燃料、动力的供应；对消耗大、成本高、质量差、劳动生产率低，经过整顿仍然亏损的企业，一般关闭或停办；凡一时因原材料、燃料、动力供应不上，任务不足的企业，则合并或缩小规模。二是社会需要。凡生产产品属工农业生产、市场和国防急需的企业，原则上均予以保留和加强；凡"大跃进"期间改产生产资料因而影响日用品供应不足的原轻工业企业，应限期恢复原来生产；"升级"为制造厂的原机修厂或修配厂，应转回来继续搞机修及配件生产；凡任务不足而适合于转产支农产品、市场紧缺日用消费品及机修备品配件的工厂，可按实际需要改变原来的产品方向；等等。

实施上述措施后，1962 年内，全民所有制工业企业数就由上年年底的 7.1 万个减少到 5.3 万个，减少 1.8 万个；如果加上 1961 年已经减少的，共减少 4.3 万个，为 1960 年来工业企业总数 9.6 万个的 44.8%。1962 年年末全民所有制工业企业数已经低于 1957 年年末数（5.8 万个）。接着，在以后两年又继续减少，到 1964 年年末为 4.5 万个。集体所有制工业企业数则从 1963 年起急剧下降，到 1965 年年末降到 11.2 万个，比 1960 年年末 15.8 万个减少 4.6 万个，减少了 29.1%；与 1959 年年末数 21.96 万个比较，则下降了 48.9%，恢复到 1957 年年末的数量。[①]

工业企业的调整工作，重点是关、停，是"退"，但通过并、转，也有加强和充实的"进"的一面，它实际上是一次工业改组，工业内部结构的调整。在 1962 年的调整中，企业裁并幅度大的是冶金、建材、化工和机械工业，企业数目分别减少了 70.5%、50.7%、42.2% 和 31.6%。生产能力调整幅度大的是钢铁冶炼、水泥加工和机械工业中的重型设备、电站设备、汽车、机床、电动机等 17 种长线产品，它们的综合生产能力都减少 50% 左右。而煤炭、石油、纯碱、化肥、合成氨、聚氯乙烯、搪瓷制品、自行车、合成洗涤剂等 14 种短线产品和拖拉机、内燃机、交通运输车辆配件的生产能力，都保留下来，并且由于恢复了一批"大跃进"转产的企业，选择了一批企业改产这些产品，或者给生产这些产品的企业

---

① 《中国统计年鉴》(1984)，中国统计出版社 1984 版，第 193 页。

充实设备和扩大厂房，这些产品的生产能力还得到了充实和加强。

通过关、停、并、转，保留了属于全国骨干的和国民经济必需的企业，它们生产所需的原材料、燃料、动力的供应基本上得到了保证。同时，促进了工业加强短线产品的生产，为农业服务，为满足市场需要服务，提高了工业生产的经济效益。

第二节　充实和加强薄弱环节

在工业生产建设上，主要在以下几方面积极前进，加以巩固、充实和提高。

一、加强支援农业

尽可能地支援农业，是工业生产建设的一项十分重要的任务。党的八届九中全会决定，国民经济各部门都应当毫无例外地加强对农业的支援，重工业部门尤其应当加强对农业的支援。重工业部门必须先安排好与农业生产直接有关的农业、机械、农具、化肥、农药等行业，再安排其他行业。积极增加农业生产资料的供应，并且从企业设计、生产组织等方面尽量节约劳动力和少占耕地。1962 年 10 月，党的八届十中全会又决定，工业部门的工作要坚决地转移到以农业为基础的轨道上来，要制订计划，采取措施，面向农村，把支援农业、支援集体经济放在第一位；要有计划地提高直接为农业服务的工业的投资比重；要帮助农业有步骤地进行技术改造，为加速实现我国农业的现代化而斗争。

按照上述精神，工业部门在调整中，停止从农村招收工人，并大力精减了职工，以支援、充实农业生产第一线；努力改进工业基本建设工程项目的设计，缩小土地占用面积，少占耕地特别是少占好地，以保证耕地面积的扩大。此外，还着重抓了以下三方面的工作：

（一）全力抢修农业机械。"大跃进"期间，农业机械大量损坏，据1961 年秋检查，全国 4 万多台（混合台）拖拉机（不包括农垦部直属农场拥有数）中，需要修理的约有 24000 台，占拖拉机拥有数的 56%，需要大修的有 1 万多台。全国 32 万台排灌机械中需要修理的有 13 万多台，占拥有数的 40% 以上。为了抢修农业机械，所有拖拉机厂、动力机械厂都暂时停止生产农机主件，先集中力量生产修理拖拉机和排灌机械急需的配件，特别是关键配件，如链轨板、磁电机、火花塞、汽缸套等。其他的机械厂也拿出一部分力量来生产这些零件、部件。同时，还派出技术工人下乡帮助修理机器。

（二）充实中小农具和农业机械的生产能力。在加快天津、沈阳拖拉机厂等农业机械企业建设的同时，在关、停、并、转中，把一部分企业转产农业机械和拖拉机、内燃机配件，加强农业机械系统的生产能力。如把机械工业的 110 个企业（约 3 万人、5500 台机床）转产农业机械。此外，有关工业企业还对小农具和农业机械生产维修所需的材料、燃料给予优先保证。经过努力，1961 年农村缺乏小农具的现象已有改善，到 1962 年，已经恢复到 1957 年水平，每个劳动力有近 5 件农具。从 1961 年到 1965 年共生产拖拉机 4.21 万台、手扶拖拉机 5300 台。农业机械总动力 1960 年为 801 万马力，1961 年增加到 911 万马力，1962 年又增加到 1029 万马力，1965 年达到 1494 万马力，比 1960 年增加了 86.5%。[①]

（三）加快化肥、农药工业的建设。在建设规模不断压缩的情况下，坚持建设了太原、兰州、大连、吉林等六大化肥厂，使这些产品的新增生产能力迅速增长。如合成氨的新增生产能力 1963 年为 10.8 万吨，1964 年增加到 16.0 万吨，1965 年达到 51.8 万吨；化学肥料新增生产能力 1963 年为 11.61 万吨，1964 年增加到 26 万吨，1965 年达到 88.1 万吨，从而使化肥产量迅速增加。1965 年年产量比 1960 年增加了 3 倍多。化学农药的产量在 1961 年、1962 年下降较多，以后恢复也很慢，但到 1965 年年产量比 1960 年还是增加了 19.1%。[②]

工业加强了对农业的支援，对农业生产的恢复和发展，调整农业与工业的比例关系起了积极的作用，也使工业内部产品结构逐渐趋向合理。

二、尽可能地提高轻工业发展速度，积极恢复和发展日用工业品和手工业产品生产

"大跃进"后轻重工业比例严重失调，市场供应十分紧张。市场能不能稳定、供求差额能不能缩小，已经是关系到整个国民经济能不能稳定的大问题。因此，尽可能地提高轻工业的发展速度，是调整工业结构的一个十分重要的方面。

---

① 《中国统计年鉴》（1984），中国统计出版社 1984 年版，第 169、229 页。
② 《中国统计年鉴》（1984），中国统计出版社 1984 年版，第 247、349 页。

1961 年 1 月，中共中央要求各级党委以高度关怀人民生活的态度，切实地把日用工业品供应工作抓起来，并且一直抓下去。

当时，轻工业和手工业生产的主要问题是原料不足，其次是燃料、电力供应不足。为加速恢复和发展轻工业和手工业的生产，除了在燃料、电力的分配上优先保证轻工业生产的需要外，着重解决了原料供应的问题。主要的措施是：

（一）努力促进经济作物生产的恢复和发展，增加轻工业产品的农产品原料。当时，在轻工业总产值中以农副产品为原料的比重占 75% 左右，而 1961 年许多重要的经济作物，如棉花、油料、黄麻和红麻、甘蔗、桑蚕、茶叶、烤烟等的产量都低于甚至大大低于 1952 年的产量。因此，国家从多方面采取了措施来促进经济作物的增产。例如，为了调动农民种植经济作物的积极性，把经济作物的种植面积大体上稳定下来。在 1961 年到 1962 年粮食年度里，对收购棉花、油料、烤烟、麻类、茶叶、糖料、蚕等重要经济作物，实行了奖励粮食的政策。每收购一担棉花，奖励 35 斤粮食；每收购一担花生仁、芝麻或烤烟，奖励 20 斤粮食。1963 年，除个别有所调整外，基本上继续实行这一办法。同时，还有计划地提高了部分经济作物产品的收购价格。1963 年各地的棉花收购价格平均提高 10%，油料的价格也比 1960 年提高 18.5%。经过努力，经济作物产量缓步上升，到 1965 年，已经接近或者超过新中国成立以来最高的水平，为轻工业的恢复和发展提供了物质基础。

（二）合理分配原材料，特别是农产品原料，把有限的资源优先安排给那些原材料消耗低、产品质量高的轻工业企业，争取用有限的原材料多生产出好的产品。1963 年 3 月中共中央对轻工业和纺织工业的产供销采取了统一安排、统一调度的方针。哪些工厂应当优先开工，哪些工厂应当暂时停工，由中央全盘进行规划；原材料在全国范围内实行统一调拨；工业产品在全国范围内实行统一分配。具体办法主要有两种：一种是对某些轻工行业实行集中管理。例如，全国烟草工业，由轻工业部统一安排生产计划，统一分配原料，收购上来的烟叶，一律交给轻工业部分配。全国肥皂工业和与肥皂有关的产品也全部交由轻工业部门归口管理，生产和基本建设统一由轻工业部门规划和安排。原有的肥皂工厂，除保留 83 家外，其余一律关闭，从而保证了油料的合理使用。另一种是限制土法生产，集中供应现代化企业。如限制土纺土织，除按政策规定给社员留下的棉花以外，所有棉花全部由国家统购，进行分配。

（三）充分发展和利用各种非农产品原料，尽可能地增产以工业品为原料的日用品。首先，冶金、化工、燃料、建筑材料、机械等工业部门在加强燃料和轻工设备的生产的同时，还努力生产轻工业所需要的原料、材料。例如，在解决穿的问题上，提出了发展天然纤维和发展化学纤维并举的方针，化学纤维有很大的发展。1960 年生产化学纤维 1.06 万吨，到 1965 年达到 5.01 万吨，比 1960 年增长近 4 倍，比 1957 年增长 250 倍。[1] 塑料的产量也有比较大的增长。1960 年年产 5.4 万吨，1965 年达到 9.7 万吨，比 1960 年增长 80%，比 1957 年增长 6 倍半。[2] 其次，在物资分配上，采取多种措施，解决轻工业生产所需的原材料：①给轻工业部门尽可能多地安排一些钢、铁、煤、木等物资。②把小商品生产所需的国家统配物资、部管物资、地方平衡物资，分别纳入国家和地方分配计划。③为了弥补计划的不足，各地物资部门和商业部门恢复了固有的零售点，销售小工具和零星材料。④商业部门收购的废旧物资，凡是适合小商品生产的废料、次料、下脚料，优先供应小商品生产。⑤某些原料和废料经过当地政府批准，允许自购自用，并以和大厂挂钩利用边角下料的形式固定下来。

（四）迅速恢复和发展手工业传统产区和传统产品的生产。大量生产市场奇缺的锄、镰、镐、锨、锅、碗、罐、缸、盆、桶、勺等小农具和日用品，是当时国民经济战线上一项重要任务。除了在物资分配上首先满足这些产品生产的需要外，在安排小农具和日用品的生产中，还以传统产区、传统产品为重点，同时适当发挥一般产区和新兴产区的作用。国家调给的原料、材料，有重点地供应传统集中产区，用传统的合理的生产方法，制造历来为群众所欢迎的传统产品（已经为新的产品代替了的旧式产品除外）。原料材料的供应和产品的分配，也按照传统的合理的供销渠道，采取传统的合理的经营方式，有计划地组织各地自由订货，恢复地区间原有的合理的经济联系。

经过以上调整，轻工业得到了迅速的恢复和发展。1962 年轻工业总产值为 395 亿元，下降到最低点，低于 1957 年 405 亿元的水平。从 1963

---

① 《中国统计年鉴》（1984），中国统计出版社 1984 年版，第 220 页。
② 《中国统计年鉴》（1984），中国统计出版社 1984 年版，第 228 页。

年开始回升，1965 年就达到 703 亿元，比 1962 年增长了 78%，达到新中国成立以来最高水平。各种轻工业产品，无论是以农副产品为原料的，还是以工业品为原料的，都有显著的增长。

三、加强采掘、采伐工业的建设

采掘、采伐工业与加工工业的发展不相适应，是"大跃进"期间工业内部比例关系严重失调的重要表现之一。党的八届九中全会提出先采掘、后加工的方针后，对工业部门的基本建设投资作了相应的调整。总的来说，在调整时期基本建设投资大幅度下降，各工业部门的投资也都不同程度地受到削减。但煤炭工业部门的投资以矿井建设为重点。钢铁工业的投资着重用在矿山建设上；分配给有色金属工业的投资，主要也用在铜、铝、镍的矿山建设上。此外，还着重抓了以下几方面的工作：

（一）重点加强现有矿山的掘进与剥离工作。"大跃进"期间实行强化开采，采掘比例失调，掘进、开拓欠账严重。1960 年，黑色金属矿山共欠剥离 3800 万吨，煤炭部直属煤矿开拓欠账到 1962 年年底还有 1.4 亿吨。根据掘进欠账过多、采掘接替紧张的情况，从 1961 年下半年起，各个矿山积极利用加工工业大步后退的时机，加强了开拓、掘进工作。到1965 年，煤炭、黑色金属矿、有色金属矿，以及化学矿山、建筑材料矿山都先后基本上调整好回采与掘进（或剥离）的关系，开拓、准备和可采数量基本上达到了规定的要求。只有非金属矿山由于基础薄弱，对掘进工作又未抓紧，采掘关系没有调整好。

（二）加强采掘工业的勘探工作。针对矿山地质勘探严重落后的局面，增拨了经费，提高了地质队伍的技术装备，并且逐步充实了地质队伍，把地质勘探力量集中起来加以使用，加强了矿山地质勘探工作，为以后矿山建设打下了基础。

（三）整顿生产管理工作。首先，是努力充实了生产第一线的回采和掘进力量，努力恢复合理的开采方法，制止了乱采乱挖和吃富丢贫的现象，努力提高采矿、选矿的回收率，保护和充分利用矿产资源。其次，是加强了矿井、矿山设备和巷道的维修工作，抓紧解决矿井矿山生产所必需的雷管、炸药、轴承和坑木等。再次，是针对煤矿生产第一线工人不稳定、出勤率下降、井下劳动力不足这个突出问题，对煤矿工人的粮食、副食品、劳动保护用品、日用工业品的供应做了妥善安排；并且实行了专粮专用的办法，保证矿工吃饭；同时，还改进了工资奖励制度。

（四）抓紧木材生产。1962 年 1 月成立了木材七人小组，负责解决木材生产中的关键问题。这个小组的主要任务是：抓劳力，抓物资供应，抓生产，抓调度，抓分配，抓木材的节约、回收和综合利用，抓森林工业的基本建设工作。经过努力，从 1961 年到 1963 年，全国修建了林区道路 6874 公里，扩大了现有企业的采伐面积，缓和了东北、内蒙古主要林区集中过伐的问题。但是，采育失调问题仍没有得到解决。

这一时期，采掘、采伐工业虽然属于加强的部门，但不少部门本身尚处在调整过程中，更多的是力求保持产量水平，努力提高质量，并为以后年度的发展创造条件。例如，煤炭工业部门在这一期间主要加强了掘进，加强了设备维修，煤炭产量则基本稳定在 2.2 亿吨左右。木材产量有所恢复。唯一例外的是石油工业，它一直处于增长状态。1965 年石油产量突破 1000 万吨大关，达到 1137 万吨，比 1960 年的 500 万吨增长一倍多。

四、加强设备修理工作和生产能力配套工作

"大跃进"期间，不少产品产量的迅速增长是在拼设备和挤维修、挤配件生产的情况下实现的。1960 年各种设备的完好率下降到惊人的地步，有的设备新增加数量还抵不上损坏的数量。在新增产品中，又只重视主机的生产，忽视配套件的生产，形成不了生产能力。不改变这种状况，生产的发展是难以维持的。为了充分发挥已有设备的能力，并使新建的、扩建的企业能得到成套设备，尽快地投入生产和正常生产，把设备的维修和配套列为调整的主要内容之一。为此，按照先维修、后制造，先配套、后主机的方针，着重抓了三方面的工作：

（一）加强设备维修工作。主要措施是：①在原材料上给予充分的保证，先照顾维修，以维持简单再生产。②充实修理力量，把一部分转为制造、转为生产主机的工厂转回来承担维修任务或生产配件，把一部分机械工业企业转产配件和进行维修。动员冶金和机械部门的技术力量，试制某些进口的关键设备的配件和生产这种配件所需的钢材品种；对其中生产条件比较成熟的，立即安排一些措施项目组织生产。③把设备维修列为工业部门的重点工作，并且按照轻重缓急进行排队，先集中力量修复农业机械、汽车、矿山掘进和剥离所需的设备和生产短线产品的设备，然后修理其他的设备。④进口一些机型比较特殊的备品配件。在作为各行各业生产主力的一批大型、精密、专用设备中，不少是进口的。如氮肥工业专用的大型压缩机有 2/3 是进口的，露天矿山的挖掘机有一半左右是进口的。这些设备损坏相当严重，严重影响生产。它们所需的备品、配件，国内一时还不能解决，除积极安排有关部门进行试制，力求在短时期内自力更生解决外，还利用有限的外汇组织进口。⑤有计划地更换已失去生产效能和不能保证安全生产的设备。为保证更新设备所需的资金，1964 年 9 月中央决定在三四年内，把基本折旧基金全部由企业留用。通过以上各项措施，到 1964 年年底，失修的设备大部分修复。黑色金属和有色金属矿山的设备完好率达到 80% 左右，一般企业的设备完好率达到 85% —90% 。

（二）有计划地进行填平补齐、成龙配套的工作，努力形成综合生产能力。1963 年以后，有计划地对"大跃进"期间仓促建设起来的新企业、新基地进行了填平补齐、成龙配套的工作。重点是基础工业企业，主要解决配套工程与辅助设施问题，以及交通运输、原材料、燃料、动力供应等外部协作的条件。如对矿井的回采、掘进、提升、排水、通风、供电、排矸、筛分、井上和井下运输等设备，按矿井的综合生产能力，逐步填平补齐。

（三）整顿设备机型。我国工矿设备由于进口的国别多，国内生产的型号多，更新得少，机型很杂很乱。据 1963 年 6 月对 40 种工矿设备的调查，全国共拥有 125475 台，而机型就有 5856 种，平均每种机型只有 20 多台。其中进口的设备有 22000 多台，有 3590 种机型，平均每个机型只有 6 台。设备型号过于繁杂，给维修工作带来很大困难，特别是要把这些机型复杂的配件都统一组织生产供应，不但是不经济的，也是不可能的，因此必须大力整顿、简化。

1965 年 2 月中共中央和国务院指出：逐步简化机型，是改善工矿设备维护、修理，合理组织工矿配件生产的一项重大措施，同时也便于今后有计划地进行设备更新，并且同意实施第一机械工业部关于整顿、简化机型的方案。这个方案根据产品系列化、标准化的原则，把 40 类主要工矿设备的机型分为三种：①凡是符合我国产品系列型谱和打算将来列入系列型谱的品种、规格的设备，列入基本机型。②有些设备不符合系列型谱，但拥有量较多；某些大型关键设备近期内还不能以相近的产品代用的，列入保留机型。③凡是机型老旧，技术性能较差，拥有量又少，国内已有相近产品可以代用的，作为淘汰机型。对列入基本目录和保留目录的机型，由有关部门做好配件的生产和供应工作。争取在第三个五年计划期间在品种上、数量上得到比较彻底的解决。对列入淘汰目录的机型，不再组织进口，原则上国家也不再统一安排配件的生产和供应，采取拼修、更换办法逐步淘汰。

五、努力提高产品质量和增加产品品种规格

进入调整时期后，增加品种，提高质量，是工业部门头等重要的任务。为实现这一任务，首先是采取了保重点企业的方针，发挥那些产品质量高、品种多、原材料消耗低的重点企业的能力，减少那些产品质量低、品种少、原材料消耗高的一般企业的生产。其次是加强生产技术指导，有重点地对"小洋群"企业进行技术改造。再次是整顿工业企业管理，对企业的技术管理工作提出了严格的要求，要求企业的技术工作必须由总工程师负全部责任。企业必须保证各种设备经常处在良好状态，保证产品的质量符合标准，充分发挥工人、技术人员、职工革新技术的积极性。在提高质量、增加品种的工作中，特别加强了国防工业所需的新型材料的研究、试制和生产，充实国防工业生产能力。经过上述努力，产品品种有了比较快的增加，产品质量有了显著的提高。

六、积极引进新技术

在调整时期进入恢复阶段后，为了使科学技术迅速赶上和超过世界水平，加速工业的发展，我国重新开始从国外引进先进技术，这次主要是从资本主义国家引进技术。从 1963 年到 1966 年，先后与日本、英国、法国、意大利、联邦德国、奥地利、瑞典、荷兰等国签订了 80 多项工程的合同，用汇 2.8 亿美元，其中成套设备 56 项，用汇 2.6 亿美元。此外，还从东欧引进成套设备和单项设备，用汇 2200 万美元，合计 3 亿美元，其中成套设备用汇 2.8 亿美元，占 91%。这一期间，引进技术有以下一些特点：

（一）中小型的多，大型的少。在引进项目中，规模稍大的，只有北京维尼纶、兰州化学工业公司有机合成厂和太原钢铁公司三个新建、扩建工程，各支付外汇 4000 万美元左右，合计共占全部外汇的 39.5%。其次是四川江油特殊合金钢材项目、泸州天然气化工厂和淮南电厂，各支付外汇 1000 多万美元，共占全部外汇的 15%。其余的项目都是在 1000 万美元

以下的中小型项目，主要用于现有企业的技术改造。

（二）重点转向解决"吃、穿、用"的问题。引进项目中，与 20 世纪 50 年代比，化学工业项目比重由 6% 上升到 28%；纺织工业项目比重由 1.5% 上升到 11%；能源工业和军工生产的比重显著下降。

（三）主要引进填补缺门的关键性技术。如维尼纶、腈纶等合成纤维和高压聚乙烯、聚丙烯等塑料的生产技术；铂重整加氢制苯类产品的联合装置、沙子裂解炉制乙烯、天然气制合成氨以及重油气化制合成氨等石油化工技术；密闭鼓风炉炼铝、锌，氧气顶吹转炉炼钢，大型炼钢电炉，20 辊及 8 轧机和合金钢冶炼、轧制等金属冶炼和加工技术；新型建筑材料加气混凝土；24 吨柴油载重卡车，液压元件以及硅半导体材料等制造技术。

60 年代初是新中国成立后对资本主义国家特别是一些工业发达国家进行技术贸易的初创阶段，引进工作比较谨慎。引进项目，总的来说，是符合当时我国实际的需要的。不少项目基本上做到投产顺利，较快地达到或超过设计能力，取得比较好的技术与经济效果，建成后对我国化肥、化纤、塑料、合成洗涤剂，以及电子工业等新兴工业的建立和发展，发挥了重要的作用。

第三章 工业管理权限的重新集中统一 和管理体制改革的新尝试

第一节 工业管理权限的重新集中统一

为了贯彻"调整、巩固、充实、提高"的方针,恢复和发展被"大跃进"破坏了的国民经济,特别是工业生产建设,工业管理体制必须做相应的改变。这种改变的指导思想是强调全国一盘棋,实行高度的集中统一,克服无计划状态和分散主义。1961年1月,中共中央作出《关于调整管理体制的若干暂行规定》,强调集中统一,以利于克服经济困难,提出经济管理的大权集中到中央、中央局和省(市、自治区)三级;在最近两三年内,要更多地集中到中央和中央局。所有生产、基建、收购、财务、劳动等各项工作任务,都必须执行全国一盘棋、上下一本账的方针,不得层层加码。根据上述指导思想,实行工业管理权限的集中统一领导主要有以下几个方面:

一、上收一批下放得不适当的企业

1966年,一些工业部门把部分企事业单位的隶属关系做了变动。主要有:第三机械工业部将26个国防工业企业收回,由部直接领导。冶金部将沈阳选矿药剂厂、锦州铁合金厂、广东凡口铅锌矿,石油部将抚顺石油三厂,地质部将天津胶印厂、上海地质采矿机械厂、上海地质仪表厂、无锡柴油机配件厂和南京、昆明两个地质学校,改由部直接领导。各省、市、自治区地质厅(局)改为以地质部为主的中央和地方双重领导。各地的电网和电业局的领导关系，也进行了一些调整。1962 年以后，又继续上收一些企业。到 1963 年，全国 120 个机械工业骨干企业中有 110 个由第一机械工业部上收，由部内 8 个专业局直接领导。冶金工业部直属的大型钢铁企业有：鞍山钢铁公司、武汉钢铁公司、包头钢铁公司、本溪钢铁公司、石景山钢铁公司、太原钢铁公司等 24 个。1966 年直属企业的钢产量占全国钢产量的 65.6%，生铁产量占 86.8%。在轻工业方面，从 1961 年到 1965 年共收回企业 308 个。其中，烟草行业收回了全部 61 个企业；盐业收回 39 个生产企业，其生产量占全国产量的 70% 以上。同时收回 24 个省、市、自治区的供销企业，其销量占全国销量的 90% 以上。1963 年纺织工业部把 1958 年下放给地方的 10 个纺织机械厂和分公司，全部收归纺织机械制造局直接管理。在 1958 年管理权限下放后，中央直属企事业单位只剩下了 1200 个；到 1965 年，包括中央各部在"大跃进"期间和以后共建的企业，增加到 10533 个。中央各部直属企业的工业总产值占全国工业总产值的 42.2%，其中属于生产资料的部分占 55.1%。①

二、加强计划的集中统一管理

一是强调全国一盘棋，加强综合平衡工作。按照全国一盘棋、上下一本账的方针，改变了"大跃进"期间"两本账"的做法，克服各自为政，层层加码，指标越来越高，国家计划失去控制的现象。同时，为了纠正"以钢为纲"、一马当先、不顾其他的偏向，由国家计委负责全面的综合平衡，搞好综合平衡工作。在工业方面，注意正确处理工业与国民经济其他各部门之间的关系，工业各部门之间的关系，以及各工业部门内部各环节之间的关系，合理分配人力、物力、财力，保证重点，照顾一般，瞻前顾后，留有余地，使工业按比例协调地发展。

二是改变"大跃进"期间自下而上编制计划的程序，实行"两下一上"的程序，即先由国务院自上而下地颁发控制数字，然后自下而上编制计划草案，最后由国务院批准自上而下地下达计划。这种做法，有利于中央的方针政策的贯彻执行，有利于统一计划，不致失去控制。

三是增加计划指标。调整时期，国家计划基本恢复到"一五"时期的一套计划指标，有的比"一五"时期还细。工业计划包括工业总产值、

① 《当代中国的经济体制改革》，中国社会科学出版社 1984 年版，第 99、100、295、341、380、417、418 页。

商品产值、主要产品产量、主要技术经济指标、工业设备大修理等。对全民所有制工业企业的考核指标由主要产品产量、职工总数、工资总额和利润四项增加到六类，即主要产品的产量、品种、规格，商品产值和完成订货合同的情况，产品质量，主要技术经济定额（主要原材料消耗定额、设备利用率、工时定额），劳动生产率（按全员计算和按生产工人计算两种），成本降低率（按主要可比产品单位成本计算和按总成本计算两种）。

四是扩大计划范围。国家计委管理的工业产品从 215 种恢复、增加到 400 种左右，这些产品的产值占工业总产值的 60% 左右。

三、加强基本建设的集中统一管理

首先是收回基本建设项目审批权。大中型项目的建设，都报中央批准；地方小型项目的建设由中央局批准；中央各部直属的小型项目的建设由国家计委批准。凡未经批准的项目，各级财政部门和银行一律不予付款。1962 年 5 月对审批权限做了如下的变更：中央各部直属的大中型项目，一律由国家计委审核，报国务院批准，小型项目由各部批准。地方大中型项目中的重大项目由国务院批准，其余大中型项目由国家计委批准，小型项目由各省、自治区、直辖市批准。其次是严格基本建设程序。一切基本建设都要按照国家规定的审批权限报请批准，按照基本建设程序办事；所有建设项目的设计任务书也要经过批准，才列入年度计划；所有建设项目要在设计文件经过批准和各种建设条件落实以后，才动工。再次是加强对基本建设拨款的监督。基本建设资金不再由地方财政包干，改由中央财政专项拨款，严加控制，并减少部门、地方、企业的预算外资金。1963 年 12 月针对当时一些建设单位不断搞计划外工程，擅自提高建筑标准等状况，进一步加强了拨款的监督工作：严格按照国家计划和基本建设程序监督拨款；认真审查基本建设预算，核实工程造价，并且按照审查核实的基本建设预算监督拨款；同时加强基本建设储备资金的管理；进一步加强基本建设财务管理，严格执行财政制度；严格执行结算纪律，加强建设银行的机构，发挥建设银行的监督作用；等等。

四、加强财政的集中统一管理

首先是集中财权，加强财政管理。从 1961 年起，国家财权基本上集中在中央、大区和省、市、自治区三级，缩小专区、县（市）、公社的财权。对各地区、各部门和各单位的预算外资金，都采取"纳、减、管"

的办法进行了整顿，即有的纳入预算，有的减少数额，都加强管理。企业严格实行资金管理和成本管理制度。1962 年 4 月，中共中央、国务院明确规定，坚决制止一切侵占资金的错误做法，不许挪用上缴利润和税款，不许挪用银行贷款，不许挪用应当归还其他单位的贷款，不许乱挤生产成本，不许挪用企业的定额流动资金，不许挪用固定资产的变价收入，不许挪用折旧基金和大修理资金，不许自行提高企业各项专用基金的提取比例，不许挪用企业的"四项费用"，不许挪用基本建设单位储备材料和设备的资金。

其次是改变企业财务体制。鉴于有些企业和地区用企业利润留成资金去搞计划外基本建设，1961 年把全国的企业利润留成从 13.2% 降为 6.9%，调低了 48%。其中中央直属企业降低的幅度更大，下降了 58%。自 1962 年起，国营工业企业不再实行利润留成办法，改为企业基金制度。企业基金，一部分作为新产品试制费、技术组织措施费、劳动安全措施费、零星固定资产购置费"四项费用"；一部分用于企业职工的奖金和福利费。企业基金不得用于计划外基本建设。

此外，国营企业所需流动资金从 1961 年 7 月 1 日起由银行"全额信贷"改为80% 由财政部门拨款，20% 由银行贷款。从 1962 年 1 月 1 日起，银行不再参与国营企业流动资金的贷款。

五、实行物资（工业品生产资料）流通高度集中统一管理

为了改进"大跃进"期间物资工作中存在的各自为政、调度不灵、物资分散、管理混乱、物资供需矛盾剧烈，正常的经济体系遭到了破坏的状况，中共中央决定对物资流通实行集中统一、全面管理的方针。

按照上述方针，物资管理体制进行了下述几方面的具体改革：

（一）建立全国统一的垂直领导的物资管理系统。1963 年 5 月，成立国家物资管理总局，对地方的专业物资供应公司实行垂直领导。1964 年国家物资管理总局改为物资管理部，与各省、市、自治区物资厅（局）建立领导关系，实行资金、物资、人员垂直管理，统一组织物资供销工作，从而建立起全国统一的物资管理机构。

（二）统一管理统配物资的销售工作。把大部分原来由有关工业生产部门分管的统配物资销售业务和销售机构交由物资部门统一管理。如金属材料、机电设备、化工材料、木材、建筑材料的销售业务和销售机构都交由国家物资管理部门统一管理。省、市、自治区工业局的一部分产品销售业务和销售机构，也交由物资局统一管理。

（三）统一设置和管理中转仓库。把各部各自设立、分散管理中转仓库保管物资的做法，改由物资部门统一设库保管的办法。先后有冶金工业部、第一机械工业部、石油工业部、化学工业部、水利电力部、煤炭工业部、农业机械工业部、建筑工程部、轻工业部、交通部、地质部、林业部和手工业合作总社 13 个中央部门，把所属中转仓库交给物资部门。物资管理部在不少大城市设立直属储运公司，对上述各部门所属中转仓库和该部的金属材料、机电设备、化工材料、建筑材料公司在各大区的中转仓库，采用"统一管理，分户记账，货属原主，随用随提"的办法进行统一管理。与此同时，不少地方的物资部门也统管了地方工业部门的中转仓库。

（四）扩大物资管理范围。首先增加统配、部管物资的品种。1959 年统配、部管物资曾减少到 285 种，其中统配物资为 67 种，部管物资为 218种；[①] 1963 年恢复为 516 种，其中统配物资为 256 种，部管物资为 260 种，基本上恢复到 1957 年的品种数。[②] 与此同时，加强了对三类物资的管理，以保证各类物资的配套供应。各级物资部门建立了三类物资管理机构，按照"统一领导，分级管理，分工经营"的原则，制定了三类物资分工经营目录（1965 年列入目录的三类物资有 5929 种）和分工经营方法，逐步把生产三类物资所需的统配、部管物资纳入计划安排，并通过组织定点供应，固定协作关系，建立合理流通渠道。

在调整期间，还在组织物资流通方式、方法上进行了一些探索性的改革。如：打破行政部门、行政区划的界限，试行按经济区域统一组织物资供应，组织物资定点供应；建立生产资料服务公司，办理代购、代销、代加工、代托运事项和组织物资调剂工作。

六、进一步加强劳动工资的集中统一管理

针对 1958 年放松国家对招收新工人的审批管理，造成职工人数急剧膨胀的弊端，在 1959 年，就把劳动工资管理权限上收。1963 年 3 月，中共中央和国务院又指出，在增加职工这个问题上，必须强调中央集中管

---

① 《现代中国经济事典》，中国社会科学出版社 1982 年版，第 310 页。

② 《当代中国的经济体制改革》，中国社会科学出版社 1981 年版，第 507 页。

理，强调制度，强调纪律，并进一步规定，国家计划规定的职工人数指标，必须严格遵守，任何地方、任何部门、任何单位都不得超过。各地方、各部门在国家计划外增加职工，必须单独作请示报告，经过中央主管部门审核后，转报中央批准。破坏计划，违反制度，私自招收和增加职工的单位和人员，应受一定的处分。

在这一期间，还试行了两种劳动制度和两种教育制度。所谓两种教育制度和两种劳动制度是指：一种是现在的全日制的学校教育制度和工厂里面、机关里面8小时工作的劳动制度；一种是半工半读的教育制度和半工半读的劳动制度。两种劳动制度还有另一个含义，即指固定工制度同临时工、合同工制度并存的劳动制度。

为了加强中央对工业的管理，在这一期间，在收回以上各项管理权限的同时，在国务院下增设了若干个管理工业生产建设的部、委，计有：第四机械工业部、第五机械工业部、第六机械工业部、第七机械工业部、第二轻工业部、物资部，基本建设委员会、全国物价委员会，并把建筑工程部分为建筑工程部和建筑材料工业部。

这一期间，除了在工业生产建设方面加强集中统一以外，还对工交部门政治工作实行了集中统一领导。1964年年初全国工业交通工作会议，按照毛泽东的意见，决定在工业交通部门从上至下建立政治工作机构，加强思想政治工作，以保证党对工业交通部门的绝对领导。根据上述决定，在党中央委员会下设立了中央工业交通政治部，接着，在第一季度内，工业交通系统15个部和两个局都相继建立了政治部。

第二节　工业管理体制改革的新尝试

一、用托拉斯的组织形式管理工业思想的提出

试办托拉斯，用托拉斯的组织形式来管理工业，这是调整时期工业管理体制改革的一次重大尝试。

当时认为我国的工业管理体制和管理制度的主要问题是：工业管理偏重于用行政办法而不是用经济办法；领导多头多级，管理机构重叠庞大，政出多门；各个企业各自分散经营；等等。概括起来就是没有按照经济管理的原则管理工业，没有很好地把工业组织起来。在这种管理体制下，很

难对企业实行具体的领导；很难对同一行业的生产、建设进行统一规划和合理布局；在地区之间和企业之间，生产缺乏合理分工和密切协作，许多企业不必要地重复生产同一品种规格的产品，不少设备和技术力量分散使用，各不配套；某些行业的产、供、销结合不够好，中间环节多，物资流转慢，资源不能合理利用；对新技术不能有力地组织研究、总结和推广；等等。这种体制是不能很好适应现代化工业生产发展的要求的，如不加以改变，必然会严重影响工业生产、建设的发展。

针对这种情况，中共中央和刘少奇提出，要在工业、交通中试办托拉斯，用托拉斯的组织形式来管理工业，把工业组织起来。在这一认识的基础上，提出了试办托拉斯的意见。1964 年 6 月周恩来亲自主持讨论了国家经委关于试办托拉斯的报告草稿并做了重要指示。同年 8 月中共中央和国务院批转了国家经委《关于试办工业、交通托拉斯的意见的报告》。

二、托拉斯的性质、组织原则和管理方法

国家经委关于试办工业、交通托拉斯的意见的报告指出，托拉斯性质的工业公司，是社会主义全民所有制的集中统一管理的经济组织，是在国家统一计划下的独立的经济核算单位和计划单位。这种社会主义的托拉斯是用社会主义的经济办法而不是用行政办法来管理工业、交通企业的一种组织形式；是按照经济原则实行科学的、高效率的集中统一领导的一种组织形式；是按照专业化和协作的原则，统一规划和合理组织生产、建设，逐步形成专业化生产、大中小型企业相结合的生产体系的一种组织形式；是按照生产、流通的客观规律，使产、供、销密切结合起来的一种组织形式。

试办托拉斯以后，有关计划、财政、物资、劳动等各项管理制度做了相应的改变。

第一，在计划管理方面，国家通过主管部向托拉斯下达计划，托拉斯对完成国家计划全面负责，并对所属厂（矿）以及科研、设计等单位，实行统一的经营管理。

第二，在基本建设方面，托拉斯的基本建设，统一纳入国家计划。托拉斯有权制订长远的和年度的发展计划，并按照批准的基本建设计划，进行具体安排。

第三，在科学技术工作方面，托拉斯有专门的科学研究机构和负责新产品、新技术发展工作的机构，大力抓技术革新和技术革命，不断采用新技术，积极发展新产品，迅速提高本行业的技术水平。

第四，在产、供、销方面，托拉斯内部实行产、供、销的统一管理。它统一管理所属厂（矿）的物资供应工作，统一申请统配物资，统一对外签订经济合同。托拉斯内部协作配套的产品，不再经物资管理部门分配，由托拉斯自行管理调拨。

托拉斯生产的某些产品（如汽车配件、煤炭等），如果由托拉斯自行销售，有利于产、销结合和对用户的技术服务，可以由托拉斯经营批发业务。

第五，在财务管理方面，国家将固定资产和流动资金拨给托拉斯，它可以在所属厂（矿）之间进行调剂。托拉斯按规定、按时、按数上缴利润、基本折旧基金和缴纳税款。内部协作配套的半成品、零件、部件，可不缴纳税款。基本折旧基金的一部分由托拉斯掌握使用。托拉斯统一提取大修基金，统一安排和管理设备的大修。托拉斯实行利润留成办法，从利润留成中解决所需的四项费用和所属厂（矿）的一般研究试验项目需要的费用。企业奖励基金以托拉斯为提奖单位，由它分配各厂（矿）。

第六，在劳动管理方面，国家批准的劳动计划和工资总额，由托拉斯统一掌握，它有权在所属单位之间调剂使用。托拉斯有权在不同地区的所属单位之间进行干部和劳动力的调动。

第七，在干部管理方面，除过去由中央和部管的干部外，属于公司管理的干部和其他人员，公司有权任免和进行内部调动。

当时设想，随着托拉斯的发展，国务院工业、交通各部和省、市、自治区的工业、交通厅（局）的职能，将从管理生产、建设的日常具体业务，逐步转向加强思想政治领导，检查方针政策的执行，负责长远规划、年度计划的制订和综合平衡，组织协作，协调各托拉斯之间的关系等方面。它们的机构也将逐步精简、合并，人员将大大地压缩。

用组织社会主义托拉斯的办法管理工业，同由部、厅、局管理工业的办法作比较，主要有两个不同点：①改变了一个行业的企业由各级、各部门多头领导的办法，把同行业的企业组织起来，实行由托拉斯一个头统一领导的办法。②改变了以厂（矿）为单位分散经营的办法，实行以托拉斯作为国家计划单位和统一核算单位的集中经营的办法。

三、托拉斯试办情况

托拉斯的组织方式，根据各部门、各行业不同情况来确定。从地域范围来说，有的是全国性的，由中央部门办（国民经济中的某些重要行业，如煤炭、石油、基本化工、重要机械、纺织等可以办全国性的托拉斯，由中央部门直接管理）；有的是地区性的，有些行业如制糖、玻璃、塑料制品等轻工行业，某些通用机械、铸件、锻件等工艺加工，以及通用设备的修理等可以办地方性的托拉斯，由省或者大工业市直接管理；有的也可以既有全国的又有地区的。全国性托拉斯的组成，可以采取两种做法：一是一开始就建立全国统一的托拉斯；二是先在一个或者几个地区建立地区性的托拉斯，然后再逐步建立全国统一的托拉斯。全国性的托拉斯，除了管理好直属企业以外，可以在主管部授权下，对不属于它直接管理的、同行业的其他企业，根据统筹兼顾、全面安排的方针，实行归口管理，把它们的计划纳入全行业的统一规划，并对它们的生产技术进行指导。从经营范围来说，托拉斯大体上有两种形式：一种是产品单一，对生产同类产品的厂（矿）实行集中统一管理的公司；另一种是以某一行业为主，为了综合利用资源而同时生产一部分其他行业的产品的公司。在试办初期，先着重试办前一种形式的托拉斯。

1964 年，经中共中央和国务院批准，由工业交通各部试办的 12 个托拉斯中，全国性的有 9 个：轻工业部所属的烟草公司和盐业公司，第一机械工业部所属的汽车工业公司，农业机械工业部所属的拖拉机、内燃机配件公司，纺织工业部所属的纺织机械公司，冶金工业部所属的制铝工业公司，化学工业部所属的橡胶工业公司和医药工业公司，地质部所属的地质机械、仪表公司；地区性的有 3 个：煤炭工业部所属的华东煤炭工业公司，水利电力部所属的京津唐电力公司，交通部所属的长江航运公司。1965 年又试办了石油工业公司、仪器仪表工业公司和木材加工工业公司。此外，有些省、市也试办了地方性的公司，如浙江的糖业公司，辽宁的柞蚕丝绸工业公司，北京玻璃总厂，北京塑料总厂，上海的轻工业机械、标准件和丝绸等公司，天津的机床工业公司，重庆的皮革工业公司等。

从几个托拉斯的试办情况来看，在当时的条件下，办托拉斯，用社会主义的经济和科学的办法来管理工业是取得了比较好的经济效果的。例如：中国烟草工业公司是在 1963 年 7 月成立的，1964 年 8 月正式列为托拉斯。它对全部卷烟工业企业实行集中统一管理，统一经营烟叶的收购、复烤、分配和调拨。在组建过程中，将地方轻工、商业、供销合作社等部门管理的卷烟厂和卷烟系统的机械、印刷厂一律收回归公司直接管理，其余任何系统的卷烟厂一律关闭。对烟草工业实行集中统一管理以后，按照合理的布局和专业化协作的原则对全行业的工厂进行了调整，有力地促进了生产的发展。卷烟厂由 104 个调整为 62 个，职工人数由 5.9 万多人减为 4.1 万多人；而卷烟生产能力却从 330 万箱提高到 480 万箱，卷烟牌号由杂乱的 900 多种减为 274 种。1964 年劳动生产率比 1963 年提高了42.4%，卷烟的加工费用降低了 21%。当时，烟草工业公司还用很大力量协同农业部门抓烟叶生产，开展科学研究工作，选育和推广优良品种，扩大高级烟原料基地，派技术人员进行技术指导，发挥社员种烟积极性，烟叶产量大幅度上升，质量也有所提高。1966 年收购烤烟 1200 万担，比1963 年增长 1.7 倍；中上等烟叶由 23% 提高到 30% 以上。由于上等烟叶比例增加，卷烟产品质量也有了明显的提高，甲级烟的产量增加了一倍以上。从 1963 年成立烟草公司，到 1965 年年末，共上缴利润 56 亿元。

在试办托拉斯的过程中，也暴露出一些矛盾，主要有三方面：

（一）全国性的托拉斯与地方的矛盾。这个矛盾突出表现在：

第一，收厂工作。在试办的 12 个托拉斯中，烟草、医药托拉斯集中管理了全国全民所有制的所有烟厂和药厂；盐业、橡胶托拉斯，把主要的企业收了上来；汽车、拖拉机、内燃机配件、纺织机械托拉斯收厂较少。在收厂过程中，有些地方发生了调工厂设备、人员以致将工厂改行转业等情况。

第二，调整企业工作。有些该收的工厂，没有收上来，无法进行合理的调整；有些已经收上来的，但由于地方和托拉斯对于调整方案有不同意见，未能进行调整，已经进行调整的也有一些缺点。例如，医药托拉斯在对全国药厂实行集中管理时，统筹安排不够，丢掉了一些小的品种，影响了某些药品的供应。

第三，协作工作。有些托拉斯考虑行业内部的协作较多，对于同地方的协作注意不够。

（二）托拉斯内部集中统一和分级管理的矛盾。

当时试办的托拉斯，直属企业少的分为公司和厂矿两级，直属企业多的分为公司、分公司和厂矿三级。有些托拉斯为了统一经营管理,把过去由各厂分散管理的计划、供销、财务等业务,集中到分公司或公司。但是,多数托拉斯没有把业务集中起来,真正成为一个统一的经营管理单位。另一方面,也有个别托拉斯在物资、财务等方面,发生集中过多的缺点,不利于厂矿主动地、及时地解决生产中的问题。

(三)托拉斯同原有经济管理体制的矛盾。

试办托拉斯是个很大的改革,它同原有的经济管理体制有不少矛盾。突出表现在:

第一,在财政管理体制方面。当时,地方的财政收入,主要依靠工业利润和税收。托拉斯收厂越多,地方财政收入就越少。这也是许多地方不愿交厂的重要原因之一。

第二,在物资管理体制方面。当时,物资是按企业的隶属关系分配的。托拉斯对归口管理的地方企业,只管计划安排,不管物资供应,对计划任务的完成缺乏保证。

第三,在物价管理方面。有些企业收归托拉斯以后,其产品价格仍由地方物价委员会制定,这同托拉斯的集中经营有矛盾。

这次按照专业化协作的原则,实行工业改组,采用托拉斯的组织形式改革工业管理体制,尽管是初步的尝试,在处理部门和地方的关系上出现了上述一些问题,但总的来说,效果是好的。从试办的情况看来,托拉斯可以克服多头领导、分散经营的缺点,从而有利于在一个行业内集中调度人力、物力、财力,使之发挥更大的经济效果;有利于按照全国战略布局的要求,按照专业化生产和综合利用资源的原则,对全行业的厂矿进行合理的调整和组织生产;有利于把科学研究和生产结合起来,统一组织全行业的技术革新和技术革命,更快地采用新技术,发展新产品,促进产品的标准化、系列化;有利于厂矿精减机构和管理人员,减少经营业务工作的负担,集中精力管好生产;有的托拉斯把产品销售或者原料供应统一经营以后,有利于以生产为中心,把产、供、销更紧密地结合起来。

第三节 调整后期扩大地方和企业的管理权限

为了改变"大跃进"造成的工业经济既散又乱的局面,把整个工业生产调整到正常的轨道上来，中央果断地采取了高度集中，统一管理的措施，这在当时是十分必要的。随着整个工业生产、建设的恢复和发展，为了调动各方面的积极性，根据"大权独揽、小权分散"和"集中领导、分级管理"的原则，1965年12月，国务院决定，在中央对关系国民经济全局的大权继续集中统一的前提下，适当地扩大地方管理工业的权限，适当地扩大企业的经营自主权。

一、扩大地方管理权限

在改进基本建设计划管理方面：地方的工业基本建设，除大中型项目须由中央安排外，小型项目可由中央各有关部门同有关地方具体安排，此类项目节约的投资归地方调剂使用。地方自筹资金进行基本建设，除大中型项目应报国家计委审批外，其余的项目可由省、市、自治区自行安排。

在物资使用方面：

（一）现有地方小钢铁企业生产的产品，超过国家计划的部分，凡是主要原料、燃料由地方自己解决的，留给地方使用；主要原料、燃料由中央和地方共同解决的，由中央和地方对半分成；主要原料、燃料由中央分配的，留给地方20%。

（二）地方企业生产的铁矿石和生铁，在完成国家计划上调任务后，多交的部分按照50%折算换给钢材。

（三）企业在生产中产生的废次材、边角料，由地方分配。

（四）地方回收的废次钢铁，除去国家计划规定地方企业炼钢和铸造任务需要的炉料以外，其余部分七成上缴中央，三成留给地方。

（五）地方统销煤矿生产的煤炭，超过国家计划的部分，由中央和地方对半分成。

（六）森工企业生产的小规格材、等外材归地方使用。

（七）用地方外汇进口和分成原料、材料，在地方企业安排生产的产品，由省、市、自治区自行分配。

二、扩大企业的经营自主权

（一）把技术组织措施费、零星固定资产购置费、劳动安全保护措施费中的一部分划给企业，由企业自己掌握使用。这三项费用和固定资产更新资金，可以合并使用。

（二）企业进行小型技术措施需要的费用，在完成国家财政任务、成本计划和不要求国家增拨材料的条件下，每项措施的费用，大中型企业在1000元以下，小型企业在500元以下的，可以摊入成本。

（三）除了主要生产设备的购置费作为固定资产处理外，企业购置辅助性生产工具和其他低值易耗品，每种的购置费，小型企业在200元以内，中型企业在500元以内，大型企业在800元以内的，可以摊入生产成本；超过以上规定数额的，经有关部门批准，可以作为低值易耗品处理。

（四）企业修建生产上零星、小型、简易的建筑物，在不影响完成当年企业成本和财务计划的前提下，并且建筑面积不超过20平方米的，所需费用可以摊入成本。

（五）将企业的大修基金和中、小修费用合并为一个科目，称修理费。这项费用，企业可以临时用做流动资金参加周转，可以用于结合大修工程进行必要的技术改造，但不能移作他用。

（六）取消企业从超过国家计划收入中提取奖金的办法，提高企业在完成国家计划后提取奖金的比例，按企业的工资总额计算，由原来的3.5%提高到5%。

第四章 工业生产秩序的整顿

第一节 国营工业企业工作的整顿与《工业 七十条》的颁布和试行

一、《国营工业企业工作条例（草案）》（简称《工业七十条》）的制定和颁布

《国营工业企业工作条例（草案）》是进入调整时期后，在"治乱"的思想指导下，在深入调查研究、总结经验的基础上产生的。

20世纪60年代初，党中央号召大兴调查研究之风。毛泽东要求工业和其他部门都要依照实际情况，更好地总结经验，逐步地把各方面的具体政策定出来，制定出具体的工作条例。

根据上述要求，邓小平领导和组织中央书记处、国家计委、国家经委派出11个工作组，分别到北京、上海、天津、太原、吉林等地对工矿企业进行调查。他自己也到东北辽宁等地听取了汇报，作了调查。在各部门、各地区大量的调查研究的基础上，1961年7月，邓小平亲自主持会议，进行了多次认真的讨论，最后拟定了《国营工业企业工作条例》草案，提交8月下旬在庐山召开的中央工作会议。中央工作会议认为，必须做好工业企业管理的整顿工作，尽快把企业的各项工作纳入正轨。这一草案经会议讨论通过后由毛泽东签发，要求各地区、各部门，组织国营企业讨论，并选择若干企业试行。

二、《国营工业企业工作条例（草案）》的基本精神和主要内容

《国营工业企业工作条例（草案）》的基本精神，正如邓小平所指出的是"治乱"，要把企业管理上的混乱局面扭转过来。它全面地系统地总结了新中国成立以来，特别是 1958 年"大跃进"以来，在领导工业企业方面的经验教训，并根据当时的实际情况提出了国营工业企业管理工作的一些指导原则。它对于克服"大跃进"期间许多企业出现的混乱现象，把企业的各项工作引上正确的轨道，起到了重大的作用。它的主要内容是：

第一，明确规定了国营工业企业的性质和基本任务。它规定国营工业企业既是社会主义全民所有制的经济组织，又是独立的生产经营单位。它的根本任务是全面完成和超额完成国家计划，增加社会产品，扩大社会主义积累。

第二，对加强计划管理、正确处理国家和企业的关系提出具体要求。它规定国家对企业实行"五定"，企业对国家实行"五保"。"五定"是国家对企业规定的生产要求和提供的生产条件。具体内容是：定产品方案和生产规模；定人员和机构；定主要的原料、材料、燃料、动力、工具的消耗定额和供应来源；定固定资产和流动资金；定协作关系。"五保"是企业对国家承担的责任。具体内容是：保证产品的品种、质量、数量；保证不超过工资总额；保证完成成本计划，并且力求降低成本；保证完成上缴利润；保证主要设备的使用期限。"五定"、"五保"一经确定，三年基本不变，但每年可以按照国家年度计划调整一次。实行"五定"、"五保"是为了使企业能够有条件逐步地做到稳定的正常生产，全面地完成和超额完成国家计划。

第三，对企业与企业间的协作关系作了明确的规定。条例草案强调了凡是需要和能够固定的协作关系，都必须固定下来；固定的协作任务要纳入计划；协作双方签订的经济合同具有法律效力，必须严格执行，不准单方面废除。

第四，对企业的各个方面、各个环节的责任制度作了具体规定。它提出责任制度的核心是行政管理方面的厂长负责制。要在党委领导下，建立一个厂长负责的统一的生产行政指挥系统，集中领导企业的生产经营任务，保证全厂生产有秩序地进行。要在以厂长为首的行政领导下，建立和

健全技术责任制、财务责任制和其他责任制，使企业的生产、技术、财务都有专人负责，使各个岗位的职工，从厂长、总工程师、总会计师到科室人员及工人，都有明确的分工和专门的职责，以克服和防止职责不明，无人负责的现象。企业党委应把调查研究和做好思想政治工作放在第一位，不应当代替厂长包办行政事务；同时要支持以厂长为首的全厂统一的生产行政指挥系统行使职权。车间、工段的党组织，对本单位生产行政工作的完成，起保证和监督作用。

第五，对企业中的技术管理作了具体规定。这些规定的中心在于：保证设备、工具经常处于良好状态，保证产品质量符合标准，充分发挥工人、技术人员、职员的积极性，正确地进行技术革新。企业的技术工作，由总工程师负全部责任。

第六，对加强企业的经济核算和财务管理作了具体规定，强调了企业经济效果。它强调每个企业都必须实行全面的经济核算，一切生产、技术、财务活动都要保证质量，讲究经济效果。一切企业都必须依靠群众，厉行勤俭节约，精打细算。除了由于某些特殊原因，需要国家给予计划补助的少数企业以外，一切企业和生产部门，在正常生产的情况下，都不容许发生亏本赔钱的现象。由于经营管理不善而发生亏本赔钱、设备损坏、财务损失等情况的，应当给有关人员以批评教育；严重失职和屡教不改的，应当给予处分。对于违反财经纪律的行为，财务会计人员有权越级上告，有权拒绝支付和报销。

第七，对职工的工资、奖励制度和生活福利规定了明确的原则。它规定劳动报酬应贯彻社会主义的按劳分配原则，反对平均主义。应当按照每个人的技术水平、劳动数量和质量来确定报酬，而不应当按照其他标准。工人的工资形式，应当根据各个企业、各种工种的实际情况，根据对提高劳动生产率是否有利，实行计时工资制或者计件工资制。它还强调企业的领导人员，必须经常关心职工的生活，切实做好生活福利工作。同时，每个企业都要加强劳动管理，严格执行考勤制度。对于经常旷工、破坏劳动纪律的职工，应当给以纪律处分；情节严重、屡教不改的，企业有权开除。

第八，对企业的职工代表大会制的作用做了明确的规定。它指出这项制度是吸收广大职工群众参加企业管理和监督行政的重要制度。企业各级职工代表大会和职工大会，要讨论和解决企业管理工作中的重要问题，要讨论和解决职工群众所关心的问题，有权对企业的任何领导人提出批评，有权向上级建议处分、撤换某些严重失职、作风恶劣的领导人员。

第九，对技术人员和管理人员的地位和作用作出了应有的评价。条例草案认为，技术人员和职员是工人阶级的一部分，要给他们一定的条件，鼓励他们认真学习马列主义、毛泽东思想，学习经济业务，钻研科学技术，又红又专，成为通晓本身工作的内行。不能把钻研技术、钻研业务看做是"走白专道路"。

第十，确定每个企业在行政上只能由一个主管机关管理，不能多头领导。

三、《国营工业企业工作条例（草案）》的试行

《国营工业企业工作条例（草案）》颁发后，原来计划从"五定"入手，严格实行责任制和经济核算制，以提高产品质量、增加产品品种为中心，在一两年内对企业普遍地进行一次整顿。但是，当时整个国民经济还没有走上轨道，又没有长期规划作为指导，很难给每个企业固定产品方向，生产规模，原材料、燃料来源，以及外部的协作关系等。因此，条例草案的试行和企业的整顿，主要是通过几项全国性的经济整顿，如清仓核资、清理拖欠、扭亏增盈、增产节约运动等进行的。

（一）清仓核资。

"大跃进"期间，由于不讲经济效益，放松了资金管理，全民所有制工、商、交通等企业占有的流动资金迅速增加。到1960年，达到800亿元左右。其中工业企业为270多亿元，主要原因是库存积压过多。1962年3月，国务院决定，彻底清理仓库，重新核定流动资金是1962年十项任务之一。

根据上述决定，从1962年开始，对全国县及县以上的全民所有制单位的物资，包括在库的和在途的，生产资料和生活资料，成品、半成品和在制品，合格品和残、次、废品等，都进行了清查。其中工业企业和工业管理部门是清查重点。这项工作到1963年9月才基本结束。

通过清查，针对工业企业管理中暴露出来的问题进行了以下几项整顿工作：

第一，重新核定流动资金。各企业根据生产任务，考虑到当时生产不

正常、物资供应不及时等具体情况，制定出物资消耗、周转、储备的定额，并且据此重新核定了流动资金。1962 年工业企业占用的流动资金总额为 208 亿元，比 1960 年减少了 160 多亿元。

第二，合理处理超定额的物资。对所有的物资重新进行了质量鉴定。对可用的物资根据需要情况及时进行了调剂，用于生产建设和人民生活方面的需要。对残、次、废品，及时进行了处理和核销。

第三，建立和健全有关的管理制度和机构。针对清仓查库中暴露出来的问题，按照《工业七十条》的要求，加强了计划管理，严格按照生产计划与作业计划采购物资、投料生产，逐步建立、健全各种卡片账目，配备物资供应、仓库管理和财务管理人员，健全各项物资管理制度和财务管理制度，整顿和加强了企业管理。

通过整顿，企业占用的流动资金明显下降。1965 年全民所有制工业企业每百元产值占用的流动资金降到 25.5 元，比 1962 年下降了 34.1%。

（二）清理拖欠。

在"大跃进"期间，各企业间相互拖欠货款的现象十分严重，影响了企业的正常经营活动。1962 年 3 月、4 月，中共中央和国务院一再作出决定，坚决制止各单位之间相互拖欠货款。从 5 月开始，在县以上的工业企业和基建单位展开了清理拖欠货款的工作。

这项工作进展得相当顺利，截至 12 月 31 日，在几万个企业之间几年内积累下来的数十万件债权、债务基本上清理完毕。国营工业企业清理偿还了欠人货款 18.1 亿元，占欠人货款总数 19.5 亿元的 93%；被人拖欠的货款已经收回 26.1 亿元，占人欠货款总数 29.8 亿元的 88%。

通过清理拖欠，清理了多年的老账，解决了许多长期没有解决的经济纠纷，扭转了企业之间普遍相互拖欠货款的严重局面，使很多企业流动资金的紧张状态松动下来，恢复了支付能力，促进了正常经济秩序的恢复。通过清理，还发现了企业经营管理中存在的许多问题。针对这些问题，各部门、各地区、各企业普遍吸取了经验教训，改进企业管理工作：①切实加强计划管理，防止盲目订货，严格执行合同制度。②健全财务会计制度，建立和加强各项物资管理、资金管理的责任制度。收付物资和货款要求手续完备、单证齐全，所有账目要求日清月结、账物相符，防止发生漏账、销账等现象。编好季度、月度的财务收支平衡计划。③严格执行结算纪律。购销双方根据合同规定的结算方式，一方如期发货，一方如期付款。银行加强对结算的监督，监督购货单位按期付款。

（三）扭亏增盈。

在"大跃进"期间，国营工业企业亏损激增。1961年国营工业企业亏损数达46.5亿元，相当于整个工业税利的三分之一。

1962年4月，中共中央、国务院确定要扭转企业大量赔钱的状况。当时规定，哪些企业允许赔钱经营，哪些企业允许暂时赔钱经营、限期扭转亏损，必须按照隶属关系，由主管机关认真审查，提出方案，分别报国务院和省、市、自治区批准。对于这两种企业，要核定年度和分季、分月的亏损数额，严格搞计划补贴。根据这一规定，各地区、各部门在扭亏增盈方面做了不少工作，亏损的企业和亏损的金额都有所减少。但是，1962年全国工业企业全年亏损总额仍达到26.85亿元。1962年全民所有制工业企业的利润总额只有76.3亿元，比1957年还少3.2亿元。同年10月中共中央、国务院又发出通知，进一步要求各部门、各地区坚持扭转工商企业亏损、增加盈利，争取1963年全国工商企业的亏损数比1962年减少30亿—40亿元。为了实现这个目标，中央要求，那些由于管理不善而造成亏损的企业，要力争在1962年第4季度或1963年第1、2季度内，基本上做到不亏损。那些产品质量低劣、成本很高、短期内又不可能扭转亏损的企业，要坚决停止生产。并且要求国务院各部门立即派出工作组分赴重点城市、矿区、林区，会同地方有关部门，就地解决企业亏损的问题。

根据中央上述要求，全国工业企业在1962年到1964年间，大力开展了扭亏增盈的工作。①制定明确的计划指标。限期消灭亏损企业与亏损产品，不仅要扭转亏损，还要增加盈利。②结合贯彻《工业七十条》，努力改进企业经营管理。强调扭亏增盈的出路在于努力降低消耗，节约费用，提高质量，并且按照市场组织生产，增加花色品种。反对偷工减料、降低质量、变相涨价、转嫁亏损等邪门歪道。为此，各工业企业努力贯彻了《工业七十条》，健全以党委领导下的厂长负责制为核心的各种责任制；建立与健全以经济核算制为中心的各项经济管理制度，开展经济活动分析；从设计、工艺、设备维修、质量检验、技术培训等各个环节扎扎实实地加强技术管理，从而使整个企业技术经济活动协调地、有秩序地进行。③结合增产节约运动，发动群众揭露矛盾，比先进找差距，对症下药，进一步解决企业存在的问题。

通过上述各项工作，既整顿了工业企业管理，又扭转了企业的亏损，增加了企业的盈利。一方面，全国工业企业亏损额逐年大幅度下降。1963年亏损额降为12.8亿元；1964年降为6.81亿元；1965年降为6亿元，只相当于1961年的14.6%。[①] 另一方面，盈利额则大幅度上升。1965年全国工业企业利润达到217亿元，比1962年76.3亿元增长了近两倍。

第四，开展增产节约运动。

国民经济在1962年后退到最低谷以后，为了恢复和发展整个国民经济，特别是工业生产，1963年3月中共中央部署开展增产节约运动。这次运动与1960年下半年开展的以"保粮"、"保钢"为中心增产节约运动不同，它是从整顿工业企业、巩固和建立正常的生产秩序着手，以开展"比学赶帮"赶上国内或国际先进水平为中心的。

在这次运动中，中共中央要求各个工业企业都要根据或者参照《国营工业企业工作条例（草案）》，把必要的制度建立和健全起来。首先从反对生产和管理中的浪费入手，反对原料、材料、燃料的浪费，反对由于产品质量不好、物资保管不好、设备使用不当、管理不善所造成的浪费等。紧接着抓整顿，特别要抓提高产品质量，尽可能降低原材料消耗定额等工作。这不仅是增加盈利或者扭转亏损的最有效的措施，也是促进工业管理的全面改善和在农业发展的基础上，促进工业生产的新高潮的重要措施。

这次增产节约运动的主要形式是广泛开展"比学赶帮"活动。1963年末1964年初召开的全国工业交通工作会议号召所有企业都开展"比学赶帮"活动，继续克服骄傲自满、固步自封思想，掀起了增产节约运动的新高潮。凡是产品技术经济指标落后于1963年年底国内先进水平的企业，都要努力追赶这个先进水平；现在已经达到国内先进水平的，应当努力追赶国际先进水平。与此同时，"比学赶帮"运动是同五好竞赛结合起来进行的。所有工业交通企业都开展了五好企业和五好职工的社会主义竞赛，积极争当五好企业和五好职工。所谓的五好企业，即政治工作好、完成计划好、企业管理好、生活管理好、干部作风好。所谓的五好职工，即

---

① 《当代中国的经济体制改革》，中国社会科学出版社1984年版，第115页。

政治思想好、完成任务好、遵守纪律好、经常学习好、团结互助好的职工。

这次增产节约运动除了上述内容外，它还同"五反"运动，同"工业学大庆，全国人民学解放军"的运动密切相结合。它既是在整顿企业、改进管理中进行的，又是在加强思想政治工作和逐步开展阶级斗争中进行的。因此，它的作用也是多方面的。一方面，它对于推动企业改进经营管理，提高产品质量，降低原材料消耗，降低成本，提高效率，缩短落后与先进的差距，促进生产的发展起了主要的作用。对于解决干部多吃多占、瞎指挥、官僚主义等不良作风，打击贪污盗窃、违法乱纪行为有一定作用，对于发扬艰苦奋斗、自力更生的精神起了积极的作用。但在另一方面，由于毛泽东提出无产阶级同资产阶级的矛盾仍然是我国社会的主要矛盾，在整个社会主义历史阶段资产阶级都将存在和企图复辟，并成为党内产生修正主义的根源，把阶级斗争扩大化。在运动中把大量不属于阶级斗争的问题笼统地看成了阶级斗争，不仅强调了对某些工矿企业的夺权斗争，打击了一批不该打击的干部，挫伤了群众的积极性，而且把国营工业企业搞经济核算当做"利润挂帅"、"奖金挂帅"、"资本主义经营管理"来批判，使当时试行按照经济规律管理经济的改革探索趋于夭折，使后来的国民经济长期陷于停顿，缺乏活力。

通过以上各项经济整顿工作，《工业七十条》的不少规定逐步在工业企业中得到试行，这对于贯彻执行"调整、巩固、充实、提高"的方针，恢复和建立正常的生产秩序，提高企业的经营管理水平、技术水平、生产水平，起到了积极的作用。"大跃进"运动所造成的企业管理混乱的局面发生了很大的改变。全国有相当多的企业出现了产品质量、产量、劳动生产率三提高和原材料消耗、成本两降低的新气象，经济效果有了明显的提高。我国工业得到了迅速恢复和发展。

第二节 手工业集体企业的整顿与《手工业三十五条》的制定和试行

一、《关于城乡手工业若干政策问题的规定（试行草案）》的制定

进入调整时期后，根据毛泽东提出的要搞调查研究，要有章程的指

示，有关部门和地区，对手工业也进行了调查研究。1961 年 5 月，朱德在调查研究后提出，1958 年转厂并社时，由集体所有制改为全民所有制的手工业合作社面过大了，目前仍保留集体所有制的工厂，也很少实行原来合作社时的制度。这表现在：理事会、监事会和社员大会等组织形式没有了；分红、公积金、公益金等制度也取消了；计件工资制绝大部分改为月薪制。因此，在手工业生产中，普遍存在着"磨洋工"的现象。要改变这种状况，必须恢复手工业合作社时的组织形式和经营管理制度。5 月下旬，中央工作会议对手工业工作进行了研究，拟定了《关于城乡手工业若干政策问题的规定（试行草案）》，即《手工业三十五条》。这个草案于 6 月 19 日由中央发到全国各基层单位试行。

二、《关于城乡手工业若干政策问题的规定（试行草案）》的主要内容

《关于城乡手工业若干政策问题的规定（试行草案）》是当时为了克服手工业集中过多、合并过多、限制过死的弊病而制定的重要文件。它的主要内容有：

第一，调整手工业的所有制形式。在整个社会主义阶段，我国手工业应该有三种所有制：全民所有制、集体所有制和个体所有制。其中集体所有制是主要的。它最能适应生产力的发展水平和手工业工人的觉悟程度，过多地、过早地把它过渡到全民所有制，对生产反而不利。因此，必须进行必要的合理的调整。原来的手工业合作社，已经转为国营工业和公社工业的，凡是不利于调动手工业工人的积极性，不利于恢复和增加产品品种，不利于提高产品质量，不便于群众生活的，都必须采取适当的步骤，改为手工业生产合作社或合作小组。社会主义制度下的个体手工业，是社会主义经济的必要补充和助手。应当积极发展城乡家庭手工业，允许自产自销。收入归个人所有，归个人支配。

第二，调整组织规模和恢复充实手工业生产队伍。手工业企业的规模不宜过大，行业不宜混杂，经营方式应该多种多样，可以集中生产，可以分散生产，可以固定设点，可以流动服务，可以在当地串街串乡，可以到外地串街串乡。

凡是原来生产手工业产品的企业和人员，特别是生产传统名牌手工业产品的企业和技术人员，已经改行转业的，除了少数特殊情况外，都必须坚决归队。

第三，贯彻执行"按劳分配，多劳多得"的原则，正确处理国家、集体、个人三者之间的关系。集体所有制手工业工人的工资水平，在城市大体相当于当地同工种、同等技术条件的国营工厂工人的工资水平，现在工资水平偏低的，应该随着生产的发展逐步提高。在农村，应该按照历史习惯，高于当地农民收入水平。手工业企业职工的福利待遇，应该根据生产的发展水平和经营的好坏来决定。企业办得好的，福利可以多一些；企业办得差的，福利应该少一些。

第四，统筹安排，分级管理手工业的产供销。集体所有制手工业企业的生产计划，应该根据为农业发展服务、为人民生活服务、为出口服务、为工业建设服务的方针，在国家计划的指导下，结合单位的具体情况进行编制。计划需要调整的时候，国家计划部门可以提出意见，但是只准协商，不准强迫。手工业生产所需要的原料材料，应该根据国家分配和自力更生相结合的原则来解决。手工业的非计划产品，原则上由手工业部门和企业自己销售。提倡手工业企业同基层商店直接挂钩。提倡前门设店、后门设厂的传统经营方式。对手工业产品实行"优质优价，分等论价"的原则，不能不论好坏一个价。

第五，坚持民主办社，勤俭办社的方针。手工业生产合作社要恢复过去行之有效的民主管理制度，民主选举理事会、监事会，定期向社员公布账目，一切重大问题都要经过社员大会或者社员代表大会讨论决定。一切手工业企业，都必须建立和健全生产责任制度、定额管理制度、产品检验制度，恢复和提倡包退、包换、包修的传统做法。

贯彻《手工业三十五条》，对发展集体和个体手工业起了积极作用。集体所有制在社会主义经济中的比重增加了。城镇个体劳动者也由1958年的106万人增加到1965年的171万人，占社会劳动力的比重由0.33%上升到0.6%。在管理体制上，由按所有制系统管理逐步转变为按行业管理，形成了在手工业基础上发展起来的第二轻工业体系。1965年撤销中央手工业管理局设立了第二轻工业部。手工业生产逐步得到发展。在调整初期，由于加强了日用工业品生产，压缩了滞销积压的生产资料的生产，产值虽然一度下降，但品种花色大大增加，适销产品的产量也急剧增加。在调整后期，产值迅速上升。按1957年不变价格计算，集体所有制工业产值（含社办工业）1961 年下降到 117.1 亿元，1962 年又降到 103.7 亿元，1963 年再下降为 98.4 亿元；1964 年回升到 115.4 亿元，1965 年再回升到 138.4 亿元。①

---

① 《中国统计年鉴》（1983），中国统计出版社 1983 年版，第 214 页。

第五章 工业调整的主要成就和工业生产建设的主要经验

第一节 工业调整的主要成就

工业生产建设贯彻执行"调整、巩固、充实、提高"的方针，经过两年后退和三年恢复、发展的过程，取得了巨大的成就。到 1965 年，工业生产建设走上了正常的轨道，出现了欣欣向荣的局面。主要表现在以下几个方面：

第一，工业生产能力有了新的增长。

在调整时期，工业建设以成龙配套、填平补齐为重点，使前几年建设起来的许多工矿企业逐步发挥了作用，与此同时，新建设了若干必要的工业项目，工业生产能力有了新的增长。

1961 年至 1965 年，工业处在调整时期，但工业建设投资额仍达 327.1 亿元，超过"一五"时期的投资额 30.7%。它占国民经济投资总额的比重为 45.4%，高于"一五"时期 2.9 个百分点。工业基本建设新增固定资产 269.0 亿元，比"一五"时期多 34.1%。1963 年至 1965 年间施工建设的大中型工业项目有 1097 个，其中建成投产的有 243 个。主要工业产品的新增生产能力如下：铁矿开采 388.8 万吨，炼钢 99.5 万吨，煤炭开采 3738 万吨，发电机组容量 328.8 万千瓦，石油开采 989.9 万吨，硫酸 70.6 万吨，合成氨 84.1 万吨，化肥 132.46 万吨，水泥 254.5 万吨，化学纤维 4.6 万吨，原盐 69.1 万吨，棉纺锭 65.9 万锭。除了钢铁冶炼、煤炭和原盐、棉纺锭以外，其他都大大超过"一五"期间新增生产能力，特别是石油、化肥和化纤等新兴工业更是如此。① 经过"大跃进"时期突击性的大规模建设和调整时期的以成龙配套、填平补齐为中心的建设，到1965年，全国工业固定资产原值已达到1040亿元，比1957年增长了2倍。我国已初步建成了一个有相当生产规模和一定技术水平的工业体系。

在调整时期，石油工业、化学工业和包括电子工业、原子能工业、导弹工业在内的新兴工业的生产能力有了突出的发展。在石油工业方面，到1965年，我国原油开采能力比1957年增长了6.5倍，达到1131万吨。我国国内消费的原油以及石油产品实现了全部自给，我国已由一个依赖进口的缺油国转变为石油输出国。这是调整时期我国自力更生进行社会主义建设取得的一项重大成果。在化学工业方面，由于强调工业要加强支援农业，以及解决人民"吃、穿、用"的问题，化学工业的建设受到了应有的重视。1965年与1957年相比，硫酸生产能力增长了近3倍，烧碱生产能力增长了2倍，化肥生产能力增长了近11倍，农药生产能力增长了2倍。与此同时，随着石油产量的增长，开始建立起自己的以石油、石油产品或天然气为原料的石油化学工业。电子工业、原子能工业、导弹工业从无到有，从小到大逐步发展起来，成为国民经济中重要的工业部门。1964年10月成功地爆炸了第一颗原子弹，集中地标志着我国科学技术和工业生产所达到的新水平。

这一期间轻工业的生产能力也有较快的发展。1965年与1957年相比，棉纺锭增长了29%，机制纸及纸板生产能力增长了57.9%，机制糖生产能力增长了84%，缝纫机生产能力增长了3.2倍，自行车生产能力增长了1倍多。

第二，工业生产得到了比较全面的发展。

工业生产在1962年退到最低谷以后，自1963年开始以年平均17.9%的速度迅速回升。1965年工业总产值达到1402亿元，已接近1959年、1960年"大跃进"时期的水平，比1957年增长了1倍。在增加数量的同时，还提高了质量，增加了品种规格。

---

① 《中国统计年鉴》(1983)，中国统计出版社1983年版，第348—350页。

主要工业产品产量有了比较快的恢复和发展，详见表4－5－1。

表4－5－1 调整时期主要工业产品产量的变化和增长①

产品名称	单 位	1960年产量	1962年产量	1965年产量	1962年为1960年的百分比	1965年为1962年的百分比	1965年为1957年的百分比
原 煤	亿吨	3.97	2.20	2.32	55.4	105.5	177.1
原 油	万吨	520	575	1131	110.6	196.7	774.7
发电量	亿度	594	450	676	77.1	147.6	350.3
钢	万吨	1866	667	1223	357	183.4	228.6
生 铁	万吨	2716	805	1077	29.6	133.8	181.3
水 泥	万吨	1565	600	1634	383	272.3	238.2
平板玻璃	万标准箱	670	399	687	59.6	102.5	148.7
木 材	万立方米	4129	2375	3978	57.5	167.5	142.7
硫 酸	万吨	133.0	96.8	234.0	72.8	241.7	370.3
纯 碱	万吨	81.5	51.9	88.2	63.7	169.9	174.3
烧 碱	万吨	40.7	29.0	55.6	71.3	191.7	2808
农用化肥	万吨	40.5	46.4	172.6	114.6	372.0	1143.0
化学农药	万吨	16.2	8.8	19.3	54.3	219.3	296.9
化学纤维	万吨	1.06	1.36	5.01	128.3	368.4	25050
塑 料	万吨	5.4	4.0	9.7	74.1	242.5	746.2
金属切削机床	万台	15.35	2.25	3.96	14.7	176.0	141.4
汽 车	万辆	2.26	0.97	4.05	42.9	417.5	512.7
内燃机（商品量）	万马力	525	126	279	24.0	53.1	404.3
纱	万吨	109.3	54.8	130.0	50.1	237.2	154.0
布	亿米	54.5	25.3	62.8	46.4	248.2	124.4
机制纸及纸板	万吨	180	112	173	62.2	154.5	190.1
原 盐	万吨	1287	994	1147	77.2	115.4	138.5
糖	万吨	44	34	146	77.3	429.4	169.8
卷 烟	万箱	449	244	478	54.3	195.9	107.2

① 《中国统计年鉴》（1984），中国统计出版社1984年版，第220—229页。

在主要产品产量中，除了丝、皮鞋、矿山设备、铁路机车、客车、货车外，都大大超过了 1957 年的水平。产量超过"大跃进"时期水平的重工业产品有：原油、发电量、水泥、平板、玻璃、硫酸、纯碱、烧碱、农用化肥、化学农药、电石、塑料、轮胎外胎、汽车、手扶拖拉机等；轻工业产品有：化学纤维、毛线、呢绒、麻袋、丝织品、缝纫机、自行车、表、日用精铝制品、合成洗涤剂、糖、化学药品等。

工业产品质量普遍有了提高。1965 年钢铁冶炼、煤、主要机械设备和棉布等的产量未达到"大跃进"时期的水平，但它们的质量却大大提高了。1965 年生铁合格率达到 99.85%，钢材合格率达到 98.39%，原煤灰分和含矸率分别降到 19.56% 和 0.64%，棉布一等品率达到 97.4%。有些机械工业产品性能、质量已接近或达到世界先进水平。在 1965 年前后，生铁合格率，铜、铝、铅的品位、回收率，商品煤灰分和含矸率，原油损耗率，铸铁、铸钢、机械加工件的废品率，出厂水泥合格率，棉布、印染布、精纺毛织品和粗纺毛织品的一等品率以及出口合格率，都创造了历史上最高的水平。

工业产品新品种大量增加。主要工业产品品种增加了三万多种。在冶金工业中，据 1964 年不完全的统计，钢的品种达 900 多种，钢材的品种达 9000 多种，都比 1957 年增加了 1 倍多；已经能够炼制出高温合金钢、精密合金钢、高纯度合金钢、有色稀有金属等；钢材自给率达到 95%。

在机械工业方面，1964 年机床品种达到 540 种，比 1957 年增加了 1.8 倍。"一五"时期，还只能制造一些中小型的普通的机械产品，如车、铣、刨、钻、磨、镗等通用性机床。到 1965 年，已能够制造大型的、复杂的、成套的和精密度要求很高的设备。我国主要机器设备的自给率由 1957 年的 60% 以上提高到 90% 以上。

第三，工业经济效益显著提高。

1963 年到 1965 年国营工业企业全员劳动生产率以年平均 23.1% 的速度增长，1965 年达到 8979 元/人·年，这是历史上最高的增长率，也是历史最高水平。每百元固定资产原值实现的利润为 20.9 元，比 1962 年增长 134.8%，接近 1957 年的水平（23.8 元）；每百元资金实现的利润、税金为 29.8 元，比 1962 年增长 97.4%，也接近 1957 年的水平（34.8 元）；每百元工业产值实现利润 21.3 元，比 1962 年增长 70.4%，超过 1957 年的水平（17.1元）。[①]

第四，工农业结构和工业结构有很大的改善。

经过调整，工业与农业的比例关系有很大的改善。工业总产值与农业总产值的比例，1960年为78.2：21.8，到1965年调整为62.7：37.3。这样的关系比较接近我国当时工农业发展的客观需要。这一期间还大力发展了支农工业，化肥、农药和农业机械等产值在工业总产值中的比重由1957年的0.6%提高到1965年的2.9%。

工业内部结构也有很大的改善。首先是工业部门结构的改善。轻、重工业之间的比例1957年是53.1：46.9；1960年变为33.3：66.7；1965年变为50.4：49.6，基本上恢复到1957年的状况。这是一个可以兼顾国家建设和人民生活，基本适应客观需要的比例关系。采掘工业与加工工业的比例关系大体上恢复到1957年的水平，改变了"大跃进"时期加工工业过重的不协调的状况。各工业部门内部各环节之间的比例，如采掘工业中的回采与掘进（剥离）的关系，机械工业内部的主机与配套、制造与修理之间的关系，也趋于合理。

其次，工业地区结构有了改善。调整时期，沿海工业基地进一步得到充实和加强。东北地区由于大庆油田的开发，重工业基地更加强大。华东地区发展了冶金、煤炭工业，充实了机械、化学工业，开始建立了重工业的基础。内地建设在调整时期后期也进一步加强。内地建设投资额占总投资额的比重在"一五"时期为47.8%，在"二五"时期提高到53.7%，1963年至1965年又上升到58%。从1964年开始，钢铁工业的投资重点转向内地，在大力建设攀枝花钢铁公司的同时，新建和扩建了江油长城钢厂、成都无缝钢管厂、西宁钢厂、西安陕西钢厂和贵阳钢铁厂等企业。新建的煤炭工业大多设在缺煤的西北、西南和华东地区，开始改变煤生产集中于华北、东北的状态。机械工业在进一步发展和利用原有基地的同时，又建设了武汉、湘潭、开封、洛阳、郑州、重庆、成都、昆明、贵阳、西安、兰州等十多个新的机械工业基地。森林采伐，除进一步建设东北、内蒙古林区外，还开发了华北、中南和西南、西北的森林资源。其他如化工、建材、轻纺工业，在充分利用当地资源的基础上，各地都已建设了一

---

① 《中国统计年鉴》（1984），中国统计出版社1984年版，第263、270页。

些骨干企业。在我国广大腹地形成了不少工业中心，如以武汉、包头为中心的钢铁基地，山西、内蒙古、河南的煤炭基地，甘肃兰州的石油化工中心，四川成都、重庆的钢铁、机械基地等。内地工业的产值在全国工业产值中的比重，由 1957 年的 32.1%，提高到 1965 年的 35%。工业布局有所改善。

第五，职工生活有所改善。

1961 年、1962 年调整初期，在工业、农业生产大幅度后退的情况下，只能力求保证职工和城市人民的最低生活。到 1962 年 10 月，中共中央、国务院认为，经过前一个时期的努力，在农村形势已经好转的基础上，城市的经济形势已经发生了根本性的变化，城市工作的重点，除了转到组织工业生产上来外，还要转到职工生活上来。中央要求努力保证职工生活稳定在当时的水平上，并且力争有所改善。1963 年，还给部分职工增加了工资：①提升 40% 的职工的工资级别。②调整部分工资区类别。把西南、中南和华东原属一、二类工资区的地方，提高为三类工资区；把成都、重庆、贵阳、长沙、南昌等原属三类工资区的少数城市提高为四类工资区。③适当调整过分偏低的工人的工资标准。④适当扩大计件工资范围；改进奖励制度；整顿和改进津贴制度。以上几项工资调整的金额总数为 8.9 亿元，其中用于职工升级的金额为 4.7 亿元。经过这次调整，1965 年工业部门职工的平均工资达到了 729 元，比 1960 年增长了 35.5%，比 1957 年的 690 元也增长了 5.7%。[①]

第二节　工业生产建设的主要经验

从 1956 年提出寻找适合我国国情的社会主义经济建设的道路以后，经历了一个曲折复杂的过程，既有成绩，也有严重的错误，经验是丰富的，教训也是深刻的。认真总结"大跃进"时期和调整期间的历史经验，对于更好地进行社会主义工业现代化的建设，具有十分重要的意义。

这一期间从正反两方面提供的建设社会主义工业的经验，主要有以下几点：

---

① 《中国统计年鉴》(1984)，中国统计出版社 1984 年版，第 459 页。

第一，发展工业必须实事求是，反对唯意志论和急于求成。

"大跃进"时期，工业生产建设的主要错误在于夸大主观意志的作用和急于求成，忽视了我国国情，违背了社会主义经济规律。

我国是一个经济落后的农业大国，力争以比较高的速度发展工业，迅速改变贫穷落后的面貌，这是全国人民长期以来梦寐以求的愿望。充分调动广大职工建设社会主义工业的积极性和创造性，不论是过去、现在或将来都是发展我国工业生产建设的根本因素。但是，把人的主观能动作用强调到不适当的地步则是不恰当的。党的八大二次会议的报告中说："我们有六亿多人口，我们党同六亿人口结成了血肉的联系，依靠这个伟大的力量，凡是人类能够做的事，我们都能够做，或者很快就能够做，没有什么事我们不能够做到。"① 这从战略上来说是可以的，但用它来安排具体工作，则是不恰当的。在一定时期、一定条件下，主观能动作用并不是无限的，它要受客观条件的制约。人们只能在既定的客观物质条件基础上发挥作用，力争实现经过努力可以做到的事业。超越客观条件的可能，夸大主观意志和主观努力的作用，急于求成，必然欲速则不达，结果适得其反。

1958 年工业 "大跃进"，固然有基于对农业生产形势的过高估计的因素，而根本的原因是在胜利面前滋长了骄傲自满的情绪，急于求成，夸大了主观意志和主观努力的作用。在这种指导思想下提出了钢铁生产一年"翻番" 等不切实际的口号，企图依靠拼命苦干的精神创造出一个 "一天等于二十年" 的伟大时期；设想经过短短五年时间就实现工业现代化，建成强大的独立的完整的工业体系，全国在钢铁和其他若干重要工业生产品的产量方面接近美国；在不是遥远的将来实现共产主义。并且据此具体部署了工业生产建设。其结果适得其反，伴随着三年 "大跃进" 的是国民经济比例关系的严重失调和社会生产的大幅度的下降。

1958 年 12 月党的八届六中全会也曾指出："目前社会主义建设工作中值得注意的一种倾向是浮夸。这是同我们党的实事求是的作风不相容的，是对我们的社会主义建设事业的发展不利的。我们的经济工作必须越做越细致，我们的各级领导工作人员必须善于区别事物的真相和假象，区

---

① 《新华半月刊》1958 年第 11 期，第 11 页。

别有根据的要求和没有根据的要求，对情况的判断必须力求接近客观实际。"① 可惜，这种认识没有被人们普遍而又真正地接受，因而在庐山会议后，不实事求是之风又迅速发展起来。

1960 年 6 月，毛泽东写了《十年总结》，总结的主要经验就是"实事求是"。他认为，主动权来自实事求是，来自客观情况在人们头脑中的真实反映，而在一个时间内，管工业的同志都忘记了实事求是的原则。1962 年 1 月，扩大的中央工作会议在总结经验时，也提出了要实事求是，要摆正主观能动性与客观可能性之间的关系。概括说来，当时我国的客观实际情况就是人口多，底子薄，经济落后。从这一客观实际情况出发，要使生产力很快地发展起来，要赶上和超过世界上最先进的资本主义国家，没有一百多年的时间，是不行的。我国的社会主义建设必须采取稳步前进的方针，而不能操之过急。

按照上述认识，结合当时的经济情况，党中央决定对工业主动实行后退，并且退够的方针，把工业生产建设退到了同农业提供粮食和原料可能性相适应、同工业本身提供原材料和燃料动力的可能性相适应的程度，退到了扎实的基础上。正因为采取了这种实事求是的决策，同时在工业生产建设开始回升后，继续清醒地估计到发展中的薄弱环节，继续实行调整的方针，才使工业生产持续增长，到 1965 年不仅超过了 1957 年的水平，而且有新的发展。

第二，工业生产建设的发展，必须综合平衡，统筹兼顾工业内外的各种关系。

国民经济是一个有机整体。工业作为国民经济的主导部门，它与其他各个部门之间存在着相互依存、相互制约的关系。工业内部各部门之间也存在着同样的关系。各工业部门内部各环节之间又是环环衔接，相互扣得很紧的。忽视它们之间的关系，孤立地发展某一部门，或忽视各环节之间的衔接，孤立地突出某一环节，其结果必将造成工业和整个国民经济的比例失调。进行综合平衡，协调配合，工业以及整个国民经济就能获得顺利发展，实现良性循环。这是"大跃进"和调整时期工业生产建设的一条重要的经验教训。

---

① 中国共产党八届六中全会《关于人民公社若干问题的决议》，《新华半月刊》1958 年第 24 期，第 10 页。

在"大跃进"期间，对工业的发展实行了"以钢为纲"的方针，并且提出了过高的指标，企图"一马当先，万马奔腾"，实际上却破坏了各方面的相互依存关系，造成了工业生产建设中严重的全面失调的现象。这种失调现象充分说明，发展工业，必须综合平衡，统筹兼顾工业内外的各种关系。保证重点是必要的，但重点不是孤立的。割断事物的内在联系，孤立地突出一点或几点，也就是在工业生产建设中用单打一的方法，来代替综合平衡工作，自然不可能有计划按比例，必然会出现失调现象。

对于上述现象，早在 1959 年上半年已逐步有所认识。1959 年 6 月，毛泽东指出："大跃进"的重要教训之一是没有平衡。在整个经济工作中，综合平衡是个根本问题。要搞好工业内部各个部门、各个环节的平衡，工业和农业的平衡。他还具体地提出了要把农业放在国民经济的首要地位，要按照农业、轻工业、重工业的次序安排经济生活的意见。但是，在反右倾的影响下，这种认识并没有被坚持下来，反而被指责为谬论。因而在工业生产中突出一点的做法，仍未纠正，反而愈演愈烈，以致达到难以为继的地步。

针对"大跃进"中出现的失调现象，1961 年年初党的八届九中全会又提出要加强综合平衡工作。全会还就综合平衡工业各方面的关系提出了具体的意见，即：要努力加强农业战线，适当缩短工业战线，要认真注意品种的增加和质量的提高，适当放慢数量的增长。在工业生产、建设的安排中，要先生产、后基建，先采掘、后加工，先维修、后制造，先配套、后主机，先质量品种、后数量，以便在现有数量的基础上，加强薄弱环节，填补缺门，完成配套，维护设备，增加品种，改善质量，降低成本，提高劳动生产率。

在调整时期，正是按照上述关于综合平衡、统筹兼顾各方面的关系的思想进行了具体的安排。在当时，看起来计划指标低了一点，但是可靠，而且留有余地，比不切实际的高指标好得多。在综合平衡的基础上进行全面安排，工作就掌握了主动，避免了被动，从而在比较短的时期里，扭转了严重比例失调的局面，工业生产得到比较迅速的恢复和发展。

第三，发展工业，必须讲究经济效益。

经济效益问题是社会主义经济建设的一个核心问题。提高经济效益是一切经济工作的出发点，也是工业生产建设的出发点。但是在"大跃进"

期间，提高经济效益问题，不仅没有受到应有的重视，甚至受到不应有的指责。

1958 年党的八大二次会议正式提出了党的工作重点的转移问题，明确从那时起，必须集中更大的力量放在社会主义建设方面，这是完全正确的。但是在确定工业生产建设的战略目标时，注意力却片面地放在速度上，强调"建设速度问题，是社会主义革命胜利后摆在我们面前的最重要的问题"。① 而标志建设速度的主要指标是工业总产值的增长速度，主要是重工业的增长速度，特别是钢产量的增长速度。当时，为了支持这种不顾经济效益的高速度，还提出了"要算政治账，不能算经济账"的口号。在这个口号下，不仅国民经济综合平衡被弃之不顾，而且企业的科学管理被斥为资产阶级办企业的道路，有效的规章制度被废除，经济核算被废弃，瞎指挥得到了"政治伞"的庇护而更加盛行起来，讲究经济效益却成了反对"大跃进"的一条罪状。在这种情况下，工业生产建设不讲投入产出的关系，不讲核算，不计成本，造成了极大的浪费。一些主要工业产品产量增长了，钢产量增多了，但各种产品品种减少了，质量下降了，货不对路的情况增多了。不仅如此，最后连工业总产值和主要工业产品产量，包括钢产量本身也下降了，以致全民所有制工业企业各项经济指标都大幅度下降。1962 年与 1957 年相比，每百元固定资产原值实现的产值从 139 元降为 71 元，实现的利润从 23.8 元降为 8.9 元；每百元资金实现的利润、税金从 34.8 元下降到 15.1 元；每百元工业产值实现的利润从 17.1 元下降到 12.5 元；全员劳动生产率从 6336 元下降到 4797 元；每百元产值占用的流动资金从 19.4 元上升到 38.7 元；每百元销售收入成本从 68.1 元提高到 76.5 元。② 从工业建设情况来看，每百元基本建设投资增加的国民收入"一五"时期为 56.7 元，1958 年到 1962 年下降到 6.3 元。这一时期工业生产建设的情况，充分反映了忽视甚至否定提高经济效益，即使在短暂的时间里能够取得表面上的高速度，但最终必然导致工业生产建设的比例失调而陷入困境，导致倒退，从而造成巨大的浪费。

鉴于这种情况，在调整时期中共中央和国务院一再强调要讲究经济效果。这样，才能在工业生产建设中，逐步把经济效益提到比数量更为重要

---

① 《新华半月刊》1958 年第 11 期，第 7 页。

② 《中国统计年鉴》(1984)，中国统计出版社 1984 年版，第 263 页。

的地位上来，并把解决人民的吃、穿、用作为工业调整的重要目标。在上述思想指导下，从宏观经济活动到微观经济活动，都采取了一系列提高经济效益的措施。例如，在宏观经济活动上，加强工业生产建设的综合平衡工作；进行工业改组，停办一切消耗高、质量差的企业和建设工程，把原材料、动力、燃料优先供应给先进企业；加强财政、金融的管理，严肃财经纪律；等等。在微观经济活动上，从各个方面切实整顿工业企业管理，精减多余职工，重建各项规章制度，加强经济核算，抓紧扭亏增盈，努力增加品种，提高质量，减少消耗，降低成本，适应市场需要。在实施这一系列措施后，到1965年，工业生产不仅在各项技术经济指标上创造出了历史上最好的水平，而且工业总产值、主要工业产品产量也有了显著的增长，实现了工业生产建设的良性循环。

这八年期间一反一正的情况证明，只有在良好的经济效益的基础上，才能真正加快工业生产建设的速度。

第五篇

"文化大革命"时期的工业经济
（1966 年—1976 年 10 月）

第一章 "文化大革命"时期发展工业的指导思想

1966 年，我国工业在胜利地完成了调整任务以后，进入了一个新的发展时期。周恩来总理在中华人民共和国第三届全国人民代表大会第一次会议上的政府工作报告中，对于新的发展时期的任务，作了这样的阐述。他说，今后发展国民经济的主要任务，就是要在不太长的历史时期内，把我国建设成为一个具有现代农业、现代工业、现代国防和现代科学技术的社会主义强国，赶上和超过世界先进水平。为实现这个伟大的历史任务，从第三个五年计划开始，可以分两步走：第一步，经过三个五年计划时期，建立一个独立的、比较完整的工业体系和国民经济体系；第二步，全面实现农业、工业、国防和科学技术的现代化，使我国经济走在世界的前列。

正当我国工业展现出新的发展前景的时候，掀起了一场席卷全国的"文化大革命"运动，阻碍了这一历史进程。

这场"文化大革命"运动是毛泽东发动和领导的。它持续了十年之久，酿成了全国规模的内乱，使党、国家和人民遭到新中国成立以来最严重的挫折和损失。

我国工业在"文化大革命"的十年里，经历了一条曲折的道路。这个时期工业的生产、建设同下述指导思想有着密切的联系。

一、"以阶级斗争为纲"的思想

在"文化大革命"前开展的城乡社会主义教育运动中，虽然已经把阶级斗争强调到了很突出的地位，但对工业部门，毕竟带有局部的影响。1966 年 5 月中共中央政治局扩大会议和同年 8 月党的八届十一中全会的召开，两次会议先后通过的《五·一六通知》和《关于无产阶级文化大革命的决定》，标志着"文化大革命"的发动。从此，情况就完全不同了。"以阶级斗争为纲"成为包括工业部门在内的一切领域的根本指导方针；开展"文化大革命"被当做各个方面共同的、压倒一切的任务。因为毛泽东发动"文化大革命"，是建立在下述主要论点的基础上的，即一大批资产阶级的代表人物、反革命的修正主义分子，已经混进党里、政府里、军队里和文化领域的各界里，相当大的一个多数的单位的领导权已经不在马克思主义者和人民群众手里。党内走资本主义道路的当权派在中央形成了一个资产阶级司令部，它有一条修正主义的政治路线和组织路线，在各省、市、自治区和中央各部门都有代理人。过去的各种斗争都不能解决问题，只有实行"文化大革命"，公开地、全面地、自下而上地发动广大群众来揭发上述的黑暗面，才能把被走资派篡夺的权力重新夺回来。这实质上是一个阶级推翻另一个阶级的政治大革命，以后还要进行多次。1969年4月28日，他在中国共产党九届一中全会上的讲话里，在谈到工矿企业的状况时，再次断言在相当大的一个多数的工厂里头，领导权不在真正的马克思主义者、不在工人群众手里。说工厂的领导人无非是搞什么物质刺激，利润挂帅，不提倡无产阶级政治挂帅，搞什么奖金，等等，是跟着修正主义路线走的。毛泽东对工业战线的错误估计，同他对于我国整个政治经济形势的完全错误的分析是一致的。这些说法，显然没有事实根据，并且在一系列重大理论和政策问题上混淆了是非，给我国工业的发展带来极为严重的后果。

二、积极备战、准备打仗的思想

新中国成立以来，我国工业生产、建设方针的确定，计划的安排，同对于国际形势的估计有着直接的联系。1956年，毛泽东总结了第一个五年计划时期处理沿海工业和内地工业的关系的经验，提出要充分利用和发展沿海工业基地的问题。他说："过去朝鲜还在打仗，国际形势还很紧张，不能不影响我们对沿海工业的看法。现在，新的侵华战争和新的世界大战，估计短时期内打不起来，可能有十年或者更长一点的和平时期。这样，如果还不充分利用沿海工业的设备能力和技术力量，那就不对了。"[①]

---

① 毛泽东：《论十大关系》，《毛泽东选集》第5卷，第270页。

1963 年，在即将着手制订第三个五年计划的时候，党中央又根据第二个五年计划时期的经验和当时的国际环境，确定把"解决吃穿用，加强基础工业，兼顾国防和突破尖端"作为经济工作的指导方针。上述精神，是最初制订第三个五年工业发展计划时遵循的原则。

1964 年 2 月，在国务院召开的工交长期规划会议上，根据这些原则，确定应当达到的具体目标是：一是按不高的标准，基本解决人民的吃、穿、用；① 二是兼顾国防，解决常规武器问题，突破"尖端"；三是围绕实现这两项任务，抓基础工业。要以化肥、化纤工业为中心，研究吃、穿、用的规划；以建设五亿亩稳产高产农田为中心，研究工业支援农业的规划。

不久，由于党中央和毛泽东对国际形势和战争危险的估计严重和由此提出的加快三线战略后方建设、积极备战、准备打仗的思想，根本改变了原定的指导方针。于是，我国第三和第四两个五年工业发展计划的制订，以及工业的生产和建设，都转向了以备战为中心、以三线建设为重点的轨道。②

1964 年 5 月，毛泽东在听取国家计委关于编制第三个五年计划初步设想的汇报时，提出要加强内地建设。他在同年 8 月 17 日、20 日的谈话中又一次强调，要准备帝国主义可能发动的侵略战争。现在工厂都集中在大城市和沿海地区不利于备战。工厂可以一分为二，要抢时间搬到内地去。成昆、川黔、滇黔这三条铁路要抓紧修好。接着，中央书记处召开会议，专门研究内地建设问题。会议决定：

（一）首先集中力量建设内地，在人力、物力、财力上给予保证。新建的项目都要摆在内地。

（二）沿海能搬的项目要搬迁：明后年不能见效的续建项目一律缩小建设规模；沿海所有部门要求增加的投资一律要顶住。

1965 年 4 月，中共中央发出《关于加强备战工作的指示》，作出了火速集中力量，加快全国和各省区战略后方建设的决策。

根据党中央和毛泽东指示的精神，对第三个五年工业发展计划重新作

---

① 在"三五"计划期基本解决"吃、穿、用"的标准是：到 1970 年全国按人口平均的粮食占有量达到 600 斤左右，衣着消费（包括各种纺织品）每人平均达到 24 尺左右。

② 第三个和第四个五年计划时期，根据各地区战略位置的不同，将全国划分为一、二、三线三类地区。一线地处战略前沿，三线地区为全国的战略后方。在一、二线地区内，又依本地区情况，划出若干地方以为区内的三线地区。习惯上，称前者为大三线，后者为小三线。在举全国之力重点建设大三线战略后方的同时，发挥各个地方的积极性，搞好区内的小三线建设。

了修改，确定要立足于战争，从准备、大打、早打出发，积极备战，把国防建设放在第一位，加快三线建设，逐步改变工业布局。

1966年8月，党的八届十一中全会肯定了毛泽东提出的"备战、备荒、为人民"的思想，作为"文化大革命"时期工业建设的基本指针。

三、急于求成的思想

在第三个五年计划时期，"文化大革命"初期的剧烈动荡虽然严重地破坏了工业生产、建设的秩序，三线建设步伐过急影响了沿海地区工业的发展，但20世纪50年代末期"大跃进"的教训还记忆犹新，因而在工业的建设规模和发展速度的安排上，比较注意量力而行，留有余地。

进入20世纪70年代，在制订和实施第四个五年工业发展计划的过程中，急于求成的"左"的错误思想在特殊的历史条件下，又一次抬头，成为工业部门的指导方针。

1969年4月1日至24日，举行了中国共产党第九次全国代表大会，大会进一步地、完全地肯定了"文化大革命"的错误理论和实践，并从组织上加强了林彪、江青、康生等人在党中央的地位。大会召开前夕的3月2日，苏联边防军公然侵入我国黑龙江省珍宝岛地区，制造了极为严重的边境武装冲突。于是，毛泽东在"九大"和九届一中全会上的讲话里，突出强调了这样两件事：一是社会主义革命有些事还没有做完，要继续搞"斗、批、改"；二是要准备打仗。

大会以后，一面强调"以阶级斗争为纲"，加紧推进"斗、批、改"；一面强调"以战备为纲"，加紧大、小三线的建设。林彪及其同伙乘机提出庞大的国防建设计划，声称要"用打仗的观点，观察一切，检查一切，落实一切"，要建立"独立的完整的国防工业体系"。这种政治气氛，对第四个五年计划的编制产生了重大的影响。此外，党内外的干部和群众也希望从第四个五年计划开始，加快经济发展以便弥补失去的时间。这些错综复杂的情况，构成了动乱中提出以高指标为特征的第四个五年工业发展计划的背景。当时，提出要"坚持以阶级斗争为纲，狠抓备战，促进国民经济的新飞跃"，要"狠抓备战，集中力量建设战备后方，建立不同水平，各有特点、各自为战、大力协同的经济协作区，初步建成我国独立的、比较完整的工业体系"。

第四个五年工业发展计划的具体目标是：

（一）工业增长速度平均每年递增 12.8%。1975 年的钢产量达到 3500 万—4000 万吨，比 1970 年增长 106%—135%；生产能力达到 4000 万吨以上；东北、华北、华东、中原、西南五大经济协作区钢的生产能力都要达到 600 万吨以上；各省、区要有一批中、小钢铁企业，一些地、县要建立起自己的小矿山、小钢厂，形成大中小结合、星罗棋布的钢铁工业布局。

（二）将内地建设成为一个部门比较齐全、工农业协调发展的强大的战略后方。

（三）根据经济发展和备战要求，把全国划分为西南、西北、中原、华南、华东、华北、东北、山东、闽赣、新疆十个经济协作区。各个协作区都要有计划、有步骤地建设冶金、国防、机械、燃料动力、化学等工业部门，同时建立比较强大的农业、轻工业和比较发达的交通运输业。山东、闽赣、新疆地区要建立小而全的经济体系。

（四）大力发展地方"五小"工业。各省、市、自治区都要建立自己的小煤矿、小钢铁厂、小有色金属厂矿、小化肥厂、小电站、小水泥厂和小机械厂等，形成为农业服务的地方工业体系。一两年内，力争把每个县的农机修造厂都建起来。

（五）加速发展石油、天然气和电力工业，积极改变原料构成。到 1975 年，石油、天然气、水电在我国燃料动力结构中的比重，由 1969 年的 17% 提高到 31%—38%，煤炭的比重由 83% 下降到 69%—62%。要扭转北煤南运，力争到 1972 年江南各省、自治区实现煤炭自给。

（六）大家动手办机械工业。各行各业都要自己武装自己。使多数省、市、自治区逐步做到能够成套地提供单机、机组和车间、工厂所需要的设备。

（七）除少数轻工产品由于受资源条件限制由国家统一调配外，一般轻工业产品都要根据条件，尽可能做到省、市、自治区自给。

这个计划，号称"战备的计划，跃进的计划"。实际上，是一个脱离实际的急于求成的冒进计划。

我们在下面依次叙述与上述指导思想联系的，并作为这个时期工业经济重要特征的工业发展的曲折历史过程，三线地区的工业建设，地方"五小"工业和城乡集体工业的发展，工业管理体制的又一次改革，以及工业生产建设的进展和孕育的问题。

第二章 "文化大革命"时期工业发展的曲折历程

第一节 "文化大革命"发动时期稳定工业生产秩序的斗争

1965 年，是我国工业生产和建设事业取得显著成绩的一年。1966 年上半年，工业生产、建设继续保持稳定增长的势头。同上年同期相比，工业总产值又增长 20.3%。我国工业在取得调整工作重大胜利的基础上，正在走上健康发展的道路。

但是，"文化大革命"对于我国蓬勃发展中的工业，不啻是一场腥风浊雨，大好局面顿时遭到摧残。例如，钢、铁、煤的日产水平，在 6 月份都有所降低；基本建设施工进度放慢；部分工业产品尤其是部分轻工业产品质量下降；事故显著增多。在工业部门和基层企业的领导干部中，蔓延着一种不敢研究业务技术问题、不敢过问生产情况、不敢抓管理工作的倾向，工作、生产秩序很不安定。

在这种情况下，围绕稳定工业战线局势的问题，党同林彪、江青反革命集团展开了一场初次较量。较量的焦点是：工矿企业的"文化大革命"运动要不要从工矿企业的特点出发，在党委的领导下分期分批地、有计划有步骤地进行，并保证生产任务的完成。

7 月 2 日，中共中央和国务院针对当前工业生产建设出现的问题，发出了《关于工业交通企业和基本建设单位如何开展文化大革命运动的通知》。要求这些单位分期分批地、有领导有计划地开展运动，不要一哄而起，使生产建设遭到损害。

7月19日，中共中央通过批转上海市委《关于当前工业生产情况的报告》，提请各地、各部门注意研究解决当前工业生产中出现的事故增多、产量下降的问题。

7月22日，中共中央和国务院又发出了《关于工业交通企业和基本建设单位如何开展文化大革命运动的补充通知》。补充通知明确提出：为了把生产建设促上去，在"文化大革命"的部署上，应当根据不同部门、不同行业、不同地区的情况，分别先后缓急，有领导有计划地、分期分批地进行。补充通知还规定，这次"文化大革命"的重点是文教部门和党政机关，工交、基建等基层单位的"文化大革命"要和"四清"运动结合起来，按照《二十三条》的规定，有领导有计划地、分期分批地进行。正在开展"文化大革命"的党政机关，要组织一个班子，抓生产、抓建设、抓业务、抓科研，保证今年国民经济计划的完成，并抓紧明年计划的编制工作。

9月14日，中共中央发出《关于抓革命促生产的通知》，要求已经开展"文化大革命"的工矿企业等单位，应当在党委统一领导下，组成"抓革命"和"抓生产、抓业务"的两个班子；职工的"文化革命"放在业余时间去搞；还未开展"文化大革命"、生产任务又重的单位，运动可以推迟进行；学校的红卫兵和学生不要到工矿企业串联；对领导干部的撤换应通过上级党委，不采取群众直接罢官的做法。

尽管发布了许多有利于稳定工业工作、生产秩序的文件，工矿企业领导班子陷于瘫痪状态、生产指挥系统不灵的单位，仍有5%—10%；而且，还有继续发展的趋势。为了进一步解决这个问题，在同年11月17日召开的全国计划工业交通会议上，周恩来提议，草拟一个关于工交企业进行"文化大革命"的若干规定；组织国务院业务组，抓工交企业的生产，保证经济活动的正常进行。

接着，由新组成的国务院业务组邀集出席全国计划、工业交通会议的部分同志，举行了工交座谈会，草拟出了《工交企业进行文化大革命的若干规定》，即"十五条"的初稿。

12月3日，中共中央政治局常委听取工交座谈会的情况汇报。林彪针对座谈会讨论的意见和"十五条"初稿，指责工业战线"右"。他坚持工业战线的问题，是要克服"右倾"观点，开展"文化大革命"。"十五条"的初稿就这样被否定了。

12 月 9 日，中共中央发布《关于抓革命、促生产的十条规定（草案）》，供讨论和试行。"十条规定"除规定坚持八小时工作制、遵守劳动纪律、完成生产定额外，允许改选领导生产的班子，成立群众组织，在本地进行串联。这就为以后工业工作、生产秩序的大乱开了"绿灯"。

1966 年的工业生产、建设，从整个情况看，在激烈的较量中，还是保持了发展的势头，"文化大革命"的干扰和影响还没有达到后来那样的程度。这年工业总产值完成计划指标的 107.4%，比上年增长 20.9%。①

第二节 工业战线的层层夺权和工业生产的连年下降

进入 1967 年，形势急转直下，一场危害更烈的夺权风暴波及整个工业部门。

1 月 1 日，《人民日报》、《红旗》杂志联合发表题为"把无产阶级文化大革命进行到底"的社论，提出 1967 年要展开全国全面的阶级斗争,把"文化大革命"从机关、学校和文化各界，发展到工矿企业和农村。声称"一切抵制在工矿企业和农村中大搞无产阶级文化革命的论调,都是错误的"。

接着，王洪文纠集上海 32 个"造反派"组织夺取了上海市的党、政、财、'文大权，掀起了所谓"一月风暴"。工业战线也层层夺权，工作、生产秩序大乱。

在王洪文带头掀起的夺权风暴中，从国家计划委员会、经济委员会到各个工业部，从中央到各级地方，大批从事经济工作和工业管理的有丰富经验的领导干部，被当做"走资派"揪斗；机构大撤、大并，工作人员下放劳动，使正常的经济管理职能陷于瘫痪和半瘫痪状态。国家计划委员会在 1967 年、1968 年两年，实际上停止了工作，没有编制国民经济计划。1968 年 12 月，才组成一个十几人的业务班子。国家经济委员会停止工作的时间更长。其他工业部也因动乱难以行使正常的职权，不得不由军管会

① 《中国统计年鉴》（1984），中国统计出版社 1984 年版，第 25 页。

或军代表暂时维持局面。

工业企业管理组织和管理制度也受到了极大的破坏。许多企业领导人被打成所谓"反党、反社会主义、反毛泽东思想"的"三反分子"、"走资本主义道路的当权派",关进"牛棚";生产指挥系统被打乱而中断工作;规章制度成为一张废纸。1968 年,在所谓"斗、批、改"中,① 又进一步解散专业管理机构,把大批管理干部和工程技术人员下放到生产班组参加体力劳动。

在夺权风暴中,职工队伍分裂成对立的两派,并酿成了全面内战的局面,迫使大批职工离开工作岗位,少数人乘乱抢劫国家资财,堵塞交通,造成许多工业企业停工、停产。

这一切就造成了工业生产连年下降。1967 年,工业总产值仅完成计划的70.7%,比上年下降了 13.8%。1968 年,工业总产值比上年又下降了 5%。②

第三节　恢复工业生产秩序的艰苦努力

1967 年和 1968 年,是"文化大革命"初期政治、经济局势剧烈动荡的两年,工业和整个国民经济遭受了极为严重的损失。

工业战线的广大干部和职工,对于"打倒一切"、"全面内战"表示了极大的厌恶。中国共产党第九次全国代表大会于 1969 年 4 月召开前后,也需要政治团结、经济发展的局面。在上述情势下,从 1968 年第四季度起,剧烈动荡的局势开始趋向和缓,大动乱的年代出现了一个相对稳定的间歇时期。这就提供了恢复工业生产、建设,争取完成第三个五年工业发展计划的环境与条件。

为了制止局势的进一步恶化,恢复工业生产秩序,党中央和国务院采取了一系列措施。

派出人民解放军对交通、铁路等国家经济的重要部门和单位,实行军事管制,对工矿企业派出军代表帮助恢复生产秩序;发布一系列政令,支

---

① 关于工厂的"斗、批、改",是按毛泽东的下述指示进行的:"建立三结合的革命委员会,大批判,清理阶级队伍,整党,精简机构,改革不合理的规章制度,下放科室人员,工厂里的斗、批、改大体经历这么几个阶段。"(《红旗》杂志 1968 年第 2 期,第 2 页)

② 《中国统计年鉴》(1984),中国统计出版社 1984 年版,第 25 页。

持坚守工作和生产岗位的干部和职工群众,打击少数违法乱纪的坏人,维持铁路交通秩序和工业生产秩序;在职工群众中进行说服教育工作,停止武斗,消除分歧;着手重建各省、市、自治区领导机构和工业管理部门、厂矿企业的领导机构。

接着,又恢复了中断两年的计划工作。1968 年 12 月 12 日,周恩来总理指示成立计划起草小组,编制 1969 年国民经济计划。这是为恢复经济所做的重大努力。1969 年 2 月 16 日召开的全国计划座谈会,讨论了起草小组编制的《一九六九年国民经济计划纲要(草稿)》,决定边执行、边讨论、边补充。从此,中断了两年的计划工作,终于克服重重障碍得到了恢复。

同时,恢复各工业主管部和其他综合经济部门的工作。1970 年 6 月,国务院原有的部委和直属机构进行调整、合并,并确定了编制。在这前后,煤炭、冶金、电力、轻工等几个工业部和财政部、中国人民银行等单位相继召开了专业会议,部署了工作。

毛泽东虽然在全局上一直坚持“文化大革命”的错误,但也制止和纠正过一些具体错误。周恩来做了大量艰苦细致的工作,推动各省、市、自治区和中央各部门分裂成两派的群众联合起来,建立临时领导机构,恢复秩序,恢复工作。

这样,1969 年,我国工业生产建设由连续两年下降,转向回升。当年工业总产值达到 1665 亿元,比 1968 年增长了 34.3%。1970 年,工业总产值达到 2080 亿元,比 1969 年又增长了 30.7%。[①]

第四节 “三个突破”和工业调整

一、“三个突破”

20 世纪 70 年代初期,执行第四个五年工业发展计划不久,我国经济生活中出现了“三个突破”的问题,即职工人数突破 5000 万、工资支出突破 300 亿元、粮食销量突破 800 亿斤。1970 年和 1971 年两年,原计划增加职工 306 万,实际增加了 983 万,超出计划两倍以上。1971 年年底,职工总数达到 5319 万。按计划,1971 年全国的工资总额,应当控制在

---

① 《中国统计年鉴》(1984),中国统计出版社 1984 年版,第 25 页。

296 亿元以内，实际上却达到了 302 亿元。1971 年，粮食销量计划指标为 794 亿斤，实际销售量达到了 855 亿斤。

"三个突破"的出现，同工业生产的高指标有着直接的联系。高指标的问题，在执行第三个五年工业发展计划的末期，就开始出现了。第四个五年工业发展计划制订的指标就是高指标，各个地区、部门和企业在落实计划的时候，又层层加码，比赛"跃进"，形成了一股不问具体条件的产量翻番风。例如，1970 年 4 月，在江西萍乡召开的全国煤炭工业会议上，确定的 1970 年煤炭生产计划，比国家年度计划又高了 11.6%。会议还提出：大干三年，扭转北煤南运，实现江南九省煤炭基本自给；力争 1975 年煤炭产量超过美苏，跃居世界第一位。1975 年，美国煤炭产量为 5.93 亿吨，苏联为 6.44 亿吨。我国 1969 年煤炭产量为 2.66 亿吨，要实现上述目标，五年中翻一番还要多。接着，在冶金部 5 月 13 日召开的全国重点钢铁企业座谈会上，在鞍山钢铁公司、本溪钢铁公司和武汉钢铁公司提出产量翻番的影响下，要求 1975 年钢产量达到 4000 万吨，生产能力达到 5000 万吨，高出国家计划 1000 万吨。电力工业部门也提出，1975 年发电能力超过英国和联邦德国。轻工部也提出，主要轻工产品五年翻一番，一般轻工产品实现省、市、自治区自给。

高指标使得基本建设规模急剧扩大。1969 年，包括工业在内的基本建设投资额为 186 亿元，1970 年猛增到 295 亿元，增长幅度高达 58.6%，造成了各方面的紧张。在 1970 年 12 月 16 日召开的全国计划会议上，尽管要求在 1971 年的经济工作中，注意保持清醒的头脑，不能不顾条件，什么都要大办。但由于缺乏具体的措施，高指标的问题并没有得到纠正，翻番风也没有能够刹住，因而基本建设规模继续扩大。1971 年，基本建设投资又在 1970 年的基础上增加了 26 亿元，总规模达到了 321 亿元的高水平。

基本建设规模的失控，导致了高积累。1969 年，国民收入中用于积累的部分为 357 亿元，积累率是 23.2%。1970 年，积累部分增加到 618 亿元，积累率一下上升到 32.9%。1971 年，积累达到 684 亿元，积累率继续上升，达到 34.1%。[①]

---

① 《中国统计年鉴》(1984)，中国统计出版社 1984 年版，第 32 页。

"三个突破"给工业和整个国民经济的发展带来一系列的问题。它超过了我国农业和轻工业的承受能力，超过了我国财力和物力所能允许的限度。1970年和1971年比计划多招收的983万职工中，有600多万人是直接从农村招收进入城市和工矿区的。一方面，过多、过快地减少农业劳动力不利于农村经济的发展；另一方面，短时间内大量增加吃商品粮的人口，增加了粮食供应的紧张。大量招收的新工人，特别是从农村招收的大批新工人，缺乏上岗前的培训，也没有掌握到需要的技术，又导致了劳动生产率的下降。例如，全国工业企业全员劳动生产率（按1970年不变价格计算）1971年比1970年降低了0.8%，1972年又比1971年下降了5.4%。而工资总额的膨胀，又给轻工市场以巨大的压力。消费品货源同购买力的差额，从1971年起趋向扩大。1972年消费品货源比当年消费品购买力小了17.8亿元。

二、工业调整

1971年9月，林彪反革命集团的政变阴谋被粉碎以后，在毛泽东的支持下，周恩来主持了党中央的日常工作。周恩来在批判林彪反革命集团炮制的"571工程纪要"的过程中，着手联系经济战线的实际，解决林彪一伙干扰破坏造成的恶果。他首先以很大的注意力，解决"三个突破"的问题。

"三个突破"是周恩来首先发现的。他在1971年12月16日至1972年2月12日举行的全国计划会议上，就严肃地指出了"三个突破"的危害，要全党注意解决。但是，由于开展批林整风，客观上又有江青等人的干扰，以致这个指示在实际工作中没有得到具体的贯彻。1972年，"三个突破"还在继续发展，年底职工人数达到了5610万，又超计划招收职工183万；职工工资总额达到340亿元，比1971年又增加38亿元；粮食销量达到927.2亿斤，比1971年又增加43.1亿斤，而当年的粮食统购量只有792.7亿斤，差额很大。为了解决这个问题，除增加进口以外，不得不挖粮食库存。这就又出现了粮食工作上的"一个窟窿"。在这种情况下，周恩来于1973年2月再一次提出了这个问题。他说：职工人数、工资总额、粮食销售量三项都突破了计划数字。去年讲了这个问题，但没有抓，确实没有"王法"了。他还提醒人们注意：货币发行到了最大警戒线。他要求一定要狠抓一下"三个突破"、"一个窟窿"的问题。

根据周恩来的指示，陆续采取了以下的调整措施：

第一，压缩工业基本建设规模，调整投资方向。

同 1971 年相比，1972 年，工业部门的基本建设投资减少了 21.24 亿元，国防工业和国防科研投资减少了 11.37 亿元。1973 年，工业部门和国防工业、国防科研投资又有所减少。经过两年调整，到 1973 年，工业投资的比重由 1971 年的 61.5% 降低为 53.8%；在工业内部，重工业投资比重由 61.5% 降低为 53.8%，轻工业投资比重由 3.7% 提高到 4.4%。

第二，调整"四五"计划，压缩工业高指标。

经中共中央 1973 年 5 月召开的工作会议讨论，同意对"四五"计划原定的一些主要指标进行压缩和调整。决定适当放慢大三线建设的进度。"四五"计划原定的工业年平均增长速度为 12.8%，下调为 7.7%。1975年钢的生产指标，由原定的 3500 万—4000 万吨，下调到 3000 万吨。

第三，精减职工。

把 1972 年超计划招收的职工精减下来，再动员一部分 1970 年从农村招收的临时工和基本建设占用的常年民工以及不符合国家规定进入城镇的人口返回农村，减少 500 万吃商品粮的人口。1973 年，不再从社会上招收新职工。与此同时，加强了劳动工资的集中统一管理，控制劳动计划和工资总额计划，重申劳动工资大权属于中央。

此外，整顿粮食销售工作，采取措施大力加强农业。

上述措施，对于纠正"三个突破"，堵塞"一个窟窿"，制止经济状况的恶化，产生了积极的作用。

为了克服企业和工业管理方面的混乱状态，推动经济的发展，周恩来在解决"三个突破"的同时，还领导工业部门展开了对于极左思潮和无政府主义的批判，整顿了工业企业的管理工作，加强了工业的集中统一管理。

整顿工业企业管理工作。整顿的内容包括：①按照党委领导下的厂长负责制的原则，建立强有力的生产指挥系统。②恢复和健全七项管理制度，即岗位责任制、考勤制度、技术操作规程、质量检验制度、设备管理和维修制度、安全生产制度以及经济核算制。③抓七项指标，即产量、品种、质量、原材料燃料动力消耗、劳动生产率、成本和利润。④贯彻按劳分配原则，实行正常的考工晋级制度，进行计时工资加奖励和计件工资的试点工作。⑤落实对干部、工人和技术人员的政策。

加强集中统一管理的具体措施是：①坚持统一计划，搞好综合平衡，主要是中央和省、市、自治区两级的平衡，反对各行其是。②不许乱上基本建设项目，不许随意扩大建设规模和增加建设内容。③职工总数、工资总额以及物价的控制权属于中央，任何地区、部门和个人无权擅自增加和改变。企业单位的劳动力要服从中央和省、市、自治区的统一调度。④严格执行物资分配计划和订货合同。保证物资调得动，不准随意中断协作关系。⑤加强资金管理，严禁拖欠、挪用税款和利润，不准用银行贷款和企业流动资金搞基本建设。⑥中央下放的大中型企业，由省、市、自治区或少数省属市管理，不能再层层下放。⑦加强纪律性，对于违反纪律的行为，要给予批评教育，违法乱纪的，要按照党纪国法给予处分和制裁。

第五节　工业整顿及其夭折

一、"批林批孔"使工业生产、建设重新陷于混乱

在周恩来主持中央日常工作期间，工业生产、建设开始出现转机。1973 年，工业总产值比 1972 年增长了 9.5%，[①] 超过计划增长速度 1.8 个百分点；包括工业在内的基本建设完成情况也超过上年；固定资产交付使用率比 1972 年提高了 13 个百分点。工业生产、建设和整个国民经济出现转机，不仅是纠正"三个突破"的结果，也是在经济领域批判极左思潮的初步成效。

江青一伙对周恩来批判极左十分不满。毛泽东也认为林彪不是极左，而是极右，当前的主要任务仍然是反对极右。江青等在批判极右的幌子下，于 1974 年发动了所谓"批林批孔"运动，并在工业战线上提出了所谓"批回潮"的口号。江青等还别有用心地提出"不为错误路线生产"的口号，支持少数野心分子、打砸抢分子重演"文化大革命"初期对各级领导干部肆意辱骂、揪斗的故技。

"批林批孔"使工业战线重新陷于严重混乱的状态。许多企业停工停产，或者处于瘫痪、半瘫痪的局面，无法正常生产。1974 年年底，工业

---

① 《中国统计年鉴》(1984)，中国统计出版社 1984 年版，第 26 页。

总产值仅完成年计划的93.2%。同上年相比，工业增长速度下降了9.2个百分点，[①] 包括工业部门在内的固定资产交付使用率下降了5.3个百分点。

二、工业的整顿和成效

"批林批孔"使有所转机的经济状况再度恶化的严峻事实，引起了党内外广大干部和群众的不满。1974年10月4日，毛泽东提议邓小平出任国务院第一副总理。接着，他陆续发表了"以安定团结为好"和"把国民经济搞上去"的意见。1975年1月13日至17日，第四届全国人民代表大会第一次会议在北京举行。周恩来在政府工作报告中，重申了三届全国人大关于20世纪实现"四化"的宏伟设想。大会以后，周恩来病重住院，邓小平在毛泽东支持下主持中央的日常工作。

邓小平在主持中央工作期间，以无产阶级革命家的气魄，在极其困难的情况下，同"四人帮"的疯狂破坏和捣乱进行了针锋相对的斗争。邓小平认为，把国民经济搞上去是摆在全党和全国人民面前的最紧迫的任务。他为此用了最大的努力，排除"四人帮"的干扰，召开一系列的重要会议，制定一系列有重要指导意义的文件，采取一系列坚决果断的措施，对各个方面的工作进行全面的整顿。

邓小平对工业方面的整顿，给予了特别的重视，进行了卓有成效的工作。

第一，整顿铁路交通秩序。

"批林批孔"以来，徐州、郑州、南京、南昌等铁路局运输堵塞，津浦、京广、陇海、浙赣四条干线不能畅通，交通运输问题已经成为工业生产、建设顺利进行的重大障碍，并影响到职工的生活。邓小平决定首先从整顿铁路入手，打开局面。2月25日到3月8日，党中央在北京召开了解决铁路问题的全国工业书记会议。他在会上提出，解决铁路问题的办法就是要加强集中统一。邓小平郑重宣布：大派小派都要解散，对闹资产阶级派性的头头只等他一个月，再不转变，性质就变了。根据邓小平的讲话精神，中共中央于3月5日作出了《关于加强铁路工作的决定》。规定全国铁路由铁道部统一管理，在铁路系统中大力恢复和健全各项必要的规章制度，整顿铁路秩序。会后，各铁路局雷厉风行地贯彻决定的精神，形势迅

---

① 《中国统计年鉴》(1984)，中国统计出版社1984年版，第26页。

速好转。到 4 月份，堵塞严重的几个铁路局都已疏通；全国 20 个铁路局，除南昌铁路局以外，都超额完成装车计划，列车正点率也大大提高。铁路运输的好转，推动了工业生产。1—4 月，全国工业总产值比上年同期增长了 19.4%。

第二，整顿钢铁工业生产秩序。

铁路整顿工作的成功，全国为之震动，广大职工欢欣鼓舞。党中央决定乘胜前进，整顿钢铁生产秩序，解决前 4 个月欠产 195 万吨钢的问题。5 月 8 日至 10 日，中央在北京召开钢铁工业座谈会。邓小平提出了四条整顿办法：①从冶金部到工厂都要建立起强有力的、敢字当头的、有能力的领导班子，不能软、懒、散。②发动群众同资产阶级派性作斗争，寸土必争，寸步不让。③落实好政策，把受运动伤害的老工人、老干部、老劳模和技术骨干的积极性调动起来。④把必要的规章制度建立起来，大钢厂要有单独的、强有力的生产指挥系统。座谈会确定，全年 2600 万吨钢的生产指标不能降，欠产要补上，几个大钢厂要限期扭转局面。

冶金部根据中央的指示和座谈会的精神，对企业进行了初步整顿。6 月份，钢铁日产水平就超过年计划的平均日产水平，达到 72400 吨。

第三，着手整顿整个工业。

6 月 16 日到 8 月 11 日，国务院召开计划工作务虚会，就经济工作的路线、方针和政策问题进行研究和讨论。讨论中指出，当前经济生活中的主要问题是乱和散，必须狠抓整顿，强调集中。要整顿软、懒、散的班子；年老体弱的领导干部可以当顾问；对职工要严格训练和严格要求；要建立岗位责任制等各项生产管理制度；减少非生产人员；等等。

与此同时，国家计划委员会着手起草了《关于加快工业发展的若干问题》十四条。在讨论过程中，邓小平又提出了一些重要补充、修改意见，即：①确定以农业为基础、为农业服务的思想。工业越发展，越要把农业放在第一位。②引进国外的新技术、新设备。可以考虑同国外签订长期合同，引进它们的技术装备开采煤矿，用煤炭偿付。这是一个大政策。③加强企业的科学研究工作。这是多快好省地发展工业的一个重要途径。④整顿企业管理秩序。⑤抓好产品质量。质量第一是个重大政策。⑥恢复和健全规章制度。关键是建立责任制。现在积重难返，非突出地抓一下不可。不要怕挨批判，不要怕犯错误。⑦坚持按劳分配原则。所谓物质鼓励，过去并不多。不管贡献大小、技术高低、能力强弱、劳动轻重，工资都是四五十块钱，不符合按劳分配原则。计委根据这些意见加以补充，由十四条发展为二十条。

"二十条"的主要内容是：①不能把搞好生产当做"唯生产力论"和"业务挂帅"批判，学习理论必须促进安定团结、促进生产发展。②要调整"勇敢分子"当权的领导班子，把坏人篡夺的权力夺回来。③要划清造反派、反潮流分子同先进分子的界限，继续在职工中划分造反派和保守派是错误的。④要建立以岗位责任制为中心的生产管理制度，建立强有力的独立工作的生产指挥系统。⑤必须虚心学习外国的一切先进的东西，有计划有重点地引进国外的先进技术。⑥不劳动者不得食，各尽所能，按劳分配是社会主义原则。在现阶段，它是适合生产力发展要求的，必须坚持实行。不分劳动轻重、能力强弱、贡献大小，在分配上都一样，不利于调动群众的社会主义积极性。⑦所有干部、工人、科技人员都要走又红又专的道路。⑧必须加强纪律性，对违反纪律的行为要批评教育，严重的要给予处分，直至开除厂籍。

《关于加快工业发展的若干问题》实际上是一个在工业战线上较早地、系统地进行拨乱反正的指导性文件。邓小平评价说，需要有这样一个文件，毛泽东同志历来主张要有章程，有章程才能体现党的方针、政策。

由于江青一伙从中作梗，《工业二十条》没有形成正式文件。但是，它的基本精神在工业部门具有很大的影响。国务院的一些工业部纷纷学习这种做法，起草关于企业管理、基本建设管理、物资管理、财政管理、物价管理和劳动管理等方面的专门条例和规定。

经过 1975 年短短一年的整顿，我国工业战线的形势出现了明显的好转：正气抬头了，林彪、江青两个反革命集团长期培植的一小撮野心家、打砸抢分子及其煽动的极左思潮和无政府主义受到了打击，生产秩序大为好转，各项工作都有新的起色。这一年，工业比上年增长了 15.1%。[①]

三、工业整顿的夭折

邓小平所进行的一系列整顿工作，不仅在实际上触及了对于"文化大革命"这一全局性错误的批判，而且开始触及思想路线的问题。不但

---

① 《中国统计年鉴》(1984)，中国统计出版社 1984 年版，第 26 页。

为"四人帮"所反对,也为毛泽东所不容。所以,在1976年1月8日周恩来逝世后,就发动了所谓"批邓、反击右倾翻案风"运动。工业整顿从此夭折,工业战线好转的形势毁于一旦,再度出现混乱,工矿企业的生产秩序受到严重影响,工业发展又一次经受曲折。1976年,工业增长速度比低限计划还差6.9个百分点,比1975年下降了13.8个百分点。[1]

同周恩来主持工作期间所进行的工业调整工作一样,邓小平主持工作期间所进行的工业整顿,都不可能真正进行到底。这就雄辩地证明:不从全局上否定"文化大革命",不粉碎江青反革命集团,工业战线的问题是解决不了的,工业的顺利发展是没有保证的。

---

① 《中国统计年鉴》(1984),中国统计出版社1984年版,第26页。

第三章 三线地区的工业建设

第一节 三线建设的进程及其组织和管理

根据党中央和毛泽东关于加快三线后方建设的战略决策，从 1965 年起拉开大会战的序幕，1966 年就在更大的规模上展开了。

关于加快三线建设的决策的实施，大体可以划分为两个时期：

前五年即第三个五年计划时期，主要是以西南为重点开展三线建设，修筑连接西南的川黔、成昆、贵昆、襄渝、湘黔等几条重要干线；建设攀枝花、酒泉、武钢、包头、太钢五大钢铁基地，以及为国防服务的 10 个迁建和续建项目；煤炭工业重点建设贵州省的六枝、水城和盘县等 12 个矿区；电力工业重点建设四川省的映秀湾、龚咀，甘肃省的刘家峡等水电站和四川省的夹江、湖北省的青山等火电站；石油工业重点开发四川省的天然气；机械工业重点建设四川德阳重机厂、东风电机厂、贵州轴承厂等；化学工业主要建设为国防服务的项目。五年累计，内地建设投资达到 611.15 亿元，占全国基本建设投资的 66.8%。其中，三线地区的 11 个省、区的投资为 482.43 亿元，占全国基本建设投资总额的 52.7%。

后五年即第四个五年计划时期，三线建设的重点转向"三西"（豫西、鄂西、湘西）地区，同时继续进行大西南的建设。这期间，根据经济发展状况和战备的要求，将全国划分为西南、西北、中原、华南、华东、华北、东北、山东、闽赣和新疆十个经济协作区，要求在每个协作区内逐步建立不同水平、各有特点、各自为战、大力协同的工业体系和国民经济体系（山东、闽赣和新疆要建成"小而全"的经济体系），特别是要有计划有步骤地发展冶金、国防、机械、燃料动力和化学等工业部门。从投资总水平看，这五年，内地投资所占的比重稍有下降，五年累计为898.67亿元，占全国基本建设投资总额的53.5%。其中，三线11个省、区的投资额为690.98亿元，占全国基本建设投资总额的41.1%。

加快三线战略后方的建设，是循着两种方式进行的：一种方式是投资新建；另一种方式是沿海地区老企业向三线地区搬迁。后一种方式也伴有部分的新投资，以搬迁的部分为基础，加以补充或者进行扩建；前一种方式也主要采取老工业区、老企业支援新建项目的办法，而且强调支援三线"人要好人、马要好马"，对口包干，负责到底。这就加快了建设进度，使建设项目能在较短的时间内竣工投产。

三线建设期间，是我国沿海地区工业生产能力向腹地的一次大推移。在工业技术和管理经验上，是继"一五"时期之后，又一次全国性的传播与扩散。

1965年，国家基本建设委员会在北京专门召开全国搬迁工作会议，研究布置1966年的搬迁工作，就第三个五年计划期间的搬迁规划交换意见。会议确定，搬迁项目要实行大分散、小集中的原则，少数国防尖端项目要"分散、靠山、隐蔽"，有的还要进洞。

1966年5月9日，国家计委和国家建委就关于老工业基地、老企业支援内地建设问题，要求担负支援任务的地区和单位，要从筹建、施工到建成投产一包到底。包括为新厂配备领导班子和技术骨干，提供设备和材料，承担试验研究工作和提供技术资料，为投产初期提供必需的备品、备件等。

据1971年统计，1964年以来，全国内迁项目共计380个，包括145000名职工和38000多台设备。

林彪反革命集团对三线建设进行了严重的干扰和破坏。他们片面地强调三线工厂布点要"分散、靠山、隐蔽"，要进洞，人为地割断生产的有机联系。与此同时，他们又在全国范围内搞独立的、完整的大军工体系，乱批项目，乱要投资。他们鼓吹要"用打仗的观点，观察一切、检查一切、落实一切"，"打仗就是比例"，为他们盲目扩大军工生产、冲击国家计划制造论据。1969年6月，黄永胜、吴法宪、叶群、李作鹏、邱会作等人把持的军委办事组召开会议，提出了一个庞大的国防建设计划，对国民经济的发展造成了很大的冲击。当年的国防战备费比 1968 年猛增了 34%。1970 年和 1971 年又分别递增了 15% 和 17%。1969 年至 1971 年，国防工业和国防科研投资在国家总投资中的比重增长了很多。这不仅严重地影响了国民经济的发展，而且也给三线建设带来了极大的危害，造成了惊人的浪费。

三线建设是采取中央、西南"三线"建设委员会和建设项目现场指挥部三级分权管理的组织形式。中央一级负责制定三线建设的方针、政策，规划建设的布局，决定具体项目和投资计划，审查批准西南"三线"建设委员会的实施方案。西南"三线"建设委员会是中央设在西南地区负责直接领导和指挥"三线"建设的权力机构，由中央有关部委、中共中央西南局和四川、贵州、云南三省的负责干部组成，具体负责贯彻落实中央关于三线建设的方针、政策和建设计划，审定各个建设项目的设计方案、厂址选择和施工计划，并对实施情况进行督促、检查。建设项目的现场指挥部由建设单位、设计单位、施工单位、所在地区的地方党委和物资、银行等有关部门的负责干部或代表组成，一般由建设单位的负责人"牵头"，实行党委领导下的指挥部首长负责制。指挥部的职责主要是负责具体实施项目建设计划，统一指挥和协调各有关方面的工作，保证建设项目建设任务的完成。

同上述组织形式相适应，一些部门突破传统的管理办法，采取了一些具有改革精神的创新措施。例如，物资部门在物资管理方面，改变按行政区划设置供应机构、按行政渠道调拨物资的老框框，按建设布局和合理的物资流向设置物资供应机构，就近组织供应。当时，物资部在西南专设了指挥部，在成都、重庆、自贡、渡口等中心城市和重点建设地区设立物资局，划分供应范围，负责区内建设项目的物资供应。中央各部把一、二类物资指标交物资部，由物资部统一向生产企业订货，然后直接供到建设单位所在地的物资局，再配套供应给建设单位。机器设备由国家设备成套总局按每个项目提出的设备清单，向有关生产企业订货，组织成套供应。三类物资由国务院财贸办公室派驻在西南的工作组（包括商业、粮食、供销社等部门的代表），会同当地财贸部门组织货源，由所在地区物资局统一供应给建设单位。这种物资管理办法，在很大程度上克服了以往建设物资的供应不配套、不及时、不对路以及环节多、流向不合理等缺点。

在劳动管理方面,广泛推行了两种劳动制度。例如,建筑施工采取中央主管部门的专业建筑队伍、地方专业建筑队伍和农民建筑队伍"三结合"的办法,负责各项工程的施工任务,加快了施工进度;生产企业采取固定工、合同工和轮换工相结合的形式,节省不必要的支出,使生产第一线经常保持最佳年龄的劳动力。[①]

第二节　三线建设的成果和问题

三线建设的成果主要有:

第一,建成了一批重要项目。如四川攀枝花钢铁厂,甘肃酒泉钢铁厂,成都无缝钢管厂,贵州铝厂,湖北十堰汽车厂,四川大足汽车厂,四川德阳第二重型机械厂,贵州六盘水、四川室顶山和芙蓉山等大型煤矿,甘肃刘家峡、湖北丹江口等大型水力、火力发电厂,等等。

第二,形成了若干新的工业中心。如包括川、黔、滇在内的基本上完整的西南机械工业基地;包括鄂西、湘西、豫西在内的华中地区新的机械工业中心;以机床、轴承制造为特色的汉中工业区;以机床、工具、农机配件制造为特色的关中工业区;以仪表、低压电器、农机、轴承制造为特色的天水工业区;以仪表、机床制造为特色的银川工业区和以机床、拖拉机、内燃机制造为特色的西宁工业区;攀枝花大型钢铁基地;黔西大型煤炭、电力基地;西安、成都等新兴技术的中心和高、精、尖产品的生产基地。

第三,三线地区的某些省份一跃成为工业门类齐全、机械装备程度很高的地区。整个三线地区的工业生产能力,在全国占有很大的比重,四川省尤其占有重要的位置。三线建设期间,四川省基本建设投资规模达到393亿元,在三线建设总投资中占33.5%,在1966年至1975年国家基本建设投资总额中占16%,超过1965年全省工业固定资产原值的5.6倍。这期间,四川省新建、扩建、内迁来的以重工业为主的项目250多个。1975年,全省固定资产原值已达到182.3亿元,超过上海、黑龙江,仅次

---

① 《当代中国的经济体制改革》,中国社会科学出版社1984年版,第588—592页。

于辽宁，位居全国第二。在四川省工业部门中，各类机床的拥有量为12.4万台，占当年全国机床拥有量的6.5%，其中，大型机床和精密机床分别占全国同类机床数的8.6%和9.1%；锻压设备拥有量占全国的5.5%，其中，大型锻压设备占6.7%；炼钢能力占全国的7.1%；原煤开采能力占全国的6.8%；发电装机容量占全国的6.4%。其他如湖北、河南、陕西等省，经过三线建设时期的工作，都建立起了相当程度的工业基础。

三线建设伴随着对于战争危险的过于严重的估计，又时值十年动乱的时期，从整体的设想，到具体的做法，都很明显地受到了这两种因素的重大影响。所以，三线建设的规模安排得过大，建设速度要求得过快，而且没有经过周到、充分的准备，决策以后就立即上马，全面铺开了。在指导思想上，是想赶在战争爆发以前把三线大后方建设起来。在具体实施过程中，缺乏前期的准备工作，往往是边勘探、边设计、边施工，抢进度、抢时间。有些项目的选点定址都很匆忙，搞所谓"跑马选址"。摊子铺开以后，又受到了"文化大革命"的干扰和影响。因而，三线建设不仅在进行过程中出现了不少问题，而且留下了许多短时期内不容易解决的困难，甚至是无法弥补的缺陷。

第一，建设不配套。有些工业项目与城市或工矿区的建设不配套，生活服务和公用事业跟不上去；有些工业项目内部也不配套，辅助部分上不去，缺东少西，形不成综合生产能力。

第二，选址失误或者厂区布置不当。有的项目虽然建成了，因为缺水、缺电或者交通运输有问题，根本不具备正常生产的条件。厂址"靠山、分散、隐蔽"甚至进洞的结果，使一些项目的厂区布置极不合理，增加了投资，加大以后的生产费用。有工厂进洞过深，成为长期的隐患。

第三，生产成本一般较高。许多项目地处山区，搞了大量防洪工程、厂外管线、道路和社会服务设施。这类固定资产的比重大、运输费用高，增加了成本开支，同沿海同类企业相比处于极为不利的地位。

第四，有的建设项目生产方向不明确，建成以后没有具体任务。有的建设项目原定的生产方向不适合需要，有待转产；有的连转产都困难；有的虽然能够转产，经济上也不合算。

第五，企业管理工作薄弱。职工队伍由于种种原因不够稳定。

第六，区域工业组织工作跟不上去，外部生产协作条件差、困难多。

这些因素互相影响，使三线地区的工业生产能力不能充分发挥作用，设备的利用率很低。1975 年，三线地区工业固定资产原值占全国工业固定资产原值的 35%，而工业产值在全国工业总产值中仅占 25%。西南地区的机械工业，每个职工平均拥有的固定资产在全国占第一位，而按每万元固定资产计算的产值和劳动生产率，在全国却是倒数第一位。

除了三线建设本身存在问题以外，要求过快过急的三线建设，对我国整个工业的发展，乃至对国民经济的全局，都产生了一定的消极影响。这主要表现在以下几个方面：

首先，对沿海地区工业的发展有影响。"三五"时期，沿海地区的投资降到了新中国成立以来各个时期的最低点，在全国基本建设投资总额中仅占 30.9%，比"一五"时期下降了 10.9 个百分点。"四五"时期，沿海地区的投资虽然有所回升，比"一五"时期还是低 2.2 个百分点。10年合计，沿海地区的基本建设投资占全国基本建设投资总额的 35.2% 弱。这就直接影响了老企业和老工业基地的技术改造，不利于充分发挥沿海原有工业基础的作用。"三五"时期，用于老企业和老工业基地的改建和扩建项目的投资额比"一五"时期下降了 12.4 个百分点；比"四五"时期又下降了 2.6 个百分点。

其次，影响了轻工业的发展。"三五"时期，轻工业投资在全国基本建设投资总额中占 4.4%；"四五"时期，占 5.8%，都低于"一五"时期 6.4% 的水平。[①] 造成轻工业投资下降的一个直接原因，就是大量的投资用在三线地区的重工业建设上去了。

最后，由于同样的原因，国民经济许多部门的发展都受到了不同程度的影响。在国民经济基本建设投资总额构成中，低于"一五"时期投资比重的部门有：建筑业、地质勘探、商业饮食服务业、物资供销、科研文教卫生和社会福利以及城市公用事业等。建筑业、饮食服务和物资供销、科研文教卫生和社会福利在"三五"时期的绝对投资额，都低于"一五"时期，地质勘探甚至到"四五"时期仍然低于"一五"时期。[②]

三线建设的经验和教训有：

---

① 《中国统计年鉴》（1984），中国统计出版社 1984 年版，第 308 页。

② 《中国统计年鉴》（1984），中国统计出版社 1984 年版，第 386 页。

第一，在国家财力、物力许可的条件下，在一定的时期，有准备、有计划地在较大的规模上对一定的地区实行全面的综合开发，实行工业生产能力与生产技术的大踏步地向内地与边远地区的推进，不失为工业建设中的一种方策。但是，必须量力而行，必须兼顾国民经济各个部门之间和地区之间的协调发展，规模要适当，而且，应当有充分、周到的准备，要有科学的实施方案，经过各方面的论证，有领导、有秩序地进行。

第二，恰当调节工业地区布局中的国防战备要求与经济合理性之间的矛盾，根据不同的时间、地点、条件等因素，因事制宜，区别对待。看来，即使是备战项目，完全不考虑自然规律和客观经济规律的要求，也不容易长期维持下去。

第三，正确处理支援内地、支持边远落后地区建设中政治动员工作与必要的物质待遇的关系，以利于职工队伍的稳定，为内地工业技术水平与经济效益的提高努力工作。

第四章　地方"五小"工业和城乡
集体工业的发展

第一节　地方"五小"工业的发展

经过 20 世纪 60 年代前半期的国民经济调整,在"大跃进"年代发展起来的地方"小、土、群"工业纷纷下马。进入 60 年代后半期,随着第三个五年计划的执行,发展地方"五小"工业的问题又重新提了出来。

这一次提出加快发展地方"五小"工业,是直接服从于加速实现农业机械化任务的需要,以支援农业为主要目标,发挥地方特别是地、县两级的积极性,举办为农业服务的"小钢铁、小机械、小化肥、小煤窑、小水泥"的"五小"工业。以后"五小"工业的含义又有发展,成为泛指主要为地、县两级举办的小型工业。

"文化大革命"的发动和初期的剧烈动荡,使地方"五小"工业的发展一度受到严重影响。1970 年 2 月,全国计划会议重新强调要大力发展地方"五小"工业,各省、市、自治区都要建立自己的小煤矿、小钢铁厂、小有色金属厂矿、小化肥厂、小电站、小水泥厂和小机械厂,形成为农业服务的地方工业体系。1971 年 8 月,国务院在关于加速实现农业机械化问题的报告中,把发展以钢铁等原材料为主的地方"五小"工业,看做是加速实现农业机械化的重要物质基础。国家对于"五小"工业的发展,提供了重要的财政支持:从 1970 年起的五年内,中央财政安排了80 亿元专项资金,由省、市、自治区统一掌握,重点使用,扶植"五小"

工业的发展；新建的县办"五小"企业，在两三年内所得的利润，60%留给县级财政继续用于发展"五小"工业；对于暂时亏损的"五小"工业，经省、市、自治区批准，可以由财政给予补贴，或者在一定时期内减免税收，资金确有困难的，银行或信用社还可以给予贷款支持。

地方对于发展"五小"工业表现出了巨大的热情。这是因为举办"五小"工业不仅可以满足当地的需要，支援农业的发展，同时能够解决日益突出的劳动就业问题，增加地方的财政收入，解救地方的财政困难。所以，在中央财政支持之外，地、县两级的投资也逐年增加。1970年地方财政预算外资金用于发展"五小"工业的投资只有100万元，到1973年增加到1.48亿元，1975年又增加到2.79亿元。

"五小"工业在多种因素的推动下，很快发展起来。1970年，全国有将近300个县、市办起了小钢铁厂，有20多个省、市、自治区建起了手扶拖拉机厂、小型动力机械厂和各种小型农机具制造厂，有90%左右的县建立了农机修造厂。据不完全统计，1970年地方小钢铁厂的炼铁能力比上年增长了1.5倍，生铁产量增长了1.8倍，小化肥厂生产的氮肥和合成氨增长了60%—70%。到1975年，"五小"工业中的钢、原煤、水泥和化肥年产量分别占全国总产量的6.8%、37.1%、58.8%和69%。

农业机械、化学肥料、水泥是直接为农业生产、建设服务的行业，1966年至1976年，"五小"工业企业在这三个行业尤其有长足的发展，"小农机"、"小氮肥"、"小水泥"构成了"五小"工业的骨干力量。

这一时期，"五小"工业的发展由于指导思想上的片面性，上得过急、过猛，盲目性很大，出现了许多问题。

第一，在强调加速发展"五小"工业的同时，没有能够很好地解决地方的积极性同国家的综合平衡如何统一起来的问题。20世纪70年代初国民经济出现"三个突破"，其中一个重要的原因，就是"五小"工业的摊子铺得过大。1970年至1972年的三年中，"五小"工业每年新办的企业都在1万户以上。1970年、1971年两年仅县办工业就新增职工400万人，占这两年全国新增职工的40.7%。

第二，在确定项目、选择厂址上，缺乏统一规划，不作技术经济论证，一哄而起，重复布点。许多工厂建成了，产品没有销路，农机修造厂的发展就是这样，出现了生产能力过剩的问题。有的是原料来源不落实，燃料动力没有保证，这特别表现在小氮肥的发展上。再就是不问技术上是否具备条件，盲目建厂，长期亏损。吉林省 1976 年工业亏损额为 2.33 亿元，其中"五小"工业占了很大一部分。

第三，片面强调所谓土法上马，因陋就简，结果是设备陈旧，生产工艺落后，消耗大，成本高，产品质量差。

第四，在一味突出发展重工业、强调形成地方工业体系的思想支配下，盲目贯彻执行以发展"五小"工业为主的精神，忽视举办投资少、见效快而又不与大工业争原材料、争能源的项目，对发展传统手工业和为大工业服务的项目也重视不够，使不少地方的"五小"工业缺乏牢固的基础，长期背上亏损的包袱。

1973 年 2 月，周恩来指出了当时"五小"工业发展中的问题，提出了发展"五小"的原则和解决问题的措施，指出要对现有"五小"企业进行整顿。但在当时的条件下，这些指示并没有认真地贯彻。

第二节 城乡集体工业的发展

一、城镇集体工业的发展

经过经济调整，到 1965 年城镇集体工业得到恢复，并有了一定的发展。但是，在"文化大革命"中，又一次刮起平调风，对待城镇集体所有制工业像对待全民所有制工业一样，随意上收或者下放，转产或者合并，还搞所谓"升级"、"过渡"。北京市二轻局系统的 110 个合作工厂就有 60 个"过渡"为国营工厂。天津市撤销了按行业管理集体工业的各专业公司，将市属 664 个厂，包括近 30 万名职工的集体企业全部下放到各区，并随意指令转户，仅 1971 年五金等行业就减少了 286 种日用工业品的生产。

"文化大革命"时期对城镇集体工业的管理，在许多方面还采取了类似对待国营工业的管理办法。这特别表现在对"大集体"企业的管理上，处处套用国营企业的管理办法，在财务上实行地方政府主管局统一核算、统负盈亏和资金统一供给的办法，"吃大锅饭"。企业的供产销活动和人财物的管理也要由主管局决定，但这只是问题的一方面；另一方面，城镇集体工业在原材料、机器设备、燃料动力的供应上，不能享受同国营工业一样的待遇。计划和物资部门是按照"先国营，后集体"的原则进行安排。缺口大的时候，只给国营企业，不给集体企业，有些集体工业企业的产品已经在国内外市场上享有盛誉，它们的物资供应还不能纳入国家计划给予保证。街道集体工业一直被电力部门列为非生产单位，不仅不能根据生产需要供应电力，电价也要高于国营企业。在劳动政策上，对集体工业企业的招工限制很多，常常规定必须招收素质低的社会闲散人员和病残青年。城镇集体工业的工资待遇，一方面规定要参照国营企业的工资制度和升级办法，不能自行其是；另一方面又规定他们的工资水平和福利标准不能向国营企业职工看齐，只能低于国营企业。在集体工业内部，又规定"小集体"企业要低于"大集体"企业。就连粮食的补助也要按国营、"大集体"、"小集体"划分等级，依次递减。

所有这些必然限制了城镇集体工业的发展。

然而，城镇集体工业毕竟不同于全民所有制工业的"大锅饭"和"铁饭碗"。因而在十年动乱期间，它并不像全民所有制企业那样，搞什么"停产闹革命"，大体上还能够进行正常生产。再加上"文化大革命"时期，有大量知识青年待业，城镇集体工业成为他们就业的重要出路。同时，安排就业又有它的有利条件。据上海市手工业局调查，局属集体工业企业安排一个劳动力所需要的技术装备只要2278元。全民所有制企业却要10049元。据辽宁省十个城市统计，平均每个职工装备的固定资产，全民所有制工业企业为9960元，集体工业企业只有1129元。集体工业依靠这个有利条件使大批知识青年走上了工作岗位。1976年，城镇集体工业的职工人数总计达到1076万，比1965年增加了1.1倍。①

这里需要着重提出，在城镇集体工业的发展中，街道工业是一支活跃的力量。街道工业被称为"小集体"。它的发展，完全靠自己筹集资金，自己寻找原材料，自己打开产品销路，实行完全意义上的独立核算，自负盈亏。在隶属关系和管理体制上，既不属于各级政府的主管部、局，也不属于二轻系统，一般都是街道办事处为解决待业青年的就业问题和困难户的生计问题办起来的。1970年以后，一些国营厂矿、机关、学校和事业单位，为解决本单位子女和家属的就业问题，也纷纷仿照街道工厂的办法

---

① 《中国统计年鉴》(1983)，中国统计出版社1983年版，第134页。

办起家属工厂。这些企业由于有本单位的支持和帮助，比一般街道工厂的条件要好一些。当时，整个工业生产不正常，一些国家工厂不得不较多地发展外加工，或将某些产品转移出去。"小集体"工业便利用这种机会谋求生存和发展。有的利用大工业的边角废料搞加工，有的直接承担大工业的加工任务，有的为大工业拾遗补缺。上海市街道工业产值 1976 年达到了 10.9 亿元，比 1966 年增长了近 3 倍。

这样，在 1966 年至 1976 年的十年间，在城市工业的发展中，集体所有制工业的发展速度快于全民所有制工业的发展速度。1965 年至 1970年，全民所有制工业平均每年增长 11.4%，集体工业平均每年增长12.6%。1971 年至 1976 年，全民所有制工业平均每年只增长 4.9%，集体所有制工业的增长速度平均每年达到了 3.1%。

城镇集体工业的经济效益也高于全民所有制工业。根据 1975 年的统计资料，全民所有制工业每百元固定资产（原值）的利润率为 15%，集体工业（含社办工业）为 43.8%，几乎高出 3 倍。

上海市手工业局系统的集体所有制企业，平均每人装备的固定资产比全市工业平均水平低一半还多，但是，每百元固定资产实现的利润和税金则高出全市工业平均水平的 1 倍以上。北京市城镇集体工业每百元固定资产实现的利润，1975 年和 1976 年分别是 65.5 元和 63 元，而全民所有制工业只有 28.7 元和 24.5 元。天津市集体工业（含社办工业）1975 年每百元固定资产提供的利润和税金为 91.86 元，全民所有制工业为 46.69元，也几乎相差 1 倍。

在 1965 年至 1976 年间，城镇集体工业的产值由 133.1 亿元增长到489.4 亿元，占工业总产值的比重由 9.6% 上升到 15%。①

二、农村社队工业的发展

我国农村社队工业在 20 世纪 50 年代末和 60 年代初的大发展以后，经历了一个收缩和下马的时期。1961 年，社办工业产值达到 19.8 亿元；1963 年下降为 4.2 亿元。此后，随着农业生产的逐步恢复和发展，社队工业也开始缓慢恢复。1965 年，社队工业产值恢复到了 5.3 亿元。② 接着

---

① 《中国统计年鉴》（1983），中国统计出版社 1983 年版，第 214—215 页。
② 《中国统计年鉴》（1983），中国统计出版社 1983 年版，第 214 页。

到来的动乱时期，虽然不间断地大批所谓资本主义，给社队工业的恢复和发展设置了许多障碍，但并没有挡住农村社队工业勃兴的势头。

20世纪60年代后半期，特别是进入70年代，农村社队工业的勃兴不是偶然的，它是我国农村经济发展的产物，是广大农民要求开辟新的生产门路、要求改变穷困状况的产物。50年代末期，社队工业的兴办和发展虽然也有这个因素，然而，更大的成分是"大跃进"年代全民"为钢铁翻番而战"的产物，而且一拥而上，丢了农业，缺乏扎实的基础。这次农村社队工业的勃兴，具有不同的特点。农业生产特别是粮食生产已经得到恢复，并有了新的发展。1966年粮食生产已经超过创历史最高纪录的1958年，达到21400万吨。1970年又达到23996万吨，1976年达到28631万吨，比1965年增产了9178万吨，增长了47.2%。1971年至1976年，我国人均粮食占有量一直维持在600斤左右，比60年代前半期增加了50斤到90斤。按1976年农村人口计算的人均粮食产量，已经达到740斤。粮食生产的发展，提供了社队工业发展的基础和条件。我国农村本来人口多，耕地不足。60年代后期，劳动力出现越来越多的剩余。例如，1952年时农村劳动力有17319万个，各类农业机械总动力为25万马力，机耕面积仅占耕地面积的0.1%。1965年，各类农业机械总动力发展到1494万马力，机耕面积提高到15%，农业劳动力也增加到23398万个，实际耕地面积比1952年时还有所减少，劳动力过剩已经成为广大农村的一个大问题。这种状况在人口密度高的地区尤其突出。农民不可能在有限的土地上不计成本地投入过量的劳动，何况农产品价格偏低，早已不利于农业的集约化经营，特别是在粮食生产上出现了增产不增收，甚至增产反而亏本的反常情况。这就推动农民千方百计去开辟新的生产门路，走办工业的道路。

十年政治动乱，一方面，给社队工业造成了困难；另一方面，客观上又在某些方面造成了社队工业发展的条件。从城市党政机关、科学研究机构、大专院校下放的各类人员和来自各行各业的上山下乡知识青年，给农村带来了科学文化技术知识，同时又不断传递着经济信息，密切了城乡之间和工农业之间的联系，加上当时大工业开工不足，市场又有急迫的需求，这就成为社队工业赖以发展的有利因素。

农村社队工业同城镇小集体工业一样，初创阶段困难很多，机器设备和劳动条件甚至更加简陋。社队工业的兴办和存在是"寄生"在农业身上的，工业部门并没有它的"户口"，国家计划中没有它的位置，各级经委和工业主管部、局也不管它，因而，在机器设备、原材料和燃料动力的供应上就没有可靠的来源，在产品的销售上也没有正式的渠道。在这些方面，比城镇集体工业的"待遇"更低。但是，这种特殊的情形，在某种意义上又成为它比城镇集体工业具有更强的生命力的因素。

第一，由于它处在"两不管"的夹缝，即身在农口，工业不管它；在农口又不务农，农口也管不了多少，这就使它得以享有比较完全的经营管理自主权，有较高的灵活性，去适应环境，谋求生存和发展。

第二，因为计划部门没有它的"户口"，所以它一开始就同市场建立起密切的联系，在竞争中安排供、产、销活动，并接受市场机制的考验与检验，使它具有较强的应变能力和竞争能力。

第三，它同农业有着直接的联系，较早地吸收了农业劳动管理中的优点，实行了比较灵活的劳动制度和分配制度，没有城市工业中呆板、僵死和吃"大锅饭"的积弊。所以，在装备程度低的情况下，能够有较高的劳动生产率。

农村社队工业这些长处，在很大程度弥补了它的短处，较快地积累了资金，壮大了自己。

1975 年，邓小平主持中央日常工作，对于社队工业明确加以肯定，积极给予支持，确定它的发展方针主要是为农业生产服务，为人民生活服务，有条件时，也要为大工业、为出口服务；要充分利用本地资源，发展种植业、养殖业、加工业和采矿业；要求各级党委采取有力措施，推动社队工业更好更快地发展。从此，社队工业的前进步伐比过去更快了。

在 1965 年至 1976 年期间，按不变价格计算，社办工业产值由 5.3 亿元增长到 123.9 亿元，在工业总产值中的比重由 0.4% 上升到 3.8%；[①] 队办工业产值由 38.8 亿元增长到 119.6 亿元。

社队工业的发展，使农村经济结构开始出现新的变化，并初步显示出在繁荣农村经济中将会产生越来越重要的作用。据统计，1971 年时，社队工业在农、林、牧、副、渔、工六业总产值中的比重还只有 6.9%；

---

① 《中国统计年鉴》（1983），中国统计出版社 1983 年版，第 214—215 页。

1976 年，已经提高到 16.9%。在社队工业发展较早较快的江苏省，更能看到这种前景。1965 年时，社队工业产值在全省农、副、工三业总产值中的比重为 6.7%，1970 年时上升为 13%，1976 年提高到 40%。社队工业在为发展农业机械化事业，开展农田水利建设和帮助贫困队改变面貌方面，从资金上给了有力的支持。上海市川沙县 1971 年至 1974 年用于农业机械化投资的 2500 万元中，87.5% 是来自社队企业的利润。

社队工业的发展，为农村剩余劳动力提供了一条重要出路。1976 年，在社队工业中务工的社员达到了 1769.8 万人，约占农村劳动力的 6%。社队工业发展快的江苏省无锡县，农村劳动力中投入工业的劳动力已占 15.6%。凡是发展社队工业的地方，都使农民增加了收入，生活有不同程度的改善。

社队工业的发展开始突破当地资源和市场的局限，逐渐形成包括采矿、冶炼、机械制造、石油、化工、电子、仪表、建材、轻工、纺织等众多门类的工业，成为工业的一支重要力量。

第五章　工业经济管理体制的又一次改革

第一节　改革问题重新提出的历史背景

60 年代末 70 年代初，我国又进行了一场全国规模的工业管理体制改革。这是继 50 年代后期之后的又一次改革。

50 年代后期的改革，没有能够解决原有体制的弊病，由于受"大跃进"时期"左"倾错误思想的影响，反而产生了不良的后果，导致经济工作的半无政府状态。后来，更由于"天灾人祸"，发生了严重的经济困难。在接着进行的经济大调整中，不得不更多地强调集中统一，收回下放的权力。这样，不仅在事实上取消了大部分的改革措施，而且，原有体制中由于高度集权而僵化的现象，在某种程度上较前更为严重。我国工业管理体制从"一放就乱"的一端，又走到了"一收就死"的一端。主要的表现是下放的权力上收过头，又走了回头路。

企业上收过头，地方的管理权限又缩小了。1957 年，企业下放地方以前，中央各部所属企事业单位共计 9300 多个，工业产值占整个工业总产值的 39.7%。1958 年，企业下放地方以后，中央各部所属企事业单位减少到 1200 个，工业产值所占比重降低为 13.8%。下放企业上收以后，包括新建的企业在内，1965 年中央各部直属企事业单位达到 10533 个，超过了企业下放前的数目。这些企业的工业产值在整个工业总产值中的比重上升到 42.2%，其中属于生产资料的部分占到 55.1%。① 中央各部管理这样多的企业，不得不把主要的精力用在日常供、产、销的调度上，去管那些不该管，也管不了的事情。与此同时，地方管理工业的权限大大缩小了，企业的自主权也缩小了。不仅在许多方面恢复到改革以前的状况，有些地方的集权程度比过去更厉害了。例如，在财权方面，从 1957 年起实行的利润留成制度也停止执行，缩小了企业享有的财权。

工业管理体制的更加集权，积极的方面，是有利于国民经济的调整，较快地渡过了困难时期；消极的结果，是又把经济活动管死了，不利于调动地方和企业的积极性。

辽宁省是我国重要的重工业基地之一，大、中型骨干企业比较多。下放的企业上收以后，主管部管得很死，地方没有一点机动权，甚至连工厂替换下来的废旧设备和工具用品、长期积压的产品和材料，以及废次品、边角废料等都不能动。有些工厂设备闲置，也不能接受地方安排的任务。60 年代末期，这个省有三百多家部属企业开工不足，闲着不少设备，地方和企业都没有权力解决。这些企业在一放一收之间还带来一个新的问题，这就是"多头领导"，社会负担越来越重。第一机械工业部、冶金工业部和化学工业部在沈阳的一些直属企业，主管部、辽宁省、沈阳市，甚至企业所在地的市辖区都插手企业，布置任务；四面八方都向它们伸手，要求支援农业、兴办学校、修筑道路、扶植街道工厂等。总之，一方面中央集权过多，过死；另一方面政出多门、领导多头，这种矛盾的现象集中反映在基层单位，地方和企业都有意见，迫切要求改变现状。

这次工业管理体制改革在 60 年代末和 70 年代初推行，还有当时客观因素的推动。

调整时期，党和政府对于集权过多带来的问题实际上已有觉察。随着调整工作的胜利，国民经济的恢复，党中央和国务院也已经着手采取措施，适当扩大地方的权限，对工业管理体制的某些环节进行改革性的试验。1963 年 3 月，毛泽东在给刘少奇的一封信中说："一切统一于中央，卡得死死的，不是好办法。"② 接着，他在杭州政治局扩大会议上又提出"虚君共和"的主张。他说，中央还是虚君共和好。中央只管虚，只管政

---

① 《当代中国的经济体制改革》，中国社会科学出版社 1984 年版，第 70、100 页。
② 毛泽东：《关于农业机械化问题的一封信》，《人民日报》1977 年 12 月 26 日。

策方针，不管实，或少管点实。他批评中央部门对下放的工厂收多了，凡是收的都叫他们出中央，到地方去，"连人带马"都出去。

由于"文化大革命"的发动，推迟了这一行动。第四个五年计划提出了一系列高指标，并把希望寄托在改革工业管理体制上；同时，与计划提出的大办"五小"工业，建设不同水平、各有特点、各自为战、大力协同的经济协作区和各省、市、自治区的地方工业体系的目标相适应，也要求扩大地方的管理权限，以满足上述两方面的需要。在经过1967年至1968年最混乱的两年以后，动荡的局面稍有平息，有可能重新提出改革的问题。

这次改革提出的主要课题，还是解决中央集权与地方分权即"条条"与"块块"的关系问题，扩大地方对于工业和整个经济的管理权，以体现毛泽东关于"虚君共和"的思想，并适应各省、市、自治区特别是经济协作区建立地方工业体系的需要。从这个基本思想出发，下放中央直属企事业单位，就成为改革的主要内容，并相应地下放财政管理权、物资管理权和计划管理权。与此同时，适当调整国家与企业之间的关系，扩大企业的权力。

第二节　改革的过程

一、改革的措施

1969年2月26日到3月24日，在全国计划座谈会上，曾经就改革的问题进行专门讨论。当时，首先考虑的是企业管理体制问题。会议提出，要以"块块"（即地方）管理为主。中央直属企业可以分为地方管理、中央管理和双重领导这三种形式。

（一）下放企业。

1970年3月5日，国务院拟定关于工业交通各部直属企业下放地方管理的通知，要求国务院工交各部把绝大部分直属企业、事业单位下放给地方管理；少数由中央部和地方双重领导，以地方为主；极少数的大型或骨干企业，由中央和地方双重领导，以中央为主。正在施工的基本建设项目也按这样的精神，分别下放地方管理。"通知"规定，企业下放要在1970年内完成。根据国务院通知的精神和要求，一场以下放企业为中心的工业管理体制改革，便在全国范围内展开了。经过 1970 年这次大规模的企业下放，连同在这以前煤炭先行下放的 22 个矿务局，中央部属企业（不含军工企业）共剩下 142 家，比 1965 年的 10533 家减少了 86.5%；这些企业的工业产值在全民所有制工业总产值中的比重下降为 8% 左右。①

若干主要工业部门企业下放的情况如下：

机械工业部系统：第八机械工业部与第一机械工业部于 1970 年 4 月合并后，共有部属企业 310 个，到年底，共下放 277 个，占 89%。其中，完全下放给地方管理的 233 个，中央与地方双重领导、以地方为主的 38 个。第一汽车厂、第二汽车厂、第一重机厂、第二重机厂、洛阳拖拉机厂、西安电力机械制造公司等关系国民经济全局的重点骨干企业，也都下放地方。

冶金工业部系统：原有 70 个直属大型联合企业、重点建设单位和主要特殊钢厂，除两个独立矿山、攀枝花钢铁公司和长城钢厂外，包括鞍山钢铁公司、武汉钢铁公司、包头钢铁公司、太原钢铁公司、首都钢铁公司等 24 家钢铁企业在内，都下放省、市、自治区管理，或双重领导（以地方为主）。上述 24 家钢铁企业按 1975 年产量计算，占全国钢产量的 55%。

煤炭工业部系统：原有 72 个直属矿务局，全部下放地方管理。

纺织工业部系统：棉、毛、麻、丝等纺织加工行业的企业，自 1958 年下放以后，一直由地方管理；主要是纺织机械行业的企业自 1963 年上收以后，由纺织工业部归口管理。1970 年，又将这个行业的 24 个骨干厂全部下放地方管理。

中央部属企业、事业单位的下放，有两种情况：多数下放到省、市、自治区一级；一部分下放到省、市、自治区后又继续下放，有的下放到省属市，有的一直下放到区、县、市，出现层层下放的情况。

随着中央部属企业的下放，有些省属企业也纷纷下放。在冶金系统，有的省属企业下放到了专区，有的一直下放到县或镇。

（二）下放财权、物权和计划管理权。

下放财权、物权和计划管理权是扩大地方工业管理权限的必要组成部分，也是企业下放提出的要求。在这些方面主要采取了以下措施：

———————————

① 《当代中国经济体制改革》，中国社会科学出版社 1984 年版，第 137、297 页。

1. 实行财政大包干。以扩大地方财权为重要内容的财政体制改革，基本的办法是实行大包干。

（1）1971 年至 1973 年，实行收支包干的体制，即定收定支、收支包干。凡地方收支核定后收入大于支出的，包干上缴中央财政；支出大于收入的，由中央财政按差额包干补助，结余留用或者实行全额分成的办法。关于收支的划分范围是，国家财政收入中，除中央部属企业收入和关税收入归中央外，其余全部归地方；国家财政支出中，除中央部门直接管理的基本建设、国防战备、对外援助、国家物资储备等支出归中央外，其余划归地方。地方的预算收支，经中央综合平衡，核定下达。

大包干以后，短收和超支，地方自求平衡；超收或者结余，也归地方使用。这就调动了地方努力增收节支的积极性；同时，随着大批中央部属企事业单位的下放，也进一步扩大了地方财权。问题是，在执行中遇到了一些新的矛盾。一是收入打不准。年初分配给地方的财政收入指标，很难做到完全符合实际。结果，有的地区超收很多，有的地区没有超收，甚至短收，造成地方机动财力过于悬殊，苦乐不均。二是留给地方的机动财力不稳定。因为即使是同一个地区，也存在有的年份超收很多，有的年份又超收很少，甚至短收的情况，机动财力极不稳定，不利于地方统筹安排各项收支。三是包不死。因为超收的全部归地方支配。短收的不能保证上缴，还要中央补贴，实际上只包了一头。四是有些地区把包干指标又层层下包，导致地方机动财力的分散。

为了克服这些缺陷，新办法实行一年后，做了部分改变，即超收不满 1 亿元的，全部归地方；超过 1 亿元的，超收部分上缴中央财政 50%。但是，1972 年预算执行的结果，上述问题仍然没有解决：当年 14 个地区超收，地方共留成 9.3 亿元；15 个地区短收，共计 21.8 亿元。这些地区不仅不能保证上缴，中央还补贴它们 8 亿元，等于中央财政亏空了 29.8 亿元。这就增加了中央财政的困难。

（2）1974 年至 1975 年，在华北、东北地区和江苏省试行"收入按固定比例留成"的办法，即地方从所负责组织的收入中，按一定的比例提取地方机动财力，超收另定分成比例，支出按指标包干。这个办法，在肯定包干的前提下，对原来的办法作了较大的变更，既使地方在固定留成中保持一个相对稳定的机动财力，又鼓励地方努力增收，以获得一部分超收分成。由于这种办法存在另一种缺陷,在执行过程中,收支脱钩,短收不影响支出,地方无压力,平衡的任务都落在了中央财政的身上。

(3)1976年改行"收支挂钩、总额分成"的体制,即在地方定收定支后,多收可以多支,少收就要少支,总额分成,一年一定,类似1959年实行的"总额分成"制度。

在实行财政大包干的同时,还对基本建设管理体制进行改革,实行基本建设投资大包干,扩大地方的基本建设投资权。

具体的办法是:按照国家规定的基本建设任务,由地方负责包干建设,投资、设备、材料均由地方统筹安排,调剂使用,结余归地方。少数重点项目,地方单独承担有困难的,实行双重领导。从1974年起,基本建设投资改按"四、三、三"的比例分配,即基本建设投资额中的40%由中央主管部门掌握使用;30%由中央主管部商同地方共同安排,其余30%由地方自行掌握使用,以扩大地方对于基本建设投资的管理权。

为了支持"五小"工业的发展,中央财政从1970年起的五年内,拨出80亿元作为发展"五小"工业专项基金,交各省、市、自治区掌握使用。

2. 下放物资管理权,实行物资分配大包干。

(1)下放物资管理权。一是减少国家统配和部管物资的种类。从1972年起,国家统配和部管物资的种类,由1966年的579种减少到217种。其中,国家统配物资由326种减少到49种,部管物资从253种减少到168种,其余的物资管理权一律放下去。二是把下放企业的物资分配和供应工作同时下放地方管理。1972年,首先在华北地区和江苏省进行试点,有400多个下放企业、事业单位的物资分配和供应工作移交给了地方。

(2)对部分重要物资试行"地区平衡,差额调拨",即在国家统一计划下,实行地区平衡,差额调拨,品种调剂,保证上缴的"大包干"办法。从1971年起,在全国范围内对水泥实行"地区平衡,差额调拨";煤炭在20个省的范围内实行这一办法;辽宁、上海、天津等省、市分别对钢材、纯碱、烧碱、汽车、轮胎等产品实行地区平衡。从1972年起,在华北协作区和江苏省对国家统配和部管物资全面试行地区平衡的包干试点,以地方为主组织物资的分配和供应工作。

3. 改革计划管理体制。计划管理体制改革的目标是实行在中央统一领导下，自下而上，上下结合，"块块"为主，"条""块"结合的体制，在地区和部门计划的基础上，制订全国统一的计划。

由于扩大地方经济管理权出现了一些新的问题，更由于内乱不止，实际上，计划管理体制的改革大半成为空话，不了了之。

（三）简化税收、信贷、劳动工资制度。

对于税收、信贷、劳动工资这些经济调节手段，当时不是向着更灵活的方向改革，以更好地发挥它们的作用，而是循着缩小它们的职能，削弱它们的作用的方向进行变动。所以，这项措施是同改革的要求背道而驰的，从严格的意义上说，这并不能算是改革的措施。

1. 简化税制。1957 年以前，适应我国当时多种经济成分并存的情况，采用的是多种税、多次征的复税制。1958 年曾经进行过一次改革，简化了税制。1970 年，再次提出改革国营企业的工商税制度，并在一些地区进行了同一行业大体采用同一税率计征纳税的试点。1972 年 3 月 30 日，国务院颁发《中华人民共和国工商税条例（草案）》，对这次税制改革的具体办法，作了以下规定：

（1）合并税种，把工商统一税及其附加、城市房地产税、车船使用牌照税、盐税、屠宰税等几个税种统一合并为工商税一个税种。对国营企业，只征收工商税；对集体所有制企业，在征收工商税以后，再征所得税，改变了对一个企业征多种税的做法。

（2）简化税目、税率。税目由过去的 108 个，减为 44 个，税率由过去的 141 个，减为 82 个。多数企业可以简化到只用一个税率征税。

（3）一部分税收管理权下放给地方，赋予地方对当地新兴工业、"五小"企业、社队企业以及综合利用、协作生产等确定征税或减免税的权力。

2. 简化信贷制度。具体做法是，合并机构，下放权力，改变信贷方式，简化利率种类，下调利率水平等。1970 年 5 月 12 日，国务院根据中国人民银行军代表的报告，决定撤销华侨投资公司。同年 6 月 11 日，国务院批转财政部军代表和中国人民银行军代表《关于加强基建拨款工作改革建设银行机构的报告》，决定撤销建设银行，并入中国人民银行。

1971 年 8 月 11 日，经国务院批准，全面调整银行利率。调整的原则是：适当降低利率水平，简化利率种类，取消某种优待利率。根据调整方案，对社办企业的贷款利率，由 7.2‰降低为 3.6‰；国营工商企业的存款利率由 1.8‰降低为 1.5‰，贷款利率由 6‰和 4.8‰降低为 4.2‰；城镇集体经济与国营企业实行统一的利率，存款利率由 1.8‰降低为 1.5‰，贷款利率由 6‰降低为 4.2‰；城乡居民定期存款利率，原来存半年以上的为 2.7‰，一年以上的为 3.3‰，这次统一调整为 2.7‰。各项利率的调整，一般的情况是贷款利率降低 30% 左右，存款利率降低 20% 左右。调整方案规定，调整利率以后，国营企业少支付的利息部分，要作为利润上缴国家。

3. 简化劳动工资制度。1971 年 11 月 30 日，国务院发出通知，决定改革全国全民所有制企业、事业单位的临时工、轮换工制度，规定在常年性的生产和工作岗位上的临时工，凡是确实需要、本人政治历史清楚、表现好、年龄和健康状况又适合于继续工作的，可以转为固定工。只有临时性、季节性的生产、工作岗位，才允许使用临时工，他们在工作期间的政治待遇、粮食定量和劳动保护用品等与同工种的固定工一样，凡因工死亡或致残的，按固定工的劳动保险待遇执行。对于矿山井下的生产、工作岗位，从保护工人身体健康出发，可以继续使用轮换工。与此同时，国家还把增加临时工的批准权，下放到省属市和地区。当时，全国共有 900 多万临时工和轮换工，其中从事常年性生产的大约有 650 万人。根据国务院的规定，大批临时工和轮换工转为固定工。1971 年以前，临时工在职工总数中占 12% —14% ，改革以后下降为 6% 。

在工资制度上，实际上已经停止执行正常的晋级制度，计件工资制度也废止了。1969 年，又把企业综合奖改变为附加工资，固定发放，等于取消了奖励基金制度。

（四） 在一定程度上对国家与企业之间的关系进行调整。

调整国家与企业之间的关系，主要的措施是改革固定资产管理制度，适当扩大企业的财权。

我国的固定资产管理制度，既烦琐，又僵死，把企业的手脚捆得紧紧的，不利于企业进行挖潜、革新和改造。主要表现在：①资金渠道多，不利于统筹安排。有的从基本折旧基金抵留，有的由财政拨款。在财政拨款中，又划分为三项费用（技术组织措施、零星固定资产购置和劳动保护）、固定资产更新和各项专款等，十分烦琐。②基本建设投资中，有一部分是为老企业安排的属于简单再生产性质的投资，项目小，工程简单，放在一起用同样的办法管理，容易误事。③各项资金条条控制过死，企业的机动比较少，有些企业一个钱也拿不到，不利于调动企业的积极性。针对这些问题，国家计委、财政部于1966年12月发出了《一九六七年固定资产更新和技术改造资金的管理办法和分配计划（草案）》，提出了以下的改革办法：①把三项费用、固定资产更新和基本建设中属于简单再生产性质的投资，合并为一个渠道。②固定资产更新和技术改造资金，实行基本折旧基金抵留的办法，不再由预算拨款和采取利润留成的办法。③煤炭、林业、冶金等采掘、采伐企业的开拓延伸费用、固定资产更新和技术改造资金，按产量提取，摊入成本，不再提取基本折旧基金。④取消短线产品措施费、锅炉、柴油机、汽车、机车四种设备更新费等专款，统一并入固定资产更新和技术改造资金开支。⑤扩大企业机动权。基本折旧基金必须留给企业一部分；留多少，由各部或省、市、自治区确定。⑥实行基本折旧基金和大修理基金分提合用。在保证设备完好的前提下，大修理基金有多余，可以根据生产发展的需要，由企业统筹安排，但不得用于非生产性建设。⑦基本折旧率，大修理折旧率和煤炭、林业、冶金等采掘、采伐企业按产量提取费用的标准，由财政部统一管理。改变折旧率和提取标准，必须报财政部审批。

根据新办法，从1967年起，将三项费用、固定资产更新资金、从成本中提取的开拓延伸费等项资金合并，统称"固定资产更新和技术改造资金"，从企业提取的基本折旧基金中抵留，不再由预算拨款。地方企业，因为设备陈旧，需要更新改造的资金比较多，基本折旧基金全部留做更新改造资金使用。中央各部，根据设备新旧情况，以1966年财政拨给的三项费用和固定资产更新资金占基本折旧基金的比例为基础，协商确定。最高全部留用，最低留用30%，平均留用56.8%。煤炭企业更新改造资金的提取标准，每吨原煤规定为1.5元。森林采伐企业更新改造资金的提取标准，每立方米原木规定为6.5元。煤炭和森林采伐企业按产量提取更新改造资金以后，不再提取开拓延伸费和基本折旧基金。1971年，随着中央企业的下放，下放企业原来上缴财政的基本折旧基金部分，也同时下放给地方留做更新改造资金使用；中央各部，除第二机械工业部和水利电力部继续上缴60%以外，都留给企业作为更新改造资金使用。

在"文化大革命"期间，企业领导制度变动很大，这同"左"倾错误相联系，显然也算不上什么改革措施。在这十年中，依照企业领导制度的变动形式，可以划分为以下几个不同的时期：

1. 群众组织掌握企业的领导权时期。早在"文化大革命"前的"四清"运动中，一些工厂企业就已经开展所谓的"走资本主义道路的当权派"的斗争。1967年1月，张春桥、王洪文等首先在上海夺权，掀起所谓"一月风暴"。各地厂矿群众组织纷纷起来夺取本企业的党、政、财、文大权，砸碎所谓的旧机构，开始了群众组织掌权的时期。

2. "革命委员会"掌权时期。1968年8月，毛泽东指示：建立三结合的革命委员会，大批判，清理阶级队伍，整党，精简机构、改革不合理的规章制度、下放科室人员，工厂里的"斗、批、改"，大体经历这么几个阶段。于是，各企业单位相继建立革命委员会。在组织形式与组织制度上，由群众组织掌权过渡到"革命委员会"掌权。它集党、政、财、文大权于一身，集党、政、工、团、职工代表大会各个组织的权力于一身。

3. 党委"一元化"领导时期。1972年8月，中共中央、中央军委决定凡建立党委的地方和单位，军管会、军宣队、支左领导机构一律撤销，"三支两军"人员撤回部队，少数转业留在地方工作。"三支两军"人员撤回后，各级地方党委成员适当作了调整，主要由地方干部担任领导职务。企业通过整党，也陆续恢复党的生活，建立党委，开始进入党委"一元化"领导的时期。无论在正式文件中，或在实际工作中，党委会对企业各项工作实行"一元化"领导，成为最高的准则和绝对要求。

二、改革中的问题和解决的办法

（一）以"块块"为主管理企业有利于地方统一规划，发展地方需要的工业。但是，又同经济发展中客观存在的超越地区范围的相互依存关系产生了尖锐的矛盾，用行政手段斩断它们的联系，导致了经济生活的混乱，助长了地区封锁的倾向。

这次下放的企业，一般具有超越所在地区的、更为广泛的经济联系，物资供应一般仰赖众多的地区，甚至全国，销售市场也往往面对众多的地区或全国。"条条"管理时期，流弊虽然很多，但大体适合于它们经济联系范围宽广的需要。企业放到地方以后，各个地区又先从地区利益出发，相互切断一时看来不利于本区经济发展的经济联系，这就造成了原有协作关系的破坏，使企业面临严重的困难。在物资供应处于紧缺的状况下，国家统配和部管物资品种的减少，部分物资权的下放，也解决不了这个问题。当时在物资管理体制上实行的"大包干"办法，根本包不了这些企业的庞大需要。

（二）以"块块"为主管理工业，有利于繁荣地区经济。但是，同整个国民经济综合平衡、协调发展的要求也产生了较大的矛盾。这特别表现在地方竞相扩大基本建设投资规模和盲目发展从局部看来有利，从全局看来未必有利的项目。1970 年、1971 年两年，基本建设失控，出现"三个突破"，同上述情况有密切的联系。以辽宁省的情况为例，实行基本建设投资大包干以后，建设规模立刻膨胀起来。从 1971 年到 1975 年，全省基本建设投资累计达到 115.6 亿元，比 1960 年到 1970 年十年间的投资总额还多一倍。由于建设规模过大，施工力量严重不足，钢材、水泥、木材长期供应紧张，投资效益大幅度下降。1965 年以前基本建设项目建成投产率一般为 80%，第五个五年计划时期降到了 50%。①

基本建设的投资方向，主要集中在加工工业上，特别是投资机械工业的更多，造成机械工业的过度膨胀。第一机械工业部系统 1966 年有 4100 家机械企业，1976 年发展到 6100 家，从业职工由 160 万人增加到了 365 万人。

（三）削弱经济调节机制的结果，加重了经济体制中的僵化现象。为了解决上述问题，先后采取了以下几项办法：

1. 对一部分下放企业实行变通管理办法，即不改变下放后的财务隶属关系，由原主管部代管，即生产计划仍由部安排，所需物资也由部"戴帽"直接供应，基本建设由部商同地方安排；劳动工资则归地方管理。这些企业称为"代管企业"或"直供企业"。这类企业在全国有 2000 家。

2. 采取若干加强集中统一的措施。1973 年 2 月，国家计委在《关于坚持统一计划，加强经济管理的规定》的文件中强调：①坚持统一计划，搞好综合平衡，主要是中央和省、市、区两级的平衡，反对各行其是。②不准乱上基本建设项目，不许随意扩大建设规模和增加建设内容。③职

---

① 《当代中国经济体制改革》，中国社会科学出版社 1984 年版，第 297、624 页。

工总数、工资总额以及物价的控制权属于中央，任何地区、部门和个人无权擅自增加和改变，企事业单位的劳动力要服从中央和省、市、区的统一调度。④严格执行物资分配计划和订货合同，不准随意中断协作关系，申请物资不许弄虚作假，虚报冒领。⑤加强资金管理，严禁拖欠、挪用税款和利润，不准用银行贷款和企业流动资金搞基本建设。⑥中央下放的大中型企业由省、市、区和少数省属市管理，不能再层层下放。⑦整顿企业，加强劳动纪律。

3. 恢复建设银行，加强监督措施。1972 年 4 月，根据国务院的决定，恢复建设银行，加强对基本建设财务的管理和监督。省、市、自治区设分行，省以下建设任务比较集中的地点、大中型建设工程所在地、跨省（区）施工的大型建设工地等，设分行、支行或办事处，实行业务系统和地方双重领导、以地方为主的体制。

第三节　改革的得失和教训

主要从 1970 年开始进行的、以下放企业为中心的我国工业管理体制改革，同主要从 1958 年开始进行的第一次改革，极为相似。从它的基本指导思想，到改革的重大措施，都没有超出前次的范围。从这个意义上甚至可以说，是上次改革在某种程度上的重演。

这次改革，从积极的意义上看，主要是扩大了地方的管理权限，特别是扩大了地方的财权，壮大了地方的财力，有利于发展地方工业，繁荣地区经济。从消极方面来说，这次改革的结果，工业管理体制中原有的弊病不但没有任何实质性的改善，而且在僵化以外又增加了乱与散这两方面的新问题。

这次改革没有能够获得成功，不仅仅是由于具体工作方面的问题造成的，而是有着更为深刻的原因。

（一）改革的指导思想存在着"左"倾错误思想的严重影响和干扰。

70 年代初期，在改革的指导思想上，"左"倾错误思想的影响主要表现在以下几个方面：

1. 改革的指导思想基本排斥社会主义经济中的商品货币关系和价值规律的作用。这就注定了改革只能是使经济机制更加僵化，而不是使它活动起来。

2. 改革的指导思想完全否定物质利益的原则和按劳分配的积极作用，因而不可能最终解决调动职工的积极性的问题。

3. 改革的指导思想不承认原有体制的主要弊病在于把企业看成国家经济机关的附属物，当然就不可能跳出国家经济管理中集权与分权问题的圈子前进一步。

由于改革指导思想本身的偏颇，注定了这场改革不可能是一场健全的改革，不可能达到真正改善经济管理体制的目的。

（二）改革缺乏适宜的政治经济环境和必要的政治经济条件。工业管理体制的第二次改革，适值十年政治动乱，林彪、江青两个反革命集团乘机阴谋夺取党和国家的最高权力。运动一开始，党和政府的各级组织普遍受到冲击，出现不同程度的瘫痪状况。各级领导干部普遍受到批判和斗争，广大党员被停止了组织生活，党长期依靠的许多积极分子和基本群众受到打击。一些投机分子、野心分子、阴谋分子受到重用，其中有不少人被提拔到重要的以至于非常重要的岗位。

在中央，毛泽东的"左"倾错误的个人领导实际上取代了党中央的集体领导。国务院的工作，也受到严重的干扰而不能正常地行使政府的领导职能。这说明，当时缺乏一个改革所必需的安定团结的环境和良好的政治条件。从经济方面看，1970 年，在实施改革的大动作前后，第三个五年计划虽然得以完成，但是，动乱所造成的后果，已经逐渐暴露出来。特别是"三五"末期到"四五"初期，经济工作中重新出现的高指标，加剧了国民经济比例关系的失调状况。"三个突破"使市场供应也严重恶化，生活用煤的供应和冬季取暖的需要甚至都有极大的困难。钢材、粮食不得不扩大进口。1969 年进口钢材 193 万吨，1970 年增加到 266.7 万吨，1973 年又增加到 408.8 万吨。粮食，1969 年进口 75.7 亿斤，1970 年增加到 107.2 亿斤，1973 年又增加到 160 亿斤。处在这样险恶的经济环境下，改革不能不遇到严重困难，以致妨碍改革措施的推行，有的改革措施不得不中途改变或废止。例如，财政体制的改革就是这样。尽管根据 1971 年 3 月 1 日财政部《关于实行财政收支包干的通知》，适应大部分企业、事业单位下放的需要，对财政管理体制作了较大的改革，但由于"文化大革命"动乱的影响，很多地方生产下降，财政收入完不成，地方的机动财力也难以保证，财政包干实际上难以执行，不得不改行"收入按固定比例留成，超收另定分成比例，支出按指标包干"的办法，以便在财政收入不稳定的情况下保证地方必不可少的开支。但是，这样做的结果，收支就脱了钩，无法调动地方增收节支和平衡预算的积极性，走向了背离改革精神的方向，回到老路上去。由于同样的原因，大部分改革措施，也没有能够全面推开；已经较大规模推行的措施，例如企业下放等，在很大程度上也有了改变。

（三）改革的方法步骤与工作指导上，带有强烈的政治运动的色彩。

尽管按最初的设想，改革要分步骤进行，后来的做法却大相径庭。下放企业就像一阵风似的在很短的时间内统统放下去。不问具体情况，哪些企业应该放也能够放，哪些企业则根本不应该放或者暂时不具备下放的条件；也不分步骤，不预做必要的准备，奉命下放，推出了事，事后也不进行检查，不帮助解决企业下放后遇到的实际困难。采取突击下放的做法，有它特定的原因：一方面，是处在"文化大革命"的历史背景下，要求一切工作都搞群众运动；另一方面，各级工业管理机构和综合经济部门处在不健全的状态，广大干部对改革的认识也不够充分。

尽管这次改革没有成功，但却提供了有益的教训。它再次说明：主要从中央与地方分权的角度试图解决我国工业管理体制中的弊病，是不能奏效的。而且，改革是一项艰巨的任务，仅有改革的愿望是不够的，它需要适宜的政治环境与良好的经济条件，尤其需要正确的思想理论指导。这一切，在极"左"思潮泛滥的年代是不可能得到妥善解决的。

第六章　1966 年—1976 年间工业生产建设的进展及蕴涵的问题

第一节　工业生产建设的进展

一、工业生产、建设取得的进展

1966 年至 1976 年间，由于"文化大革命"的严重影响，我国工业生产、建设虽然遭到巨大的损失，但是，在全党和广大职工的努力下，仍然取得了一定的进展。

我国工业生产、建设在这十年中的进展，主要表现在以下几个方面：

（一）工业生产能力的扩大和工业产品产量的增加。这期间，正是执行第三、第四个五年计划的时期。在这两个五年计划期内，累计用于工业方面的基本建设投资为 1519.48 亿元，包括工业在内的更新改造和其他措施投资 745.48 亿元。建成投产的大中型建设项目共计 1083 个，新增固定资产 907.68 亿元。同时期，新增主要工业产品的生产能力为：炼铁 1971.5 万吨，炼钢 1250.6 万吨，煤炭开采 14926 万吨，发电机组容量 2603.6 万千瓦，石油开采 6881.2 万吨，天然气开采 132 亿立方米，合成氨 6736 万吨，化学肥料 576.54 万吨，化学纤维 13.63 万吨，棉纺锭 416.3 万锭。[①] 截至 1975 年年底，全国全民所有制工业固定资产原值达到 2290.3 亿元，为 1965 年的 2.38 倍。同 1965 年相比，1975 年主要工业产

---

① 《中国统计年鉴》（1984），中国统计出版社 1984 年版，第 306、321、325、329、330、333 页。

品的生产能力，炼铁生产能力增长了 1.95 倍，炼钢生产能力增长了 1.4 倍，煤炭开采能力增长了 0.9 倍，发电机组装机容量增长了 1.88 倍，原油开采能力增长了 5.03 倍，合成氨生产能力增长了 3.31 倍，化学肥料生产能力增长了 2.5 倍，化学纤维生产能力增长了 2.8 倍，水泥生产能力增长了 2.08 倍，硫酸生产能力增长了 1.85 倍，纯碱生产能力增长了 0.45 倍，烧碱生产能力增长了 1.44 倍，缝纫机、自行车、手表的生产能力分别增长了 2.04、2.52、5.95 倍，拖拉机制造能力增长了 3.1 倍，汽车制造能力增长了 3.17 倍，内燃机制造能力增长了 6.7 倍，发电设备制造能力增长了 2.14 倍。1976 年比 1975 年又有进一步的增长。

在这样的物质基础上，主要工业产品产量有了大幅度增长。其情况如表 5 - 6 - 1 所示。

表 5 - 6 - 1　1966 年—1976 年主要工业产品产量的增长[①]

产　品	1976 年生产量	比 1965 年增长（%）
化学纤维（万吨）	14.61	191.6
纱（万吨）	196.0	50.8
布（亿米）	88.4	40.8
缝纫机（万架）	363.8	193.9
自行车（万辆）	668.1	263.5
原　煤（亿吨）	4.83	108.2
原　油（亿吨）	8716	670.6
发电量（亿度）	2031	200.4
生　铁（万吨）	2233	107.3
钢（万吨）	2046	67.3
水　泥（万吨）	4670	185.8
农用化肥（万吨）	524.4	197.6
金属切削机床（万台）	15.7	296.5
汽　车（万辆）	13.52	233.8
拖拉机（万台）	7.37	667.7

①《中国统计年鉴》（1984），中国统计出版社 1984 年版，第 220—229 页。

1976 年工业总产值达到 3158 亿元；按可比价格计算，比 1965 年增长了 172.6%，平均每年增长 9.5%。[①]

（二）工业地区分布的进一步改善。"三五"、"四五"时期，国家分别以 52.7% 和 41.1% 的基本建设投资投入"三线"建设，使我国工业的地区分布发生了进一步的变化。西南、西北、豫西、鄂西、湘西和晋南等一系列新兴工业基地逐步形成。内地工业无论在数量上和质量上都有较快的发展和提高。截至 1975 年年底，划为三线地区的 11 个省、区，全民所有制工业固定资产（按原值计算，下同）在全国全民所有制工业固定资产总额中的比重，由 1965 年的 32.9% 提高到 35.3%。同一时期，工业总产值由 22.3% 提高到 25%。全国将近 1500 家大型企业，分布在 11 个省区的占 40% 以上。

考虑到有些项目尚未竣工验收，或留有尾欠工程，11 个省、区的生产能力实际上更大些。把这些因素估计在内，11 个省区全民所有制工业大型企业占 43.1%；煤炭开采能力和水电机组容量占 50% 以上；炼铁、炼钢和轧材能力超过 30%；有色金属开采和冶炼能力的大部分、电子工业 2/3 的企业和职工集中在这里；汽车、重型机器、高精度机床、电站设备等重要产品的制造初具规模，形成等级较高的生产基地。这样庞大的生产能力充分发挥出来，对我国以后进行西南和西北的大规模开发，对全国的经济发展，都将具有重要的作用。

（三）石油、石油化工和电子工业的迅速发展。能源工业是"文化大革命"十年中发展比较快的部门，尤其是石油工业的发展更为迅速。到 1975 年底，累计建成的原油生产能力达 7812 万吨，为 1965 年的 5 倍；原油加工能力 6764 万吨，为 1965 年的 4.8 倍。

石油工业的发展，为新兴工业部门现代石油化工的发展奠定了基础。这十年里，我国现代石油化工从无到有，逐步成长，确立了煤、油、气并举发展化学工业的原料路线，开始改变单纯以电石和粮食生产有机化工产品的原料路线。在这个基础上，我国化肥工业和化学纤维工业得以突飞猛进。

机械工业，这一时期发展了一批重大新产品和成套设备。除完成调整

---

① 《中国统计年鉴》（1984），中国统计出版社 1984 年版，第 24 页。

时期开始研制的 3 万吨模锻水压机等 9 套大型成套设备外，还提供了高精度精密机床，第二汽车厂冷加工成套设备，年产 700 万吨大型金属露天矿设备，年产 150 万吨钢铁联合企业的成套设备，年产 300 万吨井下煤矿设备，250 万吨炼油厂成套设备，年产合成氨 6 万吨、尿素 11 万吨的化肥设备，年产 1 万吨维尼纶、丙烯腈的合成纤维设备，20 万—30 万千瓦水力和火力发电成套设备，33 万伏高压输变电设备，以及 4000 马力的电力传动内燃机车、5000 马力的液力传动内燃机车和 2.5 万吨级的轮船等。其中，有的产品具有较高的技术水平。例如，为攀枝花钢铁公司一期工程提供的、年产 150 万吨钢铁的、从矿山开采到轧制钢材的成套设备，为第二汽车厂提供的冷加工成套设备，都具有较为先进的水平。

"文化大革命"的十年，正是国际上电子工业飞速发展的时期。我国电子工业在重重困难中，在若干领域也有所前进，奠定了进一步发展的基础。十年间，国家对电子工业预算内投资 27.15 亿元，占全国基本建设投资的 1.17%，为以往十年国家投资额的 1.9 倍。其中，地方电子工业 9.56 亿元，比以往十年增加了 11.9 倍。1976 年，电子工业产值比 1966 年增长了 5.6 倍，其中地方电子工业增长了 12.5 倍。收音机、电唱机、录音机、扩大机、电视机等，1976 年的生产规模分别比 1966 年增长了 11—53 倍；电子元件、半导体分立器件、电子应用产品、无线电通讯导航设备、电子管等，同时期分别增长了 6—85 倍。1966 年研制出我国第一块集成电路并实现了批量生产，1976 年达到 2000 万块以上。

二、工业生产建设获得进展的原因

（一）60 年代初期调整工作为后来的发展创造了良好的条件。"文化大革命"十年中，工业的进展有长期积累的因素，特别是有 60 年代前期调整工作奠定的良好基础。在调整时期，较好地解决了"大跃进"年代积累下来的国民经济比例关系失调的问题，实现了财政收支的平衡和物价的基本稳定，人民生活有所改善。工业的产业结构和各个工业内部的生产结构，也得到了一定的调整；在"大跃进"中建立起来的大批工业企业经过整顿，明确生产方向，固定协作关系，形成了新的生产能力。

（二）粮食生产的较快发展是对工业有力的支持。我国的粮食生产，"文化大革命"前的最高年产量为 1958 年的 4000 亿斤。在 1966 年到 1975 年的十年中都超过这个纪录。除 1968 年、1972 年两年比上年稍有降低，其他的年份都有不同程度的增长,1975 年达到 5690.3 亿斤,平均每年增长 4.2%。其中,"三五"时期平均每年增长 4.68%,"四五"时期平均每年增长 3.72%,均高于 1953 年到 1975 年平均每年增长 3.2% 的速度。按年产量计算,1975 年比 1965 年增加了 1799.8 亿斤,平均每年将近增产 180 亿斤,大大超过 1953 年到 1975 年间平均每年增产 105 亿斤的幅度。这对于工业的发展是一个有力的支持。

(三)各级地方又一次发挥了办工业的积极性。1966 年至 1976 年间,自上而下地下放权力,增拨资金,地方获得了较大的活动余地,有可能利用手中的财力和物力,发展为地方需要的工业。例如,十年中国家预算外的基本建设投资逐年上升。以基本建设投资总额为 100,"一五"时期国家预算外投资占 9.7%;"三五"时期上升为 10.7%;"四五"时期又上升为 17.5%。1966 年到 1976 年,用于基本建设的预算外投资合计为 413.98 亿元;同期,更新改造和其他措施投资中,地方、部门和企业自筹部分达到 593.07 亿元,两项合计高达 1007.05 亿元,占同期固定资产投资总额的 28.9%。这是地方工业能够获得较大发展的重要因素。

(四)能源工业特别是石油工业的高速增长,在很大程度上支撑和带动了整个工业的发展。

1. 在"十年动乱"中,石油等能源工业的较高速度的增长,保证了工业发展所需要的能源。十年动乱中,规章制度废弃,管理混乱,劳动纪律松弛,能源浪费现象严重。在这种情况下,没有较为宽裕的能源供应,很难设想能够支持工业一定的发展速度。按一次能源折合标准煤计算,1966 年为 20833 万吨,1976 年增长到 50340 万吨,平均每年增长 9.2%,高于同期工业总产值平均每年增长 8.5% 的速度。[①]

2. 石油工业的大幅度增长,直接带动了石油化工的发展,进而又推动了轻纺工业的发展。我国的现代石油化工,正是这个时期开始建立并逐步得到发展的。石油化工的发展,又为轻纺工业开辟了更为广阔的原料来源。1965 年,轻工业产值为 702.8 亿元,其中以工业品为原料的产值为 198.8 亿元。占 28.3%。1975 年,轻工业产值增加到 1392.6 亿元,增长了 98.2%,其中以工业品为原料的产值占 416.7 亿元,增长了 109.6%,

---

① 《中国统计年鉴》(1984),中国统计出版社 1984 年版,第 230 页。

在轻工产值中的比重提高到 29.9% 。

3. "文化大革命"十年中，石油工业对财政的支持作用从而对开辟发展工业资金来源的作用，也是很大的。1966 年至 1975 年，该部门提供的税利总额高达 577.15 亿元，扣除同期国家用于发展石油工业的投资后，净为国家贡献 449.26 亿元，为这个时期整个工业基本建设投资额的 29.6% 。

（五）引进了一批重大项目，有利于发展我国的工业。

我国的化肥工业，主要是在 60 年代发展起来的。到 1979 年，形成的年生产能力为 440 万吨，当年的化肥产量为 243.5 万吨，不能满足农业的需要。70 年代初，先后从日本、美国、荷兰、法国等国家购买了 13 套以天然气和轻油为原料、年产 30 万吨合成氨和 48 万吨尿素的大型化肥成套设备装置，1974 年以后，陆续建成投产。到 1976 年，我国合成氨新增生产能力 558.4 万吨，当年的化肥产量达到 524.4 万吨，比 1970 年增长了 1.2 倍。这批引进装置的经济效益也比较好，一般可在 4—6 年内收回投资。各项技术经济指标，比国内的中型厂都先进。

我国年轻的石油化学工业得益于引进项目开始发展起来。从日本引进的一套年产 30 万吨乙烯及其配套装置（建在北京石油化工总厂），在石油化工的初期发展中起了骨干和示范的作用。

在机械工业方面，从联邦德国和意大利等国引进的，包括杭州汽轮机厂的工业汽轮机、南京汽轮发电机厂的燃汽轮机、沈阳鼓风机厂的透平压缩机以及 3 条轴承生产线、精炼炉、摩擦材料、汽车玻璃 7 个成套项目，对提高机械工业的制造能力起了积极的作用。

在钢铁工业方面，武汉 1.7 米轧机的引进有助于改善我国钢铁工业品种稀缺的状况，缩短我国冶金工业同世界先进水平的差距。这是新中国成立以来引进的最大项目之一，具有大型化、自动化、高速化、连续化的优点，具有 70 年代的先进水平。

第二节 工业生产建设蕴涵的问题

在 1966 年至 1976 年期间，主要由于"文化大革命"政治动乱的破坏，也由于急于求成的"左"倾错误，以及基于对战争形势的严重估计而导致的"三线"建设规模过大和建设速度过快，给我国工业生产建设造成了一系列严重后果。

一、工业生产、建设没有取得应有的进展

1966 年到 1976 年间，我国工业在艰难曲折中，虽然保持了年平均 9.5% 的增长速度，但是，仍然低于应当达到的水平，这可以从历史的对比中得到说明。1953 年到 1965 年的 13 年中，工业的发展尽管有过大起大落的情况，增长率还是比"文化大革命"时期高，平均每年达到 12.3%。按这个水平计算，十年动乱中的工业增长速度低了 2.8 个百分点。[①]

二、工业同农业的比例关系和工业内部的结构严重失调

（一）农、轻、重的比例关系再度失调。经过调整，到 1965 年，我国农业和工业在工农业总产值中的比例为 37.3∶62.7；在工业总产值中，轻工业和重工业的比例为 51.6∶48.4；农、轻、重三者的比例关系为 37.3∶32.3∶30.4。按当时的情况看，这大体上是协调的。"三五"时期，在加强备战的口号下，又一次片面强调优先发展重工业，到 1970 年，农业与工业的比例变为 33.7∶66.3；轻工业和重工业的比例变为 46.2∶53.8；农、轻、重三者的比例关系变为 33.7∶30.6∶35.7。"四五"时期，这种状况有增无减。1975 年，农业和工业的比例又变为 30.1∶69.9；轻工业和重工业的比例又变为 44.0∶56.0；农、轻、重三者的比例关系又变为 30.1∶30.8∶39.1。同 1965 年相比，农业的比重下降 7.2 个百分点，轻工业下降 1.5 个百分点，重工业则提高了 8.7 个百分点。

（二）原材料工业和加工工业比例失调。在工业内部，盲目发展加工工业，尤其是机械工业，忽视采掘工业和原材料工业，造成加工工业与采掘工业、原材料工业的比例失调。在重工业产值中，1965 年，采掘工业、原材料工业和加工工业的比例为 11.1∶39.7∶49.2；1970 年就变为 8.5∶38.0∶53.5；1975 年，情况稍有改善，它们的比例分别为 12.1∶35.1∶52.8。采掘工业和原材料工业的发展，落后于加工工业，虽然是老问题，但是，"文化大革命"十年中发展得更为严重了。

三、能源工业采掘（采储）比例失调，接续能力不足

"文化大革命"的十年中，能源工业的发展，在很大的程度上是依靠

[①] 《中国统计年鉴》（1984），中国统计出版社 1984 年版，第 24 页。

"吃老本"和"欠新账"的办法勉强维持下来的。

"三五"时期，主要依靠吃过去积累的"老本"，维持较高速度的增长，因此，对于接续能力的建设，有所忽视。"四五"时期，已经开始暴露出采取这种"急功近利"的能源政策不能持久，所以，在投资的安排上，略有增加，以加强接续能力的建设。但是，能源需求量上得更快，现投资已是"远水不解近渴"了。下列数字可以说明这一点：1963 年至 1965 年，能源基本建设投资占工业投资的比重为 30.3%；"三五"时期不仅没有增加，反而下降到 28.5%；"四五"时期才上升到 31.6%。

煤炭是我国的主要能源。1966 年至 1975 年，包括新建和老矿挖潜、革新、改造增加的煤炭开采能力，平均每年增加 1493 万吨，比 1953 年至 1962 年间平均每年增加 2130 万吨的水平减少 637 万吨，降低了 29.9%。

这样，"四五"时期，缺煤、缺电的现象日益严重。为缓和矛盾，煤炭和石油部门大量采取强化开采措施，电力部门超发水电和火电。例如，煤炭产量 1966 年到 1975 年间平均每年增加 2500 万吨左右，大大超过了新增生产能力，1976 年，原煤产量比 1966 年增长了 91.7%；同一时期，开拓进尺反而减少了 4 万米，下降了 6%。

石油工业强化开采的结果，到"四五"后期也已难以为继。1976 年，原油产量比 1965 年增长了 6.7 倍，同一时期，可采储量仅增长了 0.94 倍。储采比大幅度下降，1966 年下降为 73.4%，1970 年下降为 37.8%，1976 年再下降到 15.6%。

电力工业，"四五"时期在建电站装机容量，大体只能适应新建企业投产后的用电需要，老企业大约有 20% 的生产能力因为缺电不能发挥作用。

四、作为工业基础设施的交通、邮电事业的发展严重落后于工业发展的需要

交通运输紧张状况，自 1958 年以来，就已经存在。在后来的调整时期，还没有来得及解决好。在 1966 年至 1976 年间，由于过分地突出发展重工业，这种紧张状况发展得更加严重了。

这一点，在作为主要运输工具的铁路方面表现得尤为明显。1965 年，铁路基本建设投资占整个国民经济投资的比重为 12.5%，"三五"时期下降到 12.3%，"四五"时期再下降到 10.3%。而在铁路建设投资中，主要是用于"三线"地区的新线建设，对运力已经很紧张的老线改造，投资很少。据统计，老线改造投资在整个铁路投资中的比重，1966 年至 1975年，从"一五"时期的 24.8% 降低到 10%。所以，铁路线路运输能力利用率在 80% 以上的线路的比重，逐年提高，"卡脖子"区段逐年增多。1965 年，运输能力利用率在 80% 以上的线路的比重占 10%；1978 年，达到 30%。同一时期，"卡脖子"区段也由 4 个增加到 10 个。

运输能力紧张，更加重了能源供应的紧张。"四五"时期，山西省每年都有大量的煤炭因为交通堵塞，不能及时地运出去。

五、企业管理受到严重破坏，工业管理弊病更趋严重

"文化大革命"时期，我国企业管理受到很大破坏。企业的基础工作完全搞乱了。许多企业的基础资料散失，班组生产不记录，消耗不计量，不建立台账，不进行核算。专业管理人员大批遣散、改行，加上自然减员，所剩不多，也难以开展工作。工业管理体制过于集中和僵死的弊病不但没有克服，又增加了一堆新的问题。管理多头，政出多门，企业的管理状况和个人的劳动成果与物质利益斩断了联系，平均主义泛滥；价格、信贷、税收等经济部门的监督职能也大大削弱。

六、工业技术与世界先进水平的差距进一步扩大

"文化大革命"以前，我国工业的技术水平，经过努力，同世界先进水平的距离开始缩短。但是，十年的内乱，使正在缩小中的差距，又拉大了。

1966 年至 1976 年间，我国工业生产能力的扩大，从整体看，主要是在原有技术水平上的量的扩大。工业维持一定的增长速度，也主要是依靠扩大投资和增加劳动力。这十年中，工业部门的基本建设投资总额高达1519.48 亿元，比 1965 年全民所有制工业企业的固定资产原值还多 58%；1975 年国营工业的定额流动资金为 770.8 亿元，比 1965 年增加了 235%，职工人数增加了 118%，而在同一时期，我国的工业总产值仅仅增加了 113%。

在"文化大革命"的十年里，工业部门的大批科研机构被拆散，大量科学技术人员和工程技术人员下放劳动或被迫改行从事其他工作；职工文化技术素质下降，企业技术进步异常缓慢，同这个时期世界科学技术进

步速度显著加快的情况形成了强烈的对照。我国机械工业情况，很能说明这个问题。在"文化大革命"的十年里，我国唯一较为完整的电站设备研究基地上海汽轮机锅炉研究所，具有一定水平的综合科研基地机械科学研究所和电器科学研究院、通用机器研究所等，都被强行撤销、搬迁或拆散，大批研究人员被遣散或下放工厂劳动，中断了正常的研究工作，使原来与国外机械工业技术水平日益缩小的差距又扩大了。以1976年的资料为例，火电设备，国外已经批量生产50万—80万千瓦机组，最大的为双轴130万千瓦机组；我国只能批量生产12.5万千瓦机组，最大的为30万千瓦机组。炼油设备，最大单元装置，国外为1200万吨，采用电子计算机控制；我国只有250万吨，仍为常规自动化仪表。合成氨设备，单元装置规模，国外已经达到合成氨54万吨、尿素48万吨；我国才能够生产30万吨合成氨的部分设备。

七、职工队伍的文化技术素质大大下降

我国科学文化本来比较落后。1965年，全民所有制工业部门的工程技术人员仅占职工总数的4.1%，管理人员占8.5%。"文化大革命"的十年，职工队伍的文化技术素质严重下降，工业赖以发展提高的智力基础遭到极大的削弱。

首先，在职工队伍中，工程技术人员、专业管理人员和高中级技术工人的比重下降了。1975年，工程技术人员和管理人员占全民所有制工业部门职工总数的比重分别下降到2.7%和8%。其次，职工个人的文化技术素质也普遍下降。在1966年至1976年期间，工业部门的职工人数增加到2866万，比1965年的1238万增加了1.3倍。考虑到补充老职工自然减员和退休职工顶替的因素，新补充的职工数量还多一些。新补充的职工，有一部分是大专和中专的毕业生，但是，数量不多，质量也不如过去。从1971年至1975年，高等学校工科毕业生总计不过67408人。比1965年一年的数量还少了16%，同一时期，财经专业的毕业生只有1650人，比1965年的毕业生少了26%。中等专业学校的工科毕业生，1970年至1975年合计为96218人，平均每年毕业16036人，仅为1965年的39.4%。除大专和中专毕业分配的部分以外，其他新补充的职工，基本上没有经过进厂前的培训，同时，他们中绝大多数人的实际文化程度，也同名义上的文化程度有程度不等的差距。"文化大革命"十年中，从小学、初中到高

中，文化基础知识的学习严重地削弱了，所以，不少高、初中毕业生实际上是初中、小学文化程度，甚至处于半文盲的状态。

以上诸种因素，构成了我国工业部门智力基础的重大损失，比起其他损失甚至要严重得多。

八、工业经济效益低下

我国工业在 1966 年至 1976 年积累的各种严重问题，相互交织在一起，又集中地反映在经济效益的下降上。在 1965 年到 1976 年间，全民所有制独立核算工业企业每百元固定资产原值实现的利润由 20.9 元下降到 12.1 元；每百元资金实现的利润和税金由 29.8 元下降到 19.3 元；每百元固定资产净值实现的利润和税金由 39.8 元下降到 29 元；每百元产值实现的利润由 21.3 元下降到 12.6 元；每百元固定资产原值实现的产值由 98 元下降到 96 元；每百元产值占用的流动资金由 25.5 元增加到 36.9 元；每百元销售收入成本由 69 元增加到 74.8 元。[①]

九、职工生活水平下降

1966 年至 1976 年间，主要是依靠增加投资实现高积累，来保持工业一定程度的增长。这实际上，是建立在抑制消费、牺牲职工生活的基础上的。因而导致职工生活呈现出下降的趋势。

"文化大革命"十年中，只在 1971 年调整过一次低收入职工的工资，调级面为 28% 左右，一年约增加工资基金 11 亿元。除此以外，再没有调整过工资。"文化大革命"以前的奖励制度，也宣布取消，再加上新就业职工工资水平较低，因而全民所有制工业企业职工的年平均货币工资，由 1965 年的 652 元，下降到 1976 年的 605 元，降低了 7.5%。在同一期间，职工年平均实际工资下降了 8.6%。[②]

1966 年至 1976 年间，片面强调"先治坡，后活窝"、"先生产，后生活"的原则，降低非生产性积累的比重，压缩住宅建设的投资，使"骨头"和"肉"的比例关系严重失调。1965 年，在积累总额中，非生产性积累占 29.3%。除了 1966 年提高到 31.1% 以外，其他年份均低于 1965 年，到 1976 年又降到 20.7%。[③] 这样，职工居住条件恶化。1952 年，城

---

① 《中国统计年鉴》(1984)，中国统计出版社 1984 年版，第 263 页。
② 《中国统计年鉴》(1984)，中国统计出版社 1984 年版，第 460 页。
③ 《中国统计年鉴》(1984)，中国统计出版社 1984 年版，第 34 页。

镇居民每人平均的居住面积为 4.5 平方米，1977 年降为 3.6 平方米。城市和工矿区的自来水、民用电、公共交通、医疗保健、文化教育、生活服务等公用设施，都十分紧张，给职工的生活带来许多困难。

职工生活水平的下降，不仅影响了广大职工的积极性，不利于工业的发展，而且，填补这些欠账势必为以后年代的工业建设带来沉重的负担。

第六篇

社会主义建设新时期的工业经济
(1976 年 10 月—1985 年)

第一章 粉碎"四人帮"以后"左"的政策的继续和党的"调整、改革、整顿、提高"方针的提出

第一节 粉碎"四人帮"以后工业生产的恢复

1966年到1976年，历时十年的"文化大革命"，使我国的国民经济遭受了巨大的损失。"四人帮"的倒行逆施，严重地阻碍了社会生产力的发展，激起了全国人民的普遍不满和怨恨。1976年10月上旬，中共中央政治局顺应党和人民的意志，毅然粉碎了以江青为首的"四人帮"反革命集团，结束了"文化大革命"这场灾难。

"四人帮"被粉碎，为国民经济的发展清除了最大的政治障碍。但是，由于林彪、"四人帮"的破坏所造成的恶果并不可能立即消除，粉碎"四人帮"以后，我国的工业经济仍然面临着一系列亟待解决的问题。主要是：一些部门和企业的领导权被"四人帮"的帮派分子所篡夺，或者是在领导班子中混进了"四人帮"的帮派分子；企业管理规章制度和正常的生产秩序受到了严重破坏；按劳分配制度也遭到严重摧残，平均主义盛行；传统的工业管理体制的弊病更趋严重；工业与国民经济其他部门之间的比例关系，以及工业内部的各种比例关系，都严重失调。所有这些问题，都直接导致了工业经济效益的下降。上述情况表明，在粉碎"四人帮"以后，我国工业战线面临着十分艰巨的恢复任务。

粉碎"四人帮"后，从政治上为工业生产的发展清除了障碍，全国开始出现了安定团结的局面，广大群众的心情开始舒畅了，建设社会主义的积极性得到了发挥。这是迅速恢复工业的极有利的基本条件。

为了医治十年动乱所造成的创伤，恢复正常的生产秩序，从1976年年底开始，对工业企业进行了恢复性的整顿。

第一，围绕揭批林彪、"四人帮"，着重解决了领导班子中当时存在的"三个不纯"（即组织不纯、思想不纯、作风不纯）的问题。组织上清查了林彪、"四人帮"的帮派势力，夺回了被他们篡夺的那一部分领导权，使一大批受到林彪、"四人帮"打击、迫害的各级领导干部回到领导岗位；同时，在思想上、作风上肃清林彪、"四人帮"的流毒和影响，特别是消除资产阶级派性，解决"软、散、懒"的问题，从而使大多数企业有了一个比较好的领导班子。

第二，通过揭批"四人帮"，初步澄清了被"四人帮"颠倒的思想是非，使广大职工明确地认识到，企业必须以生产为中心，全面完成和超额完成国家计划。企业的党、政、工、团的工作也必须为这个中心任务服务，生产任务完成得好不好，是衡量企业中一切工作搞得好坏的主要标准。

第三，在工业学大庆的活动中，恢复和建立了必要的规章制度，使企业的生产秩序逐步走向正常。1977年4月，在北京召开了工业学大庆会议，提出要建设大庆式企业、普及大庆式企业，推动了当时的企业整顿工作。当时由于还没有从根本上摆脱"左"的思想影响，在许多方面仍然把大庆的经验同阶级斗争、路线斗争联系起来，继续提出了一些不适当的"左"的口号。但是，大庆的许多好经验，对当时我国工业企业的整顿，仍然起了积极的作用。

第四，1978年4月中共中央颁发的《关于加快工业发展若干问题的决定（草案）》[①]（以下简称《决定（草案）》）提出了整顿好企业的"六条标准"，其主要内容是：①揭批"四人帮"的斗争搞得好不好。②好的领导班子是不是建立起来了。③工人、技术人员和干部的社会主义积极性是否调动起来了。④资产阶级歪风邪气刹住了没有。⑤以责任制为核心的各项规章是不是建立和严格执行了，企业机构是否精简了。⑥产量、品

---

① 《中国经济年鉴》（1981），经济管理杂志社1981年版，第Ⅱ－109页。

种、质量、消耗、劳动生产率、成本、利润、流动资金占用八项经济技术指标和各种设备的完好情况，是否有显著进步。这六条衡量标准是针对当时企业管理的实际情况提出来的。《决定（草案）》指出，这六条是对社会主义企业的起码要求。按照这六条标准，结合工业学大庆的活动，进一步整顿了企业领导班子，抓了职工队伍的建设，继续恢复和完善企业管理中的规章制度，并分期分批地对初步整顿的企业进行了验收。经过整顿，企业的面貌发生了较大的变化。

粉碎"四人帮"以后，为了克服工业管理中的混乱现象，消除无政府主义影响，贯彻各尽所能、按劳分配的原则，从1977年开始，对工业管理体制进行了一些局部性的调整。

第一，按照统一领导、分级管理的原则，调整了一部分工业企业的隶属关系。把在"文化大革命"中下放的一批大型骨干企业陆续上收，由中央有关工业管理部门直接管理；未上收的一部分大、中型企业，由地方管理，或实行中央和地方双重领导，以地方管理为主，即这些企业的生产建设计划、供产销平衡、劳动分配主要由地方负责，但要服从国家统一计划，保证产品配套和调出任务的完成。

第二，工业生产建设所需要的物资，原则上按企业的隶属关系进行分配；同时扩大了国家统一分配的产品范围，各个工业部门的产品销售机构实行以部和国家物资总局双重领导，以物资总局领导为主。企业和各级主管生产的部门，都不得动用产品和国家分配的物资去搞协作。

第三，改变基本折旧基金全部留给企业和主管部门的做法，由国家财政集中一部分企业折旧基金，纳入预算管理，即50%上缴国家财政，50%留给企业。

第四，恢复企业基金制度，从1978年起，国营工业企业凡是全面完成国家下达的产量，品种，质量，原材料、燃料、动力消耗，劳动生产率，成本，利润，流动资金占用八项年度计划指标以及供货合同的，可按职工全年工资总额的5%提取企业基金。企业基金主要用于举办职工福利设施以及职工奖励。

第五，恢复奖励和计件工资制度。国务院于1978年5月决定，经过整顿，领导班子强、供产销正常、各种管理制度健全、定额和统计工作搞得比较好的企业，可以试行奖励制度和有限制的计件工资制。奖金总额的提取比例，一般不超过该企业职工标准工资总额的 10%。

上述五项措施，前三项目的在于加强中央的集中统一领导，克服"文化大革命"所造成的工业管理中的混乱、分散现象。后两项措施基本上是恢复"文化大革命"前的一些做法。这些措施，对粉碎"四人帮"以后我国工业的恢复和发展起了积极的作用。

1977 年，我国的工业生产开始出现转机，即从"四人帮"严重破坏所造成的生产长期停滞不前，甚至倒退下降的局面，转变为上升的局面。1977 年共完成工业总产值 3728 亿元，比 1976 年增长了 14.3%。[①] 工业生产在 1977 年恢复和发展的基础上，1978 年持续增长，工业总产值为 4231 亿元，比上年增长了 13.5%。[②]

第二节　工业生产建设中"左"的政策的继续

从粉碎"四人帮"到党的十一届三中全会之前的两年中，我国工业生产虽然获得较快的增长，但主要是恢复性质的。经济工作中长期存在的"左"的指导思想并没有得到认真的清理，工业建设中一些"左"的政策还在继续推行。这固然是由于十年"文化大革命"造成的政治上、思想上的混乱不容易在短期内消除，但主要是由于当时担任党中央主席和国务院总理的华国锋在指导思想上继续犯了"左"的错误。他在思想路线方面，推行和迟迟不改正"两个凡是"（即"凡是毛主席作出的决策，我们都坚决拥护；凡是毛主席的指示，我们都始终不渝地遵循"）的错误方针。与此相联系，在经济工作中，他仍然急于求成。华国锋认为，1977 年是我国经济发生重大转折的一年，是从几起几落、徘徊不前的状况转到稳定上升、持续跃进的新起点，因此应该加快国民经济的发展速度。

在这种"左"的政策的指导下，1977 年至 1978 年，在工业生产建设中，追求不切实际的高指标，盲目扩大基本建设规模，盲目引进国外设备。1977 年 11 月召开的全国计划会议，提出了 1978 年到 2000 年的设想。关于我国工业的发展，这次会议提出，到 20 世纪末，工业主要产品产量分别接近、赶上和超过最发达的资本主义国家；工业生产的主要部分实现

①② 《中国统计年鉴》（1983），中国统计出版社 1983 年版，第 19、215 页。

自动化，交通运输大量高速化，主要产品生产工艺现代化，各项经济技术指标分别接近、赶上和超过世界先进水平。还提出，今后23年，在经济上要分三个阶段，打几个大战役："五五"后三年，即1978年到1980年，工业总产值平均每年增长12%；到1980年，钢产量达到3600万吨，原煤达到6.5亿吨，原油1.3亿—1.5亿吨。华国锋在1978年2月召开的五届人大一次会议所作的政府工作报告中提出，1978年到1985年，在燃料、动力、钢铁、有色金属、化工和铁路、港口等方面，新建和续建120个左右大型项目，其中包括30个大电站、8大煤炭基地、10大油气田和1条输气管道；8年（1978年至1985年）新增采油能力1.34亿吨、天然气210亿立方米；1985年前建成全长1200公里的川汉输气管道、10大钢铁基地、9大有色金属基地。[①]

　　由于对当时迅速好转的经济形势估计过高，在扩大工业基本建设规模的同时，又盲目地引进设备。1978年7月，国务院务虚会进一步提出要组织国民经济新的"大跃进"，要以比原来设想更快的速度实现四个现代化，要在20世纪末实现更高程度的现代化，要放手利用外资，大量引进先进技术设备。企图在较短的时间内，通过大规模的技术引进来实现工业现代化。仅1978年，就和国外签订了22个大型的引进项目，共需外汇130亿美元，折合人民币390亿元，加上国内配套工程投资200多亿元，共需600多亿元。在22个成套引进项目中，其中约占成交额的一半是在1978年12月20日到年底的10天内抢签的。不少项目是属于计划外工程，既没有经过认真的调查研究，进行必要的技术经济论证，作各种方案的比较，也没有经过计划部门综合平衡，甚至连最简单的计划任务书也没有。因此带有很大的随意性和盲目性。

　　由于十年动乱的破坏和"左"倾错误所造成的失误，到1976年，我国国民经济比例失调的问题已经十分严重。1978年工业建设中制定的一系列高指标和大规模的设备引进，更加剧了国民经济比例失调的状况。工业经济比例失调的问题则更为突出，阻碍了工业经济效益的提高和工业现代化建设的顺利进行。

　　第一，农业落后，工业发展的基础不稳。

---

① 《第五届全国人民代表大会第一次会议文件》，人民出版社1978年版，第23页。

我国是一个农业人口占 80% 的大国，但是由于长期受"左"的错误的影响，我国农业发展缓慢，农业所提供的粮食及其他农副产品远远满足不了工业迅速发展的需要。1978 年，粮食净进口达 139.1 亿斤，棉花净进口 950.6 万担，动植物油净进口 5.81 亿斤。农业的落后状况表明，我国工业发展的基础是很不稳固的，工业现代化的建设受到极大制约。

第二，基本建设规模过大，超出了国家财力、物力的可能。

1978 年，全国基本建设投资总额为 500.99 亿元，比 1977 年增加 118.62 亿元，增长了 31%。在基本建设投资总额中，用于工业的投资占 58.8%。据 1978 年年底普查，以工业为主体的全民所有制在建项目为 65000 个，总投资需 3700 亿元。由于基本建设规模膨胀，1978 年的积累率高达 36.5%。1978 年国家从国外进口钢材 830.5 万吨，比 1977 年钢材进口增长 65%，进口钢材已相当于当年国内产量的 37.6%，但是仍然供不应求。

第三，重工业增长过快，轻、重工业比例严重失调。

在长期片面强调优先发展重工业和"以钢为纲"方针的指导下，我国重工业脱离轻工业和农业突出增长。1978 年基本建设规模的急剧扩大，更加剧了轻、重工业的比例失调。1978 年重工业增长了 15.6%，轻工业只增长了 10.8%，轻、重工业之间的比例为 44∶56。由于轻、重工业比例失调，反映到市场上，必然出现消费品供应紧张的局面。市场商品可供量与购买力的差额，1978 年竟高达 100 多亿元。

由于重工业的发展速度和规模超出了国民经济可能提供的物力和财力，不仅挤了农业和轻工业，也妨碍了重工业自身健康的发展，造成了重工业内部比例失调，特别是原材料工业与加工工业的发展不协调。1978 年我国机床拥有量达 267 万台，机床的加工能力大于钢材供应能力 3—4 倍。全国金属切削机床的利用率，1977 年为 54.6%，1978 年为 55.6%。

第四，能源供应紧张，能源工业内部的比例失调。

从总的看，我国的能源工业发展是很迅速的。1978 年，我国一次能源总产量折合标准煤达到 6.2 亿吨。但是，由于耗能多的重工业的突出发展，以及能源使用过程中的浪费，我国的能源供应仍然严重不足。1977 年和 1978 年，全国约有 1/4 的企业因缺能而开工不足。据电力部门 1978 年对冶金、化工、轻纺、机械等几个主要用电行业以及东北、华东、中南等几个主要缺电地区的调查，全国缺装机约 1000 万千瓦，缺电量达 400

亿度，因此一年约损失 750 亿元的工业产值。

在能源工业内部，采掘、采储比例失调，东北、华北、华东等地区老的煤炭基地生产任务过重，开采强度过大，造成不少欠账和采掘比例失调；石油产量虽然在 1978 年突破 1 亿吨，但由于产量的增长超过了储量的增长，后备的探明资源不足。1978 年采储比降到了 16∶1，储量和开采量的比例严重失调。

另外，由于"左"的思想束缚，从粉碎"四人帮"到党的十一届三中全会以前的两年里，对我国经济管理体制上的种种弊病还不可能触动。在国家同企业的关系上，统得太多，管得太死，企业缺乏应有的自主权；企业经营好坏一个样，同职工的物质利益不结合，企业安于现状，缺乏竞争性，使企业和职工的积极性、主动性和创造性受到很大的束缚。同时，企业的整顿工作还远远没有完成，在企业内部，"吃大锅饭"的思想盛行，许多企业经营管理不善，物资消耗大，浪费严重，品种不对路，质量差，成本高，甚至长期亏损。

总之，由于重大比例失调的状况没有改变过来，再加上企业整顿工作还没有搞好，经济管理体制上存在许多问题，所以整个社会再生产的过程难以顺利进行，工业生产建设的经济效益差。到 1978 年年底，全国还有三分之一的企业管理比较混乱，生产秩序不正常。全国重点企业主要工业产品中的 30 项主要质量指标还有 13 项低于历史最好水平，38 项主要消耗指标还有 21 项没有恢复到历史最好水平。国营工业企业每百元工业产值提供的利润比历史最好水平还低三分之一。独立核算的国营工业企业亏损面达 24.3%，亏损额高达 37.5 亿元。

上述情况表明，如果再不下决心对国民经济进行调整，我国的经济建设将会陷入更大的困境，造成更加严重的损失。

第三节　党的"调整、改革、整顿、提高"方针的提出

1978 年 12 月召开了党的十一届三中全会。在这次全会以前，召开了中央工作会议，为这次全会做了充分准备。邓小平在这次中央工作会议闭幕会上的讲话《解放思想，实事求是，团结一致向前看》，实际上是三中全会的主题报告。

这次全会是新中国成立以来我党历史上具有深远意义的伟大转折。

全会结束了 1976 年 10 月到 1978 年年底党的工作在徘徊中前进的局面，开始全面地、认真地纠正"文化大革命"中及其以前的"左"倾错误。全会坚决地批判了"两个凡是"的错误方针，充分肯定了必须完整地、准确地掌握毛泽东思想的科学体系；高度评价了关于真理标准问题的讨论，确定了解放思想、开动脑筋、实事求是、团结一致向前看的指导方针。全会果断地停止使用"以阶级斗争为纲"这个不适用于社会主义社会的口号，作出了把工作重点转移到社会主义现代化建设上来的战略决策。

这次会议分析了粉碎"四人帮"以后我国国民经济恢复和发展所取得的成就以及存在的问题。全会指出，粉碎"四人帮"以后，我国的国民经济恢复和发展的步子很快，但是必须看到，由于林彪、"四人帮"的长期破坏，国民经济还存在不少问题。一些重大的比例失调状况没有完全改变过来。生产、建设、流通、分配中的一些混乱现象没有完全消除，城乡人民生活中多年积累下来的一系列问题必须妥善解决。我们必须在这几年中认真地、逐步地解决这些问题，切实做到综合平衡，以便为迅速发展奠定稳固的基础。基本建设必须积极地而又量力地循序进行，要集中力量打歼灭战，不可一拥而上，造成窝工和浪费。全会还指出，现在我国经济管理体制的一个严重缺点是权力过于集中，应该有领导地大胆下放，让地方和工农业企业在国家统一计划的指导下有更多的经营管理自主权；应该着手大力精简各级经济行政机构，把它们的大部分职权转交给企业性的公司或联合公司；应该坚决实行按经济规律办事，重视价值规律的作用，注意把思想政治工作和经济手段结合起来，充分调动干部和劳动者的生产积极性；应该在党的"一元化"领导之下，认真解决党政企不分，以党代政，以政代企的现象，实行分级分工分人负责，加强管理机构和管理人员的权限和责任，减少会议公文，提高工作效率，认真实行考核、奖惩、升降等制度。①

党的十一届三中全会所确定的路线、方针和政策，标志着我们党的路线重新回到了马克思主义的正确轨道上来。它不仅是我党政治上、思想上

① 《中国共产党第十一届中央委员会第三次全体会议公报》，《中国经济年鉴》（1981），经济管理杂志社 1981 年版，第Ⅱ–20、21、22 页。

的战略转变，也是我国社会主义经济发展的战略转变。正是由于十一届三中全会从根本上冲破了长期"左"倾错误的严重束缚，才使我们有可能摒弃经济工作中"左"的指导思想，并从我国的国情出发，重新认识和探索社会主义现代化建设的道路，走出一条发展我国社会主义经济的新路子。为了贯彻落实十一届三中全会的决议，1979 年 4 月，党中央召开了工作会议，主要讨论了经济问题。会议全面分析了我国经济建设的现状，决定集中三几年的时间，搞好国民经济的调整工作，正式提出了对整个国民经济实行"调整、改革、整顿、提高"的方针，坚决纠正前两年经济工作中的失误，认真清理过去在这方面长期存在的"左"倾错误影响。这次会议指出，经济建设必须适合我国国情，符合经济规律和自然规律；必须量力而行，循序渐进，经过论证，讲求实效，使生产的发展同人民生活的改善密切结合；必须在坚持独立自主、自力更生的基础上，积极开展对外经济合作和技术交流。李先念代表中共中央和国务院，在会上作了报告，全面阐述了"调整、改革、整顿、提高"方针。

1979 年 6 月召开的五届人大二次会议，依据党的十一届三中全会的精神，就"调整、改革、整顿、提高"八字方针的基本要求作了阐述。

调整，就是要针对林彪、"四人帮"长期干扰破坏所造成的国民经济严重失调的状况，自觉调整比例关系，使农、轻、重和工业各部门能够比较协调地发展，使积累和消费之间保持合理的比例。

改革，就是要对现行的经济管理体制坚决地、有步骤地实行全面改革。

整顿，就是要把现有企业特别是一部分管理混乱的企业坚决整顿好。

提高，就是要大大提高生产水平、技术水平和经营管理水平。

调整、改革、整顿、提高四方面的任务是互相联系、互相促进的，但是调整是目前国民经济全局的关键。

调整、改革、整顿、提高的方针，是一个保证我国现代化事业真正能够脚踏实地地向前发展所必须采取的完全积极的方针。在贯彻这个方针的过程中，还要执行引进先进技术和利用国外资金的既定政策。

1981 年 11 月，赵紫阳总理在五届人大四次会议上所作的《当前的经济形势和今后经济建设的方针》的政府工作报告中，总结了新中国成立 32 年来的经验，特别是十一届三中全会以来积累的经验，提出了今后经济建设的十条方针。这十条方针是调整、改革、整顿、提高方针的具体体现，其实质就是围绕着提高经济效益，走出一条经济建设的新路子。十条方针的要点是：①依靠科学和政策，加快农业的发展。②把消费品工业的发展放到重要地位，进一步调整重工业的服务方向。③提高能源的利用效率，加强能源工业和交通运输业的建设。④有重点、有步骤地进行技术改造，充分发挥现有企业的作用。⑤分批进行企业的全面整顿和必要的改组。⑥讲究生财、聚财、用财之道，增加和节省建设资金。⑦坚持对外开放政策，增强我国自力更生的能力。⑧积极稳妥地改革经济体制，充分有效地调动各方面的积极性。⑨提高全体劳动者的科学文化水平，大力组织科研攻关。⑩从一切为人民的思想出发，统筹安排生产建设和人民生活。①

在 1982 年 9 月召开的党的第十二次全国代表大会上，胡耀邦代表党中央提出：20 世纪最后 20 年，我国经济建设总的奋斗目标是，在不断提高经济效益的前提下，力争使全国工农业的年总产值翻两番。还指出："六五"期间，要继续坚定不移地贯彻执行调整、改革、整顿、提高的方针，厉行节约，反对浪费，把全部经济工作转到以提高经济效益为中心的轨道上来。②

上述情况表明，在党的十一届三中全会以后提出的调整、改革、整顿、提高的方针，伴随着我国社会主义建设实践不断地得到了发展。

1979 年以来，我国工业战线上一系列的巨大成就，就是在这个方针的指引下取得的。

我们在本篇将分别阐述工业经济结构的调整、工业经济体制的改革、工业企业的整顿和企业领导制度的改革与完善，以及党的十一届三中全会以来发展工业的主要成就和基本经验。

---

① 赵紫阳：《当前的经济形势和今后经济建设的方针》，人民出版社 1981 年版，第 16—46 页。
② 胡耀邦：《全面开创社会主义现代化建设的新局面》，《中国共产党第十二次全国代表大会文件汇编》，人民出版社 1982 年版，第 15—18 页。

第二章　工业经济结构的调整

第一节　1979 年到 1980 年工业的调整

一、工业调整的做法及其成效

1979 年 4 月中央工作会议之后，即开始了对国民经济的全面调整。根据调整工作的进展情况，1979 年到 1980 年年底，属于调整的第一阶段。这两年中，在工业经济调整方面，主要是降低了工业发展速度，削减了一部分基本建设项目，调整了轻、重工业之间的比例关系以及重工业内部的比例关系。

第一，降低了工业生产的发展速度。

根据中央工作会议精神，在国务院主持下，国家计委对原拟订的 1979 年计划作了重大修改。工业总产值的增长速度从原计划增长 10%—12% 调整为 8%，其中轻工业计划增长 8.3%，重工业计划增长 7.6%。对主要工业产品的产量指标也作了调整。

第二，压缩了国家预算内基本建设投资。

1978 年全国财政预算内基本建设投资为 396 亿元，1979 年为 395 亿元，停建、缓建大、中型项目 295 个，小型项目 1600 多个，部分停建项目 584 个，共压缩未完成工程投资 115 亿元。1979 年计划建成大、中型项目 118 个，实际建成投产 128 个，改变了多年来投产项目完不成计划的状况。在 1979 年调整的基础上，1980 年继续清理了基本建设在建项目，国家预算内投资实际完成 281 亿元，比 1979 年减少 114 亿元。1980 年年底在建的大、中型项目由 1979 年年底的 1187 个减少到 904 个。与此同时，一些省、市、自治区对用各类资金安排的技术措施项目进行了清理，压缩了其中一部分属于基本建设性质的项目。

第三，调整了轻工业和重工业的比例，加快了轻工业的发展。

从 1979 年开始，国家有计划地放慢了重工业的发展速度，采取一系列积极发展轻工业的政策措施。为了加快轻工业的发展，首先在投资分配上，提高了对轻工业的投资比重。用于轻工业的投资占工业总投资的比例 1978 年为 9.3%，1979 年为 10.8%，1980 年上升到 14.9%。1980 年国务院决定对轻纺工业实行"六个优先"的原则，即原材料、燃料、电力供应优先；挖潜、革新、改造的措施优先；基本建设优先；银行贷款优先；外汇和引进技术优先；交通运输优先。1980 年，用于轻纺工业的原材料，多数比上年有明显增加。例如，造纸工业需要的木材增加了 7%；生产缝纫机需要的生铁增加 25%；轻工业需要的铜、铝、锌增加了 8.7%—43%；纺织工业需要的烧碱和纯碱分别增加 7.2% 和 18.8%。为了促进轻工业的发展，1980 年还从国外进口了 23.75 亿美元的轻纺工业原料，进口额比上年增长 83%。

由于从各个方面采取措施扶持轻纺工业的发展，1979 年和 1980 年连续两年，轻工业的增长速度超过了重工业。1979 年轻工业总产值比 1978 年增长 9.6%，超过了重工业增长 7.6% 的速度；1980 年又比 1979 年增长 18.4%，大大超过重工业增长 1.46% 的速度。通过两年的调整，在工业总产值中，轻工业和重工业之间的比例发生了变化。轻工业产值在工业总产值的比重 1978 年为 42.2%，1980 年上升到 46.9%。

第四，调整了重工业的服务方向及其内部结构。

1979 年和 1980 年，重工业的增长速度虽然比过去有所放慢，但重工业的服务方向和结构开始发生变化。在这两年中，对长线产品的生产进行了控制，增产了一批适销对路的产品，关、停、并、转了一批消耗高、质量差、货不对路、长期亏损的企业。

冶金工业过去主要是为重工业自身服务，因而人民生活急需的产品，在品种、数量和质量上都满足不了要求。如生产自行车用的带钢，做罐头用的镀锡薄板，民用建筑用的线材等，都成了短线产品，部分或大部分要靠进口。另外，由于基建规模缩小，重轨、车轮及轮箱、大型材、中厚板等出现滞销，成了长线产品。在调整过程中，冶金工业部门着重调整了产品结构，把为轻纺工业服务作为重要任务。

化学工业在调整中停建、缓建了一些大中型的建设项目，关、停、并、转了一批消耗高、产品质量低、销路差的小厂。对布点分散、重复生产的厂或产品，进行了适当集中和分工。对长线产品进行了压缩或转产。化学工业的发展方向，开始转向主要为解决衣、食、住、用、行服务，重点放在为轻工、纺织、电子、建材等工业提供配套的原料、材料，为农业提供化肥、农药等各种支农产品；同时根据人民群众生活的需要，提供一些直接投放市场的化工最终产品。

机械工业着重调整了服务方向，扩大了服务领域，改善了机械产品结构。在为重工业、基本建设服务的同时，积极为轻纺工业、人民生活、城市建设、老企业技术改造和扩大机电产品出口提供设备。在基本建设需要设备减少的情况下，1980 年第一机械工业系统完成的工业总产值大体相当于 1979 年的水平，机电产品出口则比 1979 年增长 60.6%，为轻工业服务的产品，1979 年只有 23 个品种，产值 6.5 亿元；1980 年增加到 93 个品种，产值达 40 亿元左右。

建材工业一直是国民经济中的一个薄弱环节。调整工作开始以后，党中央、国务院明确指出，建材工业和煤、电、油、交通运输一样，是国民经济的先行，要在国民经济调整中加快发展。

1979 年、1980 年，建材工业生产稳步增长，其中水泥产量 1979 年和 1980 年分别比上年增长 13.3% 和 8.1%，平板玻璃产量分别比上年增长 16.2% 和 18.9%。

第五，调整了原油和原煤的生产，加强了石油的地质勘探和煤矿的掘进，并大力开展了能源的节约。

为了改变原油和原煤采储、采掘比例失调的状况，1979 年、1980 年有计划地稳定和减少了原油和原煤的产量。原油产量，1978 年为 10405 万吨，1979 年为 10615 万吨，1980 年为 10595 万吨，产量基本上没有增加；原煤产量，1979 年为 6.35 亿吨，1989 年减少为 6.2 亿吨。

石油开采企业在努力稳定产量的同时，积极采取措施，降低了油田的综合能耗。炼油企业调整了生产方案，重点抓了提高收率、提高质量、降低能耗，以适应国民经济发展的需要。

在煤炭的开发方面，采取了以下措施：①加强了现有矿井的掘进和剥离，使采掘失调的矿井尽快补上掘进和剥离的欠账。②采取措施减轻煤矿职工的劳动强度，加强劳动保护和安全措施。③提高了煤矿简单再生产的费用，加强了对现有煤矿的挖潜改造。④通过国家基本建设投资、银行贷款和利用外资，使煤矿建井保持一定的规模。⑤调整勘探布局，压缩了江南地区和一些资源条件较差的省区的勘探规模，加强了山西、河南、黑龙江、安徽、山东等重点产煤地区的勘探力量，加快了勘探速度。

国家在能源政策上采取了开发与节约并重，近期内把节约放在优先地位的方针，以此来保持工业生产有一定的增长速度。具体措施是：①逐步改变产业结构和产品结构。②加强能源管理，搞好热力平衡，降低单位产品能耗。③改造耗能大的老设备和落后工艺，发展集中供热、热电结合。④逐步更新耗能高的动力机具。⑤严格控制烧油，积极推行以煤炭代替石油做燃料。通过采取以上各种措施，1979 年在能源产量增长 1.3% 的情况下，工业总产值增长了 8.5%；1980 年的能源产量比上年下降了 1.3%，工业总产值增长了 8.7%。

1979 年和 1980 年两年的调整工作，取得了很大成效，10 亿人口中的绝大多数在生活上得到了明显的改善，长期形成的不合理的工业生产结构开始发生变化，经济效益有所提高，社会秩序安定，出现了自 1958 年以后的二十多年来少有的大好形势。这说明调整、改革、整顿、提高的方针是完全正确的。

二、工业调整中的主要问题

第一阶段工业调整的成效是显著的，但也出现了一些新的情况和新的问题，某些方面的进展并不是很顺利。最突出的问题是基本建设投资规模还没有切实地压下来。1979 年国家直接安排的基本建设投资，调整后的计划为 360 亿元，比上年减少了 36 亿元，执行结果，达到 395 亿元，实际上比 1979 年只减少 1 亿元，说明 1979 年基本建设实际上并没有减下来。1980 年计划安排 241 亿元，实际完成 281 亿元，国家预算内的投资比上年压缩了 28.9%。但是，预算外地方、部门、企业各类自筹投资比上年增长 56.2%，全年实际完成的投资总额达 539 亿元，比 1979 年又增加了 7.8%，成为新中国成立以后到 1980 年的 30 年中投资规模最大的一年。其中用于工业的基本建设的投资（包括预算外的）仍然高达 292.04 亿元，相当于 1978 年的工业投资水平，比 1979 年还增长了 10.28 亿元。

1980 年基本建设投资规模过大，主要有三个方面的原因：

第一，对一些应该停建、缓建的重大项目没有及早下决心停缓下来；在建的大中型项目个数虽然减少了 283 个，但由于新开工的大中型项目有的规模较大，因此总的建设规模没有压缩下来。

第二，由于一些地区片面理解发挥优势的方针，缺乏国家计划指导和综合平衡，重复建设现象严重。如全国 1979 年年底已有棉纺锭 1663 万锭，开足生产尚缺棉 2000 万担，而 1980 年建成和在建的有 260 多万锭。各地的小烟厂、小酒厂、小丝厂等盲目建设问题则更为突出。据统计，1980 年全国关、停、并、转了几千个企业，但又新建投产了 2 万多个企业，年底比年初净增加 2.2 万个工业企业。新投产的企业绝大多数是盲目发展起来的加工工业，而且主要是一些小企业。它们的兴建，不仅直接扩大了基本建设规模，而且与大厂、老厂争原料、争动力，以小挤大，以先进挤落后，影响了现有企业的经济效果。

第三，预算外各类资金用来搞基本建设的渠道越来越多，又没有相应地加强管理和综合平衡，致使这方面的基本建设规模失去控制。1980 年，仅企业的挖潜、革新、改造资金和人民银行的中短期设备贷款中，有 40% 以上搞了基本建设性质的新建项目。有些建设项目，甚至挤占流动资金、大修理基金，阻碍了现有生产过程的正常进行，影响了简单再生产。

基本建设规模过大，超过了国家财力、物力的可能，不得不靠庞大的财政赤字来维持基本建设。加剧了国家财政、信贷、物资和外汇的不平衡。1979 年国家出现 170 亿元的财政赤字，1980 年仍有 121 亿元的赤字。如果不迅速采取坚决措施，对经济实行进一步的调整，1981 年的财政仍然会出现较大的赤字，物价将会继续上涨，整个经济将难以稳定，党的十一届三中全会以后，人民群众在经济上得到的好处就有丧失的危险。

第二节　1981 年以后工业的进一步调整

一、在经济上实行进一步调整重大决策的提出

1979 年和 1980 年的经济调整工作取得一定的进展。总的来看，当时全国的经济形势是好的。在农村，由于实行了正确的经济政策，农民积极

性调动起来了，广大农村是稳定的。工业生产，在能源几乎没有什么增长的情况下，仍然保持了较高的增长速度。特别是轻工业生产增长幅度较大，加上农副产品供应增多，市场供应情况良好。在这两年中解决了1000多万待业青年的就业问题，城镇住宅建设的规模也是空前未有的。城乡绝大多数人民群众的生活都有所改善。经济体制实行初步改革以后，企业和地方有了一些机动财力，增强了经济活力，景况也比过去好多了。因此，这一次调整同60年代初的那一次调整时工农业生产大幅度下降的情况大不相同。也正因为如此，许多同志对这次调整中所遇到的困难的严重性以及潜伏的危险认识不足，在许多问题上调整的步子迈得不大，态度不坚决。在提高城乡人民的消费水平以后，基本建设总的规模没有退下来，因此，虽然经过近两年的调整，国民经济重大比例失调的状况尚未从根本上得到扭转，经济工作的被动局面还没有彻底改变过来。

鉴于上述情况，在1980年12月召开的中央工作会议上，党中央和国务院决定从1981年起在前两年调整的基础上，对国民经济实行进一步的调整。党中央认为，只有这样做，才能克服困难，消除潜在危险，保证经济全局的稳定，逐步地使我们的经济工作由被动转为主动。在经济上实行进一步的调整的总的要求和主要任务，概括起来就是稳定经济、调整结构、挖掘潜力、提高效益。

稳定经济，就是做到财政收支平衡，消灭赤字，在这个基础上实现信贷收支平衡，不再搞财政性的货币发行，把市场物价基本稳定下来，使人民生活不受到损失。为此，国务院确定，1981年全国的基本建设总规模，包括中央、地方和企业自筹的投资，以及用国内外贷款所进行的建设，由上年的539亿元压缩到300亿元，其中国家预算内的投资由上年的281亿元压缩到170亿元。并且下决心把那些不具备建设条件和建成后不具备生产条件的建设项目坚决停下来，把那些同现有企业争燃料动力、争原材料的重复建设项目坚决停下来。除了压缩基本建设投资和各项行政开支外，对于消费支出，进行适当控制，从而使建设和消费都做到量力而行、量入为出。

调整结构，着重解决消费品供不应求和燃料动力供应不足的问题。①继续把发展农业放在重要地位，使农业能为人民生活、为工业和出口提供越来越多的产品和原料，从而促进整个经济的繁荣。②进一步加快轻工业的发展，使轻工业生产继续快于重工业的发展速度，使社会商品供应同社会购买力的增长大体相适应。③采取更严格的措施搞好能源的节约，在继续抓紧石油勘探的同时，把重点放在煤炭的开发上，集中更大的力量开发山西、贵州的煤炭，并充分利用原有基础，加强对中小矿井的扩建和改造。④在基本建设投资大量压缩的情况下，为了不使重工业特别是机械工业生产出现萎缩，对重工业的内部生产结构进行调整，使之同整个经济结构的调整方向相一致。冶金、化工、机械等重工业部门转向为消费品生产服务的轨道，为消费品生产提供适合需求的原材料和机器设备。机械工业重点转向为国民经济技术改造服务，为国内市场服务，为扩大出口服务，为国防现代化服务。任务不足而又没有发展前途的工厂，与轻工业工厂合并，转产轻工产品或与轻工业工厂协作。对消耗高、质量差、亏损大的企业，坚决实行关、停、并、转。

挖掘潜力，主要是充分发挥现有企业的作用，特别是把几千个大中型骨干工业企业办好，使它们发挥更大的作用。为此，一是搞好现有企业的整顿；二是认真进行企业改组，按专业化协作和经济合理的原则把企业组织起来；三是有计划有步骤地对现有企业进行设备更新和技术改造。

提高效益，就是要从根本上改变过去那种高积累、高速度、高浪费、低效益、低消费的状况，走出一条投入少、产出多、效益高的新路子，从而保证社会生产的稳定增长，保证财政收入的稳定增加，保证人民生活水平逐步提高，使整个经济走上良性循环的轨道。

关于调整与改革的关系，中央工作会议认为，前一阶段行之有效的一些改革要继续坚持，改革的成果要巩固和发展，少量的、新的、改革的试点也要有领导有步骤地进行。但是，在调整时期，各项改革要服从于调整。有些改革从长远来看是合理的，但同调整有矛盾，就推迟进行。

为了搞好在经济上的进一步调整，克服困难，避免发生混乱，中央工作会议强调，在扭转国民经济被动状况的重大调整措施上必须高度集中统一，服从中央统一指挥，为此提出了以下重要措施：①对于中央决定的调整的方针、政策和重大措施不能三心二意，不能阳奉阴违，不能顶着不办。②各种渠道用于基本建设的资金，要由国家计划委员会统管起来，综合平衡。③财政税收制度和重大财政措施要集中统一。④任何地方、部门和企业都必须严格遵守信贷管理制度和现金管理制度。⑤国家规定的重要物资的调拨计划，包括重要的农副产品和原材料，各地方、各部门、各企业必须坚决完成，不能打折扣。⑥严格控制物价，整顿议价，任何地方、部门和企业都不得违反。⑦统一规定发放奖金的条件，严格检查监督制度，坚决制止滥发奖金。⑧加强外贸和外汇管理，加强内部协调，统一对外，联合对外、防止互相拆台。

中央工作会议认为，搞好调整，稳定经济，安定人民生活是大局，是全党、全国、各族人民的根本利益所在。对地方的利益、部门的利益、企业的利益，应当兼顾，不能忽视，但必须服从整体的利益，服从大局。

这次中央工作会议，标志了我们党在经济工作中坚决纠正了"左"的错误，在国民经济调整问题上进一步统一了认识，对于保证调整工作沿着正确的轨道健康发展，起了重大作用。

在对国民经济实行进一步调整顺利发展的基础上，1982年12月召开的第五届全国人民代表大会第五次会议批准了1981年到1985年国民经济和社会发展的第六个五年计划。"六五"计划的基本任务，是继续贯彻执行调整、改革、整顿、提高的方针，进一步解决过去遗留下来的阻碍经济发展的各种问题，取得实现财政经济状况的根本好转的决定性胜利，并且为第七个五年计划期间的国民经济和社会发展奠定更好的基础，创造更好的条件。① 赵紫阳总理在五届人大五次会议的政府工作报告中，阐述了全面实现"六五"计划的主要措施，其中关于工业建设的措施是：①严格控制固定资产投资的总规模，切实保证重点建设和企业技术改造计划完成。②坚决调整和全面整顿现有企业，努力提高企业的经营管理水平。③积极推进技术进步，充分发挥科学技术对经济建设的促进作用。④积极稳妥地加快经济改革的进程。② "六五"计划及其采取的措施，进一步体现了1980年12月中央工作会议所确定的指导思想，并在实践中不断发展，从而有效地保证了"六五"计划的胜利完成。

二、工业生产建设的进一步调整

从1981年开始，在经济上实行了进一步调整的方针，到1982年底，

---

① 《中华人民共和国国民经济和社会发展第六个五年计划（1981—1985）》，《中华人民共和国第五届全国人民代表大会第五次会议文件》，人民出版社1983年版，第114页。

② 赵紫阳：《关于第六个五年计划的报告》，《中华人民共和国第五届全国人民代表大会第五次会议文件》，人民出版社1983年版，第90—102页。

我国国民经济重大比例失调的状况已基本得到扭转，逐步走上了健康发展的轨道。1983 年到 1985 年，我国工农业生产持续增长，轻重工业协调发展，并全面完成了第六个五年计划。但是，调整工作在前进过程中也出现了一些曲折，主要是基本建设规模时有膨胀。1981 年基本建设规模得到了适当的压缩，但 1982 年又出现了基本建设投资增长过快的问题。1983年，党中央、国务院采取紧急措施，使基本建设规模基本上得到了控制，加强了重点建设。1984 年固定资产投资规模又再次膨胀。1984 年年底，中央及时发现了这些问题，并采取了一系列措施，保证了我国工业以至整个国民经济继续沿着健康的轨道向前发展。

（一）工业生产保持适当的发展速度。

赵紫阳总理在《关于第六个五年计划的报告》中指出："在提高经济效益的前提下，使工农业生产保持适当的发展速度，是我们制订计划的一项重要原则。"① "六五"计划规定，从 1981 年到 1985 年，工业总产值平均每年递增 4%，在执行中争取达到 5%。

工业增长速度规定为"保四争五"，当时主要是考虑到工业调整的任务还很艰巨复杂，在近期内能源产量不可能有较大增加，交通运输的紧张状况也不可能有根本的改变，以及主要农作物产量也不可能迅速大幅度增长等因素，因此把工业发展的速度规定得低一些。

实际执行结果，工业总产值由 1980 年的 4972 亿元增加到 1984 年的7030 亿元，平均每年递增 9%。1981 年到 1984 年工业生产迅速增长的主要原因是：①在经济工作中切实贯彻了中央提出的进一步调整的方针，各种经济比例关系日趋协调，基本上保证了工业再生产过程的顺利进行。②由于农村经济体制改革的成功，极大地调动了广大农民的积极性，农业连年丰收，为工业提供了更多的农副产品和更广阔的市场。③由于固定资产投资规模的扩大，对工业生产资料的需求大大增加，刺激了重工业的发展；同时，新增固定资产又进一步新增了工业的生产能力。④由于从1982 年以来，能源产量稳步增长，大大超过"六五"计划增长的目标，为工业的高速增长提供了条件。⑤城市经济体制改革的深入发展，进一步调动了企业职工的积极性，使工业劳动生产率大幅度提高。⑥由于企业技

---

① 赵紫阳：《关于第六个五年计划的报告》，《中华人民共和国第五届全国人民代表大会第五次会议文件》，人民出版社 1983 年版，第 67 页。

术改造和技术引进的步伐加快，使企业的技术素质有了提高。⑦进出口贸易的扩大，一方面推动了出口工业产品的生产；另一方面进口的原材料增加，弥补了国内工业原材料的不足。

但 1984 年第四季度和 1985 年上半年，我国工业出现了超高速增长的状况，1 月至 6 月份比 1984 年同期增长了 23.1%。这种超高速增长加剧了能源、原材料供应和交通运输的紧张状况，引起产品质量下降、资金占用增加、生产资料的市场价格大幅度上升、工业成本超支。党中央和国务院在发现工业的超高速增长问题之后，采取了一系列解决措施，工业生产增长速度从 7 月份开始缓减，逐步走向了正常。

（二）基本建设规模不断得到控制，重点建设得到加强。

1981 年是基本建设规模真正得到压缩的一年。党中央、国务院下定"基本建设要退够"的决心，大幅度削减了原订的基本建设计划投资额，即由 550 亿元减为 380 亿元。1981 年全国实际完成工业基本建设投资总额为 216.01 亿元，比上年减少 59.6 亿元，压缩了 21.6%。

为了严格地控制投资规模，1981 年 3 月，国家计委、国家建委、财政部联合发出《关于制止盲目建设、重复建设的几项规定》，① 即"十二个不准"：不准搞资源不清的项目；不准搞工程地质、水文地质不清的项目；不准搞工艺不过关的项目；不准搞工艺技术十分落后、消耗原材料、燃料、动力过高的项目；不准搞协作配套条件不落实的项目；不准搞污染环境而无治理方案的项目；不准搞"长线"产品项目；不准搞重复建设的项目；不准搞"大而全"、"小而全"的项目；不准搞同现有企业争原料的项目；不准盲目引进项目；不准搞"楼堂馆所"。由于采取了加强集中统一管理等一系列措施，使压缩和控制基本建设规模的决策初见成效。1981 年全部停建、缓建的大中型项目 151 个，小型项目 1100 多个，压缩停建、缓建项目未完工程投资 436 亿元，占 1979 年至 1981 年三年调整压缩投资 650 亿元的三分之二。1981 年年末在建的大中型项目压到了 663 个。这一年基本建设规模的压缩，对调整积累和消费的比例关系，特别是对当年财政收支达到基本平衡，稳定经济形势，消除潜在危险，争取全局主动，起了极为重要的作用。

---

① 《中国经济年鉴》（1982），经济管理杂志社 1982 年版，第Ⅲ－19 页。

　　为了加强能源、交通等重点建设，1982 年年初，有关部门从在建的几百个大中型项目中，选出对国民经济发展有重要意义、具备了较好建设条件的 50 个项目，按合理工期组织建设，在财力、物力上给予优先保证。这批项目中，能源、建材、交通、轻纺等部门的项目占绝大部分，所需投资约占当年在建大中型项目投资的三分之一以上。1982 年，这些重点项目取得了较好的进展。

　　但是，从总体来看，1982 年又出现了基本建设增长过快的问题，投资总额达 555.53 亿元，比上年增长了 112.62 亿元，其中预算内的工业基本建设投资为 276.7 亿元，比上年增长了 20%。上年较缓和的一些建设物资又出现供应紧张的局面，挤了生产维修、更新改造和市场消费。这种状况 1983 年上半年仍有发展。为了刹住基本建设投资增长过猛的趋势，1983 年 6 月，党中央、国务院召集各省、市、自治区和中央国家机关各部委的负责同志开了一次工作会议，一致决定要集中财力、物力保证以能源、交通为中心的重点建设。国务院于 1983 年 7 月 9 日发出了《关于严格控制基本建设规模、清理在建项目的紧急通知》，[①] 要求各地区、各部门迅速把超过国家下达的基本建设计划的部分压缩下来，特别是用自筹资金和银行贷款安排的建设规模，必须压缩到计划指标以内。超过的部分，银行停止拨款。凡是计划外项目一律停下来。计划内的项目，凡是矿产资源和工程不清、工艺不过关、能耗过高、产品无销路的项目，也要停下来。

　　由于采取了上述紧急措施，使 1983 年实际完成的投资额基本上控制在国家计划指标之内。到 1983 年 9 月底，全国共停建、缓建基本建设项目 5360 个，其中计划外工程 3087 个，计划内项目 2274 个，这些措施使得 1983 年基本建设规模在较短的时间里得到了一定的控制，加快了以能源、交通为中心的重点建设。

　　1984 年，国家重点建设进一步加强。全民所有制单位基本建设投资完成 743.15 亿元，比上年增长了 25.1%。其中能源工业的投资增长了 31.1%。重点煤矿、油田、电站的主要实物工程量都超额完成了国家计划。一批重点煤矿、电站、油井、建材企业和铁路新线的建成投产，有利

---

① 《中国经济年鉴》（1984），经济管理出版社 1984 年版，第 IX - 42 页。

于克服国民经济中的薄弱环节，有利于为生产的持续增长准备后劲。但是，1984 年基本建设投资的增长速度仍然过猛，特别是预算外投资增加过多，比上年增长三分之一以上。1984 年工业基本建设投资共完成341.59 亿元，比 1983 年增长了 21%，超过了钢材、木材、水泥生产分别增长 9.7%、5.1% 和 11.8% 的速度，因而主要基建物资供应十分紧张，市场价格上涨幅度较大，影响了许多建设项目的施工进度和工程造价，基本建设综合投资效果有所下降。1984 年年底以来，党中央、国务院采取了一系列措施，解决基本建设规模过大问题，并且已经开始取得了成效。

（三）把发展消费品生产放在重要地位，轻纺工业持续增长。

根据 1980 年 12 月中央工作会议关于对国民经济实行进一步调整的方针，1981 年年初，国务院提出要大力发展消费品生产，各行各业都要围绕发展消费品生产来进行安排，并继续对轻工业实行"六个优先"的政策。1981 年进一步调整了轻、重工业的投资比例，使用于轻工业的基本建设投资占总投资比重由上年的 8.1% 上升到 11.4%，迅速扩大了生产能力。各行各业大力支援轻工生产。重工业部门采取"重转轻"、"军转民"、"长转短"等形式，调整了产品结构，扩大了服务领域。农业、冶金、化工部门积极扩大轻工业所需原材料的生产。所有这些措施，都有力地促进了轻工业的发展。1981 年，轻工业总产值为 2663 亿元，比上年增长了 14.1%，占全部工业总产值的比重，从 1980 年的 46.9% 上升到51.4%，超过了重工业。

1982 年到 1985 年，在组织工业生产中，继续坚持把发展消费品工业放在重要地位的方针，从能源和原材料供应、挖潜革新改造措施、安排基本建设力量、银行贷款、使用外汇和引进技术、交通运输等方面，给予优先照顾和大力扶持，使轻纺工业在前三年平均每年递增 14% 的基础上持续增长。1982 年、1983 年和 1984 年三年，轻工业总产值分别比上年增长了 5.7%、8.7%、13.9%。

在轻工业总产值和主要产品产量大幅度增长的过程中，轻工业内部的比例关系也有了进一步改善，首先是在轻纺产品的原料结构方面，以工业品为原料的产品在轻工业总产值中的比重继续上升，特别是合成纤维产量的增长远远超过了棉布的产量；其次是在轻工业的产品结构上发生了变化，在吃、穿、用三类消费品中，用的比重上升；最后是在耐用消费中，高档消费品的比重上升，特别是电视机、录音机、电冰箱、照相机等产品的产量大幅度增长。

随着经济的发展和人民生活水平的提高，城乡居民的消费需求和消费构成呈现新的变化，即在吃的商品方面，对经过加工的副食品的需求比重迅速上升，对穿着的需求向中、高档发展，农民的穿着需求开始向城市看齐；耐用消费品购买量稳步增长，彩色电视机、电冰箱等高档耐用消费品生产虽然增长很快，但仍然供不应求。这种消费需求的变化和扩大，进一步推动了我国轻工业的发展。

轻纺工业的持续发展，促进了全国城乡市场的繁荣。过去消费品匮乏的状况有了很大改变，市场货源比较充裕，大多数日用工业品已敞开供应，部分商品已开始由"卖方市场"转变为"买方市场"，轻工市场已从过去量的矛盾很突出、长期供不应求的局面，开始转变为质的矛盾比较突出，消费者对商品的选择更严格了，出现了"持币待购"和"储币选购"的现象。

（四）调整重工业的产品结构和服务方向，使重工业生产从下降转为上升。

1981 年，重工业的产值比上年下降了 4.7%。下降的原因：一是在调整过程中，一批重工业企业停止了能源消耗很高、积压严重的长线产品的生产，腾出能源用来保证轻工业生产的需要，这种下降是合理的；二是有相当一批重工业企业，过去长期主要为基本建设服务，由于 1981 年大幅度压缩基本建设投资规模，设备和其他生产资料的订货相应减少，以致生产下降，这在重工业内部调整服务方向和产品结构过程中是难免的；三是由于一些同志对于调整重工业服务方向和产品结构的必然性认识不足，行动迟缓，应该早转产的转晚了，造成一些重工业的生产不该下降的也下降了。

由于在调整过程中不断采取措施，到 1981 年第四季度，重工业生产又开始回升了。1982 年重工业总产值比 1981 年增长了 9.9%，1983 年和 1984 年分别比上年增长了 12.4% 和 14.2%。重工业生产在迅速增长的过程中，不断调整服务方向和内部结构，大力生产社会需求量大的产品，开始改变了长期存在的重工业主要是自我服务的现象，直接为农业、轻工业和人民生活需要提供的产品越来越多。钢铁工业以提高经济效益为中心，工作重点放在提高质量、增加品种、节能降耗、治理环境上，大力推进"五个转变"，即把产品质量逐步转到国际先进水平上来；品种转到适应国民经济技术进步的需要上来；高能耗结构转到低能耗结构上来；生产转到新技术上来；企业各项工作转到提高经济效益的轨道上来。机械工业以"上质量、上品种、上水平、提高经济效益"为中心，进一步调整了产品结构。能源开发和交通运输设备普遍增长较快，并且做到保质、保量、按时和成套供应，保证了国家重点建设工程的需要。小型农具、饲养和经济作物机械、新兴行业装备和关键基础件，以及城乡物质文化生活所需要的机电产品，都得到了较快的增长。

从 1982 年开始，重工业由回升走向持续、迅速增长：一是由于这几年，能源生产较快，为冶金工业、建材工业、化学工业和机械工业的发展提供了较多的能源；二是由于固定资产投资规模的扩大和农村对农业生产资料的需求量增加，促进了重工业特别是机械制造工业、建筑材料工业的增长；三是由于轻工业的迅速发展，对工业原材料和轻工设备的需求不断增加，进一步扩大了重工业的市场。

（五）实行能源开发与节约并重的方针，使能源产量稳定增长，能源节约取得显著成效。

在能源开发方面，1981 年，在工业基本建设投资总额比上年减少21.6% 的情况下，用于能源工业投资的比例仍然保持了上年的水平。1982年党的"十二大"把发展能源工业作为经济建设的战略重点之一，进一步加强了能源工业的建设。

在煤炭工业建设中，首先是抓了老矿的挖潜改造、填平补齐和成龙配套工作，使煤炭生产中严重失调的比例关系逐步趋于协调，统配煤矿中采掘接替失调的矿井，已恢复了正常；其次是新的矿井和煤炭基地的建设得到了加强，从 1981 年到 1984 年，共新增煤炭开采能力 5845 万吨，投产新井的机械化程度也比较高，配套工程做到同步建成；最后，在煤炭开发中，地方煤矿贯彻了"国家、集体、个人一起上，大、中、小煤矿一起搞"和"有水快流"的方针，因此地方煤矿产量大幅度增长，1984 年产量达 39453 万吨，占全国煤炭总产量的一半，比上年增长了 17.3%，大大缓解了煤炭供应紧张的局面。

石油工业在加强地质勘探，努力增加新的地质储量的同时，抓紧了对老油田的综合调整。在地质储量增加不多、油井自然递减率较高的情况下，采取一系列技术措施，基本上保持了注采平衡，使综合递减率控制在

9%以下，保证了1亿吨原油年产量的持续稳产，并略有增长。石油工业确定了以提高经济效益和油田采收率为中心，合理调整了老油田的开发速度，加强增产措施，提高单井产量，使占全国原油产量三分之二的主要油田都保持了稳产。1984年，原油产量达到11460万吨，比1983年净增800多万吨，增长了8%，是调整以来，石油产量增长最快的一年。

在能源的节约方面，首先是调整了能源消费结构。根据我国煤炭资源十分丰富的特点，国家确定在今后相当长的一段时间内，以煤炭作为主要能源，采取措施支持各地把烧油改为烧煤炭。其次是通过调整工业结构和产品结构，采取促进节能的政策措施，整顿企业，加强能源管理，推广节能新技术，进行以节能为中心的技术改造，使节能工作比较广泛地开展起来。1981年一次能源总产量为6.32亿吨标准煤，比上年下降0.8%，能源消费比1980年下降0.9%，但是，却保证了工业总产值比上年增长4%的速度。这说明1981年工业生产增长所需要的能源主要是依靠节能来解决的。这一年共节能2700万吨标准煤，其中因改变工业结构少用标准煤1916万吨，占71%；改变产品结构少用标准煤413万吨，占15%；加强能源管理，进行技术改造节约的标准煤371万吨，占14%。每亿元工业总产值的能耗比上年下降6%。1982年大部分单位产品耗能指标比上年进一步下降，每亿元工业产值消耗的能源降低了4.5%。超过了"六五"计划规定降低2.6%—3.5%的要求。

在"六五"期间，由于在经济上实行了进一步调整的方针，并把能源建设列为战略重点，能源产量稳步上升，1981年到1985年，每年平均递增5.5%。能源的节约也取得了显著成绩。但是，在同一时期，工业产值平均每年递增10.9%。从我国目前工业技术水平的状况来看，能源增长仍然不适应工业发展的要求。特别是1984年到1985年工业的高速增长，更加剧了能源供应紧张的矛盾。

（六）工业企业技术改造不断加强，工业的扩大再生产逐步从以外延为主转向以内涵为主。

1982年1月，国务院颁发了《关于对现有企业有重点、有步骤地进行技术改造的决定》（以下简称《决定》）。[1]《决定》指出，必须改变过

---

[1] 《中国经济年鉴》（1983），经济管理杂志社1983年版，第Ⅷ-19页。

去以新建企业作为扩大再生产主要手段的做法，实行以技术改造作为扩大再生产主要手段的方针。《决定》规定了对现有企业进行技术改造的指导思想和应当遵循的原则：①技术改造必须从我国的实际情况出发，应该采用适合我国资源条件、科技水平和管理水平，又能带来良好经济效益的先进技术，不能统统要求最新技术，片面求新、求洋。②技术改造需以提高社会经济效益为目标，不仅要考虑本企业、本行、本部门的效益，而且主要应当考虑国民经济全局的效益，坚决改变那种追求形式、不讲实效的做法。③必须充分发挥科学技术的重要作用，加强研究、计划工作，组织好科学技术从实验室向生产的转移，单纯军用向军民兼用转移，沿海向内地转移，国外向国内转移。④要从我国技术改造的迫切需要出发，积极利用外资，引进适合我国情况的先进技术和自己还不能制造的某些关键设备、仪器仪表，包括少量局部生产过程的系列设备。尽量少引进甚至不引进成套设备，切记不要重复引进。引进技术后，自己能制造的设备，就不要再引进，以保护我国工业的发展。⑤技术改造是一项长期任务，必须全面规划，有重点有步骤地进行，防止"不做调查研究，不讲经济效果，一哄而起，盲目上马"的偏向。

国务院的《决定》，推动了技术改造的开展。1982 年，有关部门先后安排下达了约 3000 项更新改造项目。这些项目以节约能源、增产轻纺产品、加强交通运输和配套原材料等措施为重点。从 1979 年到 1982 年年底，由技术改造而形成的节煤、节油、节电、节水能力折合标准煤 2300 万吨，压缩烧油能力 1100 万吨，恢复发电设备能力 400 多万千瓦，增加轻纺产品生产能力折合年产值 200 多亿元。

1983 年，各个工业部门和广大企业认真贯彻中央提出的经济振兴要依靠科学技术进步，科学技术要面向经济建设的方针，大力推进技术改造，提高企业的技术素质。一是狠抓产品创优活动，加强新产品的开发。二是加快了技术改造的步伐，各个部门都制定科技发展和技术改造规划。1983 年更新改造和其他措施总投资达 357.83 亿元，比往年有较大幅度的增加，主要是按照行业规划，择优安排了一批投资少、见效快、经济效益高的项目。三是加强了科研攻关和科技成果的推广工作，对"六五"计划安排的 38 项重大科技攻关项目和 40 项重大科技成果推广项目，进行了技术论证、签订合同、组织攻关和推广等工作。企业内部的群众性的技术革新和合理化建议，比往年更加广泛深入地开展。

1984 年，技术改造的步伐进一步加快，全年共完成更新改造和其他措施投资 425 亿元。在更新改造和其他措施投资中，用于增产和节约能源的投资 100 亿元，比上年增长了 33%；用于增加产品品种和提高产品质量的投资 45 亿元，比上年增长了 25%。全年施工的更新改造项目 7.4 万个，全部建成的 3.9 万个，对提高产品质量、增加短线产品产量、节约能源和原材料发挥了重要作用。棉纺、石油、炼钢、化肥、水泥、机制糖等行业，新增的生产能力有 1/3—2/3 是靠更新改造获得的。1984 年技术引进的步伐也大大加快，全年引进项目达 1620 项，比 7 年前增长 1.5 倍。总之，我国工业技术改造工作已从作为发展生产的具体措施，转为振兴企业，繁荣经济，增强后劲的重大战略措施；从注重国内封闭式的技术攻关，逐步转为开放式的既抓国内的协同攻关，又抓国外先进技术的引进、消化和吸收；从着重抓单项的一个一个企业的改造，转到在统筹规划下的整体的、全行业的综合改造。

"六五"期间，工业企业技术改造也存在不少问题。比如，企业技术改造资金不足，企业在使用技术改造资金时，存在着片面追求扩大老产品生产能力、忽视提高质量和增加品种的倾向；技术引进的宏观管理方面还缺乏有效的、完善的措施，出现了多头对外、重复引进过多的问题。

（七）以提高经济效益为中心，对工业企业进行了调整和改组。

针对我国工业企业长期形成的"大而全"、"小而全"的问题，在对经济实行进一步调整的过程中，对工业企业也进行了调整和改组。

1. 对于经营管理不好、物质消耗高、产品质量差又不适销对路、长期亏损的企业，根据不同情况，分别进行了整顿提高和关、停、并、转。1981 年，重工业企业减少了 4400 个，其中冶金工业减少 367 个，化肥和农药工业减少 458 个，机械工业减少 3172 个；农村社办工业企业减少 1034 个。减少的主要是那些消耗高、质量差、技术落后、亏损严重的小机械厂、小氮肥厂、小钢铁厂、小炼油厂、小油漆厂、小酒厂、小针织厂、小造纸厂等。经过关、停、并、转，整顿提高，保留下来的小厂的经济技术指标普遍有了好转。例如小氮肥厂，1981 年共关、停、并、转了 109 个，同调整前的 1978 年相比，吨氨两煤耗由 3.2 吨降到 2.2 吨，电耗由 1800 度降到 1467 度，企业亏损额由 6 亿元降到 4000 万元，有 11 个省、市的小氮肥厂已扭亏为盈。中小钢铁企业，1979 年亏损 2.9 亿元，1981 年盈利约 4 亿元。1982 年，又关、停了 4000 个经济效益差的小型企业。没有关停的小型企业，通过整顿改造，各项技术经济指标也有了明显的提高。

2. 针对产品重复、工艺重复和"大而全"、"小而全"的状况，在工业比较集中的省和中心城市，对现有企业按照产品和零部件专业化的原则进行了改组。对于适合按行业统一管理的企业，先后组建了一批全国性的工业公司，主要有：石油化工、有色金属工业、船舶工业、汽车工业、丝绸工业、盐业、烟草、包装等全国性的公司。许多地区也组建了一批以地区或城市为范围的工业公司。这些公司对于统一规划、协调本行业所属企业的生产和建设，避免盲目发展、重复生产，合理利用资源，提高经济效益起了一定的作用。

3. 一些工业城市积极发展热处理、电镀、铸造、锻压、机修等工艺专业化，组建了一批协作中心和专业厂，提高了设备利用率，节约了能源，降低了成本，改进了产品质量，减轻了对环境的污染。

4. 围绕综合利用资源和能源，提高经济效益，组织不同部门的重点企业的联合。例如，继上海高桥地区的炼油、化工、轻工、电力等 7 个企业联合组成石油化学工业公司之后，又组建了上海造船工业公司、南京金陵石油化学总公司和辽宁抚顺石油化工公司，打破了部门、地区的界限，发展了横向的经济联系。

5. 在加工企业和原材料产地之间，生产企业和科研单位、大专院校之间，生产技术比较先进和比较后进的企业之间，沿海和内地之间，国营企业和集体企业之间，各种形式的经济联合，包括联营、合营或者在资金、物资、技术等方面的联合，都不断发展。这些广泛的、自愿互利的，又是有领导有计划的经济联合，有利于互相支援、扬长避短、合理利用资金和物资，避免盲目发展，使经济进一步活跃，也有利于内地和后进企业生产、技术和管理水平的提高。

工业企业的调整和改组也还存在不少问题，一是由于受部门所有、地区所有等体制上的限制，企业调整与改组的进展还比较慢，"大而全"、"小而全"的问题并未得到根本性的改变；二是许多部门和地区在企业改组过程中，组建了一大批行政性的公司，截留了应当放给企业的权限，公司束缚了企业的手脚；三是在 1984 年以来一些地方工艺技术落后、"小而全"的企业又重新出现，产生了与大工业争原料、争能源的矛盾，也影响了整个宏观经济效益的提高。

从 1979 年 4 月中央工作会议提出"调整、改革、整顿、提高"的方针之后，经过几年的调整，我国工业和国民经济已扭转了重大比例关系严重失调的局面，走上了健康发展的轨道，农业与工业、轻工业与重工业的关系比较协调，工业生产持续稳定地增长，全面超额完成了"六五"计划。但是，在前进中也还存在一些问题，主要是：1984 年第四季度以来，工业增长速度过快，固定资产投资和消费基金膨胀，能源、原材料和交通、通信都很紧张，信贷膨胀，货币发行过多，部分物价上涨幅度较大，外汇储备下降。1984 年年底党中央和国务院及时发现了这些问题，并采取了一系列措施，这些问题正在开始得到解决。

第三章　工业经济体制的改革

第一节　扩大企业自主权的试点工作

如前所述，1978 年 12 月召开的党的十一届三中全会指出，我国经济管理体制的一个严重缺点是权力过于集中，应该有领导地大胆下放，让地方和工农业企业在国家统一计划的指导下有更多的经营自主权。在 1979 年 4 月召开的中央工作会议上，中央提出了调整、改革、整顿、提高的方针。当时的主要矛盾是经济比例关系严重失调，因此最紧迫的任务是首先要搞好调整，理顺比例关系。中央工作会议认为，如果不把国民经济比例失调的状况基本上改变过来，生产建设不建立起良好的秩序，全盘重大的改革是难以进行的。在条件不成熟的情况下就急急忙忙地去大改，是会改出乱子的。同时又指出，在调整比例关系和整顿企业的过程中，一些必须改而又容易改的，如果不抓紧改，也会影响调整任务的完成。要看准一件办一件，积极地去做。在进行局部改革的同时，要认真调查研究，搞好试点，做好准备，提出比较全面的改革方案，经中央批准后，等条件成熟时再着手进行。这次中央工作会议就经济体制改革问题提出几条原则性的意见：

第一，以计划经济为主，同时充分重视市场调节的辅助作用；

第二，扩大企业自主权，并且把企业经营好坏同职工的物质利益挂起钩来；

第三，按照统一领导、分级管理的原则，明确中央和地方的管理权限；

第四，精简行政机构，更好地运用经济手段来管理经济。

扩大企业自主权的试点工作，正是在党的十一届三中全会和1979年4月中央工作会议所确定的方针指引下开始进行的。

1958年以后，我国的经济管理体制曾经多次变动，也多次实行过权力下放，但都只限于调整中央和地方、"条条"和"块块"的管理权限，没有触及赋予企业自主权这个要害问题，因此也就不可能跳出原有的框框。无论每次管理体制怎样变动，企业都仍然是行政机关的附属物、"算盘珠"，并没有获得经营管理的自主权，生产力也就不可能得到真正的解放。党的十一届三中全会首先提出要让企业有更多的经营管理自主权。在党的十一届三中全会精神的指引下，人们开始重新认识我国经济管理体制存在的问题，探索改革的方向。逐步认识到，只有先从扩大企业自主权着手，才有可能找到一条调动企业和职工积极性的有效途径。

扩大工业企业自主权的试点工作，最初是在四川省开始的。1978年第四季度，四川省首先在6个地方国营工业企业进行试点。当时着重是从发动群众讨论增产节约计划入手，确定在增产增收的基础上，企业可以提取一些利润留成，职工个人可以得到一定的奖金。这个做法调动了企业和职工的积极性，收到了较好的效果。1979年1月，四川省省委、省政府总结了6个企业进行扩权试点的经验，制定了《四川省地方工业扩大企业自主权，加快生产建设步伐的试点意见》，并决定从1979年起，把扩权试点扩大为100个工业企业。四川省进行扩权试验的主要做法是：在计划体制上，企业在国家计划之外，可以根据市场需要自行制订补充计划，对于国家计划中不适合市场需要的品种规格也可以修改；在物资体制上，除少数关系国计民生的产品、短线产品和炸药等危险产品仍由国家统购统配外，大部分生产资料可以进入市场，企业与企业之间可以不经过物资部门直接订立供货合同，也可以在市场上采购来满足自己的需要，企业也可自销一部分产品；在国家和企业的利益分配上，在保证国家利益的前提下，企业可以根据自己经营的好坏分享一定的利润，并可用于进行企业的挖潜、革新改造、集体福利和职工的奖金；在劳动人事方面，企业有权选拔中层干部，招工择优录取和辞退职工。这些改革措施，给四川的工业企业带来了前所未有的活力，取得了显著的经济效果。试点第一年，四川省 84 个地方工业企业的 1979 年工业总产值比上年增长 14.9%，利润增长 33%，上缴利润增长 24.2%，均高于非试点企业。

为了在全国范围内搞好工业管理体制改革的试点工作，并为全面的体制改革摸索经验，1979 年 7 月 13 日，国务院下达了《关于扩大国营工业企业经营管理自主权的若干规定》、《关于国营企业实行利润留成的规定》、《关于开征国营工业企业固定资产税的暂行规定》、《关于提高国营工业企业固定资产折旧率和改进折旧费使用办法的暂行规定》、《关于国营工业企业实行流动资金全额信贷的暂行规定》五个改革管理体制的文件。这五个文件的基本精神就是逐步扩大工业企业的自主权，其主要内容是：

第一，在完成国家计划的前提下，允许企业根据燃料、动力、原材料的条件，按照生产建设和市场需要，制订补充计划。按照补充计划生产的产品，商业、外贸、物资部门不收购的，企业可以按照国家规定的价格自销。

第二，实行利润留成，改变按工资总额提取企业基金的办法，把企业经营的好坏同职工的物质利益挂起钩来。利润留成是根据不同企业的具体情况，确定不同的比例。企业用利润留成建立的生产发展基金、集体福利基金和职工奖励基金，有权自行安排使用。

第三，逐步提高固定资产折旧率及企业的留成比例。从 1980 年起，企业提取的固定资产折旧费，70% 由企业安排使用，30% 按隶属关系上缴主管部门，由主管部门在企业之间有偿调剂使用。固定资产原值在 100 万元以下的小型企业折旧费，全部留给企业安排使用。

除了扩大企业自主权以外，在对企业占用资金的经济责任方面也作出了新的规定：一是决定开征国营工业企业固定资产税，实行固定资产有偿占用，使企业对占用的固定资产承担必要的经济责任，促进企业积极提高固定资产利用效率；二是对国营工业企业的流动资金实行全额信贷，发挥信贷的经济杠杆作用，促进企业改善经营管理，减少物资和产品积压，加速资金周转。

扩大企业自主权等五个文件下达以后，全国有 26 个省、市、自治区在 1590 个工业企业里进行了试点。加上有些省、市按自定办法试点的企业，共为 2100 多户。这批试点企业的利润约占当时全国工业企业利润的 35%，产值约占 26%。从试点情况来看，利润留成办法，兼顾了国家、企业和职工个人三者的利益，把企业所得、职工福利奖金与企业经营好坏、利润多少直接挂钩，对发挥企业和职工的主动性，促进企业关心生产成果，改善经营管理，努力增加盈利，起了积极作用。但在试点中也反映出扩权和实行利润留成的办法还不够完善。为了进一步搞好试点工作，国家经委和财政部根据试点的经验，修订了《国营工业企业利润留成试行办法》，国务院于 1980 年 1 月 22 日批转。修订后的试行办法，扩大了试点范围，即经过整顿，生产秩序和管理工作正常，实行独立核算，并有盈利的国营工业企业，经过批准，可以试行利润留成。试行企业利润留成，要做到国家得大头，企业得中头，个人得小头。根据这个精神，企业留成比例，全国平均总的水平大体是四六开。即企业得到的好处（包括基数利润留成和增长利润留成两部分），约占当年利润增长部分的 40%，国家约得 60%。

从 1979 年到 1980 年，扩大企业自主权的试点工作不断发展，并已具有相当规模。到 1980 年年底，除西藏外，各省、市、自治区参加试点的国营工业企业已到 6000 多个，占全国预算内工业企业 42000 个的 15%，产值占 60%，利润占 70%。

试点企业在利润留成、生产计划、产品销售、新产品试制、资金使用、奖励办法、机构设置以及人事等方面，都不同程度的有了一些自主权。

一些省、市、自治区还选择了少数企业进行了"以税代利、独立核算、自负盈亏"的试点。到 1980 年年底，进行这种试点的全国共有 400 多个企业。试行这种办法，是把税制改革同企业财务体制改革结合起来，国家对企业征收四税两费，即增值税、资源税、收入调节税、国营企业所得税以及固定资金和流动资金的占用费。试点结果表明，这种改革使企业的经济权利、经济责任和经济利益更加紧密地结合起来，企业的主动性、积极性得到进一步发挥。

扩大企业自主权，给企业带来了一定的活力，并取得了显著的经济效果。1980 年，由于对国民经济进行调整，缩小基本建设规模，因此有相当一部分扩权企业生产任务不足，再加上原材料涨价、能源紧张等不利因素，给企业完成生产计划和上缴财政收入任务带来了一定的困难。但是，由于扩权在某种程度上把企业的权、责、利结合起来了，使企业获得了内在的动力；伴随着竞争的展开，又给企业造成了一定的外在压力。因此调动了企业的积极性，促使绝大部分扩权企业实现了增产增收。据对 5777 个试点企业（不包括自负盈亏的试点企业）的统计，1980 年完成的工业总产值比上年增长 6.89%，实现利润增长 11.8%，上缴利润增长 7.4%。上缴国家的利润占全部实现利润的 87%，企业留利占实现利润的 10%，其余的 3% 用于归还贷款和政策性补贴等，增长利润的大部分也归国家。这表明，扩大企业自主权，实现了增产增收，国家和企业都增加了收入。

　　1979 年到 1980 年扩大企业自主权的改革试点工作，方向是对头的，效果也是显著的，为后来的改革提供了初步经验。当然，在改革中也出现了一些新的问题，主要是在搞活微观经济的同时，宏观的控制和指导没有及时地跟上，出现了一些不按国家计划生产，重复建设、多发和滥发奖金的现象；一些改革措施相互之间不够配套，也影响了改革的顺利进展。

第二节　全面推行工业经济责任制

一、推行工业经济责任制的缘由

　　工业经济责任制，是在扩大企业自主权的试点基础上发展起来的，又是扩权的继续和深入。1979 年，扩大工业企业自主权的试点取得突破，1980 年试点工作全面展开，为实行工业经济责任制提供了经验，创造了条件。另外，党的十一届三中全会以后，我国农村普遍推行各种形式的联产计酬责任制，取得了显著的成效。农村改革的成功经验，对工业经济责任制的推行起了极大的启示和推动作用。同时，1980 年，我国出现了严重的财政赤字。为了增加财政收入，1981 年年初，各个地区从落实财政任务着手，对所属企业实行了"包干加奖励"的办法。1981 年 4 月，在国务院召开的工业交通工作会议上，明确提出建立和实行工业经济责任制的要求。此后，首都钢铁公司创造了一整套实行经济责任制的经验，推动了工业经济责任制进一步完善和发展。

二、推行工业经济责任制的原则

　　1981 年 9 月，国家经委和国务院体制改革办公室（即国家体制改革委员会前身）根据半年多推行工业经济责任制的实践情况，下达了《关于实行工业经济责任制若干问题的意见》，①进一步明确了工业经济责任制的内容和应遵循的原则。

经济责任制是在国家计划指导下，以提高社会经济效益为目的，实行责、权、利紧密结合的生产经营管理制度。它要求企业的主管部门、企业、车间、班组和职工，都必须层层明确在经济上对国家应负的责任，建立健全企业的生产、技术、经营管理各项专责制和岗位责任制，为国家提供优质适销的产品和更多积累；它要求正确处理国家、企业和职工个人三者利益，把企业、职工的经济责任、经济效果同经济利益联系起来，认真贯彻各尽所能、按劳分配的原则，多劳多得，有奖有罚，克服"吃大锅饭"和平均主义；它要求必须进一步扩大企业自主权，使企业逐步成为相对独立的经济实体。

推行工业经济责任制要求各级工业管理机构和工业企业必须遵循的原则，主要有以下几个方面：

（一）必须全面完成国家计划，按社会需要组织生产，不能"利大大干，利小不干"，造成产需脱节，特别要保证市场紧缺的微利产品和小商品的生产。

（二）必须保证产品质量，不能粗制滥造，向消费者转嫁负担。

（三）成本只能降低，不能提高。

（四）要保证国家财政收入逐年有所增长。

（五）职工收入的水平只能在生产发展的基础上稳定增长，个人收入不能一下提得过高。要瞻前顾后，照顾左邻右舍。

（六）必须奖惩分明，有奖有罚。

（七）必须加强领导，加强国家监督，要有强有力的思想政治工作保证。

实行工业经济责任制，必须抓好两个环节：一个环节是国家对企业实行的经济责任制，处理好国家和企业之间的关系、解决企业经营好坏一个样的问题；另一个环节是建立企业内部的经济责任制，处理好企业内部的关系，解决好职工干好干坏一个样的问题。

---

① 《中国经济年鉴》（1982），经济管理杂志社 1982 年版，第Ⅲ－31 页。

三、国家对企业实行的经济责任制在分配方面的几种类型

国家对企业实行经济责任制，在分配方面主要有三种类型：一是利润留成；二是盈亏包干；三是以税代利、自负盈亏。具体形式有以下几种：

（一）基数利润留成加增长利润留成。这种办法适用于增产增收潜力比较大的企业，但确定每年利润的基数，可将原来的"环比"办法改为按前三年平均利润数来计算。

（二）全额利润留成。这种办法适用于生产正常、任务饱满、利润比较稳定的企业。留成比例按照前三年企业实际所得（包括基数利润留成和增长利润留成）占利润总额的比重来确定。

（三）超计划利润留成。这种办法适用于调整期间任务严重不足、利润大幅度下降的企业。

（四）利润包干。其中有"基数包干，增长分成"，"基数包干，增长分档分成"，"基数递增包干，增长留用或分成"等。这些办法一般适用于潜力比较大的微利企业。增收潜力不大的微利企业实行"基数包干、超收留用、短收自负"的办法。

（五）亏损包干。对亏损企业实行"定额补贴、超亏不补、减亏留用或分成"和"亏损递减包干、减亏留用或分成"的办法。

（六）以税代利、自负盈亏。这种办法适用于领导班子比较强，管理水平比较高，生产比较稳定，有盈利的大中型企业，经过财政部批准在少数企业中试行。

国营小型企业，包括县办工业企业和城市小型企业，参照集体所有制企业纳税的办法，改上缴利润为上缴所得税和固定资金、流动资金占用费，实行自负盈亏。

（七）二轻集体所有制企业，由统负盈亏改为自负盈亏的办法。经省、市、自治区批准，在几年内确定一个合理的课税所得额为基数，增长部分按一定比例减征所得税，税后利润大部分留给企业。

企业内部实行经济责任制，是把每个岗位的责任、考核标准、经济效果同职工的收入挂起钩来，实行全面经济核算。在分配上大体有这样几种形式：①指标分解，即将工作量分解为若干个指标，每一种指标与一定的工资和奖金额相联系。②计件工资，包括超额计件工资和小集体超额计件。③超产奖。④定包奖。⑤浮动工资。

四、推行工业经济责任制的成效

从 1981 年年初到 1982 年年底，工业企业在相当广的范围内推行了经济责任制。从国营工业企业到集体所有制工业企业，从大、中型企业到小型企业，从盈利企业到亏损企业，从单个企业到整个行业，普遍推行了工业经济责任制，在县属以上国营企业中，实行工业经济责任制的企业占80%。由于国家经委和各个有关部门、各级地方政府对推行工业经济责任制的重视和支持，不断总结新经验，研究新情况，采取了一系列措施，保证了工业经济责任制不断完善和发展，并且取得了比较好的效果。

（一）调动了企业和广大职工的积极性，促进了增产增收。实行经济责任制，地方和企业增加了压力和动力，使经济责任层层落实，对于落实财政上缴任务，起了重要作用。1981 年财政收入状况比 1980 年有明显好转，赤字从上年的 127 亿元减到 25 亿元。实行经济责任制，促进增产增收是一个重要原因。

（二）促进了企业整顿，企业的经营管理得到了改善和加强。实行经济责任制，增强了广大职工的主人翁的责任感，整顿企业、改善经营管理、严格规章制度、加强基础工作的自觉性有了很大提高。企业都不同程度地建立健全了定额管理、质量管理和经济核算，开展了职工培训，制定了岗位标准，整顿了劳动纪律，实行了严格的考核和奖惩制度。

（三）比较有效地解决了长期存在的"吃大锅饭"、搞平均主义的问题，使按劳分配的原则得到了进一步的贯彻。实行经济责任制，由于把企业、职工的经济责任同他们的经济利益紧密结合起来，在包干指标、劳动定额先进合理、基础工作健全的条件下，能比较好地解决"吃大锅饭"的问题。

（四）进一步改变了对企业统收统支、捆得过死的状况，使企业有了一定的机动财力，可以用于技术改造、设备更新和兴办集体福利设施，改善生活条件，解决职工生活上的一些迫切问题。

（五）实行经济责任制，不仅对一线的生产工人落实了经济责任，而且对领导干部、技术人员、业务人员和辅助工人也在明确经济责任的基础上，逐步建立了考核标准和考核办法。在对企业实行经济责任制的同时，企业的主管部门，也相应地建立了责任制，积极搞好综合平衡，帮助企业解决好人、财、物、供、产、销等方面的衔接和生产关键问题，为企业完成国家计划改善了外部条件。

（六）实行经济责任制，促进了工业的调整。1980年，由于国民经济的调整，重工业任务不足，面临很大困难。由于实行经济责任制，发挥了企业的主观能动性，许多企业积极主动地根据市场的需要，千方百计地扩大生产门路，改变服务方向，调整产品结构，截长线、补短线，为轻工市场服务，为技术改造服务，开拓国际市场，促使重工业逐步走向回升。

工业企业推行经济责任制，为工业管理体制的改革探索到一条途径。但是，由于工业是社会化的大生产，企业与企业、部门与部门相互依存，问题比较复杂，实行经济责任制工作的难度比农业实行联产计酬责任制要大，因此在改革中也出现了一些问题。主要是实行经济责任制与计划管理结合得不够好，在处理国家与企业之间的关系时，企业往往过多地强调企业自身的利益，一些企业内部的经济责任制还不够落实，在分配上的平均主义问题还没完全得到解决。

第三节　实行利改税和进一步扩大企业自主权

一、实行利改税

从1980年开始，曾经在400多个工业企业中进行了"以税代利"的试点。其中有的是全市、县的试点，有的是一个城市范围内的全行业试点。总的来看，试点的效果比较好。参加试点的全部企业，销售收入的增长明显地高于总产值的增长，特别是实现利润和上缴税费的增长，大大高于总产值和销售收入的增长。而且在企业实现利润的增长部分中，保证了大部分以税金和资金占用费的形式上缴国家，企业所得也增加了。根据试点的效果，说明把上缴利润改为上缴税金的方法是正确的。1983年4月24日，国务院批转了财政部关于全国利改税工作会议报告和《关于国营企业利改税试行办法》，① 决定从1983年开始进行利改税的第一步，即实行税利并存的制度。在企业实现利润中，先征收一定比例的所得税和地方税，然后对税后利润采取多种形式在国家和企业之间进行合理分配，并从1983年6月1日起开征国营企业的所得税。

---

① 《中国经济年鉴》（1984），经济管理出版社1984年版，第Ⅸ－83页。

财政部《关于国营企业利改税试行办法》规定，凡是有盈利的国营大中型企业，均根据实现利润，按 55% 的税率交纳所得税。企业交纳所得税后的利润，一部分上缴国家，一部分按照国家核定的留利水平留给企业。上缴国家的部分，可根据企业不同的情况，分别采取递增包干、固定比例上缴、交纳调节税（即按企业应缴国家的利润部分占实现利润的比例确定调节税税率；基数利润部分，按调节税率缴纳；比上年增长利润部分，减征 60%）和定额包干四种办法。凡是有盈利的国营小型企业（按照 1982 年年底的数据，固定资产原值不超过 150 万元，年利润额不超过 20 万元的为小型工业企业），根据实现的利润，按八级超额累进税率缴纳所得税。缴税以后，由企业自负盈亏，国家不再拨款。但对税后利润较多的企业，国家可收取一定的承包费，或者按固定数额上缴一部分利润。对于亏损的企业，凡属国家政策允许的亏损，继续实行定额补贴，超亏不补，减亏分成。凡属经营管理不善造成的亏损，由企业主管部门责成企业限期进行整顿。在规定期限内，经财政部门审批后，适当给予亏损补贴，超过期限的一律不再贴补。国营企业所得税的管理工作，由税务机关办理。

据中央 17 个工业部门和 27 个省、市、自治区统计，到 1983 年年底，实行利改税第一步的国营工业企业共有 26500 户，为盈利企业总户数的 94.2%。1983 年全国实行利改税的国营企业新增加的收入，以税金和利润形式上缴国家的部分约占 70%，企业所得约占 30%，其中用于职工奖励基金的部分约为 8%。实行利改税的结果表明：在解决国家同企业的分配关系上找到了一条正确的、比较有效的途径。利改税以后，税率固定，企业同国家之间的分配关系固定下来，从法律上保证了国家财政收入稳定和均衡入库，保证了国家得大头，企业得中头，个人得小头，既能使国家财政收入稳定增长，又能够使企业心中有数，企业留利也可在增产增收中稳定增长。企业经营管理得好，可以多得；经营管理得差就少得。这就增加了企业积极挖掘潜力、提高经济效益的动力和压力，加强了税收的监督作用和促进企业搞好经济核算，这是一。二是依照税法征税，可以初步避免实行利润留成、盈亏包干办法存在的争基数、吵比例的扯皮现象。三是有利于配合其他经济改革，逐步打破部门和地区界限，按照客观经济规律的要求，调整企业结构，合理组织生产。四是国家可以利用税收这一经济杠杆，根据宏观经济的需要，对不同的行业、企业和产品采取调整税率、减免税等措施，调节生产和分配，促进国民经济协调发展。

另外，利改税的第一步还是有缺陷的。其主要问题有三点：①还没从根本上解决好国家同企业的分配关系。"税利并存"的办法，企业纳税后还保留一块税后利润，国家同企业还得用包干或分成等办法进行再分配，因此还不能真正体现企业的盈亏责任制。②由于价格体系不合理，行业与行业、企业与企业之间利润水平悬殊，苦乐不均。利改税第一步是在这种不平衡、不合理的基础上进行的，因此还没有完全起到鼓励先进、鞭策落后的作用。③企业所得税和税后利润的分配，仍然是按照企业的行政隶属关系划分的，也就难于削弱"条条"、"块块"因自身经济利益而对企业进行不必要的行政干预，行政领导仍然是企业的真正主宰者。

为了克服第一步利改税的各种弊端，进一步完善税制，更充分地运用税收的调节作用，力求通过合理设置税种和税率，更好地调节国家与企业、企业与企业之间的分配关系，确保国家财政收入的稳定和增长；同时也让企业获得更大的自主权，具有更大的活力，又有更大的压力和责任，中央决定从 1984 年 10 月 1 日起，试行第二步利改税。

利改税第二步的基本内容是：将国营企业应当上缴国家财政的利润按 11 个税种向国家缴税，也就是由"税利并存"逐步过渡到完全的"以税代利"，税后利润归企业自己安排使用。实行第二步利改税的主要办法是：国营大中型企业按 55% 的比例税率缴纳所得税，然后再按照企业的不同情况，征收调节税。对国营小型企业按新的八级超额累进税缴纳所得税。适当放宽国营小型企业的划分标准，使之逐步过渡到国家所有、自主经营、依法纳税、自负盈亏。对某些采掘企业开征资源税，以调节因资源条件的不同而形成的级差收入。开征房产税、土地使用税、城市维护建设税以及车船使用税，以促使企业合理利用土地、房产，适当解决城市维护建设的资金来源。

第二步利改税仍然是在价格不合理、短时期又难于解决的情况下进行的。通过增加税种，合理确定税目、税率，实行多次调节，对于促进价格体系、劳动工资制度和分配关系的调整和改革，充分发挥税收的经济杠杆作用，起了很大作用。它缓解了价格不合理所带来的矛盾，使企业在利润悬殊状况有所改善的情况下开展竞争，有利于鼓励先进、鞭策落后。第二步利改税后，企业不再按行政隶属关系上缴利润，有利于合理解决"条条"与"块块"、中央与地方的经济关系。第二步利改税还有不完善的地方，主要是如何合理地确定调节税问题还未很好解决，因此对一些先进的大中型企业调节税征收得过高，致使企业留利少，"鞭打快牛"的问题也未解决，使进一步搞活大中型企业受到影响。

二、进一步扩大企业自主权

随着国民经济调整工作的进展，各种重大比例关系逐步趋于协调，为进一步扩大企业自主权提供了有利条件。

1984 年 5 月 10 日，国务院作出了《关于扩大国营工业企业自主权的暂行规定》，① 从 10 个方面扩大了企业的权力。在生产经营计划方面，企业在确保完成国家计划和国家供货合同的前提下，可以自行安排国家建设和市场需要的产品，在执行计划中，如情况发生重大变化，企业有权向主管部门提出调整计划。在产品销售方面企业分成的产品、国家计划外超产的产品、试制的新产品、购销部门不收购的产品、库存积压的产品，都可以自销；对于国家统配的主要生产资料，也适当放宽了自销的权力。在产品价格方面，工业生产资料属于企业自销和完成计划后的超产部分，企业可以在一定的幅度内自行定价；属于农业生产资料和生活资料，要执行国家价格，但企业可以用计划外自销产品与外单位搞协作。在物资选购方面，对于国家统一分配物资，在订货时企业有权选择供货单位。在资金使用方面，企业留成所得资金按主管部门规定的比例有权力自行安排使用；暂时不用的生产发展基金，企业可以向外投资。在资产处置方面，企业有权把多余的、闲置的固定资产出租或有偿转让。在机构设置方面，企业有权在定员范围内按照生产的特点和实际需要，自行确定机构设置和人员配备。在人事劳动管理方面，厂长（经理）有权任免厂内各层行政干部，有权对职工进行奖惩；企业有权从外单位、外地区招聘技术人员、管理人员，并自定报酬；企业有权公开招工，择优录用。在工资奖金方面，企业有权根据自己的特点选择工资形式，并扩大企业对奖励基金的自主分配权，在联合经营方面，鼓励企业自愿参与跨部门、跨地区的联合。这个暂行规定的贯彻执行，进一步增强了企业的活力，把工业经济体制的改革向

---

① 《中国经济年鉴》（1985），经济管理出版社 1985 年版，第 X-21 页。

前推进了一步。

第四节 党的十二届三中全会关于经济体制改革的决定和 1985 年工业经济体制改革的新发展

一、党的十二届三中全会关于经济体制改革的决定

我国经济体制的改革，是从党的十一届三中全会以后开始的。改革首先在农村取得了巨大成就，使农业生产在短时期内蓬勃发展起来，显示了我国社会主义农业的强大活力。农村改革的成功经验，农村经济发展对城市的要求，为以城市为重点的整个经济体制的改革提供了极为有利的条件。以城市为重点的整个经济体制改革也已经进行了许多试验和探索，采取了一些重大措施，取得了显著成效和重要经验，使经济生活开始出现了多年未有的活跃局面。但是城市改革还是初步的，城市经济体制中严重妨碍生产力发展的种种弊端还没有从根本上消除，城市经济的巨大潜力还远远没有被挖掘出来，生产、建设和流通领域中的种种损失和浪费还很严重。加快改革的步伐已成为城市经济进一步发展的内在要求。

1984 年 10 月召开的党的十二届三中全会，分析了我国的经济和政治形势，总结了我国社会主义建设正反两方面的经验，特别是十一届三中全会以后城乡经济体制改革的经验，作出了《关于经济体制改革的决定》（以下简称《决定》），①决定加快以城市为重点的整个经济体制改革的步伐，以利于更好地开创社会主义现代化建设的新局面。

《决定》全面地阐述了经济体制改革的方向、原则和步骤，为全面改革制定了蓝图。《决定》指出，建立起具有中国特色的、充满生机和活力的社会主义经济体制，促进社会生产力的发展，是我们这次改革的基本任务。这种改革，是在党和政府领导下有计划、有步骤、有秩序地进行的，是社会主义制度的自我完善和发展。《决定》指出：增强企业活力，特别是增强全民所有制大、中型企业的活力，是经济体制改革的中心环节。围绕这个中心环节，主要应解决好两个方面的关系问题，即确立国家和全民所有制企业之间的正确关系，扩大企业自主权；确立职工和企业之间的正

---

① 《中国经济年鉴》（1985），经济管理出版社 1985 年版，第 I-1 页。

确关系，保证劳动者在企业中的主人翁地位。要使企业真正成为相对独立的经济实体，成为自主经营、自负盈亏的社会主义商品生产者和经营者，具有自我改造和自我发展的能力，成为具有一定权利和义务的法人。这样做，既在全体上保证整个国民经济的统一性，又在局部上保证各个企业生产经营的多样性、灵活性和进取性。

《决定》突破了把计划经济同商品经济对立起来的传统观念，明确肯定社会主义计划经济必须自觉依据和运用价值规律，是在公有制基础上的有计划的商品经济。

《决定》指出，必须建立起合理的价格体系，充分重视经济杠杆的作用。价格体系的改革是整个经济体制改革成败的关键。要按照等价交换的要求和供求关系的变化，调整不合理的比价。在改革价格体系的同时，还要进一步完善税收制度，改革财政、金融体制。

关于正确发挥政府机构管理经济的职能问题。《决定》指出，按照政企职责分开、简政放权的原则进行改革。就政府和企业的关系来说，各级政府原则上不再直接经营管理企业。实行政企分开以后，要充分发挥城市的中心作用，逐步形成以城市特别是大、中城市为依托的，不同规模的，开放式、网络型的经济区。

《决定》还指出，要建立多种形式的经济责任制，认真贯彻按劳分配原则。采取必要措施，使企业职工的工资和奖金同企业经济效益的提高更好地挂起钩来。在企业内部，扩大工资差距，拉开档次，以充分体现奖勤罚懒、奖优罚劣，充分体现多劳多得、少劳少得，充分体现脑力劳动和体力劳动、复杂劳动和简单劳动、熟练劳动和非熟练劳动、繁重劳动和非繁重劳动之间的差别。

《决定》还阐述了发展多种经济形式、扩大对外的和国内的经济技术交流问题。《决定》指出，坚持多种经济形式和经营方式的共同发展是我们的长期方针。我们一定要充分利用国内和国外两种资源，开拓国内和国外两种市场，学会组织国内建设和发展对外经济关系两套本领。对外要开放，国内各地区之间更要互相开放。地区之间、城乡之间、行业及企业之间，都要打破封锁、打开门户，按照扬长避短、形式多样、互惠互利、共同发展的原则，大力促进横向经济联系。

为了保证经济体制改革和国民经济的发展，《决定》指出，迫切需要大批既有现代化的经济、技术知识，又有革新精神，勇于创造，能够开创新局面的经营管理人才，特别是企业管理人才。采取切实措施，在不太长的时间内，建立起一支门类齐全、成龙配套的社会主义经济管理和技术干部的宏大队伍。《决定》还指出，为了保证改革的顺利进行，必须加强党的领导。改革的步骤要积极而稳妥，看准了的坚决改，看准一条改一条，看不准的先试点，不企图毕其功于一役。全国性重大改革的实施，由国务院统一部署。鼓励各地区、各部门和各单位进行改革的探索和试验，但一切涉及全局或广大范围的改革要经国务院批准才能进行。

中共中央关于经济体制改革的决定，是指导我国经济体制改革的纲领性文件，它把马克思主义的基本原理同中国的实际相结合，正确地回答了社会主义经济建设中一系列重大的理论问题，丰富和发展了马克思主义经济科学。

二、工业经济体制改革的新发展

我国的经济体制改革，首先是搞活农村经济，接着在城市中先赋予小企业以更多的自主权，而让大中型企业担负较多的财政上缴任务和指令性计划的生产任务。从这个意义上说，是城市支持了农村的改革，大企业支持了小企业的改革。实践证明，这样逐渐推进的改革步骤是正确的。随着经济的发展和国家财力的增强，把进一步搞活大中型骨干企业的问题逐步提到了日程上来。到 1984 年年底，全国共有独立核算大中型工业企业 5837 个，占工业企业总户数不到 2%，而固定资产占 66%，工业产值占 47%，上缴税利占 47%。它们是国家财政收入的主要承担者，是社会主义生产力发展和经济技术进步的主导力量，在国民经济中居于举足轻重的地位。经过几年的改革，已经取得了一定的成效，大中型企业有了一定的活力。但是从总的来说，大多数大中企业还没有真正活起来。分析其原因，是多方面的。从宏观上看，搞活大中型企业的改革起步较晚，还缺乏一套比较完善、具体的政策。就经济主管部门而言，有的还没有把国家已经放给企业的权力不折不扣地放下去，甚至层层截留，明放暗收；有的还没有把重点转到为企业服务上来，仍旧把企业当做附属物，让企业围着自己转，没有在给企业创造良好的经营环境上下工夫。就企业来说，指导思想没有转过来，没有摆脱长期形成的固定观念的束缚，还没有从单纯生产型转向经营开拓型，习惯靠指令性计划组织生产，国家任务一减少，生产就下降；或者是领导班子不得力，有了政策不敢用、不会用，习惯于眼睛向上向外，总是把希望寄托在国家减税让利上，没有充分挖掘内部潜力。

《中共中央关于经济体制改革的决定》公布以后，工业经济体制的改革是抓住增强全民所有制大中型企业的活力这个重要环节展开的：一是进一步贯彻 1984 年国家关于扩大工业企业自主权的决定，同时，相应地改善外部条件，建立、健全宏观的控制与管理，为企业创造良好的生产经营环境；二是搞好企业内部改革，发挥企业自身的优势和内在潜力。1985年 9 月，国务院批准了国家经委、国家体改委《关于增强大中型国营工业企业活力若干问题的暂行规定》，[①] 进一步明确了增强大中型国营工业企业活力的政策措施，在为大中型工业企业创造良好的外部条件方面，主要进行了以下几个方面的改革：

（一）适当缩小指令性计划。国家下达的指令性计划指标给企业留有余地，并做到调拨量与重要原材料、能源等主要生产条件的平衡衔接。企业为了完成国家下达的指令性计划产品，需要议价购进一部分原材料、能源时，多支出的费用，首先在企业内部消化，确有困难的，按物价管理权限，经过批准，这部分产品可以适当加价。

（二）对于经济效益好、调节税率高的先进企业，有计划、有步骤地减免调节税。

（三）改进物资供应和产品销售办法。为完成国家下达的指令性计划所需要的能源和主要原材料，按国家规定的计划价格供应。企业在保证完成国家指令性调拨计划和有合理周转储备的前提下，超产产品和积压超储的生产资料，可以通过生产资料市场，议价销售，但不得超过国家规定的最高限价。

（四）发展企业之间的横向联系。允许以大企业为主体，或以名牌产品为龙头，打破所有制界限，进行跨行业、跨地区、跨城乡的联合和协作。利益分配由各方按国家有关规定协商确定。企业有参加联合的自主权，也有按协议规定退出的自由。

（五）给部分大型企业直接对外经营权。经过批准的试点企业，在国家统一的对外方针、政策和计划指导下，有与外商谈判、签约的权力，直

---

① 《经济日报》1985 年 9 月 14 日第 1 版。

接对外开展与本企业出口产品有关的技术引进、技术合作、合资经营、合作生产、合作开发、补偿贸易、来料加工、工程承包等对外业务。

（六）鼓励企业开展一业为主，多种经营。企业在确保完成国家计划的前提下，可以根据市场需要和自己的优势，发展多种产品，进行多种经营；可以进行产品延伸和服务延伸。

（七）清理、整顿公司。对于行政管理机构改挂公司牌、实际不承担经济责任、仍然行使行政管理职能的单位，首先必须把应当放给所属企业的权力放下去，然后根据实际情况，有的撤销，有的合并，有的改为服务性公司。不允许这类公司继续截留国家给予大中型企业的权力。

（八）部门和城市都要实行政企职责分开，简政放权，都要为企业创造良好的生产经营环境，搞好规划、协调、服务、监督，加强行业指导和管理，定期对企业进行经济、技术评价，通过提供信息，引导和帮助企业改善经营管理。纠正社会上对企业名目繁多的不合理摊派，保证企业正当利益和国家财产不受侵犯。

这些规定的贯彻执行，对进一步搞活大中型企业，起了促进作用。

1982 年 11 月 30 日，赵紫阳总理在五届人大五次会议上所作的《关于第六个五年计划的报告》中提出，要积极稳妥地加快经济体制改革的进程。根据党中央、国务院的部署，1983 年到 1984 年，除了进行两步利改税和进一步扩大国营工业企业自主权以外，还在计划体制、工业品价格、劳动用工制度、工业部门管理、外贸体制等方面，采取了一系列改革措施。

关于计划体制的改革，国务院于 1984 年 10 月 4 日批转了国家计委《关于改进计划体制的若干暂行规定》（以下简称《暂行规定》）。[①]《暂行规定》的基本指导思想是：适当缩小指令性计划的范围，扩大指导性计划和市场调节的范围，进一步扩大企业自主权。对指导性计划，国家主要通过运用经济调节手段促其实现。对指令性计划，也应自觉地利用价值规律。通过改革，一方面调动基层单位和劳动者的积极性，把经济搞活；另一方面，努力保持国民经济按比例发展，使企业的活动不致背离整个经济发展的要求。

---

① 《中国经济年鉴》（1985），经济管理出版社 1985 年版，第 X–5 页。

关于工业品价格的改革，1983 年进一步放开了小商品的价格。凡是放开的小商品，购销双方，包括工商、工贸之间，都可以实行协商定价，不受现行进销差价、地区差价、商业内部调拨作价等办法的限制。工业企业出售商品，按照合理成本加适当利润的原则，同购货方协商定价。

关于劳动用工制度的改革，从 1983 年开始，试行劳动合同制。所有招用新工人的单位（包括全民和集体两种所有制企业和事业），在招工时，用签订劳动合同的形式，规定劳动者和用人单位的义务与权利，以及合同期限。通过这种改革，逐步打破了"铁饭碗"的用工制度。

关于部门管理体制的改革，为了加强行业管理，改变政企不分、条块分割和自行体系的弊病，国务院于 1984 年 8 月批准机械工业部体制改革的试点方案。① 改革的主要做法是，通过各级政府主管部门简政放权，在机械行业逐步实现政企分开，部和省厅局都不直接管企业，工厂下放到中心城市，打破部门、地区界限，组织各种形式的公司和联合体。

关于外贸体制的改革，在工业方面，选择了少数经营管理基础较好的大型骨干企业，进行直接对外的试点，即扩大这些企业直接出口产品和引进技术的权限。另外还进行了工贸结合、技贸结合的试点。

我国工业经济体制的改革，从扩大企业自主权的试点，到推行工业经济责任制、实行两步利改税和进一步扩大企业自主权，使企业的活力逐步增强。党的十二届三中全会关于经济体制改革的决定的公布和执行，标志着以城市为重点的整个经济体制改革进入了一个新的阶段。工业企业开始由行政机关的附属物，转变为按照社会主义商品，经济规律而运行的、相对独立的经济实体，使长期被僵化的经济体制所束缚的我国工业的巨大潜力开始得到发挥。工业经济体制的改革，是以工业为主体的城市经济开始出现了前所未有的活跃局面，也是我国工业生产能以较高速度持续增长的重要原因。

由于工业经济体制改革的复杂性，加之没有现成的经验可循，以城市为重点的整个经济体制改革起步不久，改革还存在一些问题。主要是：企业特别是大中型企业如何进一步搞活，真正成为自主经营、自负盈亏的商品生产者和经营者；如何建立和完善社会主义的市场体系；在微观搞活的

---

① 《中国经济年鉴》(1985)，经济管理出版社 1985 年版，第 X－22 页。

同时，如何更好地加强宏观控制，国家对企业的管理逐步实现由直接控制为主转向间接控制为主。围绕这三个方面，如何配套地搞好计划体制、价格体系、财政体制、金融体制和劳动工资制度等方面的改革，也有待于进一步解决。

第五节 集体所有制工业的改革

一、党的十一届三中全会以前集体工业管理体制存在的主要问题

我国集体所有制工业在国民经济中占有重要地位。据统计，1978 年我国已经有集体所有制工业企业 26.4 万个，占工业企业总数的 75.9%；工业总产值 814.4 亿元（按 1970 年不变价格计算），占当年工业总产值的19.2%；在城镇集体所有制工业就业的职工人数为 1215 万，约占全部工业劳动者人数的 24.2%。但是，党的十一届三中全会以前，由于"左"的影响，不顾集体经济同全民所有制经济的区别，不适当地照抄和搬用全民所有制经济的管理办法，限制了集体所有制工业的发展。当时集体所有制工业管理体制存在的主要问题是：

（一）政企合一，改变了国家与集体所有制工业之间的正常关系。各级地方政府往往把那些生产比较稳定、经营效果比较好的集体企业，一级一级地上收归自己管理。地方政府主管部门运用行政手段直接干预所辖集体企业的经济活动，随意调拨和无偿动用集体所有制企业生产资料及其产品。因此，生产资料所有权名义上属于集体，实际上支配权已掌握在各级地方政府的主管部门手里。

（二）统负盈亏，损害了集体所有制工业的财权。集体所有制工业收归地方政府主管部门管理后，虽然仍独立核算，但已不再自负盈亏，而是由有关主管部门统收统支、统负盈亏，造成集体企业之间"吃大锅饭"、搞平均主义的现象，挫伤了集体企业和职工的积极性。

（三）管理"国营化"。生产和销售计划由主管的上级统一下达，劳动力由地方劳动部门统一安排，积累由主管的上级部门统一支配，工资和奖金福利由地方劳动部门统一规定，厂领导由上级任命。其结果，集体所有制工业在经营管理上的许多特点和长处被取消了。

（四）盲目升级过渡，使集体所有制经济难以稳定和巩固。在十年动

乱时期，由于极"左"思想盛行，大搞"穷过渡"，许多集体所有制工业升级为地方国营企业。在粉碎"四人帮"以后的两年里，这种"升级"之风也仍未完全刹住。不少地方还以"组织专业化协作"、"行业归口"等名义上收集体企业。其结果，这种升级过渡，往往造成生产下降，收入减少，或者是生产虽有增长，但利润却大幅度下降，妨碍了集体所有制工业的巩固和发展。

二、对集体所有制工业的改革

党的十一届三中全会以后，首先在思想上逐步清除了"集体不如全民"的错误认识，认识到集体经济存在和发展的必要性和长期性。各级政府逐步贯彻落实了党对集体所有制工业的政策，根据调整、改革、整顿、提高方针的要求，针对集体所有制工业发展中存在的问题，采取了一套扶植和搞活集体经济的政策，并对集体所有制工业的管理体制进行了改革。改革的主要做法是：

（一）还权于集体所有制工业企业。各地针对过去对集体所有制工业企业集中过多、统得过死的问题，在改革中，逐步将属于集体所有制工业企业的权力交还给企业，按照"企业自己管，盈亏自己负，厂长自己选，工人自己招，工资自己定，生意自己做"的原则，由企业自主经营。国家明确规定，集体所有制工业企业在国家政策法令和计划指导下，有独立进行经营活动的自主权，并受国家法律保护。任何部门和个人不得以任何形式平调、侵吞集体企业的财产，无偿调用劳动力。对于侵犯集体企业合法权益的行为，企业有权抵制，索赔经济损失。

（二）改统一核算、统负盈亏为独立核算、自负盈亏。这有以下四种情况：一是各级联社统一核算、统负盈亏的大集体企业，改为企业独立核算，自负盈亏；二是有些规模较大、机械化水平较高的企业，划小核算单位，实行车间或班组层层核算，自负盈亏；三是多品种综合性企业改为按产品单独核算，自负盈亏；四是修理行业由统一经营、统一核算改为统一管理，分散经营，由小组或个人承包，自负盈亏。

（三）改固定工资为浮动工资，采取计件、分成以及计分制、"大包干"等多种工资形式。根据各尽所能，按劳分配，多劳多得的原则，使职工的劳动报酬同企业盈亏和个人劳动贡献直接挂钩，随企业经营效果和个人劳动成果的大小而浮动，工资金额不受工资级别的限制，以克服干与不干、干多干少、干好干坏一个样的平均主义倾向。经营得好的集体企业,职工待遇和集体福利可以高于同类型的国营企业。

(四)民主选举干部,实行民主管理。有的企业恢复或建立职工大会或职工代表大会、理事会、监事会。职工大会或职工代表大会成为企业的权力机构。企业的发展规划、生产经营方向、人员增减、收益分配、职工奖惩等重大问题,都要经过职工大会或职工代表大会讨论决定。企业的民主选举,一般采取有领导、有组织地进行。凡是符合进领导班子条件的,不论是干部还是工人,都可以当选。民主选举的干部,报主管部门审批。

(五)改革企业结构,精简管理机构。根据集体所有制工业企业点多面广、小型分散的特点,按照有利生产、便于经营的要求,许多地方对企业规模和企业内部生产组织进行了改革和调整,使企业的规模和核算形式与生产经营相适应。例如,把一些规模过大、产品混杂,不利于经营管理的企业适当划小;有的改集中生产为分散生产。在调整企业规模和改革生产结构过程中,一般都把厂部的管理机构进行了精简,充实了第一线的生产人员。

(六)实行入股和按股分红。职工股金和企业盈利挂钩,企业盈利可以分红,企业亏损,职工也承担一定的损失。这样把企业的所有权同职工的责、权、利结合在一起了。

(七)恢复灵活经营的传统,改生产型企业为生产经营型企业。改革前,大多集体企业套用国营企业的模式,计划靠下达,材料靠分配,产品靠包销,关门搞生产,不问经营和销售,不抓产品开拓,结果路子越走越窄。在改革中,许多企业按照集体企业自主经营的原则,从经营思想、管理方法、产品结构、销售方法等方面向经营型转变,按市场需要组织生产。有的恢复了前店后厂,厂店挂钩,或同商业部门联销、代销、工业自销等多种经营方式,走开放式经营的新路子,把企业的生产搞活了。

三、改革的成效

改革使集体所有制工业企业的面貌也发生了深刻的变化:一是绝大多数企业生产直线上升,经济效益普遍提高,不少亏损企业通过改革起死回生,由亏转盈;二是企业干部队伍结构发生了变化,涌现了一大批治厂能人,改善了领导班子的素质;三是厂风厂纪和职工的精神面貌发生了变化。由于企业经营好坏同职工的经济利益直接挂钩,使职工普遍关心企业，增强了主人翁的责任感，劳动态度和劳动纪律都有很大改进，同时促进了企业精神文明的建设。

改革给集体所有制工业增添了活力、动力和压力，使集体所有制工业长期受"左"的影响所造成的各种弊端逐步得到克服，极大地调动了企业和职工的积极性，集体所有制工业的面貌迅速发生变化，生产不断发展。1984 年，我国集体所有制工业企业已达 35.21 万个，比 1978 年增加了 33%；集体工业产值为 1757.8 亿元，占工业总产值的 25%，比 1978 年增长 1.16 倍，平均每年递增 14.6%。集体所有制独立核算的工业企业 1984 年年底拥有的固定资产原值为 718.8 亿元，比 1978 年的 284.2 亿元增长了 1.5 倍。

当然，由于过去"左"的影响还没有完全清除，许多集体工业企业还没有完全成为集体所有制企业，还没有完全搞活。在搞活集体所有制工业的过程中，由于宏观控制和调节手段还不完善和健全，由于一些企业的经营管理人员的经营思想不正确，因而也出现了一些新的问题，首先，主要是在如何处理国家、集体、个人三者的利益关系方面，还没完全解决好。有的企业发生个人分的过多，企业留的过少；有的企业亏损也发奖金；有的企业注重当年收益，忽视企业长远的生产发展和技术改造。还有的企业采取种种不正当的手段，偷税漏税，损害国家利益。其次，在生产建设上，存在着盲目投资，盲目发展的倾向。这些问题说明了集体所有制工业管理体制的改革还远没有完成，控制和监督手段也有待进一步完善和发展。

第六节　工业的多种经济形式的发展

十一届三中全会之后，在党的对内搞活经济，对外实行开放政策的指引下，在坚持全民所有制经济占主导地位的前提下，积极发展多种经济形式。个体工业和中外合资经营的工业等非社会主义所有制形式也有了一定的发展，并且正在进一步得到发展。这里仅叙述个体工业和中外合资经营的工业的发展。

一、个体工业

为了扩大就业、发展生产，特别是小商品生产，活跃市场，满足人民生活的需要，十一届三中全会以后，国家对发展个体工业采取了积极鼓励，大力扶持的政策。

（一）在政治上，肯定了个体工业户是自食其力的独立的劳动者，不准歧视他们。

（二）在经营的形式上，为了发挥个体工业户生产经营灵活的特点，允许他们采取多种多样的经营方式，如来料加工、自产自销等。

（三）在原材料供应、信贷、资金和税收方面，对个体工业户给予必要的支持。由商业、供销、粮食、物资等部门向个体工业户供应的原材料，同国营和集体单位一样享受批发价格。对于国家不供应或供应不足的原材料，个体工业户可以到市场上自行采购。

（四）从事一般性生产的个体工业户，经工商行政管理部门批准，可以请一至两个帮手；对于有特殊技艺或技术性较强的，可以带三个最多不超过五个学徒。

（五）个体工业户的合法权利和利益，依法受到国家保护，任何部门和单位不得侵犯。

由于对个体工业户采取了一系列鼓励和扶持的政策，使个体工业得到迅速发展。到 1984 年年底，全国已有个体工业（包括手工业）户 116.9 万户，从业人员 197.9 万。个体工业的产值为 14.06 亿元，占工业总产值的 0.2%。

二、中外合资工业

中外合资工业是从 1979 年 7 月颁布和实施《中华人民共和国中外合资经营企业法》以后，首先在广东省发展起来的，随后逐步发展到全国大多省、市、自治区。到 1984 年年底，中外合资经营的企业已有 931 家（包括工业、交通、农牧渔业、旅游、商业等行业），比 1981 年增加 890 家，仅 1984 年一年，就兴办了 741 家。吸收外商投资累计 13.8 亿多美元。在截至 1984 年年底中外合资经营的 931 家企业中，工业企业共 578 家，占 62%。

在决定兴办中外合资经营企业的一开始，我国政府就阐明了我们的政策和原则：①密切配合国民经济调整、四个现代化建设和改善人民生活的需要。②坚持平等互利的原则，确保中外双方正当权益。③合理使用外资，保证偿还能力。④为外国合营者创造良好的投资环境。⑤保证合资经营企业享有充分的自主权。为了扩大吸收利用外资，国家采取了一系列措施：

（一）完善有关立法。从 1979 年到 1984 年，先后颁布的有关立法有：《中华人民共和国中外合资经营企业法》（1979 年）、《中外合资经营企业劳动管理规定》（1980 年）、《中外合资经营企业登记管理办法》（1980 年）、《中华人民共和国外国企业所得税法》（1981 年）、《中外合资经营企业法实施条例》（1983 年）、《关于中外合作经营企业进出口货物的监管和征免税的规定》（1984 年）、《中华人民共和国涉外经济合同法》（1984 年）。这些立法，明确了中外双方在合资经营方面的权利、责任和义务，增强了外商投资的信心，激发了投资的积极性。

（二）实行进一步开放。首先在广东、福建两省实行特殊政策和灵活措施，并兴办了深圳、珠海、汕头、厦门四个经济特区。为了更好地利用外资，引进技术，1984 年相继决定开放沿海 14 个城市，海南岛，长江、珠江两个三角洲和闽南三角地带，建立经济技术开发区，改善了沿海地区的投资环境，吸引外商来华投资。

（三）扩大和调整了地方和部门审批外资项目的权限，扩大中外合资企业所得税减免范围，进一步调动了地方和部门利用外资的积极性。

我国兴办中外合资企业的时间不长，规模还不大，但已开始在经济建设中发挥了积极作用：

（一）引进了先进技术，促进了现有企业的技术改造。例如，中日合资的福日电视机有限公司，引进三条先进的电视生产线，三年内产值增加了 15 倍，产品质量已接近或达到日本同类型产品的水平。中美合资的北京吉普车有限公司引进吉普车先进工艺技术，其产品与老产品比较，单位里程耗油量减少了 30%，大修一次行驶的里程由 10 多万公里提高到 30 万公里。

中外合资企业多数是在原有企业基础上由外国合作者提供技术设备改造的，所花费的投资比较省，建设周期短，见效快。

（二）改善了经营管理。中外合资经营企业实行中外双方共同管理，吸收了外方的经营管理经验，企业管理都有不同程度的改善，主要是认真实行了厂长（经理）负责制、严格考核制和奖惩制，充分运用经济手段进行经营管理，增强了职工的责任心，加强了劳动纪律，提高了经济效益。

（三）扩大了产品出口。中外合资经营企业的产品都规定有一定的外销比例，利用外国合资者的销售渠道出口外销，增强了产品在国际市场上的竞争能力，增加了出口创汇收入。

第四章 工业企业整顿和企业领导制度的改革与完善

第一节 工业企业的整顿

一、工业企业的初步整顿

1976 年 10 月到 1978 年年底，这一阶段企业整顿工作是与揭批林彪、"四人帮"，开展工业学大庆的群众运动结合起来进行的。1979 年 4 月中央工作会议提出了调整、改革、整顿、提高的方针，以此为起点，我国工业企业整顿工作进入第二阶段。这一阶段主要是以生产为中心，以提高经济效益为重点，并结合调整与改革，大力提高企业的生产经营管理水平。各地区、各部门加强了对企业整顿工作的领导，推动了企业整顿工作的不断深入。从 1979 年到 1981 年年底，工业企业的整顿工作主要在以下几个方面取得了进展：

第一，进一步调整和加强了企业的领导班子。根据中央提出的干部队伍革命化、年轻化、知识化、专业化的要求，各地区、各部门有计划有步骤地对企业的领导班子进行了调整，初步改善了领导班子的结构状况。到 1981 年年底，工业企业领导班子中，懂技术、会经营管理的成员平均占 50%，其中技术干部约占 20%，平均年龄为 50 岁左右，比 1979 年下降 2—3 岁。

第二，普遍实行了党委领导下的厂长负责制和职工代表大会制。据不完全统计，到 1981 年年底，约有 80% 的企业实行了党委领导下的厂长负责制,党委不再包揽生产行政事务,开始转向抓好对企业的思想政治领导;建立了以厂长为首的生产指挥系统,企业的生产行政工作由厂长全面负责,技术工作由总工程师负责,财务工作由总会计师负责,过去那种讲集体领导、不讲个人负责,名义上谁都负责、实际上谁都不负责的状况,开始有所改变,约有70%的企业建立了党委领导下的职工代表大会制;有的企业还试行了民主考核、评论、选举中层干部和厂级干部。

第三,初步整顿和加强了企业的基础工作,逐步推行全面的经济核算。在全国国营工业企业中,到1981年年底,建立二级或三级经济核算制度的约占一半以上,其中部分企业结合实行经济责任制,通过全面经济核算,使企业内部各个环节、各个岗位的责、权、利结合起来。这些企业的主要做法是:①建立和健全了厂部、车间、班组的三级核算制。②加强成本管理和财务管理。③实行指标分解,把企业的主要技术经济指标落实到有关科室、车间、班组直到机台和个人。④核定企业及其所属车间、有关科室的流动资金定额和固定资金的需要量,并考核资金的占用情况。⑤建立厂部、车间、班组的定期经济活动分析制度。⑥逐步建立了企业内部结算制度,有的企业还实行了内部自计盈亏和内部经济合同等办法。

第四,多数企业特别是扩权试点企业开始重视和加强经营工作。过去那种只管生产,不问销售、不顾经营的状况开始有所改变,并积累了一些有益的经验。主要有:①强化销售机构,把销售作为经营工作的重要环节来抓,编制生产计划时同销售计划相结合。②重视开展市场调查和预测,及时了解国内、外市场的行情变化及其趋势,努力增产适销对路产品,做到产销两旺。③加强了产品的科研、设计和试制力量,充分利用市场信息的反馈,改进产品设计,提高质量,增加花色品种。④努力做好产品的宣传工作,积极开展为用户服务的各项业务,主要是搞好技术服务。⑤按质按量按时履行经济合同,讲究企业信誉。⑥厂长直接抓经营,根据国家计划和市场需要来组织生产和确定经营方针,广泛开展多种形式的产销直接结合的经营活动。

第五,初步整顿了财经纪律,健全了财务会计制度。1981年,各地对执行财经纪律的情况进行了大规模的检查。通过检查,初步刹住了损公肥私、弄虚作假、滥发奖金、截留上缴利润等歪风邪气,发现了不少经济违法案件,并进一步揭露了企业财务管理混乱、损失浪费严重的问题,为全面整顿企业，完善财务管理和财政监督的制度、办法，作了准备。

第六，加强了劳动纪律，整顿了劳动组织。许多企业加强了对职工的主人翁的思想教育，建立和严格执行奖惩制度，对那些劳动态度好，遵纪守法、成绩大的职工，给予表扬和奖励；对少数严重违犯劳动纪律的，给予行政的或经济的处分；个别情节严重、屡教不改的，经职工代表大会讨论，予以辞退、除名或开除。大多数企业制定了《职工守则》，提高了职工遵守劳动纪律的自觉性。

经过初步整顿，工业企业的经营管理水平有了一定的提高。搞得好的一类企业有所增加。据统计，一类企业，即领导班子健全、懂行、团结，职工队伍的思想状况、生产技能比较好，各项管理工作比较扎实，经济效益比较好的企业，由 1980 年的 25% 增加到 1981 年的 30%；领导班子软弱无力，职工劳动纪律松弛，企业管理混乱，经济效益差的三类企业，由 20% 减少到 15%；居中间状态的二类企业约占 55%。

二、工业企业的全面整顿

第一，全面整顿的基本要求。

党的十一届三中全会以后，各部门、各地区贯彻执行调整、改革、整顿、提高的方针，在整顿企业领导班子、扩大企业自主权、实行职工民主管理、建立经济责任制、改善经营管理、培训职工队伍方面做了大量工作。但是，这一阶段的整顿还只是初步的，而且整顿工作的进展很不平衡。整顿得好的企业是少数，处于中间状态的是多数，没有认真进行整顿、管理混乱、存在严重问题的也是少数。还有相当多的企业，程度不同地存在着领导班子软弱涣散，精神不振，思想政治工作薄弱，机构臃肿，人浮于事，劳动纪律松弛，产品质量低，浪费严重，经济效益差等问题。还有少数企业领导班子不纯，受资本主义思想侵蚀，搞不正之风，违反财经纪律，弄虚作假，偷税漏税，截留上缴利润，营私舞弊，贪污受贿等。如果不认真解决这些问题，就不可能争取国民经济状况的根本好转，更不可能把企业建设为社会主义现代化企业。因此，中共中央、国务院于1982 年 1 月作出了《关于国营工业企业进行全面整顿的决定》（以下简称《决定》），① 即从 1982 年起，用两三年的时间，有计划、有步骤地、点面

---

① 《中国经济年鉴》（1983），经济管理杂志社 1983 年版，第Ⅷ－21 页。

结合地、分期分批地对所有国营工业企业进行全面的整顿工作。

《决定》指出，企业的全面整顿，是对企业进行综合治理，包括整顿领导班子、职工队伍、管理制度、劳动纪律、财经纪律、党的作风和加强思想政治工作等一系列的工作。通过整顿，使企业的各项工作全部转到以提高经济效益为中心的轨道上来。

《决定》指出，对企业进行全面整顿，要围绕提高经济效益，着重做好五项工作：①整顿和完善经济责任制，改进企业经营管理，搞好全面计划管理、质量管理和经济核算工作。②整顿和加强劳动纪律，严格执行奖惩制度。③整顿财经纪律，健全财务会计制度。④整顿劳动组织，按定员组织生产，有计划地进行全员培训，坚决克服人浮于事、工作散漫的现象。⑤整顿和建设领导班子，加强对职工的思想政治教育。《决定》还指出，企业全面整顿是建设性的整顿，除了上述五项工作外，还要有一个系统的、全面的建设规划，把企业的整顿和建设密切结合起来进行。企业在整顿中进行建设的基本要求，概括为：搞好三项建设，达到六好要求。"三项建设"，即通过全面整顿，逐步地建设起一种既有民主又有集中的领导体制，逐步地建设起一支又红又专的职工队伍，逐步地建设起一套科学文明的管理制度；"六好要求"，即通过"三项建设"，使企业能够正确地处理国家、企业、职工个人三者的经济关系，出色地完成国家计划，达到三者兼顾好、产品质量好、经济效益好、劳动纪律好、文明生产好、政治工作好，成为"六好企业"。

第二，全面整顿的进展。

中共中央、国务院关于国营工业企业进行全面整顿的决定下达后，以提高经济效益与目标的企业全面整顿工作立即在全国范围内展开。按预算内工业企业统计，1982 年全国列入第一批整顿的工业企业共 9155 个，总产值占预算内工业企业总产值的 55.9%，上缴利润占 65.3%，税金占58.4%。在整顿过程中，各地区、各部门根据《决定》的要求，结合本地区、本部门的实际情况，制定了所属企业进行全面整顿规划，对大中型骨干企业采取了分期分批、有步骤、有重点地进行整顿工作部署，把提高经济效益作为企业整顿的出发点和落脚点。围绕提高经济效益这个目标，实行几个转变，即从重点抓产值、产量，转向注意抓品种、质量、消耗、成本；从主要抓外延扩大再生产，转向注意抓内涵扩大再生产；从不大重视科学技术的作用，转向注意抓科学技术工作；从只抓生产管理，转向生产、经营一起抓。从总的看，整顿工作的进展是健康的，并取得了一定的成效。

（一）企业的领导班子朝着革命化、年轻化、知识化、专业化的要求迈进了一大步。整顿好企业的领导班子，是搞好企业全面整顿的关键。由于历史的原因，我国工业企业的领导班子，普遍存在年龄偏大、人员偏多、文化偏低、专业技术干部偏少的状况。在企业的全面整顿中，多数企业针对这种状况，进行了初步的调整，选拔了一批德才兼备的中青年干部到领导岗位上来，妥善地安排了一批老干部退居二、三线，使企业领导班子的素质、结构发生了变化。据 1982 年年底对 804 个大中型骨干企业的统计，领导班子的平均人数已由整顿前的 8.7 人，减为 6.5 人，减少了 25.3%，其中新进领导班子的人数平均为 1.6 人，占新领导班子人数的 24.6%；平均年龄由整顿前的 51.2 岁，降为 47.9 岁，下降了 3.3 岁；具有大学和高中文化程度的，由整顿前的 36.9% 增加到 55%；有技术业务职称的由 24.6% 提高到 41.1%。在选择企业领导人的做法上，多数地区、部门进行了改革，实行了上级考核、选拔与民意测验、职工群众选举相结合的办法。因而调整后的领导班子比较符合职工群众的心愿，上级也比较满意。

但是，从全国国营工业企业的状况来看，虽然经过 1982 年一年的整顿，多数企业领导班子的整顿还不够理想，一是进度不快，二是有些经过整顿的企业领导班子，仍然存在年龄偏大，文化程度偏低，缺乏经营管理知识，结构不合理等问题。在经营指导思想上还存在着片面追求速度、忽视经济效益的倾向。针对这些问题，1983 年全国工交座谈会提出，工业企业领导班子的整顿必须解决好以下五个问题：

（1）进一步克服"左"的影响。选拔、配备企业领导班子一定要坚持革命化、年轻化、知识化、专业化的标准，注意把好政治关、年龄关、文化关，特别要强调尊重知识，大胆起用人才，坚决把优秀的经营管理人员和专业技术人员提拔到领导岗位上来。

（2）合理使用人才，注意发挥专长，选拔专业科技干部担任党政领导职务时，要注意看他们的组织领导才能，或者在组织领导才能方面是否有发展前途，避免使用不当。

（3）做好新、老干部交替工作。企业生产经营活动比较复杂，新、老干部交替时，要注意工作的连续性。

（4）对年龄和文化程度的要求要从实际出发，在掌握企业领导班子的年龄和文化程度的标准上，既要态度坚决，又要从干部队伍的现状出发。在年龄上不要搞层层递减。党委工作干部和专业性强的科室干部，年龄可以稍宽一些。选拔企业主要负责人，不仅要看年龄、文化、专业知识，还要看决策能力、业务能力、组织能力、协调能力。

（5）加强新领导班子的思想建设和业务建设，分期分批地对省、市、自治区和重点工业城市的经委领导干部，以及全国轻工业公司、部分大型企业的领导干部进行轮训。

根据上述精神，在1983年下半年，加快了企业领导班子调整的步伐，到年底，全国列入整顿规划的3116个大、中型骨干企业，已经调整了领导班子的有2970个，占95%以上。1984年，企业领导班子的调整工作，着重解决了以下几个问题：一是初步完成了中小企业领导班子的调整工作；二是对已经调整的企业领导班子，组织力量进行了复查，对班子专业不配套的进行了必要的补充；三是结合国家对厂长进行统考的要求，分批组织了轮训学习，着重学习了党的经济建设方针政策、经济科学和经营管理知识；四是进行了第三梯队的建设，加强了后备力量的选拔和培养，逐步形成了梯形年龄结构。经过几年的整顿，企业领导班子向革命化、年轻化、知识化、专业化迈进了一大步。按中央组织部要求应该调整的3070个大、中型骨干企业领导班子，到1984年已调整2088个，占68%，其中合格的企业有1681个，占已调整的80.5%。调整后企业党政领导班子成员的平均年龄为44.5岁，比调整前降低4.7岁；有大专文化程度的占69.9%。一大批有开拓精神、有专业知识的中青年干部已经走上企业各级领导岗位。

（二）进一步健全了企业内的经济责任制。在企业整顿中，各个企业都把健全内部的经济责任制作为整顿工作的重点。首都钢铁公司实行经济责任制的经验在全国得到了普遍的推广。在大多数企业中，从厂长到工人，普遍按照责、权、利相结合的原则，逐级建立了经济责任制。为了保证全面完成国家计划，采取指标分解、逐级落实，层层包、层层保，严格考核、奖罚分明等办法，在企业中初步形成了一套纵横连锁的经济责任制体系，从而使企业内部的各个系统、各个环节围绕实现统一的经营目标，互相协调、互相促进。

（三）企业管理的基础工作得到了比较全面的加强，企业管理现代化取得了一定的进展。在整顿过程中，对企业管理的各项基础工作，如标准化工作、定额工作、原始记录、计量工作、信息工作、基础教育等，进行了整顿，充实了必要的专业人员和计量测试手段，提高了基础工作的完备程度，加强了原始记录和统计分析，建立了情报机构和档案制度，按照行业平均先进水平修订了定额，制定了先进的技术标准和管理标准；同时对职工进行了安全生产、应知应会等教育。

在推进企业管理现代化方面，各地都有不少企业试行了市场预测和经营决策、目标管理、系统工程、价值工程、网络技术等现代化的管理方法，取得了一定的效果。有不少企业逐步推广运用了电子计算机等现代化手段。这些措施对提高企业经营管理水平和经济效益，都起了积极的作用。

（四）企业劳动组织得到改善。在整顿企业劳动组织方面，长期以来存在的企业人员过多，一、二线人员结构不合理，人浮于事的状况有所改变。截至1982年年底，全国第一批整顿的一万多个工业企业，约有1/2已经完成劳动组织的整顿。经过整顿，劳动定额水平一般提高了10%，富余人员15%—20%，生产第一线的力量得到了充实和加强。对富余的人员采取了多种办法进行了安置，有的充实到新建车间，或通过行业内部调剂，调到了需要增加人员的企业。大多数富余人员由企业或企业的主管部门组织起来，举办劳动服务公司或生活服务公司，发展第三产业。

（五）企业思想政治工作有所加强。党的"十二大"以后，工业企业在抓好生产经营管理的同时，重视了精神文明的建设，思想政治工作普遍有所加强。在抓职工队伍建设中，注意把加强思想政治工作同正确贯彻物质利益原则结合起来，把发扬党的优良传统同探索新时期思想政治工作的规律和特点结合起来，采取了多种形式，对职工进行爱国主义、集体主义、社会主义、共产主义的教育；还围绕提高经济效益这个中心，进行了经济形势和方针政策教育，进行了正确处理国家、集体、个人三者利益的教育，从而增强了职工的主人翁责任感，出勤率、劳动生产率普遍有所提高。

经过整顿、改革和技术改造，企业的经济效益不断提高。如湖南省省属 93 个整顿合格的企业，1984 年工业总产值比上年增长 11.8%，实现利润增长 35.7%，上缴税利增长 37.7%；而全省面上工业总产值增长 11.2%，预算内企业实现利润增长 15.4%，上缴税利增长 16%，前者大大高于后者。通过整顿，企业扭亏也取得显著成绩。预算内全民所有制工业企业的亏损额 1981 年为 42.4 亿元，1983 年下降到 28.6 亿元，1984 年下降到 21.6 亿元，下降了 24.4%；亏损户 1983 年为 4658 户，1984 年减少到 3174 户，下降了 31.8%。

企业全面整顿的工作发展很不平衡。到 1984 年年底，还有不少地区和部门的企业整顿没有完全达到预定的计划要求，在五项整顿工作中，有些影响企业素质和企业经济效益的关键问题还没有得到很好解决，有一定数量的企业整顿工作存在着降低标准走过场的倾向。

第二节　工业企业领导制度的改革与完善

一、从党委领导下的厂长负责制逐步改为厂长负责制

在"文化大革命"中，几乎所有的工业企业都实行了"革命委员会"的领导体制。这种体制实际上是十年动乱时期极"左"路线的产物，它不仅否定了"文化大革命"前党委领导下的厂长负责制，也削弱甚至取消了党对企业的领导，而且在所谓"三结合"的口号下，一些"四人帮"的帮派分子、打砸抢分子混进了企业的领导班子，甚至篡夺了一部分企业的领导权。粉碎"四人帮"以后，虽然对混进企业领导班子中的帮派分子进行了清查，但由于当时还没有从根本上摆脱"左"的思想影响，对"革命委员会"这种领导组织形式，也没有加以彻底否定。1978 年，在对工业企业进行恢复性整顿的过程中，开始着手解决企业的领导体制问题。1978 年 4 月中共中央颁发的《关于加快工业发展若干问题的决定》，[①]就企业的领导体制问题，作了如下的规定：

第一，实行党委领导下的厂长分工负责制。企业的一切重大问题，都必须经党委集体讨论决定。企业的生产、技术、财务、生活等重大问题，

---

① 《中国经济年鉴》（1981），经济管理杂志社 1981 年版，第 Ⅱ - 109 页。

党委作出决定后，由厂长负责组织执行。企业党委要积极支持以厂长为首的全厂统一的生产行政指挥系统行使职权，并监督和检查他们的工作。

第二，实行总工程师、总会计师的责任制，工程技术人员要有职有权，让他们在技术上真正负起责任来。

第三，实行党委领导下的职工代表大会或职工大会制。企业定期举行职工代表大会或职工大会，听取企业领导报告工作，讨论企业有关重大问题。

第四，实行工人参加管理、干部参加劳动和领导干部、工人、技术人员三结合制度。

上述的规定，实际上是恢复"文化大革命"前工业企业领导制度的一些基本做法。根据这些规定，1978 年以后工业企业陆续取消了"革命委员会"的领导形式，重新任了厂长或经理；同时取消了"文革"期间产生的"工代会"，恢复了职工代表大会和工会的组织与活动。

党的十一届三中全会公报在阐述我国经济体制改革问题时，指出要认真解决党政企不分、以党代政、以政代企的现象。1980 年 1 月，邓小平在谈到改善党的领导的问题时指出："工厂要实行党委领导下的厂长负责制……如果今后继续实行这个制度，那么，工厂的车间是否也要由党总支领导？班组里边是否也由党支部或党小组领导？……这样是不是有利于工厂……的工作？能不能体现党的领导作用？如果这个问题解决得不好，可能损害党的领导，削弱党的领导，而不是加强党的领导。"[①]

邓小平的重要论述，提出了我国工业企业领导制度中一个长期没有得到很好解决的问题，并打开了关于这个问题的思想禁区，推动了工业管理部门、党的组织部门以及经济理论界对这个问题的重新思考和进一步的研究。1980 年，根据中央的精神，国家经委、全国总工会以及中国社会科学院等有关部门在北京选择了若干企业进行企业领导制度改革的试点。通过调查研究和改革的试点，开始认识到党委领导下的厂长负责制的一些弊端，主要是：

第一，不利于真正加强党对企业的思想政治领导，党委陷于日常行政事务，党组织变成了一个普通的行政机构，形成了党不管党、以党代政的

① 邓小平：《目前的形势和任务》，《邓小平文选》第 2 卷，第 234—235 页。

现象。

第二，不利于发挥厂长集中统一指挥的作用，不适应社会化大生产的客观要求。党委领导下的厂长负责制，在实际上已普遍成为党委书记一长制，决策权和指挥权集中于党委书记，削弱了厂长对生产经营的统一指挥职能。而且在名义上是党委集体负责，实际上是谁也不负责。因此，这种制度本身容易造成企业管理效能低。

第三，不利于发挥专家的作用。多数企业的决策权、指挥权集中于一些不大懂技术、不大懂经济，也不大懂管理的一些干部手中，因此往往造成瞎指挥。而企业里的工程技术人员、经营管理人员的积极性往往受到压制。

第四，不利于加强法制，健全经济责任制。党委领导下的厂长负责制的一个明显缺陷是权力和责任分离，党委行使决策权，但不具有法人资格，因此不负经济责任。厂长作为企业法人的代表，应当负经济责任，但没有决策权和实际上的指挥权。责任和权力的分离，使厂长在生产经营管理中往往当断不断，当决不决，不仅降低了管理工作的效率，而且容易坐失良机。

第五，不利于按客观经济规律的要求，实行跨部门、跨地区的经济联合。经济联合体大多数需要有经济联合委员会或董事会作为该联合体的最高决策机构，行使最高决策权，而隶属于某一地方党委的企业的党组织，不可能作为经济联合体的最高决策机构。

但是，对于上述问题的认识，人们的意见并不是一致的。一种意见认为，产生上述问题，是党委领导下的厂长负责制这种领导体制的必然产物，不是哪一个人的工作作风和工作方法问题，因此必须改革这种领导体制的本身。另一种意见认为，这种领导体制的本身是没有问题的，只是在实行过程中，出现了偏差，需要对这种领导体制进行完善。如果要取消党委领导下的厂长负责制，就会削弱党对企业的领导。由于认识截然不同，如果立即取消党委领导下的厂长负责制，势必容易造成思想上和管理工作上的混乱。党中央对这个问题采取了十分慎重的做法，一方面继续在少数企业进行改革的试点；另一方面在大多数企业继续实行党委领导下的厂长负责制，并根据新的情况，不断改进企业的党政工作。

1982 年 1 月，中共中央、国务院颁发了《国营工厂厂长工作暂行条例》（以下简称《条例》）。① 《条例》明确地规定了厂长责任、职权、指挥系统及其责任制，以及对厂长的奖惩。

《条例》规定，工厂实行党委领导下的厂长负责制。厂长是工厂的行政负责人，受国家委托，负责工厂的经营管理、生产经营，这方面的问题由厂长全权决定。厂长可按照干部管理权限，由上级委派，或经职工代表大会选举，由上级任命，厂长的任期一般为四年。

关于厂长的责任，《条例》规定：工厂生产和经营决策、长远规划、年度计划、重大技术改造计划、职工培训计划、工资调整方案；机构变动，重要规章制度的建立、修改和废除；中层以上干部的人选等事项，由厂长拟订方案，提请党委讨论决定或审议后报上级批准，由厂长组织实施。

关于厂长的职权，《条例》规定，厂长对工厂生产经营活动行使统一指挥权。在规定的范围内，厂长对工厂的人员、资金、物资有调度处置权；行政职能科室领导，由厂长任免；厂长有权按规定及职工代表大会的讨论决定，对职工进行奖惩，对有特殊贡献的职工有权晋级；有权拒绝工厂外部无偿抽调工厂人员、资金和物资，以及对劳务、费用的不合理摊派；厂长在紧急情况下，对不属于自己职权范围而又必须立即决定的生产行政方面的问题，有临时处置权，但之后应向有决定权的单位报告；厂长在决定同工厂职工利害有关的问题时，要取得工厂工会委员会的同意和合作。关于工厂的指挥系统及其责任制，《条例》规定，工厂要建立和健全以厂长为首的统一的生产指挥系统。工厂的副厂长、总工程师、总会计师、行政职能科（室）科长（主任）和车间主任，在厂长领导下进行工作，并对厂长负责。

《条例》还规定了对厂长的奖惩制度。

这个条例虽然延续了党委领导下的厂长负责制的企业领导体制，但在实行党政分工，克服以党代政，加强厂长责任，赋予厂长以更大的生产经营指挥权方面，大大前进了一步，在一定的程度上体现了厂长责、权、利的统一，从而为逐步推行厂长负责制做了准备。

为了加强和改善企业中党的领导，提高基层党组织的战斗力，中共中

① 《中国经济年鉴》（1982），经济管理杂志社 1982 年版，第Ⅲ－46 页。

央于 1982 年 5 月颁发了《中国共产党工业企业基层组织工作暂行条例》（以下简称《条例》）。《条例》明确了工业企业中党委的地位与任务。《条例》规定，在社会主义企业中，实行党委领导下的厂长负责制和党委领导下的职工代表大会制。按照党委集体领导、职工民主管理、厂长行政指挥的根本原则，不断改善和加强党对企业的领导。企业中党委是企业的领导核心。

《条例》规定了党委会讨论和决定问题的范围，包括：①贯彻执行党的路线、方针、政策和上级指示、决定的主要措施。②企业生产行政工作中的重大问题。③职工代表大会的重大问题。④党的建设工作。⑤思想政治工作。⑥企业中层干部和报请上级审批的企业领导干部的任免和奖惩考核。⑦工会、共青团、民兵等群众组织工作时的重大问题。⑧党委认为必须讨论和决定的其他重大问题。同时，《条例》还指出，党委对企业生产行政领导要抓重大问题，不要直接指挥生产和包揽行政事务；党委要支持企业行政建立以厂长为首的生产行政指挥系统，建立和健全各项责任制，支持厂长对生产行政工作统一指挥、全面负责，教育干部和职工服从厂长的指挥。厂长要自觉接受和维护党委的领导，在党委的领导下独立负责地抓好生产行政工作。车间的生产行政工作，在厂长的统一指挥下由车间主任负责。车间的党总支或党支部起保证和监督作用。

《条例》进一步明确了党、政、群的职责分工，强调党委的领导，主要是思想政治领导，研究贯彻执行党的方针政策，对生产行政工作的领导主要是抓重大问题，从而使企业党委从琐细、繁重的日常生产调度与行政事务中解脱出来，去考虑和研究解决企业中比较重大的问题，把主要精力转到抓党的建设和思想政治工作上来，也使厂长能够比较顺利地、有效地行使对生产行政的统一指挥，加强和改善企业生产经营管理工作。

但是，由于在企业领导体制上还没有从根本上加以改革，因此前面所列举的党委领导下的厂长负责制所带来的弊端也就不可能得到彻底的解决。尤其是权、责、利的不统一，使厂长难以有效地行使对生产行政工作的统一指挥。随着企业自主权的扩大和改革的深入发展，这些矛盾也越来越突出；同时也使越来越多的同志认识到，必须改革长期以来所实行的企业领导体制。

在企业的全面整顿过程中，1982 年即开始在北京、天津、上海、沈阳、大连、常州6个城市的191个企业中进行厂长负责制的试点工作。后来逐步扩大到各地区、各部门的2913个企业试行厂长负责制。厂长负责制的建立，带动了企业内部组织机构、劳动人事、工资奖励和生产经营等方面的配套改革。试点搞得好的企业，厂长指挥灵了，决策快了，效率高了。同时，党委开始集中精力加强党的建设和思想政治工作，民主管理也有了加强。根据人们认识的发展和对实践经验的总结，1984年5月，赵紫阳总理在六届人大二次会议的政府工作报告中，正式宣布国营企业将逐步实行厂长负责制。党的十二届三中全会关于经济体制改革的决定更加明确地指出：现代企业分工细密，生产具有高度的连续性，技术要求严格，协作关系复杂，必须建立统一的、强有力的、高效率的生产指挥和经营管理系统。只有实行厂长（经理）负责制，才能适应这种要求。在党的十二届三中全会决定精神的指引下，我国工业企业领导体制的改革又进入了新的发展阶段，厂长负责制已逐步在所有的工业企业中推行。

1984年12月，国务院发出了《关于国营企业厂长（经理）实行任期制的通知》。[①] 通知指出，凡是上级任命的国营企业的厂长（经理），一律实行任期制。任职期限应根据企业的规模和生产经营的特点，确定不同的任期。每届任期最多为四年，在规定的任职年龄内，可以连任，但不得超过三届。

实行任期制的好处是，废除了长期形成的实际上的终身制，有利于克服过去企业经营得不好，但厂长可以照当的弊病。在实行厂长任期制以后，又出现了一些新的问题，即有些企业的厂长（经理）缺乏长远打算。在决策时往往只从眼前利益出发，而对如何保持企业的后劲，使企业不断地兴旺发达则考虑较少。针对这一问题，1985年许多企业开始实行厂长任期目标责任制，使厂长在任期内做到"干当年、看本届、想长远"。厂长任期目标责任制的内容主要包括：①目标，一般有利润、成本、产值、产量、工作任务、质量、产品开发、各种消耗、劳动生产率、生产技术水平等指标。②达到目标的措施，包括生产、技术、经营管理等。③进度，厂长任期目标内的每一项指标和措施，都要有明确的时间进度安排。④目标审定，任期目标方案提出后，要经过厂党委、职工代表大会以及有关主

① 《中国经济年鉴》（1985），经济管理出版社1985年版，第X-28页。

管部门审定，审定目标定得是否切合实际，是否先进合理，各项措施是否落实、有力，时间进度是否可行。实行厂长（经理）任期目标责任制，对于任期内的厂长（经理）的各项工作能够起到监督和鞭策作用，而且有利于为下届厂长（经理）的任期目标打下良好的基础。

二、企业职工代表大会制度的逐步完善

粉碎"四人帮"以后，在企业整顿中，一些企业逐步恢复了党委领导下职工代表大会或职工大会制。1978年4月颁发的《中共中央有关加快工业发展若干问题的决定》，要求企业定期举行职工代表大会或职工大会，听取企业领导的工作报告，讨论企业有关重大问题，对企业的工作提出批评、建议，对企业的领导干部进行监督。职工代表大会或职工大会，有权向上级建议处分、撤换某些严重失职、作风恶劣的领导人员。

1981年7月，中共中央、国务院转发了由中华全国总工会、国家经委、中央组织部共同制定的《国营工业企业职工代表大会暂行条例》（以下简称《条例》），要求各地区、各部门在所属的企业贯彻实施。《条例》规定，职工代表大会（或职工大会）是企业实行民主管理的基本形式，是职工群众参加决策和管理、监督干部的权力机构。职工代表大会在党委领导下行使职权。主要职权包括：讨论审议企业生产经营管理方面的重大问题；讨论决定企业职工福利、奖励等有关职工切身利益方面的问题；讨论通过企业体制改革、职工调资、职工培训计划及全厂性重要规章制度问题；监督企业各级领导干部和工作人员，建议上级机关对卓有成绩的干部予以表扬、奖励、提职晋级，对失职人员予以批评、处分或罢免；根据企业主管机关的部署，选举企业行政领导人员，民主选举的干部，要依照干部管理范围报主管机关审批任命；厂长要定期向职代会报告工作，负责执行和处理职代会有关企业生产、行政方面的决议和提议，并接受职工代表大会的检查和监督。职工代表大会要支持厂长行使职权，维护生产指挥系统的高度权威，教育职工不断提高主人翁的责任感。

《条例》的颁发和贯彻执行，使我国工业企业职工代表大会制度进一步完善；同时为后来的企业领导制度的改革积累了经验，准备了条件，使企业的民主管理逐步得到加强。在实行厂长负责制以后，如何把厂长负责制同职工的民主管理结合起来，成为企业领导体制改革中的一个新的课题。从一些企业的经验来看，工业企业职工代表大会工作的重点要转向：

①审议企业的重大决策。②监督企业行政领导的工作。③维护职工的合法权益。④发动职工为改善企业的经营管理献计献策。⑤加强对职工的教育，提高他们的主人翁的责任感。通过这些工作，既支持了厂长的集中统一指挥，又保障了职工群众在企业中的主人翁地位。

第五章 党的十一届三中全会以来发展工业的主要成就和基本经验

第一节 发展工业的主要成就

党的十一届三中全会以来，由于对国民经济进行了有计划有步骤的调整，由于坚持了对内搞活经济、对外实行开放的方针，经济体制改革不断深入发展，由于对企业进行了全面的整顿，使我国的工业生产建设迅速发展，取得了举世瞩目的成就。

第一，轻工业和重工业协调发展。

1984年轻工业总产值为3335亿元，比1978年增长了93.8%，平均每年递增11.3%；重工业产值为3707亿元，比1978年增长了46.7%，平均每年递增6.6%。在工业总产值中，轻工业与重工业的比例已由1978年的43.1∶56.9变为1984年的47.4∶52.6。[①] 这些事实说明，我们在实现轻工业和重工业协调发展方面已取得了明显的成效，根本改变了过去长期存在的轻工业落后于重工业的局面，这是我国经济发展战略上一个有深远意义的变化。

第二，能源生产稳步上升，能源节约取得显著成效。

1982年以来，能源产量逐年上升。1982年一次能源生产总量比1981年增长5.6%，1983年比上年增长6.7%，1984年比上年增长7.4%，比

---

① 《中国经济年鉴》（1985），经济管理出版社1985年版，第Ⅲ－2、11页。

1978 年增长 22%。在能源节约方面也取得了显著成绩。1981 年至 1984 年，工业总产值平均每年递增 9%，能源消费平均每年递增 3.7%，工业产值能耗由 1980 年的 8.05 万吨，逐年下降到 1984 年的 6.5 万吨。由于能耗下降，1981 年至 1984 年工业部门共节约能源 9300 万吨，节能量占全国节能总量的 68%。

第三，工业基本建设取得重大进展，工业生产能力有了巨大增长。

从 1979 年到 1984 年，国家用于工业的基本建设投资累计达 1632.94 亿元，占同期基本建设投资总额的 47.78%。全民所有制工业固定资产原值，1984 年已达 4465.7 亿元，比 1978 年增加了 1463.5 亿元，增长了 48.7%。通过工业基本建设和更新改造，工业生产能力 1984 年与 1978 年相比，炼铁生产能力增长了 10.6%，炼钢增长了 29.4%，轧钢增长了 71%，煤炭开采增长了 37.5%，石油开采增长了 10.2%，原油加工增长了 12.8%，发电装机容量增长了 40%，汽车增长了 49.6%，硫酸增长了 15.8%，水泥增长了 73.75%，化学纤维增长了 115%。由于一大批重点煤矿、油井、电站、建材企业的建成投产，为生产的持续增长准备了后劲。

第四，工业企业技术改造取得明显效果，工业技术水平有了显著提高。

"六五"期间，国家用于技术改造的投资达 1400 多亿元，比"五五"期间的投资增加了 66.6%。建成投产的项目 20 万个，其中投资 1000 万元以上的项目 500 多个。新增固定资产 1100 亿元，相当于 1980 年年末全国国营企业固定资产原值的 1/5。在新增加的工业总产值中，靠现有企业的技术进步以及企业整顿实现的大约占 2/3。通过技术改造，增加钢的生产能力 1200 万吨，统配煤产量 3640 万吨，晋煤外运能力 3000 万吨，港口吞吐能力 1300 万吨。节约能源折合标准煤 1.2 亿吨，其中 18% 左右是靠技术改造取得的。

通过技术改造，在各个工业部门中已拥有一批具有现代化水平的新技术装备，采用了某些新材料和新工艺，生产出了一些达到当代国际水平的新产品。例如，冶金工业已拥有 2580 立方米和 4000 多立方米的大高炉，并采用了无料钟炉顶、顶燃式热风炉等新技术；我国自行设计制造的 1.7 米轧机也已投入生产。机械工业已能制造 30 万千瓦火电机组，150 万吨钢铁联合企业的成套设备，3 万吨模锻水压机，30 万吨合成氨和 24 万吨尿素的成套设备。石油工业已打成 6000 米超深井，初步掌握了海上打深井和斜井的技术等。建筑材料工业已掌握了水泥窑外分解新技术。电子工业的大、中型电子计算机、微型机已经初具生产规模。运载火箭的制造、人造地球卫星的发射和准确回收，标志着我国航天工业跨入了当代世界先进国家的行列。

第五，主要工业产品产量和工业总产值迅速增长。

从 1979 年以来，我国工业生产有了全面的、大幅度的增长。列入"六五"计划的 65 种主要产品产量，到 1984 年已有 43 种提前达到了 1985 年的指标，除了个别限产的机电产品如机床产量下降外，其他各种主要产品都大大增长了。详情如表 6-5-1 所示。

表 6-5-1　1978 年至 1984 年主要工业产品产量的增长①

产品名称	单位	1949 年	1952 年	1976 年	1978 年	1984 年	1984 年比 1949 年增长（倍）	1984 年比 1978 年增长（%）
原 煤	亿吨	0.32	0.66	4.83	6.18	7.89	23.6	27.7
原 油	万吨	12	44	8716	10405	11461	954	10.1
发电量	亿度	43	73	2031	2566	3770	86.6	47.0
一次能源产量	万吨	2374	4871	50340	62770	76600	31.2	22.0
钢	万吨	15.8	135	2046	3178	4347	274	36.8
钢 材	万吨	13	106	1466	2208	3372	258	52.7
生 铁	万吨	25	193	2233	3479	4001	159	13.0
木 材	万立方米	567	1233	4573	5162	6385	10	23.7
机 床	万台	0.16	1.37	15.7	18.32	13.35	82	27.0
汽 车	万辆	—	—	13.52	14.91	31,64	—	112.2
水 泥	万吨	66	286	4670	6524	12302	185	88.6
平板玻璃	万标准箱	108	213	1450	2004	4830	43	141.0
硫 酸	万吨	4	19	450.8	661	817.2	203	23.6
烧 碱	万吨	1.5	7.9	121.5	164	222.2	147	35.5
化 肥	万吨	0.6	3.9	524.4	869.3	1460.2	2432	68.0

① 《中国经济年鉴》（1985），经济管理出版社 1985 年版，第Ⅲ-23、24 页；《中国统计年鉴》（1984），中国统计出版社 1984 年版，第 220-227 页。

续表

产品名称	单　位	1949 年	1952 年	1976 年	1978 年	1984 年	1984 年比 1949 年 增长（倍）	1984 年比 1978 年 增长（％）
自行车	万辆	1.4	8	668.1	854	2861.4	2042	235.0
电视机	万部	—	—	18.45	51.73	1003.81	—	1840.0
收音机	万部	0.4	1.7	969.1	1167.7	2220.3	5549	90.0
照相机	万架	—	—	22.5	17.89	126.18	—	605.0
缝纫机	万架	—	6.6	363.8	486.2	934.9	—	92.2
手　表	万只	—	—	911.4	1351.1	3798.2	—	180.0
合成洗涤剂	万吨	—	—	21.7	32.4	81	—	150.0
卷　烟	万箱	160	265	982	1182	2132	12.3	80.0
化学纤维	万吨	—	—	14.61	28.46	73.49	—	160.0
布	亿米	18.9	38.3	88.4	110.3	137	6.2	24.0
纱	万吨	32.7	65.6	196	238.2	321.9	8.8	35.1
呢　绒	万米	544	423	7072	8885	18049	32	103.0
毛　线	万吨	0.18	0.20	2.78	3.78	11	60	191.0

工业总产值也有了迅速的增长。1984 年，工业总产值达到 7042 亿元，比 1978 年增长了 66.6%，平均每年增长 8.9%。[①] 这里还需指出：党的十一届三中全会以来，乡镇工业在全国广大农村蓬勃兴起，有了更为迅速的发展。1984 年年底，全国乡镇工业企业发展到了 174 万个，比 1979 年增加了 106 万个；工业产值达到 1115 亿元，比 1979 年增长了 1.4 倍，平均每年增长 19.5%，大大超过全国工业平均增长 8.9% 的速度。

第六，职工生活消费水平有了较大的提高。

随着工农业生产的发展，以及积累与消费比例关系的调整，我国职工的生活消费水平逐步得到了较多的改善。1978 年全民所有制工业职工人数为 3041 万，工资总额为 204.1 亿元，平均工资为 671 元；1984 年全民所有制工业职工人数为 3592 万，工资总额为 377.9 亿元，平均工资为 1052 元。工业职工的年平均工资 1984 年比 1978 年增长了 56.8%，平均每年递增 7.8%。扣除同期因物价上涨而抵消的部分，实际工资仍有明显增长。

① 《中国经济年鉴》（1985），经济管理出版社 1985 年版，第 II－2 页。

根据国家统计局的抽样调查，城市职工家庭每一就业者负担的人口（包括就业者本人），1978 年为 2.06 人，1984 年降为 1.71 人。职工家庭平均每人每年可用于生活费收入，1978 年为 316 元，1984 年为 608 元，增加了 292 元，即增长了 92%，平均每年增加了 11.5%，扣除价格变动因素后，实际增加 8.2%。而从 1958 年到 1978 年的 21 年间，职工家庭平均每人可用于生活费的收入只增加了 81 元，增长了 34%，平均每年增加了 1.4%，扣除价格变动因素后，实际增加 0.8%。

从职工的物质消费水平看，也有明显提高。比如，城市职工居住面积，1978 年每人平均 4.2 平方米，1984 年增加到 6.3 平方米。城乡居民每人每年布的消费量，1978 年为 24.1 尺，1984 年为 32.5 尺；用的方面，每人每年购买日用消费品费用，1978 年为 28.8 元，1984 年增加到 67 元。电视机、录音机、洗衣机等耐用消费品，已普遍进入城镇职工家庭。职工的物质生活水平已开始由温饱型向小康型过渡。这在我国历史上，是破天荒的。

总之，从党的十一届三中全会以来，我国无论在实现工业的协调、稳定、持续的发展方面，还是在改善职工的生活方面，都开创了"一五"时期结束以来未曾有过的新局面，并成为我国国民经济已经开始出现持续、稳定、协调发展新局面的最重要的组成部分和强有力的推进因素。

第二节　发展工业的基本经验

从 1979 年春天开始实行调整、改革、整顿、提高的方针，经过几年的努力，我国不仅在发展工业生产建设和改善职工生活方面取得了令人高兴的成就，而且在探索建设具有中国特色的社会主义工业现代化的新路子方面，积累了有益的经验。

第一，坚定不移地把党和国家的工作重点转移到社会主义经济建设上来的。

在我国生产资料私有制的社会主义改造基本完成以后，仍然坚持实行了"以阶级斗争为纲"的路线。这是过去长期存在的"左"倾错误的一个基本点。正是这条路线，多次导致阶级斗争扩大化，特别是十年动乱。这是过去我国工业没有得到应有发展的一个基本原因。粉碎"四人帮"以后的头两年，华国锋在指导思想上又犯了"左"的错误，在"两个凡是"的口号下继续坚持"以阶级斗争为纲"的错误路线。如果按照这条路线继续走下去，是不可能把力量集中到社会主义现代化建设上来的。党的十一届三中全会坚决批判了"两个凡是"的错误方针，果断地停止使用"以阶级斗争为纲"这个不适用于社会主义社会的口号，并依据当时全国规模的揭批林彪、"四人帮"的群众运动已经基本完成的情况，作出了把党和国家的工作重点转移到社会主义现代化建设上来的战略决策。在党的十一届三中全会所确立的路线指引下，我们党胜利地完成了指导思想上的拨乱反正，在全国范围内结束了大规模的阶级斗争和群众性的政治运动，逐步实现和巩固了安定团结的政治局面，使全党和全国人民的力量集中到社会主义现代化建设上来。因此，由十一届三中全会开始的历史性的伟大转变为我国工业的发展创造了一个基本条件。可以说，没有党和国家工作重点的转移，就不会有这以后的工业的巨大发展。

第二，坚持全部经济工作以提高经济效益为中心。

由于过去在经济建设的指导思想上长期存在着"左"的错误，盲目追求工业（主要是重工业特别是钢铁工业）的高速度，严重忽视甚至根本不讲经济效益的提高。在粉碎"四人帮"之后，过去那种"左"的指导思想还没有立即改变。这也是过去工业没有得到应有发展的另一个基本原因。为了使我国工业和国民经济得到健康的发展，必须把经济工作转到以提高经济效益为中心的轨道上来。赵紫阳总理在 1981 年五届人大四次会议上指出："要切实改变长期以来'左'的思想指导下的一套老的做法，真正从我国的实际情况出发，走出一条速度比较实在、经济效益比较好、人民得到更多实惠的新路子。""千方百计地提高生产、建设、流通等各个领域的经济效益，这是一个核心问题。"[①] 前面各章所述的情况说明：正是这条新路子，使得 1979 年以来我国工业得到健康的发展，使得职工生活得到较多的改善。

第三，坚持实事求是、量力而行的原则。

不量力而行，急于求成，也是过去长期存在的经济工作指导思想"左"的错误的一个基本方面。这个"左"的错误曾经几次造成了国民经济比例关系的严重失调，严重阻碍了工业和整个国民经济的发展。粉碎

---

① 赵紫阳：《当前的经济形势和今后经济建设的方针》，《中国经济年鉴》（1982），经济管理杂志社 1982 年版，第Ⅱ-9页。

"四人帮"之后的头两年，在经济工作中仍然存在着急于求成的思想，经济建设规模的安排，超出了国家财力、物力的可能，加剧了国民经济比例失调的状况。党的十一届三中全会之后，我们党重新恢复了实事求是、一切从实际出发的思想路线，通过总结过去工业建设上急于求成的教训，认识到搞现代化建设必须坚持实事求是、量力而行的原则。坚持这个原则，是同正确认识到我国国情相联系的。我国经过三十多年的建设，经济有了一定基础，但是由于人口众多，特别是农村人口众多，国家的积累能力有限，积累率不可能过高；国土面积大，自然资源比较丰富，但人均占有资源低于世界平均水平；工业基础和技术水平有很大进步，但与发达国家相比还有很大差距，工业经济效益还不高；社会主义商品经济和生产的社会化程度有很大发展，但各个地区的经济发展还很不平衡；新中国成立以来培养了一大批科学技术干部和管理干部，但管理和科技人才仍然严重缺乏。我们工业现代化建设正是在这样的条件下进行的。因此，贯彻实事求是、量力而行的原则，确定工业发展速度和工业建设规模，从我国国情出发，做到与国力相适应，就具有特殊的重要意义。正是依靠这项基本原则的指导，1979年以来，我国几次克服了与工业发展速度过快相联系的基本建设投资规模过大的偏向，保证了工业和国民经济协调、稳定、持续的发展。

第四，坚持农业、轻工业和重工业的协调发展。

在党的十一届三中全会以前相当长的一个时期内，由于"左"的错误的影响，片面强调生产资料的优先增长，突出发展重工业，忽视农业和轻工业，结果造成农、轻、重比例严重失调。农业发展缓慢，轻工业落后，消费品缺乏，市场供应长期紧张，生产资料主要在重工业内部循环，中间产品所占比例过大，可供人民消费的最终产品率低，工业再生产过程以至整个国民经济的发展受到了严重的阻碍。十一届三中全会以后，摆脱了这种"左"的思想影响，作出了对国民经济进行调整的重要决策。首先从加快农业的发展入手，调整了农业生产关系和农业政策，主要是实行联产承包生产责任制和提高农产品价格，极大地解放了农业生产力，农业生产走向全面、持续高涨，从而为工业的发展提供了更多的粮食、副食品、原料、资金、劳动力和更加广阔的市场。在调整工作中，始终把消费品工业的发展放在重要地位，对轻纺工业实行了"六个优先"的政策，充分利用我国资源丰富、劳动力充足、市场广阔的有利条件，积极发展投资少、见效快的劳动密集型消费品工业。轻工业的发展，对重工业的发展提出了更多、更高的要求，又促进了重工业的发展。对于重工业的发展，首先克服了把生产资料优先增长理论绝对化的传统观念，抛弃了1958年以后长期实行的"以钢为纲"的方针，放慢重工业的发展速度，调整重工业的服务方向和产品结构，以及对老企业的技术改造，从而使重工业与农业和轻工业的关系以及重工业内部的比例关系逐步趋于协调，重工业的生产也走向了持续、稳定的增长，实现了农业、轻工业和重工业相互适应、相互促进的发展。当然，从今后一个较长的时期看，仍然需要重工业的优先增长。但这种优先增长必须以农业和轻工业的发展为基础，必须为农业和轻工业服务，而不能片面地、孤立地强调重工业的优先增长。只有这样，才能做到农业、轻工业和重工业的协调发展。

第五，加强能源、交通运输和通信等基础设施的建设。

能源、交通运输和通信等基础设施是现代工业发展的重要条件。但是能源、交通运输和通信一直是我国经济发展中的薄弱环节。能源短缺，使我国工业的生产能力得不到充分的发挥；交通运输紧张，大量货物被积压，对生产、流通和消费都产生了极为不利的影响，通信手段落后，使各种科技、生产、市场的信息传递不畅。赵紫阳在五届人大四次会议上就明确指出："我国国民经济今后能不能保持较快的增长速度，能不能出现一个新的发展局面，在很大程度上取决于能源、交通运输问题能否得到恰当的解决。"[①] 党的"十二大"把能源、交通和通信作为经济发展的战略重点之一。因此，在国民经济调整过程中，大大加强了能源、交通和通信等基础设施的建设。国家采取了集中资金、保证重点的方针，提高了用于能源、交通、通信等基本建设的投资比重；在物资分配上，对于能源、交通等重点建设项目，优先给予保证。同时，还积极引进技术和外资来加快能源、交通和通信等基础设施的建设。通过采取各种有效措施，使我国能源生产稳步上升，交通运输能力和通信水平不断提高，并成为我国工业和国民经济稳定、持续增长的极重要因素。当然，由于1984年第四季度工业增长速度过快，能源、交通和通讯的供需矛盾仍然是很紧张的。

第六，加强对现有工业企业的改造。

---

① 赵紫阳：《当前的经济形势和今后经济建设的方针》，《中国经济年鉴》（1982），经济管理杂志社1982年版，第Ⅱ-12页。

过去，我们进行工业扩大再生产主要是靠建新厂，这在奠定工业基础的时期是必要的。经过三十多年的建设，我国已经建立了独立的、比较完整的工业体系，工业的发展有可能也完全有必要从以新建为主的外延扩大再生产转向以加强对现有企业技术改造为主的内涵扩大再生产。另外，世界新技术革命的兴起和发展，工业结构和生产技术的面貌正在发生迅速变化。所有这些，都要求我们不失时机地搞好对现有企业的技术改造。在工业调整过程中，中央就确定了加强对现有企业的技术改造的方针，在政策上采取了一系列的措施，推动现有企业的技术改造，如在固定资产投资分配上，提高用于更新改造技术的投资比例，尤其是对重点企业和重点项目，国家拨出专款支持技术改造；银行贷款的发放，保证贷款优先用于内涵为主的技术改造项目，并在利率和还款期限上实行优惠；从1983年起，逐年提高企业固定资产的折旧率；在物资分配上，根据"先生产、后基建"的原则，对于技术改造项目给予优先考虑，切实保证供应。另外，中国银行对企业用于技术改造的技术引进项目，发放外汇贷款。所有这些措施，都有力地推动了我国工业现有企业的技术改造，促进了工业技术进步。但为了实现由外延扩大再生产为主向以内涵为主的扩大再生产的过渡，还需进一步提高现有企业技术改造投资的比重，还有赖于经济体制改革的进行，还需要在有关政策方面进一步采取措施。

第七，合理调整工业布局。

我国工业布局由于在60年代中期以后片面强调"以战备为中心"，70年代初期主张各个地区建立独立完整的工业体系，因此造成工业布局不合理。主要是：沿海工业没有得到应有的改造，因而工业基础比较雄厚的优势得不到发挥；"三线"地区在60年代到70年代新建的工业，布点分散，基础设施落后，生产能力不配套，因此生产能力得不到发挥。

在调整期间，首先调整了工业布局指导思想，确立了以提高经济效益为中心，发挥优势、扬长避短的原则，放弃了"以战备为中心"和片面追求地区独立完整的工业体系的指导思想。

在调整工业布局的做法上，根据各地的自然条件、资源状况、现有生产力水平和地区内在的经济联系，确定工业发展的战略和步骤。对我国工业基础雄厚、科学技术和文化教育水平较高的沿海工业基地，着重是加强技术改造，采用先进技术，改造传统工业，开拓新兴产业，使沿海工业向消耗能源和原材料少的技术密集型工业发展。对于中部地区，一是根据这一地区能源资源丰富的条件，大力加强能源基地的建设，以便为本地区和东部地区提供更多的能源；二是通过工业改组，联合和布点的调整，提高地区的工业综合生产能力，充分发挥军工和科研力量集中的优势。对于经济不发达的西部地区，一是查清资源，打好基础，为今后大规模地开发西部地区做好准备；二是立足本地资源，加快发展具有本地特色的、经济效益好的地方工业和传统手工业；三是与东部沿海地区发展联合，开发本地资源，发展初级加工。总之，整个工业布局的调整已经起步，初见成效，并促进了工业的发展。

第八，积极稳妥地改革工业管理体制。

我国工业管理体制的主要弊端是政企职责不分，条块分割，国家对企业统得过多过死，忽视商品生产、价值规律和市场的作用，分配中平均主义严重。这就造成了企业缺乏应有的自主权，企业吃国家"大锅饭"，职工吃企业"大锅饭"的局面，严重压抑了企业和广大职工群众的积极性、主动性、创造性，使社会主义工业经济在很大程度上失去了活力。

党的十一届三中全会以后，从扩大工业企业自主权入手，对工业管理体制进行了一系列重大改革，并成为推动工业发展的强有力因素。

党中央提出："建立新型的社会主义经济体制，主要是抓好互相联系的三个方面：①进一步增强企业特别是全民所有制大、中型企业的活力，使它们真正成为相对独立的，自主经营、自负盈亏的社会主义商品生产者和经营者。②进一步发展社会主义的有计划的商品市场，逐步完善市场体系。③国家对企业的管理逐步由直接控制为主转向间接控制为主，主要运用经济手段和法律手段，并采取必要的行政手段，来控制和调节经济运行。要围绕这三个方面，配套地搞好计划体制、价格体系、财政体制、金融体制和劳动工资制度等方面的改革，以形成一整套把计划和市场、微观搞活和宏观控制有机结合起来的机制和手段。"① 这是 1979 年以来包括工业在内的经济体制改革经验的科学总结，也是今后改革的方向。

第九，积极发展多种经济形式和多种经营方式。

在过去的长时期内，由于"左"的错误的影响，认为公有化程度越

① 《中共中央关于国民经济和社会发展的第七个五年计划的建议》，《中国共产党十二届四中全会、全国代表会议、十二届五中全会文件汇编》，人民出版社 1985 年版，第 61—62 页。

高越先进，盲目地、单纯地追求社会主义全民所有制，对作为社会主义经济的必要补充的个体经济，甚至对作为社会主义全民所有制经济有力助手的集体所有制经济也采取了限制和排挤的政策；对社会主义全民所有制企业又是盲目地、单纯地追求国家直接经营这一种经营方式。这种"左"的政策并不符合我国国情，不适应我国社会生产力的发展状况。它不仅阻碍了集体经济和非社会主义经济形式的发展，而且不利于社会主义全民所有制本身的发展。

党的十一届三中全会以后，采取了在国家政策和计划指导下，实行国家、集体、个人一起上的方针，坚持发展多种经济形式和多种经营方式，并且已经开始取得了成效。在 1979 年到 1984 年期间，全民所有制工业产值在工业总产值中的比重由 81% 下降到 73.6%，集体所有制工业的比重由 19% 上升到 25%。1984 年，个体工业的比重也占 0.2%，其他类型工业的比重占 1.2%。① 当前对全民所有制工业企业也实行了利改税、利润递增包干、集体或个人承包和租赁等多种经营形式。实践已经开始证明：在坚持社会主义全民所有制占主导地位的条件下，发展多种经济形式和多种经营方式，是一个加速包括工业在内的社会主义经济建设、较快实现国家繁荣富强和人民富裕幸福的方针。

第十，积极发展对外经济技术交流。

在过去的长时期内，由于国际形势和"左"的错误的影响，实行了闭关锁国的政策，阻碍了我国社会主义建设的发展。

党的十一届三中全会以后，把对外开放作为我国长期的基本国策，作为加快社会主义现代化建设的战略措施，并在实践中已经取得了显著成效。海关货物进出口总额从 1980 年的 382 亿美元增长到 1984 年的 535 亿美元。1981 年至 1984 年的四年，通过各种形式利用外资 170 多亿美元，签订合同 3300 多项，引进了许多先进的技术和设备；还同 50 多个国家和地区开展了工程承包和劳务合作，签订合同 1900 多项，完成营业额近 15 亿美元。实践已经开始证明：在独立自主、自力更生、平等互利、互守信用的基础上，积极发展对外经济合作和技术交流，也是一个加快包括工业在内的社会主义生产建设的战略方针。

---

① 《中国经济年鉴》（1985），经济管理出版社 1985 年版，第Ⅲ－20 页。其他类型工业包括全民与集体合营、全民与私人合营、中外合营、华侨与港澳工商业者经营、外资经营等工业。

第十一，贯彻"一要吃饭，二要建设"的原则。

在过去的长时期内，由于"左"的错误的影响，片面强调基本建设，忽视人民生活。在基本建设中，又片面强调扩大重工业的建设规模，忽视消费品工业的建设，忽视住宅和城市其他公用设施的建设。其结果，不仅经济效益很差，人民生活也得不到应有的改善。

党的十一届三中全会以后，总结了这方面的经验，并依据社会主义生产目的的要求，把"一要吃饭，二要建设"作为指导我国经济工作的一项基本原则。随着这项原则的贯彻执行，在社会主义工业和其他社会生产发展的基础上，包括职工在内的人民的生活有了显著的改善，并有力地促进了社会主义生产建设的发展。当然，在贯彻这个方针的过程中，有些单位职工和其他人民收入水平增长得快了一些，甚至出现了消费基金的膨胀。但这并不是方针本身的问题，而是贯彻执行的问题，特别是由于新旧体制交替过程中难免产生的宏观失控引起的。

第十二，在建设高度物质文明的同时，建设高度的社会主义的精神文明。

党的十一届三中全会以来，党中央曾经多次郑重提出：我们在建设高度物质文明的同时，一定要努力建设高度的社会主义精神文明。这是建设社会主义的一个战略方针。社会主义的历史经验和我国当前的现实情况充分证明：是否坚持这样的方针，不仅关系到我国工业和整个国民经济持久地、高速度地发展，而且关系到物质文明建设的社会主义方向，关系到社会主义事业的兴衰和成败。1979年以来我国工业持续稳定的发展，是同贯彻这个方针紧密相连的。

总之，1979年以来，我国工业生产建设的发展，是党的调整、改革、整顿、提高方针的胜利，是社会主义建设新路子的胜利，是对内搞活经济、对外实行开放方针的胜利，是两个文明一起抓的方针的胜利。

随着社会主义建设实践的发展，上述方针还会不断地、进一步地完善，执行中的问题会得到逐步解决；社会主义的物质基础会更加强大，社会主义精神文明建设会取得更大的成就。这样，实现社会主义工业现代化事业就会有更多的有利因素。所以，尽管在这个过程中还有这样那样的困难，但我国社会主义工业现代化事业的胜利却是必然的。对这一点，我们是满怀信心的！

后　记

　　参加本书的主要作者有中国社会科学院工业经济研究所理论和发展史研究室汪海波（承担序言、导论和第一、二篇）、俞恒（承担第三、四篇）、马泉山（承担第五篇）和吕政（承担第六篇）。

　　本书的写作提纲的设计和第一、二稿的写作，都是在汪海波主持下，经过大家的讨论，由主要作者分头执笔完成的。第三稿由主要作者依据汪海波的意见分别做了修改。第四稿由汪海波做了统一修改。

　　周葆禾撰写了本书第一篇第三章第五节和第二篇第二章第一、二节的初稿，王齐撰写了本书第五篇第四章的初稿。

　　在本书开始写作以前，马泉山还做过一段时间收集资料的工作。

　　本书在写作过程中，借鉴了已有的某些经济史的写作方法，运用了其中的一些资料。特在此向有关作者表示感谢！

　　从1983年起，就开始做本书写作的准备工作了。后来四易其稿，直到1985年年底才定稿。但由于作者水平的限制，书中会有缺点和错误，敬希读者给予指正。

汪海波

1985 年 12 月

中国积累和消费问题研究[*]

＊ 本著由广东人民出版社 1986 年 10 月出版。

前　言

　　积累和消费关系问题，是政治经济学社会主义部分的一个基本理论问题，也是我国社会主义建设中的一个十分重要的问题。我国30多年社会主义建设经验反复证明：能否正确处理这个问题，是国民经济能否按比例、高效益、高速度发展的关键。党的十二大正确地总结了我国社会主义建设的经验，把处理这个问题的原则，即"一要吃饭，二要建设"的原则，称作"是指导我国经济工作的一项基本原则"。①

　　像一切事物的发展一样，"问题和解决问题的手段同时产生"。② 我国社会主义建设曲折发展的历史，不仅表明了研究积累和消费关系问题的重要性，而且为研究这一问题提供了比较丰富的资料。

　　然而正如毛泽东同志曾经指出的，"在全民所有制经济和集体所有制经济里面，在这两种社会主义经济形式之间，积累和消费的分配问题是一个复杂的问题"。③

　　面对这样复杂的问题，作者只拟给本书提出这样的任务：对我国积累和消费的根本特征，积累和消费的比例关系，以及作为积累关系和消费关系的具体表现形式的积累模式和消费模式，作些初步的探索。为了从对比的意义上分析新中国积累和消费的根本特征及其巨大的优越性，我们首先对半殖民地半封建中国资本积累和消费的基本特点作一些粗浅的研究。当然，这种研究的意义并不只是限于这一点。旧中国是帝国主义殖民体系的

---

① 《中国共产党第十二次全国代表大会文件汇编》，人民出版社1982年版，第21页。版本下同。

② 《马克思恩格斯全集》第23卷，第106页。

③ 《毛泽东选集》第5卷，第374页。

重要组成部分，对旧中国经济问题（包括积累和消费的关系问题）的分析，在政治经济学资本主义部分的研究中居于重要的地位。这种研究对于进一步揭露在旧中国占统治地位的帝国主义、封建主义和官僚资本主义的经济制度的腐朽性和反动性，也是不可缺少的。

作者水平有限，书中不妥之处，希望得到读者指正。

作　者
1983 年 9 月初稿
1984 年 5 月修改稿

导论　半殖民地半封建中国资本积累和消费的基本特点

第一节　半殖民地半封建中国资本积累和消费的本质

按照马克思主义的观点，资本积累就是剩余价值的资本化。资本家的生活消费来源于剩余价值；工人的生活消费来源于劳动力价值。二者的结果，一方面再生产了作为资本人格化的资本家，另一方面再生产了雇佣工人。所以，资本主义条件下积累和消费的本质是阶级剥削关系。这个原理对于半殖民地半封建中国的外国资本、官僚资本和民族资本的积累和消费，无疑都是适用的。

但对旧中国的外国资本和官僚资本的积累来说，这样讲是不够的。因为他们的剥削收入和资本来源，不仅来自无产者创造的剩余价值，而且来自其他劳动者（主要是农民）的劳动收入，一部分甚至来自民族资本的利润（当然，这一部分归根结底还是来自雇佣工人的剩余劳动）。在旧中国，帝国主义资本和官僚资本凭借经济上、政治上的统治地位，不仅在生产、流通和分配过程中残酷剥削无产者，而且通过工农业产品和输出入产品的不等价交换、通货膨胀以及税收等手段，对农民和其他劳动者进行了敲骨吸髓的掠夺，并侵占了民族资本的一部分利润。

所以说，半殖民地半封建中国资本积累的本质，既是资本家对无产者的阶级剥削关系，又是资本家（主要是外国帝国主义和官僚资本主义）对其他劳动者（主要是农民）的阶级剥削关系。就外国资本和官僚资本的积累来说，在某种程度上还表现了他们同民族资本之间的利益矛盾。这是从社会经济本质来考察的、旧中国的资本积累和消费的首要的基本特征。

第二节　半殖民地半封建中国资本积累和消费在量的方面的特征

鉴于我国学术界对这个问题还未做深入的分析，这里拟做较为详细的探索。

一、量的方面有哪些特征

1931 年至 1936 年，旧中国虽也处于十年内战时期，但其规模既不及抗日战争，也不如解放战争。从这方面说，这个时期是考察旧中国经济的适当年份。就考察旧中国的积累和消费来说，这个时期还有较好的、可供利用的资料。因此，我们对旧中国积累和消费在量的方面特征的考察，将以这个时期为代表。

半殖民地半封建中国没有给人们留下准确的、系统的国民收入分配的资料。在这方面，《中国国民所得（1933 年）》一书提供的资料是值得注意的。作者在本书的序言中写道："本书书名为《中国国民所得（1933 年）》，而在书中亦曾估计 1931—1936 各年的国民所得，我们所以未标明 1931—1936 者，乃因我们详细的估计以 1933 年为限，此外各年因材料缺乏，不能应用同样方法详细估计，只将有关指数加以引申，数字的可靠性远不及 1933 年之高，只可当作一种趋势看待。"[1] 这里需要指出的是：该书对半殖民地半封建中国 1931 年到 1936 年国民收入分配所作的分析，虽然是一种估算，但是以 1933 年比较丰富的调查资料作为依据的。因而这本书提供的资料，不仅是比较系统的，而且具有某种可靠性。另外，作者采用的是西方资本主义国家通用的统计方法，就是说不仅认为物质生产部门的劳动者的劳动可以创造国民收入，而且对非生产领域的工作者亦作如是观。这样，书中提供的国民收入的资料也就有一定程度的虚假性。但从主要方面来说，并不影响它的可靠性。比如，1933 年农业、矿冶业、制造业、营造业、交通运输业、商业等物质生产部门创造的国民收入占了总

---

[1] 巫宝三主编：《中国国民所得（1933 年）》上册，中华书局 1947 年版，第 3 页。版本下同。

额的 89.6%，而其他的非生产领域的收入只占总额的 10.4%。① 所以，为了分析半殖民地半封建中国积累和消费的关系，我们还必须重视和运用这本书提供的资料。

《中国国民所得（1933 年）》一书提供了如下的资料：

所能支配的国民收入及其分配② 单位：百万元

年份	所能支配的国民收入	消费	投资
1931	23212	24173	− 961
1932	23597	23014	+ 583
1933	20044	20441	− 397
1934	18394	20060	− 1666
1935	21293	21675	− 382
1936	26908	25282	+ 1626

为了说明我们这里的问题，依据上表做出如下的计算：

所能支配的国民收入以及积累和消费的变化

年份	所能支配的国民收入的增减（以上年为100）	消费的增减（以上年为100）	消费和投资占所能支配的国民收入的比重（%）	
			消费	投资
1931	100.0	100.0	104.1	− 4.1
1932	101.7	95.2	97.5	+ 2.5
1933	84.9	88.8	102.0	− 2.0
1934	91.8	98.2	109.1	− 9.1
1935	115.8	108.1	101.8	− 1.8
1936	126.4	116.6	94.0	+ 6.0

上表表明：在 1931 年至 1936 年的六年中，只有两年，即 1932 年和 1936 年是正投资；投资占所能支配的国民收入的比重，最高的年份，即 1936 年只有 6%，最低的年份，即 1932 年只有 2.5%。在六年中就有四年，即 1931 年、1933 年、1934 年和 1935 年是负投资；负投资占所能支

① 巫宝三主编：《中国国民所得（1933 年）》上册，第 12 页。原文有小误差，作者计算时做了更正。

② 巫宝三主编：《中国国民所得（1933 年）》上册，第 20 页。原文数字有小的差误，作者做了更正。

配的国民收入的比重，最多的年份，即 1934 年高达 9.1%，最少的年份，即 1935 年也有 1.8%。还要说明：在有正投资的两年中，1932 年外国资本投资有 863 百万元，1936 年至少有 1033 百万元。如果扣除这部分外国投资，那么，1932 年负投资为 280 百万元，1936 年正投资最多只有 593 百万元。[①] 这一点，深刻地反映了旧中国经济的半殖民地性质。上述情况表明：半殖民地半封建中国资本积累率是很低的，而且是极不稳定的。

上表还表明：在六年中，有三年，即 1932 年、1933 年和 1934 年，消费总额是下降的；下降的幅度，最多的年份，即 1933 年下降了 11.2%，最少的年份，即 1934 年为 1.8%。在六年中，只有两年，即 1935 年和 1936 年，消费总额是上升的。其中 1935 年消费总额虽然比 1933 年和 1934 年上升了，但仍然低于 1931 年和 1932 年。只是 1936 年消费总额增加得多些，并超过了 1931 年。可见，半殖民地半封建中国消费总额的增长也是极不稳定的。

上表又表明：除了个别的年份以外，凡是国民收入增长的年份，消费总额也增长，投资也增长；而且国民收入增长的速度愈高，投资的增长速度也愈高。反之，凡是国民收入减少的年份，就会有相反的后果。比如，1935 年和 1936 年这两年的国民收入分别比上年增长了 15.8% 和 26.4%，这两年消费总额也增长了 8.1% 和 16.6%。[②] 1932 年和 1936 年这两年国民收入分别比上年增长了 1.7% 和 26.4%，投资在国民收入中的比重也分别为 2.5% 和 6%。1933 年和 1934 年这两年国民收入分别比上年减少了 15.1% 和 8.2%，这两年消费总额也分别比上年下降了 11.2% 和 1.8%，负投资占国民收入的比重分别为 2% 和 9.1%。可见，半殖民地半封建中国积累率和消费总额增长的不稳定性，正是国民收入增长的不稳定性的反映。

依据上述具有代表性的年份的分析，我们对半殖民地半封建中国资本积累和消费在量的变化方面的特征，可以作这样的归结：积累基金和消费

---

① 巫宝三主编：《中国国民所得（1933 年）》上册，第 20 页。

② 需要说明：1935 年和 1936 年国民收入增长幅度虽然比较大，但 1935 年完全属于恢复的性质，这一年比 1934 年是增长了，但仍然低于 1931 年和 1932 年。1936 年虽然比 1935 年增长了 26.4%，但比 1933 年只增长了 14.3%，因而在相当大的程度上也是属于恢复的性质。

同样的道理，1935 年消费总额的增长也是完全属于恢复的性质。因为这一年消费总额虽然比 1934 年增长了，但仍然低于 1931 年和 1932 年。1936 年消费总额虽然比 1935 年增长了 16.6%，但比 1931 年只增长了 4.6%。所以，1936 年消费总额的增长，从主要的意义上说，也是带有恢复的性质。

基金的增长是极不稳定的，有些年份是下降的；积累率是很低的，有些年份还出现了负积累；历年累计的积累基金和消费基金的总规模是很小的。比如，半殖民地半封建中国经过近百年的积累，工业固定资产只达到了128亿元。

二、决定这些量的特征的因素

这些量的特征不是偶然形成的，它是帝国主义、封建主义和官僚资本主义的经济、政治统治的必然结果。这里值得提出的有以下几点：

第一，半殖民地半封建的中国，属于帝国主义的殖民体系，它必然会受到世界资本主义经济危机的影响。一方面，帝国主义会利用它的垄断统治地位，限制中国商品的出口；另一方面，为了转嫁经济危机，它还要加紧对中国的商品倾销，同时还要进一步扩大进出口商品价格的剪刀差。

1929 年至 1934 年中国输出入商品价格指数的变化[①]

（以 1929 年为 100）

年份	输入商品	输出商品
1930	117	103
1931	139	102
1932	130	86
1933	123	78
1934	123	68

上表表明：在 1929 年到 1933 年世界资本主义经济危机期间，中国输入商品的价格指数大幅度上升了，上升最多的年份即 1931 年，高达 39％；与此相反，输出商品价格指数显著下降了，下降最多的年份，即 1934 年下降了 32％。帝国主义采取的这些转嫁经济危机的手段，是促使中国经济恶化的一个十分重要的因素。事实上，半殖民地半封建中国 1933 年和 1934 年国民收入和消费总额的下降，以及负积累的出现，就是受到了 1929 年到 1933 年世界资本主义空前严重的经济危机影响的结果。

第二，在三座大山的压迫下，旧中国农业生产力十分落后，农业基础很脆弱，抗灾能力很低，经不起自然灾害的袭击，因而生产很不稳定。而

---

① 章有义编：《中国近代农业史资料》第 3 辑，三联书店 1957 年版，第 427 页。

农业又是最主要的生产部门，是国民收入的最主要的来源。这样，农业生产的不稳定性，对国民收入和积累、消费的状况影响极大。这里需要说明一个问题：地主一般并不把地租收入投资于农业，作为封建经济组成部分的农民个体经济一般也没有多少积累能力。这样，似乎农业生产不稳定仅仅同国民收入和消费总额的变化有关，同积累的变化是无关的。其实不然。问题不仅在于有些地主要把一部分地租投资于资本主义工业，更重要的原因还在于帝国主义和官僚资本通过价格、信贷、货币发行、税收和公债等手段，从农民身上榨取了大量的收入，成为他们的资本来源。这样，农业生产的不稳定，不仅会影响国民收入和消费总额的变化，而且会影响到积累率和积累总额的变化。比如，1931 年旧中国农产品价格比 1932 年要高，但由于 1931 年旧中国 16 个省遭受大水灾，农业减产，因而这一年农业净产值比 1932 年要少 1172 百万元，并出现了负投资 961 百万元。假如 1931 年不受灾，农业净产值能与 1932 年相等，则不仅不会有负投资，而且可能有 211 百万元的正投资。1934 年旧中国又发生了 14 省大旱灾，这年不仅国民收入和消费总额下降了，而且负投资高达 9.1%。[①]

第三，在国民党反动政府的统治下，官僚资本迅速地膨胀起来。据估计，1936 年官僚资本就大约占到中国资本总额的 15%，主要是铁路修车厂、船厂、电厂等交通公用事业部分。在抗日战争时期，官僚资本已经占了中国资本总数的一半，并侵入到所有的工业部门。在抗日战争胜利以后，加上国民党反动政府接收敌伪的资产，占到中国资本总数的 80% 以上。[②]在许多重要工业部门都占了统治地位。官僚资本的垄断统治地位，是在扼杀民族资本的基础上建立起来的。官僚资本在其膨胀的过程中，采取超经济办法对民族资本实行强制的兼并，同时在生产、运输、供销和信贷等方面限制民族资本的发展。但在半殖民地半封建的中国，官僚资本是一种最落后、最反动的生产关系，而民族资本却是一种进步的生产关系。以抗日战争胜利以后官僚资本所属的中纺公司为例，它所属的 38 个纱厂，每日产纱率只达到标准产纱率的 37%，比战前民族资本纱厂的平均产纱率还要低 57%。[③] 仅此一端，就可以看到官僚资本主义生产关系是多么腐

① 巫宝三主编：《中国国民所得（1933 年）》上册，第 20、48 页。
② 《中国近代国民经济史参考资料》（二），中国人民大学出版社 1962 年版，第 236 页。
③ 《中国近代国民经济史参考资料》（一），中国人民大学出版社 1962 年版，第 186 页。

朽！所以，官僚资本在绞杀民族资本基础上的膨胀，是对旧中国社会生产力的严重破坏！这是形成上述的旧中国积累和消费量的方面特征的一个重要因素。

第四，国民党反动统治建立以后，先是进行了十年反革命的内战；招来了日本帝国主义的侵华战争；抗日战争胜利以后，国民党反动政府又发动了全面的内战。国民党反动派发动的这两次反革命内战，不仅使得旧中国的生产受到了严重的破坏，而且把大量的国民收入用于战争的消耗。日本帝国主义对中国发动的侵略战争，对中国生产力的破坏也是极为严重的。

这些就是形成旧中国资本积累和消费在量的方面若干特征的最重要因素。

三、批判维·力辟特关于半殖民地半封建中国积累率的错误观点

在论到半殖民地半封建中国资本积累在量的方面的特征时，是需要批判下列观点的。维·力辟特认为，1933 年旧中国农业积累至少占国民收入的 16.9%，其中包括：地租占国民收入的 10.7%，农业雇工利润占国民收入的 3.4%，利息收入占国民收入的 2.8%。如果再加上政府征收的农业税，则农业积累占国民收入的 19%。他认为这一年城市的积累不少于国民收入的 5%。其中包括商人收入、金融利息、外贸利润和地产交易收入等。这样，农业积累加上城市积累共占国民收入的 24%。他还认为，这种估计保守了，政府的各项税收并未计算在内。如果加上这一项，那么这一年的积累当占国民收入的 30%。[1]

这种看法无论在事实上或在理论上，都是站不住的。在事实方面，《中国国民所得（1933 年）》一书依据 1933 年的详细调查指出：1933 年的负投资为 397 百万元，占该年所能支配的国民收入 20044 百万元的 2%。[2] 这个数字不一定精确，但在某种程度上是可靠的。对于这个事实的理论说明，我们在前面已经做过了，这里不再重复。

这里的问题是：维·力辟特为什么作了这样的错误估计呢？第一，他混淆了封建主义剥削收入和封建主义的积累的区别。如前所述，资本主义的剥削收入——剩余价值必然有一部分转化为积累，这是资本主义生产方

---

[1]　维·力辟特：《中国不发达状况之发展》，《现代中国》（英文版）1978 年第 7 期。

[2]　巫宝三主编：《中国国民所得（1933 年）》上册，第 20 页。

式的重要特征。但封建主义的剥削收入——地租一般并不转化为积累，这是封建主义生产方式的重要特征。当然，从半殖民地半封建中国的实际情况来看，地主也常用地租的一部分去扩大地产。但这种地产的扩大有两种不同的情况：其一，地主用地租的一部分投资开垦荒地，其结果会使得作为农业基本生产资料的土地面积扩大。这应该看作是一种积累。地主用地租的一部分投资土地的改良，也是属于这种情况。但这两种情况均不是封建主义生产方式的特点。其二，地主用地租的一部分去购买农民的土地和其他地主的土地，前者是地主对农民土地的掠夺，后者是地主之间的兼并。这里并没有引起作为农业基本生产资料的土地在数量上的扩大或质量上的提高，仅仅发生了土地所有权的转移。因而，它并不属于积累，而是土地所有权的集中。为了从理论上说明这一点，我们还可以引证马克思对资本积累或"和积累等同的积聚"与资本集中的区别所作的分析。他写道："这一过程（指资本集中过程——引者）和前一过程（指资本积聚过程——引者）不同的地方就在于，它仅仅以已经存在的并且执行职能的资本在分配上的变化为前提，因而，它的作用范围不受社会财富的绝对增长或积累的绝对界限的限制。资本所以能在这里，在一个人手中大量增长，是因为它在那里，在许多人手中丧失了。这是不同于积累和积聚的本来意义的集中。"① 马克思的这个分析，从一般的意义上说，对于我们说明作为农业基本生产资料的土地数量的扩大（或质量的提高）与土地所有权的集中，也是适用的。

还要指出：在那些自己雇工耕作的地主中，也会以剥削收入（包括地租）的一部分增加农具、耕畜等生产资料。这也属于积累的范畴。但这同样不构成封建主义生产方式的特征。

在半殖民地半封建的中国，我们还可以看到这样的情况：有的地主把地租的一部分投资于大机器工业的生产。但这又越出了封建主义生产方式积累的范畴，属于资本主义的原始积累。

总之，积累并不是封建主义生产方式的特点，把地主的地租收入都看作是积累，是没有根据的。需要说明的是，积累虽然是资本主义生产方式的特征，但也不是说资本主义的剥削收入——剩余价值都转化为积累。事

---

① 《马克思恩格斯全集》第23卷，第686页。

实上，剩余价值总有一部分要用于资本家的生活消费。

在半殖民地半封建的中国农村，资本主义的农业生产和资本主义的信贷关系都没有得到发展，因而这里的雇工剥削收入和借贷利息，基本上都是封建剥削收入，或者是依附于封建生产方式的剥削收入。这样，我们在前面对地租所作的分析，对雇工剥削收入基本上也是适用的。至于借贷利息一般不属于封建主义积累的范畴。如果用它投资于开垦荒地或改良土地，当然是封建主义生产方式积累的范畴。但这种情况是不多的。如果用它投资于近代工业，那又属于资本主义原始积累的范畴。但无论如何，这只是借贷利息的一部分。所以，维·力辟特把这两种剥削收入看作是积累，就像他把地租看作是积累一样，同样是不正确的。

第二，他混淆了商人收入、金融利息、外贸利润和地产交易收入与资本积累的区别。在半殖民地半封建的中国城市，商人收入、金融利息、外贸利润和地产交易收入等，一部分可以看作是资本主义的剥削收入。就是说，它的来源的相当大的一部分是来自无产者创造的剩余价值。当然，也有一部分来自农民和其他劳动者的收入。但这些收入并不是全部用于商业和金融业的积累，而是一部分用于商业、金融业资本家的生活消费，一部分用于积累。还要指出，从物质资料生产过程的观点来看，除了生产过程在流通过程中的继续这一部分不说以外，商业和金融业的积累是非生产积累，它同产业资本的积累是有区别的。就是说，后者可以增加物质资料的生产，在剩余价值率不变和提高的条件下还可以扩大剩余价值的生产。而前者并不能扩大物质资料的生产，也不能增加剩余价值量。当然，这对于资本主义再生产来说，也是必要的。

第三，他混淆了国民党反动政府的税收和资本积累的区别。在半殖民地半封建的中国，国民党政府税收的一部分虽然会成为官僚资本剥削收入的一部分，成为他们的资本来源之一，但税收并不等于资本积累。因为就税收的来源来说，它并不只是无产者创造的剩余价值，主要还是农民劳动创造的收入；就它的用途来说，并不只是用于官僚资本主义企业的投资，而是有多种用途，其中大部分用于维护国民党反动的国家机器和进行反革命内战的军事费用；就它所反映的社会关系的性质来说，并不单纯是官僚资本家对无产者的剥削关系，而是作为帝国主义、封建主义和官僚资本主义的集中代表国民党反动政府与中国人民（包括无产阶级、农民阶级、小资产阶级和民族资产阶级）之间在国民收入再分配过程中形成剥削关系或压迫关系。

总之，由于维·力辟特把上述各种不同的问题混淆起来，因而对半殖民地半封建中国的积累作了完全脱离实际的、异乎寻常的过高的错误估计。这是同他的资产阶级庸俗经济学的理论相联系的。这种观点美化了半殖民地半封建中国社会。

第三节 半殖民地半封建中国资本积累的后果

马克思主义认为，资本积累规律的作用，一方面造成了资本家的财富积累；另一方面造成了无产者贫困的积累。马克思同时指出："这个规律在实现中也会由于各种各样的情况而有所变化。"① 所以，这里的任务就在于探讨这个规律在半殖民地半封建中国作用的特点。

一、资本家财富的增长

从资本的增长方面来看，帝国主义和官僚资本主义凭借他们在经济上和政治上的统治地位，不仅采取经济的手段，而且采取超经济的强制办法以至暴力的办法，残酷地剥削工人、农民和小资产阶级，并压迫和兼并民族资本主义。这样，在半殖民地半封建中国的资本积累发展的过程中，一方面帝国主义资本和官僚资本的增长是很迅速的；另一方面民族资本的增长则显得很缓慢。而在蒋介石国民党反动派执政以后，特别是在日本帝国主义发动侵华战争以后，民族资本则处于萎缩状态。

关于帝国主义在华资本的飞速增长情况，有人做过估计，详见下表。

帝国主义在旧中国的资本②　　　　　单位：百万美元

年 份	1902 年（20世纪初期）	1914 年（第一次世界大战前）	1930 年（"九一八"事变前）	1936 年（抗日战争前）	1941 年（太平洋战争前）	1948 年（全国解放以前）
英 国	344.1	664.6	1407.0	1045.9	1095.3	1033.7
美 国	79.4	99.1	285.7	340.5	482.4	1393.3 *

---

① 《马克思恩格斯全集》第 23 卷，第 707 页。

② 吴承明编：《帝国主义在旧中国的投资》，人民出版社 1958 年版，第 45 页。其中：＊不包括未转做借款部分的美"援"，估计有 4709.2 百万美元。＊＊是 1944 年日本投资最高峰时的估计数。

续表

年 份	1902 年（20世纪初期）	1914 年（第一次世界大战前）	1930 年（"九一八"事变前）	1936 年（抗日战争前）	1941 年（太平洋战争前）	1948 年（全国解放以前）
法 国	211.6	282.5	304.8	311.9	285.1	297.3
德 国	300.7	385.7	174.6	136.4	137.0	—
日 本	53.6	290.9	1411.6	2096.4	6829.0 **	—
帝 俄	450.3	440.2	—	—	—	—
其他国家	69.6	92.7	263.9	354.3	333.0	374.6
合 计	1509.3	2255.7	3487.6	4285.4	9161.8	3098.9 *

上表表明：在 1902 年到 1914 年的 12 年间，帝国主义在华资本由 1509.3 百万美元增加到 2255.7 百万美元，增长了 49.5%。在 1914 年到 1930 年的 16 年间，由 2255.7 百万美元增长到 3487.6 百万美元，增长了 54.6%。在 1930 年到 1936 年的六年间，由 3487.6 百万美元增长到 4285.4 百万美元，增长了 22.9%。在 1936 年到 1941 年的五年间，由 4285.4 百万美元增长到 9161.8 百万美元，增长了 113.8%。表中所列 1948 年帝国主义在华资本只有 3098.9 百万美元，其中扣除了没收日本、德国等帝国主义的资本，而且还未包括转做借款部分的美"援"4709.2 百万美元。如果考虑到这个情况，那么在这个期间，日本、德国以外的其他帝国主义国家在华资本的增长，仍然是很迅速的。

如果我们把上述各个主要国家的情况分别做一番考察，还可以更清楚地看到帝国主义在华资本的迅速增长的面貌。在 1902 年到 1914 年期间，英帝国主义在对华投资的国家中，还保持着首位。在这个期间，英国在华资本由 344.1 百万美元迅速增加到 664.6 百万美元，增加了 93.1%。在 1914 年到 1930 年间，日本帝国主义对华投资代替英帝国主义占了第一把交椅。在这个期间，日本帝国主义在华投资由 290.9 百万美元猛增到 1411.6 百万美元，增长了 3.85 倍。随着日本帝国主义全面发动对华侵略战争，它的在华资本也就有了更为惊人的增长。在 1930 年到 1944 年投资最高峰期间，它的在华资本又由 1411.6 百万美元上升到 6829 百万美元，又增长了 3.84 倍。抗日战争以后，美国帝国主义在对华投资中占了第一位。在 1941 年到 1948 年期间，美国在华资本由 482.4 百万美元增加到 1393.3 百万美元，增长了 1.89 倍。如果把没有转做借款部分的美"援"

4709.2 百万美元也计算在内，那么就增长了 11.65 倍。

关于官僚资本飞速增长和民族资本的萎缩情况，如下表所示。

官僚资本和民族资本在中国工业资本中的比重[①]

（本表未包括东北和中国台湾）　　　单位：伪法币百万元

年份	1936 年		1946 年	
	当年币值	百分比	1936 年币值	百分比
中国工业资本	2200	100.0	4699	100.0
其中："公营"工业资本	318	15.0	3161	67.3
私营工业资本	1882	85.0	1538	32.7

上表表明：在 1936 年到 1946 年期间，所谓"公营"工业资本，即官僚资本主义工业资本由 318 百万元增长到 3161 百万元，增长了 8.94 倍；在整个中国工业资本的比重，也由 15% 上升到 67.3%。而私营工业资本，即民族资本主义工业资本却由 1882 百万元下降到 1538 百万元，下降了 18.3%；在中国工业资本中的比重也由 85% 下降到 32.7%。如果把东北和台湾计算在内，那么，官僚资本主义工业资本的比重要占到 80% 左右，而民族资本主义工业的资本只占到 20% 左右。[②]

如果考虑到官僚资本主义在工业资本以外的经济领域中的占有情况，特别是考虑它在抗日战争胜利以后直到它崩溃以前疯狂地掠夺中国人民的情况，那么，它拥有的资本量更是十分惊人的！按照毛泽东同志的估计，作为官僚资本主要代表的"蒋宋孔陈四大家族，在他们当权的二十年中，已经集中了价值达一百万万至二百万万美元的巨大财产，垄断了全国的经济命脉"。[③]

上述分析表明：如果不考察半殖民地半封建中国的具体情况，就不可能把握旧中国资本财富增长的主要特征。

二、无产者贫困的增长

从无产者的贫困增长方面来看，其特点是：无产阶级的贫困化，不仅

---

① 陈真编：《中国近代工业史资料》第 4 辑，三联书店 1961 年版，第 53 页。

② 陈真编：《中国近代工业史资料》第 3 辑，第 1419 页。

③ 《毛泽东选集》第 4 卷，第 1197 页。

表现为相对贫困化，而且特别突出地表现为绝对贫困化。① 这并不是偶然的现象，而是帝国主义、封建主义和官僚资本主义统治的必然结果。

第一，帝国主义和官僚资本主义凭借它们在经济上、政治上的统治权力，极残酷地剥削无产者。而民族资本主义为了在帝国主义和官僚资本主义的压迫下能够求得自己的生存，也从加重对无产者的剥削中去找出路。

第二，在半殖民地半封建中国的资本主义企业中，还存在着封建经济关系的残余。比如，在那些实行养成工制、包身工制和包工制的资本主义企业中，包工头、资本家和工人之间不仅存在着资本主义的雇佣关系，而且存在着一种以人身依附为特征的封建主义的奴役关系；工人不仅要受到资本家的剥削，而且要受到包工头的剥削。这种双重的剥削和压迫也就更加野蛮和更加残酷。

第三，在半殖民地半封建的中国，失业队伍是异常庞大的。这不仅是由于资本主义大机器的发展，引起了资本有机构成的提高，更重要的还是由于在帝国主义、封建主义和官僚资本主义的统治下，有逐渐增多的、大量的农民被剥夺了生产资料，加入了无产者的队伍。生活极度贫困的庞大失业队伍的存在，是资本加强对雇佣劳动剥削的有力杠杆。

第四，如前所述，国民党反动政府推行的繁重的税收政策，特别是恶性通货膨胀政策，极大地加深了无产者的贫困化的过程。它所实行的法西斯统治，又大大强化了对劳动人民的剥削。

半殖民地半封建中国无产阶级的贫困化，突出表现为绝对贫困化，集中地说来就在于：除了少数的年份和地区以外，实际工资都呈现下降的趋势。以上海的纺织业为例，在 1890 年到 1914 年期间，工人货币工资不过增长了 30% ~ 50%，而作为生活最大支出的米价却上涨了一倍多。在1915 年到 1920 年期间，上海纱厂工人货币工资只增长了 35%，而同期米价上涨了 38.2%，土布价格上涨 55.2%，煤价上涨 88.5%。1925 年"五卅"运动以后，工人的实际工资有所上升，但为期甚短。在 1930 年到1933 年期间，物价和货币工资都下降了，但前者下降速度快于后者，因

---

① 无产阶级相对贫困化指的是：在资本积累过程中，无产阶级在国民收入分配方面所得的份额有逐步下降的趋势。无产阶级绝对贫困化指的是：在资本积累过程中，无产阶级的生活条件有时呈现出逐渐恶化的趋势。按照列宁的说法："工人的贫困化是绝对的，就是说，他们简直愈来愈穷，生活更坏，吃得更差，更吃不饱，更要挤在地窖和阁楼里。"（《列宁全集》第 18 卷，第 430 页）

而上海工人实际工资大约上升了15%。在1934年到1937年期间，由于物价回升，而货币工资还在下降，因而上海工人的实际工资又下降了30%以上。[①]

在日本帝国主义发动侵华战争以后，工人实际工资下降的幅度就更大了。现以重庆产业工人的实际工资为例。

重庆产业工人实际工资指数的变化[②]

（以1937年1月—6月为100）

年份	货币工资指数	消费品零售物价指数	实际工资指数
1937	103	103	100.0
1938	180	130	138.5
1939	226	213	106.1
1940	437	503	86.9
1941	1018	1294	78.7
1942	2082	4027	51.7
1943	4823	14041	34.3
1944	16808	48781	34.5
1945	53025	190723	27.8

这里需要说明：无论是货币工资指数，还是消费品零售物价指数，均系国民党反动政府的官方统计，有很大的虚假成分。就是说，货币工资指数是被夸大了的，而消费品零售物价指数则是被大大缩小了的。因而实际工资指数的下降幅度比上表所示的情况要大得多。但即使是这样，我们仍然可以清楚看到：在1937年到1945年间，除了1938年和1939年实际工资指数有所上升以外，其他六年都是下降的，而且下降的幅度是越来越大的，以致1945年的实际工资指数比1937年下降了72.2%。

在抗日战争胜利以后，国民党反动政府接着又发动了反革命的全面内战，并推行恶性的通货膨胀政策，以致物价如脱缰之马，飞速奔腾。当

[①] 《旧中国的资本主义生产关系》，人民出版社1977年版，第34—347页。

[②] 资料来源：主计部统计局：《中华民国统计年鉴》，1948年6月版，第176页；《中央银行月报》新3卷第1期（1948年1月），转引自《上海解放前后物价资料汇编（1921—1957年）》，上海人民出版社1958年版，第350页。

然，在工人运动的强大压力之下，1946 年国民党反动政府不得不规定工厂要按生活费指数发工资。但生活费指数是由国民党反动政府控制的，它远远不能反映工人实际生活费用上升的情况。这样，工人实际工资的下降状况更为变本加厉地向前发展了。在这个时期内，工人的实际工资既不只是逐年下降，也不只是逐月下降，有时甚至是逐日、逐时下降了。

还须指出：在半殖民地半封建的中国，帝国主义和官僚资本主义的剥削收入和资本的来源，不仅来自无产者创造的剩余价值，而且来自广大农民的劳动收入。这样，随着资本积累的发展，不仅导致无产阶级的贫困化，而且引起广大劳动农民的破产，并大大加剧了他们的贫困生活。

总之，在旧中国，由于资本积累规律的作用，必然导致无产阶级和农民的贫困化，必然导致阶级矛盾的尖锐化，必然导致国民党反动统治的覆灭！

第一章 社会主义积累和消费的根本特征

第一节 社会主义积累和消费的本质

社会主义积累和消费的本质，既根本区别于资本主义社会那样的资本家对无产者的剥削关系，又完全不同于半殖民地半封建中国社会那样的中外资本家对工人和农民的剥削关系，而是社会主义劳动者之间的互助合作关系。

第一，社会主义的积累基金是来自社会主义劳动者为社会劳动创造的剩余产品。社会主义的积累基金主要用于扩大再生产，而社会主义扩大再生产的目的是为了提高社会全体成员的物质文化生活水平。社会主义积累基金的另一个重要用途，是物质生产部门的非生产性的基本建设，科学、文化、教育、卫生等部门的基本建设以及国家行政、国防部门的基本建设。前两项也是同提高人民的物质文化水平直接相关的，后一项虽然同增进人民的物质福利没有直接关系，但却是巩固社会主义制度，保障人民的物质文化生活的需要，是社会主义劳动者的整体利益和根本利益的需要。至于社会主义积累中用于社会后备基金的部分，是社会主义扩大再生产能够顺利进行，人民物质文化生活能够不断提高，国家安全能够得到保障的一个必要的物质条件。所以，社会主义积累的过程，既不是雇佣工人创造的剩余价值资本化的过程，也不是个体劳动农民创造的剩余产品资本化的过程，而是社会主义劳动者为社会劳动创造的剩余产品转变为社会主义扩大再生产基金、非生产性基本建设基金和社会后备基金的过程，因而它的社会主义性质是很明显的。

第二，社会主义的消费基金是来自社会主义劳动者为自己劳动创造的全部必要产品以及为社会劳动创造的部分剩余产品。社会主义的消费基金首先要用于物质生产部门劳动者的劳动报酬基金。这种劳动报酬基金的分配是由社会（或集体）依据各尽所能、按劳分配的原则进行的。这样，在社会主义制度下，决定劳动者个人消费品数量的，就有着完全不同的规律。马克思说过：如果把工人本人劳动产品中加入个人消费的部分"从资本主义的限制下解放出来"，那末，它的数量将会"扩大到一方面为社会现有的生产力……所许可，另一方面为个性的充分发展所必要的消费的范围"。① 马克思这段话，揭示了消灭资本主义剥削的共产主义社会个人消费品分配的数量决定规律。当然，在社会主义社会这个历史阶段，由于社会生产力发展水平的限制，还不可能完全做到劳动者个性的充分发展，但这条规律在社会主义经济中也已开始发生作用了。在社会主义制度下，劳动报酬基金由生产劳动者消费的结果，不仅再生产了作为生产必要因素的劳动力，而且再生产了作为社会主义生产关系承担者的社会主义劳动者。可见，作为消费基金最重要组成部分的生产劳动者劳动报酬基金的来源，它的分配原则，它的数量决定规律以及它的用途，均深刻地表明了它的社会主义性质。

消费基金的另一部分是用于国家管理基金、科学文化教育卫生基金和社会保证基金。这些基金或者是直接用于提高社会主义劳动者的物质文化生活，或者是用于巩固和加强无产阶级国家，总之是符合劳动者的整体利益和根本利益的。马克思曾经说过："从一个处于私人地位的生产者身上扣除的一切，不会直接或间接地用来为处于社会成员地位的这个生产者谋福利。"② 马克思这里说的"从一个……生产者身上扣除的一切"，就是指的生产劳动者为社会劳动创造的全部剩余产品；这里说的"直接或间接地用来为……这个生产者谋福利"，就是指的全部积累基金和消费基金中的国家管理基金、科学文化教育卫生基金和社会保证基金。所以，马克思的这个分析，不仅揭示了积累基金的社会主义性质，而且指明了国家管理基金、科学文化教育卫生基金和社会保证基金的社会主义性质。

---

① 《马克思恩格斯全集》第 25 卷，第 990 页。
② 《马克思恩格斯选集》第 3 卷，第 10 页。

但是，这并不意味着在社会主义的积累和消费方面不存在矛盾。这种矛盾主要表现在两方面：

第一，积累基金主要是用于扩大再生产的，是为将来提高人民生活服务的，代表了劳动者的长远利益；而消费基金是为当前提高人民生活服务的，代表了劳动者的目前利益。因而，积累基金和消费基金虽然在根本上是一致的，但又是有差别的，就是说，它们表示了劳动者长远利益与目前利益的矛盾。

第二，我们在作第一点分析时，是分别把积累基金和消费基金作为整体看待的。但在实际上，由于社会主义社会还存在着国家所有制和集体所有制这样两种社会主义公有制形式，因而，无论是积累基金的分配，或者是消费基金的分配，都是分别在这两种社会主义公有制经济中进行的。这两种公有制的经济利益在根本上是一致的，但也存在着重大的差别。这样，积累基金和消费基金在这两种公有制经济中的分割，就不能不涉及国家利益和集体企业利益的矛盾。不仅如此，即使在社会主义国家所有制经济中，由于国有企业还是相对独立的商品生产者（这一点，我们将在本书的第三章作详细的分析），这样，虽然国家直接掌握大部分积累基金和消费基金，但企业通过留成利润，也掌握了一部分积累基金（如企业发展生产基金以及用于这部分基金的后备基金等）和消费基金（如企业集体福利基金和奖励基金以及用于这两部分基金的后备基金等）。国有企业同代表国家所有制的国家的根本利益也是一致的，但也存在着局部利益的差别。这样，积累基金和消费基金在国家和国有企业之间的分割也不能不涉及到国家利益和国有企业利益的矛盾。还需指出：如果国家集中的积累基金过少，就会妨碍有关国计民生的重大建设事业的发展，就不利于人民生活在生产持续增长基础上的不断提高，就会损害国家的整体利益。反之，如果国家集中的积累基金过多，那不仅会从影响集体企业的积累基金方面损害集体企业的利益，而且会从影响集体企业的消费基金方面损害集体企业的利益；也不仅会从影响国有企业的积累基金方面损害国有企业的利益，而且会从影响国有企业的消费基金方面损害国有企业的利益。总之，无论在积累方面和消费方面，以及二者的相互关系方面，都存在着国家利益与集体企业利益、国有企业利益的矛盾。顺便指出：我国有的学术著作在论述社会主义制度下积累和消费的矛盾时，往往不提矛盾的这一方面。这不能认为是全面的,并且不利于这种矛盾的处理。

尽管社会主义的积累和消费方面存在着矛盾,但这是根本利益一致基础上的矛盾,是局部利益的矛盾,是非对抗性矛盾,因而在社会主义制度内部是可以不断地得到解决的。而社会主义经济的发展和社会主义制度的巩固,正是在不断地解决这些矛盾的过程中实现的。这同半殖民地半封建中国社会的情况又是根本不同的。在旧中国,资本积累和消费之间的矛盾是对抗性的,它不仅不能在该社会内部得到解决,而且正是这种矛盾的尖锐化,促进了半殖民地半封建社会经济制度的覆灭。

第二节　社会主义积累和消费在量的方面的特点

一、这些量的特点是什么

如前所述,半殖民地半封建中国积累和消费在量的方面存在着这样一些特点:积累基金和消费基金的增长极不稳定,有些年份甚至是下降的;积累基金和消费基金的增长速度很慢,有些年份还是负数;积累率很低,有些年份还出现了负积累;积累规模和消费规模不仅不能逐年扩大,有些年份还处于萎缩状态;历年累计的积累基金和消费基金的总规模很小。

与此不同,在社会主义制度下,积累基金和消费基金可能稳步地持续地增长;积累基金和消费基金的增长速度比较快;积累率也比较高;积累规模和消费规模可能逐年扩大;历年累计的积累基金和消费基金的总规模很大。现在分别地、具体地论述于后。

第一,在1952年到1981年的30年中,我国消费基金总额有28年都是增长的,下降的年份只有两年,即1959年和1968年。在这期间,积累基金总额有21年都是上升的,下降的年份有9年,即1955、1960、1961、1962、1967、1968、1972、1976和1981年。[1]这种下降有以下三种不同的情况:其一,1955年积累基金总额的下降,是由于计划工作不周造成的。[2]其二,1959年消费基金总额下降和1960年积累基金总额下降是经济工作中"左"的错误造成的。1967、1968、1972和1976年消费基金总

①　《中国统计年鉴》(1983),中国统计出版社(版本下同),第25页。

②　参见《中国共产党第八次代表大会文件》,人民出版社1980年版,第192页。版本下同。

额或积累基金总额的下降，是由于经济工作指导思想上"左"的错误造成的，是林彪、江青两个反革命集团在"文化大革命"期间进行疯狂破坏的结果。其三，1961 年和 1962 年积累基金总额的下降，是面临国民经济比例关系严重失调的情况下，贯彻调整、巩固、充实、提高方针的结果。1981 年积累基金总额的下降，也是贯彻 1980 年底党中央提出的在经济上进一步实现调整方针的结果。可见，对社会主义经济来说，消费基金总额和积累基金总额的下降，是非本质现象；而消费基金总额和积累基金总额的稳步上升则是本质的现象。在正常的情况下（即在没有全局性的工作错误、没有全局战争、没有特大自然灾害的情况下），在计划工作完善的条件下，社会主义经济制度完全可能做到消费基金总额和积累基金总额稳步的、持续的增长。

第二，按当年价格计算，在 1952 年到 1981 年的 30 年间，消费基金总额由 477 亿元增加到 2781 亿元，增长 4.8 倍，平均每年增加 5.5%；积累基金总额由 130 亿元增长到 1106 亿元，增长 7.5 倍，平均增长 7.7%。[①] 可见，即使扣除了价格提高因素，社会主义的消费基金总额和积累基金总额的增长速度，也是半殖民地半封建中国无法比拟的。

第三，在 1952 年到 1981 年期间，积累率最高的年份（如 1959 年）曾经达到 43.8%，最低的年份（如 1962 年）为 10.4%。但这里的高积累是由于盲目追求高速度的"左"的错误造成的；这里的低积累是由于对国民经济实行调整的结果，这两种状况均不是社会主义经济正常发展的表现，因而不能成为社会主义经济积累率的正常现象。第一个五年计划期间的合计积累率，即 24.2%，[②] 是比较协调的。[③] 如果以这个积累率与抗日战争以前半殖民地半封建中国的积累率作比较，那么，比后者积累率最高的年份（1936 年为 6%），仍然高出 3 倍多，比后者积累率最低的年份（1932 年为 2.5%），要大 8.7 倍，至于 1931、1933、1934 和 1935 这 4 年出现的负积累，更是无法比拟了。

第四，既然在社会主义经济正常发展的情况下，消费基金总额和积累基金总额可能稳步地、持续地上升，二者的增长速度是比较快的，积累率

---

① 《中国统计年鉴》（1983），第 25 页。

② 《中国统计年鉴》（1983），第 25 页。

③ 这一点，待到本著第二章再做分析。

是比较高的，那么，后续年度比前行年度，特别是后续的五年计划期间比前行的五年计划期间，无论是消费规模或积累规模，都会明显地扩大。这里所说的"特别"，有两层意思：一是，即使在社会主义经济正常发展的情况下，由于各种偶然因素的作用，致使某些年度之间的消费规模或积累规模的扩大不甚明显。但从两个五年计划时期来看，这些偶然因素的作用是可以相互抵消的，消费规模和积累规模的扩大就会清楚地表现出来。二是，就我国的实际情况来看，由于长期存在"左"的错误，经济发展几经波折，某些年份的消费基金总额和积累基金总额有所下降。但如果从两个连续的五年计划期间来看，二者也都是增长的。比如，按当年价格计算，"二五"期间的消费基金总额比"一五"期间增长了 24.3%，积累基金总额上升了 73.5%。"三五"期间消费基金总额比"二五"期间增长了 47.7%，积累基金总额上升了 18.2%。"四五"期间消费基金总额比"三五"期间增长了 29.3%，积累基金总额上升了 78%。"五五"期间消费基金总额比"四五"期间增长了 35.1%，积累基金总额上升了 37%。[1] 去掉价格上升因素，各个时期消费基金总额和积累基金总额的上升幅度，都是很大的。

第五，1952 年到 1981 年，历年累计消费基金和积累基金的总规模，分别达到了 36202 亿元和 15961 亿元。[2] 这更是半殖民地半封建中国望尘莫及的。

上述各项特点从积累和消费量的角度表现了社会主义制度的优越性。

二、决定这些量的特点的因素

上述的社会主义制度下积累和消费在量的方面的特点，是同国民收入稳步的、迅速的增长直接相联系的。

（一）国民收入稳步的、持续的增长的原因。

这个原因可以归结为国民经济有计划按比例发展规律的作用。这个规律作用的根本经济条件可以归结为社会主义国家所有制。这虽然是人们熟知的命题，但在实际上却是一个有争论的、并没充分展开的命题。而不阐明这个命题，那我们这里提出的社会主义积累和消费的量的特征问题，以

---

① 《中国统计年鉴》（1983），第 25 页。
② 《中国统计年鉴》（1983），第 25 页。

及国民收入稳步的、持续的发展问题，是无法说清楚的。

我们认为，这个命题至少包括下述三个相互联系的重要内容：第一，马克思主义认为，一定的生产资料所有制就是一定的生产关系的总和。马克思说过：资产阶级"私有制不是一种简单的关系，也绝不是什么抽象概念或原理，而是资产阶级生产关系的总和"。[①] 就是说，资产阶级私有制不是离开资本主义生产关系的总和而单独存在的关系，而是包括资本主义的直接生产、交换、分配和消费这样几方面关系的总和；也绝不是什么抽象的概念，而是体现在上述几个方面的生产关系上。其所以是这样，是因为这几个方面的生产关系，都是生产资料的资本主义私有制在经济上的实现。从一般的意义上说，社会主义所有制也是社会主义生产关系的总和，它也是通过生产关系的各个方面实现的。作为社会主义国家所有制的代表的国家，对国民经济实行计划管理，就是这种所有制在经济上实现的一项极重要内容。用法学的语言来说，社会主义国家对国民经济的计划权，是它对归社会公有的生产资料所有权在组织社会经济生活方面的表现。这一点，正是社会主义国家所有制成为国民经济有计划发展的根本经济条件的一个重要原因。

第二，马克思主义还认为："每一个社会的经济关系首先是作为利益表现出来。"[②] 社会主义国家所有制也是首先作为利益表现出来的。在社会主义国家所有制经济中，尽管各个部门、各个地区和各个企业之间存在着局部利益的差别，但根本利益是一致的。正是这种根本利益的一致，使得社会主义国家有可能对国民经济实行计划管理。这也是社会主义国家所有制成为国民经济有计划发展的根本经济条件的另一个重要原因。

第三，社会主义国家所有制之所以成为国民经济有计划发展的根本经济条件，还因为这种所有制使得社会主义国家掌握了国民经济命脉，掌握了大量的产品和资金。这是保证国民经济有计划的发展，调节各部门、各地区的比例关系，克服各部门、各地区的不平衡所不可缺少的物质力量。

国民经济有计划按比例的发展，是国民收入能够稳步、持续增长的根本保证。

---

① 《马克思恩格斯选集》第 1 卷，第 191 页。
② 《马克思恩格斯选集》第 2 卷，第 537 页。

（二）国民收入迅速增长的原因。

社会主义国民收入的迅速增长，可从下列三个方面得到说明。马克思主义政治经济学认为，国民收入的增长决定于三个重要因素：一是物质生产部门劳动量的增加；二是劳动生产率的提高；三是生产资料的节约。社会主义的经济制度为充分发挥这三个要素的作用，开辟了广阔的道路。

第一，物质生产部门劳动量的增加。

在资本主义经济制度下，生产资料作为资本归资本家所有，无产者仅仅有作为商品的劳动力。在这里，生产资料和劳动力是分离的。在这样的经济条件下，随着资本有机构成的提高，必然形成产业后备军，即庞大的失业队伍。在资本主义社会，还存在着种种不利于妇女劳动力参加生产的现象，其中最突出的是男女同工不同酬。随着生产社会化的发展，资本主义生产关系同生产力之间的矛盾也尖锐起来，阻碍着向生产的广度和深度进军，限制着劳动者就业的门路。凡此种种，都限制着物质生产部门劳动力的增加。这种情况，在半殖民地半封建的中国尤为严重。

随着生产资料的社会主义公有制在我国的建立，也就摆脱了这些限制。在这里，劳动者是生产资料的主人，他们同生产资料是结合的。这就从根本上排除了资本主义社会那种性质的产业后备军的存在。在社会主义制度下，实行着体现按劳分配的同工同酬原则，也不存在其他的限制妇女劳动力参加生产的规定。在生产社会化发展的基础上，生活服务社会化和家务劳动社会化必将获得进一步的发展。这又将为妇女劳动力参加生产创造越来越充分的条件。社会主义经济制度推动了生产社会化的发展，为劳动者的充分就业开辟了愈来愈广阔的领域。所有这些，都会大大促进物质生产部门劳动量的增加。

事实也正是这样的。建国初期，城市中的主要问题之一，就是怎样逐步解决半殖民地半封建中国留下的大批失业人员的就业问题。在中华人民共和国成立的时候，对国民党反动政府留下的几百万军政公教人员采取了全部包下来的政策；但即使这样，社会上还存在着 400 万左右失业人员和为数更多的从来没有就业的失学青年和家庭妇女等。[①] 这样大量的就业问题，半殖民地半封建中国是根本无法解决的，但在社会主义的中国，却以

---

① 国家统计局编：《伟大的十年》，人民出版社 1959 年版，第 157 页。

不到 10 年的时间就解决了。不仅如此，在建国以后的 30 多年中，还有以亿计算的劳动力参加了生产。在 1952 年至 1981 年期间，社会劳动者人数由 2.0729 亿人增加到 4.328 亿人，占总人口的比重由 36.1% 上升到 43.4%。① 其中，妇女劳动力的增加尤为迅速。比如，社会主义国家所有制单位中的女职工，1949 年只有 60 万人，占全部职工的比重为 7.5%；1981 年上升到 2636 万人，占 31.5%。②

物质生产部门劳动量的增长，并不只是单纯地表现为劳动力人数的增长，而且表现为脑力劳动者的比重的上升。比如，在 1952 年到 1981 年，社会主义国家所有制单位平均每万职工中的科学技术人员由 269 人增加到 682.5 人。③

需要说明：相对于体力劳动者来说，脑力劳动者是一种比较复杂的劳动。而复杂劳动可以折合成加倍的简单劳动。因为简单劳动是指在一定的经济条件下，不需要任何专门训练的、一般劳动者都能胜任的劳动。用马克思的话来说："它是每个没有任何专长的普通人的机体平均具有的简单劳动力的耗费。"④ 当然，随着社会生产力的发展和科学技术水平的提高，简单劳动的标准也会相应上升的。复杂劳动是指经过专门培养和训练、具有一定技术专长的劳动者才能胜任的劳动。正如马克思所说，能够从事复杂劳动的劳动力，"比普通劳动力需要较高的教育费用，它的生产要花费较多的劳动时间，因此它具有较高的价值。既然这种劳动力的价值较高，它也就表现为较高级的劳动，也就在同样长的时间内物化为较多的价值"。⑤

显然，物质生产部门劳动者人数较快的增长，脑力劳动者比重较快的上升，以及由此而引起的物质生产部门劳动量的增加，是社会主义制度下国民收入能够迅速增长的一个重要因素。

还需指出：我们说社会主义经济制度可能促使物质生产部门劳动者人数较快增长，并不是说这方面的优越性已经在我国得到了充分的表现，也

---

① 《中国经济年鉴》（1982），《经济管理》杂志社版，第Ⅷ－6 页。
② 马洪主编：《现代中国经济事典》，中国社会科学出版社 1982 年版，第 511 页；《中国统计年鉴》（1981），中国统计出版社版，第 107、121 页。版本下同。
③ 《中国统计年鉴》（1983），第 525 页。
④ 《马克思恩格斯全集》第 23 卷，第 57—58 页。
⑤ 《马克思恩格斯全集》第 23 卷，第 223 页。

不是说我国目前已经完全解决了就业问题。事实上，由于十年动乱的破坏，使得就业问题成为这几年我国经济生活中的一个严重问题。党的十一届三中全会以后，经过 1979 年到 1981 年的努力，在解决就业问题上取得了重大的成就，已经安排了 2600 万劳动者就业。[①] 但就业问题并没有完全解决。然而这并不是社会主义经济制度造成的，它除了由于林彪、江青两个反革命集团在"文化大革命"中进行了长达 10 年的破坏以外，还由于长期存在的"左"的错误以及经济指导工作上的多次的、多方面的重大失误带来的后果。重要的有：

其一，由于长期违反量力而行的原则，盲目追求高速度，又一次造成了国民经济比例关系的严重失调，因而不得不对国民经济再一次进行调整。当然，党的十一届三中全会以后提出的"调整、改革、整顿、提高"的八字方针是完全正确的。然而，可以设想一下，如果没有过去"左"的错误造成的国民经济比例关系的严重失调，国民经济能够得到稳步的、持续的发展的话，那么就业问题就会容易解决得多。

其二，我国社会主义建设现阶段，社会生产力存在多层次的状态，其突出表现就是手工生产、半机械化生产、机械化生产和自动化生产同时并存。与这种社会生产力发展状况相适应，本来应该实行这样的经济体制：在坚持社会主义国家所有制经济占主导地位的前提下，大力发展社会主义的集体所有制经济；在坚持社会主义经济占绝对优势的前提下，发展适当数量的个体经济以及其他的经济成分。这样，我国社会主义社会的就业领域本来是很宽广的。然而，过去在"左"的错误的影响下，把社会主义国家所有制经济搞得过宽，限制了社会主义集体所有制经济的发展；把社会主义经济搞得过宽，限制了以至杜绝了个体经济以及其他的经济成分的发展。这样，就把社会主义社会的就业门路搞得很窄了。

其三，长期以来，由于片面强调发展重工业，挤了农业、轻工业、交通运输业、城市公用事业、商业以及科学、文化、教育、卫生事业，这也限制了就业门路的扩大。

上述情况说明：当前我国没有完全解决就业问题，并不表明社会主义制度不能促使物质生产部门劳动者人数较快的增长，也不表明社会主义经

---

① 《光明日报》1982 年 3 月 17 日第 1 版。

济制度在这方面没有优越性，而是由于种种原因，使得这种优越性没有得到充分的发挥。

第二，劳动生产率的提高。

列宁说过："劳动生产率，归根到底是保证新社会制度胜利的最重要最主要的东西。资本主义造成了在农奴制度下所没有过的劳动生产率。资本主义可以被彻底战胜，而且一定会被彻底战胜，因为社会主义能造成新的高得多的劳动生产率。"① 这里，列宁不仅指出了造成新的高得多的劳动生产率，是关系社会主义制度战胜资本主义制度的极为重要的问题，而且指出了这是社会主义经济发展的规律。

问题在于：在资本主义制度下，无产者处于被剥削、被压迫的地位，作为最重要生产力的劳动者在提高劳动生产率方面的积极性被严重地压抑着。在社会主义制度下，劳动者是生产的主人，在提高劳动生产率的基础上，可以发展社会主义社会的经济、文化事业，可以提高物质文化生活，可以减轻劳动强度，可以缩短劳动时间。这样，社会主义劳动者在提高劳动生产率方面的积极性，是资本主义无法比拟的。在资本主义制度下，科学技术的发展及其在生产中的应用，必然受到资本家追求利润的限制。斯大林说得好："当新技术向资本主义预示着最大利润的时候，资本主义就拥护新技术。当新技术不再预示着最大利润的时候，资本主义就反对新技术，主张转而采用手工劳动。"② 在社会主义制度下，发展生产的目的是为了提高劳动者的物质文化生活，科学技术的发展及其在生产上的应用，就从根本上摆脱了资本主义利润的限制。这样，正如恩格斯早就预言的，在社会主义社会和共产主义社会"这个新的历史时期中，人们自身以及他们的活动的一切方面，包括自然科学在内，都将突飞猛进，使已往的一切都大大地相形见绌"。③ 在资本主义制度下，生产的发展呈现出从高涨到危机以及从危机到高涨的间歇状态。资本主义社会劳动生产率的增长，必然会受到这个间歇状态的影响。在社会主义经济正常的情况下，生产可能稳步、持续地增长，劳动生产率也可能稳步、持续地提高。这些就使得社会主义制度有可能创造出比资本主义制度更高的劳动生产率。我国劳动

① 《列宁选集》第4卷，第16页。
② 《斯大林文选》（下），第602页。
③ 《马克思恩格斯全集》第20卷，第375页。

生产率增长的事实，已经初步地显示了社会主义经济发展这一客观趋势。比如，社会主义国家所有制独立核算工业企业全员劳动生产率，1981 年比 1952 年提高了 1.84 倍。[①]

当然，由于我国经济发展几经严重挫折，人口多，增加快，每年有大量的劳动力就业；特别是我国生产技术水平还远远落后于经济发达国家，因而，我国社会主义制度在提高劳动生产率方面的优越性，远远没有充分表现出来。但是，它在增加国民收入方面已经起了重要的作用。比如，在 1950 年至 1978 年期间，社会主义国家所有制工业总产值的增加额为 3137.5 亿元，其中由于增加职工而增加的产值为 789.5 亿元，约占 1/4；而由于提高劳动生产率而增加的产值为 2348 亿元，约占 3/4。

第三，生产资料的节约。

为了说明节约生产资料的客观必然性，这里有必要较为详细地分析一下节约劳动时间（包括节约活劳动，也包括节约物化劳动，即包括由劳动生产的生产资料）的客观必然性。关于这一点，马克思这样写道："正像单个人的情况一样，社会发展、社会享用和社会活动的全面性，都取决于时间的节省。一切节约归根到底都是时间的节约……因此，时间的节约……在共同生产的基础上仍然是首要的经济规律。这甚至在更加高得多的程度上成为规律。"[②]

这里有三点是需要说明的。一是，从某种共同的意义上说，在人类社会发展的各个发展阶段都存在着节约劳动时间的趋向。[③] 但是，能够实现物化劳动和活劳动的全面节约、微观范围内和宏观范围内劳动时间节约的紧密结合以及当前生产周期和后续生产周期劳动时间节约的紧密结合的，却只是社会主义社会和共产主义社会特有的经济发展趋势。因此，马克思把节约劳动时间规律称作"共同生产的基础上"的经济规律。

二是，按照列宁的说法，客观事物的本质是有不同的层次的；而规律和本质是同一层次的概念。[④] 因而似乎可以说，规律也是具有不同的层次

[①] 《中国统计年鉴》（1981），第 265 页。

[②] 《马克思恩格斯全集》第 46 卷上，第 120 页。

[③] 马克思说过："资本有一种节约的趋势，这种趋势教人类节约地花费自己的力量，用最少的资金来达到生产的目的。"（《马克思恩格斯全集》第 26 卷 Ⅱ，第 625 页）当然，在前资本主义社会，节约的趋向远不如资本主义社会那样明显，但这种趋向也是存在的。

[④] 《列宁全集》第 38 卷，第 159 页。

的。就居于同一层次的社会主义经济规律体系来说，节约劳动时间规律居于重要的地位。当然，从马克思列宁主义政治经济学的整个理论体系来说，一定社会的基本经济规律在各该社会的经济规律体系中，总是居于主导的地位。社会主义基本经济规律也是这样。但是，作为社会主义基本经济规律核心内容的社会主义生产目的的实现，是离不开劳动时间的节约的。显然，劳动时间愈是得到充分的节约，人民物质文化生活水平愈有可能得到迅速的提高。国民经济有计划按比例发展的规律、价值规律和按劳分配规律，在社会主义经济规律体系中也都居于重要的地位。但是，国民经济有计划按比例发展规律的一个重要作用，就是促使社会劳动的节约在宏观范围内的实现，并为微观范围内劳动时间的节约创造条件。价值规律和按劳分配规律也都具有促使社会劳动得到节约的作用。可见，在社会主义经济规律体系中，有的规律作用的实现，有赖于劳动时间的节约；有的规律又从不同方面，在不同程度上体现了节约劳动时间的要求。从这种意义上说，节约时间规律是社会主义社会和共产主义社会"首要的经济规律"。

三是，就居于不同层次的社会主义经济规律体系来说，节约时间规律还居于更重要的地位。比如，在工业布局中，必须遵循客观存在的地区之间经济发展不平衡的规律。只有这样，才能使得各地区优越的经济、自然等方面的优势得到充分的发挥，使得社会劳动得到充分的节约。可以说，这个规律的作用，在相当大的程度上体现了节约劳动时间的要求。可见，相对于地区之间经济发展不平衡这一类较浅层次的经济规律来说，可以讲，居于较深层次的节约劳动时间规律又"是更加高得多的程度上"的经济规律。

既然生产资料的节约反映了居于上述重要地位的节约劳动时间规律的要求，因而，它就有客观必然性。

我国社会主义制度在节约生产资料方面的优越性也没有得到一贯的发挥。但在经济正常发展的某些时期，这方面的优越性还是有了充分的表现。比如，在1952年到1957年期间，全面反映生产资料节约的下述六项经济指标都大大地向前进展了。其中每百元固定资产原值实现的利润增长了24.2%；每百元资金实现的利润增长了25%；每百元资金实现的利润和税金增长了36.6%；每百元工业总产值实现的利润增长了20.4%；每百元固定资产原值实现的产值增长了 3%；每百元产值占用的流动资金降低了 16%。① 这样，就节约了大量的资金。比如，1957 年，社会主义国家所有制独立核算工业企业实现利润总额为 79.5 亿元，如果按照 1952 年每百元固定资产原值实现利润 19 元计算，则需要固定资产原值 418.4 亿元。但由于 1957 年每百元固定资产原值实现的利润上升到 23.6 元，固定资产原值实际是 336.6 亿元。② 这就是说，节约了固定资产原值 81.8 亿元。1957 年社会主义国家所有制独立核算工业企业实现的利润和税金总额为 115.1 亿元，如果按照 1952 年每百元资金实现的利润和税金 25.4 元计算，则需资金 453.2 亿元。但由于 1957 年每百元资金实现的利润和税金上升到 34.7 元，资金实际是 331.8 亿元。③ 这就是说，节约了资金 121.4 亿元。如果按照 1952 年每百元产值占用流动资金 23.1 元计算，则 1957 年需要流动资金 107.8 亿元。但由于 1957 年每百元产值占用的流动资金下降到 19.4 元，流动资金实际为 90.5 亿元。④ 这就是说，节约了流动资金 17.3 亿元。可见，社会主义经济制度在节约生产资料方面的优越性，在第一个五年计划期间，是得到了比较充分的表现的。

综上所述，由于在社会主义经济制度下，国民经济可能得到有计划的发展；又由于社会主义制度使得物质生产部门劳动量得到较快的增长，劳动生产率得到较快的提高，生产资料得到较多的节约，因而国民收入不仅可能得到稳步的、持续的增长，而且可能得到迅速的增长。这就是社会主义制度下积累和消费在量的方面就具有上列特点的原因。

第三节 社会主义积累的后果

一、社会主义积累后果的基本特点

如前所述，半殖民地半封建中国资本积累的后果是：一方面，资本家的资本（主要是外国帝国主义资本家和本国官僚垄断资本家的资本）的增长；另一方面，无产阶级和农民的生活贫困化。

---

① 资料来源：《中国经济年鉴》（1982），《经济管理》杂志社版，第Ⅷ – 21 页。版本下同。
② 《中国经济年鉴》（1981），《经济管理》杂志社版，第Ⅵ – 18 页。版本下同。
③ 《中国经济年鉴》（1981），《经济管理》杂志社版，第Ⅵ – 18 页。版本下同。
④ 《中国经济年鉴》（1981），《经济管理》杂志社版，第Ⅵ – 18 页。版本下同。

与此根本不同，社会主义积累一方面使得社会主义生产不断发展，公有财富不断增长；另一方面使得人民的物质文化生活不断提高。

这种区别是同这两种经济制度的特点，同它们各自的生产目的差异相联系的。

在资本主义经济制度下，生产的目的是为了追求剩余价值，无产者得到的工资只是劳动力商品的价值或价格的转化形态，因而它的水平是由劳动力商品的价值决定的，并受到劳动力商品市场供求关系的影响。前一个因素的作用使资本主义工资限制在生产和再生产劳动力所必要的消费资料的价值限度内，后一个因素的作用（由于资本主义相对过剩人口的经常存在），使工资经常被压低到劳动力价值以下。资本主义生产的目的是这样，作为扩大再生产泉源的资本积累的目的也是如此。从这种意义上说，资本主义的工资水平是由资本积累的目的来调节的。"用数学上的术语来说，积累量是自变量，工资量是因变量。"① 这样，随着资本积累的增长，必然形成资本家的财富增长和无产者的贫困积累的两重后果。

在社会主义制度下，生产的目的是为了提高人民的物质文化生活水平。这样，劳动者的消费水平就摆脱了资本主义那样的局限性，而只是受到社会生产力发展水平的制约。当然，在社会主义制度下，也存在着积累基金和消费基金的分割。但是，作为扩大再生产泉源的积累，是为了将来提高人民生活提供物质基础的。在这里，消费基金量是自变量，积累基金量是因变量。就是说，积累基金量是由兼顾当前人民生活提高和将来人民生活增长需要的消费基金量来确定的，即由稳定的、持续的实现社会主义生产目的来调节的。这样，社会主义积累的后果必然是社会主义生产不断发展，公有财富不断增长，人民物质文化生活不断提高。

马克思在阐述资本积累的两重后果时，曾经着重地分析了资本主义社会劳动生产率增长和人口规律的作用。这一点，无论从马克思对资本积累一般规律所作的分析上，或者是从他对这个规律所作的概括上，② 都可以看得很清楚。尽管社会主义经济制度根本不同于资本主义经济制度，但是，社会主义社会劳动生产率的增长和人口规律的作用，对形成社会主义积累的两重后果，也有不容忽视的重要影响。这样，无论是为了同资本积

---

① 《马克思恩格斯全集》第23卷，第680页。
② 详见《马克思恩格斯全集》第23卷，第672—711页。

累后果作对比分析，或者是为了进一步说明形成社会主义积累后果的原因，都有必要阐述社会主义社会劳动生产率增长和人口规律的作用。

在资本主义条件下，决定劳动力商品价值的生产部门（包括为无产者提供必要生活资料的生产部门，以及为这些部门提供生产资料的生产部门）的劳动生产率的提高，就会导致必要劳动时间的缩短和剩余劳动时间的延长，从而引起相对剩余价值的增长。所以，资本主义社会劳动生产率的提高，一方面意味着资本家对无产者的剥削程度的加深，意味着资本家占有的物质财富的增长；另一方面意味着无产者在国民收入中所占份额的减少，意味着无产阶级的贫困化。而且，"劳动生产力越大，产业后备军也就越大"。① 而产业后备军的增长，又是加深无产阶级贫困化的极重要的因素。可见，资本主义社会劳动生产率的增长，是形成资本积累两重后果的极重要的因素。

在社会主义条件下，社会劳动生产率的提高，是国民收入增长的最主要因素。而在国民收入增长的基础上，既可以增加积累基金，扩大生产，又可以增加消费基金，提高当前的人民生活水平。所以，社会主义社会劳动生产率的增长，在形成社会主义积累两重后果方面也起着极为重要的作用。

相对的过剩人口，是资本主义生产方式特有的人口规律。"过剩的工人人口是积累或资本主义基础上的财富发展的必然产物，但是这种过剩人口反过来又成为资本主义积累的杠杆，甚至成为资本主义生产方式存在的一个条件。"② 因而，成为形成资本主义积累两重后果的另一个极重要因素。按照马克思的说法，"相对过剩人口或产业后备军同积累的规模和能力始终保持平衡的规律"，"制约着同资本积累相适应的贫困积累"。③

那么，社会主义人口规律在形成社会主义两重后果方面起着什么作用呢？为了说明这一点，首先还需要进一步阐述为什么在讨论社会主义积累问题时，需要探讨社会主义的人口规律？社会主义人口规律有哪些重要特征？现在我们依次分析这两个问题。

劳动力和生产资料是生产的必要因素，也是再生产的必要因素。这

① 详见《马克思恩格斯全集》第23卷，第707页。
② 《马克思恩格斯全集》第23卷，第692页。
③ 《马克思恩格斯全集》第23卷，第708页。

样，要实现扩大再生产，就必须有追加的劳动力和追加的生产资料。没有这两个条件，积累是不能实现的。马克思说得好，"要积累，就必须把一部分剩余产品转化为资本。但是，如果不是出现了奇迹，能够转化为资本的，只是在劳动过程中可使用的物品，即生产资料，以及工人用以维持自身的物品，即生活资料"。① 正是从这里我们可以看到：为什么马克思要在分析资本积累过程时揭示资本主义的人口规律。这不仅是因为相对的过剩人口是资本积累的必然产物，也不仅是因为庞大的产业后备军是资本用来加强对雇佣劳动剥削的强有力的杠杆，而且因为它是资本主义生产周期发展的需要。马克思对这一点作过这样的分析："现代工业特有的生活过程，由中等活跃、生产高度繁忙、危机和停滞这几个时期构成的、穿插着较小波动的十年一次的周期形式，就是建立在产业后备军或过剩人口的不断形成、或多或少地被吸收，然后再形成这样的基础之上的。"② 也正是从这里可以说明：为什么在分析社会主义积累时也需要阐述社会主义的人口规律。因为社会主义积累的实现，也离不开劳动力的再生产。

当然，"每一种特殊的、历史的生产方式都有其特殊的、历史的起作用的人口规律"。③ 社会主义经济制度也有特有的人口规律。这种人口规律有哪些重要特征呢？第一，与资本主义社会存在产业后备军根本不同，在生产资料的社会主义公有制条件下，积累可能得到稳步的、持续的增长，一切劳动者可能实现充分的就业。这一点，我们在前面已经做过分析，这里就不重复了。第二，像资本主义社会经济自发地发展一样，资本主义社会人口的增长也处于无政府状态。与此相反，像社会主义经济有计划地发展一样，社会主义社会人口的增长，也可以由社会实行有计划的调节。早在 19 世纪的 80 年代，恩格斯就曾经预言："如果说共产主义社会在将来某个时候不得不像已经对物的生产进行调整那样，同时也对人的生产进行调整，那末正是那个社会，而且只有那个社会才能毫无困难地做到这点。"④ 社会主义社会通过有计划地调节人口的增长，要求做到：第一，在一定的时期内，具有一定的科学、技术、文化水平的劳动者人数的增

① 《马克思恩格斯全集》第 23 卷，第 637 页。
② 《马克思恩格斯全集》第 23 卷，第 694 页。
③ 《马克思恩格斯全集》第 23 卷，第 692 页。
④ 《马克思恩格斯全集》第 35 卷，第 145 页。

长，与具有一定技术水平的生产资料数量的增长相适应，以保证新增长的劳动者能够实现充分的就业，保证劳动者的技术水平与生产资料的技术水平相适应。很显然，如果劳动者人数的增长，超过了社会能够提供的、追加的生产资料量，那就难以实现充分的就业；如果劳动者人数的增长，赶不上社会提供的、追加的生产资料量的增长，那就会形成生产资料的闲置；如果新增长的劳动者的科学、技术、文化水平，落后于新追加的生产资料的技术水平，那就不能充分发挥新的技术装备的效能。第二，在一定时期内，人口的增长数与社会提供的生活资料的增长数相适应，与社会的科学、教育、文化等项事业的发展规模相适应。只有这样，才能保证全体人民（包括新增人口）物质文化生活水平得到不断的提高；否则，就做不到这一点。

在分析了上述两个问题之后，我们就便于说明社会主义人口规律在形成社会主义积累两重后果方面的作用。

很明显，由于社会主义人口规律的作用，既可以充分使用劳动力，又可以大大发挥劳动者的积极性；既可以充分发挥生产中人的因素的作用，又可以充分发挥物的因素——生产资料的效能。其结果必然会大大促进国民收入的增长，社会主义的积累基金和消费基金也会得到迅速的增长。

总之，社会主义积累的两重后果之所以根本区别于资本主义积累的两重后果，是由于这两种社会经济制度的性质截然不同。马克思说得好，"资产阶级运动在其中进行的那些生产关系的性质绝不是一致的单纯的，而是两重的；在产生财富的那些关系中也产生贫困"。[①] 正是在这种社会经济关系中，资本积累才一方面使得资本家的财富增长，另一方面使得无产者的贫困增长。在社会主义经济中，人们之间虽然也存在矛盾，但根本利益是一致的。这样，随着社会主义积累的发展，一方面公有的生产和财富不断增长，另一方面人民生活不断提高。

还要指出：就社会主义社会和资本主义社会相比较而言，这样来揭示社会主义积累的后果，已经很充分了。但就社会主义社会和将来的共产主义社会相比较而言，这样说又是不够全面的。问题在于：在社会主义社会的一个长时期内，还存在着国家所有制和集体所有制这样两种社会主义公

---

① 《马克思恩格斯全集》第 4 卷，第 155 页。

有制形式，社会主义国家所有制企业还是相对独立的商品生产者。这样，虽然总的说来，随着社会主义积累的发展，公有财产和人民生活水平都是不断增长的，但在国有企业和集体企业之间、集体企业之间以及国有企业之间，是存在着不同程度的差别的。在实行社会主义按劳分配原则的条件下，在脑力劳动者与体力劳动者之间以及工人与农民之间，生活提高的情况也是不同的。在考察社会主义积累的后果时，这一方面的特点，也是不应忽视的。

在做了上述的分析之后，这里也须指出过去我国有些经济学论著的不足之处：第一，它们在论述社会主义积累后果时，往往忽视社会主义社会劳动生产率增长和人口规律的作用。如前所述，如果看不到这两种因素的作用，那么，社会主义积累后果是很难得到充分说明的。第二，它们在论述社会主义积累后果的特点时，往往只注意同资本主义积累后果的比较，而忽略了社会主义社会积累后果和共产主义社会积累后果的区别。当然，着重进行前一方面的比较是必要的。但如果忽视了后一方面的比较，也不能认为是全面的。因为尽管社会主义社会积累后果与共产主义社会积累后果存在着根本共同点，但又有重大的差别。

二、社会主义生产不断发展，社会主义公有财富不断增长

（一）社会主义生产不断发展。

在 1952 年到 1981 年的 30 年间，随着社会主义积累的进行，有 26 年工农业总产值是增长的，只有少数年份（包括 1961、1962、1967 和 1968 等 4 年）由于经济工作中的"左"的错误和"文化大革命"的破坏，才导致工农业总产值的下降。[①]

在积累率得到适当安排的时期，工农业生产的增长速度是很高的。"一五"时期和 1963 年至 1965 年的积累率比较适当（这个问题留待本书的第二章去做分析），这两个时期工农业总产值平均每年增长速度分别高达 10.9% 和 15.7%。在"二五"、"三五"、"四五"和"五五"时期，由于积累率过高（这个问题也留待本书第二章去做分析），才导致工农业生产发展速度的下降。"二五"时期工农业总产值平均每年增长速度为

---

① 《中国统计年鉴》（1983），第 18 页。

0.6%，"三五"、"四五"和"五五"时期分别也只有 9.6%、7.8% 和 8.1%。[①]

社会主义积累对促进生产发展的作用尽管受到了"左"的错误的干扰和十年动乱的破坏，但总的说来，这种作用仍然是很明显的，工农业生产的增长速度仍然是很高的。在 1952 年至 1981 年间，工农业总产值增长了 8.5 倍，平均每年增长 8.1%。[②]

社会主义积累对促进生产发展方面的作用，是半殖民地半封建中国所无法比拟的。旧中国工业经过百余年的积累，但工业仍然十分落后，还是一个农业国。新中国经过 30 多年的积累，就建立了一个独立的、比较完整的工业体系和国民经济体系。

这是从总的方面来说的。如果把新中国主要的工业和农业产品的增长速度同旧中国做一下比较，还可以更清楚地看到社会主义积累在促进生产方面的作用。比如，旧中国从 19 世纪末建设第一座用机械采煤的矿井，到 1949 年经历了半个世纪的时间，原煤年产量才达到 3200 多万吨，其中最高年产量不过 6200 万吨；而新中国从 1949 年到 1981 年的 33 年中，就把原煤年产量从 3200 多万吨提高到 6.22 亿吨。旧中国从 1882 年外商在上海设立第一个电厂起，到 1949 年花了 67 年的时间，发电量才达到 43 亿度，其中最高年产量不过 60 亿度；而新中国从 1949 年到 1981 年，就将发电量从 43 亿度提高到 3093 亿度。旧中国从 19 世纪末开始创办近代冶金工业起，到 1949 年，经历了半个世纪的时间，钢的年产量才达到 15.8 万吨，其中最高年产量也仅有 92.3 万吨；而新中国从 1949 年到 1981 年，就把钢的年产量从 15.8 万吨提高到 3560 万吨。旧中国从 1850 年外商开始建立机械修理工业起到 1949 年，用了近 100 年的时间，才使金属切削机床产量达到 1600 台，其中最高年产量也只有 5400 台；而新中国从 1949 年到 1981 年，就将金属切削机床的产量从 1600 台提高到 102600 台。纺织工业是旧中国最发达的工业部门，但从 1872 年开始创办近代纺织工业开始，直到 1949 年，花了近 80 年的时间，才使纱的产量达到 32.7 万吨，布的产量达到 18.9 亿米，其中最高年产量分别只有 44.5 万吨和 27.9 亿米；而新中国从 1949 年到 1981 年就将纱的产量提高到 317

① 《中国统计年鉴》（1983），第 19 页。
② 《中国统计年鉴》（1983），第 17 页。

万吨，布的产量提高到 142.7 亿米。农业在旧中国的国民经济中是居于绝对优势的。但粮食产量和棉花产量，直到 1949 年，分别只有 1.132 亿吨和 44.4 万吨，其中最高年产量分别只有 1.5 亿吨和 84.9 万吨；而新中国从 1949 年到 1981 年就把粮食和棉花的产量分别提高到 3.2502 亿吨和 296.8 万吨。

诚然，社会主义生产的迅速增长，是由多种因素决定的，是社会主义经济制度多方面优越性的表现。但社会主义积累显然是其中的一个重要因素。

总之，在正常情况下，伴随着社会主义积累的进行，社会主义生产可能得到持续的、迅速的增长。这是社会主义经济制度优越性的一个方面。

（二）社会主义公有财富的增长。

社会主义积累和社会主义生产的不断发展，必然导致社会公有财富的不断增长。

在社会主义社会的一个长时期内，存在着两种社会主义公有制的形式，即社会主义国家所有制和社会主义集体所有制。这样，社会主义公有财富的增长，就表现为社会主义国家所有的财富的增长、社会主义工业集体企业财富的增长和社会主义农业集体企业财富的增长。

第一，社会主义国家所有制企业固定资产和流动资金的增长。在 1952 年至 1981 年的 30 年中，国有企业的固定资产原值是逐年增长的；流动资金除了少数年份以外，也是逐年增长的。二者的增长速度是很高的。1952 年国有企业固定资产原值为 240.6 亿元，1981 年增加到 5769.2 亿元；定额流动资金由 171.7 亿元增加到 3402.8 亿元。[①] 二者分别增长了近23 倍和近 19 倍。

第二，社会主义集体所有制工业固定资产的增长。由于经济工作指导方面的"左"的错误，在一个长时期内，我国集体所有制工业没有得到应有的发展。但在粉碎"四人帮"以后，特别是在党的十一届三中全会以后，集体所有制工业迅速发展起来，因而集体工业企业的公有财富也有了显著的增长。1975 年底，集体所有制工业企业固定资产原值是 149.2 亿元，1980 年底增长到 396.7 亿元，在短短的 5 年内，增长了 1.7 倍。

---

① 《中国统计年鉴》（1983），第 12 页。

第三，社会主义集体所有制农业企业固定资产的增长。我国社会主义集体所有制的农业生产合作社，是通过逐步地改造个体农民经济建立的。合作社开始创办时，集体拥有的固定资产并不多。农业合作化基本完成以后的头一年，即 1957 年，由全国农业生产合作社提取的、主要用于购置固定资产的公积金总额也只有 18 亿元。但到 1981 年，全国农村人民公社拥有的固定资产达到 1064 亿元，其中公社一级 243 亿元，大队一级 288 亿元，生产队一级 533 亿元。

三、人民消费水平和物质文化生活水平不断提高

（一）人民消费水平不断提高。

为了全面地认识这个问题，首先需要以马克思主义政治经济学理论为指导，探索正确的方法；否则，难免陷入片面的认识。

长期以来，有人在论述这个问题时，往往只是提到社会主义国家所有制单位职工从国家领得的工资的增长，或者是集体所有制单位农民从集体分得的收入的提高。

毫无疑问，工资是国有企业职工的最重要的收入，从集体分得的收入也是集体农民的最重要收入。因而从最重要方面来说，工资和从集体分得的收入分别体现了工人和农民消费水平的增长。但是，如果把工人和农民消费水平的增长仅仅归结为工资和从集体分得的收入，那就不能认为是全面的。因为，第一，即使就工人和农民个人消费水平的增长来说，也不完全来自工资和集体分得的收入，它还包括其他一些方面。比如，就国有企业职工来说，要包括各种消费品的价格补贴。价格补贴是在价格体制和工资体制还无条件进行根本改革的情况下，国家为了保障职工生活采取的一种措施。价格补贴同体现按劳分配原则的工资虽有区别，但也带有劳动报酬的性质，并用于社会主义劳动者的个人消费，因而属于个人消费基金的范畴。在我国当前条件下，价格补贴虽然不是劳动者个人收入的主要来源，但也占有一定的比重。仅以粮、油价格补贴来说，1979 年以来，国家为了缩小工农业产品价格之间的剪刀差，增加农民收入，鼓励农民生产的积极性，提高了粮油收购价格和超购加价的幅度，并调减了粮食征购基数。但为了保障城市人民的生活，粮油销售价格一直保持稳定。这样，就出现了粮油销售价格低于收购价格的状况，再加上粮油经营过程中所花费的运输、保管、销售等费用，国家每年都要拿出大量资金进行补贴。而

且，随着城市人口的增长，饮食业的扩大，食品工业的发展，城市粮食和食油的销售量逐年增加，粮油价格补贴也逐年上升。据统计，1979 年到 1981 年 3 年，国家仅用于粮油补贴的支出就达 300 多亿元，相当于这 3 年社会主义国家所有制单位和城镇集体所有制单位的职工工资总额的 13.4%。在这 3 年中，国家每向城市居民供应一斤粮食，就要补贴约一角钱；每供应一斤食油，要补贴八角钱左右。3 年中，每个城市人口从吃的粮、油中得到国家补贴 150 多元。[①] 如果再加上棉花、肉、蛋、糖、蔬菜和民用煤等方面的价格补贴，那价格补贴的总金额就更多了，占城市职工工资总额的比重也更大了。可见，无论就国有企业的职工来说，或者就城镇集体企业的职工来说，工资都不是他们用于个人消费收入的唯一来源。

就农村集体所有制单位的农民来说，他们的个人消费除了来自从集体分得的收入以外，还有其他的来源。比如，农民的家庭副业收入就是一个重要来源。根据国家统计局对全国 1.8529 万户农民家计调查资料，1981 年平均每个农民全年纯收入为 223.44 元，其中从集体得到的收入为 116.2 元，占 52%；家庭副业生产的收入为 84.52 元，占 37.8%；其他收入为 22.72 元，占 10.2%。[②] 应该指出：这里所说的纯收入并不是全部用于农民个人的生活消费，有一部分是用于生产消费的。但是，这个材料可以确切证明：农民个人生活消费除了主要来自集体分得的收入以外，家庭副业收入和其他收入也是一个重要来源。这个情况在一个长时期内都是会存在的。

第二，社会主义劳动者消费水平的增长，还表现为社会消费基金的增长。社会消费基金 =（国家管理基金 + 文化教育卫生基金 + 社会保证基金）－各该部门工作者的劳动报酬基金。显然，国家管理基金对提高劳动者的物质文化生活没有直接关系，但对巩固无产阶级专政，发展社会主义经济文化事业，却是绝对必需的。然而，文化教育卫生基金和社会保证基金同劳动者的生活却是息息相关的。而这部分基金在消费总额中也占有一定的比重。比如，1981 年，社会主义国家所有制单位职工的劳

---

① 《人民日报》1982 年 3 月 14 日第 1 版。

② 《中国统计年鉴》（1981），第 431 页。其他收入包括在外人口寄回和带回的现金和实物折价，从国家得到的生活困难补助、民工补助、残废军人补助等其他非借贷性收入。

保福利费达到 132.4 亿元，相当于工资总额的 20%；① 整个说来，社会消费基金占到包括个人消费基金和社会消费基金在内的消费基金总额的 11.1%。②

此外，由非生产性积累基金形成的，并在当年消费掉的固定消费基金（如学校、医院的建筑物和教学、医疗设备等）的增长，在提高人民消费水平方面也有重要的作用。非生产性基本建设基金，是用于文教卫生部门、国家行政和国防部门的基本建设以及工业、农业、建筑业和运输业等物质生产部门的非生产性的基本建设。这里除了国家行政和国防部门的某些基本建设同人民生活的提高没有直接关系以外，其他的各项基本建设也都是同人民生活的提高紧密联系在一起的。当然，非生产性的基本建设基金并不都是在当年形成固定消费基金，固定消费基金也并不是在当年都消费完的。但固定消费基金总是用来提高人民的生活的。而且这笔基金的数额也是很大的。比如，1981 年仅是国家用于非生产性基本建设投资就高达 190.48 亿元，相当于个人消费基金总额的 7.7%。③

根据上面的分析，要完整地把握社会主义劳动者消费水平的增长，必须同时看到下列三个方面：其一，社会主义国家所有制和集体所有制的职工工资的增长，以及集体所有制单位农业劳动者从集体分得的收入的增长；其二，个人消费基金总额的增长；其三，社会消费基金总额的增长。此外，还不能忽视由非生产性基本建设投资形成的，并且当年消费掉的固定消费基金的增长。所以，如果把劳动者的消费水平的增长，仅仅归结为第一项，那是不全面的。

现在我们就依据这样的方法论，进一步具体论述劳动者的消费水平的不断增长。

第一，社会主义国家所有制的职工工资以及集体农民从集体分得的收入。在社会主义经济正常发展的情况下，国有企业职工的平均工资是逐年有所增长的。这一点在"一五"时期表现得较为明显。详情见下表。

---

① 《中国统计年鉴》（1981），第 427 页。
② 《中国统计年鉴》（1983），第 26 页。
③ 《中国统计年鉴》（1983），第 26、339 页。

"一五"时期国有企业职工平均工资

年份	职工平均工资（元）	指数（以1952年为100）	
		货币工资	实际工资
1952	446	100.0	100.0
1953	496	111.2	105.8
1954	519	116.4	109.2
1955	534	119.7	112.1
1956	610	136.8	128.0
1957	637	142.8	130.3

　　只是由于"左"的错误的影响和十年动乱的破坏，有些年份平均工资有所下降。但总的说来，还是有提高的。[①] 在1952年到1981年期间，社会主义国家所有制单位职工的平均货币工资由446元增加到812元，上升了82%；平均实际工资由446元增加到577元，上升了29.4%。[②] 应该指出：职工平均工资增加不多，但由于就业人口增加很多，职工家庭每人平均收入增加是比较多的。在1957年到1981年期间，集体农民每人平均从农村基本核算单位分得的收入，由40.5元增加到101.3元。[③]

　　第二，个人消费基金的增长。在1952年到1981年期间，全国居民平均每人消费水平由76元增加到249元，其中农民由62元增加到194元，非农业居民由148元增加到487元。这都是按照当年价格计算的。如果按可比价格计算，在这个期间，全国居民每人平均消费水平上升了1.222倍；其中农民上升了1.033倍，非农业居民上升了1.416倍。[④]

　　第三，社会消费基金的增长。按当年价格计算，在1952年到1981年期间，全国居民平均每人社会消费基金由7.5元上升到30.9元。[⑤]

　　此外，还有非生产性基本建设投资的增长。在1952年到1981年期

---

　　① 这里需要说明：我国人民按人口平均计算的个人消费基金和消费品的增长，同职工平均工资的增长有类似的情况。即在社会主义经济正常发展的情况下，均是逐年有增长的。也是由于"左"的错误的影响和"文化大革命"的破坏，有些年份有所下降。为了免去重复，下面不一一赘述。

　　② 《中国统计年鉴》(1981)，第403、426页。

　　③ 这里只包括农村人民公社基本核算单位分给社员的收入，不包括基本核算单位以外的农村人民公社各级集体付给社员的收入，故数字略低于前面所说的农民从集体分得的纯收入。

　　④ 《中国统计年鉴》(1983)，第484页。

　　⑤ 《中国统计年鉴》(1983)，第26页。

间，仅是国家用于非生产性基本建设的投资，按人口平均计算，由 2.49 增加到 19.12 元。[①]

可见，如果我们不只是看到第一项，而是同时看到第二、三项，那么在建国以后的 30 多年中，我国人民消费水平是有显著增长的。如果再看到由非生产性基本建设投资所形成的固定消费基金的增长，那么，我国人民消费水平的提高，就更为明显。可见，按照上述的方法论来探讨我国人民消费水平的增长，有利于充分地揭示社会主义制度的优越性。

（二）人民物质文化生活水平不断提高。

与人民的消费水平不断提高相联系，人民的物质文化生活也不断地有了改善。

在物质生活的改善方面，第一，每人平均主要食品消费量的增长（见下表）。

城乡每人平均主要食物消费量的增长　　　　单位：斤/人

	1952 年	1981 年	1981 年比 1952 年增长%
粮食	395.34	438.35	10.88
其中：城镇	480.70	431.46	-10.24
乡村	383.44	439.93	14.73
食用植物油	4.19	5.88	40.33
其中：城镇	10.23	13.77	34.60
乡村	3.35	4.08	21.79
猪肉	11.83	22.15	87.24
其中：城镇	17.84	33.96	90.36
乡村	11.09	19.45	75.38
食糖	1.82	8.19	350.00
其中：城镇	5.99	18.25	204.67
乡村	1.24	5.88	374.19

上表表明：一是，在 1952 年到 1981 年期间，只有城镇居民平均每人每年粮食消费量下降了 10.24%。而这种下降并不表明物质生活水平的下

① 《中国统计年鉴》（1983），第 339 页。这个数字是按当年价格计算的。

降，恰恰相反，是可以看作物质生活水平提高的表现。因为它是其他的、质量更高的主要食物（如食用植物油、猪肉、食糖等）增长的结果。二是，除了粮食以外，其他主要食物每人平均消费量都显著地上升了。上升的幅度由10%以上直到3.7倍。三是，在主要食物每人平均消费量的增长速度方面，食用植物油比粮食快，猪肉比食用植物油快，食糖又比猪肉快。这表明主要食物的构成在发生变化，表明食物质量在提高。

伴随着主要食物每人平均消费数量的增长以及食物质量的提高，我国城乡居民从主要食物摄取的营养量也起了变化。

城乡居民每人每天消费的主要食品中含有的营养成分

	单位	1952 年	1978 年	1981 年	1981 年比 1952 年 ± %	1981 年比 1978 年 ± %
热量	千卡①	2270	2311	2666	17.4	15.4
按动植物产品分：植物产品	千卡	2159	2169	2465	14.2	13.6
动物产品	千卡	111	142	201	81.1	41.5
按城乡分：城镇	千卡	—	2715	2966	—	9.2
乡村	千卡	—	2224	2598	—	16.8
蛋白质	克	69.6	70.8	78.8	13.2	11.3
按动植物产品分：植物产品	克	66.5	66.8	73.5	10.5	10.0
动物产品	克	3.1	4.0	5.3	71.0	32.5
按城乡分：城镇	克	—	81.6	84.1	—	3.1
乡村	克	—	68.5	77.7	—	13.4
脂肪	克	28.3	29.9	41.1	45.2	37.5
按动植物产品分：植物产品	克	17.7	16.0	21.3	20.3	33.1
动物产品	克	10.6	13.9	19.8	86.8	42.4
按城乡分：城镇	克	—	49.0	63.4	—	29.4
乡村	克	—	25.7	36.1	—	40.5

上表表明：其一，在1952年到1981年期间，我国城乡居民每人每天从主要食品摄取的热量、蛋白质和脂肪都有了显著的增长。其二，尽管直到1981年，热量、蛋白质和脂肪等各种营养素主要还是来自植物产品，

---

① 通过食物给人体提供一定数量的热量，是人类维持正常生理功能的需要。热量的单位是卡路里，简称卡。一克水升高摄氏一度所需要的热量为一卡。

但在上述期间，来自动物产品的营养素的增长速度都超过了来自植物产品的营养素，因而前者的比重上升了，后者的比重下降了。在这个期间内，来自植物产品的热量由 95.1% 下降为 92.5%，来自动物产品的热量由 4.9% 上升为 7.5%；来自植物产品的蛋白质由 95.5% 下降为 93.3%，来自动物产品的蛋白质由 4.5% 上升为 6.7%；来自植物产品的脂肪由 62.5% 下降为 51.8%，来自动物产品的脂肪由 37.5% 上升为 48.2%。其三，直到 1981 年，城镇人民从主要食品中摄取的热量、蛋白质和脂肪的数量都高于乡村人民，但值得注意的是：乡村人民从主要食品中摄取热量、蛋白质和脂肪的增长速度都超过了城市人民。比如，在 1978 年到 1981 年期间，城镇人民从主要食品中摄取的热量增长了 9.2%，而乡村人民增长了 16.8%；城镇人民的蛋白质增长了 3.1%，而乡村人民增长了 13.4%；城镇人民的脂肪增长了 29.4%，而乡村人民增长了 40.5%。其四，根据卫生部门提供的资料，我国人民平均每天所必需的热量大约是 2600 千卡。达到了这个标准，基本上能够维持身体正常功能的需要。依据这个标准计算，1978 年我国人民每天从主要食品中摄取的热量还不够。近几年来，由于主要食品数量的增长及其质量的提高，1981 年我国人民每天平均得到的热量比 3 年前增加了 350 多千卡，基本上满足了维持人体正常功能的需要。① 总之，建国以来，我国城乡人民从主要食品中取得的各种营养素的数量和构成都起了变化。这是我国人民物质生活提高的一个重要方面。

第二，每人平均的穿着消费品的增长。

城乡居民每人平均穿着消费品的增长

	单位	1952 年	1962 年	1981 年	1981 年比 1952 年增长%	1981 年比 1962 年增长倍数
棉布	尺/人	17.12	—	30.19	80.55	—
其中：城镇	尺/人	40.19	—	49.41	22.94	—
乡村	尺/人	13.91	—	26.68	91.80	—
化纤布	尺/人	—	0.18	9.50	—	51.78
其中：城镇	尺/人	—	0.54	18.63	—	33.50
乡村	尺/人	—	0.11	7.41	—	66.36

① 《人民日报》1982 年 4 月 12 日第 1 版。

上表表明：一是，建国以后，我国人民每人平均消费的棉布量特别是化纤布有了大幅度的增长；二是，尽管目前乡村人民平均消费的棉布、化纤布的数量都还显著地低于城镇人民，但前者消费量的增长速度又是大大快于后者的。

第三，按人口平均计算的居住面积的扩大。

住房是人类生存的基本条件之一。按照恩格斯在《家庭、私有制和国家的起源》一书中所作的分析，处于原始公社初期发展阶段的蒙昧时代，人类的食物来源主要是靠采集野生果实和猎取野生动物。这时种植业和畜牧业还未产生。但为了解决住的问题，人类已经开始"能够用木材和木板来建筑房屋了"。[①] 这表明住房建筑在人类生活中居于极重要地位。

解放前，我国城镇住宅面积只有 2.7 亿平方米。解放后，1949 年到 1978 年的 30 年共新建 5.16 亿平方米。1979 年到 1981 年的 3 年又新建了 2.23 亿平方米，几乎接近半殖民地半封建中国城镇住宅的总和。[②] 但由于城市人口增加太快及其他原因，每人平均居住面积增加不多。据城市职工家计调查资料，1952 年每人平均居住面积为 4.5 平方米，[③] 1981 年增加到 5.27 平方米。[④] 一般说来，建国以后新建的住房比解放初期的住房在质量上也要好得多。目前湖北省沙市市流行着一个顺口溜："50 年代小平房，60 年代外长廊（即住房前面有一个长廊），70 年代房套房，80 年代单元房。"这个顺口溜生动地反映了建国以来沙市市人民住房质量提高的过程。当然，沙市市只有 20 多万人口，是小城市，不能完全反映全国城市人民住房质量提高的状况。但总是从一个侧面表现了这一点。这种居民住房数量上增长、质量上提高的情况，在近几年的农村表现得尤为明显。据农民家计调查资料，在 1978 年到 1981 年期间，平均每户年底使用房屋由 3.64 间增加到 4.28 间，每人平均年底使用房屋面积由 10.17 平方米增加到 12.47 平方米。[⑤] 房屋结构也起了显著的变化。在上述期间内，砖木结构在全部住房中所占的比重由 36.8% 增长到 47.9%，钢筋混凝土结构由 0.2% 上升到 0.7%。

---

① 《马克思恩格斯选集》第 4 卷，第 19 页。

② 《工人日报》1982 年 4 月 26 日第 1 版。

③ 《人民日报》1980 年 8 月 5 日第 5 版。

④ 《人民日报》1982 年 3 月 12 日第 3 版。

⑤ 《中国统计年鉴》（1981），第 431 页。

第四，按人口平均计算的用的消费品的增长。

在 1952 年至 1981 年期间，城乡居民平均每人消费的火柴由 14.4 盒增长到 23.8 盒，增长了 65%；肥皂由 1.3 块增长到 5.7 块，增长了 3.3 倍。在这期间，平均每百人消费的保温瓶由 1.5 个增长到 10.9 个，增长了 6.4 倍；搪瓷脸盆由 1.4 个增长到 9.4 个，增长了 5.7 倍。在这期间，平均每万人消费的缝纫机由 1.8 架增长到 93.1 架，增长了 51.9 倍；自行车由 5.8 辆增长到 160 辆，增长了 28.6 倍；手表由 6.9 只增长到 295.9 只，增长了 42.1 倍；收音机由 0.3 台增加到 309 台，增长了 1029 倍。在 1978 年至 1981 年期间，平均每万人消费的电视机，由 30 台增长到 160 台，增长了 4.3 倍。可见，我国人民每人平均消费的日用消费品增长幅度是很大的，从百分之几十，到成倍地、成十倍地、成千倍地增长；其中高档的耐用消费品的增长幅度又大大超过了一般消费品的增长幅度。

第五，城市公用事业的发展。

现代社会条件下，城市公用事业的发展，涉及人民生活的食、住、行和环境卫生等各个方面，因而成为人民物质生活提高的一个重要标志。

建国以后，我国城市公用事业的发展是很快的。在 1949 年到 1981 年期间，自来水全年供水总量增长了 10.07 倍；平均每万人拥有的汽车电车、道路长度以及下水道长度分别增长了 91.5 倍、14.71 倍和 21.73 倍；煤气、天然气和石油液化气的总供应量增长了 65 倍以上。有些公用事业（如地下铁道等）还是从无到有发展起来的。经过 30 多年的发展，我国城市各项公用事业已经达到了巨大的规模。比如，1981 年，我国城市全年自来水供水总量为 97 亿立方米，公共汽车、电车总数为 3.4189 万辆，铺设道路总长度 3.0277 万公里，下水道总长度为 2.3183 万公里，煤气、天然气和石油液化气的供应总量为 25 亿立方米以上，公共绿化面积为 11 万余公顷，清运垃圾、粪便 4100 多万吨。

我们在前面从食物、穿着、住房、日用消费品的增长以及城市公用事业的发展等五个方面，分析了解放以后我国人民物质生活的提高。这个分析表明：建国以后，我国人民的物质生活是有了很大改善的。

在文化生活的提高方面：

第一，教育事业的发展。

平均每万人口在校学生数和大中小学学生构成[1]

年份	各级学校在校学生总数占全国人口的百分比	平均每万人口中有			占各级学校在校学生总额的百分比		
		大学生（人）	中学生（人）	小学生（人）	大学生	中学生	小学生
1949	4.79	2.2	23	450	0.5	4.9	94.6
1952	9.47	3.3	55	889	0.3	5.8	93.9
1981	19.55	12.8	503	1439	0.7	25.7	73.6
1981 比 1949 ± %	308.1	481.8	2087.0	219.8	40.0	424.5	− 22.2
1981 比 1952 ± %	106.4	287.8	814.5	61.9	133.3	343.1	− 21.6

上表表明：建国以后，无论是各级学校在校学生总数占全国人口的比重，或者每万人口中大、中、小学学生占的比重，都大幅度地增长了。其中大、中学生增长得更快，因而大、中学生占在校学生的比重上升了，小学生的比重下降了。

然而，建国以后，教育事业的发展，不仅表现为学龄人口教育的发展，而且表现为成人教育的发展。近几年来的情况尤其是这样。1981 年全国在职人口的在校学生达到了 1928.9 万人。[2] 而且，这种教育的发展正是方兴未艾。

第二，与教育事业的发展相联系，职工的文化水平提高了。这表现为两方面：一方面，职工队伍中脑力劳动者的人数大大增长了，他们的比重上升了。在 1952 年至 1981 年期间，社会主义国家所有制单位科技人员由 42.5 万人增长到 571.4 万人，增长了 12.44 倍；平均每万职工中科技人员，由 269 人增长到 682.5 人，增长了 1.54 倍。[3]

另一方面，体力劳动者文化水平的提高。建国以后，特别是 20 世纪 60 年代以后，许多城市都普及了初中教育，到了 70 年代，有些城市还普及了高中教育。这样，主要来自城市的新一代青年工人，[4] 大都是高、初中毕业生，文化程度高于老一代工人。据 1957 年统计，当时全国职工的

---

① 《中国统计年鉴》（1981），第 444 页。

② 《中国统计年鉴》（1981），第 449 页。

③ 参见《中国统计年鉴》（1983），第 525 页。

④ 老一代工人大部分来自农村，新一代工人大部分来自城市。据统计，1957 年产业部门的 700 万新工人中，出身于工人家庭的约占 30%。而 1966 年以来进厂的新工人，出身于工人家庭的占到 80% 以上。

文化程度，中学生不到 20%，小学生占了 64%，文盲占了 15%。现在 90% 以上的青年工人具有初中毕业或高中毕业的学历，文盲只是极少数。当然，由于"文化大革命"的破坏，许多青年工人并没有真正受到与他们学历相应的教育，因而不少人的实际文化水平没有达到他们的学历水平。但在现代城市中，青年获取知识的渠道是很多的。如电视、广播和展览会等等均是。所以，即使扣除了他们的实际文化水平同学历不相称这个因素，当前新一代工人的文化水平比老一代工人也要高得多。当然，同社会主义现代化建设的需要相比，他们的文化水平仍然很不够，急需通过职工教育，不断提高他们的文化水平。

在人民健康水平的提高方面，第一，医疗卫生事业的发展。在 1952 年至 1981 年期间，平均每千人口中的卫生技术人员由 1.2 人增加到 3.02 人，增长 1.52 倍；其中医生由 0.74 人增加到 1.25 人，增长 67%；医院床位由 0.28 张增加到 2.02 张，增长 6.21 倍。此外，1981 年，全国农村还有赤脚医生 139.6 万人，卫生员 200.7 万人，接生员 58.5 万人，共 398.8 万人。[①]

第三，随着我国医疗卫生事业以及群众性的爱国卫生运动的发展，人民的身体健康水平提高了。这表现在：一是，疾病减少。我国现在已经消灭（或基本消灭）了鼠疫、天花、性病、黑热病、回归热、斑疹伤寒等传染病。我国南方 13 个省、市、自治区 347 个县、市曾经流行血吸虫病，病人 1000 多万人，目前已有 2/3 的病人治愈。解放以前，我国疟疾病人曾经高达 3000 万人以上，1980 年已减少到 330 多万人，目前正在进一步下降。地方性甲状腺肿已治愈病人 1000 万人，现在新发病例极少。克山病、大骨节病和地方性氟病等都在一定程度上得到了控制。小儿麻痹、麻疹、白喉、百日咳、新生儿破伤风等急性传染病的发病率大幅度下降。根据部分城市居民死亡原因的统计资料，因呼吸系统疾病、结核病、消化系统疾病、急性传染病而死亡的人数占死亡总人数的比重，1954 年至 1959 年为 34.4% ~ 39.6%，1974 年至 1978 年下降到 17.3% ~ 21.8%。[②] 二是，人口死亡率下降。1949 年，全国人口死亡率为 20‰，1952 年下降到 17‰，1981 年下降到 6.2‰。婴儿死亡率下降的幅度更大。1954 年，据

① 《中国统计年鉴》（1983），第 542、543、545 页。

② 马洪主编：《现代中国经济事典》，第 582 页。

14 个省部分县、市的统计，婴儿死亡率为 138.5‰。1979 年，据北京等 14 个市部分地区的统计，婴儿死亡率已经下降到了 11.6‰；据上海、江苏等 8 个省、市部分地区的统计，婴儿死亡率为 25.5‰。三是，人口平均寿命延长。根据部分地区调查的资料计算，1957 年人口平均寿命为 57 岁，1981 年提高到 69 岁，延长了 12 岁。据典型调查，抗日战争胜利以前，全国人口平均寿命只有 35 岁。现在比那时几乎延长了 1 倍。四是，青少年体质有了大幅度提高。根据世界近百年的统计，平均每十年，青少年身高可以增加 1.5 厘米，体重可以增加 0.5 公斤至 1 公斤。而据上海市的调查，在 1955 年至 1979 年的 24 年间，7 岁至 17 岁男性平均身高增长 5.17 厘米，女性增长 5.23 厘米；男性平均体重增长 4.2 公斤，女性增长 3.6 公斤。[①] 另外，据《健康报》报道：北京市中小学生的生长发育按每十年增长率计算，男学生身高平均增长 2.63 厘米，体重平均增长 1.64 公斤；女学生身高平均增长 2.22 厘米，体重平均增长 0.95 公斤。所有这些都说明：解放以后，我国人民的健康水平有了很大的提高。

前面的分析表明：社会主义积累在促进社会生产发展和公有财富增长以及提高人民生活方面起了重要的作用。但同时也要看到：由于种种原因，特别是由于长期存在的"左"的错误，社会主义制度在这方面的优越性，并没有得到充分的发挥。

[①] 《大众医学》1981 年第 8 期，第 1 页。

第二章 社会主义积累和消费的比例关系

第一节 积累和消费比例关系问题的重大意义

社会主义各国的建设经验已经反复地、充分地证明：社会主义积累和消费的比例关系问题，是一个具有十分重要的经济、政治意义的问题。

第一，积累和消费的比例关系，是社会主义国民经济中的一个最重要、最综合的比例关系。说它是一个最重要的比例关系，因为它同第一部类和第二部类的对比关系相类似，都是社会主义再生产过程中的基本比例关系。说它是一个最综合的比例关系，有两方面含义：一方面，国民经济中其他重要比例关系的变化，最终都要反映到积累和消费的比例关系上。这里所说的国民经济中其他重要比例关系，不仅包括像社会主义集体所有制经济中劳动者个人消费的增长速度与劳动生产率增长速度的对比这样的局部性比例关系，而且包括像第一部类与第二部类的对比以及农业、轻工业和重工业的对比这样的全局性比例关系。另一方面，积累和消费的比例关系的变化又总要引起国民经济中其他重要比例关系的变化。这样，正确确定积累和消费的比例关系，就成为正确处理国民经济其他重要比例关系的关键，成为社会主义再生产运动能够顺利进行的出发点。

第二，积累和消费的比例关系是同社会主义生产目的相联系的。社会主义的生产目的，主要是为了提高人民的物质文化生活水平。而社会主义的消费基金主要正是直接用于改善人民生活的。社会主义积累基金分为生产性积累基金和非生产性积累基金。非生产性积累基金主要也是直接用来提高生活水平的，生产性积累基金是扩大再生产的泉源，扩大再生产是将来进一步提高人民生活的物质基础。这样，积累和消费比例关系同社会主义生产目的相联系就有两层意思：一是同当前人民生活的提高直接相联系；二是通过扩大再生产同将来人民生活的提高间接相联系。这样，正确处理积累和消费的比例，就成为提高当前和将来人民物质文化生活的一个极重要因素。

第三，积累和消费比例关系的协调发展，是提高经济效益的一个十分重要的条件。提高经济效益是社会主义建设中的核心问题，是一切经济工作的根本出发点。要提高经济效益（包括宏观经济效益和微观经济效益），国民经济必须按比例的发展。而积累和消费的比例关系是国民经济中最重要、最综合的比例关系，它的协调发展有助于带动整个国民经济的按比例发展。所以，正确处理积累和消费的比例关系，对于提高经济效益具有极为重要的作用。

第四，积累和消费比例关系的协调发展，也是社会主义生产稳定的、持续的、高速度增长的必要前提。国民经济按比例发展，是社会主义再生产得以顺利地、连续地进行的必要条件。而积累和消费比例关系的协调发展是促使整个国民经济按比例发展的关键。不仅如此，它还是提高经济效益的一个十分重要的因素。而经济效益的提高，又是社会主义生产迅速增长的基础。所以，正确处理积累和消费的比例关系，对于社会主义生产稳定的、持续的、高速度的增长，有不容忽视的重要意义。

第五，与上述四种情况相联系，积累和消费比例关系的协调发展，也就成为发展安定团结政治局面和巩固无产阶级专政的一个重要因素。

第二节　处理积累和消费比例关系的原则及判断
积累和消费比例关系协调与否的方法

一、处理积累和消费比例关系的原则

邓小平同志在党的第十二次全国代表大会上，对我国社会主义革命、建设的基本经验做了这样高度的、科学的概括："我们的现代化建设，必须从中国的实际出发。无论是革命还是建设，都要注意学习和借鉴外国经验。但是，照抄照搬别国经验、别国模式，从来不能得到成功。这方面我

们有过不少教训。把马克思主义的普遍真理同我国的具体实际结合起来，走自己的道路，建设有中国特色的社会主义，这就是我们总结长期历史经验得出的基本结论。"① 积累和消费的比例关系，是我国国民经济中的一个基本的比例关系。显然，对处理这个比例关系的基本原则的探讨，也必须从我国的国情出发，把马克思主义的普遍真理同我国的具体实际结合起来，提出具有中国特色的原则来。

（一）必须遵守"一要吃饭，二要建设"的基本原则。

党的十二大提出："'一要吃饭，二要建设'，是指导我国经济工作的一项基本原则。"② 这是符合我国国情的、以多年社会主义建设实践经验为基础的、马克思主义的、判断积累和消费比例关系协调与否的根本原则。

之所以说它是马克思主义的原则，是因为社会主义生产的目的，是为了不断提高人民的物质生活和文化生活。要达到这个目的，不仅需要消费基金，而且需要积累基金。因为扩大生产是进一步提高人民物质文化生活的物质基础。因而，二者在根本上是一致的。但也有矛盾。任务就在于"必须使二者达到最完满的结合"。③ 所谓二者的"最完满的结合"（即最优的结合），就是要使得人民的物质文化生活得到稳定的、持续的、迅速的增长。因为社会主义生产的目的主要就在于这一点，社会主义扩大再生产的目的也是这样，作为实现扩大再生产泉源的积累亦当如此。这样，实现了积累与消费结合的比例关系，或者说，兼顾了积累和消费两方面的比例关系，就是协调的比例关系，反之，就是失调的比例关系；实现了积累和消费最优结合的比例关系，或者说最好地兼顾了积累和消费两方面的比例关系，就是最优的比例关系，反之，就是严重失调的比例关系。可见，与积累和消费结合（或者兼顾积累和消费两方面）相一致的"一要吃饭，二要建设"的原则，既完全符合马克思主义关于社会主义生产目的的理论，又完全符合马克思主义关于生产是消费基础的理论，从而成为处理积累与消费比例关系协调与否的最根本原则。

这项原则又是从我国的具体国情出发的。半殖民地半封建中国的经济

---

① 《中国共产党第十二次全国代表大会文件汇编》，第 3 页。
② 《中国共产党第十二次全国代表大会文件汇编》，第 21 页。
③ 《苏联共产党代表大会、代表会议和中央全会决议汇编》第 3 分册，人民出版社 1956 年版，第 379 页。

文化十分落后。建国以后，我国社会生产力已经得到了巨大的发展。但相对于当代经济发达的国家来说，我国还是一个发展中的社会主义国家，经济、文化都显得落后，特别是农村生产力很落后。整个社会的剩余产品率不高，剩余产品总量也不多，人民的生活（特别是农民的生活）水平还比较低。这种基本国情使得下述要求具有更重要、更迫切的意义。这个要求就是：在处理积累与消费比例关系时，必须把保证人民生活的基本需要、适当提高人民生活放在第一位。只有这样，才有利于发挥社会主义经济制度的优越性，有利于激发人民的社会主义劳动积极性，有利于促进社会主义生产的发展，有利于巩固安定团结的政治局面。但是，也正是由于当前我国经济还比较落后，国力有限，因而在短时期内还不可能使人民生活得到很显著的提高，达到很宽裕的程度；而且，为了较快地改变中国落后的面貌，不断地发展社会主义的经济、文化事业，以便进一步提高人民的物质文化生活，逐年还必须有一定的建设。

关于这项"一要吃饭，二要建设"的指导方针，陈云同志曾经做过精辟的分析。1979 年初，陈云同志针对过去长期存在的"左"倾错误（包括忽视消费的高积累的错误）指出："我国社会经济的主要特点是农村人口占 80%，而且人口多，耕地少。"同年，他又说："我国有九亿多人口，80% 以上在农村，必须使他们有吃有穿，而且一年比一年生活过得好。在这个基础上来安排我们国家的建设和经济生活。农民是个大头，把这个大头安排好了，中国的大局就稳定了，否则全国不得安定。"① 1982 年初，陈云同志针对近年来我国人民消费水平提高在一定程度上超过国力的情况指出："人民生活是要改善的，第一要吃饭，而且要吃饱，不能吃得太差，但是也不能吃得太好。第二要建设。一个国家吃光用光，那这个国家就没有希望。只有吃饱后，国家还有余力来建设，这才有希望。"② 这样，陈云同志就完整地阐述了"一要吃饭，二要建设"的指导方针。

这项原则还是我国社会主义建设经验的科学总结。早在 1957 年，毛泽东同志就对这项原则做过这样的说明："在分配问题上，我们必须兼顾国家利益、集体利益和个人利益。对于国家的税收、合作社的积累、农民的个人收入这三方面的关系，必须处理适当，经常注意调节其中的矛盾。

---

① 转引自马洪：《经济结构与经济管理》，人民出版社 1982 年版，第 26 页。
② 《人民日报》1982 年 1 月 26 日第 1 版。

国家要积累，合作社也要积累，但是都不能过多。我们要尽可能使农民能够在正常年景下，从增加生产中逐年增加个人收入。"① 这里有四点是需要说明的：第一，不能认为这是毛泽东同志的一个偶然论述。实际上，这是他当时对经济工作的一个重要指导思想。他不仅在《关于正确处理人民内部矛盾的问题》这样重要著作中论述了这个问题，而且在纲领性文件《论十大关系》中也阐明了类似的思想。第二，也不能认为这个思想仅仅是处理农业生产合作社分配问题的指导原则，它同时还是处理国民经济中积累和消费比例关系问题的指导原则。实际上，这个原则也不只是总结农业合作化经验形成的，同时也是总结了建国以后的（包括国民经济恢复时期和第一个五年计划时期）社会主义建设的经验而提出的。第三，还不能认为这个思想把积累和消费放在平分秋色的地位，而是"要尽可能使农民能够在正常年景下，从增加生产中逐年增加收入"。这当然也不是说，积累是不重要的，是可有可无的，而是同时指出："国家要积累，合作社也要积累，但是都不能过多。"第四，但是，这时并没有明确提出"一要吃饭，二要建设"的方针。直到 1959 年，毛泽东同志在总结了"大跃进"的失误经验（包括积累率过高的失误经验）以后，又进一步指出：要先安排好市场，再安排基建，要把衣、食、住、用、行五个字安排好，这是关系全国人民安定的问题；这五个字安排好了，大家高兴，国家也可以多积累，多建设。这就告诉我们：在生产发展的基础上，首先要把消费安排好，保证群众的生活有所提高，然后再安排积累，使得生产继续有所增长。这时虽然仍未明确提出"一要吃饭，二要建设"的方针，但应该说是明确地包含了这个方针的思想。但很可惜，毛泽东同志这个正确的、重要的指导思想，由于种种原因，并没有在实际工作中得到持续的贯彻，以致 1958 年以后积累和消费的比例关系长期处于严重的失调状态。赵紫阳同志在 1981 年召开的第五届全国人大四次会议的《政府工作报告》中，依据对我国 30 余年的社会主义建设经验的总结，对这个问题做了更清楚的说明。他说："把人民利益放在第一位，在处理生产建设和人民生活的关系时，首先保证人民生活的基本需要，这是今后必须坚持的原则。""但是，人民生活的改善，必须建立在生产发展的基础上。"②

---

① 《毛泽东选集》第 5 卷，第 380 页。
② 赵紫阳：《当前的经济形势和今后经济建设的方针》，人民出版社 1981 年版，第 47 页，版本下同。

可见，"一要吃饭，二要建设"的指导方针，是兼顾积累和消费的原则的进一步发展和具体化。因为，它不仅一般地要求必须兼顾积累和消费两方面，而且明确地规定二者的先后顺序，即第一要满足人民消费水平提高的需要，第二要满足社会主义积累的需要，还原则地规定了人民消费水平提高的界限，即不能妨碍必要的、一定的积累需要。这样一项符合我国国情的、以长期社会主义建设实践经验总结为基础的、马克思主义的原则，对于纠正过去长期存在的忽视消费的高积累的"左"的错误，对于避免片面强调消费、忽视必要积累情况的发生，有着极重要的指导意义，因而成为我们处理积累和消费比例关系的最根本原则。

（二）必须与国民收入的物质构成相适应。

处理积累和消费比例关系另一项重要原则是：必须使它与国民收入的物质构成，即生产资料与消费资料的比例关系相适应。马克思在论到社会资本再生产与流通时说过："这个运动不仅是价值补偿，而且是物质补偿，因而既要受社会产品的价值组成部分相互之间的比例的制约，又要受它们的使用价值，它们的物质形式的制约。"[①] 从一般意义上说，社会主义社会积累基金和消费基金的实现，也是要由一定数量的生产资料和消费资料作为前提条件的。很明显，积累基金主要用于扩大再生产，其实物形态主要是生产资料，因而主要必须与社会提供的追加生产资料的数量相适应。如果前者大于后者，就会形成生产资料供应不足，如果前者小于后者，又会造成生产资料的积压。消费基金主要用于个人生活消费，其实物形态主要是消费品，因而主要必须与社会提供的消费资料数量相适应。如果前者大于后者，就会形成生活资料供应不足；如果前者小于后者，也会造成生活资料的积压。可见，积累和消费的比例关系，最终要与国民收入物质构成即生产资料与消费资料的对比关系相适应；否则，就不能实现。因而，就谈不上积累和消费的比例关系的协调。

结合我国的具体情况，可以把上述原则具体化为两方面内容：一是，固定资产投资（包括基本建设投资和现有企业的更新改造投资）必须与社会提供的追加的生产资料相适应。诚然，从基本建设投资的来源看，不仅包括积累基金，而且包括固定资产的折旧费，即生产资料的补偿基金。

---

① 《马克思恩格斯全集》第 24 卷，第 437—438 页。

从基本建设投资的结果看，也不仅是形成新增固定资产，而且包括原有固定资产的补偿。前者是属于扩大再生产，后者是属于简单再生产。这一点，在采掘工业中表现得尤为明显。比如，某个计划时期内，报废煤矿生产能力 1000 万吨，新增煤矿生产能力 2000 万吨。这样，扩大再生产部分只是 1000 万吨，另 1000 万吨是简单再生产部分。至于现有企业的技术改造的投资，则更是如此。而且，在这里，原有固定资产的补偿与增值是结合在一起的。我们这里所说的基本建设投资与现有企业技术改造投资，实际上是指的积累部分，即扩大再生产部分，而不是简单再生产部分。就我国现阶段的情况来看，这两部分投资在积累基金中占了很大的部分。因此，基本建设投资和现有企业更新改造投资与社会提供的追加生产资料相适应，对于实现上述的第二项原则具有关键的意义。二是，居民和社会集团对于消费品的购买力与社会提供的生活资料量相适应。这一部分购买力虽然不等于社会提供的全部消费资料的价值，但它占了大部分。这一部分虽然不包括农民自给性的消费部分，但后者并不存在消费品的购买力与消费品可供量的平衡问题。因此，实现居民和社会集团对于消费品的购买力与社会提供的生活资料相适应，对于实现上述的第二项原则，也具有十分重要的意义。

　　这里所说的两种适应都有两方面的含义：第一，社会提供的生产资料和消费资料在满足了社会扩大再生产和提高人民生活的需要以外，还应有适当的结余。因为随着社会主义建设规模的扩大和人民生活的提高，需要逐年地增加一定数量的储备。第二，由于社会主义再生产是一个连续不断的发展过程，因而不仅当前生产周期要求有这种适应，而且后续生产周期也要求有这种适应。

　　需要着重指出：把上述的马克思主义的第二项原则（即积累与消费的比例关系必须与国民收入的物质构成相适应）结合我国的具体经济情况加以运用和发展，以实现中国化的问题，早在 1957 年已经由陈云同志完成了。陈云同志依据我国"一五"时期的社会主义建设的经验，特别是 1956 年基本建设投资规模偏大的教训，在 1957 年初就明确地回答了这个问题。第一，陈云同志指出："建设规模的大小必须和国家的财力物力相适应。适应还是不适应，这是经济稳定或不稳定的界限。像我们这样一个有六亿人口的大国，经济稳定极为重要。建设的规模超过国家财力物力的可能，就是冒了，就会出现经济混乱；两者合适，经济就稳定。当然，如果保守了，妨碍了建设应有的速度也不好。""应该看到，基本建设搞多少，不决定于钞票有多少，而决定于原材料有多少。"因为财力的实现是需要物力作保证的。因而，我们可以说，基本建设规模必须与物力相适应，这是经济能否按比例发展、从而能否稳定发展的一个最重要界限。第二，陈云同志还指出："人民的购买力要有所提高，但是提高的程度，必须同能够供应的消费物资相适应。"这也是经济稳定与否的一条重要界限。第三，陈云同志认为，"财政收支和银行信贷都必须平衡，而且应该略有结余。"他曾经把这项原则作为经济稳定或不稳定的第一条界限，并强调指出："这是极为重要的一个问题。"因为，一是，基本建设投资在积累基金中占了大部分，而基本建设投资主要是由财政支付的，一部分同信贷也有联系。二是，居民对消费品购买力在消费基金中占了大部分，而居民购买力的主要构成部分则是职工的工资和农民出售农副产品的收入，这些主要也是由财政支付的，一部分同信贷有关联。所以，正如陈云同志所概括的："只要财政收支和信贷是平衡的，社会购买力和物资供应之间，就全部来说也会是平衡的。"①

可见，陈云同志提出的这些原则，是上述的第二项马克思主义原则的中国化，是具有中国特色的判断积累与消费比例关系协调与否的另一个基本原则的具体化。

这里需要说明：当前我国的经济情况与"一五"时期相比已经发生了巨大的变化，但陈云同志提出的这些原则仍然有重要的指导意义。就基本建设投资必须与国家的财力物力相适应来说，当前我国扩大再生产的主要途径要逐步由过去的主要依靠新建企业转向主要依靠现有企业的技术改造。这样，基本建设投资在整个固定资产投资中的比重下降了，现有企业更新改造投资的比重上升了。但从"六五"计划来看，五年内社会主义国家所有制单位的固定资产投资中，基本建设投资仍然占到将近2/3，现有企业的更新改造投资占了1/3多一些。②但是，重要的问题还不在于基本建设投资在固定资产投资中占了大部分，而是在于陈云同志提出的这项

---

① 陈云：《建设规模要和国力相适应》，《经济日报》1983年5月5日第1版。
② 参见《中华人民共和国第五届全国人民代表大会第五次会议文件》，人民出版社1983年版，第119页。

原则的基本精神对于处理现有企业更新改造投资与财力、物力的关系，也是适用的。至于陈云同志提出的人民购买力的提高必须同能够供应的消费物资相适应的原则，以及财政收支和银行信贷都必须平衡的原则，其现实的指导意义更是显而易见的。

（三）必须有利于经济效益的提高。

这也是处理积累和消费比例关系的一项重要原则。积累和消费比例关系的协调与否，对于社会主义建设中一系列重要问题都是有重大影响的。这些重大问题包括经济增长速度问题，国民经济比例关系问题，经济效益问题，以及社会主义生产目的问题。那么，为什么单把对经济效益的影响作为判断积累与消费比例关系是否协调的基本原则呢？这除了第一项基本原则已经体现了社会主义生产目的的要求，第二项原则也涉及国民经济按比例发展以外，主要因为提高经济效益，"是一个核心问题"。[①] 一是，就经济效益与速度的关系看，只有在提高经济效益的基础上，才会有真正的、稳定的、持续的高速度；否则，是不可能的。二是，就经济效益与比例的关系看，国民经济的按比例发展，既是为了顺利实现社会主义的扩大再生产，也是为了提高宏观和微观的经济效益。从后一方面说，它服从于提高经济效益的要求。三是，就经济效益与人民生活的关系看，提高经济效益意味着节约社会劳动；而节约社会劳动正是国民收入增长的最主要因素；在国民收入增长的基础上，可以同时兼顾积累和消费较快的增长，从而使得人民生活得到持续的、迅速的提高。这些就使得提高经济效益成为社会主义建设中的一个核心问题，从而成为考虑一切经济问题的"根本出发点"，[②] 也是判断积累和消费比例关系是否协调的一项基本原则。这是从经济效益是社会主义建设中的核心问题来说的。而且，积累和消费比例关系的协调与否对经济效益的提高或下降，也有重要的影响。从这些方面说，经济效益可以看作是处理积累和消费比例关系的一个原则。

需要指出：经济效益的变化，要受到多方面因素的影响，并不只是受到积累和消费比例关系的制约。所以，我们既不能不加分析地把经济效益的好坏只是归结为积累率的协调与否；也不能简单地依据积累和消费比例关系协调与否来判断经济效益的好坏。

① 赵紫阳：《当前的经济形势和今后经济建设的方针》，第15页。
② 赵紫阳：《当前的经济形势和今后经济建设的方针》，第16页。

上述三项原则，就是具有中国特色的、处理积累与消费比例关系的基本原则。

二、判断积累和消费比例关系协调与否的方法

积累基金和消费基金的对比关系，是可以拿积累率（即积累基金在国民收入使用额中的比重）来表示的。因此，采取适当的方法分析积累率，对于我们正确判断积累与消费比例关系协调与否，具有重要的意义。

人们常常以积累率的高低来表示积累与消费比例关系的协调与否。这在某种直观的意义上也是可以的。但是，严格说来，如果仅仅简单地依据积累率高低来判断积累与消费的关系，那并不能真正地、全面地揭示这种关系，因而是很不够的。问题在于：第一，积累率究竟多高合适，决定于许多因素，其中最主要的是社会生产力的发展水平。如果抛开其他因素不说，那么，在社会生产力发展水平较低的情况下，某种积累率会引起积累和消费的关系失调（即积累基金比重过大，消费基金比重过小）；但在社会生产力发展水平较高的情况下，同样的积累率却可以表示积累和消费的协调状态。要准确地判断某种积累率是否引起积累和消费关系失调，必须联系社会生产力和其他因素来说明。而且，即使某种积累率引起了积累和消费关系的失调，但单从它本身也难以充分说明。要做到这一点，必须联系由这种积累率而引起的生产和生活两方面的情况。第二，如果不是仅仅局限于积累基金和消费基金的对比关系来考察积累和消费的关系，而是要全面地、实际地把握积累和消费的关系，那么，积累的使用方向对于积累和消费关系是否协调也有重要的影响。这里首先是生产性积累与非生产性积累的安排。后者同前者虽然同属于积累基金，但又有不同，后者是为满足人民的物质文化生活需要直接提供生活资料的。比如，居民住宅、学校和医院的建筑物，等等。在我国，对国家所有制单位职工来说，医疗是免费的；教育在很大的程度上也是免费的；住宅还没实行商品化，房租很低，在一定程度上也是免费的。所以，非生产性积累不仅是固定消费基金（它是需要经过一定建设周期并可长期使用的），而且在很大程度上是免费的。这样，如果生产性积累安排过多，非生产性积累安排过少，那对人民的生活就有重要的影响。就我国当前的实际情况来说，如果不看到积累使用的这一方面，那就无法说明当前居民住宅建设和城市公用设施以及文化、教育、卫生事业远远不能满足人民生活需要的状况。在生产性积累

中，生产资料生产的积累和消费资料生产的积累的安排，对于人民生活的影响，也是不能忽视的。如果前者安排过多，后者安排过少，那就必然从物质条件方面限制了消费基金的适当增长；并且可能使得居民购买力超过消费品的可供量，势必引起消费品价格上升，并且促使消费品质量下降，降低人民的实际生活水平。如果看不到这一点，也很难说明我国有一个时期内职工实际工资的下降。但上述积累使用的两个方面，都是积累率所不能包括的。所以，要全面地、实际地把握积累和消费的情况，还必须考察积累的使用方向。

根据上面的分析，我们可以做出结论：第一，在考察积累率指标是否表现了积累和消费比例关系协调状态时，要联系我国的实际情况（特别是社会生产力的发展状况）加以具体说明，要联系由这种积累率引起的有关生产和消费两方面情况作出具体分析。第二，当我们不只是从积累基金和消费基金的对比关系，而是全面地、实际地探讨积累和消费的关系时，还要联系到积累的使用方向，主要是生产性积累和非生产性积累以及生产资料生产积累和生活资料生产积累的安排。

现在我们依据前述的处理积累和消费比例关系的基本原则以及判断积累和消费比例关系协调与否的方法，具体分析建国以后各个时期的积累和消费的比例关系（这就是本章第三节的内容），并对本世纪最后 20 年积累和消费的比例关系做出预测和分析（这就是本章第四节的内容）。但是，考虑到各个时期的具体经济特点，也为了避免论述上的累赘，显然没有必要在每一个时期都依据上述的原则和方法，按照一个模式做一番考察。我们只能有选择地、有区别地这样做。

第三节　对建国以来积累和消费比例关系的历史考察

一、"一五"时期积累和消费的比例关系是比较协调的

"一五"时期各年积累率是：1953 年为 23.1%，1954 年为 25.5%，1955 年为 22.9%，1956 年为 24.4%，1957 年为 24.9%。5 年合计的积累率为 24.2%。[1]

①　《中国统计年鉴》（1983），第 26 页。

事实表明："一五"时期的积累率较好地实现了积累和消费的结合，较好地兼顾了积累和消费两方面。

第一，"一五"时期消费基金总额逐年有所增长；积累基金总额除了个别年份以外，也是逐年增长的。从整个"一五"时期来看，虽然积累基金总额的增长速度快于消费基金总额的增长速度，但消费基金总额也有适当的增长。按当年价格计算，1957年与1952年相比，消费基金总额增长了47.2%，积累基金总额增长了79.2%。[①]

第二，与第一点情况相适应，这个期间的社会生产和人民生活也呈现出类似的发展趋势。"一五"期间，工农业总产值和全国居民平均消费水平都是逐年有所增长的，二者的增长速度大体上也是适当的。1957年与1952年相比，工农业总产值增长了67.8%，全国居民平均消费水平提高了22.9%。[②]

第三，"一五"时期人民生活提高的速度是低于国民收入和社会劳动生产率的提高速度的。按可比价格计算，在1953年到1957年期间，国民收入增长了53%，按人口平均计算的国民收入增长了42%，社会物质生产部门的劳动生产率提高了36.8%；而居民平均每年消费水平只上升了22.9%。

上述三方面的情况清楚地表明："一五"时期积累和消费的比例关系，是比较协调的。

正因为这样，这个时期也较好地实现了积累和消费之间的相互促进的良性循环。上述这个时期的社会生产和人民生活逐年较快增长的情况表明：积累促进了社会扩大再生产，为人民物质文化生活的提高奠定了物质基础；人民消费水平的增长，也提高了人民的社会主义劳动积极性，推动了社会生产的发展，为积累的进一步增长提供了更丰富的泉源。

"一五"时期的积累率还遵守了上述的第二项原则，即积累基金与消费基金的对比关系要与国民收入的物质构成相适应。周恩来同志在1956年总结"一五"计划的执行情况时曾经指出："我国第一个五年计划所规定的各项指标，基本上是正确的，过去四个年度计划的安排，大体上也是

---

① 《中国统计年鉴》（1983），第25页。

② 《中国统计年鉴》（1983），第17、484页。

符合于当时的具体情况的，因而有可能保证我国第一个五年计划的超额完成。"① 周恩来同志这里所说的"一五"时期各项指标基本上正确，是包括了基本建设投资指标与所需要的基本建设材料相适应在内的。因而"一五"时期基本建设投资计划完成得好，固定资产交付使用率高达83.7%，在建国以后各个时期中是比较高的。② 而基本建设投资又占了积累基金的大部分。所以，基本建设投资与所需要的基本建设材料相适应，就从主要方面表明积累基金与社会提供的追加生产资料相符合。

"一五"时期消费基金与社会提供的消费资料也是相适应的。

消费品购买力同消费品货源的平衡 单位：亿元

年份	当年消费品购买力	当年可供内销的消费品货源（按当年零售价计算）	消费品货源与购买力间的差额	消费品货源为购买力%
1953	343.0	365.5	22.5	106.6
1954	362.8	388.0	25.2	107.0
1955	366.4	412.1	45.7	112.5
1956	439.4	413.4	-26.0	94.1
1957	446.7	487.8	41.1	109.2
"一五"时期合计	1958.3	2066.8	108.5	105.5

上表表明：在"一五"时期，有4年（即1953年、1954年、1955年和1957年）消费品货源是超过了消费品购买力的。其超过的幅度从6.6%到12.5%。只有1956年消费品货源比消费品购买力少5.9%。这样，整个说来，"一五"时期消费品货源比消费品购买力要大5.5%。当然，消费品购买力不等于全部消费基金，但它是消费基金的主要构成部分。"一五"时期消费基金总额为3124亿元，消费品购买力总额为1958.3亿元，占了67%。所以，消费品购买力与消费品货源的平衡，也从主要方面表明了消费基金与社会提供的消费资料是相适应的。

"一五"时期积累的经济效益也是比较好的。主要表现为：每百元生

---

① 《中国共产党第八次全国代表大会文件》，第196页。
② 《中国统计年鉴》（1983），第343页。

产性积累提供的国民收入，"一五"时期平均为 57 元。在建国以后的各个时期中，也是比较高的。

总之，依据上述的三项原则来看，"一五"时期积累和消费的比例关系是比较协调的。这是否说"一五"时期在这方面不存在任何问题呢？当然不是。那么，在什么意义上说，"一五"时期积累和消费关系是比较协调的呢？这是就整个"一五"计划时期国民经济全局的基本情况说的，而不是就其中有的年份发生的部分的不协调状况说的。周恩来同志曾经写道："应该指出，1955 年和 1956 年的计划，部分地发生了偏低或者偏高的缺点，造成了工作上的一些困难。""我们在制定 1955 年计划的时候，由于前两年农业歉收，把基本建设的规模定得比较小了一些，而且在当年的节约运动中，又不适当地削减了某些非生产性的基本建设的投资。同时，还由于基本建设计划变动的次数多，下达迟，因而计划完成得比较差。结果，不但在财政上出现了过多的结余，并且在重要的建筑材料方面，如钢材、水泥、木材等，也出现了一时的虚假的过剩现象。""当我们制定 1956 年计划的时候，由于上年度农业丰收，社会主义改造又取得了巨大的胜利，因而有必要也有可能把国民经济发展的速度定得比较高些。但是我们没有很好地对于基本建设规模和物资供应能力进行适当的平衡，因而把基本建设的规模定得大了一些。同时，国民经济的某些部门也出现了齐头并进和急于求成的倾向。结果，不但财政上比较紧张，而且引起了钢材、水泥、木材等各种建筑材料严重不足的现象，从而过多地动用了国家的物资储备，并且造成国民经济各方面相当紧张的局面"。①周恩来同志这里说的是基本建设规模 1955 年小于国家财力、物力以及 1956 年大于国家财力、物力的状况。从实质的和主要的意义上说，也就是这两年积累基金小于或者大于社会提供的追加生产资料。所谓从实质意义上说，正如陈云同志所说的，钞票是物资的筹码，发行钞票必须有可以相抵的物资。所以，基本建设规模部分地同国家财力、物力不适应，实质上是部分地同物力不适应。所谓从主要的意义上说，这是说的"一五"时期有的年份基本建设投资总额与国家物力部分地不适应的情况。

---

① 《中国共产党第八次全国代表大会文件》，第 196—197 页。

如果进一步考察"一五"时期基本建设投资的使用方向,那在下列这些方面也有一定程度的不协调:一是,生产性的基本建设投资多了一些,非生产性的基本建设投资少了一些;二是,重工业的基本建设投资多了一些,农业、轻工业的基本建设投资少了一些;三是,为重工业生产本身服务的工业基本建设投资多了一些,为农业、轻工业生产服务的工业基本建设投资少了一些;四是,国防工业的基本建设投资多了一些,民用工业的基本建设投资少了一些。这种不协调状态,不仅对"一五"时期的生产,而且对人民的生活也有一定的影响。其明显表现就是某些农副产品生产和城市公用事业的发展在某种程度上不能适应人民生活提高的需要。但这种一定程度的不协调,也并不妨碍我们从总体上说"一五"时期积累和消费比例关系是比较协调的。

二、"二五"时期以来 [①]积累和消费的比例关系长期严重失调

"二五"时期以来积累和消费比例关系的严重失调,给我国社会主义建设和人民生活造成了极为严重的损失。详细地、深入地分析这种严重失调的状况及其原因,从中汲取有益的教训,显然是十分必要的。

(一)严重失调的表现。

1. 从兼顾积累和消费的原则方面来考察的严重失调。

从这项原则来考察的严重失调,有以下四点:

第一,积累基金占的比重过大,消费基金占的比重过小。"一五"时期合计的积累率为 24.2%,"二五"时期合计的积累率为 30.8%,1963年至 1965 年合计的积累率为 22.7%,"三五"时期合计的积累率为26.3%,"四五"时期合计的积累率为 33%,1976 年至 1978 年合计的积累率为 33.5%。[②]事实表明,除了"一五"时期和三年调整时期以外,其他各个时期的积累率都超过了社会生产力的承担能力。国民收入总额,特别是按人口平均计算的国民收入,是社会生产力发展水平的一个综合指标。但是,"二五"时期以来,积累总额的增长速度都大大超过了国民收入总额(特别是按人口平均计算的国民收入)的增长速度。

---

① 这里所说的"二五"时期以来,不包括 1963 年至 1965 年的调整时期,也不包括 1979 年以后的调整时期。这两个调整时期积累和消费的比例关系,我们将在后面做详细分析。

② 《中国统计年鉴》(1983),第 25 页。

各个时期国民收入、消费总额和积累总额的增长速度之比较[①]

时期	平均每年国民收入		按人口平均 计算的国民收入		平均每年消费总额		平均每年积累总额	
	总额 (亿元)	比上个计划 时期增长%	总额 (元)	比上个计划 时期增长%	总额 (亿元)	比上个计划 时期增长%	总额 (亿元)	比上个计划 时期增长%
"一五"时期	807.0	—	133	—	624.8	—	199.6	—
"二五"时期	1096.0	35.8	165	24.1	776.8	24.3	346.4	73.5
1963—1965年	1184.3	8.1	170	3.0	922.3	18.7	270.3	−22.0
"三五"时期	1606.2	35.6	208	22.4	1147.6	24.4	409.4	51.5
"四五"时期	2276.4	41.7	260	25.0	1482.0	29.3	728.8	78.0
1976—1978年	2693.7	18.3	287	10.4	1768.3	19.3	889.0	22.0

上表表明："二五"时期每年平均积累总额的增长速度为国民收入总额增长速度的两倍多，为按人口平均计算的国民收入增长速度的三倍多。"三五"时期平均每年积累总额的增长速度比"二五"时期低一些，"四五"时期比"二五"时期高一些。但这两个时期特别是"三五"时期正处于"文化大革命"十年动乱时期，许多生产单位几乎处于瘫痪状态，这样的增长速度也是惊人的！粉碎"四人帮"以后头两年，积累的增长速度有所下降，但仍然超过了国民收入总额，特别是大大超过了按人口平均计算的国民收入的增长速度。在这样一个长时期内，积累的增长速度大大超过国民收入的增长速度，必然使得许多年份消费的增长速度低于国民收入的增长速度，使得二者的比例关系长期处于失调状态。

如果考虑到某些年份我国积累率骤然猛升的特点，那么，对于积累基金和消费基金比例失调的严重性，还可以看得更清楚。

---

① 资料来源：《中国统计年鉴》（1983），第22、25页。本表是按当年价格计算的。这里的国民收入是国民收入的生产额，而消费总额和积累总额是按国民收入使用额计算的。

某些年份国民收入、消费总额和积累总额的增长速度之比较①

年份	国民收入		按人口平均计算的国民收入		消费总额		积累总额		积累率（%）
	总额（亿元）	比上年增长（%）	总额（元）	比上年增长（%）	总额（亿元）	比上年增长（%）	总额（亿元）	比上年增长（%）	
1957	908	—	142	—	702	—	233	—	24.9
1958	1118	23.1	171	20.4	738	5.1	379	62.7	33.9
1959	1222	9.3	183	7.0	716	-3.0	558	47.2	43.8
1969	1617	—	203	—	1180	—	357	—	23.2
1970	1926	19.1	236	16.3	1258	6.6	618	73.1	32.9
1977	2644	—	280	—	1741	—	832	—	32.3
1978	3010	13.8	315	12.5	1888	8.4	1087	30.7	36.5

上表表明：1958 年积累率比 1957 年陡升了 9%，1959 年又连续比 1958 年猛增了 9.9%。1970 年也比 1969 年骤然上升了 9.7%。1978 年在 1977 年积累率高达 32.3% 的基础上，又猛增到 36.5%。积累率的这种猛增，是以积累总额的增长速度以更大的幅度超过国民收入（特别是按人口平均计算的国民收入）以及消费总额的增长速度以更大幅度低于国民收入为前提的。其中 1959 年，积累总额的增长速度分别超过了国民收入和按人口平均计算的国民收入的 4 倍多和 5 倍多，以致在国民收入增长 9.3%、按人口平均计算的国民收入增长 7% 的条件下，消费总额还下降了 3%。这些就更为突出地表明了积累和消费比例关系的严重失调！

第二，生产性积累基金比重过大，非生产性积累基金比重过小。

生产性、非生产性投资在基本建设投资总额中的比重②　　　　　单位:%

时期	生产性基本建设投资	非生产性基本建设投资	
		合计	其中：住宅
"一五"时期	70.5	29.5	9.3
"二五"时期	86.6	13.4	4.6

---

①　资料来源:《中国统计年鉴》（1983），第 22、25 页。本表是按当年价格计算的。这里的国民收入是国民收入的生产额，消费总额和积累总额是按国民收入使用额计算的。

②　资料来源:《中国统计年鉴》（1981），第 309 页。

续表

时期	生产性基本建设投资	非生产性基本建设投资	
		合计	其中：住宅
1963—1965 年	82.8	17.2	7.1
"三五"时期	88.6	11.3	4.3
"四五"时期	86.6	13.4	5.7
1976—1978 年	83.7	16.3	6.9

上表表明：生产性基本建设投资在基本建设投资总额中的比重，除了"一五"时期以外，其他各个时期（包括三年调整时期）都是过高的。这种比重最高达到89%，最低也有83%。而非生产性基本建设投资最多还不到20%，最少只有10%多一点；其中的住宅建设投资只占到5%左右。因此，这种对比关系突出地表现了生产性积累基金和非生产性积累基金的比例关系的严重失调。应该说明，在粉碎江青反革命集团之后，生产性基本建设投资的比重有所下降，非生产性基本建设投资的比重有所上升。但在1978年以前，这种对比关系还无明显的变化。

第三，在生产性的基本建设投资中，主要生产生产资料的重工业投资过多，主要生产消费资料的农业、轻工业投资过少；直接关系到人民的物质文化生活的商业饮食业服务业、科研文教卫生和城市公用事业等部门的投资也过少；在重工业的投资中，为重工业本身服务的投资过多，为农业、轻工业服务的投资过少。

下表表明：其一，"一五"时期重工业基本建设投资在投资总额中占了38.7%，这已经有些偏高了。但在后续几个时期，这个比重不仅没有下降，而且上升到54%以上，即使是三年调整时期也达到了48%。这就过高了。其二，在重工业投资中，大部分又用于为重工业本身服务，为农业、轻工业服务的部分很小。诚然，"二五"时期以来，农业机械和化肥、农药的投资比重是在上升的。但这两部分投资的比重，最少仅有3.1%，最多也只有6.8%，显得太小了。其三，如前所述，"一五"时期，轻工业投资比重占6.8%，农业占7.6%，都是有些偏低的。然而，在后续几个时期，轻工业投资比重不仅没有上升，而且都低于"一五"时期，农业投资比重是上升了，但同农业在我国国民经济中的地位相比，这个比重仍然显得偏低。还需指出：尽管农业投资比重上升了，但由于

"左"倾错误的严重影响，农业投资效益是很差的。其四，同人民生活有直接关系的商业饮食业服务业、科研文教卫生和城市公用事业等部门的投资比重，在"一五"时期总共只有14.6%。但就是这样一个偏低的比重，在尔后的各个时期还大幅度下降了。

社会主义国家所有制经济各部门基本建设投资总额构成[①]　　　单位:%

部门	"一五"时期	"二五"时期	1963—1965年	"三五"时期	"四五"时期	1976—1978年
全国总计	100.0	100.0	100.0	100.0	100.0	100.0
一、工业	45.5	61.4	52.1	59.2	58.2	58.2
其中:轻工业	6.8	6.5	4.1	4.7	6.1	6.2
重工业	38.7	54.9	48.0	54.5	52.1	52.0
其中:农业机械	0.5	1.3	1.4	1.3	1.4	1.4
化肥、农药	0.8	1.8	3.3	3.6	4.3	5.4
二、建筑业	3.9	1.4	2.2	1.9	1.7	1.7
三、地质资源勘探	2.6	1.2	0.4	0.5	0.7	1.5
四、农林水利气象	7.6	11.4	18.4	11.4	10.3	11.3
五、运输邮电	16.4	13.8	13.3	16.4	18.9	14.7
六、商业、饮食业、服务业和物资供销机构	3.9	2.0	2.6	2.3	3.0	3.2
七、科研、文教、卫生和社会福利	8.1	3.9	6.0	3.0	3.3	4.1
八、城市公用事业	2.6	2.3	3.0	1.9	2.0	2.2
九、其他部门	9.4	2.6	2.0	3.4	1.9	3.1

第四，上述三种情况必然造成两方面后果:一方面生产的增长速度快。同1957年相比，1978年工农业总产值增长了3.64倍，国民收入增长了1.96倍。[②] 另一方面，在这个期间，人民生活不仅没有得到相应的提高，而且在某些方面和某种范围内还存在着严重的困难。这表现在下列几个方面:

---

① 参见:《中国统计年鉴》(1981)，第296—297、299页。
② 《中国统计年鉴》(1981)，第18、20页。

一是，全国居民的年平均消费水平增长幅度很小。1978 年比 1957 年只增长了 0.44 倍，比同期工农业总产值的增长幅度相差 3.2 倍，比国民收入的增长幅度相差 1.52 倍。[①] 这个差距十分清楚地表明，人民的生活并没有伴随生产的增长而得到应有的改善。

不仅如此，如果只就社会主义国家所有制单位职工的实际工资来说，这个期间不仅没有上升，反而有了一定程度的下降。在 1957 年到 1978 年期间，职工平均货币工资由 637 元增加到 644 元，21 年只增长了 1.1%，由于消费品物价的上升，实际工资由 581 元下降到 514 元，减少了 11.5%。

二是，城乡居民按人口平均消费的某些基本生活资料也下降了。在"一五"期间，城乡居民平均每人每年消费粮食 399.8 斤，但到 1976 年至 1978 年期间，只有 387.3 斤，减少了 12.5 斤。其中，占全国人口绝大多数的乡村居民从 394.2 斤下降到 377.3 斤，减少了 16.9 斤。在同一期间，城乡居民平均每人每年消费的食用植物油，也从 4.5 斤下降到 3.2 斤，减少了 1.3 斤。其中，乡村居民从 3.42 斤下降到 2.03 斤，减少了 1.39 斤；城乡居民平均每人每年消费的棉布，虽然从 21.34 尺上升到 22.76 尺，增加了 1.42 尺，但乡村居民却从 18.74 尺下降到 18.43 尺，减少了 0.31 尺。

住宅也是人民的基本生活资料。但长期以来，城乡居民每人平均的居住面积也下降了。据有关部门 1978 年对 182 个城市的统计，平均每人居住面积为 3.6 平方米，比 1952 年的 4.5 平方米减少了 0.9 平方米，下降了 20%。这些城市的缺房户共达 689.1 万户，占他们总户数的 38.6%。[②] 但在这个期间，缺乏住房不仅是城镇居民同时也是乡村居民生活中的严重问题。据对农村的典型调查资料，1957 年平均每人使用的房屋面积为 11.3 平方米，1978 年下降到 10.17 平方米。

三是，城乡居民中还存在着相当一部分困难户。根据 1977 年 16 个省、市、自治区对 8.8 万多个职工户的调查资料，职工家庭每人每月生活费收入在 20 元以下的占了调查总户数的 39%。另据当时武汉市的调查，买足定量供应的消费品，加上房租、水电等项生活必需的支出，每人每月需要 22.74 元，北京市则需要 24 元左右。这样，上述 20 元以下的家庭，

---

① 《中国统计年鉴》(1983)，第 484 页。

② 《人民日报》1980 年 8 月 5 日第 5 版。

则难以买足定量供应的生活必需品。据统计，1978 年农村社员从集体分得的收入每人平均在 40 元的基本核算单位有 77.02 万个，占基本核算单位总数的 16.5%；从集体分得的粮食每人平均在 300 斤以下的基本核算单位有 46.3 万个，占基本核算单位总数的 10.6%；超支户 3294 万户，占参加分配总户数的 19.5%。

四是，商业网点及其从业人员大量减少。与此同时，人口又大量增加。这就使得每一商业机构及其从业人员服务的人口数大大增长。在 1957 年至 1978 年期间，零售商业每一机构服务的人口数由 331 人增加到 914 人，饮食业由 1376 人增加到 8189 人，服务业由 2309 人增加到 1.0645 万人，零售商业每一服务人员服务的人口数由 114 人增加到 214 人，饮食业由 560 人增加到 918 人，服务业由 840 人增加到 1711 人。[1] 其结果，给人民生活造成了很大的困难。

五是，教育事业发展缓慢，远远不能满足人民提高文化生活的需要。学龄儿童入学率，1957 年为 61.7%，时隔 21 年，到 1978 年只有 94%，而读完小学五年的普及率还只有 67.8%。高小毕业生的升学率 1957 年为 44.2%，1978 年也只达到 87.7%。初中毕业生升学率 1957 年为 39.8%，到 1978 年还不到一半。高中毕业生升学率 1957 年为 56.7%，1978 年下降到 5.9%。平均每万人口中的大学生，1957 年为 6.8 人，1962 年曾经上升到 12.3 人，1978 年下降到 8.9 人；中学生 1957 年为 110 人，1978 年上升到 693 人；小学生 1957 年为 994 人，1965 年曾经上升到 1602 人，1978 年下降到 1526 人。[2] 显然，造成这种情况的原因是多方面的，但教育投资在投资总额中的比重下降，教育事业发展缓慢，是一个重要因素。

所有这些都证明，长期以来，我国积累和消费的关系是严重失调的。说它是严重的，有三重意思：其一，它对人民生活的影响广度不只限于某些方面，而是涉及整个物质和文化生活，在物质生活方面又扩及衣食住行各个基本方面。其二，它对人民生活影响的程度是很深的。多年以来，我国那样高的积累率，不要说不能保证人民生活的不断提高，就是维持原有的生活水平也做不到（实际工资的下降表明了这一点），甚至维持劳动力的再生产所必需的基本生活资料都减少了（城乡居民中相当一部分困难

---

① 《中国统计年鉴》（1981），第 351 页。
② 《中国统计年鉴》（1981），第 444 页。

户以及按人口平均计算的粮食、食用植物油的消费量和住宅面积的下降，表明了这一点）。其三，这种影响的持续时间是很长的。在 1958 年到 1978 年的 21 年间，积累率在 25% 上下的只有 8 年，在 30% 以上的有 13 年。[①] 这样，如果积累率25%上下是合适的话，那也只是占了 1/3 多一点的时间。而且，在这 8 年中，有 5 年（即 1961 年至 1965 年）是处于经济调整时期，[②] 有 3 年（即 1967 年至 1969 年）是处于"文化大革命"的动乱期间，许多生产陷于停顿状态。对这 3 年来说，即使积累率在 25% 以下（这 3 年的积累率分别为 21.3%、21.1% 和 23.2%）也是够高的。积累率过高的年份则占了将近 2/3 的时间，特别是在 1970 年至 1978 年期间，积累率连续 9 年高达 30% 以上。这样高的积累率不仅对过去 20 余年人民生活发生了严重的影响，而且这种影响的某些方面在今后仍然会延续一个时期。

我们从社会主义生产目的出发，可以把社会主义积累率设想为四种类型。一是，积累率比较适当，使得人民的生活在一个长时期内都能持续地、稳定地、较快地增长。这是积累和消费的一种最优的结合。二是，积累率稍低或稍高。在前一种情况下，当前人民生活的提高可以快一些，但对长远生活的提高有不利的影响。在后一种情况下，当前人民生活的提高慢一些，但对长远生活的提高是有利的。这两种情况虽然不同，但都可以算作次优的结合。三是，积累率过低，当前生活虽然可以提高得更快一些，但对长远生活是很不利的。这可以称作较差的结合。四是，积累率过高，不仅严重地影响当前人民生活的提高，而且在一个长时期内都是如此。[③] 这可以称作最差的结合。我国"二五"时期以来（三年调整时期除外）积累率过高，就是属于这种最差结合的类型。如果这种积累率类型的区分是正确的，那么它就可以更概括地、更集中地表现我国积累和消费关系失调的严重性。

2. 积累规模大大超过了社会提供的追加的生产资料。

---

① 《中国统计年鉴》（1983），第 25 页。

② 一般把 1963—1965 年算作经济调整时期，但实际上，经济调整工作从 1961 年就开始了。

③ 这里需要顺便指出：人们往往笼统地把积累说成是代表劳动者的长远利益，而并不分清它是符合经济规律要求的、兼顾了消费的积累，还是违反经济规律要求的、忽视消费的、片面的高积累。其实，只有前一种积累，才是代表了劳动者的长远利益，它同劳动者的当前利益在根本上是一致的。至于后一种积累，既损害了劳动者的当前利益，又损害了劳动者的长远利益。

现在我们从处理、判断积累和消费比例关系协调与否的第二项原则，即这种比例关系要与国民收入的物质构成相适应，来进一步说明"二五"时期以来积累和消费比例关系的严重失调。在这个期间内，由于积累基金比重长期过高，大大超过了社会可能提供的追加生产资料，其结果必然拖延基本建设周期，使得固定资产交付使用率下降。"一五"时期合计的固定资产交付使用率为83.7%，"二五"时期下降到71.4%，"三五"时期进一步下降到59.5%，"四五"时期也只有61.4%，1976年至1978年为68.8%。[①]

3. 积累的经济效益下降。

由于积累率过高，这个时期积累的经济效益也显著下降了。每百元生产性积累增加的国民收入，"一五"时期为57元，"二五"时期下降到1元，"三五"时期也只有35元，"四五"时期为21元，1976年为 – 13元，1977年为37元，1978年为47元。

（二）严重失调的原因。

"二五"时期以来，我国积累和消费比例关系的长期严重失调，并不是偶然发生的现象，它除了林彪、江青两个反革命集团在"文化大革命"中进行了长达十年的破坏以外，还有多方面的、复杂的社会原因。

1. 经济管理体制的缺陷。

我国现行经济管理体制的特点之一，[②] 就是片面地强调集中统一。在财政方面表现为采取统收统支的办法。所有的财政收入除中央按计划拨给地方的以外，都要全部上交；企业不但利润全部上交，折旧费大部分也要上交。扩大再生产的投资和各项事业费，均归中央集中掌握，并由中央各主管部门按国家计划项目，分别拨给各地区和各企业。这种制度固然便于国家把资金集中起来，投入有关国家经济命脉的重点项目，但也易于造成积累率过高的倾向。这是一方面。另一方面，这种统收统支，实报实销的办法，实际上是供给制，吃"大锅饭"，各部门、各地区、各企业并不承担建设投资的经济责任。这也易于造成各单位争建设项目，争建设投资，

---

① 《中国统计年鉴》（1983），第343页。

② 这里需要说明：自从党的十一届三中全会以来，我国经济管理体制已经在某些方面进行了改革，但还没有进行全面改革。本书也就是在这种还未进行全面改革的意义上，把现行的管理体制和原来的管理体制基本上看作是相同的。

助长积累过多的倾向，并会造成严重的浪费。当然，现行经济管理体制并不必然造成我国积累和消费关系这样的长期严重失调。因为这种制度基本上是学习苏联斯大林时代的办法。但他们并没有犯我们这样的错误。第一个五年计划期间，我国就逐步实行了这种经济管理体制。但这个期间，积累和消费的比例关系是协调的。显然，这种长期严重失调还有其他的更深刻的原因。

2. 经济工作指导上的失误。

经济工作指导上的失误，是这种长期严重失调最重要、最直接的原因。在这方面，重要的有以下五点：

第一，由于片面地强调优先发展重工业和实行"以钢为纲"的方针，造成了生产上的高指标，主要是重工业高指标，特别是钢铁工业的高指标。我国"二五"时期以来，三次重复地发生了这样的现象，为了完成上述的生产上的高指标，就要进行规模过大的基本建设，就要采取过高的积累率。1958 年头脑发热，提出钢产量要在 1957 年的 535 万吨的基础上翻一番，达到 1070 万吨。但经过苦干和蛮干，这一年的钢产量只达到 800 万吨。然而 1959 年又提出钢产量要达到 1800 万吨，结果生产了 1387 万吨。而 1960 年仍然要求钢产量达到 1800 万吨。为了完成这种生产上的"大跃进"，1958 年基本建设投资总额由 1957 年的 138.29 亿元骤然上升到 266.96 亿元，1959 年和 1960 年又继续增加到 344.65 亿元和 384.07 亿元。1958 年基本建设投资支出占国家财政支出的比重，由 1957 年的45.5% 猛增到 65.2%，1959 年和 1960 年分别为 62.3% 和 58.7%。1958 年积累总额也由 1957 年的 233 亿元突然增加到 379 亿元，1959 年又猛增到 558 亿元，1960 年仍然高达 501 亿元。1958 年和 1959 年的积累率从 1957 年的 24.9% 连续猛增到 33.9% 和 43.8%，1960 年仍然高达 39.6%。1970 年制定"四五"计划时，又把生产指标定高了，要求 1975 年钢产量达到 4000 万吨。于是基本建设投资又突然由 1969 年的 185.65 亿元上升到 1970 年的 294.99 亿元，基本建设投资占国家财政支出的比重由 35.3% 增加到 45.4%，积累总额由 357 亿元增加到 618 亿元，积累率由 23.2% 增加到 32.9%。1978 年制定《十年规划纲要》时，仍然把生产指标定高了，要求 1985 年钢产量达到 6000 万吨。跟着基本建设投资又由 1977 年的 364.41 亿元猛增到 1978 年的 479.55 亿元，但由于国家财政支出总额增长很大，因而这两年基本建设投资占国家财政支出的比重均为 43.2%，积累总额由 832 亿元提高到 1087 亿元，积累率由 32.3% 继续增加到 36.5%。[①]

但是，重工业的高指标，特别是钢铁工业的高指标，不仅必然导致过高的积累率，过多地挤了消费基金，而且势必过多地挤了非生产性积累，势必过多地挤了农业、轻工业、城市建设部门以及文教、卫生、科研部门的投资，势必使得重工业用过多的投资为自身的发展服务。这就是说，它会使得积累和消费关系全面地发生严重失调。

第二，不切实际地提出要求建立大行政区和省的独立的经济体系。1958 年提出：要求大行政区建立独立的经济体系，有条件的省也要建立独立的经济体系。1964 年提出备战，又要求在三线建立独立的经济体系。1970 年以后又提出要建立工业省，强调什么都要省里实行自给，而且层层往下套。这就会造成条条、块块都搞"小而全"、"大而全"，促使基本建设摊子越铺越大，越铺越多，造成积累率过高、生产性积累过多和重工业投资过大。这明显地表现在自筹投资[②]的急剧增长上。"一五"时期自筹投资合计只有 57.29 亿元，占基本建设投资总额的比重也仅 10.4%。但在"二五"时期猛增到 261.71 亿元，占 22%。"四五"时期又增加到 309.23 亿元，占 18.4%。"二五"时期和"四五"时期自筹投资的增长同 1958 年和 1970 年两次中央管理权限的下放是有关系的，但不切实际地要求建立大行政区和省的独立的经济体系，显然也是一个重要原因。

第三，国防战备费支出、军事工业投资和三线建设投资过大。毫无疑问，在帝国主义存在的条件下，加强国防建设、发展军事工业和进行三线建设，都是必要的。三线建设对于改变旧中国形成的不合理的工业布局也有重要意义。但问题是建国以后这些方面的支出过大了，超越了国力的可能。1956 年毛泽东同志在总结了"一五"时期经验以后，曾正确地提出："把军政费用降到一个适当的比例，增加经济建设费用。"[③] 这样，"二五"时期国防战备费占国家财政支出的比重就比"一五"时期下降了，国防工业和国防科研投资占基本建设投资的比重也下降了。但由于 1964 年提

[①] 《中国统计年鉴》（1981），第 245、295、395 页；《中国统计年鉴》（1983），第 25 页。

[②] 自筹投资是指各级地方财政安排的投资，以及各级主管部门或企业、事业单位自己筹集的投资。

[③] 《毛泽东选集》第 5 卷，第 271 页。

出要备战；接着，"三五"计划提出要立足于战备，加快三线建设；"四五"计划又进一步提出要狠抓备战，集中力量建设三线后方。这样，国防战备费、军事工业投资和三线建设投资就不断上升。所以，如果说，由片面优先发展重工业和实行"以钢为纲"的方针而造成的生产高指标，是"二五"时期以来积累率过高、生产性积累过大、重工业投资过多的一个十分重要的原因，那么对"三五"时期以后来说，国防战备费、国防工业投资和三线建设投资过大，也是一个很重要的原因。

第四，在处理国内经济建设和对外援助的关系上，也有失误的地方，即对外援助支出过多。社会主义国家为了履行自己的国际主义义务，进行适当的对外援助，无疑也是必要的。但一定要量力而行。我们的问题就是违反了这项原则。我国对外援助占国民收入的比重，"一五"时期为0.5%，"四五"时期上升到2.1%；占国家财政支出的比重，"一五"时期为1.5%，"四五"时期上升到6.1%，其中1973年达到7.2%，这是世界上任何一个国家都没有发生过的，而我国还是一个经济上不发达的国家。1950年至1978年，我国对外援助支出总额为1952年至1978年文教、卫生、科研部门基本建设投资的3倍多，为同期城市建设投资的4倍多，也超过了建国以后30年来住宅投资的总和。这都说明：对外援助支出大大超过了我国的国力。诚然，这项支出只是属于国民收入的范围，并不属于国民收入使用额的范围。但很显然，在国民收入总额一定的条件下，减少了对外援助支出，也就增加了国民收入使用额，从而也就有助于正确处理积累和消费的比例关系。从这个意义上说，对外援助支出过多，也是促使积累和消费关系严重失调的一个因素。

第五，在处理物质生产和人口生产的关系上，忽视了二者之间的协调发展，忽视了人口的计划生育，这首先和主要是忽视了对人口数量增长的限制。建国以后的长时期内，忽视我国的具体条件，片面强调人多是好事，似乎人口越多越好。这样，在50年代的大部分时期，全国人口自然增长率每年都高达20‰以上。50年代后半期只是由于"大跃进"错误的影响，才使得人口自然增长率大幅度下降了。但随着国民经济的恢复，人口自然增长率又迅速上升，以致1963年曾经达到33.5‰的高峰，直到1974年才下降到20‰以下。这样，在1949年到1978年期间，全国出生人口达到6亿人，扣除死亡数，净增人口4亿人。然而，忽视人口的计划生育，不仅表现在这一方面，而且表现在忽视人口素质的提高。[①] 其突出表现是忽视优生、优育的工作。

忽视对人口的计划生育，对积累和消费的关系也有重大的影响。据1979年我国有些研究单位的计算，抚育一个婴儿到16岁，农村需要1600元，中小城市4800元，大城市6900元。[②] 如前所述，在1949年至1978年期间，全国出生人口6亿人。根据这个资料匡算，国家、集体和家庭负担的抚育费高达1万多亿元，约占同期各年累计国民收入的30%。[③] 其中国家和集体支出约占30%，家庭支出约占70%。依此计算，国家和集体支出的抚育费大约相当于同期各年累计积累基金的1/3。上述资料表明：①在国民收入总额一定的条件下，在人口增长速度较慢、从而人口总数较少的场合，比人口增长速度较快、从而人口总数较多的场合，由于新增劳动力对于追加生产资料需要以及新增人口对于社会文化、教育、卫生事业需要的减少，可能通过降低积累基金（包括生产性积累基金和非生产性积累基金），以增加消费基金和提高消费率。②在消费基金总额相等的条件下，前一场合按人口平均计算的消费基金比后一场合也要多。下列资料可以进一步说明这一点。从1952年至1978年26年期间，我国消费基金增长2.9倍，平均每年增长5.4%。但由于同一期间人口增长了66.7%，按人口平均计算的消费基金只增长了1.3倍，平均每年增长3.2%。[④] 可见，如果没有人口增长问题上的失误，那么，积累和消费比例关系的严重失调情况也会缓和得多。

总之，长期以来存在的"左"倾错误，是我国积累和消费比例关系严重失调的最主要的原因。

3. 理论上的片面性。

我国积累和消费关系长期严重失调，也有理论上的根源。但这个问题涉及的方面很多，也很复杂，本文拟择其要者作些扼要的分析。建国以来，特别是1958年"大跃进"以来，我国广泛流行过不少片面的理论观

---

① 赵紫阳同志指出："限制人口的数量，提高人口的素质，这就是我们的人口政策。"（《当前的经济形势和今后经济建设的方针》，第48页）可见，人口的计划生育也表现为限制人口数最和提高人口素质两个方面。

② 《人民日报》1982年11月2日第5版。

③ 《人民日报》1981年3月3日第5版。

④ 《人民日报》1981年10月30日第1版。

点。这些观点或者成为过高积累政策的指导思想，或者为过高积累的实践制造了舆论。显然，剖析这些理论观点是完全必要的。这里主要分析以下四种观点。

第一，有的同志为了论证高积累的可行性，提出生产是消费的基础，因而人民生活的提高，应该服从于生产的发展。从外观上看来，或者从提出这种观点的同志主观动机来说，似乎目的还是为了人民长远生活的提高。其实不然。只要把生产过程当作再生产过程来看，如果生活的提高服从生产的发展，那生产本身岂不就不断地成了生产的目的，而人民生活的提高就被排除在生产目的的范畴以外了。这样，他们在实际上并不是把生产当作手段，而是变成目的。这种观点曾经长期支持了忽视消费、片面追求高积累的错误倾向。然而这是一种似是而非的东西，颇能迷惑人。因而，首先需要在这个问题上辨明是非。

应该肯定：生产确实是消费的基础。马克思曾经全面地阐明了生产决定消费这个一般的客观规律。他说：生产"生产出消费的对象、消费的方式和消费的动力"。① 还需肯定：在处理社会主义的积累和消费关系时，也必须遵循这一客观规律的要求。这就是说：①消费的增长及其增长的幅度，必须以生产的增长及其增长幅度为基础。②为了不断地提高消费水平，必须有积累，必须进行扩大再生产。

但是，如果由此作出消费必须服从于生产的结论，那就是以偏概全了。因为：①生产决定消费是社会物质生产的一个一般规律，对于各个社会都是适用的。显然，依靠这个一般规律来揭示具有社会主义经济特点的积累和消费的关系，那是不可能的。②与这个一般规律同时存在的，还有居于主导地位的社会主义基本经济规律。按照这个规律的要求，发展生产是提高人民物质文化生活的手段，提高人民的物质文化生活才是发展生产的主要目的。而且，社会主义积累和消费的关系，正是由社会主义基本经济规律来调节的。斯大林说过："资本主义的基本经济规律是这样一种规律，它不是决定资本主义生产发展的某一个别方面或某些个别过程，而是决定资本主义生产发展的一切主要方面和一切主要过程，因而是决定资本主义生产的实质、决定资本主义生产的本质的。"② 显然，在社会主义经

---

① 《马克思恩格斯选集》第 2 卷，第 95 页。
② 《斯大林文选》（下），第 599—600 页。

济中，社会主义基本经济规律也起着这样的主导作用。就是说，包括社会主义积累和消费的关系，都是由社会主义基本经济规律来决定的。在这方面，从社会生产的直接目的来说，社会主义社会是根本区别于资本主义社会的。在资本主义制度下，生产的直接目的是为获取剩余价值。因而，在资本主义制度下，雇佣劳动者的工资量是适应旨在取得更多利润的积累量的变动而变动的。在社会主义制度下，由于社会生产目的的根本变化，消费量成了自变量，积累量成了因变量。就是说，积累量的确定首先要保证当前生产周期人民生活有适当提高的消费量，同时要保证后续生产周期人民生活有进一步提高的消费量。在这里，尽管积累是必要的和重要的，但毕竟是第二位的，消费才是第一位的。陈云同志说得十分贴切，"第一是吃饭，第二是建设"。

可见，上述观点的错误首先就在于：只是看到了社会物质生产一般规律的作用，而忽视了社会主义特有经济规律的作用。马克思说过，生产一般"是一个合理的抽象"。显然，生产决定消费这个生产一般的原理，也是一个合理的抽象。但是，马克思同时指出：不能因为见到统一，就忘记本质的差别。① 上述观点的片面性，正是在于它只是看到了生产决定消费这种统一性，而忘记了由社会主义基本经济规律所决定的生产与消费之间的特殊的本质联系，即生产是手段，人民的消费是生产的目的。其次，上述的分析还表明：这种观点的错误又在于它忽视了社会主义生产目的与资本主义生产目的的根本区别，以及与此相联系的积累与消费关系性质的差异。

需要进一步指出：生产决定消费，只是社会物质生产的一个一般规律，与此同时存在的还有消费对生产的反作用规律。这种反作用表现在：①"吃喝是消费形式之一，人吃喝就生产自己的身体。"就是说，消费再生产了作为生产必要要素的劳动力。②"只是在消费中产品才成为现实的产品。"③"消费创造出新的生产的需要"。总之，正如马克思所概括的："没有消费，也就没有生产，因为如果这样，生产就没有目的。"② 所以，即使从社会物质生产一般规律的作用来说，忽视消费、片面追求高积累的观点也是错误的。

① 《马克思恩格斯选集》第 2 卷，第 88 页。
② 《马克思恩格斯选集》第 2 卷，第 93、94 页。

需要说明：马克思在这里从社会物质生产一般的角度，也把消费称作生产的目的。这同我们讲的社会主义生产目的是为了提高人民的生活水平有什么区别呢？区别在于：前者是从最终的意义上说的，就是说，在任何社会制度下，生产目的最终都是为了消费；后者是从直接的意义上说的，就是说，社会主义生产的直接目的就是为了提高人民的消费水平。总之，无论从再生产一般来说，或者从社会主义再生产特殊来说，生产对消费都只起"基础"作用，也就是"手段"作用；而上述观点的错误就在于它把这种"基础"作用（或"手段"作用）当作"目的"作用了。

这种为生产而生产的观点，就是斯大林当年批判过的雅罗申柯的"糊涂想法"。雅罗申柯不同意斯大林提出的马克思主义的社会主义基本经济规律的定义。他批评斯大林说："在这个定义中主要的是'保证最大限度地满足整个社会……的需要'。这里表明，生产是达到满足需要这个主要目的的手段。这个定义使人有根据认为，你所表述的社会主义的基本经济规律不是从生产占首要地位出发，而是从消费占首要地位出发的。"雅罗申柯依据这一点提出："社会主义基本经济规律的特点和要求，在我看来，可以大致表述如下：社会的物质和文化生活条件的生产不断增长和日益完善。"斯大林尖锐指出："在雅罗申柯同志那里，却把生产从手段变成了目的，而保证最大限度地满足社会经常增长的物质和文化的需要，却被取消了。结果弄成生产增长是为了生产增长，生产是目的本身，而人及其需要就从雅罗申柯同志的视野里消失了。""这样，在雅罗申柯同志那里，就弄成了不是生产对消费'占首要地位'，而好像是资产阶级思想对马克思主义思想'占首要地位'这类的东西了。"①

斯大林在这里把生产看作是生产目的本身的观点，称作是资产阶级思想，是因为资产阶级古典经济学曾经提出过"为积累而积累，为生产而生产"的口号。"在古典经济学看来，无产者不过是生产剩余价值的机器，而资本家也不过是把这剩余价值转化为追加资本的机器。"② 但是，在社会主义条件下宣传这种观点，同资产阶级古典经济学在资本主义上升时期提出的为生产而生产的观点，是不同的。资本主义生产本质上是剩余价值的生产，它的直接目的并不是为了人民群众的消费。甚至对资产者本

---

① 《斯大林文选》（下），第631—634页。
② 《马克思恩格斯全集》第23卷，第652—653页。

身来说，他的动机也"不是使用价值和享受，而是交换价值和交换价值的增殖"。① 因而资本主义生产在现象上的表现是为生产而生产。从这方面说，这种观点是符合资本主义生产实际的。而且，正是由于资本家"狂热地追求价值的增殖，肆无忌惮地迫使人类去为生产而生产，从而去发展社会生产力，去创造生产（指社会主义生产——引者）的物质条件"。② 所以，马克思说："为积累而积累，为生产而生产——古典经济学用这个公式表达了资产阶级时期的历史使命。"③ 在社会主义制度下，上述观点是不符合社会主义基本经济规律要求的，并长期地支持了为生产而生产、为积累而积累的错误倾向。

第二，还有一种观点认为，积累率越高，生产增长速度也越高。这种观点同过高积累率之间的联系，是很清楚的。要高速度地发展社会主义生产，适当的积累是必须的。但是，如果认为积累越高，生产发展速度也越快，那是违反历史事实的。

前面已经说明：如果不说带有恢复性质的调整时期，"一五"时期积累率适当，积累和消费得到了适当的结合，社会生产增长速度最高；其他各个时期，积累率过高，社会生产增长速度都比较低。这是什么原因呢？

其一，只有把积累和消费适当地结合起来，才能反映社会主义的基本经济规律、积累规律和按劳分配规律的要求，才能符合劳动者的当前和将来的物质利益，才能充分调动劳动者的积极性。反之，如果积累率过高，就要违反这些规律的要求，就不仅要损害劳动者当前的物质利益，而且要损害他们将来的物质利益，必然挫伤他们的积极性。

只有兼顾积累和消费两方面，才能做到：一方面社会主义的生产和公有财富不断增长；另一方面人民的物质文化生活不断提高。因而才能体现社会主义的基本经济规律和积累规律的要求，这是很明显的，毋庸赘言的。这里需要说明的是：为什么说，实现按劳分配规律的要求，也需要兼顾这两个方面呢？因为这种兼顾是实现按劳分配的必要条件。兼顾了这两个方面，就可以在发展生产的基础上，使得积累基金和消费基金同时得到较快的增长。消费基金较快地增长了，就可以在安排新就业人口的同时，

---

① 《马克思恩格斯全集》第 23 卷，第 649 页。
② 《马克思恩格斯全集》第 23 卷，第 649 页。
③ 《马克思恩格斯全集》第 23 卷，第 652—653 页。

依据按劳分配原则逐步提高原有就业人口的工资。反之，如果忽视消费，片面追求高积累，那么，逐年增加的消费基金必然是有限的。这样，在安排了新就业人口以后，就没有多少剩余了，就很难依据按劳分配原则提高原有就业人口的工资。我国从 1958 年到 1978 年的 21 年间，全国统一安排的职工升级只有 4 次，总计升级面只有 130%。由于多年来职工很少进行正常的升级，造成了职工的工资等级同他们实际的技术业务水平和劳动贡献的严重脱节。据 1979 年统计，1961 年至 1966 年参加工作的工人基本上是三级工，1958 年至 1960 年参加工作的工人基本上是四级工。[①] 这样，尽管同一工资等级的职工中，技术业务水平和劳动贡献已经发生了很大的差别，但工资等级上还是一个样，多劳的不能多得，少劳的也不少得。

现在需要进一步说明：兼顾积累和消费，符合社会主义的基本经济规律、积累规律和按劳分配规律的要求，为什么就有利于充分调动劳动者的积极性。马克思主义认为，"生产关系依赖于生产力的发展而发展，同时又反过来影响生产力，加速或者延缓它的发展"。[②] 而"每一个社会的经济关系首先是作为**利益**表现出来"。[③] 这样，在各个社会经济条件下，代表各该社会生产关系的物质利益同社会生产力之间也存在着这样的辩证关系。在社会主义条件下，社会主义基本经济规律体现了劳动者的最基本的物质利益，社会主义积累规律体现了劳动者长远物质利益与当前物质利益的结合，按劳分配规律体现了劳动者集体的物质利益和个人的物质利益的结合。因而，符合这些规律要求的、兼顾积累和消费的原则，在提高劳动者的积极性方面，就起着十分重要的作用。反之，违反这些规律要求的、忽视消费的高积累，必然引起相反的后果。

其二，只有把积累和消费适当地结合起来，才符合国民经济按比例发展规律的要求，社会主义扩大再生产才有可能顺利地、连续地进行下去。如果积累率过高，就会违反这个规律的要求，社会主义扩大再生产就难以实现。

如前所述，积累基金和消费基金的实现，必须与国民收入的物质构成相适应，即积累基金必须主要与社会提供的追加生产资料相适应，消费基

---

① 《经济研究》1982 年第 10 期，第 76 页。

② 《斯大林文选》（上），第 197 页。

③ 《马克思恩格斯选集》第 2 卷，第 537 页。

金必须与消费资料相适应。要保证实现这种适应，即保证国民经济按比例的发展，一个必要的条件，就是积累率必须适当；如果积累率过高，积累基金超过了社会能够提供的生产资料，必然破坏这种适应，使得一部分积累基金难以如期实现，拖延基本建设时间，降低基本建设的经济效益。我国"一五"时期的经验证明了前一方面，"二五"时期以来的经验，反复地证明了后一方面。

然而这仅仅是问题的一个方面，即积累和消费的比例关系必须适应社会总产品的物质构成；另一方面，前一种比例关系也反作用于后一种比例关系。就后一方面说，能否兼顾积累和消费的关系，又是一个能否保证国民经济按比例发展的问题。事情很清楚：要较多地发展生产资料生产，第一部类就需要有较多的投资，就需要相应地、较多地扩大第一部类的建设；要较多地发展消费资料生产，也需要相应地这样做。所以，积累基金和消费基金的比例关系以及积累基金的使用方向，对第一部类和第二部类比例关系的变化，有着极重要的影响。特别从一个长时期来看，更是如此。

我国社会主义建设的经验也证明了这一点。建国初期，我们面临的是半殖民地半封建中国留下来的、落后的、畸形的产业结构，即在国民经济中，农业占的比重大，工业比重小；在工业中，主要是轻工业，重工业很薄弱。而且，在这个时期，农业和轻工业的增产潜力都很大。因此，我国继国民经济恢复时期之后，连续执行了优先发展重工业的战略方针。积累和消费比例关系以及积累使用方向的确定，都是体现了这个战略方针的要求的。这样，在第一个五年计划完成之后，就从根本上改变了半殖民地半封建中国留下的畸形的产业结构的面貌。1949 年，在工农业总产值中，农业占 70%，轻工业占 22.1%%，重工业只占 7.9%；到 1957 年，农业下降到 43.3%，轻工业上升到 31.2%，重工业上升到 25.5%。[1] 这是我国通过确定适当的积累率和积累的使用方向，以改变半殖民地半封建中国留下的畸形结构，建立适合社会主义经济发展要求的、合理的产业结构的成功经验。当然，从事后来看，"一五"时期重工业建设投资也多了一些，农业和轻工业的建设投资也少了一些。但从总体上看，基本上是合理的。

---

[1] 《中国统计年鉴》（1983），第 20 页。

但在"二五"时期以后，长期地、片面地执行优先发展以钢铁工业为中心的重工业方针，并据此确定了过高的积累率和重工业投资过多的积累使用方向。这就几次导致了国民经济比例关系的严重失调。比如，1960年，在工农业总产值中，农业只占 21.8%，轻工业只占 26.1%，重工业高达 52.1%。经过第一次国民经济调整，农业、轻工业和重工业的比例关系又趋于协调。但是，后来国民经济又走向畸形发展。到 1978 年，在工农业总产值中，农业只占 27.8%，轻工业占 31.1%，重工业仍占 41.1%。[①] 在这些年份里，不仅重工业比重过大，农业和轻工业的比重过低，而且在重工业生产中，为自身服务的部分过大，为农业和轻工业服务的部分过小。比如，1960 年，在钢材消费构成中，农业和农业机械只占 10.8%，轻工市场产品只占 10.2%；经营维修和技术措施占 16.5%，机械制造占了 49%；在电力消费构成中，农业只占 1.2%，轻工业只占 13%，重工业高达 63.9%。1978 年，情况有所好转，但重工业生产为自身服务部分过大、为农业和轻工业服务部分过小的畸形状态并没有从根本上改变。这一年，在钢材消费构成中，农业和农业机械占 15.5%，轻工市场产品占 11.7%，经营维修和技术措施占 25.8%，机械制造仍占 29%；在电力消费构成中，农业占 11.5%，轻工业占 12.8%，重工业仍然高达 53.7%。

上述情况表明，合理地确定积累率以及积累的使用方向，对于保证国民经济按比例的发展，具有极重要的意义。

其三，只有把积累和消费适当地结合起来，才能保证在实现简单再生产的基础上，进一步扩大生产。之所以必须这样，因为"简单再生产是每个规模扩大的年再生产的一部分，并且还是它最重要的一部分"。[②] 因此，维持原有生产规模，是生产规模进一步扩大的必要前提。但要在维护这个前提下去进一步扩大生产，积累率必须适当。这样，就可以做到积累基金和消费基金的比例关系与国民收入物质构成相适应，既可以保证简单再生产部分的实现，又可以保证扩大再生产部分的实现。反之，如果积累率过高，要求把过多的生产资料和劳动力用于建设，那么，不仅积累基金难以完全实现，而且势必影响到原有的生产规模，从而使得整个生产建设

---

① 《中国统计年鉴》（1983），第 20 页。

② 《马克思恩格斯全集》第 24 卷，第 457 页。

的经济效益大大降低。我国"二五"时期以来，为了实现以钢铁工业为中心的重工业生产高指标，基本建设规模过大，积累率过高。这样，在物资供应方面就出现了所谓"三八"制：国家分配给生产单位的生产指标是100%，而物资供应指标只有80%，生产单位去定货时，又只能定到80%；生产单位取货时又只能按合同取到80%；这就是三个八折，结果物质供应指标只能满足生产需要的一半。这一点，正是"二五"时期以来经济效益下降的一个主要原因。

根据上述三方面情况的分析，我们可以得出这样的结论：只有兼顾积累和消费，积累率适当，才能保证国民经济按比例的发展，才能保证社会生产建设经济效益的提高，因而，才会有社会生产的持续的、高速度的增长。如果片面强调积累，忽视消费，积累率过高，势必导致国民经济比例关系的破坏和社会生产经济效益的降低，因而，必然使国民经济发生严重的挫折，不可能有整个国民经济的持续的高速度。即使有，也只是某些生产部门一时的高速度，到头来就连这些部门的速度也不得不退下来。

所以，认为积累率越高，生产发展速度越快的观点，无论在理论上或事实上，都是站不住的。

第三，斯大林提出的"积累是扩大再生产的唯一源泉的原理"，[①] 在理论上和实践上都为我国所接受了，并对我国长期存在的过高的积累率发生了很大的影响。很显然，在这种思想指导下，就会把增加积累当作是实现扩大再生产的唯一办法，必然会导致过高的积累率。

但是，按照马克思主义的观点，积累是扩大再生产的重要泉源，而并不是唯一的来源。因为：①提高现有设备的利用率，就可以在不增加固定资产的条件下扩大生产规模。②节约使用原材料和燃料，或者对原材料和燃料开展综合利用，都可以在不增加流动资金的条件下增加生产。③提高劳动生产率，可以在不增加劳动力，从而不增加工资支出的条件下生产更多的产品。④加速流动资金的周转速度，可以用同量流动资金增加生产。⑤利用折旧基金，也可以实现扩大再生产。马克思对这一点作过这样的说明："固定资本价值中这个转化为货币的部分，可以用来扩大企业，或改

---

① 《斯大林文选》（下），第636页。

良机器，以提高机器效率。……这种规模扩大的再生产，不是由积累——剩余价值转化为资本——引起的，而是由从固定资本的本体分出来、以货币形式和它分离的价值再转化为追加的或效率更大的同一种固定资本而引起的。"[①] 马克思这里说的是资本主义社会的情况，但从它所包括的一般道理来说，对社会主义社会也是适用的。总之，在不增加积累的情况下，在一定限度内是可以实现扩大再生产的。

需要指出，人们接受斯大林的片面观点，可能同片面地理解马克思的有关论述是有联系的。马克思在《资本论》中多次把积累和扩大再生产当作同义语使用过。比如，他说："只要有积累，简单再生产总是积累的一部分。"[②] 但马克思在同一著作中也说过："一定量的资本，没有积累，还是能够在一定界限之内扩大它的生产规模。"[③] 可见，从马克思论述中是得不出"积累是扩大再生产的唯一源泉"这个片面结论的。

第四，长期以来，人们只承认扩大再生产一个基本公式，即 $I(v+m)$ $> II c$，否认扩大再生产另一个基本公式，即 $II(c+m) > I(v+\frac{m}{x})$。我们依据马克思主义扩大再生产的基本原理和 1958 年"大跃进"的教训，在 1961 年提出：要实现扩大再生产，不仅需要第一个基本公式，而且需要第二个基本公式。因为要进行扩大再生产，不仅需要追加生产资料，而且需要追加劳动力，从而需要追加消费资料；而第一个基本公式只能反映追加生产资料的要求，不能反映追加消费资料的要求，反映这一点的是第二个基本公式。[④] 经过了 30 年的社会主义建设的实践，人们可以看得更清楚：认为扩大再生产只需要第一个基本公式的观点，助长了过高的积累率，特别助长了过高的生产性积累和过高的重工业生产积累，并导致忽视消费，忽视非生产性积累和农业、轻工业生产积累。

4. 社会历史根源。

我国积累和消费关系长期严重失调，还有深刻的社会历史根源。半殖民地半封建的中国，是一个小资产阶级极其广大的国家。解放以后，在农

① 《马克思恩格斯全集》第 24 卷，第 192 页。
② 《马克思恩格斯全集》第 24 卷，第 438 页。
③ 《马克思恩格斯全集》第 24 卷，第 565 页。
④ 详见拙文：《关于扩大再生产公式的初步探讨》，《光明日报》1961 年 12 月 4 日第 4 版。该文由我和周叔莲同志合写，署名实学。

业合作化完成以前，小生产在农村仍像汪洋大海一样。所以，小资产阶级思想的影响是很深的。小资产阶级无论对于革命的长期性，或者对于建设的长期性都缺乏忍耐心。小资产阶级思想方法的特点是主观性和片面性，观察问题不是从客观实际出发，而是从主观愿望出发，把树木当作森林。再加上半殖民地半封建旧中国经济十分落后，解放后急需改变这种落后面貌。这样，在经济工作指导上，很容易产生急躁情绪和超越实际可能的"左"的倾向。生产上的高指标以及与此相联的分配上的高积累，不能说同这种小资产阶级思想的影响没有联系。

中国长期处于封建和半封建的社会，封建主义思想长期处于统治地位，渗透到社会生活的各个方面。解放后，比较多地注意了对资产阶级思想的批判，但对封建主义思想的批判做得不够。而且由于没有分清什么是社会主义思想，什么是封建主义思想，有时用封建主义思想去批判资本主义思想。结果，资本主义思想没批倒，封建主义思想反而得到了泛滥。因而封建主义思想残余仍然严重存在。这样，在社会主义改造和社会主义建设胜利发展的形势下，党内就滋长了封建家长式的统治和个人崇拜，党的民主集中制受到严重破坏。旧中国本来就没有民主传统，解放后，无产阶级的民主制也远没有健全起来。后来随着阶级斗争的扩大化，就连这种很不健全的民主制也被破坏。这种情况使得党的八大一次会议已经形成的许多正确决议，很容易被一个人或少数人所推翻，党内和人民群众中的正确意见得不到反映，反而被当作"右倾"来批判。就正确处理积累和消费的关系来说，党的八大的决议指出："必须使国家建设和人民生活改善这两个方面得到适当的结合，也就是使国民收入中积累和消费的比例关系得到正确的处理。为了实现社会主义工业化，全国人民必须使当前利益和个人利益服从长远利益和集体利益，艰苦奋斗，克勤克俭，在发展生产和提高劳动生产率的基础上增加国家的资金积累……。但是如果过高地规定国民收入中积累的比重，不注意在劳动生产率提高的基础上适当地改善人民的生活，不注意人民群众当前利益和个人利益，就会损害人民群众建设社会主义的积极性，损害社会主义的利益。"① 周恩来同志代表党中央在党的八大的报告中也曾经正确地指出："由于我国国民经济还很落后，农业

---

① 《中国共产党第八次全国代表大会文件》，第86—87 页。

所占的比重还比较大，人民生活的水平还比较低，因此，积累部分在国民收入中所占的比重，不可能也不应该有过多的和过快的增长，但是可以稍高于第一个五年已经达到的水平。"① 陈云同志针对 1956 年基本建设规模超过国家物力、财力，以致形成生产资料、生活资料供应不足和财政出现赤字的情况，在 1957 年初提出："建设规模的大小必须和国家的财力物力相适应。适应还是不适应，这是经济稳定或不稳定的界限。"为了防止经济建设规模超过国力的危险，陈云同志提出了一系列的制约方法："一、财政收支和银行信贷都必须平衡，而且应该略有结余。""二、像钢铁、木材等原材料供应，应当有分配的顺序。……首先要保证生活必需品的生产部门最低限度的需要，其次要保证必要的生产资料生产的需要，剩余的部分用于基本建设。""三、人民的购买力要有所提高，但是提高的程度，必须同能够供应的消费物资相适应。""四、基本建设规模和财力物力之间的平衡，不单要看当年，而且必须瞻前顾后。""五、我国农业对经济建设的规模有很大的约束力。"② 陈云同志提出的这些重要原则，是马克思主义的再生产理论在中国社会主义建设中的具体运用和发展，对保证国民经济按比例的发展，具有极重要的指导意义。但所有上述的正确的决议和意见，后来统统付之东流，并受到了不应有的责难。上述情况还使得领导者容易做出脱离实际的错误决定，并且长期得不到纠正。这是我国积累和消费关系长期严重失调的极重要的根源。值得提出的是：1978 年在经济工作方面进一步发展了高积累的失误，但由于党的十一届三中全会以后，在重新确立党的正确的政治路线、思想路线和组织路线的同时，党内的民主生活也逐渐趋于正常，这种失误很快就被发现，并且及时着手纠正。

个体生产曾经是封建统治的经济基础。在这种个体生产条件下，人民的生活是很贫困的。我党在解放前的长期革命战争中所过的供给制生活，正是处在这种生产条件下的，生活也是很艰苦的。这种情况对人们的影响很深，以致人们对社会主义的理解，往往自觉和不自觉地带有小生产的色彩。似乎社会主义经济并不需要大大提高人民的生活，只要维持较低水平就可以了。有一种典型说法是：在社会主义制度下，只要做到一不死人，

① 《中国共产党第八次全国代表大会文件》，第 206 页。
② 陈云：《建设规模要和国力相适应》，《经济日报》1983 年 5 月 5 日第 1 版。

二不使身体弱下去，并且逐步略有增强，这两条是基本的。有了这两条，其他东西有也可以，没有也可以。正是从这种带有小生产色彩的观念出发来理解党的艰苦奋斗传统，往往把这种传统和提高人民生活对立起来。这些也是长期存在的轻视消费的重要原因。

依据上述的我国积累和消费关系长期严重失调原因的分析，我们可以得出这样的结论：要正确地处理积累和消费的比例关系，不仅需要有关这个问题的正确的理论、原则和方法，而且需要有正确的经济发展的战略，完善的经济管理体制，健全的党的民主集中制以及社会主义的民主和法制。

这里也需指出："二五"时期以来，积累和消费比例关系长期严重失调，除了上述的各种原因以外，还有下列一些客观原因。第一，解放前，我国经济文化极为落后，原来人口也很多。第二，建国以后又长期受到国外敌对势力的威胁甚至侵略，因而需要集中财力物力，迅速发展重工业，以增强国防力量。第三，我国又长期处于帝国主义、霸权主义的封锁状态，因而，不仅在吸取国外的先进科学技术和经营管理经验方面，而且在利用国外资金方面，都受到了很大的限制。所有这些因素，都给处理积累和消费的比例关系造成了困难。这些也都是应该看到的。但为了吸取处理积累和消费关系方面的经验和教训，我们还是在前面着重地分析了上述的各项原因。

三、两次经济调整都使得严重失调的积累和消费比例关系重新趋于协调

（一）第一次经济调整协调了积累和消费的比例关系。

我国社会主义建设的实践证明：社会主义计划经济制度的优越性，不仅在于可能通过计划实现国民经济按比例的发展，其突出表现是第一个五年计划的制订和执行，而且在于在国民经济比例关系发生严重失调的情况下，可能通过计划实现国民经济的调整，使得国民经济重新得到协调的发展。我国两次调整经济的实践，都证明了这一点。

1958年至1960年，主要由于"左"倾错误，使得国民经济比例关系严重失调。其表现是：一方面，重工业发展过快，农业大幅度下降，轻工业也随之下降。这样，重工业在工农业总产值中的比重，由1957年的25.5%上升到1960年的52.1%，农业由43.3%下降到21.8%，轻工业由

31.2%下降到 26.1%。另一方面，积累率由 1957 年的 24.9%上升到 1958年的 33.9%，再上升到 1959 年的 43.8%，1960 年仍然高达 39.6%。① 可见，在这个期间，国民经济中的两大基本比例关系，即农业、轻工业和重工业的比例关系，以及积累和消费的比例关系，都处于严重失调的状态中。

根据这个情况，1961 年 1 月党的八届九中全会在中央财经小组报告的基础上决定对国民经济实行调整、巩固、充实、提高的方针。调整，指调整国民经济中的各种比例关系，主要是农业、轻工业和重工业的比例关系，以及积累和消费的比例关系。

这次调整在大力加强农业，努力发展轻工业，压缩重工业的同时，大幅度地减少了基本建设投资。1961 年基本建设投资总额由 1960 年的384.07 亿元下降到 123.37 亿元，1962 年进一步下降到 67.62 亿元。其后逐年有所上升。1963 年为 94.16 亿元，1964 年为 138.69 亿元，1965 年为170.89 亿元。②

这样，经过这次调整，积累率由 1960 年的 39.6%，下降到 1961 年的19.2%，再下降到 1962 年的 10.4%。其后，积累率逐年有了适当的、恢复性的上升。1963 年为 17.5%，1964 年为 22.2%，1965 年为 27.1%，1963 年至 1965 年合计为 22.7%。③

事实表明：1963 年至 1965 年三年调整时期的积累率也是比较协调的。这表现在下列三个方面：

第一，在三年调整时期，一方面，社会生产有了较快的恢复和发展；另一方面，人民的物质文化生活水平也有迅速的恢复和提高。工农业总产值 1965 年比 1962 年增长了 55.1%；全国人民的平均消费水平提高了 27.4%。④

可见，这个时期的积累率是体现了兼顾积累和消费的原则的。

第二，在这个时期，积累基金与社会提供的追加生产资料大体上是适应的。这表现在：这个时期固定资产交付使用率高达 87.1%，超过了建

---

① 《中国统计年鉴》(1983)，第 20、25 页。
② 《中国统计年鉴》(1981)，第 295 页。
③ 《中国统计年鉴》(1983)，第 25 页。
④ 《中国统计年鉴》(1983)，第 17、484 页。

国以后的各个五年计划时期（包括"一五"时期）。① 这个时期的消费基金与社会提供的消费资料的对比关系也是比较协调的。这个时期可供内销的消费品货源总额为 1777.1 亿元，而消费品购买力总额为 1718.1 亿元，前者超过后者 59 亿元。这就是说，这个时期确定的积累率是遵守了与国民收入物质构成相适应的原则的。

第三，这个时期积累的经济效益也是比较高的。这个时期平均每年每百元生产性积累增加国民收入为 87 元。这项指标超过了建国以后的各个五年计划时期（包括"一五"时期）。

这样，我们依据前述的判断积累与消费比例关系协调的原则，可以认为，三年调整时期积累和消费的比例关系是比较协调的。

上述三种情况的出现，即社会生产和人民生活的水平得到较快的恢复和提高，积累和消费比例关系与国民收入物质构成大体上相适应，以及经济效益比较好，并不只是调整积累率的结果，还有其他方面的原因，其中包括对农业、轻工业和重工业比例关系的调整。经过这次调整，农业占工农业总产值中的比重，由 1960 年的 21.8% 上升到 1965 年的 37.3%，轻工业由 26.1% 上升到 32.3%，重工业由 52.1% 下降到 30.4%。② 显然，如果没有农业、轻工业和重工业这种比例关系的变化，仅仅有积累率的调整，那提高了的消费基金的比例也是不能实现的。这样，就不可能做到提高人民生活，不可能做到积累与消费比例关系与国民收入物质构成相适应。还要指出：按可比价格计算，1965 年工农业总产值比 1960 年下降了3.9%。但在这个期间，全国人民平均消费水平提高了 24.7%。③ 这就是说，人民生活的提高是在生产下降的情况下实现的。可见，如果只是调整了积累率，而不相应地调整农业、轻工业和重工业的比例关系，就不可能出现上述第一、二两种情况。而且，也不会出现上述第三种情况。因为调整农业、轻工业和重工业的比例关系，同调整积累率都有提高经济效益的作用。下表可以说明这一点。

---

① 《中国统计年鉴》（1983），第 343 页。
② 《中国统计年鉴》（1983），第 20 页。
③ 《中国统计年鉴》（1983），第 17、484 页。

1965 年社会主义国家所有制独立核算企业分轻、重工业主要财务指标 单位：元

	轻工业	重工业	轻工业为重工业的倍数
每百元固定资产原值实现的利润	42.3	17.4	2.43
每百元资金实现的利润、税金	64.2	23.0	2.79
每百元产值占用的流动资金	14.9	34.5	0.43

上表表明：无论是固定资产占用的经济效益，或者是流动资金占用的经济效益，从而全部资金占用的经济效益，轻工业比重工业都要好得多。

可见，调整农业、轻工业和重工业的比例关系，也是引起上述三种情况的一个重要因素。

（二）第二次经济调整又使得积累和消费的比例关系走向协调。

1. 调整的必要性。

如前所述，1961 年以后，由于贯彻执行了党中央提出的"调整、巩固、充实、提高"的方针，经过五年的调整，包括积累和消费的比例关系在内的整个国民经济比例关系又重新趋于协调。但是，经济工作指导方面的"左"的思想并没有从根本上得到纠正，因此，随着国民经济的恢复和发展，急于求成，不量力而行，盲目追求重工业产值的增长速度，严重忽视人民消费等一套"左"的做法，又重新表现出来。再加上林彪、江青两个反革命集团在"文化大革命"中进行了长达十年的破坏，我国国民经济又长期陷入严重失调状态。1976 年粉碎"四人帮"以后的头两年，由于没有足够估量十年破坏所造成的严重后果，也没有清理经济工作指导上"左"的错误，仍然急于求成，违反量力而行的原则，在生产建设方面提出了一些过高的、不切实际的目标，把已经大大超过国家财力、物力能够承受的基本建设规模进一步扩大了。在粉碎"四人帮"以后，打破了闭关自守的局面，实行了利用外资、引进技术的战略决策。这无疑是正确的，但由于缺乏经验，进口成套设备的规模也超过了实际可能。这种盲目冒进的"左"的错误，又进一步地加剧了国民经济比例关系的失调。这样，到 1978 年，我国国民经济又面临着比 1958 年"大跃进"以后的更为严重的失调状态。这一年在工农业总产值中，农业由 1965 年的 37.3%下降到 27.8%，轻工业由 32.3%下降到 31.1%，重工业由 30.4%上升到

41.1%；积累率由 27.1% 上升到 36.5%。① 这里需要说明的是，1978 年重工业在工农业总产值中的比重以及积累率并没有 1959 年至 1960 年高。因而，似乎 1978 年的国民经济比例关系的失调状态还没有 1958 年"大跃进"以后那样严重。但是，问题在于：从 60 年代中期以来，我国国民经济长期处于失调状态。就积累率来说，在 1966 年到 1978 年的 13 年间，有 10 年都在 30% 以上。其中 1967 年至 1969 年 3 年虽然在 25% 以下，但那几年的动乱，对生产的破坏是很严重的，这样的积累率也是够高的。② 农业、轻工业和重工业的比例关系以及国民经济其他方面的比例关系，也都存在着类似的状态。毫无疑问，这样长时期积累起来的问题，自然比 1958 年"大跃进"以后出现的国民经济比例关系失调要严重得多。

1978 年 12 月召开的党的十一届三中全会，是建国以来具有重大现实意义和深远历史影响的一次会议。"十一届三中全会的伟大历史功绩，就在于从根本上冲破了长期'左'倾错误的严重束缚，端正了党的指导思想，重新确立了马克思主义的思想路线、政治路线和组织路线。"③ 三中全会提出了必须解决国民经济重大比例失调和改革具有严重缺点的经济管理体制的要求。接着不久，在 1979 年 4 月召开的党的中央工作会议上，完整地提出了对整个国民经济实行"调整、改革、整顿、提高"的方针。"调整，就是要针对林彪、'四人帮'长期干扰破坏所造成的经济比例严重失调的状况，自觉调整比例关系，使农轻重和工业各部门能够比较协调地向前发展，使积累和消费之间保持合理的比例。"④

这里需要着重指出：提出"调整、改革、整顿、提高"的方针，表明要从根本上纠正经济工作指导思想方面长期存在的"左"倾错误；表明要逐步地实现经济结构的合理化、经济体制的合理化和企业组织的合理化，使得我国社会主义经济制度的优越性能够充分地发挥出来；表明要把提高经济效益作为一切经济工作的根本出发点和核心问题；表明要从我国的具体情况出发，走出一条速度比较实在、比例比较协调、经济效益比较好、人民生活可以更多改善的新路子来。所以，"调整、改革、整顿、提

---

① 《中国统计年鉴》（1983），第 20、25 页。
② 《中国统计年鉴》（1983），第 25 页。
③ 《中国共产党第十二次全国代表大会文件汇编》，第 9 页。
④ 《中华人民共和国第五届全国人民代表大会第二次会议文件》，人民出版社 1979 年版，第 15 页。

高"方针的提出，是我国社会主义经济发展战略的一个根本转变。

但是，由于对问题严重性的认识不够，而且认识也不一致，1979 年和 1980 年两年在贯彻以调整为重点的调整、改革、整顿、提高方针方面是不得力的。其主要表现是：这两年在提高城乡人民的消费水平（这一点基本上是做得对的，但步子也迈得大了一些）以后，基本建设投资总规模该退而没有退下来，数量众多的、大的引进项目该停又没有及时停下来，地方和企业又盲目地上了一批重复建设项目。国防战备费和行政管理费等不但没有压缩，反而又增加了。这样，在货币形态的国民收入分配上，积累基金和消费基金的总和超过了实际的国民收入；在国家的财政分配上，基本建设投资和各项消费开支也超过了财政收入。因而，这两年连续出现大量的财政赤字。由此又引起了大量的弥补财政亏空的货币投放和部分物价上涨。问题还在于：当时如果不对国民经济进行大的调整，次年，即 1981 年还会出现庞大的财政赤字，银行还要发放大量的通货，其结果必然是物价暴涨。这样，党的十一届三中全会以来人民生活已经得到的改善就会丧失，国民经济比例失调状况还将进一步加剧，并将危及安定团结的政治局面。

1980 年底召开的党的中央工作会议，根据这种情况作出了在经济上实行进一步调整、政治上实现进一步安定的重大决策。在这个决策的指导下，经过 1981 年的调整，已经取得了显著的成效，基本上达到了稳定经济全局的要求，进一步巩固和发展了安定团结、生动活泼的政治局面。尽管现在我国国民经济中的潜在危险还没有完全消除，但已经渡过了最困难的时期，开始走上了稳步发展的健康轨道。

2. 调整的成就。

1979 年至 1981 年我国在调整国民经济方面，取得了巨大的成就。其中一个基本方面，就是积累和消费的比例关系已经由原来的严重失调状态逐步趋向于协调发展。

为了阐述这种协调发展，我们主要从前述的第一项原则，即必须兼顾积累和消费两方面来考察，至于前述的第二、三两项原则，即积累基金和消费基金的比例关系必须与国民收入的物质构成相适应，以及经济效益比较好，这里就略而不论了。这样做，是基于下述三方面的考虑：第一，第一项原则是最基本的原则。第二，我们在下面论述这三年积累和消费比例关系协调发展的实现条件时，要联系到农业、轻工业和重工业比例关系的调整。这就在实际上涉及了第二项原则。为避免重复，故不专门论述了。

第三，至于经济效益的提高，不仅受到积累和消费比例关系协调发展的影响，而且会受到整个经济结构、经济管理体制、经济计划管理水平和企业经营管理水平等多方面因素的制约。这三年正是由于这些多方面因素和1981年进一步调整的影响（这一年大幅度减少基本建设投资以及与此相联系的重工业生产的下降，难免暂时给提高经济效益带来不利的影响），经济效益并无显著变化。显然，这并不能表明积累和消费的比例关系没有趋于协调。基于这个原因，对第三项原则也略而不论了。

经过三年来对积累和消费关系的调整，逐步地实现了兼顾积累和消费的原则。这一点表现在下列四方面：

第一，大幅度地降低了积累率。1978年积累率为36.5%，1979年下降到34.6%，1980年下降到31.6%，1981年下降到28.5%。[①] 与此同时，消费率相应地提高了。

第二，大幅度地降低了生产性积累在全部积累中的比重，相应地提高了非生产性积累的比重。在1978年至1981年期间，生产性建设投资在基本建设总额中的比重由82.6%下降到58.7%，非生产性建设投资由17.4%上升到41.3%，其中住宅建设投资由7.8%上升到25.5%。[②] 1981年非生产性建设和住宅的投资比重不仅远远超过了"二五"时期以来的各个年份，而且比"一五"时期也要大得多。

第三，主要生产生产资料的重工业投资在基本建设总额中的比重大幅度下降了，主要生产消费资料的轻工业投资的比重，以及直接关系到人民物质文化生活提高的商业饮食业服务业、城市公用事业和科研文教卫生事业的投资的比重都显著上升了。在1978年至1981年期间，在社会主义国家所有制经济的基本建设投资总额中，重工业投资的比重由50.9%下降到40.2%，轻工业投资的比重由6.1%上升到10%，商业、饮食业、服务业和物资供销机构投资的比重由3.2%上升到6.6%，科研、文教、卫生和社会福利事业投资的比重由4.5%上升到10.2%，城市公用事业投资的比重由3.2%上升到7.4%。

---

① 《中国统计年鉴》（1983），第25页。

② 《中国统计年鉴》（1981），第309页。

第四，在社会生产增长的同时，人民的生活有了较多、较快的改善。按可比价格计算，1981 年工农业总产值比 1978 年增长 21.5%，平均每年增长 6.7%。[①]

这三年人民物质文化生活显著提高的总面貌如下表所示。

全国居民平均消费水平的提高[②]　　　　　单位：元

年份	全国居民	农民	非农业居民
1953	76	62	148
1957	102	79	205
1978	175	132	383
1981	249	194	487
1953—1957 年平均增长速度（%）	4.2	3.2	4.8
1958—1978 年平均增长速度（%）	1.8	1.4	2.5
1979—1981 年平均增长速度（%）	7.9	8.9	4.3

上表表明：1953 年至 1957 年全国居民年平均消费水平的增长速度为 4.2%，农民为 3.2%，非农业居民为 4.8%；1958 年至 1978 年期间分别下降到 1.8%、1.4%、2.5%；1979 年到 1981 年期间又分别上升到 7.9%、8.9%、4.3%。可见，1979 年至 1981 年全国居民年平均消费水平的增长速度几乎为 1953 年至 1957 年的 2 倍，农民几乎为 3 倍，非农业居民略低一点；这个时期的全国居民年平均消费水平的增长速度为 1958 年至 1978 年的 4.3 倍，农民为 6 倍多，非农业居民为 1.7 倍。这就是说，1979 年至 1981 年全国居民的年平均消费水平的增长速度，特别是农民的年平均消费水平的增长速度，不仅大大超过了由于"左"的错误而造成的经济发展受到几次严重挫折的 1958 年至 1978 年，而且显著超过了经济正常发展的 1953 年至 1957 年，从而成为建国以后的速度最高的时期。

上述四方面的情况表明：在 1979 年至 1981 年期间，逐步地贯彻了兼顾积累和消费的原则，使得原来严重失调的积累和消费关系逐渐趋向于协

---

① 《中国统计年鉴》（1981），第 18 页。

② 资料来源：《中国统计年鉴》（1983），第 484 页。其中各个年份的绝对额是按当年价格算的，各个时期的年平均增长速度是按可比价格算的。

调发展。

3. 调整的重大措施。

上述积累和消费关系的显著变化，首先是同党的十一届三中全会以来采取的一系列的调整积累和消费关系的重大措施相联系的。一方面，大力压缩了基本建设投资，并调整了投资的使用方向。1978 年社会主义国家所有制的基本建设投资总额为 479.55 亿元，1979 年和 1980 年虽然分别上升到 499.88 亿元和 539.39 亿元，但 1981 年下降到 427.89 亿元。[①] 尽管 1979 年和 1980 年的基本建设投资总额上升了，但包括这两年在内的基本建设投资方向已经有了调整。这对提高人民的物质和文化生活也起了重要的作用。这三年国家用于文化教育卫生、城市公用事业和职工住宅等项非生产性建设投资共达 492.69 亿元。其中光是职工住宅的建设投资就高达 290.78 亿元。[②] 这三年新建职工住宅面积 2.23 亿平方米，平均每年为 7400 多万平方米，比"文化大革命"十年平均每年的竣工面积多 3 倍。[③]

另一方面，又实行了提高人民生活水平的许多重要措施。主要的有：

第一，党的十一届三中全会以后，对农村实行了一系列正确的政策，比较充分地发挥了社会主义农业集体经济的优越性，大大地调动了农民的劳动积极性，促进了农业的迅速发展。这就为提高占全国人口大多数的农民生活奠定了物质基础。但就这三年来说，国家在国民收入再分配方面采取的措施，在提高农民生活方面也起了十分重要的作用。这三年由于国家提高了部分农副产品的收购价格和超购加价的幅度，同时扩大了议价收购的范围，财政多支出了 481 亿元。在这期间，由于国家采取了减免农村部分税收的措施，财政又少收了 78 亿元。农民仅从以上两项就增加了 559 亿元的收入，平均每个农民多得了 70 元。[④] 由于上述各种原因，农民平均每人每年的纯收入大大增长了。根据国家统计局对农民家庭收支抽样调查的资料，平均每个农民每年的纯收入，由 1978 年的 134 元增加到 1981 年的 223 元，提高了 66.4%。[⑤]

第二，在这期间，共安排了 2600 多万人就业，使得多年来积累下来

① 《中国统计年鉴》（1981），第 295 页。
② 《中国经济年鉴》（1981），第Ⅵ-20 页；《中国经济年鉴》（1982），第Ⅷ-23 页。
③ 《红旗》1982 年第 16 期，第 32 页。
④ 《红旗》1982 年第 16 期，第 32 页。
⑤ 《中国经济年鉴》（1982），第Ⅷ-61 页。

的大批待业人员的大部分都得到了安排。仅这一项单是由国家财政支出的费用就达到 105 亿元。这样，一方面，增加了城镇职工家庭的总收入；另一方面，又使得每个职工赡养的人口减少了。1978 年，平均每个职工赡养的人口（不包括职工本人）为 1.06 人，1981 年下降到 0.77 人。① 由于就业人口的增长以及职工平均工资水平的提高等原因，城镇职工家庭每人平均收入水平显著地提高了。根据国家统计局对职工家庭收支抽样调查的资料，1978 年职工家庭平均每人每月用于生活费的收入为 26.3 元，1981 年上升到 38.6 元，提高了 46.8%，扣除物价上升的因素，增加了 30.8%。②

第三，这三年绝大部分职工都提了级，其中多数提了一级，有一部分还提了两级；同时又普遍实行了奖金制度，并在部分职工中实行了计件工资制。由于这几项开支，国家财政多支出了 300 亿元。这样，职工的平均工资水平有了显著的提高。1981 年职工（包括社会主义国家所有制和集体所有制的职工）年平均工资为 772 元，比 1978 年的 614 元增长 25.7%，剔除物价上升的因素，仍比 1978 年增长 12%。③

第四，这三年国家用于城镇居民生活必需品的物价差额补贴、住房费用补贴和社会福利费共达 628 亿元。其中包括三个部分：①用于粮油、副食品（包括肉、鱼、蛋、禽、蔬菜等）和穿、用、烧等工业品的价格补贴 416 亿元。②用于住房补贴 35 亿元。③用于社会福利费的支出 177 亿元。其中包括国家用于企业事业单位和机关干部的公费医疗的费用 117 亿元，以及上述各单位支出的集体福利费和文娱、体育宣传费共 60 亿元。在上述的 628 亿元中，1981 年就占了 250 亿元，相当于当年全国职工工资总额的 30%，平均每个城镇居民受益 164 元。④

所有这些，就使得这三年全国城乡人民生活有了显著的提高，使得原来严重失调的积累和消费关系逐步趋于协调。

从积累基金和消费基金的实现角度来看，上述积累和消费关系的显著变化，同时又是与农业、轻工业和重工业比例关系的变化相联系的。党的

①　《红旗》1982 年第 16 期，第 33 页。

②　《中国经济年鉴》（1982），第 Ⅷ—61 页。这是对全国 46 个大中小城市的各部门的、包括社会主义全民所有制和集体所有制在内的 8715 户职工家庭的抽样调查资料。

③　《光明日报》1982 年 10 月 17 日第 3 版。

④　《人民日报》1982 年 10 月 13 日第 1 版。

十一届三中全会以来，由于贯彻执行了以调整为重点的调整、改革、整顿、提高的方针，农业和轻工业的发展速度大大加快了，重工业的服务方向也有了调整。因而，原来严重失调的农业、轻工业和重工业的关系，也重新趋于协调。按当年价格计算，1978 年到 1981 年，在工农业总产值的构成中，农业由 27.8% 上升到 32.5%，轻工业由 31.1% 上升到 34.7%，重工业由 41.1% 下降到 32.8%。①

上述的工农业总产值构成的变化，是同这个期间对农业、轻工业和重工业的调整以及由此引起的三者增长速度的变化直接相联系的。第一，"十一届三中全会首先抓住农业这一环，着重克服过去指导上长期存在的'左'倾错误，恢复和扩大农村社队的自主权，恢复自留地、家庭副业、集体副业和集市贸易，逐步实行各种形式联产计酬的生产责任制，同时提高了粮食和其他部分农产品的收购价格，随后又解决了多种经营的方针问题，从而使农业面貌很快发生显著变化，由原来的停滞不前变得欣欣向荣"。② 按可比价格计算，1979 年到 1981 年，农业持续高涨，全面发展，每年平均增长速度高达 6.9%，③ 比农业发展比较快的"一五"时期还高1.1%，成为建国以后农业增长速度最高的时期（不算带有恢复性质的1950 年到 1952 年的国民经济恢复时期和 1963 年到 1965 年的三年调整时期）。

农业的持续的、全面的、迅速的增长，不仅是农民，而且是非农业居民生活提高的极重要的物质基础。按当年价格计算，1978 年社会农副产品收购总额为 557.9 亿元，1979 年上升到 713.6 亿元，1980 年又增加到842.2 亿元，1981 年提高到 955 亿元。按可比价格计算，1981 年比 1978年增长了 38.6%，平均每年增长 11.5%。④ 农副产品收购总额持续的、大幅度的上升，不仅为城镇居民提供了逐渐增多的粮食和其他农副产品，而且为发展轻工业提供了大量的原料。

第二，党的十一届三中全会以来，为了促进轻工业的发展，除了调整生产关系方面的措施（包括坚持社会主义国家所有制经济占主导地位的

---

① 《中国统计年鉴》(1983)，第 20 页。
② 《中国共产党第十二次全国代表大会文件汇编》，第 11 页。
③ 《中国统计年鉴》(1983)，第 17 页。
④ 《中国统计年鉴》(1981)，第 341、403 页。

前提下积极发展集体所有制经济，对国有企业实行企业利润留成和扩大企业自主权，贯彻按劳分配原则等）以外，还在轻工业生产所需要的燃料动力、原材料、资金、外汇和交通运输等方面优先保证供应。这些就大大推动了轻工业的发展，使得这个期间轻工业的增长速度也成为解放以后的最高时期。按可比价格计算，1979 年到 1981 年轻工业每年平均增长速度达到 14%，[1] 比增长速度较快的"一五"时期也高 1.1%。

但是，这几年轻工业发展的特点，不仅在于持续增长，也不仅在于速度高，而且在于全面增长。具体说来，有以下四方面：①市场原来紧缺的耐用消费品连年大幅度增长。1981 年同 1978 年相比，自行车、缝纫机、钟表等都增长 80% 以上。其增长幅度之大，数量之多，是我国历史上从未有过的。②一些过去不大重视的消费品开始迈开大发展的步伐。例如，食品工业在 1953 年到 1978 年期间，平均每年只增长 6.4%，而在 1979 年至 1981 年每年增长 10% 以上。③面向农村市场的消费品大大增长了。加重自行车、价格便宜的手表、农用建筑材料、小五金和木器等日用工业品的产量都大幅度地上升了。④消费品花色品种比过去丰富得多了。纺织工业在这三年每年设计投产的新品种、新花色达 3 万多种。轻工业部单是 1981 年研制成功的新产品就有 4000 多种，新品种、新花色 4.5 万多个。[2]

第三，为了改变过去存在的农业、轻工业和重工业比例关系严重失调的状态，经过这几年的调整，重工业的发展速度及其在工农业总产值的比重理所当然地下降了。但是，重工业的产品结构和服务方向有了很大的变化。"重工业改变了过去为自身服务过多的状况，为农业、轻工业提供原材料和装备的部分，为技术改造服务的部分，比重都有所提高。许多重工业企业还直接为市场生产了一批耐用消费品。"[3] 1978 年至 1981 年，轻工市场产品消费的钢材在钢材消费构成中的比重由 11.7% 上升到 14%；经营维修和技术措施由 25.8% 上升到 26.1%；机械制造由 29% 下降到 25.1%。在这个期间，农业用电量在总用电量构成中由 11.5% 上升到 14.9%，轻工业由 12.8% 上升到 12.9%，重工业由 53.7% 下降到 50.9%。农业机械工业依据农业发展的需要，大力增产小型农机具和半机械化农

① 《中国统计年鉴》（1983），第 17 页。
② 《北京日报》1982 年 7 月 10 日第 3 版。
③ 《中国统计年鉴》（1983），第 17 页。

具，1981 年这些产品的产值占其总产值的比重上升到 40% 左右。这年，民用机械工业发展新品种 1300 多种，是历史上最多的一年，服务领域已扩展到农副业、食品工业、日用消费品工业、纺织工业、商业、环境保护和商品包装等各个方面；生产的日用机电产品和为轻工业制造的专用设备比上年增长了 53%。这一年，化学工业中属于"长线"的轮胎产量比上年下降了 37.7%，市场急需的力车胎和自行车胎分别比上年增长了 78% 和 19% 以上。①

上述情况表明：经过这几年的调整，重工业和农业、轻工业的关系又逐渐趋向于协调。这不仅表现在重工业在工农业总产值中占的比重是农业和轻工业所能承受得了的，而且表现在重工业的服务方向逐渐变得适合农业、轻工业发展的需要。

上述情况还表明：农业、轻工业和重工业比例关系的调整，无论在实物形态上，或者在价值形态上，都为这几年调整以后的积累基金，特别是大大增长了的消费基金的实现提供了物质保证。

总之，经过 1979 年到 1981 年的调整，"积累和消费的比例关系，农业、轻工业和重工业的比例关系，已经基本上趋于协调。我国国民经济的调整工作进入了一个新的更加深入的阶段。现在的调整工作，就是要在统筹安排人民生活和生产建设的前提下，进一步调整农业、工业内部的产业结构和产品结构，调整企业的组织结构，使国民经济在稳定发展中大大提高经济效益"。② 这就是说，今后调整工作的内容同过去几年调整工作的内容是不同的。因为 1979 年提出的"调整的重要内容是调整积累和消费的关系，调整农轻重的比例关系，压缩基本建设战线，以适应中国的国力。这种意义上的调整可以说基本上已经完成"。③ 而今后一个时期的调整工作，是要进一步解决农业、工业内部的产业结构和产品结构以及企业的组织结构问题，主要解决经济效益问题。

这当然不是说，当前我国积累和消费的关系就不存在问题了。就消费来说，由于过去长时期内发生过片面追求高积累、忽视消费的"左"的

---

① 《中国经济年鉴》（1982），第 V – 41 页。

② 《中华人民共和国第五届全国人民代表大会第五次会议文件》，人民出版社 1983 年版，第 86—87 页。版本下同。

③ 赵紫阳：《在日本东京记者招待会上的讲话》，《人民日报》1982 年 6 月 3 日第 6 版。

错误，近几年来，党和国家大幅度地调整了积累和消费的比例关系，使得人民生活得到了显著的改善。这是完全必要的。但是，问题在于：这几年，在国家计划安排的消费基金增长量已经够大的情况下，计划外的消费基金还在盲目地增长。其突出表现：在农村，发生了擅自提高部分农副产品的收购价格，压低收购基数，扩大议价和奖售范围，提高奖售标准的情况。在城市，相当大的一部分企业发生了滥发奖金的现象。其结果，就不适当地在某种程度上挤了国家必要的建设资金。就积累来说，1981年纠正了1979年和1980年固定资产投资继续盲目上升的状况，使得投资大幅度地降了下来。但1982年"又出现了某些固定资产投资增长过猛的现象，许多地方和单位上了不少计划外的建设项目"。[①]

但是，这些都是贯彻调整国民经济方针过程中的问题，是前进过程中的问题，是可以解决的。只要坚持贯彻执行"一要吃饭，二要建设"的基本原则以及与此有关的一系列措施，就既不会再重复1958年"大跃进"以来多次发生的、由片面追求高积累率而导致的积累和消费比例关系的严重失调，更不会发生由片面追求高消费率而导致的积累和消费比例关系的失调，就会使已经趋于协调的积累和消费的比例关系巩固地向着更为协调的方向发展。

---

① 《中华人民共和国第五届全国人民代表大会第五次会议文件》，第91页。

第三章 对本世纪最后 20 年积累和消费比例关系的探讨

第一节 探讨本世纪最后 20 年积累率[①]的意义和方法

根据党的十二大的规定，本世纪最后 20 年我国经济发展战略目标，是在不断提高经济效益的前提下，使工农业年总产值翻两番，使城乡人民的收入成倍增长。依据本章第一节对积累和消费比例关系问题的意义的分析，我们可以认为，正确确定积累率，是实现这个战略目标的一个重要保证。

要正确地确定积累率，除了要遵循"一要吃饭，二要建设"，以及积累基金和消费基金必须与国民收入的物质构成相适应等项基本原则以外，还需要有正确的方法。

关于如何正确研究国民经济比例关系问题，陈云同志说过："如果不认真研究国民经济的比例关系，必然造成不平衡和混乱状态，而研究合理的比例关系，决不能依靠本本，生搬硬套，必须从我国的经济现状和过去经验中去寻找。"又说："决定计划，要把各种方案拿来比较。不但要和现行的作比较，和过去的作比较，还要和外国作比较。"[②]

---

① 积累率是指积累基金占国民收入的比重，消费率是指消费基金占国民收入的比重，积累和消费的比例关系就是这两种比重的对比关系。但确定了积累率，就等于从另一个方面确定了消费率。从这种相互联系的意义上说，确定了积累率，也就等于确定了积累和消费的比例关系。我们也正是在这个意义上，通过积累率来探讨积累和消费的比例关系。

② 陈云：《怎样使我们的认识更全面些》，《经济日报》1983 年 1 月 3 日第 1 版。

陈云同志的这些论述，虽然不是专门分析积累率的，但毫无疑问，对我们研究本世纪末最后 20 年积累率是有指导意义的。根据这个分析，我们对本世纪末最后 20 年积累率的探讨，拟分三步来进行。第一，在上述的对我国积累和消费比例关系进行历史考察的基础上，概括地分析我国社会主义建设在这方面的历史经验。第二，从本世纪最后 20 年我国经济现状出发，探讨积累率。第三，借鉴外国的经验。但是，借鉴我国的历史经验，特别是借鉴外国的经验，必须和本世纪最后 20 年我国的具体情况结合起来。

第二节　我国社会主义建设历史经验证明了什么

我们依据前面对建国以后积累和消费比例关系的历史考察，可以作出以下三点结论：

第一，处理积累和消费比例关系的三项基本原则是完全正确的。我们在前面对建国以后各个时期的积累和消费比例关系作历史分析时，是依据了下列三项基本原则的：①必须兼顾积累和消费两个方面（或者说必须实现积累与消费的结合），以及作为这项原则的具体化和发展的"一要吃饭，二要建设"的指导方针。②积累与消费的比例关系必须与国民收入的物质构成相适应，以及作为这项原则具体化的（或者主要体现的）固定资产投资必须与社会提供的追加生产资料相适应，人民购买力的增长必须与生活资料的增长相适应。③必须有利于经济效益的提高。我们对社会主义建设经验所作的历史分析又进一步证明：这三项基本原则是完全正确的。因而不仅是判断建国以后各个时期积累与消费比例关系协调与否的基本原则，也是我们探讨今后一个时期积累率的根本指导思想。

第二，"一五"时期的积累率是适宜的，超过 30% 的各个时期的积累率是失调的。我国社会主义建设的历史经验表明：其一，1953 年至 1957 年合计积累率为 24.2%，是比较协调的。其二，1958 年至 1962 年合计积累率为 30.8%，是严重失调的。其三，经过第一次国民经济的调整，1963 年至 1965 年合计的积累率为 22.7%，也是比较协调的。但其中 1963 年和 1964 年的积累率分别为 17.5% 和 22.2%，均低于"一五"时期合计的积累率，只是到 1965 年才达到了 27.1%。因而，这个时期有的年份的积累率还带有较多的恢复的性质。比如说，如果没有"大跃进"所导致的国民经济发展的严重挫折，很难设想1963年的积累率会降到17.5%。所以，从这个时期的本身看，22.7%的积累率是适宜的，但以社会主义建设的曲折发展过程来看，又不能认为这个时期的积累率是正常发展的现象。从这方面说，这个时期的积累率和"一五"时期的积累率是不同的。后者是社会主义经济正常发展过程中的、比较协调的积累和消费的比例关系。其四，1966年至1978年合计的积累率为31.2%，是更为严重失调的。其五，1979年至1981年合计的积累率为31.4%。① 对这三年的积累率也需要作具体的分析。其中，1979年和1980年，虽然大幅度地提高了消费基金，并调整了积累的使用方向，但在积累基金中占有很大比重的基本建设投资不仅没有下降，反而连续上升了，致使积累率仍然高达34.6%和31.6%。显然，这两年的积累率仍然是显得过高的。只是到了1981年，在继续大幅度地提高消费基金和调整积累基金使用方向的同时，大量地压缩了基本建设投资，积累率下降到28.5%，积累和消费的比例关系才趋于协调。所以，对待1979年至1981年的积累率，既不能笼统地把它看作像"二五"时期和1966年至1978年那样严重失调的比例关系，也不能笼统地把它看作像1963年至1965年那样尽管带有一定的恢复性，但从本时期看还是比较协调的比例关系，更不能笼统地把它看作像"一五"时期那样的经济正常发展的、比较协调的比例关系，而应该把它看作是由过去长期严重失调的比例关系向着协调比例关系的转变过程，直到1981年才基本上完成了这个转变。

这样，我国30余年社会主义建设的经验证明：①如果从社会主义经济正常发展过程而不是非正常的发展过程来看，从各个计划时期而不是某一年来看，那么，应该说"一五"时期合计的积累率24.2%，是比较协调的积累和消费的比例关系。②凡是积累率超过30%的时期，都是积累和消费比例关系严重失调的时期。

第三，我国社会主义历史的经验还证明：要使得积累和消费比例关系得到协调的发展，需要在一定时期内把积累率相对地稳定下来。这里所说的一定时期内把积累率稳定下来有两层意思：第一层意思是在一个五年计

---

① 《中国统计年鉴》（1981），第21页。

划期间内的各个年度之间，积累率需要相对的稳定。我国第一个五年计划期间的积累率，1954 年最高，为 25.5%，1955 年最低，为 22.9%，5 年合计为 24.2%。可见，"一五"时期最高年份积累率与最低年份积累率之差为 2.6%，最高年份积累率与 5 年合计的积累率之差为 1.3%，最低年份积累率与 5 年合计积累率之差也为 1.3%，[①] 所以，"一五"时期各个年份之间的积累率波动的幅度较小，比较稳定。

"二五"时期则不然，各个年份之间积累率的波动幅度较大，很不稳定。这个时期头 3 年（即 1958 年到 1960 年）积累率高达 33.9% 至 43.8%，后两年（即 1961 年至 1962 年）被迫下降到 19.2% 和 10.4%，5 年合计的积累率为 30.8%。这就是说，"二五"时期最高年份积累率与最低年份积累率之差达到 33.4%，最高年份积累率与 5 年合计积累率之差为 13%，最低年份积累率与 5 年合计积累率之差为 20.4%。[②] 可见，"二五"时期积累与消费比例关系的严重失调，不仅在于前 3 年积累率过高，而且表现为由此造成了后两年积累率大幅度下降的后果。

三年调整时期（即 1963 年至 1965 年）各个年份之间积累率也比较稳定。当然，从外观看来，这个时期最低年份的积累率（即 1963 年为 17.5%）与最高年份的积累率（即 1965 年为 27.1%）也差 9.6%，最高年份积累率与 3 年合计积累率（为 22.7%）差 4.4%，最低年份积累率与 3 年合计积累率差 5.2%。[③]这些差距虽然比"二五"时期小得多，但比"一五"时期要大。然而考虑到这个时期各个年度积累率的上升，在很大程度上带有恢复的性质，因而这个时期积累率的差距虽然比"一五"时期要大，但仍然可以看作是比较稳定的。

在 1966 年至 1970 年"三五"期间，先是由于经济工作指导思想方面的"左"的错误，积累率由 1965 年的 27.1% 上升到 1966 年的 30.6%。接着由于"文化大革命"的严重破坏，1967 年、1968 年和 1969 年 3 年积累率分别下降到 21.3%、21.1% 和 23.2%。1970 年由于"左"的错误的影响，积累率又上升到 32.9%。在这 5 年中，最高年份积累率与最低年份积累率相差 11.8%，最高年份积累率与 5 年合计积累率（为 26.3%）相差 6.6%，最低年份积累率与 5 年合计的积累率相差 5.2%。可见，这个

①②③　《中国统计年鉴》（1983），第 25 页。

时期的积累率也是不稳定的。

上述情况表明：哪个五年计划时期积累率比较稳定，积累和消费的比例关系就比较协调；哪个时期积累率不稳定，积累和消费的比例关系就失调。

·　那么，究竟为什么需要把五年计划各个年度的积累率相对稳定下来呢？因为，首先，如前所述，在社会主义制度下，正确处理积累和消费关系的基本原则是"一要吃饭，二要建设"。而在一个五年计划的各个年度之间，社会生产力虽然会有所发展，但不可能有太大的变化。这样，如果后续年度的积累率比前续年度提得过高，势必影响当前人民消费水平的提高，甚至会造成人民生活水平的下降。其次，前面也已说过，积累和消费的比例关系必须与国民收入的物质构成相适应。而社会生产第一部类与第二部类对比关系的较大的变化是需要经历一个过程的。这样，如果在一个五年计划期内把积累率提得过高，势必造成积累基金和消费基金难以实现的后果。

我们这里说的需要在一定时期内把积累率相对稳定下来，还有第二层意思：相互连接的若干个五年计划时期的积累也要有相对的稳定。我国社会主义建设的经验证明：这也是积累和消费比例关系协调发展的要求。"二五"时期合计的积累率（为 30.8%）比"一五"时期合计的积累率（为 24.2%）高了 6.6 个百分点，曾经导致了积累和消费比例关系的严重失调；三年调整时期合计的积累率（为 22.7%）由于带有恢复的性质，比"一五"时期还低 1.5 个百分点，积累和消费比例关系也是协调的；1966 年至 1978 年合计的积累率为 31.2%，比"一五"时期高 7 个百分点，也导致了积累与消费比例关系的严重失调。[①] 问题在于：与一个五年计划内各个年度之间相比较，在各个五年计划之间，无论在发展社会生产力方面，或者在改变社会生产第一部类与第二部类的对比关系方面，都有了较大的可能性，积累率有可能提高。但为了有充足的财力和物力首先用于提高当前人民的生活水平，积累率也不能提得过高；否则，也会影响（甚至严重影响）人民生活的改善。这是其一。其二，从国民经济计划工作来看，把积累率定得稳妥一些，留有余地，是有利的。赵紫阳同志在第

---

① 《中国统计年鉴》（1983），第 25 页。

五届全国人民代表大会第五次会议上指出:"从我们的历史经验来看,计划指标经过综合平衡,定得稳妥一些,留有余地,对于保护和发挥劳动人民和生产单位的积极性,保证国民经济按比例地协调发展,都有好处。"①赵紫阳同志这里说的是如何正确规定整个国民经济的计划指标。但很显然,这对于正确确定积累率指标也是完全适用的。退一步说,即使积累率定得稍低些,比定得偏高,也较为有利。正如陈云同志说过的:"纠正保守比纠正冒进要容易些。因为物资多了,增加建设是比较容易的;而财力物力不够,把建设规模搞大了,要压缩下来就不那么容易,这会造成严重浪费。"②

这里所说的在一定时期内(包括一个五年计划期内的各个年度之间,以及相互连接的若干个五年计划之间)把积累率稳定下来,不是指的绝对的稳定,而是指的相对的稳定。就是说,在一个五年期内各个年度之间,积累率是可以在一定幅度内上下波动的,而不是不变的;在各个五年计划之间,也不是不可以变化的,而是可以在一定幅度内上下波动的,并且可能有适当的提高。这是因为,一是,在一个五年计划期内的各个年度之间,特别是在相互连接的若干个五年计划之间,社会生产力是在发展的,作为积累基金和消费基金泉源的国民收入也是增长的。这是就一般的、正常的情况说的。但也不排除在某些特殊情况下(如特大的自然灾害等),某些年份社会生产力的发展和国民收入的增长会受到严重的影响,致使积累率下降。二是,在各个年度和各个五年计划之间,由于种种原因,社会主义建设和人民生活有某些不同的特殊要求,也会影响到积累率的变化。三是,此外积累率的变化要受到其他种种因素(甚至包括许多偶然因素)的影响。所以,马克思说过:"用于扩大生产的追加部分",要从社会总产品中"扣除多少,应当根据现有的资料和力量来确定,部分地应当根据概率论来确定"。③

依据上述我国社会主义建设的第二、第三两点经验(即"一五"时期积累率24.2%,积累和消费比例关系是比较协调的,而积累率超过了30%的各个时期,积累和消费比例关系都是严重失调的;需要在一定时期

---

①　《中华人民共和国第五届全国人民代表大会第五次会议文件》,第68页。

②　陈云:《建设规模要和国力相适应》,《经济日报》1983年5月5日第1版。

③　《马克思恩格斯选集》第3卷,第9页。

内把积累率相对地稳定下来），可以得出这样的结论：第一，本世纪最后 20 年的积累率，可以依据社会生产力的发展状况和实现经济战略目标的需要，在 25% 至 30% 之间选择，但是不宜超过 30%。第二，在这个时期内，积累率也需要相对稳定下来。当然，依据生产增长和达到经济战略目标的要求，也可以在某种幅度内（即 30%）做到稳中略有上升。

上述情况表明：我国社会主义建设的历史经验对于我们探讨今后一个时期的积累率，具有极重要的意义。这不仅表现在正确处理积累与消费比例关系的指导原则上，而且表现在正确确定积累率上，表现在一定时期内需要有相对稳定的积累率上。这并不是偶然的现象。因为今后一个时期的积累率和过去 30 多年的积累率，并不是相互孤立的经济现象，而是紧密相连的经济发展过程。就是说，今后一个时期的积累率，是过去时期积累率的历史发展。我们在前面详细考察建国以后积累和消费比例关系的历史发展，其基本用意也就在此。

第三节　从我国经济现状出发，确定积累率

一、对两个战略阶段工农业总产值和国民收入年平均增长速度的预测和分析

如前所述，本世纪最后 20 年我国经济发展战略目标，是在不断提高经济效益的前提下，使工农业年总产值翻两番，使城乡人民的收入成倍增长。这个战略目标是经过两个战略步骤实现的。前十年主要是打好基础，积蓄力量，创造条件，后十年要进入一个新的经济振兴时期。这样，前后两个战略阶段的经济增长速度，以及与此相联系的城乡人民收入的增长速度，就有比较显著的差别。而我们这里的任务，正是要从实现经济发展战略目标的需要出发来确定积累率。这就决定了首先必须依据现实的经济情况，对两个战略阶段的工农业年总产值的增长速度作出预测和分析。

但是，无论从价值形态看，或者从物质形态看，工农业总产值均不全部用于积累基金和消费基金，只是其中的净产值用作这两部分基金。其他物质生产部门的净产值也用作这两部分基金。就是说，积累基金和消费基金的来源是全部的国民收入。这样，国民收入的增长状况对于确定积累和消费的比例关系，具有极重要的作用。因此，要探索两个阶段的积累率，

不仅需要从我国的经济现状出发，对这两个阶段工农业总产值的增长速度作出预测和分析，而且需要对这两个阶段国民收入的增长速度作出预测和分析。这是就国民收入对积累率的决定作用方面来说的。另一方面，积累率对国民收入的增长也有巨大的反作用。这样，通过积累率与国民收入增长的联系，再通过国民收入与工农业总产值增长速度的对比关系，就可以看到确定怎样的积累率，来保证两个战略阶段要求的实现。

要在20年内使工农业年总产值翻两番，年平均增长速度需要达到7.2%。但据我们的预测，前十年的年平均增长速度大约可达6.4%，后十年约可上升到8%。这样，按1980年不变价格计算，工农业总产值在1980年到1990年期间，就由7159亿元[①]增长到1.3313万亿元，增长0.86倍；到2000年又可以增长到2.8741万亿元，增长1.15倍，总起来说，实现了翻两番的要求。

前十年的经济增长速度之所以比后十年要低，是考虑到经济调整、企业整顿和经济改革等项任务的完成，能源、交通落后状况的改变，重大科学技术项目的攻关，企业的技术改造，人才的成长，经济计划管理水平和企业经营管理水平的提高，均需经历较长的时间。正是这些因素制约着前十年的经济增长速度不可能很高。

后十年的经济增长速度之所以可能比前十年要高，是基于那时已经基本实现了经济结构和经济体制的合理化，经济计划管理和企业经营管理已经走上了正轨，社会主义精神文明建设将取得巨大成就，社会主义制度的优越性将得到比较充分的发挥；农业的科学技术和现代技术装备将获得较大的提高，工业的技术改造也将大规模地、普遍地开展起来，能源、原材料和机械等重工业部门的产量将有较大的增长；伴随着科学技术的巨大进步及其在生产中的广泛运用，能耗、物耗将大大降低，产品质量和加工深度将显著提高；许多附加价值大的新兴工业部门，如电子工业、核能工业、石油化学工业、精细化学工业、新型材料工业和生物技术工业等将获得迅速的发展。

在对20年工农业总产值年平均增长速度进行预测和分析以后，我们进一步对20年国民收入年平均增长速度进行预测和分析。我们设想前十

---

① 《中华人民共和国第五届全国人民代表大会第五次会议文件》，第67页。

年国民收入增长率与工农业总产值增长率之比为 0.9:1，后十年为 0.95:1。这样，前十年国民收入年平均增长速度可能达到 5.8%，后十年可能为 7.6%；20 年国民收入年平均增长率为 6.7%，2000 年国民收入总额比 1980 年增长 2.66 倍。

为了说明这一点，需要回顾一下我国社会主义建设的历史经验。我国国民收入年平均增长率与工农业总产值年平均增长率之比，"一五"时期为 0.82:1（"二五"时期国民收入为负增长），1963 年至 1965 年为 0.94:1，"三五"时期为 0.86:1，"四五"时期为 0.71:1，"五五"时期为 0.74:1。[①]

前十年国民收入年平均增长率与工农业总产值年平均增长率之比数，不仅可能超过"三五"、"四五"和"五五"时期，而且可能超过"一五"时期，接近 1963 年至 1965 年，达到 0.9:1。这样说的根据是：第一，在过去的长时期内，国民收入年平均增长率之所以显著低于工农业产值年平均增长率，主要是由于"左"的错误，特别是"文化大革命"那样长期的严重的错误；由于经济工作指导思想上的错误，经济工作片面强调产值速度的重要性，严重忽视经济效益和经济比例关系，几次造成了国民经济比例关系的严重失调；由于经济管理体制存在着严重的弊端，这一切必然导致社会经济效益的降低，导致产品中物质消耗比重的上升，并阻碍劳动生产率的增长。现在党和国家的工作重点已经转移到社会主义现代化建设的轨道上来，实现并巩固了安定团结的政治局面。社会主义经济建设已以提高经济效益作为出发点，一切经济工作都转到以提高经济效益为中心的轨道上来。党的"调整、改革、整顿、提高"的方针以及其他的一系列的经济政策，为逐步地、充分地发挥实际存在的节约潜力（包括降低产品的物质消耗和提高劳动生产率等）开辟了广阔的途径。

第二，值得着重提出的是：过去国民收入年平均增长率比较低，还由于物质消耗比重较低的农业在工农业中的比重过快、过大地下降了，而物质消耗比重比较高的工业过快、过大地上升了。在 1953 年至 1980 年期间，农业物质消耗的比重为 20.9% 至 32%，而工业高达 62.9% 至 67.1%；农业的年平均增长速度为 3.4%，工业为 11.1%；农业占工农业总产值的

---

① 《中国统计年鉴》（1983），第 19、23 页。

比重，由 56.9% 下降到 30.8%，工业由 43.1% 上升到 69.2%。① 可见，在过去的长时期内，物质消耗比重小的农业增长速度过慢，它在工农业总产值中的比重过快、过大地下降，是国民收入年平均增长率比较低的一个重要因素。正是从这里也可以找到经济正常发展的"一五"时期国民收入年平均增长率，比 1963 年至 1965 年还要低的一个原因。前一个时期，农业总产值年平均增长速度为 4.5%，后一个时期上升到 11.1%。②

但在前十年，农业的增长速度比过去加快了，工业的增长速度虽然仍快于农业，但同农业增长速度的差距是大大缩小了（这一点将在下面作分析）。这也是前十年国民收入年平均增长率可能比较高的一个重要因素。

有人说，当前我国生产技术水平同当代经济发达国家还有较大的差距，因而随着社会主义现代化的发展，产品的物质消耗比重要上升，前十年国民收入年平均增长率对工农业总产值年平均增长率的比数不可能提高。这个论据似不充分。问题在于：技术进步带来产品物质消耗比重的上升，仅仅是一种后果。技术进步同时又是提高劳动生产率和节约物质消耗的最重要因素，从而也是国民收入增长的最重要因素。而且，产品的物质消耗比重的升降，并不只是决定于生产技术的进步，还决定于生产结构和生产资料的节约等多种因素。苏联建设的实践已经证明了这一点。根据苏联的统计资料计算，国民收入年平均增长率与社会总产值之比，1913 年至 1940 年为 1.017:1，1941 年至 1950 年以及 1951 年至 1960 年均为 1.02:1，1961 年至 1970 年为 1.03:1。可见，尽管当前我国生产技术水平还远远落后于当代经济发达国家，但总不低于苏联 50 年代、60 年代的水平；而苏联在这两个年代及其以前的几个年代，国民收入年平均增长率也是比较高的，并没有表现出下降的趋势，而是略有上升的趋势。

这样说，并不意味着前十年把国民收入年平均增长率对工农业总产值的比数提高到 0.9，是轻而易举的事情。恰恰相反，要做到这一点，还存在种种困难。这是因为，企业整顿要真正取得实效，要改变由于能源和原材料供应不足而造成的现有生产能力不能充分发挥的状况，要控制固定资产投资的合理规模，要完成经济体制的改革，要根本转变党风和社会风气，都需要做出艰苦的努力。但基于上述的有利因素的分析，做到这一

① 《中国统计年鉴》（1983），第 17、20 页。
② 《中国统计年鉴》（1983），第 19 页。

点，是完全可能的。

后十年国民收入年平均增长率对工农业总产值年平均增长率的比数之所以可能比前十年进一步提高，其原因同前述的后十年工农业总产值的增长速度比前十年要高基本上是相同的，结合这里讨论的问题的特点，着重提出三方面：第一，后十年物质消耗比重较小的农业增长速度比前十年将有进一步提高。这一点也留在后面作分析。第二，后十年深度加工、附加价值大的加工工业会得到更迅速的发展。第三，后十年生产技术将有更大的进步。赵紫阳同志指出："全国在技术进步方面的总的目标，作过一些初步酝酿，可不可以这样设想：到本世纪末，把经济发达国家在70年代或80年代初已经普遍采用了的、适合我国需要的、先进的生产技术，在我国厂矿企业中基本普及，并形成具有我国特色的技术体系。"[1] 这个设想将在本世纪最后20年实现，但很显然，后十年的技术进步将比前十年快得多。这是后十年国民收入年平均增长率对工农业总产值年平均增长率的比数能够提高的一个重要因素。根据当代经济发达国家的资料，他们的国民收入的增长额中，有70%至80%是依靠劳动生产率的增长取得的，而劳动生产率的增长又有80%左右是依赖科学技术的进步实现的。

二、积累率与工农业年总产值翻两番

1. 工农业总产值翻两番，要求有较高的积累率。

现在在预测工农业总产值和国民收入年平均增长率的基础上，依据实现经济发展战略目标的需要，分别探讨两个战略阶段的积累率。在战略目标所包括的两方面内容中，工农业年总产值翻两番，是城乡人民收入水平成倍增长的基础。所以，我们首先探讨确定怎样的积累率，才能满足实现工农业年总产值翻两番的需要。

就20年实现工农业年总产值翻两番这个战略目标来说，主要靠内部积累解决资金问题，具有多方面的、特殊的重要意义。

第一，是实现战略重点的需要。

自从社会分工有了发展以后，国民经济各部门在经济中的地位就是有差别的。但在现代化生产条件下，社会分工获得了前所未有的巨大发展。各部门在国民经济中的地位的差别变得异常复杂了。但这并不妨碍我们按

---

[1]　赵紫阳：《经济振兴的一个战略问题》，《光明日报》1982年10月27日第4版。

照它们在国民经济中的地位把它们区分为两大类：一类是基础性的部门，它们的发展水平和速度对国民经济发展的水平和速度长期地起着决定性的作用；另一类虽然对国民经济的发展也有重要的作用，但不起决定作用，或者不是长期地起决定作用。

为着这里研究问题的需要，还可以按照另外的标准对国民经济各部门作另一种区分。由于各种原因，在各个时期内，各部门的发展不可能是平衡的和相互适应的；而且国民经济的发展对各部门的需求也是不同的，并有变化的。这样，就发生了各部门对国民经济发展需要的适应能力的差别。依据这一点也可以把国民经济各部门分作两类：一类是长期地、远远地不能满足国民经济发展的需要，从而成了国民经济中突出的薄弱环节；另一类基本上能够满足国民经济发展的需要，甚至生产能力还超过了社会的需要，或者只是暂时地、部分地不能适应经济发展的需要。

那些属于基础性的部门，又长期地、远远地不能适应国民经济发展需要的部门，就会成为经济发展的战略重点。党的十二大所确定的农业、能源和交通、教育和科学，正是这样的战略重点。因为，一方面，农业是国民经济的基础；能源和交通是现代化生产的基础设施；科学技术现代化是四个现代化的关键，教育又是科学的基础。另一方面，主要由于过去长期存在的"左"的错误的影响，农业、能源和交通以及教育和科学，并没有伴随国民经济的发展获得相应的发展，成为我国国民经济发展中的突出的薄弱环节。因而，不仅是当前，而且在今后的一个长时期内，它们都会是制约我国社会主义现代化建设的最重要的因素。所以，发展这些战略重点，是20年实现工农业总产值翻两番的决定性的一环。

但是，要满足这些战略重点发展的需要，特别是能源和交通发展的需要，是需要大量资金的。能源和交通的建设都具有投资数额大、建设周期长、投资回收期长的特点。一个大的能源或交通的建设项目，投资都是以亿元人民币为单位计算的，建设周期大多都要五六年，甚至七八年或更长的时期。还要指出，不仅扩大能源和交通的生产规模需要巨额的投资，即使是维持简单再生产也常常需要大量的资金。这是同能源和交通的另一个特点相联系的。在煤炭和石油等能源的开发以及有些铁路和水路等交通的建设中，往往存在着这样的现象，即生产条件经历着由简单到复杂、由易到难的变化。这样，为了维持原有的生产规模，也需要增加投资。

依据"六五"计划的规定，这个期间用于能源和交通的基本建设投资就达到了 884.6 亿元，用于农业 141.3 亿元，用于教育和科学等 94.3 亿元，总计 1120.2 亿元。[①] 这仅仅是"六五"期间国家对这些战略重点的投资，不是本世纪最后 20 年的投资；这仅仅是国家的基本建设投资，没有包括更新改造资金；这仅仅是国家的投资，没有包括集体经济以及个体经济和各种经济形式的联合体在这些方面的投资。但就是这样，也是一笔很大的资金。

第二，是逐步把整个国民经济转移到现代化技术基础上的需要。

按照党的十二大规定：到本世纪末，"整个国民经济的现代化过程将取得重大进展"。[②] 这既是本世纪最后 20 年我国经济发展战略目标的一个重要方面，又是实现工农业年总产值翻两番的决定性条件。要实现工农业年总产值翻两番，需要进行多方面的工作，但具有决定意义的是这样两个环节：一是进行以先进技术为基础的、以能源和交通为重点的大中型项目的建设；二是对现有企业（特别是大中企业）进行技术改造。前面已经对第一个环节作了分析，现在再对第二个环节作些说明。

要实现社会主义生产的现代化，仅仅建设为数不多的、新的、技术先进的企业是远远不够的（虽然这是十分必要和十分重要的），还必须对在数量上居于多数的现有企业进行技术改造。这样做，对于在提高经济效益条件下实现工农业年总产值翻两番，也有特殊重要的意义。这不仅是因为对现有企业进行技术改造，在经济效益上比新建企业要高得多，而且因为现有企业是社会生产的主体。

但要对现有企业进行更新改造，也需要大量的资金。1980 年底，国有企业固定资产共有 5311.1 亿元。[③] 有人估算，在这部分固定资产中，近 10 年内形成的约占 2/3，但不少企业技术落后，或因设计、施工等方面的缺陷，也需进行技术改造。其余 1/3 是 10 年以前形成的，更是亟待改造。如果在 20 年内，这两部分原有固定资产中的机器设备基本上得到更新改造，房屋和建筑物有 1/5 到 1/4 得到更新改造，再考虑造价的提高，约需

①　《中华人民共和国国民经济和社会发展第六个五年计划（1981～1985）》，人民出版社 1983 年版，第 25—26 页。

②　《中国共产党第十二次全国代表大会文件汇编》，第 15 页。

③　《中国统计年鉴》（1983），第 12 页。

资金 4400 亿元。"六五"以后新增的固定资产，也要按照社会主义现代化建设的要求，不断地进行技术改造。大体估算，本世纪最后 20 年，用于这方面的技术改造的资金约需一万几千亿元。此外，1980 年全国农村人民公社三级固定资产共计 1028 亿元。这部分固定资产及其以后新增的固定资产，当然也需进行更新改造。如果加上这方面的更新改造资金，那 20 年内需要的资金就更多。诚然，更新改造资金主要来自生产资料的补偿基金，但也有一部分来自积累基金。

第三，是增加劳动力的需要。

要实现工农业年总产值翻两番，不仅需要采用现代化的生产技术，而且需要增加大量的劳动力。但增加劳动力对于实现经济战略目标的意义不仅限于这一点。它还在于：解决了就业问题，有利于巩固安定团结的政治局面，为战略目标的实现创造良好的政治环境。

随着就业人口的增加，不仅需要增加劳动报酬基金，而且需要增加生产基金（包括固定资产和流动资金）。1980 年，全国劳动力总数达到 4.2 亿人，其中城镇劳动力 1.1 亿人，农村劳动力 3.1 亿人；国有企业职工平均每人占用固定资产 6623 元，农村人民公社社员平均每个人占用固定资产 328 元。据有人测算，2000 年，全国劳动力总数将增加到 7.6 亿人，其中城镇劳动力 1.6 亿人，农村劳动力 6 亿人。即使按照 1980 年每个职工和每个社员平均占用的固定资产标准大体匡算，那么，在本世纪最后 20 年内，为新就业的城市和农村的劳动力增添的固定资产也将达到 4263 亿元。这里也略去了以下的需要：随着社会主义现代化建设的发展，每个劳动力（包括原有的和新增加的）拥有的固定资产会进一步增加；新增加的劳动力不仅需要占用固定资产，而且需要占有流动资金。如果估计到这些需要，那 20 年新增加的生产基金也要比上述数字多得多。

在论到积累对于实现本世纪最后 20 年经济发展战略目标的意义的时候，还有必要提到一点。

党的十二大提出：到本世纪末，"人民的物质文化生活可以达到小康水平"。① 要做到这一点，也要进行多方面的工作，进行非生产性的基本建设（包括科学、教育、文化、卫生和体育的基本建设，市政公用事业的

---

① 《中国共产党第十二次全国代表大会文件汇编》，第 15 页。

建设，以及居民住宅的建设等），这是一个重要方面。我国当前人民的物质生活水平比较低，人口多，每年新增人口的绝对量很大，要达到生活较为富裕的小康水平，需要的非生产性基本建设投资将是一笔巨额的资金。

上面从不同方面说明了实现 20 年经济发展战略目标对于积累的需要。其中，有些方面的需要是重复的。但是，无论如何，有一点是可以肯定的：为了实现经济发展的战略目标，需要大量的积累基金，因而需要保持较高的积累率；积累基金少了，积累率低了，同实现这个战略目标的要求，是不能适应的。

2. 对积累率的预测和分析。

如前所述，要实现工农业年总产值翻两番，需要保持一定的积累率。那么，究竟需要多高的积累率呢？

为了说明这里的问题，需要有批判地运用当代英国著名经济学家罗伊·哈罗德提出的经济增长模型。哈罗德在 1948 年出版的《动态经济学导论》一书中，对他的经济增长理论和模型作了系统的论述。此后，在 1973 年出版的《动态经济学》一书中进一步阐发了这个理论。哈罗德的经济增长模型就是这样一个基本方程式：

$$产量（收入）增长率（G）= \frac{储蓄率（S）}{资本产出率（C）}$$

哈罗德想通过这个模型表述一个基本理论观点：实现资本主义经济均衡增长的根本条件，就是把产量（收入）增长率提高到由它所引起的投资恰好能够吸收本期的全部储蓄。他在政治上的基本用意，就是妄图通过这个模型来"医治"作为资本主义经济制度痼疾的生产过剩的经济危机。

哈罗德经济增长模型不是从作为物质关系的资本主义生产关系出发的，而是像凯恩斯一样，从人们的主观心理因素出发的；他用单纯数量关系的分析，代替了对资本主义经济制度本质的分析；目的在于粉饰和缓和资本主义社会的矛盾，维护资本主义制度。就这些主要方面来说，是需要从根本上加以否定的。

但是，如果从一般意义上来看待这个方程式所反映的产量（收入）增长率与积累率和资金产出率三个经济变量之间的关系，那又包含着合理的内核。然而，即使从一般意义上对待这个合理的内核，也需要有批判地吸收。第一，要依据马克思主义政治经济学的观点，赋予这三个经济变量以科学的内容。这就是说，①要把产量（收入）增长率定为国民收入增长率，因为积累率只是同国民收入的增长有联系，社会总产值中扣除国民收入以后的部分，是生产资料的转移价值，同积累率是无关的。②把储蓄率定为生产性积累基金占国民收入的比重，因为只有生产性积累才形成新的国民收入，而非生产性积累是不形成新的国民收入的。③因此，也需要把资本产出率定为生产性积累基金系数或者定为它的倒数积累基金效率。第二，按照马克思主义政治经济学的观点，国民收入的增长，决定于下列三个因素：①劳动量的增长。②劳动生产率的提高。③生产资料的节约。劳动量的增长和劳动生产率的提高可以通过生产性积累基金效率这个指标得到反映，但这个指标是不能反映原有生产资料节约状况的。我们在运用这个方程式时必须看到它的这个局限性。

值得注意的是：现在国内学术界的一些文章也在运用哈罗德的这个方程式，但是并没有提出有批判地运用这个经济增长模型的问题。就是说，既没有指出这个模型的根本缺陷，也没有明确赋予这个方程式以新的科学的内容，更没有指出它的局限性。有的文章甚至把包括生产性积累和非生产性积累在内的积累率同国民收入增长率联系起来，也没有作必要的说明。这就给人一种印象，似乎非生产性积累也像生产性积累一样，都能形成新的国民收入。还有的文章把国民收入增长率仅仅归结为积累率和积累基金效率这样两个经济变量，似乎同原有生产资料的节约是无关的。所有这些都是值得商榷的。本书正是鉴于这一点，在有批判地运用这个方程式探讨积累率之前，作了上述的分析。

基于上述的分析，我们可以达到这样两点结论：第一，即使赋予哈罗德方程式以科学的内容，使之成为"国民收入增长率＝积累率×积累基金效率"，也仍然是不够科学的，因为它忽略了原有生产基金效率提高在国民收入增长方面的作用。当然，上述公式在下列两个条件下，是正确的。这两个条件是：①假定原有生产基金等于零。这在理论上为了抽象地考察某种问题的需要，是可以的。但并不符合事实，因而在实际地计算国民收入增长率时，是不能忽视原有生产基金效率提高这个因素的。②事先把由原有生产基金效率提高而导致国民收入增长率部分从左端国民收入全部增长率中减去。

第二，计算国民收入增长率比较科学的公式，似乎是这样：

$$\frac{\text{国民收入}}{\text{增长率（一）}} = \text{积累率} \times \frac{\text{积累基金}}{\text{效率}} \left(\frac{\text{计划期新增国民收入（一）}}{\text{积累基金}} \right)$$

国民收入增长率（二）= 原有生产基金效率的增长率

$$= \frac{\text{计划期新增国民收入（二）}}{\text{计划期以前的生产基金}}$$

$$\div \frac{\text{基期新增国民收入}}{\text{基期原有生产基金}}$$

计划期新增国民收入 = 计划期新增国民收入（一）+ 计划期新增
国民收入（二）

国民收入增长率 = 国民收入增长率（一）+ 国民收入增长率（二）
= 积累率 × 积累基金效率 + 原有生产基金效率的
增长率

但要运用这个比较科学的公式，当前面临的困难，是在计算上缺乏必要的资料把国民收入增长率（一）与国民收入增长率（二）分开。因而，我们在预测和分析两个战略阶段的积累率时，还不得不采用"国民收入增长率 = 积累率 × 积累基金效率"这个公式。只是不能忘记，这里作为积累基金效率分子的新增国民收入不仅同积累基金有联系，而且同原有生产基金效率的提高有联系。因而，这里所说的国民收入增长率，不仅是由积累率和积累基金的乘积得来的，在实际上是包含了由原有生产基金效率提高而形成的部分。

如前所述，要在本世纪最后 20 年内实现工农业总产值翻两番，年平均增长速度需要达到 7.2%，其中前十年为 6.4%，后十年为 8%。与此相适应，20 年国民收入年平均增长速度为 6.7%，前十年为 5.8%，后十年为 7.6%。为了实现前后两个战略阶段国民收入年平均增长率的要求，首先需要确定这两个阶段的积累基金效益。在积累基金效益确定之后，就可以算出这两个阶段的积累率了。那么，对这两个阶段积累基金效率的变化趋势应该如何估计呢？

有一种观点认为，随着现代化生产的发展，基本建设周期在延长，固定资产在新增生产基金中的比重在上升，因而本世纪最后 20 年积累基金效率是趋于下降的。

这种观点是值得斟酌的。我们先来看当代经济发达的资本主义国家现代化的实践经验。

美国固定资本投资效率的变化①

年份	比上年新增国民收入（亿美元）	固定资本投资（亿美元）	固定资本投资效率（%）
1951	384	569	67.5
1952	134	571	23.5
1953	169	609	27.8
1954	– 13	628	—
1955	308	713	43.2
1956	178	768	23.2
1957	190	795	23.9
1958	40	770	5.2
1959	356	855	41.6
1960	179	859	20.8
1961	159	857	18.6
1962	391	940	41.6
1963	392	995	29.3
1964	387	1080	35.8
1965	494	1200	41.2
1966	607	1303	46.6
1967	380	1339	28.4
1968	654	1462	44.7
1969	584	1586	36.8
1970	389	1666	23.4
1971	731	1851	39.5
1972	1011	2098	48.2
1973	1231	2360	52.2
1974	866	2440	35.5
1975	799	2495	32.0
1976	1568	2782	56.4

上表表明：美国在 1951 年至 1960 年的 10 年中，固定资本投资效率在 10% 以下的有 2 年，在 20% 至 30% 的有 5 年，在 40% 以上的有 3 年；

---

① 资料来源：《国外经济统计资料（1949—1976）》，中国财政经济出版社 1979 年版，第 42、346 页。版本下同。《世界经济年鉴》（1981），中国社会科学出版社 1982 年版，第 863 页。版本下同。

在 1961 年至 1970 年的 10 年中，20% 以下的 1 年，20% 至 30% 的为 3 年，30% 至 40% 的为 2 年，40% 以上的为 4 年；1971 年至 1976 年的 6 年中，30% 至 40% 的为 3 年，40% 以上的为 3 年。可见，在 1951 年至 1976 年的 26 年中，美国固定资本投资效率除了由于经济危机而引起的大幅度下降（个别年份为负数）以外，从总的发展情况来看，是有某种程度上升的。诚然，在美国的新增国民收入中，有相当大的部分，而且是愈来愈大的部分系非物质生产部门的劳务收入。但是，美国固定资本投资总额中也有相当的部分，也是愈来愈大的部分属于非生产性的投资。比如，在 1950 年至 1973 年期间，美国农业、工业、建筑业、运输业和商业等物质生产部门提供的国民收入在其总额中的比重，由 80.7% 下降到 71.3%，而其他部门（主要是非物质生产部门）则由 19.3% 上升到 28.7%。而在 1952 年至 1973 年期间，美国农业、工业和运输业的固定资本投资在其总额中的比重，由 42% 下降到 36%，而其他部门投资（包括建筑业和商业等生产性投资，也包括金融业、服务业和住宅等非生产性投资，还包括政府的生产性投资和非生产性投资）则由 58% 上升到 64%。[①] 可见，从分子（新增国民收入）和分母（固定资本投资）中同时扣除非生产性的部分以后，似乎并不改变上述的结论。

现在的问题是：既然随着美国现代化生产的发展，基本建设周期延长了，固定资产在新增生产基金中的比重上升了，那为什么固定资本投资效率不仅没有下降，反而有某种上升呢？关键在于：如果固定资本投资效率仅仅决定于基本建设周期延期和固定资产比重上升这样一些因素，那么，毫无疑问，随着现代化生产的发展，固定资本投资效率肯定会下降。所以，我们可以把这一类因素称作促使固定资本投资效率下降的因素。但问题又恰恰发生在：固定资本投资效率的变化，不只是取决于这一类因素，它还取决于同样与现代化生产相联系的但其作用却是相反的因素，即促使固定资本投资效率上升的因素。就资本主义国家内部来看，这些重要因素有：第一，与现代化生产发展相联系，生产资料的价值下降了。这就是说，使得作为固定资本投资效率的分母数减少了。第二，随着现代化生产的发展，一方面有许多生产部门的建设周期在延长，固定资产在新增生产

---

① 《国外经济统计资料（1949—1976）》，第 44、349 页。

基金中的比重在上升，投资效率在下降，但同时也有一些科学技术密集型的生产部门在发展。这些深度加工、附加价值大的产业，投资效率不仅不会下降，实际上是会上升的。第三，伴随着现代化生产的发展，当代经济发达的国家普遍存在着这种趋势：固定资产的投资日益主要由新建企业转向现有企业的技术改造。以美国机械工业为例，从 1952 年至 1972 年，用于原有机床更新的部分占到新生产的机床总数的 76%；1973 年至 1978 年，美国新生产的机床为 120 万台，几乎全部用于老设备的更新改造。[1]这并不是偶然的现象。在现代，科学技术成为发展生产的主要因素，而且，新的科学技术从发明到生产中的运用的周期又大大缩短了。在这种条件下，是否及时用现代科学技术改造现有企业，就成为关系利润大小和能否在竞争中站得住脚这样两个决定资本命运的问题。但用于现有企业技术改造投资的经济效率比用于新建企业的投资要高得多。就资本主义国家对外经济关系来说，它们对经济落后国家的燃料和原料的掠夺，显然是提高投资效益的一个重要因素。比如，第二次世界大战后的一个长时期内，经济发达国家对第三世界某些国家廉价石油的掠夺，就曾起过这样的作用。

所以，我们不能只是简单地依据那些促使投资效率下降的因素，就作出结论说随着现代化生产的发展，积累基金效益下降。某个时期内积累基金效率的变化，要决定于上述两类因素的相互作用，如果促使积累基金效率下降因素的作用强度大于促使积累基金效率上升因素的作用强度，那么，积累基金效率就会下降；如果二者大体上是相等的，那么，积累基金效率基本上是稳定的；如果前者小于后者，那么，积累基金效率就会上升。

这里也需说明：上述的美国固定资本投资效率的上升，在实际上也包括了原有生产资本效率的增长。因为作为固定资本投资效率分子的新增国民收入，不仅是由固定资本投资的增长形成的，而且也是由原有生产资本效率的增长形成的。

我们在上面从资本主义国家内部分析的促使积累基金效率上升的各项因素，从一般的意义上说，对于社会主义社会也是适用的。结合本世纪最后 20 年我国的具体情况来说，我们更不难得出积累基金效率上升的结论。

---

[1] 《光明日报》1982 年 2 月 20 日第 3 版。

这除了由于有优越的社会主义制度这个根本点之外，还有下列一些重要的特殊原因。第一，在过去的长时期内，由于几次宏观经济决策的失误，经济体制存在着严重的弊端，几次经济结构的严重失调，计划管理水平和企业管理水平低，不仅生产中的浪费大，经济效益低，建设中的浪费更大，经济效益更低。但在今后 20 年内，这些导致经济效益低的因素，将逐步为促使经济效益提高的因素所代替。就是说，宏观经济决策已经走上了马克思主义的轨道，经济结构和经济体制将逐渐合理化，经济计划管理水平和企业经营管理水平会大大提高。这样，无论是生产中的经济效益，或者是建设中的经济效益，都会有显著的提高。第二，在过去的长时期内，我国扩大再生产主要依靠新建企业，而严重忽视现有企业的技术改造。这是积累基金效益差的一个重要原因。今后，一方面要兴建作为国民经济突出薄弱环节的能源和交通等项建设；另一方面要着重推进现有企业的技术改造，以促进固定资产投资效益的提高。第三，为了实现社会主义的现代化，今后要发展像能源、交通这样一些资金密集型的产业。但由于我国人口多，劳动力资源丰富，底子薄，建设资金不足，因而需要同时较多地（相对于经济发达的国家来说）发展科学技术密集型产业，特别是劳动密集型产业。较多地发展后两种产业，也是积累基金效益得以提高的一个重要因素。

由于上述促使积累基金效益提高的各项因素的作用强度，在后一个战略阶段比前一个战略阶段更大，因而后一个战略阶段积累基金效率有可能比前一个战略阶段更高。

在理论上对本世纪最后 20 年积累基金效率提高这个总趋势作了分析之后，在确立了这个前提之后，我们就可以对这个时期积累基金效率提高的幅度作出具体预测了。

根据有的研究单位提供的预测资料，本世纪最后 20 年积累基金（包括生产性积累基金和非生产性积累基金）系数为 4.4。但如前所述，只有生产性积累基金才形成国民收入。因而需要把这个基金系数折算成生产性积累基金系数。这就遇到一个问题：今后 20 年生产性积累基金的比重是多少呢？

1953 年至 1980 年期间，生产性积累基金占积累基金总额的 73.1%，非生产性积累基金只占 26.9%。实践已经证明：前者比重过大，后者过小，成为国民经济比例关系长期严重失调的一个方面。实践也已证明："一五"时期生产性积累基金约占60%，非生产性积累基金约占40%，是比较合适的。鉴于上述的实践经验，我们设想本世纪最后20年非生产性积累基金比重需要恢复到"一五"时期的水平，即占40%。这样设想不仅是以历史经验为依据的，同时又是从20年社会主义建设的实际需要和可能出发的。这种需要主要有三方面：第一，如前所述，教育和科学是20年经济发展的战略重点。要发展这个战略重点，就需要增加这方面的非生产性的积累基金。第二，由于过去长期"左"的错误的影响，严重忽视人民生活的改善，致使城乡人民的居住条件差，城市生活公用事业落后，乡村生活公用设施几乎还是空白。近几年来，城市特别是乡村的住宅建设有了空前未有的巨大发展，改善了人民的居住条件。但离从根本上解决人民的居住困难还相差甚远。这几年，城乡人民生活的公用设施虽有所发展，但并没同住宅建设取得相应的发展，因而不仅这方面过去长期积累下来的欠账没有还清，又发生了新的欠账，这方面的矛盾显得比过去更为突出。显然，要大大改善我国人民的居住条件和发展生活公用设施，从这方面为人民的生活达到小康水平创造条件，也需要增加大量的非生产性的积累基金。第三，在社会主义生产发展的基础上，也需要增加国防现代化建设的投资。社会主义建设的发展，国民收入总量会增长，这就为在不影响生产性积累基金增长的条件下，适当提高非生产性积累基金的比重，提供了可能。

如果本世纪最后20年非生产性积累基金比重40%是适当的，那么，依据前述的20年全部积累基金系数4.4的预测数字，就可以计算出20年生产性积累基金系数，即为2.6，或生产性积累基金效率为37.9%。依据上述的后十年的积累基金效率可能比前十年提高的分析，我们设想前十年积累基金效率为33.3%，后十年可以提高到42.2%。1953年至1980年，我国生产性积累基金效率为29.6%。这样，20年生产性积累基金效率比过去28年提高8.6%，前十年比过去28年提高3.7%，后十年比过去提高12.6%。依据上述的分析和预测数字，我们认为达到这一点是有可能的。

在预测了20年和前后两个十年的积累基金效率之后，我们依据这三个时期国民收入增长速度的要求和上述公式（即国民收入增长率＝积累率×积累基金效率），就可以算出这三个时期的积累率。在上述三个时期的积累基金效率已知的条件下，要实现前十年国民收入年平均增长速度5.8%的要求，积累率需要达到17.4%；要实现后十年国民收入年平均增长速度7.6%的要求，积累率还要上升到18%；要实现20年国民收入年平均增长率6.7%的要求，合计积累率要达到17.7%。

既然上述三个时期的积累率可以分别实现三个时期国民收入年平均增长率的要求，那么，我们依据前述的国民收入年平均增长速度与工农业总产值年平均增长速度的对比关系，可以得出结论：前十年17.4%的积累率可以实现同期工农业总产值年平均增长速度6.4%的要求，后十年18%的积累率可以实现同期工农业总产值年平均增长速度8%的要求，因而，20年17.7%的合计积累率可以实现同期工农业总产值年平均增长速度7.2%的要求。

需要进一步指出：我们这里说的积累率都是指的生产性积累基金占国民收入的比重。而本世纪最后20年，生产性积累基金只占全部积累基金的60%，非生产性积累基金要占40%。这样，如果把非生产性积累基金也算在内，那么，前十年积累率要达到29%左右，后十年要上升到30%，20年合计积累率为29.5%左右。

三、积累率与城乡人民收入的成倍增长

上述的积累率，可以实现20年经济发展战略目标一个方面的要求，即工农业年总产值翻两番的要求，能否实现经济战略目标另一方面的要求，即城乡人民收入的成倍增长呢？看来，是可能的。

为了说明这一点，我们先列表示之如下。但在列表之前，我们先作四点说明：第一，如前所述，前十年国民收入年平均增长速度为5.8%，后十年为7.6%。第二，前十年积累率为29%左右，后十年为30%。这一点，前面也已做过分析。第三，本世纪最后20年，社会消费基金和个人消费基金在消费基金总额中各占多大比重呢？确定这个问题，也需要从我国经济现状出发，借鉴历史经验。1953年至1980年，在我国消费基金总额中，居民个人消费基金约占90%，社会消费基金约占10%；其中，1980年二者分别占88.2%和11.8%。[①] 考虑到本世纪最后20年，作为战

---

① 《中国统计年鉴》（1983），第26页。

略重点的教育、科学和文化、卫生、体育、国防事业发展的需要，以及国民收入增长提供的可能，我们设想 20 年社会消费基金占消费基金总额中的比重，将可能上升到 15%，个人消费基金比重下降到 85%。第四，按照计划要求，全国人口总数将由 1980 年的 9.8 亿人增长到 2000 年的 12 亿人，年平均增长速度为 10‰，其中前十年为 13‰，后十年为 7‰。下表就是依据这四个前提设计的。

本世纪最后 20 年居民个人消费水平的变化[①]

	国民收入总额（亿元）	积累基金总额（亿元）	消费基金总额（亿元）	社会消费基金总额（亿元）	个人消费基金总额（亿元）	人口总数（亿人）	全国居民个人消费水平（元）
1980 年	3667	1165	2519	295	2224	9.8	227
1990 年	6444	1869	4575	686	3889	11.2	347
2000 年	13406	4022	9384	1408	7976	12.0	655
1981—1990 年年平均增长速度（%）	5.8	4.8	6.1	8.8	5.7	1.3	4.3
1991—2000 年年平均增长速度（%）	7.6	8.0	7.4	8.0	7.4	0.7	6.5
1981—2000 年年平均增长速度（%）	6.7	6.4	6.8	8.1	6.6	1.0	5.4
2000 年比 1980 年增长倍数	2.66	2.45	2.73	3.77	2.59	0.22	1.89

上表表明：在上述积累率的条件下，本世纪最后 20 年全国人民个人消费水平可以提高 1.89 倍。这样，这个积累率就兼顾了经济发展战略的两方面的需要，即工农业年总产值翻两番和城乡人民收入水平成倍增长的需要。兼顾了这两方面的需要，也就是在本世纪最后 20 年这个具体条件下贯彻了作为处理我国社会主义积累和消费关系的根本原则即"一要吃饭，二要建设"的方针。

四、积累率与国民收入的物质构成

确定积累率，不仅需要遵循"一要吃饭，二要建设"的基本原则，而且需要遵循积累基金和消费基金的对比关系与国民收入物质构成相适应

---

① 这里说明两点：第一，1980 年各项数字参见《中华人民共和国国民经济和社会发展第六个五年计划（1981—1985）》，第 11、18、148 页。其中积累率是按国民收入使用额 3684 亿元计算的，故积累基金与消费基金的总和大于国民收入生产额 3667 亿元。第二，1980 年以后各项数字是预测数，都是依据 1980 年不变价格计算的。

的原则；否则，积累基金与消费基金是不能实现的。那么，上述的积累率是否遵循了与国民收入的物质构成相适应的原则呢？

为了说明这一点，首先需要对本世纪最后 20 年及其前后两个十年农业、轻工业和重工业的增长速度作出预测。这样做的理由是：第一，当前我国的生活资料主要是由农业和轻工业提供的，生产资料主要是由重工业提供的。随着社会主义生产的发展，这种情况会逐渐有所变化。但看来在本世纪内不会有很大的变化。第二，当前我国的国民收入主要是由工业和农业提供的，其他的物质生产部门只提供一部分。随着社会主义建设的发展，其他物质生产部门提供的国民收入在国民收入总额中的比重还会上升。但工业和农业提供的国民收入占大部分的情况在本世纪内也不会改变。第三，在过去的长时期内，我国工农业总产值年平均增长速度与国民收入年平均增长速度的差距是比较大的。但如前所述，在本世纪最后 20 年内，二者是逐步趋于接近的。基于这些原因，只要我们确定了主要生产生活资料的农业和轻工业以及主要生产生产资料的重工业的增长速度，并把它们与积累基金和消费基金的增长速度加以对比，大体上就可以判断积累率是否同国民收入的物质构成相适应。

现在我们分别对农业和工业以及轻工业和重工业的增长速度作出预测和分析。

第一，农业的年平均增长速度。

1953 年至 1978 年的 26 年间，我国农业的年平均增长速度仅为 3.2%。[①] 这主要是由于过去长期存在的"左"的错误造成的。但在党的十一届三中全会以后，就从根本上纠正了这种"左"的错误，在农村实行了一系列正确的政策，主要是大幅度地提高了农副产品价格，特别是实行了家庭联产承包责任制，并将依据我国国情使得这种责任制得到稳定和不断完善。随着社会主义建设的发展，农业的现代技术装备会提高，现代农业科学技术会在农业中得到广泛使用，农业企业的经营管理水平和农业劳动者的技术水平都会提高。所有这些都会提高农业的增长速度。考虑到后十年在发展农业方面比前十年有更好的条件，农业的增长速度会进一步提高。从这些情况出发，我们设想前十年农业的年平均增长速度为

---

① 《中国统计年鉴》(1983)，第 17 页。

5.2%，后十年为5.8%，20年为5.5%。近几年来的实践证明：做到这一点是完全可能的。1979年至1982年，农业年平均增长速度已经达到了7.2%。[①]

第二，工业的年平均增长速度。

据有人依据国内外的历史资料计算，农业增长率与工业增长率的对比关系为1:1.5至1:2时，工业和农业之间的比例关系大体上是可以协调的。[②] 我们还考虑到前十年工业发展要受到能源和交通这两个突出的薄弱环节的制约，后十年将有很大的改变。因而设想前十年农业和工业的增长率为1:1.3，后十年为1:1.5，20年为1:1.4。这样，前十年工业的年平均速度为6.9%，后十年为8.7%，20年为7.8%。

第三，轻工业的年平均增长速度。

1980年，在轻工业总产值中，以农产品为原料的部分大约占到70%，以工业品为原料的部分大约只占30%。据有人预测，到2000年，以农产品为原料的部分仍将占到轻工业总产值的60%。但是，在农业总产值中，商品产值部分将获得较快的发展；在轻工业总产值中，以工业品为原料的部分也会得到较快的发展；轻工业的技术基础比农业要先进得多。这样，在本世纪最后20年，轻工业以比农业高出2至3个百分点的速度发展是完全可能的。还考虑到轻工业发展受能源、交通制约的程度比重工业小得多，因而前十年轻工业的发展速度将可能比重工业快，只是到了后十年，当能源、交通生产状况有很大改善的时候，才会发生轻工业增长速度慢于重工业的情况。根据这些分析，我们设想前十年轻工业年平均增长速度为8%，后十年为7.8%，20年为7.9%。

第四，重工业的年平均增长速度。

依据前面分析轻工业年平均增长速度在前后两个十年变化的相同理由，我们设想前十年重工业年平均增长速度为5.8%，后十年为9.7%，20年为7.2%。

这样，前十年重工业年平均增长速度就低于轻工业。这里涉及到一个理论问题，即这种设想是否意味着前十年我国社会主义生产的发展并不要求生产资料优先增长呢？看来，不能这样说。应该肯定，随着我国一切经

---

① 《中国统计提要》（1983），中国统计出版社版，第4页。

② 《经济研究》1983年第4期，第56页。

济工作转到以提高经济效益为中心的轨道上来，生产资料会得到大量的节约；像农业生物技术这一类技术在生产中的运用，不仅不要求物化劳动比活劳动有较快的增长，而且会节约大量的物化劳动。但是，在我国现阶段，一方面要建设以能源、交通为重点的现代化企业；另一方面要对现有企业进行技术改造。在这两方面，机械性技术的进步是主要的，并在我国全部生产技术进步中占了优势。因而，现阶段社会主义扩大再生产的进行，还要求生产资料的优先增长。

那么，为什么前十年主要生产生产资料的重工业年平均增长速度反而比主要生产生活资料的轻工业更慢呢？这是因为像任何现代化生产的增长速度要受到能源、资金等条件的限制一样，生产资料生产比消费资料生产更快地增长也要受到能源、资金等条件的限制，而且由于它耗费的能源、资金比生活资料生产更大，因而受到的限制更大。过去有的论著在阐述生产资料优先增长规律时所发生的简单化的毛病，不仅在于它没有分清只有在机械性技术进步条件下实现扩大再生产才要求生产资料的优先增长，而像农业生物技术进步条件下实现扩大再生产并不要求生产资料的优先增长；而且在于没有分清即使在前一种技术进步条件下实现扩大再生产，也只有在具备了能源、资金等条件时才能实现生产资料的优先增长，否则仍然是不可能的。而前十年重工业增长速度较低，正是受到了能源、资金等条件的限制。

以上的分析都只是从国内市场出发的。如果把进出口贸易也放进考察的范围，那情况就可能是另外一个样子。这里仅以1980年外贸部门的进出口贸易为例。这年出口农副产品和农副产品加工品131.36亿元，工矿产品140.88亿元。前一部分产品主要是生活资料，我们这里暂且把它全部看作是生活资料；后一部分产品大部分是生产资料，也暂且把它全部看作是生产资料。这年进口生产资料229.76亿元，生活资料61.54亿元。这样，这年净进口生产资料88.88亿元，相当于这年重工业产值的3.4%；净出口生活资料69.8亿元，相当于这年轻工业产值的3%。看来，在前十年，由于重工业的发展要较多地受到能源和资金的限制，用净出口生活资料换回净进口生产资料的情况，还会有进一步的发展。这样，如果把国内生产的重工业产品再加上净进口的生产资料，把国内生产的轻工业产品减去净出口的轻工业产品，那么，即使在前十年，重工业的增长速度也会超过轻工业的增长速度。这似乎可以说，在存在国外市场、实行对外开放政策、国内能源和资金缺乏等特殊条件下，主要利用国内资源、部分利用国外资源，实现生产资料优先增长的一种特殊形式。

总之，我们设想前十年重工业年平均增长速度低于轻工业，同生产资料优先增长的规律是不矛盾的，在理论上是可以站得住的。

现在我们把上述的预测和分析，列表汇总于下。

前后十年和二十年农业、工业、轻工业和重工业的增长速度①

	工农业总产值（亿元）	农业总产值（亿元）	工业总产值（亿元）	轻工业总产值（亿元）	重工业总产值（亿元）
1980 年	7159	2187	4972	2333	2639
1990 年	13313	3631	9682	5037	4645
2000 年	28741	6381	22360	10675	11685
1981—1990 年年平均增长速度（%）	6.4	5.2	6.9	8.0	5.8
1991—2000 年年平均增长速度（%）	8.0	5.8	8.7	7.8	9.7
1981—2000 年年平均增长速度（%）	7.2	5.5	7.8	7.9	7.2
2000 年比 1980 年增长倍数	3.01	1.92	3.50	3.58	3.43

只要把上表所列的重工业和农业、轻工业的增长速度，与积累基金和消费基金的增长速度作一下对比，就可以清楚看到：在前十年，主要依靠生产资料这种实物形态而实现的积累基金年平均增长速度为 4.8%，而主要生产生产资料的重工业年平均增长速度为 5.8%；依靠生活资料这种实物形态而实现的消费基金为 6.1%，而主要生产生活资料的农业和轻工业分别为 5.2%和 8%。在后十年，积累基金为 8%，而重工业为 9.7%；消费基金为 7.4%，而农业和轻工业分别为 5.8%和 7.8%。可见，无论是前十年，或者是后十年，积累基金与重工业的年平均增长速度，消费基金与农业、轻工业的年平均增长速度，都是适应的。这是从总体上说的，它并不排斥有一部分重工业产品要输出，有一部分重工业产品要输入，以及有一部分农业、轻工业产品要输出，有一部分农业、轻工业产品要输入。这还是从大体上说的，它也不排除要通过净出口一部分农业、轻工业产品，

① 1980 年各项数字见《中华人民共和国国民经济和社会发展第六个五年计划（1981—1985）》，第 11、18 页。1980 年以后各项数字是预测数，均按 1980 年不变价格计算。

来换回净进口一部分重工业产品。

但是，积累基金与重工业的年平均增长速度，以及消费基金与农业、轻工业年平均增长速度，大体相互适应的情况表明：上述的积累率基本上是遵循了积累基金和消费基金的对比关系，与国民收入物质构成相适应的原则的。

第四节　借鉴外国经验

一、借鉴外国经验的可能性

我国同外国存在着许多差别，就同资本主义国家来说，还存在着社会经济制度的不同。但是，积累率的变化是同社会生产力的发展相联系的。因此，即使是资本主义国家积累率变化的经验，也有可以借鉴的地方。当然，在借鉴外国经验时，需要考虑我国的国情；对资本主义国家的经验，还要注意社会经济制度的根本差别。

二、三种类型的积累率

为了便于进行比较和吸取外国的有益的经验，首先需要分析外国的积累率。但在这里我们没有必要分析所有外国的积累率，而只需要在当代经济大国中选择一些具有某种代表性的积累率。从这点出发，我们选择了高、中、低三种类型的积累率。高积累率型，就是积累率长期在30%以上的，如日本；中积累率型，就是积累率长期在25%左右的，如苏联；低积累率型，就是积累率长期在20%以下的，如美国。

为了深入地了解这三种类型的积累率，我们将在下面分别论述日本、苏联和美国的积累率的变化过程。

我们在下面分析日本和美国的积累率时，是以固定资本投资总额在国民收入中的比重来表示的，并且是运用他们的统计资料来作分析的。这从马克思主义政治经济学的观点来看，是不完全准确的。因为，第一，固定资本投资总额同积累基金并不是一个完全相等的量。固定资本投资总额中并没有扣除属于简单再生产范畴的生产资料的补偿基金；它也没有包括属于积累基金范畴的追加流动资本以及用于追加的固定资本和流动资本的后备基金。第二，资产阶级国家对国民收入的统计，是以资产阶级庸俗经济学为理论基础的。这样，他们统计的国民收入不仅包括物质生产部门的收入，而且包括非生产领域的所得。这当然是不科学的。但是，固定资本投资毕竟是积累基金中的最主要部分；由物质生产部门劳动者创造的国民收入也终究是资本主义国家统计的国民收入的最主要部分。因此，用固定资本投资总额在国民收入中的比重来表示积累率，大体上还是可以的，只是不要忘记它的不完全准确之处就是了。

日本从 1952 年到 1977 年积累率的变化，如下表所示。

日本从 1952 年至 1977 年固定资本投资总额在国民收入中的比重的变化① 单位:%

年份	固定资本投资总额在国民收入中的比重
1952	22.2
1953	26.0
1954	23.2
1955	22.5
1956	27.9
1957	30.1
1958	29.1
1959	32.5
1960	36.3
1961	39.2
1962	38.7
1963	38.3
1964	37.8
1965	35.4
1966	37.4
1967	38.8
1968	39.9
1969	42.9
1970	42.0
1971	40.8
1972	42.5
1973	44.6
1974	39.3
1975	37.7
1976	36.7
1977	37.6

---

① 资料来源:《国外经济统计资料（1949—1976）》，第 41、42、345 页；《世界经济年鉴》（1981），第 863 页；日本经济企画厅调查局:《经济要览》（1979），大藏省印刷局日文版，第 2—3 页。

上表表明：日本从 1952 年至 1977 年的 26 年中，只是开头 7 年中间的 6 年，固定资本投资总额在国民收入中的比重在 30% 以下，其余 20 年都在 30% 以上。在这 20 年中，只有两年是 30.1% 和 32.5%，其余 18 年均在 35.4% 以上。在这 18 年中，有 13 年在 35.4% 到 39.9% 之间；有 5 年在 40.8% 到 44.6% 之间。所以，从 1957 年到 1977 年的情况来看，日本是一个典型的高积累率的国家。

现在我们来考察苏联积累率的变化过程。苏联统计的理论基础和统计方法，同我国是一致的。因此，我们在分析苏联积累率时，也是以积累基金在国民收入中的比重来表示的。

苏联 1923 年至 1979 年积累率的变化①

年份	积累率
1923	9.0
1927	18.2
1928	20.8
1932	26.9
1937	26.4
1940	26.0
1942	33.0
1950	23.9
1951	25.5
1952	26.3
1953	25.1
1954	23.0
1955	25.7
1956	26.6
1957	23.8
1958	27.3
1959	26.9
1960	26.8

① 资料来源：《匈牙利国民经济统计资料汇编》，中国社会科学出版社 1980 年版，第 70 页；《世界经济年鉴》(1981)，第 430 页。

续表

年份	积累率
1961	28.4
1962	27.7
1963	25.5
1964	27.4
1965	26.3
1966	26.5
1967	26.8
1968	27.0
1969	27.1
1970	29.5
1971	29.0
1972	27.5
1973	29.2
1974	28.2
1975	26.6
1976	27.0
1977	26.8
1978	26.3
1979	24.9

上表表明：苏联在国民经济恢复时期开始以后的第三年（即 1923 年），积累率就恢复到了战前俄国 1910 年至 1913 年 8% 至 9% 的积累率的水平。[1] 在国民经济恢复时期结束以后，1928 年，积累率上升到了 20.8%，比战前的积累率水平提高了 1 倍多。在第一个五年计划完成以后，1932 年积累率上升到了 26.9%。此后，苏联的积累率除了卫国战争时期的 1942 年达到 33% 以外，其余年份均在 25% 上下波动。如果仅就表中所列的 1950 年至 1979 年的 30 年积累率的情况来看，23% 以上至 25% 以下的有 4 年，25% 以上至 27% 以下的有 14 年，27% 以上至 30% 以下的有 12 年。在这 12 年中，27% 以上至 28% 以下的有 7 年，28% 以上至 29%

---

[1]　诺特京：《社会主义再生产的速度和比例》，三联书店 1964 年版，第 61 页。

以下的有 2 年，29% 以上至 30% 以下的有 3 年。所以，如果不说苏联国民经济恢复时期的积累率，也不说卫国战争时期中有的年份的积累率，那么，它一直是在 25% 上下波动的。但在 1950 年至 1979 年的 30 年中，只有 1/10 多一点的时间在 25% 以下，9/10 少一点的时间在 25% 以上，其中有 4/10 的时间在 27% 以上。所以，苏联作为一个中积累率型的国家，也是很清楚的。

美国积累率的变化过程，如下表所示。

美国 1869 年至 1978 年固定资本投资总额在国民收入中比重的变化①　　单位:%

年份	固定资本投资总额在国民收入中的比重	年份	固定资本投资总额在国民收入中的比重
1869—1878	12.4	1943	-0.9
1879—1888	13.2	1944	-2.9
1889—1898	14.2	1945	-0.8
1899—1908	12.9	1946	16.6
1909—1918	12.5	1947	17.2
1919—1928	11.4	1948	17.7
1929	16.0	1949	12.2
1930	9.3	1950	18.5
1931	-0.5	1951	19.7
1932	-17.6	1952	15.7
1933	-16.9	1953	14.1
1934	-6.9	1954	12.6
1935	0.4	1955	16.2
1936	5.4	1956	17.4
1937	9.9	1957	19.8
1938	2.8	1958	19.0
1939	9.2	1959	19.4
1940	15.0	1960	18.7
1941	17.9	1961	18.1
1942	10.0	1962	18.3

① 资料来源：［苏］科尔冈诺夫：《论国民收入》，三联书店 1961 年版，第 388～391 页；《国外经济统计资料（1949—1976）》，第 41、345 页；《世界经济年鉴》（1981），第 859、863 页。

续表

年份	固定资本投资总额在国民收入中的比重	年份	固定资本投资总额在国民收入中的比重
1963	18.3	1971	19.2
1964	18.6	1972	19.7
1965	19.0	1973	19.9
1966	18.9	1974	19.1
1967	18.4	1975	18.6
1968	18.4	1976	18.6
1969	18.4	1977	19.6
1970	18.7	1978	20.4

　　我们在上表中把美国 1869 年至 1928 年的 60 年积累率的变化，按每十年的平均数表示。这样，就看不出资本主义经济危机对积累率变化的影响。但也正是由于这一点，又使得我们比较清楚地看到：美国这 60 年的积累率是在 10% 以上至 15% 以下的幅度内波动的。

　　我们在上表中把美国 1929 年至 1978 年的 50 年积累率的变化，按逐年的数字表示。这样，我们就看到了积累率曲折的发展过程。这一点，在第二次世界大战以前表现得尤为明显。比如，1929 年至 1933 年的世界经济危机曾经使得美国积累率大幅度下降，以至连年出现了大量的负积累。1937 年至 1938 年的世界经济危机也导致了美国积累率大幅度下降。在第二次世界大战以后，伴随着国家垄断资本主义的急剧发展，固定资本投资在经济危机期间下降的趋势大大削弱了。但是，经济危机对固定资本投资的影响，也还是可以看得出的，特别是战后初期的几次经济危机对固定资本投资的影响更为清楚。比如，1949 年和 1954 年的积累率的下降，就是分别受到了战后第一次经济危机（1948 年 8 月至 1949 年 10 月）和第二次经济危机（1953 年 9 月至 1954 年 4 月）的影响。

　　但是，如果我们抛开资本主义经济危机使得美国积累率下降到 15% 以下，以至于有负积累的 17 年不说，那么，在 1929 年至 1978 年的 50 年中，有 32 年积累率是在 15% 以上至 20% 以下的幅度内波动的，其中有 23 年是在 18% 以上至 20% 以下，另有一年（即 1978 年）超过了 20%。

　　所以，即使不算 1869 年至 1928 年的 60 年积累率，只看 1929 年至 1978 年的 50 年的积累率，把美国看作是低积累率型的国家也是合适的。

三、需要吸取哪些有益的经验

第一，就积累率的高度来说，本世纪最后 20 年，我国不能借鉴日本高积累率型的经验。

如前所述，制约积累率高低的重要因素，是社会生产力的发展水平。而按人口平均计算的国民收入，是表示社会生产力发展水平的一个综合指标。所以，要说明这里的问题，首先需要把日本积累率的变化与按人口平均计算的国民收入的变化的依存关系揭示清楚。当然，积累率的变化，不只是受到按人口平均计算的国民收入变化的制约，还要受到其他的因素的影响。所以，要说明这里的问题，也需要联系其他的因素来分析。

日本按人口平均计算的国民收入与固定资本投资在国民收入中的比重的变化①

年份	按人口平均计算的国民收入（美元）	固定资本投资总额在国民收入中的比重（％）
1952	189	22.2
1953	208	26.2
1954	225	23.2
1955	244	22.5
1956	271	27.9
1957	307	30.1
1958	315	29.1
1959	349	32.5
1960	414	36.3
1961	505	39.2
1962	550	38.7
1963	620	38.3
1964	721	37.8
1965	785	35.4
1966	892	37.4
1967	1049	38.8

① 资料来源：《国外经济统计资料（1949—1976）》，第 41、42、43、345、679 页；《世界经济年鉴》（1981），第 863 页；日本经济企画厅调查局：《经济要览》（1979），第 2—3、33 页。

年份	按人口平均计算的国民收入（美元）	固定资本投资总额在国民收入中的比重（%）
1968	1224	39.9
1969	1389	42.9
1970	1630	42.0
1971	1853	40.8
1972	2370	42.5
1973	3253	44.6
1974	3581	39.3
1975	3842	37.7
1976	4181	36.7

上表表明，日本在 1952 年到 1976 年期间，按人口平均计算的国民收入是逐年增长的，积累率在各个年度之间虽然有波动，但总的趋势是随着前者的增长而逐步提高的。

现在我们进一步说明：我国为什么不能借鉴日本高积累的经验。这就是说，本世纪最后 20 年，我国积累率只宜于在 30% 以内，不宜像日本那样超过 30% 。

基于我们这里所要说明的问题，对日本 1952 年至 1958 年这 7 年的积累率毋庸分析。因为这 7 年的积累率基本上也是在 30% 以内，只有 1957 年达到了 30.1% 。就我们在上表所列的积累率来看，实际上需要说明的是：为什么不能借鉴日本 1959 年至 1976 年高积累的经验。因为，日本社会生产力发展水平比我国高，加以人口比较少，因而按人口平均计算的国民收入也比较高。上表表明：日本 1959 年按人口平均计算的国民收入为 349 美元，1976 年上升到 4181 美元。我国 1981 年按人口平均计算的国民收入大约 200 多美元，2000 年预计可以达到大约 800 美元。这样，就起点看，日本按人口平均计算的国民收入大体上比我国要高出 1/2 以上，而且时间越往后推移，高出得越多，以至于就终点看，大体上要比我国高 4 倍多。这里之所以说大体上，有三个重要原因：一是，我国计算的国民收入只包括物质生产部门劳动者创造的净产值，而日本计算的国民收入，除了包括这一点以外，还包括非生产部门的收入。二是，我国按人口平均计算的国民收入，起点 200 多美元是估计数，终点 800 美元是预计争取达到的数字，而日本是统计数。三是，我国起终点美元的购买力，与日本起终点美元的购买力有差别。但即使考虑到这些不可比因素，也不妨碍我们达到这样的结论：在上述期间，日本按人口平均计算的国民收入，比我国高得多。就终点的比较来说，更是十分明显的。因为如果不说第二项因素的差别，就第一项因素的差别来说，按人口计算的国民收入，日本的统计偏大；而就第三项因素，我国的统计又偏大，因为 1981 年美元的购买力，比 1959 年至 1976 年期间下降了。这两种因素有某种程度的抵销作用。

正因为在上述期间，日本按人口平均计算的国民收入量大，因而日本资产阶级可能做到：在首先满足最大限度地追求剩余价值的贪欲，大幅度地提高剩余价值率，从而大幅度地提高积累率的同时，又在服从并保证资本增殖值限度内，显著地提高了作为日本雇佣劳动者劳动力价值的转化形态的工资水平。比如，在 1960 年至 1975 年期间，按当年价格计算，日本国民收入总额增长了 8.38 倍，制造业平均月工资增长了 6.26 倍。[①] 在资本主义制度下，国民收入是分解为剩余价值和劳动力价值的。因而，作为劳动力价值表现形态的工资的增长速度低于国民收入的增长速度，就意味着剩余价值的增长速度更快，意味着剩余价值率的提高。事实也是这样的。在 1960 年至 1974 年期间，日本各部门所有企业按股本额计算的利润率由 22.1% 提高到了 27.8%。[②] 如果考虑到利润率是剩余价值总额与全部预付资本（包括不变资本和可变资本）之比，而剩余价值率只是剩余价值与可变资本之比，那么，剩余价值率提高的幅度还要大一些。

我国在 20 世纪最后 20 年，按人口平均计算的国民收入绝对量比日本上述期间要低；而社会主义生产目的又决定了国民收入的分配首先要满足当前人民生活提高的需要。在我国当前社会生产力发展水平和人民生活水平都比较低的情况下，尤其需要如此。这样，如果在这个期间内，在积累率的安排方面，借鉴日本的经验，使它超过 30%，甚至达到 35% 和 40% 以上，那就不可能实现社会主义生产目的的要求。为了说明这一点，我们且以"六五"期间为例，并先列二表如下：

---

① 《世界经济统计简编》（1978），三联书店 1979 年版，第 538 页。

② 《世界经济统计简编》（1978），三联书店 1979 年版，第 541 页。

表一　几个时期按人口平均计算的消费基金的年平均增长速度　　　　单位：%

1953 年至 1957 年	5.3
1958 年至 1960 年	2.3
1966 年至 1978 年	2.9

表二　"六五"期间几种积累率的比较①　　　　单位：%

积累率（%）	按人口平均计算的消费基金（元）		1985 年比 1980 年增减（%）	1981 年至 1985 年平均每年增减（%）
	1980 年	1985 年		
29.0	256.4	298.1	16.0	3.1
31.0	256.4	289.7	12.7	2.4
35.0	256.4	272.9	6.4	1.2
40.0	256.4	251.9	− 1.8	− 0.4

上述二表表明：如果把"六五"期间的积累率大致确定为 29%，②那么，这个期间每人平均消费基金年平均增长速度，虽然由于基数高等原因，比"一五"时期要低，但比忽视消费的高积累时期，即 1958 年至 1960 年以及 1966 年至 1978 年都要高。这是兼顾了积累和消费两个方面的。

但是，如果把"六五"期间积累率确定为 31%，那么，这个期间平均每人消费基金的年平均增长速度，不仅低于"一五"时期，而且低于 1966 年至 1978 年。这显然是不适宜的。

如果把"六五"期间积累率确定为 35%，那么，这个时期平均每人消费基金的年平均增长速度，就低于表一所列的各个时期，就要重复过去的忽视消费的高积累错误。

如果把"六五"期间的积累率确定为 40%，那么，这个期间平均每人消费基金，不仅没有增长，反而下降，就是更为严重的忽视消费的高积累错误。

需要说明：这里分析的虽然是"六五"时期积累率不能借鉴日本上

---

① 资料来源：《中华人民共和国国民经济和社会发展的第六个五年计划》，《中华人民共和国第五届全国人民代表大会第五次会议文件》，第 116、160 页。这里说明一点：本来消费基金是由消费率乘国民收入使用额而得，这里都是由消费率乘国民收入生产额而得，故有小的差异。但不妨碍我们的结论。

② "六五"计划讲座提到："'六五'积累率为 28.9%"。《经济日报》1983 年 3 月 24 日第 4 版。

述期间内高积累率型的经验，但从积累率需要在一定时期内稳定下来的观点（这一点，除了在前面已经作过说明以外，我们还将在下面详细说明）来看，这个道理对于"七五"、"八五"和"九五"时期积累率的确定，从而对本世纪最后 20 年积累率的确定，都是适用的。

还需指出：如果从长远发展趋势来看，社会主义经济制度在提高积累率方面，也将表现出比资本主义经济制度具有更大的优越性，就像资本主义经济制度在这方面曾经表现出比封建经济制度有更大的优越性一样。但在现阶段，由于种种条件的限制，社会主义经济制度在这方面的优越性还没有得到充分的发挥。上述的社会生产力发展水平比较低，以及与此相联系的按人口平均计算的国民收入比较低，就是一个最重要的限制。除此以外，还有其他许多限制。

就积累率的高度来说，本世纪最后 20 年，我国也不能借鉴美国低积累率型的经验。

为了说明这一点，首先需要分析美国成为低积累率型的原因。美国长期以来积累率比较低，并不是由于社会生产力发展水平低。

美国 1869 年至 1976 年按人口平均计算的国民收入和固定资本投资总额在国民收入中的比重的变化[①]

年份	按人口平均计算的国民收入（美元）	固定资本投资总额在国民收入中的比重（％）	年份	按人口平均计算的国民收入（美元）	固定资本投资总额在国民收入中的比重（％）
1869	180.2	12.4 ⊖	1930	614.9	9.3
1879	147.3	13.2 ⊜	1931	481.5	− 0.5
1889	173.1	14.2 ⊜	1932	340.5	− 17.6
1899	205.9	12.9 ⊕	1933	320.1	− 16.9
1909	292.8	12.5 ⑤	1934	387.7	− 6.9
1928	678.0	11.4 ⑥	1935	448.6	0.4
1929	720.9	16.0	1936	506.6	5.4

---

① 资料来源：〔苏〕科尔冈诺夫：《论国民收入》，三联书店 1961 年版，第 388—391 页，版本下同；《世界经济年鉴》（1981），第 859、863 页；《英法美德日百年统计提要》，统计出版社 1958 年版，第 130—131、139 页；《国外经济统计资料（1949—1976）》，第 41、43、345 页。其中：⊖1869—1878 年数字；⊜1879—1888 年数字；⊜1889—1898 年数字；⊕1899—1908 年数字；⑤1909—1918 年数字；⑥1919—1928 年数字。

续表

年份	按人口平均计算的国民收入（美元）	固定资本投资总额在国民收入中的比重（%）	年份	按人口平均计算的国民收入（美元）	固定资本投资总额在国民收入中的比重（%）
1937	571.4	9.9	1957	2331.0	19.8
1938	520.8	2.8	1958	2315.0	19.0
1939	556.1	9.2	1959	2477.0	19.4
1940	618.2	15.0	1960	2537.0	18.7
1941	786.6	17.9d	1961	2581.0	18.1
1942	1208.4	10.0	1962	2750.0	18.3
1943	1269.0	-0.9	1963	2864.0	18.3
1944	1374.0	-2.9	1964	3029.0	18.6
1945	1367.5	-0.8	1965	3246.0	19.0
1946	1281.9	16.6	1966	3517.0	18.9
1947	1376.1	17.2	1967	3670.0	18.4
1948	1516.8	17.7	1968	3959.0	18.4
1949	1453.9	12.2	1969	4209.0	18.4
1950	1746.0	18.5	1970	4352.0	18.7
1951	1964.0	19.7	1971	4659.0	19.2
1952	1789.0	15.7	1972	5103.0	19.7
1953	2088.0	14.1	1973	5650.0	19.9
1954	2043.0	12.6	1974	6019.0	19.1
1955	2194.0	16.2	1975	6345.0	18.6
1956	2241.0	17.4	1976	7028.0	18.6

上表表明：从 1869 年到 1976 年接近 110 年的时间里，如果不说由于资本主义经济危机而引起的波动，那么，美国按人口平均计算的国民收入还是逐步增长的。与此相适应，美国的积累率也是上升的。就上表所列的数字看，在 1869 年至 1928 年的 60 年，美国按人口平均计算的国民收入是在近 150 美元至近 700 美元之间波动的，积累率是在 10% 至 15% 的幅度内波动的；到了 1929 年至 1978 年的 50 年间，按人口平均计算的国民收入是在 300 多美元至 3000 多美元之间波动的，积累率就上升到 15% 至 20%。

但上表同时表明：美国在过去的长时期内成为低积累率型，并不是由于社会生产力发展水平不高。我国"六五"期间的积累率大约是29%。但美国在前60年,在积累率只有10%至15%的时候,按人口平均计算的国民收入就已经接近、等于甚至超过了我国"六五"时期的水平。如果考虑到那时美元购买力比现时高得多,那就更是这样。至于美国后50年积累率在15%至20%的幅度内波动的时候,按人口平均计算的国民收入更是大大超过了我国"六五"时期的水平。

当然,美国成为低积累率型有各种复杂的原因。这里只着重指出三点:其一,由于各种因素的作用,美国劳动者的消费水平比较高,不仅比我国高得多,就是在当代经济发达的国家中也是比较高的。其二,美国资产阶级的生活消费特别富于奢侈性,挥霍浪费了大量的社会财富。据苏联学者估算,美国在本世纪50年代后半期,大约有20%的收入用于资产阶级的生活消费。[①] 至于当前,那更加变本加厉地向前发展了。其三,由于美国资本主义制度的腐蚀作用,美国消费模式有一个重要特征,即属于浪费型(我们将在本书第四章详细分析这一点)。这无疑也耗费了大量的国民收入。从上述第二、三点原因来看,美国成为低积累率型,是资本帝国主义制度腐朽性的明显表现。

在分析了美国成为低积累率的原因之后,也就比较容易说明我国在最近20年内不能借鉴美国经验的原因。因为,第一,在我国社会主义制度下,不存在美国资产阶级那样的生活浪费;第二,我国社会主义消费模式的一个重要特点,就是节约型(这一点,我们也留待本书第四章去做分析);第三,我国人民的生活水平比较低。这样,虽然我国社会生产力的发展水平还比美国低得多,但如前所述,在最近20年内,把积累率确定在29.5%,仍然可能兼顾积累和消费两方面,也就是既能实现工农业年总产值翻两番,又能实现城乡人民收入的成倍增长。反之,如果我国也像美国那样,把积累率确定在20%以下,那就不能满足工农业年总产值翻两番的需要,城乡人民收入成倍增长的要求也因为缺乏物质基础而难以实现。

就积累率的高度来说,苏联中积累率型的经验,对我国最近20年是有借鉴作用的。如前所述,长期以来,苏联的积累率是在25%上下波动

① [苏]科尔冈诺夫:《论国民收入》,第192页。

的，而就 1950 年至 1979 年的 30 年的情况来看，有 9/10 的时间，积累率在 25% 以上，其中有 4/10 的时间在 27% 以上。我们在前面已经证明：在兼顾积累和消费两方面的前提下，我国在本世纪最后 20 年，积累率可以达到 29.5%。所以，苏联中积累率型的经验，对我国是有参考意义的。

这当然是就大体而言的，而不是从严格的意义上说的。如果从严格的意义上说，即使同苏联相比较，我国的积累率也是偏高的。这不仅是因为本世纪最后 20 年我国积累率比苏联最近 30 年来的积累率要高一些，而且因为苏联按人口平均计算的国民收入比我国要高得多。为了说明这一点，我们先列表于下。

苏联按人口平均计算的国民收入和积累率的变化[①]

年份	按人口平均计算的国民收入（美元）	积累率（%）
1950	339	23.9
1951	376	25.5
1952	406	26.3
1953	440	25.1
1954	484	23.0
1955	532	25.7
1956	584	26.6
1957	612	23.8
1958	677	27.3
1959	718	26.9
1960	752	26.8
1961	779	28.4
1962	825	27.7
1963	834	25.5
1964	883	27.4
1965	931	26.3
1966	987	26.5
1967	1062	26.8

---

① 资料来源：《国外经济统计资料（1949—1976）》，第 43 页；《世界经济年鉴》（1981），第 429—430 页；《匈牙利国民经济统计资料汇编》，中国社会科学出版社 1980 年版，第 70 页。

续表

年份	按人口平均计算的国民收入（美元）	积累率（%）
1968	1138	27.0
1969	1210	27.1
1970	1327	29.5
1971	1383	29.0
1972	1529	27.5
1973	1821	29.3
1974	1856	28.2
1975	1978	26.6
1976	1974	27.0
1977	2039	26.8
1978	—	26.3
1979	2549	24.9

即使就上表所列的数字来看：苏联 1950 年按人口平均计算的国民收入就达到了 339 美元，比我国 1981 年大约要多 1/2 以上；1979 年达到了 2549 美元，比我国 2000 年大约要多 2 倍。当然，这里也有许多不可比的因素。但在上述期间内，苏联按人口平均计算的国民收入比我国要大得多，则是可以肯定的。因而，相对于按人口平均计算的国民收入来说，我国积累率是偏高的。

尽管这样，在本世纪最后 20 年内，把我国积累率确定在 25% 至 30% 之间，也是可能的。苏联的经验也在大体上证明了这一点。尽管苏联按人口平均计算的国民收入，1950 年比我国 1981 年要高，1979 年比我国 2000 年更高，但苏联在 1950 年至 1961 年 11 年间，按人口平均计算的国民收入也是处在 300 多美元至近 800 美元之间，而这个期间苏联积累率就在 25% 上下波动，其中有 9 年是 25% 以上。既然这样，本世纪最后 20 年，我国按人口平均计算的国民收入也将由 200 多美元提高至 800 美元，那么，29.5% 的积累率是可能实现的。如果再考虑到我国人民的生活水平在这 20 年中虽然会得到逐步的提高，但仍然是较低的，那更应该说是可以做到的。这当然不意味着这个期间没有注意改善人民的消费，如前所述，这个积累率是体现了"一要吃饭，二要建设"的方针的。

同时，就积累率在一定时期内需要在一定水平上保持相对稳定这一点来说，也可以从外国积累率变化过程中吸取有益的经验。

探讨这个问题，不仅有助于我们认识在本世纪最后 20 年需要把积累率在 29% 至 30% 的水平上稳定下来，而且有助于我们认识过去几次发生的高积累的错误。

但为了详细地说明这个问题，我们不局限于前面列举的日本、苏联和美国三国积累率变化的经验，拟从人类社会发展史的角度去进行分析。

在人类社会发展的初期，劳动生产率极为低下，发展也极为缓慢。据有的经济学者的粗略估算，在石器时代，作为决定劳动生产率提高主要因素的技术的进步速度，平均每一万年只提高 1% 至 2%。[①] 而劳动生产率的一定的发展高度，是剩余产品产生的基础。这样，在原始公社的长时期内就没有剩余产品。这就从根本上排除了作为产品形态的积累的出现。因为剩余产品是积累的泉源。只是到了原始公社的末期，由于劳动生产率的提高，才有了剩余产品，因而才可能有积累。

到了奴隶社会和封建社会，劳动生产率提高的速度比过去大大加快了，但仍然是很慢的。据估算，进入铁器时代，劳动生产率的增长速度，平均每一百年提高 4% 弱。[②] 这样，剩余产品的增长速度也必然是缓慢的。当然，在劳动者生产的产品除了维持自己的生存还有多余的条件下，剩余产品量的增长不仅决定于劳动生产率的提高，而且决定于劳动者人数的增长。但即使是算上这个因素，剩余产品的增长速度也是慢的。还需指出：在这两个社会，生产力很低，一遇严重自然灾害，生产就要发生倒退。这样，这两个社会剩余产品的增长速度不仅是慢的，而且要经历曲折发展过程。但就是这个增长甚慢而又经历曲折变化的剩余产品，还主要是用于消费的，甚至全部是用于消费的。这是因为，第一，无论在奴隶社会，或者在封建社会，生产的主要目的都是为了满足剥削者的生活消费。伴随着生产的发展，这些剥削者的消费水平是在不断提高的。第二，奴隶制的国家和封建制的国家以及这两个社会文化的发展，无疑也耗费了大量的剩余产品。第三，在这两个社会，人口虽然也经历了由增长到减少再到增长的曲折发展过程，但从总的发展趋势看，人口还是逐步增长的。据史书记载，

---

① 《人民日报》1982 年 11 月 19 日第 5 版。
② 《人民日报》1982 年 11 月 19 日第 5 版。

我国秦时（公元前 221 年至前 207 年）有人口 2000 万人左右，[①] 到 1949 年增长到 5.4167 亿人，[②] 增长了 26.1 倍。这些增长的人口，把增加的剩余产品的大部分都消费掉了。第四，在这两种剥削制度下，劳动者受到的压榨是极为残酷的，但从长期的发展看，劳动者的生活也是在缓慢地提高的。正是上述这一切因素的作用，使得积累率的提高速度比劳动生产率提高的速度还要慢得多。这样，如果上述的关于铁器时代劳动生产率平均每一百年提高 4% 弱的估算是正确的，那么，积累率就需要经历几百年的时间，才能有这样的提高。这就是说，在奴隶社会和封建社会，积累率在很长的时间内都是稳定的。

在资本主义生产方式确立以后，劳动生产率又比已往的各个时代无可比拟地提高了。据估算，在蒸汽时代和电气时代，在 1870 年至 1949 年，美国产业工人劳动生产率平均每年增长 1.5% 至 3%。[③] 而在以原子能、电子计算机和空间技术为主要标志的现代化生产条件下，在 1950 年至 1975 年，美国产业工人劳动生产率平均每年增长 5%。[④] 这样，剩余产品的增长速度也比奴隶社会和封建社会大大提高了。但与此同时，资产阶级生活消费的增长速度及其所达到的水平，是奴隶主和封建主望尘莫及的；在资本主义制度下，尽管雇佣劳动者仍然处于被剥削的地位，但他们生活消费的增长速度也是奴隶和农奴所不可比拟的；这个时期文化、教育、科学事业的发展速度以及人口的增长速度也远远超过了以往的时代。这样，增长的剩余产品中，尽管比过去有了一个较大的部分用于积累，但仍然会有一个很大的部分用于上述的各项消费。这一切必然使得积累率的增长速度远远低于劳动生产率和剩余产品的增长速度。还需指出：资本主义的周期性的经济危机往往使得社会生产下降，而同资本主义制度相联系的战争，特别是曾经发生过的两次世界大战，给资本主义的经济生活造成了前所未有的严重灾难。这一切说明：尽管在资本主义时代，社会劳动生产率的增长速度是很快的，但积累率在一定时期内还是稳定的。当然，在资本主义社会的不同发展阶段，或者在不同的资本主义国家，由于各种具体情况的不

---

① 范文澜著：《中国通史》第 2 册，人民出版社 1978 年版，第 17 页。

② 《中国经济年鉴》（1981），第 Ⅳ－4 页。

③ 《人民日报》1982 年 11 月 19 日第 5 版。

④ 《国外经济统计资料（1949—1976）》，第 41、518 页。

同，积累率在什么水平上稳定下来，以及稳定年限的长短，都是不同的。但在一定时期内，积累率的稳定性，则是共同的。

在这方面，美国是很典型的。如前所述，美国在 1869 年至 1928 年的 60 年中，积累率是在 10% 至 15% 的幅度内波动的；在 1929 年至 1978 年的 50 年中，积累率是在 15% 至 20% 的幅度内波动的。

苏联的经验也很突出。如前所述，苏联的积累率是长期在 25% 上下波动的。

在我们对于积累率的稳定性做了上述的分析之后，也就便于说明前面需要说明但还不便于说明的问题，即从美国、苏联和日本按人口平均计算的国民收入和积累率的变化的表格中，我们可以清楚地看到：在一定时期内按人口平均计算的国民收入已经显著地增长了，但积累率基本上是稳定在一定的幅度内的，其原因是什么？这是因为制约积累率变化的因素比制约按人口平均计算的国民收入的因素要复杂得多。一般说来，决定国民收入总量增长的因素，主要有三个，即劳动者人数的增长，劳动生产率的提高，以及生产资料的节约。按人口平均计算的国民收入的增长，则还需要把人口的增长因素纳入进来一并考察。按人口平均计算的国民收入的增长，是促进积累率提高的一个重要因素。从这种相互联系的意义上说，决定按人口平均计算的国民收入增长的诸因素，也是决定积累率的因素。但制约国民收入在积累基金和消费之间分割的因素又不只是局限于这些情况。比如，就资本主义社会来说，就有上面已经提到的剥削者生活消费水平的提高，社会文化、教育和科学事业的发展，等等。还需看到：有的因素在制约按人口平均计算的国民收入方面和制约积累率方面，其作用的程度也是不同的。比如，在劳动生产率不变和提高的条件下，劳动者人数的增长会增加国民收入总量，从而也可能增加按人口平均的国民收入。但随着劳动者人数的增加，在消费水平不变的条件下，消费基金也会增长；如果消费水平有了提高，消费基金还要增加得快些。可见，如果说，由劳动者人数的增长而增加的按人口平均计算的国民收入是一个完整的量的话，那么，用于增加积累基金的，只能是其中的一部分，是一个不完全的量。

总之，借鉴人类历史上（主要是当代经济发达国家）积累率的稳定性的经验，有助于达到这样的结论：在本世纪最后 20 年，我国积累率可以在 29% 至 30% 的水平上稳定下来。当然，相对于资本主义制度来说，社会主义社会在提高积累率方面具有巨大的优越性。比如，在这里已经从根本上铲除了剥削阶级的寄生消费，也不存在资本主义的周期性经济危机的干扰。但如前所述，在社会主义制度下，国民收入的分配首先要保证当前人民生活水平有适当的提高。我国社会生产力发展水平还不高，农业尤其如此；人民的生活水平也比较低。在上述的时期和水平上稳定下来，是适宜的。

第五节　对两种质疑的分析

当前对待这个积累率，主要有两种担心：一种以"一五"时期的积累率为依据，担心实行这个积累率，又会重犯过去严重忽视人民生活的高积累的"左"的错误，主张把积累率降低到"一五"时期的水平。另一种担心实行这个积累率不能满足实现工农业年总产值翻两番的需要，认为需要进一步把积累率提高到30%以上。这些都是值得商榷的。

一、积累率高了吗？

第一种担心的不妥之处，首先在于没有从本世纪最后20年我国经济现状出发，去正确吸取"一五"时期的经验。

这里所说的本世纪最后20年我国经济现状，主要有两方面：一是社会生产力的发展水平比"一五"时期将有很大的提高；二是经济发展战略对于积累基金的需要。

马克思说过："分配的结构完全决定于生产的结构，分配本身就是生产的产物，不仅就对象说是如此，而且就形式说也是如此。就对象说，能分配的只是生产的成果，就形式说，参与生产的一定形式决定分配的特定形式，决定参与分配的形式。"① 社会总产品的分配是这样，其中所包括的积累基金和消费基金的分割也是如此。就是说，作为分配关系一个方面的积累基金和消费基金的比例关系，是生产资料所有制形式在经济上的实现；作为积累基金和消费基金来源的国民收入也是由生产提供的。而国民收入总量（特别是按人口平均计算的国民收入）是直接决定积累基金和消费基金的分割的。所以，积累和消费的比例关系主要是由社会生产力决

---

① 《马克思恩格斯选集》第2卷，第98页。

定的。当然，生产关系对积累和消费的比例关系也有制约作用。这种制约作用一部分是直接的。就是说，在国民收入相等的条件下，由于生产关系的不同，积累和消费可以有不同的比例关系。但这只是在国民收入已定的条件下对这种比例关系的制约作用。另一部分是间接的。就是说，生产关系通过促进或阻碍社会生产力的发展，影响国民收入的增长，从而制约积累和消费的比例关系。但这种直接的或间接的制约作用，正好说明积累和消费的比例关系主要是由社会生产力的发展水平决定的。这就可以说明：为什么在人类社会的各个发展阶段，积累基金经历了由无到有的发展，积累率经历了由低到高的发展，在资本主义社会和社会主义社会的不同发展阶段，积累率也显现出上升的趋势。这个变化当然受到了生产关系的制约，但主要还是要从社会生产力的发展方面去解释。

既然积累和消费的比例关系，主要是由社会生产力的发展水平决定的，而本世纪最后 20 年社会生产力的发展水平比"一五"时期显著地向前发展了，因而可能在兼顾积累和消费两方面的前提下，把前后两个 10 年合计的积累率提高到 29.5%。下表可以具体说明这一点。

本世纪最后 20 年积累和消费关系与"一五"时期的比较

	每人平均国民收入（元）	每人平均积累基金（元）	每人平均消费基金（元）
1952 年	106.5	22.8	83.7
1957 年	143.9	35.9	108.0
1980 年	374.2	118.9	257.0
2000 年	1117.2	335.2	782.0
1980 年比 1952 年增长倍数	2.5	4.2	2.1
2000 年比 1957 年增长倍数	6.8	8.3	6.2
1953—1957 年年平均增长速度（%）	6.2	9.5	5.3
1981—2000 年年平均增长速度（%）	5.6	5.3	5.7

在运用表格分析问题之前，我们先对表格作几点说明：第一，1952 年和 1957 年的国民收入是使用额，1980 年和 2000 年的国民收入是生产额。1952、1957 和 1980 这 3 年，积累基金和消费基金是按国民收入使用额计算的，2000 年是按国民收入生产额计算的。各年国民收入生产额和使用额只有很小的差额，而且年度之间的正差和负差有相互抵销的情况。

所以，这种计算上的差别，不会影响我们的结论。第二，1952 年和 1957 年的数字是按当年价格计算的，1980 年和 2000 年的数字是按 1980 年的不变价格计算的。由于表中 1980 年和 2000 年的各项数字分别比 1952 年和 1957 年的各项数字增长幅度很大，因而这种计算上的不同，也不会从根本上改变我们的结论。第三，在按人口平均计算各项数字时，1952、1957 和 1980 这 3 年是按照已有的统计数据计算的，2000 年是依据计划要求的 12 亿计算的。

现在再从上表引申出我们所要达到的结论。尽管本世纪最后 20 年的积累率（前后两个 10 年合计的积累率为 29.5%）比"一五"时期的积累率（5 年合计的积累率为 24.2%）提高了 5 个多百分点，但由于这 20 年的社会生产力比"一五"时期大大发展了，因而仍有可能较好地协调积累和消费的比例关系。按人口平均计算的国民收入是社会生产力发展水平的一个综合指标。按照两个时期的起点来说，1980 年按人口平均计算的国民收入比 1952 年增长了 2.5 倍；就两个时期的终点来说，2000 年比 1957 年增长了 6.8 倍。正是这一点从根本上决定了在 20 年积累率提高到 29.5% 的条件下，每人平均消费基金年平均增长速度仍然可以比每人平均积累基金高出 0.4 个百分点。值得注意的是：20 年每人平均消费基金的年平均增长速度比"一五"时期也要高出 0.4 个百分点。从每人平均消费基金相对增长速度（即相对于每人平均积累基金的年平均增长速度）来说，还要快得多。"一五"时期，每人平均消费基金年平均增长速度与每人平均积累基金年平均增长速度之比为 0.56∶1，20 年则为 1.08∶1，几乎提高了一倍。当然，形成这种状况的原因，不只是由于这一点，它还因为，第一，尽管 20 年积累率比"一五"时期提高了，但比作为起点的 1980 年积累率（为 31.6%）是下降了。这显然是消费基金能够比积累基金更快增长的一个因素。第二，同"一五"时期相比，1980 年生活资料的价格比"一五"时期有了较大幅度的提高，而生产资料的价格则变动较小。但无论如何，社会生产力的巨大发展，总是在较高的积累率条件下，使得积累和消费关系得到较好处理的物质基础。

第一种担心不仅忽视 20 年社会生产力的发展，而且忽视了工农业年总产值翻两番对于积累基金的需要。如前所述，要在 20 年内实现工农业总产值翻两番，就需要前后两个 10 年合计的积累率达到 29.5%。但是，如果把积累率降低到"一五"时期的水平，就达不到这个目标。就前 10 年来说，如果积累基金不能满足以能源和交通为重点的建设投资的需要和现有企业更新改造资金的需要，那么，后 10 年经济振兴就缺乏物质技术基础。这样，20 年城乡人民收入成倍增长的目标也不能实现。这就说明，要从经济现状出发正确地吸取"一五"时期的经验，不仅需要看到社会生产力的变化，而且需要以实现经济战略目标作为指导思想，需要坚持"一要吃饭，二要建设"的指导方针；如果片面地强调消费，那不仅工农业年总产值翻两番的要求不能实现，城乡人民收入成倍增长的目标也要落空。

第二，第一种担心的不妥之处还在于：以为实行了上述的积累率，就会导致过去的严重忽视人民生活的高积累的错误，这在实际上就是把过去长期严重失调的积累和消费的比例关系，同今后 20 年较为协调的比例关系混同起来了。

为了说明这一点，我们也按照前表（即"本世纪最后 20 年积累和消费关系与'一五'时期的比较"表）相同的计算口径列表于下。

本世纪最后 20 年积累和消费的关系与以前两个严重忽视人民生活的高积累时期的比较①

	每人平均国民收入（元）	每人平均积累基金（元）	每人平均消费基金（元）
1957 年	143.9	35.9	108.0
1960 年	191.5	75.9	115.6
1965 年	187.1	50.7	136.4
1978 年	309.9	113.2	196.7
1980 年	374.2	118.9	257.0
2000 年	1117.2	335.2	782.0
1958—1960 年年平均增长速度(%)	10.0	28.3	2.3
1966—1978 年年平均增长速度(%)	4.0	6.4	2.9
1981—2000 年年平均增长速度(%)	5.6	5.3	5.7

① 这里说明两点：第一，"二五"时期和 1966 年至 1978 年期间，两次犯了严重忽视人民生活的高积累的"左"的错误。但"二五"时期在这方面的错误，是发生在 1958 年至 1960 年。1961 年实际上开始了国民经济的调整，积累率大幅度下降了。故在表中只用了 1958 年至 1960 年的数字，而没有用 1961 年至 1962 年的数字。第二，1957、1960、1965、1978 这 4 年国民收入是国民收入的使用额，1980 年、2000 年两年是国民收入的生产额。前 5 年的积累基金和消费基金按国民收入使用额计算，最后一年按国民收入生产额计算；前 5 年按当年价格计算，最后一年按 1980 年不变价格计算。

在 1958 年至 1960 年期间，各年合计积累率为 39.1%。[①] 与此相联系，每人平均积累基金的年平均增长速度比每人平均国民收入高出 1.83 倍，比每人平均消费基金高出 11.3 倍。

在 1966 年至 1978 年期间，各年合计的积累率为 31.2%。[②] 与此相联系，每人平均积累基金的年平均增长速度比每人平均国民收入高出 0.6 倍，比每人平均消费基金高出 1.21 倍。

但在 1981 年至 2000 年期间，前后两个十年合计的积累率将为 29.5%，每人平均积累基金的年平均增长速度将不仅没有高出每人平均国民收入和每人平均消费基金，反而比国民收入低 0.3 个百分点，比消费基金低 0.4 个百分点。

可见，本世纪最后 20 年的积累率，是兼顾了积累和消费两方面的，它同前两个时期积累和消费比例关系严重失调的情况，是有原则区别的。

第一种担心的不妥之处，还在于忽视了积累基金使用构成的区别。这有两个重要方面：一是，在 1958 年至 1960 年以及 1966 年至 1978 年期间，生产性积累基金在积累基金总额中的比重分别高达 89.83% 和 75.6%，非生产性积累只分别占 10.17% 和 24.4%。[③] 这是各该时期忽视人民生活的一个重要方面。但在本世纪最后 20 年，生产性积累基金将只占到 60%，非生产性积累基金将上升到 40%，从而成为这个时期人民生活能够得到较大改善的一个重要因素。

二是，在 1958 年至 1960 年以及 1966 年至 1978 年，在生产性积累中，用于主要生产生产资料的重工业部分过大，用于主要生产生活资料的农业和轻工业部分过小。这就必然形成不合理的社会产品序列结构，[④] 即初级产品和中间产品占的比重过大，包括用于人民生活消费的最终消费品的比重过小。这种不合理的社会产品序列结构，就在社会产品的物质形态方面

① 《中国统计年鉴》（1983），第 25 页。

② 《中国统计年鉴》（1983），第 25 页。

③ 资料来源：《中国统计年鉴》（1983），第 27 页。

④ 在社会化生产的条件下，社会产品的生产是一个连续的过程，从劳动者把自己的劳动作用于自然界开始，到生产出各种最终产品为止，整个社会生产过程大体可以分为初级阶段、中间阶段和最终阶段。与此相适应，社会生产各个阶段提供的产品也可以分别称之为初级产品、中间产品和最终产品。这些各类产品之间的比例关系就是社会产品的序列结构。合理的社会产品的序列结构，要求以较少的以至最少的初级产品和中间产品生产出同量的最终产品，或者说，以同量的初级产品和中间产品生产出较多的以至最多的最终产品。这里所说的不合理的社会产品的序列结构，就是违反了这种要求的序列结构，它使得一部分社会劳动被浪费了。

限制了人民生活的提高，进一步加剧了积累和消费关系的严重失调状态。但在本世纪最后 20 年，在过去几年调整农业、轻工业和重工业以及积累和消费的比例关系，并使之大体趋于协调的基础上，进一步调整工业、农业内部的产业结构和产品结构，调整积累的使用构成，使得社会产品的序列结构走向合理化，使得初级产品、中间产品和包括用于人民生活需要的消费品在内的最终产品的比例关系得到合理的安排，这就在社会产品的物质形态方面为这个时期人民生活的大大提高创造了条件。

集中起来说，第一种担心忽视了本世纪最后 20 年处理积累和消费关系的指导思想与前两个时期的原则区别。前两个时期在处理积累和消费关系方面的原则错误，就在于片面强调积累的重要性，严重忽视人民生活的改善。而本世纪最后 20 年在这方面的指导原则，是"一要吃饭，二要建设"的原则。正是这个根本原则，决定了这个时期在积累和消费方面具有上述的一系列的特点。所以，仅为这个时期实行了 29.5% 的积累率，就会重犯过去的"左"的错误，是没有根据的。

这里需要说明：笔者也曾经认为，今后一个时期需要实行 25% 左右的积累率。现在看来，这种想法的不妥之处也在于：一方面忽视了今后一个时期社会生产力比"一五"时期将有较大的发展；另一方面又忽视了今后社会主义建设对于积累基金的巨额需要。这样，也就忽略了今后进一步提高积累率的可能和必要。

二、积累率低了吗?

第二种担心也有种种值得斟酌之处。第一，毫无疑问，在本世纪最后 20 年经济发展过程中，资金是相当困难的。但是，如果认为，前后两个 10 年合计积累率 29.5%，不能实现经济发展的战略目标，那也是缺乏根据的。这一点，我们在前面已经做过详细的分析。这里需要进一步指出：29.5% 的积累率是比较高的；随着社会主义生产的发展，积累率每个百分点所包含的积累基金绝对量是会增大的；积累基金的效率是会提高的。如果全面地估量这三方面因素的作用，那么，应该说，29.5% 的积累率，是可能满足工农业年总产值翻两番的需要的。

第二，按照这种想法，要把积累率提高到 30% 以上。这就忽视了我国社会主义建设已有的经验。我国建设经验反复证明：积累率超过了 30%，就会造成积累和消费关系的严重失调。像前述的 1958 年至 1960 年以及 1966 年至 1978 年这两个时期，都是这个情况。

忽视了我国的历史经验，本质上就是忽视了我国的国力。毫无疑问，随着国民经济的进一步调整，企业整顿的实现，经济管理体制改革的完成，社会主义物质技术基础的加强，以及社会主义精神文明建设的发展，本世纪末的 20 年内，我国社会主义经济的实力是会得到稳步的、持续的增长的。但是，同时又要看到：这个逐步增长的实力还不是很雄厚的。这一点，特别是因为相对落后的农业在国民经济中还占有很大的比重，农业所拥有的劳动力在工农业劳动力总数中还将占有大部分，而农业劳动生产率还比较低。1980 年全国农业劳动者（包括农、林、牧、副、渔劳动者）为 3.0211 亿人，[①] 占工农业劳动者总数的 84.4%，每个农业劳动者创造的农业总产值为 538.6 元。据测算，2000 年全国农业劳动力将达到 4.5 亿人，占工农业劳动者总数的 80.4%，比 1980 年只减少了 4%；每个农业劳动者创造的农业总产值为 1417.8 元，比 1980 年虽然增长了 1.63 倍，但水平还是比较低的。比如，1980 年每个工业劳动者创造的工业总产值就达到了 8914.3 元，比上述的 1980 年农业劳动生产率高 15.6 倍，比 2000 年农业劳动生产率也高 5.3 倍。上述的数字尽管是测算的，不一定很准确，但我们从这里可以大致看到：在本世纪末的 20 年内，虽然我国农业劳动生产率将大幅度提高，但水平还比较低；而农业劳动力在工农业劳动者总数中的比重即使到本世纪末也还占大部分。这种情况就在很大程度上决定了我国整个社会生产的劳动生产率的水平，从而也在很大程度上决定剩余产品的价值量。

马克思曾经说过："相对剩余价值的增加和劳动生产力的发展成正比。"[②] 当然，在社会主义制度下，并不存在反映资本主义剥削关系的劳动力价值和剩余价值的范畴。但在社会主义商品生产条件下仍然存在着必要劳动和剩余劳动以及必要产品（或必要产品的价值）和剩余产品（或剩余产品的价值）的范畴。这里所说的必要劳动，就是社会主义制度下物质生产劳动者所提供的用于满足劳动者同他所赡养的家庭成员的生活需要的劳动，它创造必要产品；这里所说的剩余劳动，就是必要劳动以外的那部分劳动，它创造剩余产品。马克思曾经指出："一般剩余劳动，作为

---

① 这里说的是全国农业劳动力，其统计口径比前述的全国农村劳动力要窄，因而数字也较小。

② 《马克思恩格斯全集》第 23 卷，第 356 页。

超过一定的需要量的劳动，必须始终存在。"① 但在社会主义制度下，已经改变了剩余劳动的社会经济性质。正如列宁说过的，在社会主义制度下，"剩余产品不归私有者阶级，而归全体劳动者，而且只归他们"。②

但是，既然剩余产品也是由生产提供的，因而它的量的大小同劳动生产率的高低是直接相联系的。"它随着生产力提高而提高，随着生产力降低而降低。"③ 这里说的生产力的提高，并不是指的任何生产部门生产力的提高，而是指的生活资料生产部门以及为生活资料提供生产资料的生产资料部门生产力的提高，那些既不提供生活资料，又不为生产生活资料提供生产资料的生产部门生产力的提高，是不包括在内的。④ 而农业正是主要生产生活资料的部门，同时又是为主要生产消费品的轻工业提供大部分原料的部门。正因为这样，农业劳动生产率相对落后的状况，就在很大程度上限制了剩余产品价值量的增长。

限制了剩余产品价值量的增长，也就是限制了积累的增长。因为剩余产品的价值量正是积累基金的泉源。诚然，我们在前面说过：国民收入是积累基金和消费基金的来源。从总体上说，这是无可非议的。但在实际上，国民收入中的必要产品的价值只能用于满足物质生产劳动者及其家属生活需要，它既不能用作社会消费基金，也不能用作积累基金。只有剩余产品的价值才能用于积累基金和社会消费基金。所以，明确说来，剩余产品的价值才是积累基金的来源。但既然农业的相对落后的劳动生产率限制了剩余产品的价值的增长，它也就必然限制了积累量。

然而这还只是在国民经济中占有很大比重、而又相对落后的农业，限制积累增长的一个方面。另一方面，与农业相对落后相联系，农民的生活水平也是比较低的。1980 年，农村居民按人口平均计算的消费水平只有168 元，比 1980 年城镇居民已经达到的 468 元低 1.79 倍。⑤ 当然，农村居民自给性消费占的比重大，农村的农副产品价格低，因而农村居民和城镇居民的实际消费水平的差距并没有这样大。但农村居民的生活水平较低，则是一个不容否认的事实。而农业人口在全国总人口中又占了大部分，这

---

①《马克思恩格斯全集》第 25 卷，第 925 页。

② 列宁：《对布哈林〈过渡时期的经济〉一书的评论》，人民出版社 1976 年版，第 40 页。

③《马克思恩格斯全集》第 25 卷，第 355 页。

④《马克思恩格斯全集》第 23 卷，第 351 页。

⑤《中国经济年鉴》（1982），第Ⅷ－28 页。

就从主要方面决定了我国人民生活水平比较低的面貌。党的十二大指出："总的说来，人民的生活水平还是比较低的。"① 其主要原因是：要改变在国民经济中占有很大比重、而又相对落后的农业面貌，不是短时期所能完成的。

在社会主义制度下，一般说来，安排积累和消费的关系，首先都需要保证人民的生活有适当的提高。在人民生活水平较低的条件下，这样做，更富有特殊的重要意义。这样，也很难设想，本世纪最后 20 年为了满足社会主义建设发展对积累基金的需要，能够靠降低消费率、提高积累率来实现，而只能在发展生产、提高经济效益的基础上，提高国民收入生产额，从而在积累率不变（或稍有上升）的条件下求得积累基金总量的增长。

总结上述两方面的原因，我们可以看到：在国民经济中占有很大比重而又相对落后的农业，是本世纪最后 20 年积累率不宜突破 30% 的最主要的原因。

除此以外，下列两个因素对这一点也将起制约作用。第一，由于过去长期存在的"左"的错误，特别是林彪、江青两个反革命集团在"文化大革命"中的严重破坏，当前我国人民的生活还有某些特殊的困难。"在农村中的一部分低产地区和受灾地区，农民还很贫困"。"城镇居民中，在工资、就业、住宅和公用设施等方面都还有许多问题需要解决。"② 在生产建设和各项工作中起骨干作用的中年知识分子的生活待遇也急待改善。应该指出：党的十一届三中全会以来，这些方面的情况已经有了显著的改善。但很显然，这些问题也不是短时期所能完全解决的。要解决这些生活上的困难，积累率也不宜过高。

第二，党的十二大把"实行计划生育"确定为"我国的一项基本国策"，并提出"到本世纪末，必须力争把我国人口控制在十二亿以内"。③ 根据这个计划指标，1983 年至 2000 年，人口自然增长率要下降到 10‰ 以下，平均每年净增人口不能超过 1037 万人。这些数字比过去长时期内的

① 《中国共产党第十二次全国代表大会文件汇编》，第 21 页。
② 《中国共产党第十二次全国代表大会文件汇编》，第 21 页。
③ 《中国共产党第十二次全国代表大会文件汇编》，第 17 页。

人口自然增长率和平均每年净增人口都显著减少了。① 这会缓和对消费基金的需要量。但这仅仅是问题的一个方面。另一方面，人口总数越来越多，城乡居民平均每人消费水平越来越高，这些又会大大增加对于消费基金的需要。问题在于：在社会主义条件下，生产的目的是为了满足人民生活的需要。当然，为了将来提高人民的生活，国民收入的分配也需要兼顾积累，但首先要服从于当前人民生活的提高。在这里，是积累服从于消费，而不是相反。所以，在国民收入已定的情况下，积累率的高低应该是由提高人民生活的消费需要量的大小决定的。为了提高人民的生活，不仅要保证计划期原有人口和新增人口消费水平不比基期降低。而且，要依据社会生产力的发展状况及其他因素，比基期有所提高。但在人口多和原有人口消费水平已经提高的条件下，要做到这一点，就需要增加更多的消费基金。比如，1980 年全国城乡居民平均消费水平为 227 元。② 这一年每增加一个人口就增加 227 元的个人消费基金。按照"六五"计划的规定，1985 年全国城乡居民平均消费水平将达到 277 元。③ 这一年每增加一个人口就要增加 277 元的个人消费基金，比 1980 年多增加 50 元。这还没算社会消费基金的增加，如果加上这一部分，那由于每一新增人口而增加的消费基金就更多。再如，1980 年全国人口总数为 9.8255 亿人。④ 这年全国城乡居民平均每人消费水平比 1979 年增加了 30 元，由此而增加的个人消费基金为 299.8 亿元。按照"六五"计划的要求，1985 年全国大陆人口总数控制在 10.6 亿人。假定这年全国城乡居民平均每人消费水平也像 1980 年一样，比上年增加 30 元，那由此而增加的个人消费基金就是 318 亿元，比 1980 年多增加 18.2 亿元。这里说的虽然是 1980 年至 1985 年的

---

① 30 多年来，我国人口出生情况大体上可以分为以下几个阶段：1950 年至 1958 年，共出生 1.86 亿人，平均每年出生 2060 多万人，形成了持续几年的第一次生育高峰。1962 年至 1970 年，共出生 2.42 亿人，平均每年出生 2600 多万人，形成了第二次生育高峰。1971 年至 1975 年虽然已经开展了计划生育工作，但 5 年仍然出生了 1.19 亿人，平均每年出生 2380 万人。因此，第二次生育高峰实际上一直延续到 1975 年，先后持续 14 年之久。1976 年至 1981 年，共出生 1.1 亿人，平均每年出生 1800 万人（《人民日报》1983 年 1 月 2 日第 3 版）。从人口的自然增长率来看，1950 年至 1958 年均在 20‰左右，1962 年至 1970 年上升到 25‰以上，1971 年至 1975 年虽然有所下降，但仍在 20‰左右。直到 1976 年至 1981 年才下降到 12‰左右。可见，在未来的 18 年内，无论是人口的自然增长率，或者是增加的人口数，都比过去大大减少了。

② 《中国经济年鉴》（1982），第Ⅷ－28 页。

③ 《中华人民共和国国民经济和社会发展第六个五年计划（1981—1985）》，《中华人民共和国第五届全国人民代表大会第五次会议文件》，人民出版社 1983 年版，第 162 页。

④ 《中国经济年鉴》（1982），第Ⅷ－3 页。

情况，但对 1986 年至 2000 年的情况也是适用的，而且是更加适用的。因为时间越往后推移，人口总数和全国人民的平均消费水平也越高。

所有这些因素都制约着本世纪最后 20 年的积累率，使积累率不宜超过 30%。

可见，第一种担心，忽视了本世纪最后 20 年我国社会生产力的发展，过多地强调了人民生活的提高，忽视了社会主义建设的需要，固然是不适当的；但第二种担心，忽视了这个期间我国社会生产力发展的限度，过多地强调了社会主义建设对于积累基金的需要，忽视了提高人民生活的需要，也是不适当的。

第四章　社会主义的积累模式和消费模式

党的十一届六中全会提出："社会主义生产关系的发展并不存在一套固定的模式，我们的任务是要根据我国生产力发展的要求，在每一个阶段上创造出与之相适应和便于继续前进的生产关系的具体形式。"① 从我国国情出发，从理论上探讨社会主义的积累模式和消费模式，显然是实现这一任务的一个重要步骤。

社会主义各国的实践证明：无产阶级专政的国家在建立了社会主义公有制以后，还不能充分发挥社会主义经济制度的优越性。要做到这一点，还需要许多条件。建立起与社会主义公有制要求相适应的具体经济形式，是一个重要条件。在这方面，建立起与我国国情相适应的社会主义的积累模式和消费模式，是其中的重要一环。

第一节　社会主义的积累模式

一、社会主义积累占优势条件下多种经济形式的积累

（一）多种经济形式积累存在的必然性。

我国现阶段，在社会主义经济占优势的条件下，存在着多种经济形式。与此相适应，在社会主义积累占优势的条件下，存在着多种经济形式的积累。在这里，社会主义国家所有制和集体所有制积累的必然性和可能

---

① 《中国共产党中央委员会关于建国以来党的若干历史问题的决议》，人民出版社 1981 年版，第 55—56 页。

性，是不言而喻的。外国资本独资经营和中外合资经营的企业积累的必然性和可能性，也比较明显。成为问题的是个体劳动者经济积累存在的必然性及其可能性。这里着重分析这一点。

显然，个体经济积累的必然性，是以个体经济存在的必然性为前提的。但在过去的一个长时期内，由于"左"的错误的影响，流行的观点根本否定在社会主义经济占优势的条件下需要适当发展劳动者的个体经济。因此就从根本上否定了个体经济的积累。现在承认个体经济存在必然性的观点越来越多了，但又往往把这种必然性归结为存在手工劳动。

毫无疑问，手工劳动的存在确乎是当前劳动者个体经济存在的物质基础。但如果把劳动者个体经济存在必然性仅仅归结为这一点是不全面的。第一，在我国现阶段，劳动者的个体经济是附属于占优势地位的社会主义经济的。因此，对这种经济存在必然性的考察，不能只是局限于它本身当前存在的物质基础，还必须联系到占优势地位的社会主义经济生产力的发展状况。在这方面，尽管建国以后生产力有了巨大的发展，但当前生产力发展水平还不高，存在着多层次状态：手工工具、半机械化工具、机械化设备、半自动化设备和全自动化设备同时并存。正因为成为我国经济主体的社会主义经济的生产力发展水平也不高，因此，一是它还不能充分地利用社会劳动力资源，在当前和今后一段时间内，由于各种原因而形成的就业人口多的条件下，它甚至还不能解决充分就业问题。二是它也不能充分地利用社会物质资源。我国地大物博，各种物质资源极为丰富，充分利用各项物质资源，又显得格外重要。三是它也不能充分满足社会生产和人民生活的需要。在我国，由于人口的、民族的、历史的和自然的等方面因素的影响，生产结构和消费结构极为复杂，使得这方面的矛盾也表现得更为明显。这样，在所有这些方面，都需要有适当数量的个体生产拾遗补缺，起有益的补充作用。尽管从根本上说来，个体经济同社会主义大生产相比，存在许多局限性。但它也有有利方面。比如投资少，生产易；产量少，调整生产品种方便，易于适应市场变化的需求；适合生产小批量产品和有特种手工工艺要求的产品；经营方式灵活、多样，方便群众生活；等等。正是由于个体经济本身具有这些有利的方面，因而也就能够在上述各方面起有益的补充作用。可见，适当数量的个体经济的存在和发展，固然是同作为它的基础的手工劳动相适应的，但同时是社会生产力发展的要求。

第二，在社会生产力不大发展的条件下，适当数量的个体经济的存在和发展，可以是以手工工具作为物质基础的；而在社会生产力有了较大发展的条件下，它还可以以机械化的设备作为物质基础。然而，长期以来流行的观点只承认前一方面，否定后一方面。在这种观点看来，个体经济同机械化生产是完全不相容的。

然而，当代经济发达国家的实践，已经打破了这种陈旧观念。在这里，无论是工业中或农业中都还存在着大量的个体经济，而这种经济是以现代化生产作为物质技术基础的。问题在于：在生产社会化和专业化高度发展的条件下，劳动者的个体经济在某种范围内实现机械化生产，是既有购买力，也有用武之地。

既然在资本主义条件下，一定量的劳动者个体经营的小企业可以以机械化生产作为基础，而且能够长期存在下去，那么，在社会主义制度下，就更是这样了。在社会主义条件下，由于存在着商品生产，因而在社会主义企业和劳动者个体经济之间也存在着竞争关系。但是，这里不是资本主义大企业对劳动者个体经营的小企业的排挤和兼并关系，而是社会主义经济对劳动者个体经济的扶助关系，后者对前者的有益补充关系。更重要的问题在于：在社会主义社会的一个可以预期的长时间内，由于社会生产力发展的限制，后者对前者的有益补充作用，是不会消失的。而只要这种作用不消失，在社会主义经济占优势的条件下，适当数量的个体劳动者经营的经济也就有存在和发展的必要。正如马克思所说："无论哪一个社会形态，在它们所能容纳的全部生产力发挥出来以前，是决不会灭亡的。"① 这个道理对于作为社会主义经济必要补充的劳动者个体经营的经济，同样也是适用的。

可见，把劳动者个体经济存在的必要性仅仅归结为它赖以建立的手工生产，是不全面的。这样，也就看不到在社会主义经济占优势的条件下，适当数量的劳动者个体经济长期存在的必要性。因而，也看不到个体经济积累长期存在的必然性。

现在需要进一步探索个体经济积累的可能性。问题是这样提出的：按

---

① 《马克思恩格斯选集》第2卷，第83页。

照斯大林的说法，"我国小农经济的大部分不仅不能实现逐年扩大的再生产，相反地，连简单再生产也是很少有可能实现的。"① 斯大林的这个论断是否正确呢？应该认为，这个论断是正确的。因为，第一，斯大林这个论断指的是苏联农业集体化以前的小农经济。这时已经建立了无产阶级专政，并实现了工业、交通、商业、银行和土地国有化，不仅已经消灭了城市的资产阶级，而且已经消灭了农村的地主阶级。但富农阶级还没有从根本上铲除。这时的个体农民已经摆脱了城市资产阶级和农村地主阶级的压榨，但还没有摆脱富农阶级的剥削。第二，这时的小农经济是以手工劳动为基础的，基本上是自给经济或半自给经济。在这种条件下，小农经济很难实现积累，很难实现扩大再生产，甚至连维持简单再生产都有困难。

　　但能否由此做出结论说：当前我国城乡存在的适当数量的个体经济也没有积累能力呢？不能。第一，我国的个体经济已经摆脱了剥削者的剥削，有可能把过去由剥削者占有的一部分剩余产品用于积累。第二，当前的个体经济虽然主要是以手工劳动为基础的，但其中的手工业原来就是商品生产，个体农民经济也由自给生产或半自给生产向商品生产发展。伴随着生产专业化的发展，这种商品生产正在得到进一步增长。这种以专业化为基础的商品生产的发展，不仅促进了劳动生产率和剩余产品率的提高，为积累的增长提供了可能，而且为个体经济的积累提供了动力。列宁说过："这种为共同市场而劳作的独立生产者之间的关系叫做竞争。"② 这种竞争作为自给生产所没有，而为商品生产所特有的新的动力，促使个体经济去从事积累。第三，如前所述，在实现机械化生产方面，个体经济比社会主义大生产存在许多局限性，但在某种范围内，个体经济仍然可能实现机械化生产。而随着个体经济由手工生产向机械化生产的发展，劳动生产率以及与此相联系的剩余产品率和积累率也会逐步提高。这一点，从目前已经起步在某些方面实现机械化生产的个体经济中间，开始露出苗头了。第四，当前我国不仅存在着工农业的产品价格"剪刀差"，而且许多产品的比价关系也不合理，许多产品都供不应求。这样，价格同价值之间的较大幅度的背离现象还相当普遍。再加上，当前国家对个体经济的管理还很不完善，税收工作也跟不上。在这种情况下，个体经济不仅有可能获得由

---

① 《列宁主义问题》，人民出版社1973年版，第342页。
② 《列宁全集》第1卷，第81页。

价格与价值背离而带来的额外收入，而且有可能把获得的这部分收入较多地用于个体经济自身的积累。第五，在现阶段，按照国家的规定，"个体经营户，一般是一人经营或家庭经营；必要时，经过工商行政管理部门批准，可以请一至两个帮手；技术性较强或者有特殊技艺的，可以带两三个最多不超过五个学徒"。① 显然，这些请帮手、带学徒的个体经营者所拥有的剩余产品总量会更多一些，积累能力也更大一些。

总之，在我国社会主义现代化建设的新时期，不仅必然存在着社会主义的国家所有制和集体所有制的积累，而且必然存在着个体所有制的积累。当然，另外，还要加上其他经济成分的积累。

（二）各种经济形式积累的比重。

当前我国多种经济形式积累的存在虽然有其必然性，但它们各自在积累总额中所占的比重却有很大的差别。大体上说来，社会主义国家所有制经济积累占大部分，集体经济的积累虽然次于前者，但也占相当大的部分，其他经济形式的积累只占很小的部分。

据粗略计算，1981 年国有经济积累在社会主义积累总额（包括国有经济积累和农业集体经济积累）中约占 4/5，农业集体经济积累约占 1/5。当然，从今后一个时期的发展趋势看，社会主义集体所有制积累的比重是会有一定程度的上升的，国家所有制积累的比重是会有一定程度的下降的。这是因为，第一，在过去长期存在的"左"的错误影响下，片面强调发展重工业，忽视农业和轻工业。同时，在这种错误影响下，尽管社会主义国家所有制经济的发展也受到了阻碍，但由于盲目追求提高集体经济生产资料公有化水平，实现所谓"穷过渡"，从这些方面说，集体经济的发展受到了更为严重的挫折。在党的十一届三中全会以后，纠正了这些"左"的错误，集体经济理应得到较为迅速的发展。第二，在党的十一届三中全会以后，在农业中实行了一系列适合我国国情的政策，特别是逐步推行了各种形式的生产责任制，主要是家庭联产承包责任制，这就较充分地发挥了集体经济的优越性。工业经济管理体制的改革还处于试验阶段，还没有完成。而且，当前工业的发展受到了能源和原材料供应不足的严重制约。农业在这方面受到的制约要小得多。在这种情况下，在一定时期

① 《国务院关于城镇非农业个体经济若干政策性规定》，《中国经济年鉴》（1982），第Ⅲ−92 页。

内，不仅农业产值增长速度和工业产值增长速度之间的差距有可能大大缩小，以至某些年份接近甚至于超过；而且农业劳动生产率增长速度和工业劳动生产率增长速度之间的差距也有可能大大缩小，以至于某些年份接近甚至于超过。下列数字可以说明这一点。在 1953 年至 1978 年期间，农业总产值平均每年增长 3.2%，工业总产值为 11.2%。这个期间工业的增长速度为农业的增长速度的 3.5 倍。但在 1979 年至 1981 年期间，农业总产值平均每年增长 5.6%，工业总产值为 7.1%，后者仅为前者的 1.3 倍。[①]在 1953 年至 1978 年期间，农业劳动生产率平均每年增长 2.3%，社会主义国家所有制独立核算工业企业全员劳动生产率为 3.8%，后者比前者高出 1.5 个百分点。然而在 1979 年至 1981 年期间，农业劳动生产率平均每年增长 3.5%，工业劳动生产率只有 2.2%，后者比前者低 1.3 个百分点。[②]

既然农业产值和农业劳动生产率的增长速度加快了，那么，农民就有可能在较快提高生活水平的同时使得集体积累获得较快的增长；而集体农业在集体所有制经济中又是占主要地位的。因此，在一定时期内，集体经济的积累在全部社会主义积累中的比重是会有一定程度的上升的，社会主义国家所有制经济的积累比重会有一定程度的下降。但是，后者在全部社会主义积累中占有较大部分的局面不会根本改变。

问题在于：尽管社会主义国家所有制经济中生产劳动者的劳动报酬水平比集体所有制经济中生产劳动者的劳动报酬水平要高，但前者的劳动生产率比后者高得多，每个劳动者创造的国民收入和剩余产品的价值也要大得多。这样，尽管前者的生产劳动者的人数比后者要少，但提供的剩余产品价值的总量仍然要大。据粗略计算，1981 年，每个工业劳动者全年创造的国民收入为每个农业劳动者的 8.5 倍，[③]前者的全年劳动报酬水平为后者的 7.5 倍，前者的总人数不及后者的 1/5。这样，每个工业劳动者创造的剩余产品价值为每个农业劳动者的 8.9 倍，全体工业劳动者创造的剩余产品价值总量为全体农业劳动者的 1.7 倍。

---

① 《中国统计年鉴》（1981），第 5、7 页。

② 《中国经济年鉴》（1982），第Ⅷ-4、6、20 页。

③ 这里需要说明：由于当前存在着工农业产品交换价格"剪刀差"，工业提供的一部分国民收入，实际上是由农业转移过来的。但是，即使扣除了这一部分，工业劳动者创造的国民收入仍然大大超过农业劳动者。关于工农业产品价格"剪刀差"问题，我们将在后面做进一步分析。

既然社会主义国家所有制经济提供的剩余产品价值的总量在全部剩余产品价值的总量中占了大部分，那么，由它提供的积累也有可能在全部积累中占大部分。

这里需要说明：工业生产虽然主要是由社会主义国家所有制经济承担的，但也有一部分是由集体经济承担的，还有少量是由私有经济承担的；农业生产虽然主要是由集体经济承担的，但也有一部分是由国有经济承担的，还有少量的是由个体经济承担的。而且，国有经济的生产也不只是包括工业，还包括其他生产部门；集体经济的生产也不只是包括农业，还包括其他生产部门。但从主要方面来说，我们在上面所作的分析以及由此引出的结论，是可以站得住的。

问题还在于：以无产阶级国家为代表的社会主义国有经济进行的积累，虽然主要来自这种经济本身提供的剩余产品，但也有一部分来自其他经济形式（主要是农业集体经济）提供的剩余产品。考虑到后一方面，那就更可以清楚地看到：国有经济的积累在全体积累中要占大部分。这里仍以来自农业集体经济提供的剩余产品为例。国家向农业集体经济提取积累的重要途径有二：第一，农业税。1981 年，农业税为 28.11 亿元，为这年国家财政收入的 2.6%。[①] 第二，工农业产品交换价格"剪刀差"。在当前还未能消灭这个"剪刀差"的条件下，这也是一个重要途径。同农业税相比，这还是当前一个更重要方式。据有人计算，1978 年，国家通过收购农产品从价格上得到的收入，依据收购农产品总额 460 亿元，以及粮食价格低于价值的 19.08% 至 23.41% 计算，约为 112.7 亿至 140.6 亿元；农民购买生产资料和消费品总额为 911 亿元，按照工业品价格高于价值 20% 计算，约为 182.2 亿元，两项合计为 294.9 亿至 322.8 亿元，为这年国家财政收入总额 1121.1 亿元的 26.3% 至 28.8%。[②] 1979 年以来，由于大幅度地提高了农副产品的收购价格，农民获得了巨额收入。据统计，

① 《中国统计年鉴》（1981），第 396—397 页。

② 《财贸经济》1983 年第 1 期，第 20~21 页。薛暮桥同志也曾指出："我国现在的财政收入，农民所提供的税金只占 10% 以下，工业所提供的税金和利润占 90% 以上，似乎工人向国家提供的积累很多，农民所提供的积累很少，实际情况并不如此。这是因为农民所提供的积累，有相当大一部分是通过不等价交换转移到工业中去实现，计算到工人的积累里面去了。实际上农民所提供的积累，在财政收入中至少占 1/3。"（《中国社会主义经济问题研究》，人民出版社 1979 年版，第 155 页）薛暮桥同志这个分析，同上述计算，大体上是一致的。

1979 年至 1981 年国家财政为提高农副产品价格多支出了 481 亿元，平均每年为 160.3 亿元。[①] 此外，如前所述，这 3 年，农业劳动生产率的增长速度又快于工业。这样，工农业产品交换价格"剪刀差"就大大缩小了。但是，上述两方面因素的变化情况同时又表明仅仅是缩小了工农业产品交换价格"剪刀差"，并没有导致这种"剪刀差"的消失。实际上，当前这种"剪刀差"仍然是明显地存在着，因而仍不失为当前国家从农业集体积累的更重要方式。

当然，国家通过农业税和工农业产品交换价格"剪刀差"从农业集体经济中提取的收入，并不全部用于国家所有制经济的积累。其中有一部分通过农业投资和农用的工业生产资料的价格补贴等方式又返回用于农业集体经济的积累；还有一部分通过文化、教育、卫生事业费的支出用于社会的消费基金。但是，国家由农业税和工农业产品价格"剪刀差"提取的收入也有相当大的部分用于积累基金。

在今后一个时期内，个体劳动者经济的积累在积累总额中的比重也会有某种程度的上升。这不仅是因为这种经济在社会主义经济占优势的前提下，将有一个适当的发展，而且因为他们当中的许多人，特别是目前正在农村发展的自营专业户，投入的劳动量比较多，更重要的是有较高的生产技术水平和经营能力，投入的资金较多，并注重科学技术的运用，又从事专业化生产，因而能够创造出比非专业户高得多的劳动生产率，拥有较强的积累能力。

在今后一个时期内，中外合资经营和外国资本独资经营企业的积累在积累总额中的比重将有一定程度的增长。党的十二大提出："实行对外开放，按照平等互利的原则扩大对外经济技术交流，是我国坚定不移的战略方针。""要尽可能地多利用一些可以利用的外国资金进行建设"，[②] 这是贯彻这个战略方针的一个重要方面。而中外合资经营和外国资本独资经营的企业，又是引进国外先进的科学技术和管理经验、利用外资的一个重要途径。但问题还不只是在于中外合资经营和外国资本独资经营企业将会得到进一步发展，而且因为这些企业多是现代化企业，劳动生产率高，剩余产品多。

---

① 《红旗》1982 年第 16 期，第 32—33 页。
② 《中国共产党第十二次全国代表大会文件汇编》，第 26 页。

但无论是个体劳动者经济，或者是中外合资经营和外国资本独资经营的企业，在社会主义条件下都处于从属的地位，它们的积累比重在某种程度内的上升，既不会改变社会主义国家所有制经济的积累占较大部分的状况，也不会改变社会主义积累（包括社会主义的国家所有制积累和集体所有制积累）比重的优势地位。

这样，经过上述的分析，我们可以对我国社会主义社会的积累模式的第一个特征作这样的归结：社会主义国家所有制积累在积累总额中占较大部分，集体所有制积累比重尽管次于前者，但也占有相当大的部分，二者合计占了优势地位，其他非社会主义性质的经济形式的积累只占有很小的比重。

这样从生产资料所有制形式方面来确定我国社会主义社会的积累结构，对于坚持和保证我国经济发展的社会主义性质和方向，对于充分发挥各种社会主义所有制形式（包括国家所有制和集体所有制）在积累方面的作用，对于在坚持社会主义积累占优势的条件下调动各种非社会主义性质的经济形式在积累方面的积极性，都是必要的，有意义的。

二、各种社会主义公有制经济内部的多层次积累

（一）社会主义国家所有制经济中的多层次积累。

这里所说的社会主义国家所有制经济中的多层次积累，指的是作为这种经济主体的国家一级的积累，以及作为这种经济细胞的企业一级的积累。

1. 两级积累的必然性及其意义。

（1）国家积累的必然性及其意义。

在社会主义国家所有制经济中，生产资料是归代表全民的国家所有的。国家从国有企业中集中积累基金，是这种生产资料所有权在经济上得以实现的一个重要方面。因而，具有经济上的客观必然性。

这样做，也有特别的、极重要的、现实的意义。其所以是特别的，是由于我国具有大而穷的特点。唯其穷，即经济落后，积累能力低，积累过分分散了，就办不成大事业；唯其大，适当地集中一点积累，就是一笔很大的资金，就能办成小国不易办到的大事业。

其所以是极为重要的，因为第一，只有这样，才能保证有足够的资金进行国家的重点建设。这些关系国计民生的大型的建设项目，对实现各个时期经济发展的战略目标，具有决定的意义。就像战争中的野战军、地方军和游击队一样，野战军对实现军事战略目标具有决定性作用。我国第一个五年计划的一个最重要任务，就是"集中主要力量发展重工业，建立国家工业化和国防现代化的基础"。[①] 实践已经证明，由于在"一五"期间集中力量进行了 156 项重点建设，才实现了这个战略目的。就当前来说，党的第十二次全国代表大会给本世纪最后 20 年我国经济发展规定的战略目标，是在不断提高经济效益的条件下，力争使全国工农业总产值翻两番，使整个国民经济现代化过程取得重大进展，城乡人民的收入成倍增长。[②] 很显然，要实现这个宏伟的经济发展战略目标，就必须由国家集中必要的资金，进行重点建设。因为这些是 90 年代经济振兴的一个最重要的物质基础。不加强这个物质基础，90 年代经济振兴就没有指望，经济发展的宏伟目标就不能实现。

第二，只有这样，才能保证国家有足够的资金用于国民经济中薄弱环节的建设，以促进国民经济按比例的发展。半殖民地半封建中国经济畸形发展的一个突出表现，就是在工农业中，工业比重很小；在工业中，重工业比重很小。继国民经济恢复时期以后，在第一个五年计划期间又集中力量进行了重工业建设，迅速地克服半殖民地半封建中国留下的产业结构的严重失调状态，使得工业和农业、重工业和轻工业得到比较协调的发展。当前和今后一个时期，能源和交通都是制约我国经济发展的一个突出的薄弱环节。因而，需要由国家集中资金进行能源交通建设。只有进行了这些建设，才算是彻底完成了调整国民经济的任务，才算是把国民经济的持续的协调发展，放在坚实可靠的基础上。

第三，只有这样，才能保证国家有足够的资金用于开发经济落后的地区，使得它同经济先进地区能够相互适应、相互促进的发展。半殖民地半封建中国经济畸形发展的另一个突出表现，就是沿海地区经济比较发达，而广大内地，特别是西北、西南边远地区，经济则极为落后。这是一种半殖民地型的经济。建国以后，国家集中资金对内地经济落后地区进行了大规模的建设，使得半殖民地半封建中国留下的那种经济畸形发展状态有了

[①] 周恩来：《政府工作报告》（在中华人民共和国第一届全国人民代表大会第一次会议上的报告），人民出版社 1954 年版，第 5 页。

[②] 参见《中国共产党第十二次全国代表大会文件汇编》，第 15 页。

比较大的改变，并发挥了沿海和内地在经济发展中的相互促进的作用。当然，在这个过程中，由于经济工作中"左"的指导思想的影响，有的时候对沿海经济发达地区的发展注意不够，在某种程度上妨碍了这些地区的经济发展；有的时候对内地建设又急于求成，不顾条件，上得过快、过猛，造成内地建设经济效益很差。但这是经济工作指导思想错误而造成的问题，它并不表明不需要由国家集中资金进行经济落后地区的建设。

还需指出：在我国，一般说来，汉族地区经济比较发达；少数民族地区经济比较落后。这样，由国家集中资金开发经济落后地区，对于加强民族团结，巩固国家统一，也具有重要的意义。

第四，只有这样，才能保证国家有足够的资金用于发展科学和教育事业。按照党的第十二次代表大会规定：教育和科学也是本世纪最后 20 年经济发展的战略重点。显然，尽可能地增加教育和科学事业方面的投资，对于实现 20 年经济发展的战略目标，具有极重要的意义。

第五，只有这样，才能保证国家有足够的资金用于国防现代化的建设。建国以后，我国已经相继成功地进行了原子弹、氢弹、导弹、人造地球卫星的发射和回收、向南太平洋发射运载火箭以及一枚火箭发射三颗卫星等项试验。很显然，这些国防尖端科学技术的发展，都是以国家集中必要的资金用于国防建设作为必要条件的。

其所以是现实的，不仅因为实现 20 年经济发展的战略目标，需要由国家集中资金用于能源、交通等项重点建设，而且因为近几年来，国家财政收入在国民收入中的比重又不适当地大幅度下降了，以致国家掌握的资金不能满足重点建设的需要。

（2）国有企业积累的必然性及其意义。

国有企业积累的必然性是同企业作为相对独立的商品生产者的经济地位相联系的。鉴于这个问题是我国经济管理体制改革的最重要的理论基础之一，是当前加快城市经济管理体制改革急需解决的理论问题之一，这里拟作详细的分析。

a. 国有企业成为相对独立的商品生产者的原因。

国有企业为什么还是相对独立的商品生产者呢？按照历史唯物主义关于生产力决定生产关系的理论，只有从生产力的发展状况中去探索它的原因。

　　劳动力和生产资料是一切社会生产的必要因素。只有把二者结合起来，才能实现社会的生产。因此，劳动力和生产资料的结合，是一切社会生产的出发点。但在人类社会发展的各个阶段，组织劳动力和生产资料结合的生产单位是不同的。人类社会生产发展的历史表明：这种一定的作为社会生产组织形式的基本生产单位，总是由一定的生产力决定的。在人类社会的初期，生产工具是十分简陋的石器，生产力极为低下，不仅进行生产，就是保卫人类的生存，都需要依靠集体的力量。这样，原始公社就成为基本的生产单位。后来，到了原始社会的末期，铁制的生产工具出现了，以单个的家庭作为生产的组织形式，才有了可能。在人类历史上，这种生产组织形式曾经长期地作为一种生产单位而存在着。只是到了近代，由于资本主义大机器工业的发展，这种生产组织形式才逐渐地趋于瓦解，并逐渐地为另一种生产组织形式，即以使用机器设备作为物质技术基础的、存在复杂的分工协作关系的、大规模的资本主义企业所代替。在资本主义社会条件下，企业是社会生产的基本单位。

　　资本主义社会的基本矛盾，即生产的社会性和生产资料的私人资本主义占有之间的矛盾的发展，要求消灭生产资料的资本主义私有制和建立生产资料的社会主义公有制，但并没有提出改变企业作为基本生产单位的要求。各国社会主义革命的经验也已经证明：在无产阶级夺取政权之后，可以而且必须做到前一方面，但并不能改变后一方面的事实。当然，随着生产资料所有制性质的根本变革，企业的社会经济性质也根本改变了，即由资本主义的企业变成了社会主义的企业；而且随着社会生产力的发展，企业的专业化、协作化、集中化和联合化都会得到进一步的发展。但是，企业作为社会生产基本单位的功能，不仅当前没有消失，而且在可以预见的将来也不会消失。至于到将来的共产主义社会是否会消失，只好留待以后的实践去证实，我们这里不去探讨它。

　　现在的问题是：具体地说来，究竟为什么企业作为社会基本生产单位的功能还将长期存在下去呢？

　　由于现代工业生产力的发展，使得工业企业拥有越来越现代化的、越来越复杂的技术装备，拥有数量愈来愈多的、科学技术文化水平愈来愈高的、各种不同类型的劳动者，现代工业企业内部的劳动分工和协作、生产过程各个组成部分之间的联系以及工业企业之间的联系，都越来越复杂，越来越严密。

还需指出，在社会主义历史阶段还存在着商品生产。但我们这里说的商品生产还不涉及社会主义国家所有制企业也是相对独立的商品生产者，因为这正是要证明的问题。但下述四方面的商品生产关系是很清楚的：第一，在社会主义国家所有制与社会主义集体所有制之间存在着商品生产关系。第二，由社会主义国家所有制企业提供的消费资料也是当作商品来生产的。第三，在各种社会主义公有制形式与作为社会主义经济必要补充的个体经济之间也是商品生产关系。第四，由社会主义企业提供的出口产品也是当作商品来生产的。与这些商品生产相联系的国内外市场情况是很复杂的，并且处于迅速的变化过程中。

面对着这样复杂、多变的生产和市场的状况，如果把整个的社会主义国家所有制经济当作一个生产单位来看待，由国家直接组织全部的劳动力和生产资料的结合，企业所有的生产经营活动都由国家直接指挥，这简直是不可能的。这里且不说其他条件，单就作为管理的必要条件之一的信息也是不具备的。尽管现代科学技术大大发展了，但也不可能把全部企业的所有的生产、经营活动及时地传达到远离生产和市场的国家，因而国家也不可能对全部企业的所有微观活动作出及时的、正确的决策，即使是正确的，也难以及时地反馈到企业。这样，如果强行由国家直接管理所有企业的全部微观活动，势必贻误企业的生产和经营，阻碍企业生产和经营的发展，甚至造成重大障碍，使企业的生产和再生产无法顺利地进行下去。

但是，如果依据这样复杂、多变的生产和市场的情况，把社会主义国家所有制企业作为一个生产和经营单位，使得企业在国家的统一领导下，依据国家计划的要求，直接组织劳动力和生产资料的结合，组织企业的生产和经营，对企业的微观经济活动拥有不同程度的决策权，那么，就有利于发挥处于生产和市场第一线的企业在组织生产和经营方面的积极性，有利于企业生产和再生产的顺利进行，有利于促进企业生产和经营的发展，有利于提高企业经济活动的效益。

可见，社会主义国家所有制企业之所以还是生产和经营单位，正是由现代工业生产力决定的。

社会主义国家所有制企业尽管还是一个生产和经营单位，但同资本主义企业又是不同的。这不仅在于二者的社会经济性质是根本不同的，后者是资本主义的，前者是社会主义的；而且在于后者是完全独立的，前者只是相对独立的。其所以如此，是基于资本主义基本矛盾的发展，适应于生产社会化发展的要求而建立的社会主义国家所有制，必然要求对整个国民经济实行计划管理，要求对宏观经济活动以及与宏观经济有重要联系的微观活动拥有决策权，企业只能在国家计划指导下，对微观的经济活动拥有一定的决策权。所以，在社会主义国家所有制经济的条件下，企业只能是相对独立的生产、经营单位。

社会主义国家所有制企业作为相对独立的生产、经营单位表明：企业在生产上和经营上都有相对的独立性。这就使得社会主义国家所有制经济中发生了生产资料的所有权和使用权的相对分离。在这里，生产资料是归代表全体劳动者的社会主义国家所有的，但是由国家计划指导下的企业直接经营的。这里所说的"相对分离"，也是同资本主义社会条件下资本所有权与使用权的完全分离相比较而言的。因为，在社会主义国家所有制的经济中，即使改变了当前由国家直接经营的管理体制，国家也不是单纯的生产资料所有者，它在组织社会主义生产和再生产方面仍然负担着重要的经济职能；企业不仅不是生产资料的所有者，在生产资料的使用方面也只是在国家计划指导下拥有不同程度的决策权，并不拥有完全意义上的经营权。而且企业拥有一定程度的对微观经济活动的决策权，从其主要的意义上，还是为了更有效地完成国家计划规定的任务；而国家对国民经济的计划管理，正是社会主义国家所有制在经济上实现的一个极重要方面。从这个意义上，也就是为了更有效地维护社会主义国家所有制。

这是问题的一方面。另一方面，在社会主义历史阶段，社会生产力是会大大地向前发展的，但还不能达到社会产品极大丰富的程度；脑力劳动和体力劳动、工业和农业以及城市和乡村之间的对立已经消灭了，它们之间的重大差别也逐步趋于缩小，但在一个长时间内，这种差别还将存在着；在社会生产力巨大增长的基础上，劳动日的长度有可能趋于缩短，劳动强度也有可能趋于减轻，但还达不到实现共产主义社会的地步；在社会主义经济、政治制度下，以马克思主义为指导的意识形态处于领导地位，人民的共产主义觉悟有可能逐步提高，并逐步摆脱剥削阶级的思想影响，但这些也需要经历一个很长的历史过程。这样，在社会主义的历史阶段，尽管具有共产主义劳动态度的人会愈来愈多，但对社会大多数成员来说，还不能做到把劳动看作是第一生活需要，而是把劳动仅仅当作谋生手段。

有人认为这一点只是适用于劳动者个人，似乎对企业劳动者集体是不适用的。这是值得商榷的。其实，企业劳动者集体就是由劳动者个人组成的。既然劳动者个人把劳动仅仅当作谋生手段，那企业劳动者集体也不能不是这样。

然而如前所述，在社会主义历史阶段，社会主义国家所有制企业还是相对独立的生产和经营单位，在生产上和经营上都具有相对独立性。这样，国有企业之间的生产上和经营上的成果就必然存在着差别。为了简明地说明问题，我们可以假定两个生产同类产品的企业，它们拥有的职工人数及其技术等级和劳动时间都是相同的，因而两个企业劳动者个人实际付出的劳动量的总和也是相等的。但是，由于两个企业的生产管理和市场经营的水平有差别，它们在组织生产和经营决策方面的集体努力程度有差别，作为企业劳动者集体，它们向社会提供的有效劳动量仍然是可以不等的。就是说，经营管理好的企业，有效劳动多些，无效劳动少些，因而提供的社会必要劳动量就多些；反之，经营管理差的企业，相对说来，有效劳动少些，无效劳动多些，因而提供的社会必要劳动量就少些。但企业劳动者集体也是把劳动仅仅当作谋生手段的。因而，它们要求取得与它们的生产经营成果相适应的收入（由国家做了各项必要的扣除之后）。

这样，社会主义国家所有制企业也就有了自己的相对独立的经济利益。就是说，无论就社会主义国家和国有企业之间的关系来看，或者就国有企业与国有企业之间的关系来看，国有企业都不具有完全独立的经济利益，它们之间的根本利益都是一致的，是融合在一起的，不能分开的，只有局部利益的差别。正因为它们之间的根本利益是一致的，因而可能做到既符合社会主义国家利益，也符合国有企业的利益；既符合这个国有企业的利益，也符合那个国有企业的利益。当然，也要看到它们之间的局部利益的差别，而且不应该忽视这些矛盾的处理。在国家和企业之间的利益发生矛盾时，可以而且应该使企业的局部利益服从国家的集体利益，并在这个前提下，兼顾企业的利益。在国有企业与国有企业之间的利益发生矛盾时，也要从国家的整体利益出发，提倡社会主义的协作精神，并兼顾双方的利益。

但这里所说的兼顾企业的利益，都只能是限制在企业取得与自己的生产、经营成果相适应的收入的范围内（由国家依据整个国民经济发展的需要作了必要的适当的扣除以后）。只有限制在这个范围内，才能做到有利于国家，有利于其他企业，也有利于本企业，才能体现三者利益的一致，才能符合国有企业相对独立经济利益的固有的经济属性。反之，如果企业采取坑害国家和其他企业的手段，去追逐自己的利益，那就越出了国有企业固有的相对独立经济利益的范围，而成为本位主义了。

在社会主义国家计划的指导下，企业对归国家所有的生产资料拥有一定的使用权，并有自己的相对独立的经济利益，使得国有企业成为相对独立的商品生产者。因为，在社会主义国家计划指导下，国有企业对生产资料拥有一定的使用权，是企业作为相对独立的商品生产者从事某种独立经营的必要条件。而企业拥有相对独立的经济利益，又是它作为相对独立商品生产者的必需动力。但国有企业相对独立的经济利益的实现，要求遵循商品生产的基本规律即价值规律来处理国有企业之间的经济关系。很显然，只有在国有企业的产品价格由价值决定的条件下，企业的生产经营成果才可以在盈利上得到表现。在由国家按照发展整个国民经济的需要作了必要的、适当的扣除以后，企业就可以得到与它的生产经营成果相适应的收入。

b. 国有企业的相对独立的商品生产者的经济地位，使得它必然要提取积累基金。

作为社会主义国家所有制经济细胞的国有企业之所以也必然要提取积累基金，就是因为这种企业还是相对独立的商品生产者。这种经济地位一方面使得企业有可能去占有它所创造的一部分纯收入；另一方面也使这种占有成为经济上的必要。这里所说的必要有两层意思：一是作为相对独立的商品生产者所从事的全部供产销活动所必要的；二是取得与它的生产经营成果相适应的收入所必要的。当然，国有企业取得的纯收入并不全部用于积累基金。一般说来，这种纯收入可以分为四个部分：第一，生产发展基金。第二，集体福利基金。第三，奖励基金。第四，后备基金。生产发展基金和用于生产发展基金的后备基金，构成企业的生产性积累基金。集体福利基金中用于职工的住宅、医院、学校等方面建设的部分以及用于这部分的后备基金，构成企业的非生产性积累基金。除了这些以外的其余部分，既不构成企业的生产性积累基金，也不构成企业的非生产性积累基金。这当然是就这四种基金经济用途的差别来说的。至于这四种基金形成的经济根源，那都是由于企业是相对独立的商品生产者。

使国有企业取得这部分积累基金，就为企业实现作为相对独立的商品生产者的职能提供了必要的条件和动力，因而对于调动作为经济细胞的企业积极性，以促进社会生产力的发展，具有极为重要的意义。

2. 两级积累的经济性质。

作为全民代表的无产阶级国家掌握的积累基金，属于社会主义国家所有的性质，是很明显的，毋庸赘言的。成为问题的是国有企业掌握的积累基金的经济性质。

现在有一种观点认为，国有企业的积累是属于企业集体所有的，而不是属于国家所有的。这种观点是值得商榷的。

我们先来分析国有企业生产性积累的经济性质。我们认为，国有企业生产性积累的经济性质，仍像国家原来拨给企业的生产基金一样，属于国家所有，但归企业使用。因为：

第一，按照马克思主义的观点，一定的生产关系的性质总是由一定的生产力的性质决定的。这一点，无论对生产过程中的生产关系，或者对再生产过程中的生产关系；无论对原有的生产基金，或者对积累基金，都是适用的。按照我国社会生产力发展的要求，国有企业在一个相当长的时期内，还会作为相对独立的商品生产者而存在，因而提不出改变生产资料归国家所有但由企业在国家计划指导下拥有一定的经营自主权的要求。当然更提不出把属于国家所有的生产资料改为归企业集体所有的要求。因为生产社会化的程度是在不断提高的。

第二，马克思主义认为，任何社会的再生产过程，都不只是物质资料的再生产过程，同时又是生产关系的再生产过程。这是对包括社会主义社会在内的各个社会都适用的普遍经济规律。从这方面说，企业由纯收入提取的积累基金也会保留同原来的生产基金一样的经济性质，它既不会改变国家所有但由企业使用的经济性质，也不会改变为企业集体所有制。如果认为，国有企业的积累基金是归企业集体所有的，那么，随着再生产过程的进行，一方面原有的固定资产会逐渐地转移完毕；另一方面企业积累的资金越来越多，这样，国有企业就会最终变成集体企业。这显然是悖理的。

第三，就实际经营使用和经营使用的目的来看，国有企业的积累基金同原有的生产基金一样，都是在国家指导下，由企业经营使用的，其目的也是二重的，即主要地为了提高人民的物质文化生活，部分地为了本企业职工的物质福利。

这一切表明：国有企业的生产性积累基金像原有的生产基金一样，属于国家所有的，但由企业使用，它既不是很单纯的国家所有制，更不是企业的集体所有制。

至于国有企业的非生产积累基金，是由企业按照国家的规定使用的。然而这种使用与生产性的积累基金不同，它不是用于扩大再生产，而是用于职工的生活消费，并且在这个使用过程中消耗完毕。所以，从这部分积累基金归企业劳动者集体使用、消费的实际情况来看，似乎可以说它在实际上是归企业劳动者集体所有的。

但是，上述的国有企业的生产性积累基金与非生产性积累基金在经济发展中的作用是不等的，前者具有决定的意义；而且从发展的趋势看，生产性积累基金在二者的总和中要占大部分。所以，如果抛开上述两种基金的差别不说，仅从这种具有决定意义和主体意义上来看，似乎仍然可以说，国有企业的积累基金是归国家所有的，但在国家指导下由企业使用。

3. 两级积累的相对量。

国家一级的积累是归国家所有的，并由国家集中使用。国有企业一级的积累虽然也是归国家所有的，但是由企业使用。因而这两部分积累毕竟是有差别的。那么，这两部分积累基金应该各占多大的比重呢？

一般说来，国家一级的积累应占大部分，企业一级的积累只能占小部分。这是因为，第一，作为积累源泉的剩余产品的分配，是生产资料所有制在经济上的实现。而企业的生产资料是归国家所有的，企业只是相对独立的商品生产者。因而，积累基金的大部分应该由国家集中使用，而不应该由企业使用。第二，整个国民经济范围内有关国计民生的重大的生产性建设和非生产性建设，都是国家承担的；企业需要的积累只是用于它作为一个相对独立的商品生产者所必需的生产性建设和非生产性建设。所以，无论从生产资料所有制的性质来说，或者从实际的需要来说，企业一级的积累只能占小部分。

然而，无论是国家集中的大部分积累基金，或者是企业提取的小部分积累基金都有一定的弹性，都有一个最高需要量和最低需要量。那么，应该依据哪些重要原则，在这个最高需要量和最低需要量之间，确定国家积累和企业积累各占多大的比重呢？

第一，要在首先满足国家积累需要的前提下，适当兼顾企业积累的需要。这不仅是因为社会主义国家所有制经济中的积累是属于国家所有的，企业仅仅拥有对一部分积累的使用权，而且因为国家积累涉及到国民经济的全局利益，而企业积累只是关系到局部的利益。这当然不是说，企业积累是可有可无、无足轻重的。恰恰相反，作为相对独立的商品生产者的企业，为了实现自己的职能，必须有一定的积累，这对于发展作为国有经济细胞的企业的生产力，是一个必要条件。这只是说，确定企业积累，要首先服从国家积累的需要。

这项原则还可以具体化为下述第二、三项原则。

第二，要依据各个时期国家经济发展战略的需要。经济发展战略是体现了发展国民经济的全局利益的。如前所述，党的十二大提出了本世纪最后 20 年我国经济发展的战略目标，并把能源和交通作为一个最重要的战略重点。而能源和交通的建设又需要耗费大量的建设资金。所以，当前和今后一个时期，确定国家积累和企业积累的相对量时，是不能脱离这个经济发展战略的需要而去片面强调企业积累的重要。当然，也不能不顾企业积累的需要。

第三，要依据国家财政收支的状况。在我国，国家财政收支情况如何，对于国民经济按比例地协调发展，具有极重要的意义。我国的财政收入，在 1979 年至 1981 年期间，是连年下降的。1978 年，我国财政总收入为 1121.1 亿元，1979 年下降到 1103.3 亿元，1980 年下降到 1085.2 亿元，1981 年再下降到 1064.3 亿元。[①] 1982 年已经扭转了这种连年下降的局面，财政收入开始出现了回升，但国家财政收支困难状况并没有根本好转。

形成国家财政收支困难的原因是多方面的。就我们这里讨论的问题来说，需要指出一点：近几年来，扩大了企业自主权，包括扩大了企业的财权。这在方向上无疑是正确的。但在当前的具体情况下由此而引起的国家

---

① 《中国统计年鉴》（1981），第 395 页。

集中的积累基金减少得多了一些，企业提取的积累基金增加得多了一些。国家财政收入占国民收入总额的比例，1978 年为 37.3%，1979 年下降为 31.9%，1980 年下降为 28.5%，1981 年再下降为 25.8%。[①] 而企业留利占实现利润的比例，由 1978 年的 5%，上升为 1979 年的 13%，1980 年的 18%，1981 年的 23.7%。当然，国家的财政收入并不等于国家从国有企业中集中的积累基金，因为财政收入不仅来自国有企业，而且来自集体企业以及个体经济等；而且财政收入也不仅用于积累，还用于诸如社会消费基金等项支出；企业的留利也不等于企业提取的积累基金，因为企业留利还要用于诸如职工奖励基金等项支出。但上述的两项数字大体上反映了近几年国家集中的积累基金减少得多了一些，企业提取的积累基金增加得多了一些。

这样，就造成了不合理的状况："近几年来，一方面，国家的财政收入有所减少，急需进行的重点建设缺乏资金；另一方面，地方、企业自有资金增加较多，用来进行了不少就当地看来是急需的建设，但是这样就势必难以完全符合全国范围的整体需要，也难以防止和克服建设中的盲目性。应当看到，如果国家的重点建设得不到保证，能源、交通等基础设施上不去，国民经济的全局活不了，各个局部的发展就必然受到很大限制，即使一时一地有某些发展，也难以实现供产销的平衡，因而不能持久。"[②] 这样，当前就有必要适当提高国家一级积累的比重，适当降低企业一级积累的比重。

这样说，并不意味着当前企业提取的积累已经超过了作为相对独立的商品生产者的需要。不，恰恰相反，现在企业提取的积累，还不能适应企业实现职能的需要。这样说，只是相对于国家发展社会主义建设全局需要的积累而言。要满足企业作为一个相对独立的商品生产者对于积累基金的需要，只能随着我国经济的发展和经济管理体制改革的进行而逐步实现。

这样说，也不意味着国家在集中积累基金的过程中，可以不顾近几年来扩大企业自主权已经取得的成果，重新回到过去那种统收统支的老路上去，而是仍然要适当地兼顾企业当前必须有的和可能有的积累需要。

---

① 《经济日报》1983 年 1 月 7 日第 3 版。

② 《中国共产党第十二次全国代表大会文件汇编》，第 20 页。

第四，要依据扩大再生产的形式。在其他条件相等的情况下，当扩大再生产主要采取外延形式的时候，国家一级积累的相对量就需要大一些；而在扩大再生产主要采取内涵形式的时候，企业一级积累的相对量就需要适当地多一些。

第五，要依据社会生产力的发展水平。在社会主义国家所有制经济中，积累基金在国家和企业之间的分割，取决于多种因素，其中剩余产品的价值量是一个重要因素。而这个价值量又是同社会生产力的发展水平成正比的。一般说来，社会生产力发展水平较高，剩余产品的价值量较多，在处理积累基金在国家和企业之间的分配时，回旋的余地较大，在首先保证了国家积累需要的同时，还是可能较多地满足企业对于积累基金的需要；反之，社会生产力发展水平较低，剩余产品的价值量较少，机动的余地较小，在满足了国家积累的需要之后，能够用于企业积累的剩余产品价值量就有限了。

这样，我们可以看到：尽管当前需要增加国家一级积累的相对量，降低企业一级积累的相对量，但从较长时间的发展趋势看，将会是一种相反的情况，即要适当降低国家一级积累的相对量，提高企业一级积累的相对量。这不仅是企业作为相对独立的商品生产者的经济要求，而且因为我国扩大再生产形式将逐步由主要采取外延的形式转变为主要采取内涵的形式，还因为随着社会生产力的发展，剩余产品的价值总量会逐步增长的。

4. 两级积累与两级平衡。

根据马克思主义政治经济学的原理，积累基金的实现，总需要有相应的物资作保证。这一点，对国家一级的积累是适用的，对企业一级的积累也是有效的。这样，在社会主义国家所有制经济的积累分割为国家积累和企业积累的条件下，要实现国民经济的综合平衡，不仅需要组织国家集中的积累与物资供应的平衡，而且需要组织企业提取的积累与物资供应的平衡。如果只注意前一种平衡，而忽视后一种平衡，那么，不仅后一种平衡不能实现，而且前一种平衡也必然会受到破坏。这样，也就不可能有全局的综合平衡的实现。

最近几年，我国社会主义建设的经验已经证明了这一点。1979 年以来，我国初步地扩大了企业自主权，企业有了一定的积累基金。这在方向上无疑是正确的。但由于经济管理体制改革工作不配套，特别是由于不合理的价格体制没有进行根本的改革，宏观经济管理工作没有跟上，随着企业自筹投资的增长，也出现了一定的盲目性，并导致了积累基金和物资供应的不平衡状态。

1982 年底，五届全国人大五次会议通过的《国民经济和社会发展第六个五年计划（1981—1985）》，正确地吸取了这方面的经验。作为这个计划重要组成部分的固定资产投资计划，有这样一个显著的特点：它是一个包括各种资金渠道组成的综合性的建设计划。在我国固定资产投资计划中，包括两个重要组成部分：一是基本建设投资计划；二是更新改造投资（即维持固定资产简单再生产和技术改造的投资）计划。就前者来说，"六五"计划不仅包括国家预算内的投资，而且包括利用外资，银行贷款，地方、部门和企业的自筹投资；就后者来说，不仅包括国家财政拨款，而且包括银行贷款，地方部门和企业的自筹资金以及它们利用的外资。因此，可以毫不夸张地说，"六五"固定资产投资计划是建国以来最全面地反映了社会主义国家所有制经济中固定资产再生产活动，其中也包括全面反映了国家集中的积累基金和企业提取的积累基金的活动。这对于"六五"期间整个固定资产投资计划的实现，是一个重要的保证。

总之，我国社会主义建设实践的经验证明：要保证国民经济按比例协调发展，不仅需要组织国家集中的积累基金与物资供应的平衡，而且需要组织企业提取的积累基金与物资供应的平衡。

经过上面的分析，我们可以对社会主义国家所有制经济内部的多层次积累作这样的归结：国家一级的积累和企业一级的积累；企业的积累基金仍然归社会主义国家所有，但是由企业使用的；国家一级的积累基金占了大部分，企业一级的积累基金只占小部分。

（二）社会主义集体所有制经济中的多层次积累。

1. 农业集体经济中存在多层次积累的原因。

当前我国农村普遍实行了家庭联产承包责任制。这样，在土地等生产资料的集体所有制的基础上，存在着两个层次的经营，即集体的统一经营与家庭的分散经营。与此相适应，存在着两个层次的积累，即集体的积累和家庭的积累。所以，从这种相互联系的意义上，可以把两个层次积累存在的原因归结为两个层次经营存在的原因。

农业集体经济中的两个经营层次，是社会主义生产关系的具体形式。因而，需要从生产力方面去探索它的根源。我们先从集体的统一经营分析起。

如果说，在 50 年代上半期，我国农业生产力的发展，要求把个体农民所有制改造成为集体所有制，并由此产生了集体经营的话，那么，在 80 年代上半期，集体所有制以及与此相联系的集体经营，就更有存在的必要了。因为尽管由于长期存在的"左"的错误的干扰，建国以后农业现代化的发展受到了阻碍，以致当前手工劳动还在农业中占主要地位，但农业现代化事业毕竟是大大向前发展了。

我国农业现代化水平的提高①

项目	单位	1952 年	1957 年	1981 年	1981 年比 1952 年增长倍数	1981 年比 1957 年增长倍数
机耕面积	万公顷	13.6	263.6	3647.7	267.2	12.8
占耕地面积比重	%	0.1	2.4	36.8	367.0	14.3
灌溉面积	万公顷	1995.9	2733.9	4457.4	1.2	0.6
占耕地面积比重	%	18.5	24.4	45.0	1.4	0.8
化肥施用量	万吨	7.8	37.3	1334.9	170.1	34.8
每亩耕地用化肥	斤	0.1	0.4	18.2	181.0	44.5
农村用电量	亿度	0.5	1.4	369.9	738.8	263.2
每亩耕地用电量	度	—	0.1	24.9	—	248.0

显然，在农业现代化水平有了显著提高的条件下，集体所有制以及由此产生的集体经营存在的必要性，就更为明显了。

如果说，在 50 年代上半期，社会主义大工业的发展，要求农村的个体经济向集体经济过渡，要求有集体的经营，那么，在 80 年代上半期，集体所有制和集体经营的存在也更为必要了。因为后一个时期同前一个时

———————

① 资料来源：《中国经济年鉴》（1982），第Ⅷ–13 页。
  说明：（1）化肥按折含氮、磷、钾 100% 计算。（2）农村用电量指农村社队生产和生活用电，不包括在农村的社会主义国家所有制单位的用电量。

期相比，在工农业生产发展的基础上，工农业之间的商品交换关系也大大
地发展了。

工农业生产的发展以及工农业之间的商品交换的发展①

项目	1952 年	1957 年	1981 年
农业总产值指数	100.0	124.8	270.7
工业总产值指数	100.0	228.6	1962.7
农副产品收购指数	100.0	195.9	848.7
乡村消费品零售额指数	100.0	148.2	712.3
农业生产资料零售额指数	100.0	231.2	2464.5

在工农业之间商品交换大大发展了的条件下，一方面，社会主义工业
生产的增长需要更密切地依赖农业的增长；另一方面，工业有计划的发展
也需要更密切地依赖农业的有计划的发展。要实现这两方面的要求，就离
不开农业的集体所有制和农业的集体经营。

那么，为什么还必须有家庭联产承包责任制，必须有家庭经营呢？

我国几十年的农业集体化实践已经证明：现阶段社会生产力的发展只
是要求把个体农民经济改造成为集体所有制经济，并实行相应的集体经
营；但是家庭这一层次的经营职能不仅不可能消失，而且必须在集体经营
的指导下，保留这一层次的经营职能。问题在于：

第一，当前农业生产主要还是手工劳动。显然，家庭这一层次的经营
同生产力的这种状况是有适应的一面的，是有它存在的物质基础的。

第二，由于农业中存在自然的、经济的等多方面的特点，保留家庭这
一层次的经营，有利于发挥农业生产力各个要素的作用，促进农业生产力
的发展。这一点，在手工劳动为主的条件下，显得尤为重要。

这些特点主要有：其一，农业生产的对象是有生命的植物和动物。这
样，农业的再生产过程，"总是同一个自然的再生产过程交织在一起"。②
与此相联系，农业的生产周期比较长。尽管农业生产过程中的每一个环

---

① 资料来源：《中国统计年鉴》（1981），第 5、7、10 页；《中国经济年鉴》（1982），第Ⅷ－24 页。

② 《马克思恩格斯全集》第 24 卷，第 399 页。

节，都成为决定农业最终产品的数量和质量的因素，但并不形成最终产品，因而也不成为凝结价值的实体，它的生产成果是集中体现在最终产品上。农业生产的这个特点，要求劳动者精心处理这个与自然再生产过程相结合的经济再生产过程，并从关心最终生产成果出发，保质、保量地做好每一个生产环节上的工作。其二，作为有生命的生产对象的农业，受自然条件的影响是很大的。这样，"农业劳动的生产率是和自然条件联系在一起的，并且由于自然条件的生产率不同，同量劳动会体现为较多或较少的产品或使用价值"。① 所以，农业生产的一个特点是："不只是劳动的社会生产率，而且还有由劳动的自然条件决定的劳动的自然生产率。"② 这个情况也需要农业的经营者利用有利的自然条件，避开不利的自然条件，以促进农业劳动生产率的提高。其三，作为农业主要生产资料的土地，具有这样的特点：如果农业的经营者恰当地把用地和养地结合起来，那么，土地会越用肥力越增强，农业劳动生产率会进一步提高；反之，如果对土地进行掠夺式的经营，那么，土地就越用肥力越下降，农业劳动生产率也会下降。这就需要土地的经营者从农业生产的长远需要出发，把用地与养地很好地结合起来。其四，劳动力资源极为丰富，是我国农业的一个极为重要的特点。据统计，1981 年农村劳动力共有 3.2227 万人。③ 此外，还有大量的辅助劳动力。我国农业劳动力的主要出路又在农村。这样，能否把这个丰富的劳动力资源充分利用起来，能否把他们的积极性充分发挥起来，就成为考察某种经营形式是否必须存在的一个最重要的依据。其五，我国农业素有精耕细作的优良传统。在农业现代化的过程中仍然必须保持和发扬这个好传统。我国人口多，耕地少。按人口平均计算，世界的耕地面积为 5.5 亩，我国只有 1.5 亩。至于苏联和美国等国的按人口平均计算的耕地面积比我国更要多得多。这样，精耕细作，提高单位面积产量，显得尤为重要。显然，能否保持和发扬这个优良传统，应该成为决定某种经营形式取舍的一个重要出发点。其六，当前我国农业主要还是手工劳动，劳动生产率比较低，剩余产品率不高，农业集体经济的积累能力有限。在这种情况下，充分利用分散在各个农民家庭的生产资料，充分发挥它们的

---

① 《马克思恩格斯全集》第 25 卷，第 922 页。
② 《马克思恩格斯全集》第 25 卷，第 864 页。
③ 《中国统计年鉴》(1981)，第 106 页。

积累潜力，就成为发展农业生产的一个重要因素。显然，这一点也是选择某种经营形式的依据。

然而，几十年的实践已经证明：过去那种过分的集中经营和统一分配是不能适应上述的农业特点的。而近几年来的实践又充分证明：家庭联产承包责任制却能够做到这一点。问题的关键在于：在前一种经营形式下，农民在生产中的主人翁的作用没有很好发挥出来，平均主义的分配又违反了按劳分配原则，这就严重地束缚了农民的主动性和积极性；而后一种经营形式，既较好地发挥了农民的主人翁作用，又较好地贯彻了按劳分配原则，兼顾了集体利益和个人利益，这就比较充分地调动了农民的主动性和积极性。

需要指出：我们说当前家庭联产承包责任制是同手工劳动相适应的，这不是说家庭联产承包责任制同一定范围、一定程度的机械化生产是不相容的。随着农业生产社会化的发展，农业生产前、生产中和生产后的各种专门性的服务公司必将发展起来。比如，由专门公司提供良种、植物保护、机耕、农产品运输和加工等。在这种情况下，家庭承包单位在家庭经营范围内实现某种程度的机械化是完全可能的。因为，第一，尽管家庭承包单位的范围较小，但某些农业机器仍然有用武之地。第二，尽管家庭承包单位的购买力有限，但有的农业机器还买得起。这一点，在当前那些收入较多的家庭承包单位已经开始表现出来了。正因为这样，尽管随着我国农业的发展，各种新的合作经济会得到进一步发展，小组承包责任制也会得到进一步发展，但家庭联产承包责任制在各种联产承包责任制形式中，还将在一个较长的时期内占着显著的优势。

总之，正如中共中央指出的，"这种分散经营和统一经营相结合的经营方式具有广泛的适应性，既可适应当前手工劳动为主的状况和农业生产的特点，又能适应农业现代化进程中生产力发展的需要。在这种经营方式下，分户承包的家庭经营只不过是合作经济中一个经营层次，是一种新型的家庭经济。它和过去小私有的个体经济有着本质的区别，不应混同。"①这里既指出了家庭经营存在的长期性，又指出了这种家庭经营的社会主义性质。

---

① 中共中央 1983 年 1 号文件：《当前农村经济政策的若干问题》，《光明日报》1983 年 4 月 11 日第 2 版。

既然在我国农村集体所有制经济中，存在着集体的统一经营和家庭的分散经营这样两个层次的经营，那么，就会有集体积累和家庭积累这样两个层次的积累。就像集体经营为了实现扩大再生产必须有一定的积累，而且可能从剩余产品中提取一定的积累一样，家庭经营为了在某种范围内实现扩大再生产，也需要有一定程度的积累，并且可能从承包收入中提取一定程度的积累。

2. 农业集体经济中各个层次积累的性质。

不言而喻，集体一级的积累是社会主义性质的。成为问题的是伴随近年来家庭联产承包责任制的出现而产生的家庭一级积累的经济性质。

为了正确地探讨这个问题，需要有正确的方法论。在这方面，值得注意的有以下两点：

第一，尽管在实际经济生活中，与家庭承包责任制相联系的家庭一级的积累同与社员家庭副业相联系的家庭积累，是结合在一起的，但在理论上考察前者的经济性质时，必须把后者抽象掉，单独地对前者进行分析。只有这样，才易于看清前者的经济性质；如果把二者搅在一起来进行分析，就易于混淆二者的经济性质。这是很清楚的，毋庸多言。

第二，必须把与家庭承包责任制相联系的家庭一级的积累与农业生产资料集体所有制联系起来，并作为农业集体经济体系的一个环节来考察。这样，也有助于看清前者的经济性质；如果把前者与后者割裂开来，把它看成是孤立自在的东西，就会做出不正确的结论。这个问题比较复杂，对于我们这里需要考察的问题，又具有极重要的意义，因而在下面作详细分析。马克思列宁主义在对历史上存在过的某种经济体系中直接生产者占有的某些生产资料进行考察时，从来不把它作为独立自在的东西，而总是把它同这种经济体系中基本的生产资料所有制形式联系起来，并把它作为这种经济体系的一个环节。这里值得提出的有以下三种情况：其一，恩格斯在论到原始公社的生产资料的占有状况时曾经指出："男女分别是自己所制造的和所使用的工具的所有者：男子是武器、渔猎用具的所有者，妇女是家庭用具的所有者。""凡是共同制作和使用的东西，都是共同财产：如房屋、园圃、小船。"① 这里需要注意的，尽管在原始公社中，"男女分

<hr>

① 《马克思恩格斯选集》第 4 卷，第 155 页。

别是自己所制造的和所使用的工具的所有者"，但是，恩格斯并没有把它看成是生产资料的私有制，而是认为原始公社的"家庭经济是共产制的"。① 这就启示我们：恩格斯并没有把这部分生产资料的占有同原始公社的基本生产资料公有制割裂开来，而是把它作为原始公社经济体系的一个环节来看待的。而只要这样来看待问题，那就可以清楚地看到：①男女劳动者都是作为原始公社集体劳动的一个成员的资格来制造归他们所有的那部分工具的，并且也是以这种资格来使用这部分工具的。而这一点又是同在生产资料的原始公社所有制的基础上的劳动分工相联系的。关于这一点，恩格斯曾经做过这样的说明：在原始公社中，"分工是纯粹自然产生的；它只存在于两性之间。男子作战、打猎、捕鱼，获取食物的原料，并制作为此所必需的工具。妇女管家，制备食物和衣物——做饭、纺织、缝纫"。② 原始公社的自然分工，一方面是由当时极端低下的社会生产力决定的；另一方面是生产资料的原始公社所有制在生产过程中的实现，是原始的平等、互助合作关系。②男女劳动者以原始公社集体劳动的一个成员的资格使用这些归他们所有的工具的目的，不是为了创造仅归他们个人所有的生活资料，而是为了创造归原始公社集体所有的生活资料。这是体现了原始公社集体的经济利益的，集中地反映了原始公社生产关系的要求。因为按照马克思主义的观点，"每一个社会的经济关系首先是作为利益表现出来。"③ 所以，无论是为了实现原始的自然分工，还是为了实现原始公社的经济利益，都需要"男女分别是自己所制造的和所使用的工具的所有者"。可见，这根本不是什么生产资料的私有制，而是实现原始公社的生产资料所有制的经济要求的一个条件，是原始公社经济体系的一个环节。

其二，列宁在分析农奴制经济的特征时曾经指出："农民在自己的份地上经营的'自己的'经济，是地主经济存在的条件，其目的不是'保证'农民有生活资料，而是'保证'地主有劳动力。"④ 列宁对农奴以占有份地、农具和耕畜等经营"自己的"经济的分析，也没有把它同作为

---

① 《马克思恩格斯选集》第 4 卷，第 155 页。
② 《马克思恩格斯选集》第 4 卷，第 155 页。
③ 《马克思恩格斯选集》第 2 卷，第 537 页。
④ 《列宁全集》第 3 卷，第 158 页。

农业基本生产资料的土地的封建主义所有制割裂开来，而是联系起来考察的，因而能够正确地揭示出农民在自己的份地上经营"自己的"经济，根本不是什么以生产资料私有制和本人劳动为基础的、独立的个体农民经济，而是为了实现封建主义的土地所有制的经济要求，为了"保证"地主有劳动力，因而成为地主经济存在的条件，成为封建经济体系的一个环节。

其三，按照马克思列宁主义的观点，"资本主义的家庭劳动就是在家里加工从企业主那里领来的材料，以取得计件工资。"① 在这里，也没有因为孤立地看待家庭劳动的工人拥有部分的生产资料而否定它的资本主义性质。在这里，也是把这部分生产资料的占有同整个的资本主义私有制联系起来考察，从而正确地揭露出："这种所谓的现代家庭工业，与那种以独立的城市手工业、独立的农民经济，特别是以工人家庭的住宅为前提的旧式家庭工业，除了名称，毫无共同之处。现在它已经变成了工厂、手工工场或商店的分支机构。资本除了把工厂工人、手工工场工人和手工业工人大规模地集中在一起，并直接指挥他们，它还通过许多无形的线调动着另一支散居在大城市和农村的家庭工人大军。"② 可见，在这里，家庭劳动的工人拥有的某些生产资料，不仅不是他们成为独立的个体手工业工人的基础，而是成为资本扩大对雇佣劳动剥削范围的条件。不仅如此，它还是资本加深对工人剥削的一个有力杠杆。按照马克思的说法，"现代工场手工业中对廉价劳动力和未成熟劳动力的剥削，比在真正的工厂中还要无耻"。"而这种剥削在所谓的家庭劳动中，又比在工场手工业中更加无耻，这是因为：工人的反抗力由于分散而减弱。"③ 所以，资本主义家庭劳动工人拥有的部分生产资料也是资本扩大和加强剥削的条件，是资本主义经济体系的一个环节。

需要说明：当前作为家庭联产承包责任制的一方——社员与另一方——集体经济的关系，既不是原始公社社员和公社的关系，更不是农奴和地主、雇佣工人和资本家的关系，而且这种承包形式在原始公社经济、农奴制经济和资本主义经济中也是不存在的。但是，马克思列宁主义对历

---

① 《列宁全集》第 3 卷，第 398 页。
② 《马克思恩格斯全集》第 23 卷，第 506 页。
③ 《马克思恩格斯全集》第 23 卷，第 506 页。

史上三种经济体系中存在过的、直接生产者占有某些生产资料的经济性质所作的分析，在方法上对我们这里所要分析的问题，是有启示的。就是说，我们对与家庭联产承包责任制相联系的家庭一级的积累的经济性质的分析，也不能把它看作是孤立的东西，而应该同农业生产资料的集体所有制联系起来，并把它作为集体经济体系的一个环节。

现在我们就依据前述的方法，并从我国农村当前的具体情况出发，来探讨这种积累的经济性质问题。

第一，在家庭联产承包责任制的条件下，生产是由社员分散经营的，但它是在集体的统一经营的指导下进行的。这样，承担这种责任制的社员的劳动，就不是独立的劳动，而是集体劳动的一个组成部分。这种集体劳动又是同农业生产资料的集体所有制相联系的。所以，如果不是孤立地考察这种劳动，而是把它同农业的集体所有制、同集体经济的集体劳动联系起来，那么，由这种劳动创造的、作为积累来源的剩余产品，就不是独立劳动的产物，而是集体劳动的产物。

第二，由这种劳动创造的国民收入，是按照兼顾国家、集体和劳动者个人三方面利益的社会主义原则分配的。在实际经济生活中，家庭联产承包责任制又叫包干到户，或曰大包干。其中的包干分配，用农民的话来说，就是："保证国家的（完成国家的交售任务），留够集体的（完成集体经济的公共提留任务），余下的都是自己的。"社会主义物质利益原则的基本特征是：国家、集体和劳动者个人三方面利益的结合，在个人利益和国家利益、集体利益发生矛盾时，前者需要服从后者。而社员承包收入的分配正是在集体经营的指导下，遵循了先国家、集体后个人的原则的。

需要说明：尽管承包社员的农业收入主要是同劳动相联系的，但也有一部分是同土地的肥沃程度、位置和追加投资的生产率的差别相联系的级差土地收入。[①] 这里的追加投资又不只是包括集体的追加投资，而且包括社员承包以后的追加投资。在健全的、完备的税收制度和家庭承包制度的条件下，第一种级差土地收入（即与土地肥沃程度和位置的差别相联系的级差土地收入）的全部和第二种级差土地收入（即与追加投资的生产

---

① 详见拙著：《社会主义经济问题初探》，湖南人民出版社 1981 年版，第 184—186 页。

率的差别相联系的级差土地收入）的一部分，是可以通过税收和集体提留上缴给国家和集体的。但第二种级差土地收入总有一部分是需要通过承包收入留给社员个人的。这样，就产生了一个问题：把这种同追加投资的生产率相联系的一部分级差土地收入分给承包社员个人，是否改变了分配的社会主义性质呢？

应该肯定：从比较纯粹意义上说，把这部分级差土地收入分给承包社员，是一种非按劳分配因素。但是，需要看到：家庭承包经营单位是农业集体经济中的第二个经营层次，它在集体统一经营的指导下有一定的经营自主权。这种自主权是体现了集体利益与个人利益相结合的原则的。而把适当的一部分第二种级差土地收入分给承包社员个人，又是同这种自主权的要求相适应的。而且，这样做的结果，还有利于充分调动承包社员的生产经营的积极性，有利于作为集体经济的基础的承包单位的生产的发展。在生产发展的基础上，不仅承包社员的个人收入会增加，集体的收入也会增长。当然，在承包期内，是不能违反承包合同任意提高上缴给集体的收入的。但在承包期满以后，是可以依据生产发展的情况，本着兼顾集体和个人两方面需要的原则，适当提高上缴的集体收入。可见，无论从原因来说，或者从后果来说，把适当的一部分第二种级差土地收入分给承包社员个人，是兼顾了集体利益和个人利益两方面，因而是巩固和发展作为集体经济基础的家庭经营的需要。更何况在实行社会主义原则（包括按劳分配原则）为主的条件下，把与社员追加投资的生产率的差别相联系的、适当的一部分第二种级差土地收入分给承包的社员个人，也并不影响集体经济的社会主义性质。关于这一点，中共中央的文件也做了清楚的说明："根据我国农村情况，在不同地区、不同生产类别、不同的经济条件下，合作经济的生产资料公有化程度，按劳分配方式以及合作的内容和形式，可以有所不同，保持各自的特点。例如，在实行劳动联合的同时，也可以实行资金联合，并可以在不触动单位、个人生产资料所有权的条件下，或者在保留家庭经营方式的条件下联合；在生产合作之外，还可以有供销、贮运、技术服务等环节上的联合；可以按地域联合，也可以跨地域联合。不论哪种联合，只要遵守劳动者之间自愿互利原则，接受国家的计划指导，有民主管理制度，有公共提留，积累归集体所有，实行按劳分配，或以按劳分配为主，同时有一定比例的股金分红，就都属于社会主义性质的合作经济。"① 这个分析既符合我国农村的具体情况，也符合马克思主义的原理。马克思主义政治经济学考察这类问题的方法论，我们在前面已经做过详细的分析，这里就不重复了。但在这里还要指出一点：按照马克思主义辩证唯物论的观点："矛盾着的两方面中，必有一方面是主要的，他方面是次要的。其主要的方面，即所谓矛盾起主导作用的方面。事物的性质，主要地是由取得支配地位的矛盾的主要方面所规定的。"② 可见，无论是按照马克思主义政治经济学的观点，或者是哲学观点，在实行社会主义原则（包括按劳分配原则）为主的条件下，把适当的一部分第二种级差土地收入分给承包社员个人，并不能改变集体经济的社会主义性质。

既然从主要方面来看，由集体分给承包社员的收入是属于社会主义性质的，那么，作为这种收入一部分的家庭一级的积累，自然也是属于社会主义性质的。

第三，如前所述，与过去的那种过分的集中生产和集中分配相比较，现在实行的家庭联产承包责任制，既较充分地发挥了社员在生产中的主人翁的作用，又较好地贯彻了按劳分配③以及兼顾集体利益和个人利益的原则，从而成为现阶段农业集体所有制的一种较好的表现形式，成为充分发挥集体经济优越性的有效形式。而家庭一级的积累是家庭承包责任制的一项必要的构成要素，是实现这种责任制的职能的一个必要条件。显然，如果没有家庭一级的积累，家庭承包责任制是很难实现其职能的，是很难充分发挥它的作用的。从这种相互联系的意义上，可以说家庭一级的积累是作为农业集体经济具体形式的一个环节，是充分发挥农业集体经济优越性的一个条件。

---

① 中共中央1983年1号文件：《当前农村经济政策的若干问题》，《光明日报》1983年4月11日第2版。着重点是引者加的。

② 《毛泽东选集》第1卷，第297页。

③ 需要说明：我们这里只是说，同过去带有严重平均主义弊病的集中分配相比较，家庭联产承包责任制较好地贯彻了按劳分配原则。但这只是问题的一方面；另一方面，由于一部分与投资生产率的差别相联系的级差土地收入要分给承包社员。这是非按劳分配因素。所以，整个说来，这种分配还不是比较纯粹的意义上的按劳分配。但这种情况只能随着农业生产力和农业集体经济的发展而逐步改变。

上述分析表明，家庭一级的积累也属社会主义性质。①

现在有一种值得商榷的观点，认为家庭一级的积累，或者由这种积累形成的追加生产资料是属于社员私人所有的经济。

这种观点的不妥之处，就在于它把与家庭承包责任制相联系的家庭一级的积累同社员家庭副业相联系的积累以及同个体经济的积累的经济性质混同起来了。与家庭承包责任制相联系的家庭一级的积累的形成，是以生产资料集体所有制为基础的，是集体劳动的产物，它的分配是在集体经营的指导下按照兼顾国家、集体和社员个人三方面利益的原则进行的，是用于发展作为集体经济基础的家庭一级的生产的，因而属于社会主义的性质。社员家庭副业虽然是集体经济的附属物，是社会主义经济的必要补

---

① 我们在对家庭一级的积累的分配、使用做了分析之后，有必要对下述的观点提出商榷意见。现在有一种观点认为，社员通过家庭联产承包责任制取得的收入，都是依据按劳分配原则分配的。

应该肯定：第一，作为价值形态的农业收入的来源都是劳动。尽管农业的级差土地收入是同土地肥沃程度、位置和追加投资的生产率的差别有联系的，但这些差别也仅仅是形成级差土地收入的条件，作为货币形态的级差土地收入的来源也仍然是劳动。所以，总起来可以说，作为价值形态的农业收入都来自于劳动。第二，社员通过家庭联产承包责任制取得的收入，其中一部分是用于社员的生活消费的。就这部分收入的分配来说，无疑是依据按劳分配原则进行的。

但是，作为承包单位的社员家庭通过联产承包责任制取得的收入，其经济用途是多方面的：一是生产资料的补偿基金；二是积累基金；三是个人消费基金。然而有人认为，这里的积累基金是由消费基金转化而来的。这种看法是忽略了实行家庭联产承包责任制以后的变化。在过去实行的那种过分集中生产和集中分配的条件下，社员从集体分得的收入主要就是用于生活的消费，用于社员占有的那一小部分生产资料的补偿基金和积累是很少的，并不成为经济上的特征，以至于可以略而不论（这里舍弃了社员家庭副业生产的需要）。但在实行家庭联产承包责任制的条件下，家庭经营已经成为集体经济的第二个经营层次，社员取得的承包收入，就不能只是用于生活的消费，同时还要用于生产资料的补偿和积累的需要。这已经成为经济上的一种必要。当然，在当前大多数社员承包收入不多的情况下，在上述三项基金中，消费基金占了大部分。但对那些承包收入较多的专业户来说，积累基金占的比重也是不小的。随着农村商品经济的发展，在所有的承包户收入中，积累基金的比重都会进一步上升。对这样大量的积累基金的存在，仅仅用消费基金向积累基金的转化，在事实上也是难以说通的。

终极地说来，上述的三项基金虽然都是社员的劳动收入，但第一、二两项并不属于按劳分配的范畴，只有第三项才属于按劳分配的范畴。关于按劳分配原则仅仅是社会主义制度下个人消费品分配的基本原则问题，马克思说得很清楚。他写道："每一个生产者，在做了各项扣除之后，从社会方面正好领回他所给予社会的一切。"马克思这里说的各项扣除，如果就社会总产品来说，包括生产资料补偿基金、积累基金和社会消费基金等三项内容。余下的个人消费基金才主要是依据按劳分配原则分配的。所以，马克思继续写道："他从社会方面领得一张证书，证明他提供了多少劳动（扣除他为社会基金而进行的劳动），而他凭这张证书从社会储存中领得和他所提供的劳动量相当的一份消费资料。"（《马克思恩格斯选集》第3卷，第10—11页）

可见，上述观点之所以是不妥的，是由于一方面忽视了实行家庭联产承包责任制以后所起的变化；另一方面也忽视了按劳分配原则的调节范围只是限于个人消费品的分配。实际上，在实行家庭联产承包责任制以后，在农业集体经济中出现了集体经营和家庭经营这样两个层次以后，国民收入在这两个层次的分配，不只是由按劳分配原则来调节，同时还要由兼顾集体利益和个人利益的社会主义原则来调节。

充，但作为社员家庭副业积累来源的家庭副业收入的形成，是以社员的部分的生产资料私有制为基础的，是这部分个体劳动的产物，它的分配是由社员个人决定的，家庭副业的积累也是用于发展家庭副业的。所以，家庭副业积累的经济性质也像家庭副业一样，属于个体经济的性质，尽管已经不是个体经济的完整形态。至于独立的个体经济虽然也是社会主义经济的必要补充，但它的积累的经济性质，则像它本身一样，是完整意义上的个体经济性质。

应该说明：作为农业集体经济的第二个经营层次的家庭经营与社员家庭副业是结合在一个家庭中进行的。因而在实际生活中完全可能发生这样的情况：来自集体经济中家庭经营的积累用于发展家庭副业。① 在实际生活中，还会在一定范围内发生作为集体经济成员的承包户变成独立的个体劳动者，来自集体经济中家庭经营的积累成了个体经济的积累。但无论是前一种转化，还是后一种转化，都是在越出了农业集体经济体系范围以后发生的变化。在家庭一级的积累作为集体经济体系的一个环节存在的时候，它的性质仍然是属于社会主义的。所以，我们并不能依据这两种转化就否定它的社会主义性质，就说它是属于私人所有的经济。

综上所述，国有经济和集体经济存在多层次积累是分别同国有企业作为相对独立的商品生产者和家庭联产承包责任制相联系的，终极地说来，是同我国社会生产力等国情相联系的，因而成为我国社会主义积累模式的一个特征。

三、国家积累和地区积累

在社会主义制度下，由中央政府和地方政府直接掌握的积累以及由国家所有制企业留利而形成的积累，均属于社会主义国家所有。但这里所说的国家积累仅指由中央政府集中使用的那部分积累。而地区积累则包括地方政府直接掌握的积累，以及国有企业和集体企业的积累。当然，在一个可以预见的长时期内，在我国还将存在着适当数量的个体经济和其他经济成分的积累。这部分积累也是必要的，但在我国积累中不占重要地位。如果说，在前面考察社会主义积累占优势条件下多种经济形式的积累时，非

---

① 当然，也完全可能发生相反的情况：来自社员家庭副业的积累，用于发展作为集体经济的第二个经营层次的家庭经营。但是，如前所述，为了在纯粹形态上考察与家庭经营相联系的家庭积累，这种具体情况也是需要抽象的。

社会主义经济成分的积累是作为必须考察的对象而存在的，那么，在考察国家积累和地区积累时却是可以舍象的了。为了叙述上的方便，我们在这里考察地区积累时，把它略去了。

（一）国家积累和地区积累的必要性。

第一，国家积累，是社会主义国家所有制在经济上得以实现的一个重要方面（对国家从国有企业集中资金来说），是社会主义国家所有制和集体所有制在经济上实现互助合作的一项重要内容（对国家从集体企业集中资金来说）。

马克思主义认为，一定的生产资料所有制就是一定的生产关系的总和。从一般的意义上，社会主义所有制也是社会主义生产关系的总和，它也是通过生产关系的各个方面实现的。作为社会主义国家所有制的代表的国家，从国有企业集中积累基金，就是这种所有制在经济上实现的一项重要内容。

集体所有制企业生产的积累基金，无疑是归集体企业所有的。但集体所有制企业是在社会主义国家所有制领导下建立起来的，它们都是社会主义性质的经济。因此，二者之间不存在资本主义社会那样的资本主义经济对个体农民经济的剥削关系，而是互助合作关系。这种互助合作关系的一个方面，就是集体企业向国家上缴一部分积累，而国家把集中起来的积累用于发展社会主义的经济文化事业和巩固无产阶级专政。其中有些同农民物质文化生活的提高是直接联系在一起的，有些存在间接的联系。

第二，国家积累，是国民经济有计划按比例发展的一个重要条件。这是保证国民经济有计划的发展，调节各部门、各地区的比例关系，克服各部门、各地区的不平衡所不可缺少的物质力量。社会主义国家对国民经济实行计划管理，如不掌握国民经济命脉，不掌握产品，不从社会主义企业集中积累基金、国民经济的有计划发展就缺乏物质保证。

第三，国家积累，是进行社会主义经济建设、文化建设和国防建设的需要，特别是其中的重点建设的需要。如前所述，重点建设需要大量的资金。这一点单靠企业固然不行，单靠地方政府也有困难，主要还是要靠国家集中资金来承担。

第四，国家积累，也是同各个地区经济发展不平衡相联系的。

在我国社会主义建设的现阶段，由于各个地区的经济发展水平相差还比较大，因而各地区可以提供的积累率的差别也比较明显。

各个地区可以提供的积累率　　　　　　　　　　　单位:%

	"一五"时期合计	"二五"时期合计	1963—1965年合计	"三五"时期合计	"四五"时期合计	"五五"时期合计
全国①	24.2	30.8	22.7	26.3	33.0	33.3
山东省②	21.3	—	17.0	23.8	25.6	28.5
辽宁省	40.3	49.4	35.4	42.7	54.4	51.1
贵州省③	17.6	17.9	13.5	11.8	15.9	22.8

上表表明：第一，只有山东省的积累率，在上述5个时期内，同全国积累率是比较接近的。第二，在上述6个时期内，辽宁省的积累率比全国高得很多，从12.7至21.4个百分点。第三，在上述期间内，贵州省的积累率比全国低得很多，从4.5至17.1个百分点。④ 可见，全国各个地区可以提供的积累率，差距是很大的。

如前所述，全国在上述的6个时期内，只有"一五"时期和1963年至1965年的积累率是比较合适的，其余4个时期的积累率都过高了。但在这4个时期内，全国各个地区的积累率都过高了。因此，尽管这4个时期的积累率不是适宜的，但仍然可以反映各地可以提供的积累率的差别。

形成各地提供的积累率的差别的原因，是很复杂的。但如果只是就可能性来说，各地区生产力发展水平的差别，无疑是一个极重要的因素。各地区按人口平均计算的工农业总产值是表示经济发展水平的一个重要的综合指标。且以这个指标为例说明如下：按1980年不变价格计算，1981年按人口平均计算的工农业总产值，全国平均为757元；辽宁省为1594元，居全国第四位（仅居上海、天津、北京三市之后）；山东省为739元，居

---

① 《中国统计年鉴》（1983），第25页。

② 《东岳论丛》1980年第4期，第36页。其中，"二五"时期的积累率也经历了大起大落的过程，1959年上升到31.8%，1962年又下降到9.9%。"五五"时期合计的数字，是1976—1979年数字。

③ 其中"五五"时期合计的数字，是1977—1979年的数字。

④ 需要说明：贵州省的积累中是包括了大量的国家财政补贴的。如果扣除了由这部分补贴所形成的积累，那么，贵州省的积累率还要低得多。

全国第十位；贵州省 302 元，居全国第二十九位。[①]

需要说明：建国以来，各地经济发展水平的差异，是逐渐趋于缩小的。所以，上述 1981 年按人口平均计算的工农业总产值，并不能充分反映过去一个时期各地区经济发展水平的差别，而只是在某种程度上表现了这一点。尽管是这样，但只要我们把这个数字和前述的各个时期的积累率作一下比较，仍然可以清楚看到：山东省积累率同全国积累率比较接近（低得不多），是同它的按人口平均计算的工农业总产值同全国比较接近（也低得不多）相联系的；而辽宁省的积累率比全国高得很多，是同它的按人口平均计算的工农业总产值比全国高得很多相联系的；贵州省积累率比全国低得很多，是同它的按人口平均计算的工农业总产值比全国低得很多相联系的。这样说，并不意味着各个地区各个时期的积累率同按人口平均计算的工农业总产值是完全适应的。如前所述，除了"一五"时期和 1963 年至 1965 年这两个时期的积累率比较合适以外，其他 4 个时期的积累率都过高了。就是说，这 4 个时期的积累率都大大超过了按人口平均计算的工农业总产值所能承受的限度。但是，作为一个总的发展趋势来说，各个地区积累率的差别总是反映了各个地区按人口平均计算的工农业总产值的差别。

在上述的条件下，国家为了保证重点建设的需要，为了开发经济落后的地区，总需要从经济先进的地区集中积累基金，并把集中起来的一部分积累基金用于经济落后的地区。辽宁省是我国经济先进的省份，而贵州省是我国经济落后的省份，我们且以这两个省为例说明于下。

表一　辽宁省提供的积累率与使用的积累率[②]　　　　单位:%

	"一五"时期	"二五"时期	1963—1965 年	"三五"时期	"四五"时期	"五五"时期
积累率	40.3	49.4	35.4	42.7	54.4	51.1
本省使用的积累率	27.6	32.2	26.2	24.3	34.8	33.2
上交国家的积累率	17.6	27.2	12.2	24.2	30.4	26.8

[①]　《中国统计年鉴》（1981），第 19、90 页。

[②]　在表一中，积累率和上交国家的积累率都是按照辽宁省的国民收入生产额计算的；而本省使用的积累率是按照归本省的国民收入使用额（即国民收入生产额减去了上交国家积累以后的余额）计算的，因而本省使用的积累率与上交国家的积累率之和大于积累率。

表二　贵州省提供的积累率与使用的积累率　　　　　单位:%

	"一五"时期	"二五"时期	1963—1965年	"三五"时期	"四五"时期	"五五"时期
包括国家基本建设投资在内的积累率	19.2	25.0	25.9	32.1	31.9	30.5
扣除国家基本建设投资的积累率	17.6	17.9	13.5	11.8	15.9	22.8

表一表明:在建国以后的各个时期,国家从辽宁省集中了大量积累基金,因而辽宁省使用积累率大大低于它本身提供的积累率。

表二则呈现出相反的情况。贵州省在建国以后的各个时期,由于国家在这里进行了大量的基本建设投资,本省提供的积累率又大大小于使用的积累率。还要说明一点:表二中所列扣除国家基本建设投资的积累率,仍然没有扣除历年由国家财政补贴所形成的积累。如果再扣除了这一部分,那么,贵州省使用的积累率更是大大低于它本省提供的积累率。这又表明:建国以后,国家是投了大量的积累基金用于贵州省的建设的。[①]

建国以来,由国家从经济先进地区集中资金开发经济落后地区,对改变半殖民地半封建中国留下的沿海地区和广大内地(特别是西北、西南边沿地区)经济发展极不平衡的畸形状态,对这两类地区经济相互促进的发展,已经起了重要的积极作用。但从发展趋势看,由国家集中资金开发经济落后地区的意义还将显得更为重大。胡耀邦同志指出:"本世纪末和下个世纪初,我国经济开拓的重点,势必要转移到大西北来。"[②] 赵紫阳同志说:开发大西北是中央的"一个重要的战略设想"。[③] 这是符合我国国情的一种战略设想。如果从兴安岭起,经张家口、榆林、兰州至昌都,自东北斜贯西南划一道线,将我国分为西北和东南两部,则我国人口和工农业总产的95%都集中在东南部,西北部只占5%。但西北部拥有极为丰富的资源,它们都有待于开发。可见,开发大西北在我国社会主义建设中具有极重要的战略地位。同时,这又是适应我国社会主义建设进一步

---

① 我们在上面举的例证,是为了说明国家有必要从经济先进的地区集中一部分积累基金用于经济落后的地区。但这不是说建国以后国家从辽宁省集中积累的比例和投入贵州省的积累的比例都是合适的。事实上,由于经济工作指导思想上的"左"的错误的影响,在许多时期,这些比例都是过大了。

② 《人民日报》1983年9月21日第5版。

③ 《人民日报》1983年9月2日第1版

发展要求的重大战略设想。如果说，在本世纪内，由于受到资金、技术装备、人才、能源和交通等方面条件的限制，我们还不可能把开发大西北作为经济开拓重点的话，那么，在本世纪末和下世纪初，在党的十二大提出的经济发展战略目标实现以后，在我国经济实力大为增强以后，把经济开拓的重点转移到大西北来，就必然成为我国社会主义建设发展的现实要求。但这一点也是以国家集中必要的资金为重要条件的。

总之，国家积累是社会主义国家所有制的必然产物，并成为发展我国社会主义各项建设事业的极重要因素。

这当然不是说，地区积累是不必要的。地区积累包括地方政府直接掌握的积累，以及国有企业的积累和集体企业的积累，这三方面积累都是必需的。

第一，在现行的经济管理体制下，地方政府直接管理一部分企业，它需要直接掌握一部分积累，是不言而喻的。问题是经济体制改革以后，地方政府是否还需直接掌握一部分积累呢？从处理中央和地方的职责权限的一般原则来看（今后经济体制改革也要遵循这个一般原则），我国实行计划经济，在处理中央和地方的关系上，必须坚持集中统一的原则。但我国又是一个有10亿人口的大国，各地经济发展很不平衡，各项经济活动不需要、也不可能都集中到中央管理，必须实行"统一领导、分级管理"和"大权集中、小权分散"的原则，要在中央统一计划下给地方一定的因地制宜权限。与此相适应，财力、物力的分配，也要贯彻"大集中、小分散"的原则。就财政收入（其中包括积累基金）来说，大部分应该集中在中央，地方也要掌握一部分。这一点，既是地方行使一定的因地制宜权限的必要物质条件，又是发挥地方行使这种权限积极性的不可缺少的动力。

从经济体制改革的设想来看，今后为了实行政企合理分工，使企业从部门、地区行政的束缚下解脱出来，并依照部门之间、地区之间的经济联系组织经济，地方政府可以不再直接管理企业，多数企业可以交给具有经济区性质的中心城市去管理。同时，结合利改税，增设税种和调整税率，并按照税种划分中央税收、地方税收以及中央和地方分享税收，企业按照税种分别向中央和地方上交税收。在税收总额的分配上要保证中央税收占大部分，地方税收（其中包括积累基金）只占一小部分。在地方财政支出（其中包括积累基金）上，要按照经济体制改革以后的地方政府的职能，将着重用于地方的人民生活公用设施和文化教育事业等方面。可见，从经济体制改革的原则和设想来看，均没有改变地方政府掌握积累的必要性，改变的只是提取积累的数量、方式及其用途。

第二，社会主义国家所有制企业是相对独立的商品生产者，必须有一定的积累。这一点，前已述及，不再重复。

第三，集体企业也必须有自己的积累。因为积累是扩大再生产的泉源。但要全面把握积累在发展集体所有制农业中的巨大作用，需要看到以下四个方面：其一，如前所述，近几年来，农村普遍实行了家庭联产承包责任制。这样，农业集体经济就出现了两个经营层次：集体的统一经营和家庭的分散经营。与两个经营层次相适应，也就有两个层次的积累：集体的积累和家庭的积累。在一定的时期内，后者的增长速度比前者要快得多。这样，如果只看到前一方面积累的作用，而忽视后一方面积累的作用，那就不全面了。其二，伴随着农业现代化的发展，积累在发展农业方面的作用也在增长。其三，随着农业生产社会化、专业化和商品化的发展，积累在发展农业方面的作用，不只是表现在种植业上，而且表现在林、副、渔业上，表现在工业上，表现在农业产前、产中和产后的各项服务事业上。其四，与农业劳动力资源特别丰富的特点相适应，劳动积累在农业中的作用显得尤其重要。如果只看到资金积累在农业中的作用，而忽视劳动积累在农业中的作用，也是以偏概全的。

上述三方面情况表明：地区积累也是十分必要的，并具有很重要的意义。

（二）国家积累和地区积累的社会主义性质。

从前面的分析中，我们可以清楚看到：国家积累主要是以社会主义国家所有制为基础的，部分地是以国家所有制和集体所有制之间的互助合作关系为基础的，主要来自国家所有制经济中工人的剩余劳动，部分地来自集体所有制经济中社员的剩余劳动；主要用于发展社会主义生产（就国家积累中的生产性积累而言），部分地用于直接提高人民的物质文化生活（就其中的非生产性积累而言）。所以，国家积累的社会主义性质是很明显的。

至于国家从经济先进地区集中资金，并把其中一部分用于开发经济落后地区，是社会主义计划经济制度的优越性的重要表现，是这两类地区的社会主义互助合作关系的重要方面。因为这样做符合包括先进地区和落后地区在内的整个国民经济的根本利益。在这方面，同当代经济发达的资本主义国家的情况是有根本区别的。在第二次世界大战以后，有些经济发达国家也从全国集中资金用于开发能源、交通等基础设施或落后地区。比如，战后日本就是这样。日本财政收入的主要来源是税收。国税约占税收总额的 2/3，全部由大藏省征收；地方税约占税收总额的 1/3，由地方政府征收。可见，日本财政收入大部分是集中在中央政府的。但在支出方面，日本中央政府又通过种种办法把一部分收入返还给地方政府，结果中央政府支出只占支出总额的 1/3，而地方政府支出占了 2/3。这些办法主要有：第一，"地方交付税"。这是中央政府从所得税、法人税、酒税等三种国税收入中拿出 32%，按规定的标准分给地方政府，用于弥补公共事业标准需要之不足。这里需要说明的是："地方交付税"是按各个地区的经济发展水平来返还的，即穷的地区多返还，富的地区少返还，甚至不返还。第二，"地方让与税"，这是中央政府把某些特定的国税，拿出一定的份额，交地方政府按指定的用途使用。第三，"国库负担金"。这是中央政府的直接财政拨款，交地方政府专款专用。

应该肯定：战后日本政府的这种做法，在某种范围内和某种程度上对于克服经济部门之间和经济地区之间的不平衡发展是起了作用的。但是，日本政府对经济生活的这种调节，是在生产资料的资本主义私有制的基础上进行的，因而不可能从根本上消除社会生产的无政府状态，包括经济部门之间的无政府状态和经济地区之间的无政府状态。事实上，日本政府主管计划的部门——企画厅也公开宣称：日本政府的经济计划，"是以自由市场为基础的经济计划"。"我们认为，根据积极的企业家精神而展开的企业的自主活动是经济社会不可缺少的东西。"[1] 但是，正如斯大林指出过的："如果不从资本家下面解放出来，如果不废除生产资料私有制原则，那么你就不能建立计划经济。"[2] 斯大林的这个论断，是完全正确的。这是第一。第二，正是由于没有改变生产资料的资本主义私有制的基础，因而，日本资产阶级政府集中的资金来源，仍然是物化了的雇佣工人的剩

---

① 日本经济企画厅综合计划局编：《日本经济计划》，1980 年 1 月，中文本第 1—2 页。

② 《斯大林文选》（上），第 3 页。

余劳动。而且日本政府采取上述做法，归根结底是为了资本家获取更多的利润；日本政府集中资金和分配资金的过程，是充满了资本家之间的剧烈的竞争的。这一切表明：日本政府的上述做法并没有改变资本主义的生产关系，只不过是日本国家垄断资本主义的一种表现形式。它同社会主义的国家积累的经济性质，是有根本区别的。

在地区积累中，由地方政府直接掌握的积累基金的性质，同前述的国家积累的性质是相同的；国有企业和集体企业的积累性质也是社会主义的，这里均不复述。

（三）处理国家积累和地区积累关系的原则。

如前所述，无论是国家积累，或者是地区积累，都产生于社会主义经济制度，均是社会主义性质的，都具有重要的意义。因此，二者在根本上是一致的，但也存在着局部的矛盾。这是社会主义经济制度下特有的一种人民内部矛盾。处理这个矛盾也像处理积累和消费的矛盾一样，需要兼顾两个方面。在这里就是要兼顾国家积累和地区积累两个方面。这是一项首要的基本原则。

当然，仅仅一般地提出这个原则是不够的，还必须从国家积累和地区积累的具体情况出发，把这项原则具体化。这里需要着重提出的有以下两点:第一,这里所说的兼顾国家积累和地区积累的需要,首先是要保证国家积累的需要。因为国家积累是体现了包括各个地区在内的国民经济利益的。

第二，这里所说的兼顾地区积累的需要，还包含这样一方面的含义：对那些经济先进、国家需要在这里集中较多积累的地区来说，也需要使它们取得较多的积累。因为，其一，整个说来，经济先进地区的资金有机构成比经济落后地区要高。因而，实现扩大再生产需要较多的积累基金。其二，这样做，是符合国有企业作为相对独立的商品生产者和集体企业的经济要求。经济先进地区的国民收入主要是由社会主义国家所有制企业和集体所有制企业的劳动者的劳动创造的。国有企业的生产资料是归社会主义国家所有的，但它本身是相对独立的商品生产者，要求取得与自己的生产经营成果相适应的收入（由国家作了各项必要的扣除以后）。集体企业的生产资料是归劳动者集体所有的，生产的收入也是这样。所以，使经济先进地区保持较高的积累水平，是适应了国有企业作为相对独立的商品生产者以及集体企业的要求的。

处理国家积累和地区积累的另一项基本原则是：既然全部积累基金的实现需要有追加的生产资料和生活资料，那么，国家积累和地区积累的实现，也需要相应的物资作保证。

但在运用这项原则时，必须在全国一盘棋的思想指导下，把国民经济的综合平衡和地区经济的综合平衡结合起来。我国国民经济是在国家计划指导下发展的，而地区经济只是国民经济的一个组成部分。因此，如果没有国民经济的综合平衡，地区经济的综合平衡是很难确立的；即使确立了，也难以实现。这是一方面。另一方面，我国是一个社会主义经济大国，如果没有地区经济的综合平衡，国民经济的综合平衡就缺乏巩固的基础，并且也不易付诸实施。因此，我们在运用上述原则处理国家积累和地区积累的关系时，必须具有国民经济综合平衡与地区经济综合平衡相结合的观点，而不能把这两种平衡割裂开来。但在这里，需要区别两种情况：对那些积累净上交的地区来说，在上交国家积累基金的同时，也必须相应地调出物资。但是，无论是前者，或者是后者，即无论在价值形态上，或者实物形态上，都必须在国家计划的指导下，适合国民经济综合平衡的需要，这是一方面；另一方面，还必须保证归地区使用的积累基金与追加的生产资料和消费资料之间的平衡。如果单靠地区自己提供的物资不能在实物形态上实现这种平衡，就需要在国家计划指导下通过地区之间的交换来实现这种平衡。而对那些积累净调入的地区来说，也必须依据国民经济综合平衡与地区经济综合平衡相结合的观点，在调入积累基金的同时，也要相应调入物资，以便不仅实现调入的积累基金与物资供应之间的平衡，而且能够实现由地区自己提供的积累基金与追加的生产资料和消费资料之间的平衡。

上述情况表明：国家积累和地区积累是我国社会主义积累关系的一种表现形式，是社会主义积累模式的一个重要方面。

第二节　社会主义的消费模式

一、没有资本主义社会的贫富对立，但存在多元的、多方面的和某种幅度较大的差别

资本主义消费模式（也是作为资本主义消费关系的具体表现形式）

的根本特征是资产者的富和无产者的贫的对立。诚然，在第二次世界大战后，由于现代科学技术和社会生产力的巨大发展，由于工人阶级力量的空前壮大，经济发达的资本主义国家采取了高消费的政策。这样，不仅在一个时期内改变了资本主义历史上曾经存在过的无产阶级物质生活水平绝对下降的状况，而且显著地提高了工人的物质文化生活水平。但是，实际情况已经表明：资产阶级的这种高消费政策，并没有、也不可能填平资本主义社会的贫富阶级对立的鸿沟。在发达的资本主义国家中，美国经济发展水平最高，日本在战后经济发展速度最快；制造业在这两个国家均占有较大的比重，因而这里以这两国的制造业为例。在 1950 年至 1976 年期间，美国制造业纳税后的利润由 129 亿美元增长到 645 亿美元，增长了 4 倍；而制造业平均周工资由 58.32 美元增长到 207.6 美元，只增长了 2.56 倍。[1] 需要说明：这里是纳税后的利润，因而资本家在国民收入分配中占有的利润是大大缩小了。但即使这样计算，资本家占有利润的增长速度比工人工资的增长速度也要快得多。日本在 1950 年至 1974 年期间，制造业纳税前的利润由 675 亿日元增长到 5.2280 万亿日元，增长了 76.45 倍；[2]而制造业工人平均月工资由 9133 日元增长到 17.6464 万日元，只增长了 19.32 倍。[3] 所以，战后美国和日本的情况都表明：资本主义社会的贫富阶级对立的状况不仅没有改变，而且进一步加深了。可见，从问题的本质来说，事情仍像马克思在 100 多年以前说过的那样：在对工人最有利的积累条件下，工人"吃穿好一些，待遇高一些，特有财产多一些，不会消除奴隶的从属关系和对他们的剥削，同样，也不会消除雇佣工人的从属关系和对他们的剥削。由于资本积累而提高的劳动价格，实际上不过表明，雇佣工人为自己铸造的金锁链已经够长够重，容许把它略微放松一点"。[4]这就是隐藏在战后经济发达的资本主义国家的高消费政策背后的实质。

我国在生产资料私有制的社会主义改造基本完成以后，在社会主义的经济制度确立以后，资产阶级作为一个阶级就已经消灭了，因而从根本上铲除了资产阶级与无产阶级之间的贫富对立。这样说，是就我国大陆的情

---

① 《世界经济统计简编》（1978），三联书店 1979 年版，第 540 页。这是按当年价格计算的。

② 《世界经济统计简编》（1978），三联书店 1979 年版，第 541 页。这是按当年价格计算的。

③ 《国外经济统计资料（1949—1976）》，第 529 页。这是按当年价格计算的，未扣除物价上升因素，工人实际工资增长远没有这么多。

④ 《马克思恩格斯全集》第 23 卷，第 678 页。

况而言的，它并不意味着我国台湾、香港等地不存在资本主义的剥削制度；这样说，也不否定国内少量的外国资本独资经营的和中外合资经营等企业中还存在的某些资本主义剥削。

但是，这不是说，在我国人民的生活水平方面已经不存在差别了。实际上，这里还存在着由多种原因引起的、多方面的、某种幅度较大的差别。这里的问题是：长期以来，有人依据马克思在《哥达纲领批判》所作的论述，把人民之间的生活水平的差别仅仅归结为实行按劳分配原则的结果。这种说法忽略了形成这种差别的复杂因素。

第一，现阶段社会主义公有制形式的特点。在这方面，主要包括以下三点：一是存在着社会主义国家所有制和劳动群众的集体所有制。就各个国有企业之间和国有企业内部的各个劳动者以及集体企业内部各个劳动者之间的生活水平的差别来说，当然是直接同贯彻按劳分配原则相联系的。但就国有企业和集体企业以及各个集体企业之间的劳动者的生活水平的差别来说，则不能直接同贯彻按劳分配原则联系起来。因为在存在社会主义的国家所有制和劳动群众的集体所有制的条件下，正像各个集体企业之间的劳动者不能相互参加生产和分配一样，国有企业和集体企业之间的劳动者也不能相互参加生产和分配；也正像全部国民收入不能在包括国有经济和集体经济在内的全社会范围内统一分配一样，个人消费基金也是分别在国有经济和各个集体企业内部依据按劳分配原则分配的。在这种条件下，按劳分配规律的作用还受到很大的限制，还做不到由马克思提出的，[①] 并由列宁进一步阐发的那样，"整个社会将成为一个管理处，成为一个劳动平等、报酬平等的工厂"。[②] 所以，国有企业与集体企业之间以及集体企业与集体企业之间劳动者生活水平的差别，从根本上说来，是由于存在社会主义国家所有制与劳动群众集体所有制这样两种公有制形式。

二是现阶段社会主义国家所有制企业还是相对独立的商品生产者。这样，各个国有企业不仅要求取得与它的劳动成果相适应的收入（由国家作了各项扣除之后），而且要求取得与它的经营成果相适应的收入（也由国家作了各项扣除之后）。所以，就各个国有企业之间的劳动者的生活水平的差别来说，虽然主要是由按劳分配原则决定的，但在某种程度上，同

① 参见《马克思恩格斯选集》第3卷，第10—11页。
② 《列宁选集》第3卷，第258页。

企业作为相对独立的商品生产者的经济地位也是有联系的。当然，现行的高度集权的、以行政管理为主的、责权利相脱离的、企业的经济利益与生产经营成果不挂钩的经济管理体制，实际是按照供给制的原则来处理国家和企业以及企业和企业之间的经济关系的，抹煞了企业作为相对独立的商品生产者的经济地位，因而这一点并没有表现出来。但在党的十一届三中全会以来所实行的局部性的、试验性的经济管理体制改革，也在某种范围内和一定程度上反映了这一点。在将来经济管理体制的改革完成以后，这一点将会充分地、清楚地表现出来。

三是现阶段社会主义农业集体所有制还附属有社员家庭副业。这样，在一个长时期内，家庭副业收入还将是社员收入的重要组成部分。根据一部分农民经济生活的调查资料，在我国农业社会主义改造基本完成以后的1957年，社员的家庭副业收入占其全部收入的29.4%。1958年以后，由于"左"倾错误的影响，社员家庭副业的收入大幅度下降了。到1965年又恢复和发展到31.1%。由于"文化大革命"的严重破坏，1976年又下降到23.2%。党的十一届三中全会以后，社员家庭副业生产又得到了正常的发展。1981年社员家庭副业收入已经占到其全部收入的37.8%。这个历史经验表明：社员家庭副业在一个长时期内还将是我国社会主义经济的必要补充，家庭副业收入也将是社员收入的重要组成部分。然而，社员家庭副业毕竟是劳动者个体私有制的残存形态，并不属于社会主义公有制的范畴。其收入分配除了有一部分用于积累以外，[①] 主要用于社员个人的生活消费；而这部分个人消费基金的分配，也不属于按劳分配的范畴。由此而引起的社员生活水平的差别，也是同贯彻按劳分配原则无关的。

第二，多种的社会主义经营形式和多种的社会主义劳动报酬形式。从问题的本质来说，社会主义的经营形式是由社会主义所有制决定的，社会主义的劳动报酬形式是由社会主义按劳分配原则决定的。但就实际的情况来看，有些社会主义的经营形式可以较好地体现社会主义所有制的要求，有些社会主义的劳动报酬可以较好地体现社会主义按劳分配原则的要求；而有些社会主义的经营形式则不能完满地体现社会主义所有制的要求，有些社会主义的劳动报酬形式也不能完满地体现社会主义按劳分配原则的要

---

① 就目前的情况来看，对大多数社员来说，用于积累的部分还是很小的，但对那些家庭副业比较发展的社员来说，这个比重也是相当大的。从总的发展趋势来说，用于积累的部分也会逐步有一定幅度的增长。

求。在前一种情况下，就有利于增加社会主义企业和劳动者的收入；在后一种情况下，则不利于增加社会主义企业和劳动者的收入。所以，社会主义的经营形式虽然是以社会主义所有制为基础的，社会主义的劳动报酬形式虽然是以社会主义的按劳分配原则为基础的，但一经形成之后，又会成为某种独立的因素，影响到劳动者生活水平的差别。

就社会主义国家所有制工业企业来说，在党的十一届三中全会以后，分别进行了两方面的改革：一方面在大量的企业中实行了各种形式的利润留成制度；另一方面在一部分企业中实行了以税代利、自负盈亏的制度。现在实践已经证明：利润留成制度不仅在保证国家收入的稳定增长方面，而且在促使企业和劳动者个人的收入增长方面，都不及以税代利、自负盈亏的制度。其原因是：

其一，利润留成制度是对过去统负盈亏制度的一个重大突破，但它并没有从根本上改变吃"大锅饭"的平均主义的经济管理体制。在实行这种制度下，企业生产经营得好，盈利多，企业可以多得利润分成，生产发展基金、集体福利基金、奖励基金和后备基金就会多些，但工资基金并不能增长；反之，如果企业生产经营得不好，盈利少，甚至发生亏损，那也只是影响前面四项基金，工资基金不会减少。而且，由于利润留成比例不像税率那样具有法律规定的严肃性，因而有时还可以调整计划利润的指标，即使盈利少，也仍然可以得到利润分成，对前述的四项基金影响也不大，更不会影响工资基金。可见，在实行利润留成制度的情况下，企业所负的盈亏责任是很有限的。在这里，并没有真正把企业的生产经营成果和企业的物质利益紧密地结合起来。因而，企业既缺乏必要的动力和压力，又缺乏必要的条件，去实现作为相对独立的经济实体的职能，难以充分调动企业的主动性和积极性。

但在实行以税代利、自负盈亏的条件下，企业必须在全面完成国家计划的条件下，首先完成国家法律规定的上交税收的任务，余下的盈利才能由企业支配。这样，如果企业生产经营得好，盈利多，企业不仅可以增加生产发展基金、集体福利基金、奖励基金和后备基金，而且可以在国家政策和计划规定的范围内增加工资基金；反之，如果企业生产经营得不好，盈利少，甚至亏损，那包括工资基金在内的各项基金都会受到影响。所以，同利润留成制度相比较，以税代利、自负盈亏的制度不仅使企业在大得多的程度上负盈，而且在一定意义上要负亏。这样，就能够进一步把企业的生产经营成果和企业的物质利益结合起来，使企业获得较大的动力和压力，以及较好的条件，去实现作为相对独立的经济实体的职能，从而比较充分地调动企业的主动性和积极性。

其二，在实行利润留成制度的条件下，由于上缴利润同条条（中央各经济管理部门）和块块（地方）的物质利益紧密相联，因而国有企业难以摆脱作为条条、块块行政机关的附属物的地位。而条条、块块对企业的不适当的、过多的行政干预，也是束缚企业主动性和积极性的一个重要因素。但是，实行以税代利、自负盈亏，就切断了由上缴利润所形成的企业同条条、块块的物质利益关系，使得企业易于从条条、块块过多的行政干预束缚下解放出来，以提高企业积极性。

其三，在实行利润留成的制度下，难以排除由企业占用自然资源优劣和固定资产多少以及价格不合理而形成的盈利差别，从而造成某些企业之间的严重的苦乐不均的现象，不利于发挥企业的主动性和积极性。而实行以税代利、自负盈亏的制度，可以通过增设资源税、资金税和调节税等项办法，在某种程度上来排除由上述各项因素而造成的盈利差别，从而有利于克服企业之间的苦乐不均的现象，有利于调动企业的主动性和积极性。

总之，实行以税代利、自负盈亏的制度，既较好地体现了社会主义国家所有制的经济要求，又较好地体现了国有企业作为相对独立的商品生产者的经济要求，因而比较充分地调动了企业的积极性。这一点，已经为近几年经济管理体制改革的试点证明了。根据 18 个省、市、自治区 456 个实行以税代利、自负盈亏的试点企业的材料统计，1981 年与 1980 年相比，这些试点的总产值增长 2.5%，销售收入增长 8.9%，实现利润增长 18%，上缴国家税费增长 13.6%。[①] 1981 年这些企业的全部利润分配比例中，国家收入占 76.8%，企业留利占 23.2%；在这一年利润增长部分的分配比例中，国家收入占 60.1%，企业留利占 39.9%。[②] 据统计，1981 年全部社会主义国家所有制独立核算工业企业的工业总产值只比上年增长了 2.27%，销售收入增长 2.68%，利润和税金总额增长 1.79%，其中税金

[①]《人民日报》1982 年 12 月 17 日第 4 版。

[②]《经济日报》1983 年 2 月 15 日第 1 版。

增长 6.83%，利润下降 0.99%，上缴国家利润下降的幅度更大。^① 上述数字表明：从总体上说来，以税代利、自负盈亏的制度在发挥企业积极性、提高经济效益方面，从而在保证国家收入稳定、促进企业和劳动者个人收入增长方面的作用比利润留成的作用要大得多。

这样说，并不意味着单靠实行以税代利、自负盈亏的制度，就可以完整地体现国有企业作为相对独立商品生产者的经济要求。要达到这一点，有赖于整个经济管理体制的改革（特别是其中的价格体制的改革）。但同利润留成制度相比较，以税代利、自负盈亏的制度，在保证国家收入的稳定增长的同时，可以更快地提高企业的收入水平和职工的生活水平，则是已经为实践所证明了。

就社会主义集体所有制的农业来说，党的十一届三中全会以来，我国农村实行了多种形式的农业生产责任制。但就它们所反映的农业生产关系的改革深度来说，基本上可以分为两类：一类是包工制，即责任的承担者对农业集体企业的作业项目的数量和质量负责，集体对责任承担者按工计酬；一类是包产制，即责任的承担者对生产项目的最终成果——产量负责，按照产量计算报酬。包产制又可以分为以下几个主要类别：专业承包，联产计酬；统一经营、联产到组和统一经营、联产到劳；包产到户和包干到户。近几年来的实践证明：联产承包责任制，特别是其中的家庭联产承包责任制，"扩大了农民的自主权，发挥了小规模经营的长处，克服了管理过分集中、劳动'大呼隆'和平均主义的弊病，又继承了以往合作化的积极成果，坚持了土地等基本生产资料的公有制和某些统一经营的职能，使多年来新形成的生产力更好地发挥作用"。^② 这样，同其他的农业生产责任制相比较，家庭联产承包责任制在发展集体生产、提高社员生活方面，也可以起更大的作用。

以上的分析，都是说明当前我国经济体制改革过程中各种经营形式对劳动者生活水平差别的影响。但即使在经济体制改革完成以后，由于各种因素的作用，无论在工业中或者农业中，经营形式不可能都是一样的，它们对劳动者生活水平提高的影响也不可能是相同的。

至于各种劳动报酬形式对劳动者生活水平差别的影响，同上述的各种

---

① 《中国统计年鉴》（1981），第 260 页。

② 中共中央 1983 年 1 号文件：《当前农村经济政策的若干问题》，《光明日报》1983 年 4 月 11 日第 2 版。

经营形式在这方面的作用是有联系的，为免重复，就不赘述了。

第三，社会生产力发展水平的不平衡状态，也是决定劳动者生活水平差别的一个重要因素。这样说，当然是以存在上述的各种社会主义公有制形式和按劳分配原则为前提的。很显然，即使在将来的共产主义社会，生产力发展水平也不会到处都一样，但由于实行了生产资料的全社会公有制和按需分配原则，并不影响到劳动者生活水平的差别。但在上述的既定前提下，社会主义国家所有制经济和集体所有制经济之间以及各个集体企业之间的生产力发展水平的高低，就会对劳动者生活水平的差别发生重要的作用。这一点，表现在下列三个方面：其一，1981 年，每一工业劳动者创造的净产值为 3066 元，而每一农业劳动者创造的净产值只有 360 元，前者比后者要高出 7.5 倍。与工农业劳动生产率的差别相联系，这一年国有工业职工的平均工资为 852 元，而农村人民公社基本核算单位每个农业劳动力从集体分得的收入大约只有 260 多元，前者比后者大两倍多。[①] 这个数据大体上反映了国有工业和集体农业由于生产力水平不同，因而国家职工和集体农民的收入水平也不同。这里说大体上有两个意思：一是这里说的工业劳动生产率不只包括社会主义国家所有制工业，而且包括集体所有制工业；这里说的农业劳动生产率，也不只是包括集体农业，而且也包括国有农业。二是国家职工和集体农民在收入水平方面的差别，也不只是表现平均工资和从集体分得的收入上，还表现在其他方面。而且，这里说的也只是工人和农民在收入水平方面的差别，至于实际消费水平那还有些不同，因为农民自给性的消费部分以及某些商品性的消费部分的价格比城市要低得多。其二，1981 年，国家所有制独立核算工业企业全员劳动生产率为 1.1815 万元；而县及县以上的集体所有制独立核算工业企业全员劳动生产率只有 7294 元，前者为后者的 1.62 倍。[②] 这样，该年国有工业职工平均工资为 852 元，而城镇集体工业平均工资只有 644 元，前者为后者的 1.32 倍。[③] 应该说明：在过去的长时期内，由于"左"的错误的影响，不问集体企业的劳动生产率是否高于国有企业，规定前者的工资水平一律不得超过后者。这显然是不妥的。但从总的方面来说，由于集体企业

---

① 《中国统计年鉴》(1981)，第 106、197、424 页。

② 《中国统计年鉴》(1981)，第 266—267 页。

③ 《中国统计年鉴》(1981)，第 424 页。

的生产力发展水平低于国有企业，因而前者的平均工资水平适当地低于后者，是妥当的。其三，在各个地区的农业集体企业之间，由于生产力发展水平存在着较大的差异，社员从集体经济分得的收入也有不小的差距。

1980 年部分农村人民公社生产力水平和社员收入水平的比较

（按公社每个劳动力的总收入水平分组）

项目	单位	1128 个公社合计	200 元以下公社	200—500 元公社	500—1000 元公社	1000—1500 元公社	1500—2000 元公社	2000 元以上公社
平均每个劳动力年末使用的集体农业机械总马力	马力	0.6	0.3	0.4	0.7	1.1	1.1	1.7
平均每个劳动力年末使用的集体固定资产（原值）	元	373.7	162.4	237.0	433.7	696.4	871.6	1516.4
劳动生产率（即平均每个劳动力总收入）	元	592.0	157.0	357.0	672.0	1211.0	1676.0	2365.0
平均每人从集体分得的收入	元	100.3	40.1	74.1	115.1	152.1	201.0	223.1

上表表明：农业集体企业的技术装备程度以及它拥有的固定资产量同劳动生产率的高低是一种正比例的关系；劳动生产率的高低和社员从集体分得的收入水平又是一种正比例的关系。这就清楚地表明：各个农业集体企业之间的生产力发展水平，是决定社员生活水平的一个重要因素。当然，农业生产力发展水平不只表现在各个集体企业拥有技术装备和固定资产上，还表现在其他方面；社员从集体企业分得的收入也不完全决定它们各自的生产力发展水平，还有其他因素的作用，比如各个农业集体企业积累率的不同，以及每个就业者赡养的人数不等，等等。但是，从总的方面来说，有些集体企业社员从集体分得的收入较高，是同集体企业生产力发展水平较高相联系的；而有些集体企业社员的收入水平较低，是同集体企业生产力发展水平不高紧密相关的。

总之，上述三方面的情况表明：在存在多种社会主义公有制形式的条件下，各种经济组织的生产力发展水平不等，归它们各自所有的收入也不等，因而其成员之间的生活水平必然发生差别。

第四，在存在各种社会主义公有制形式和实行按劳分配原则的条件下，劳动者家庭人口的多寡和就业率的高低，也直接影响到劳动者生活水平的差别。

1981 年全国 46 个城市 8715 户职工家庭平均每一就业者赡养人数和生活水平的比较①

项目	单位	职工家庭合计	按平均每人每月生活费收入分组					
			20 元以下	20—25 元	25—35 元	35—50 元	50—60 元	60 元以上
平均每户家庭人口数	人	4.24	5.60	5.22	4.66	4.00	3.70	3.20
平均每户就业人口数	人	2.39	1.63	1.96	2.18	2.43	2.79	2.69
平均每户就业面	%	56.37	29.11	37.55	46.78	60.75	75.41	84.06
平均每一就业者赡养人数	人	1.77	3.44	2.66	2.14	1.65	1.33	1.19
平均每人每月全部收入	元	41.70	18.89	24.95	33.25	44.72	58.68	72.93
平均每人每月生活费支出	元	38.07	18.85	23.02	30.80	40.92	52.48	63.51

上表表明：在全国城市职工之间，家庭人口数和就业人口数，以及与此相关的家庭就业面和每一就业者赡养的人口数，对劳动者的生活水平也有重要的影响。在其他的条件相等的情况下，每一就业者赡养的人口数是与劳动者的生活水平成反比的，即赡养的人口愈少，生活水平愈高；反之亦然。

这种依存关系在地区与地区的职工之间以及工人与农民之间也明显地表现出来。根据 1980 年第一季度对全国 44 个大中小城市 8.6955 万户职工家庭的调查，平均每人每月生活费收入为 32.7 元。而据同期山西省对 4个大中小城市 7780 户职工家庭的调查，平均每人每月只有 26.9 元，低5.8 元，低 17.7%。其主要原因是山西省的职工家庭人口多，就业面小，每一就业者赡养的人口多。在上述期间内，山西省 4 个城市平均每户职工家庭人口为 4.87 人，比全国 44 个城市平均数 4.48 人多 0.39 人；平均每

① 资料来源：《中国统计年鉴》(1981)，第 428 页。其中平均每一就业者赡养人数包括就业者本人。

户就业人数为 2.36 人，比全国 44 个城市平均数 2.47 人少 0.11 人；平均每一就业者赡养的人数为 2.06 人，比全国 44 个城市平均数 1.81 人多 0.25 人。① 又据 1981 年对全国 1.8529 万户农民家庭收支抽样调查资料，平均每户常住人口为 5.5 人，平均每户整、半劳动力为 2.53 人，平均每个劳动力负担人口为 2.17 人，平均每人收入为 223.44 元，平均每人生活费支出为 190.81 元。如前所述，据同期对全国 46 个城市 8715 户职工家庭收支抽样调查资料，平均每一就业者赡养人数为 1.77 人，比前者少 0.4 人，平均每人收入为 500.4 元，比前者多 276.96 元，平均每人生活费支出为 456.84 元，比前者多 266.03 元。② 显然，平均每一就业者赡养人口数的不等，也是影响工人和农民生活水平差别的一个重要因素。

综上所述，我国社会主义消费模式第一个特征似乎可以归结为：没有贫富的阶级对立，但还存在着多元的（即由多种因素形成的）、多方面的和某种幅度较大的差别。

可见，如果只是简单地把我国人民生活水平的差别归结为实行按劳分配原则，是不全面的，它忽略了上述各项因素的作用。

这种错误观点的发生，是由于没有采取正确的方法来运用马克思的按劳分配理论。需要肯定：马克思在《哥达纲领批判》中首次提出的关于按劳分配和按需分配的理论，关于共产主义社会两个发展阶段的理论，是"运用最彻底、最完整、最周密、内容最丰富的发展论"，是根据"共产主义是从资本主义中产生的，它在历史上是从资本主义中发展起来的，它是资本主义产生的那种社会力量发生作用的结果"。③ 因而，是科学的社会主义的理论。1917 年俄国十月社会主义革命以来的社会主义各国的实践，也已经充分证明了这一点。

但是，马克思在这里提出按劳分配理论，是针对着拉萨尔派的所谓"公平分配劳动所得"以及"劳动所得应当不折不扣和按照平等的权力属于社会一切成员"等空洞说教的，正如恩格斯所说的那样，只是在这个合理的辩论范围之内立论的。马克思在这里没有提出全面分析社会主义条件下劳动者消费水平差别的任务。马克思"只是较详细地确定了现在所

① 《经济研究》1982 年第 5 期，第 14—15 页。
② 《中国统计年鉴》(1981)，第 428、431、433 页。
③ 《列宁选集》第 3 卷，第 243 页。

能确定的东西，即共产主义社会低级阶段和高级阶段之间的差别"。"马克思丝毫不想制造乌托邦，不想凭空猜测无法知道的事情。"① 这样，我们在依据按劳分配这个正确的理论分析我国社会主义条件下劳动者生活差别的时候，"必须结合具体情况并根据现存条件加以阐明和发挥"。② 正是依据这一方法，我们在前面结合我国社会主义公有制的特点以及社会主义的经营形式和劳动报酬形式等具体情况，对按劳分配规律作用的特点以及我国人民消费水平的差别作了具体分析。而上述错误观点的发生，正是由于忽视了这一点。

还要说明：如果把我国人民生活水平的差别只是简单地归结为按劳分配原则，那不仅不能具体说明问题，而且可能导致一些消极后果。就是说，会把由现阶段社会主义公有制的特点以及反映这些特点要求的多种经营形式和劳动报酬形式所形成的、合理的劳动者之间生活水平的差别，当作违反按劳分配原则而否定了。显然，这些都是不利于我国社会主义建设的发展的。

二、摆脱了资本主义消费固有的寄生性、局限性和腐蚀性，具有生产性、全面性和健康性的特征

与资本主义生产过程中的资产者和无产者的阶级对立相适应，资本主义的消费也有两个对立的方面：一方面再生产了资本主义生产关系的主体——资本家。按照列宁的说法，"资本主义的历史使命"，"是发展了社会生产力"。③ 但是，随着自由竞争的资本主义发展到垄断的资本主义阶段以后，食利阶层愈来愈增长，资产阶级中脱离生产过程的人愈来愈多，资产阶级的生活愈来愈奢侈，资本主义生产关系愈来愈成为社会生产力发展的桎梏。这样，资产阶级的生活消费也就愈来愈带有寄生性。另一方面再生产了无产者，再生产了劳动力商品。就无产者的生活水平来说，它存在着局限性，即总是限制在劳动力商品价值的水平上。诚然，在第二次世界大战后，发达的资本主义国家工人的生活水平有了显著的提高。但这是由于"和其他商品不同，劳动力的价值规定包含着一个历史的和道德的

① 《列宁选集》第 3 卷，第 249、243 页。
② 《马克思恩格斯全集》第 27 卷，第 433 页。
③ 《列宁全集》第 3 卷，第 35 页。

因素"。① 而随着现代化生产的发展，一些耐用消费品（如小汽车、电视机、电冰箱和现代化住宅等）也进入了工人的必要生活资料的范围，工人接受中等教育甚至高等教育也成了再生产劳动力的需要。可见，现代资本主义的发展，它没有、也不可能改变劳动力商品价值规律的作用。不仅如此，资产阶级出于追求利润的需要，还生产大量的腐蚀人们健康的有毒物品。比如，目前在资本主义最发展的美国，吸用可卡因的人在 1000 万至 2000 万人之间，经常吸用的也高达 800 万人，分别占美国人口的 4% 至 8% 左右和 3% 以上；每年花费在可卡因上面的钱在 300 亿美元以上，约占美国国民收入的 1% 以上。②

在社会主义制度下，消费再生产了具有双重身份的劳动者。这里所说的双重身份，一方面劳动者是社会主义生产关系的主体；另一方面又是主要的生产力要素。因而这种消费不存在资本主义社会那样的寄生性，而是生产性的。在社会主义制度下，生产的目的不是为了追求最大限度的利润，而是为了提高人民的物质文化生活。这样，社会主义劳动者的消费水平也就摆脱了资本主义社会那样的局限性，它可以"扩大到一方面为社会现有的生产力……所许可，另一方面为个性的充分发展所必要的消费的范围"。③ 既然社会主义生产的目的是为了全面发展人民的体力和智力，那么，有害人们健康的消费品生产，就是同社会主义生产的本性不相容的。这样，在社会主义制度下，也就从根本上排除了资本主义消费的腐蚀性，具有健康性的特征。

三、消费水平稳步上升

在资本主义的发展史上，曾经周期地发生这样的现象：在它的生产高涨阶段，劳动者的生活水平有所上升；到了它的危机阶段，劳动者的生活水平急剧下降，因而呈现出起伏较大的、曲线上升的运动形态。这是由资本主义经济制度的本质决定的。

在社会主义制度下，生产的目的是为了提高人民的物质文化生活，国民经济是有计划发展的，国民收入在积累和消费两方面的分配，要体现在发展社会生产和提高社会劳动生产率的基础上逐步增进人民的物质福利的

① 《马克思恩格斯全集》第 23 卷，第 194 页。
② 《文摘报》1983 年 1 月 14 日第 8 版。
③ 《马克思恩格斯全集》第 25 卷，第 990 页。

要求。因而，劳动者消费水平的运动形态是可能稳步上升的。

这样说，是就社会主义经济的本质而言的，它并不排除某些时候由于国家宏观经济决策的失误，使得社会主义的生产建设受到严重挫折，从而引起人民生活的暂时下降。但是，这种失误并不是来自社会主义经济制度的客观必然性。因而对社会主义制度来说，这不是本质的、持久的现象，而是非本质的、暂时的现象。我国 30 余年的社会主义建设的实践业已充分证明：凡是社会主义经济正常发展的年份，人民的生活是逐步提高的；只是在经济工作指导方针方面发生"左"倾错误的时候，人民生活才会出现暂时的下降。如果没有这种失误，人民生活水平稳步上升的趋势，是可以持续下去的。这一点，我们在前面已经做过详细的分析，这里就不重复了。

这样说，还是就社会主义经济的全局而言的，它也不排除某些遭受严重自然灾害地区农民生活水平的暂时下降。比如，1979 年全国农村大部分地区丰收，农村社员每人平均从集体分得的收入为 83.4 元，比上年增加 9.4 元；分得的粮食 465 斤，比上年增加 22 斤。但这年云南省遭受严重旱灾，农村社员每人平均从集体分得的收入为 64.6 元，比上年下降 0.7 元；分得的粮食 388 斤，比上年减少 31 斤。

这样说，也是就社会主义制度下人民消费水平运动形态的特点来说的，它并不意味着当前我国人民的消费水平已经超过了经济发达的资本主义国家。事实上，尽管在社会生产关系方面，我国人民的消费已经摆脱了资本主义社会那样的限制，但还没有摆脱由于社会生产力的不发展状态而带来的限制。而消费水平不仅决定于社会生产关系的性质，而且决定于社会生产力的发展状况。在后一方面，我国同经济发达的资本主义国家还有较大的差距。其突出表现就是：按人口平均计算的国民生产总值，我国比经济发达国家低得多。1979 年，平均每人国民生产总值，美国为 1.082 万美元，日本为 8800 美元，联邦德国为 1.173 万美元，法国为 9940 美元，英国为 6340 美元，我国只有 253 美元。美国比我国高 41.8 倍，日本比我国高 33.8 倍，联邦德国比我国高 45.4 倍，法国比我国高 38.3 倍，英国比我国高 24.1 倍。这样，整个说来，当前我国人民的消费水平比经济发达国家低。但是，从长期的发展趋势看，社会主义国家人民的消费水平终究要大大超过资本主义国家的人民。这不仅因为社会主义生产关系的性质是根本区别于资本主义的生产关系，而且"因为社会主义能造成新的高得多的劳动生产率"。[1]

四、消费结构由低水平向高水平的持续发展。多层次消费结构的同时并存和交替上升

如前所述，消费水平是由社会生产关系的性质和社会生产力的发展水平决定的。消费结构也是如此。这样，消费结构与消费水平之间存在着密切的依存关系。如前所述，我国社会主义消费模式具有这样两个特点：一是消费水平的运动形态逐步上升；二是存在着多元的、多方面的和某种幅度较大的消费水平的差别。这样，我国消费结构也具有这两方面的特征：一方面，消费结构呈现出由低水平向高水平发展的持续上升运动；另一方面，高低水平不同的，多层次的消费结构同时并存。消费结构的这两个特点，不仅决定于我国社会生产力的发展状况，而且反映了我国社会主义生产关系的性质。因而也成为我国社会主义消费模式的一项重要内容。

现在我们先分析我国消费结构由低水平向高水平发展的上升运动。

按当年价格计算，在 1952 年至 1981 年期间，我国城乡居民平均年消费水平由 76 元增长到 248 元。按可比价格计算，增长了 1.22 倍。与此相联系，社会消费品零售额的构成也发生了相应的变化。在这期间，食品类的比重由 56.5% 下降到 51.1%；衣着类由 19.3% 上升到 23.1%；文教用品和药品类由 5.9% 增加到 9%；燃料类由 3.3% 上升到 3.6%；日用品类由 15% 下降到 13.2%。[2] 尽管这个构成的变化，没有反映城乡人民非商品支出（如房租、水电费、煤气费、交通费、邮电费、学杂费、文化娱乐费、修理服务费和医疗费等）的变化，也没反映农村居民自给性消费支出（如粮食、棉花、食油和蔬菜等）的变化，但它反映了在城乡人民物质文化生活中占有重要地位（对城市居民来说占有主要地位）的商品支出的变化，因而在相当大的程度上（对城市居民是主要的程度上）可以看作是反映了消费结构由低水平向高水平发展的上升运动。

但这只是消费结构上升运动的一种表现。它的另一种表现是：在每一类消费品中，低质量的、低档的产品比重降低，高质量的、高档的产品比

---

① 《列宁选集》第 4 卷，第 16 页。

② 《中国经济年鉴》（1982），第 Ⅷ－24、28 页。

重上升。

就食品来说，其构成正在由以消费粮食、瓜菜为主逐步向多样的、质量高的食品方向发展。主要表现为：第一，副食品比重上升，主食品比重下降。1982 年全国副食品零售额已占食品零售总额的 81%，比 1965 年提高 9%，比 1981 年提高 1%。同 1981 年相比，1982 年几种主要副食品的零售量都有增长，其中食用植物油增长 24.6%，猪肉增长 6.2%，牛肉增长 11.3%，羊肉增长 15%，家禽增长 33.3%，鲜蛋增长 13.4%，水产品增长 11.7%，食糖增长 12.2%。第二，主食中细粮比重上升，高级食品增长速度很高。1982 年细粮零售额占粮食零售总额的 83%，比 1965 年提高 16%，比 1981 年提高 2%。与此同时，高级食品零售额激增。同 1981 年相比，1982 年水果增长 16.2%，各种酒增长 17%，糕点增长 15.5%，糖果增长 20.7%。[①]

就穿着品来说，其构成正在由以消费价格低廉、坚固耐穿的棉织品为主向质量优良、花色新颖、品种多样的各类织物的方向发展。其表现是：第一，涤纶、纯毛织品比重上升，棉织品比重下降。1982 年全国主要涤纶织品、纯毛织品和丝织品零售额比上年增长 4.7%，占穿着商品零售额的比重由上年的 38.9% 上升为 40.9%；而主要棉织品的零售额则比上年下降 6.2%，占穿着商品零售额的比重由上年的 35.7% 下降为 33.6%。第二，成衣需要量增多，新式高级服装增长速度高。1982 年各种服装零售额比上年增长 3.8%，其中新型的羽绒、腈纶和裘皮等服装增长 25%；纯毛、涤纶和丝绸等服装增长 11.1%；而纯棉布和化纤布服装则下降 13%。第三，高档床上用品激增。1982 年床上用品零售额比 1981 年增长 3.4%。其中绸缎被面增长 9.2%，毛毯增长 13%，化纤和的确良床单增长 8.5%，绣花枕套增长 7%。另外，据上海、南京、杭州、沈阳、武汉、广州等地统计，1982 年鸭绒被、腈纶毯、尼龙蚊帐和床罩等零售额比上年增长 20% 至 40%。[②]

就用品来说，其构成的运动也呈现出类似的趋势。比如，1952 年用品零售额为 55 亿元，1981 年增长到 445.7 亿元，增加了 7.1 倍。其中，缝纫机、自行车、手表、收音机和电视机等耐用品销售额由 0.8 亿元增长

---

① 《经济日报》1983 年 2 月 16 日第 3 版。

② 《经济日报》1983 年 3 月 9 日第 2 版。

到 117.6 亿元，增长了 146 倍，占用品销售额的比重，由 1.5% 上升到 26.4%。

我们说，我国消费结构存在着由低水平到高水平的持续上升运动，也是就社会主义经济的本质和它的总的发展趋势说的。但由于经济工作指导上"左"的错误的影响，这种上升运动也发生过曲折的变化。比如，辽宁省在建国初期，食品在消费结构中的比重为 53.6%，穿着品和用品的比重为 43.1%。到"一五"时期，食品比重下降到 49.3%，穿着品和用品的比重上升到 44.9%。但在 1958 年"大跃进"失败以后的 3 年困难时期，食品比重又回升到 50.1%，穿着品和用品的比重又下降到 42.8%。"五五"时期，特别是 1976 年粉碎"四人帮"之后，食品比重再次下降到 46.3%，穿着品和用品的比重又上升到 47.3%。辽宁省是我国经济最发展的省份，消费水平以及与此相联系的消费结构都超过了全国的平均水平。但就它的消费结构的曲折的上升运动来说，则反映了全国的一般状况。

现在我们来分析我国消费结构另一方面的特点，即高低水平不同的、多层次的消费结构的同时并存。这表现在下列几个方面：

第一，在工人和农民之间存在着高低水平不同的消费结构。

依据 1981 年全国 46 个城市 8715 户职工和 28 个省、市、自治区 1.8529 万户农民的家庭收支抽样调查资料，这一年职工家庭每人的生活费支出为 456.84 元，为农民家庭每人的生活费支出 190.81 元的 2.39 倍。与此相适应，前者的消费结构比后者的消费结构也居于较高的层次。这表现在：其一，前者的食品支出占生活消费品支出的 56.66%，而后者要占到 59.66%，高出 3 个百分点。其二，前者的穿着支出占生活消费品支出的 14.79%，而后者只占到 12.35%，要低 2.44 个百分点。其三，前者的燃料支出占生活费支出的 1.94%，而后者要占到 5.55%。但这并不表明农村的燃料条件比城市优越，这主要是由于作为城市职工主要燃料的煤的价格低，又有国家补贴的缘故。就实际情况看，城市职工的燃料条件比农村要好得多。其四，前者的房租支出只占生活费支出的 1.39%，而后者住房支出占生活费支出的 9.79%。但这是由于城市职工主要靠向国家租房，而且房租很低，不仅低于房屋折旧费，甚至低于维修费；而农民住房主要靠自己兴建。所以，我们并不能简单地依据职工房租支出和农民住房支出的情况，来判断二者居住条件的差异。就实际情况来看，整个说来，城市职工住房的质量比农民住房要高得多。当然，后者的居住面积比前者要大得多。其五，前者的日用品和文化生活等项支出占生活费支出的23.38%，而后者只占12.65%。① 总之，城市职工的消费结构反映了较高的生活水平，而农民的消费结构则反映了较低的生活水平。

第二，在城市职工之间也存在着高低水平不同的、多层次的消费结构。

1981年全国46个城市8715户职工家庭收支抽样调查资料表明：职工家庭平均每月每人生活费支出是有差别的，平均算来是38.07元，而20元以下的户只有18.85元，60元以上的户达到63.51元，最低的比平均水平要少19.22元，比最高水平要少44.66元。与此相联系，他们之间的消费结构也存在着差别。其一，就食品支出来说，平均每人每月生活费支出水平愈高，占的比重也愈小，以致每人每月生活费支出60元以上的户比20元以下的户要低13.58个百分点。但在食品支出中，有两种相反的趋势：一方面，平均每人每月生活费支出水平愈高，粮食支出的比重也愈小。平均每人每月生活费支出60元以上的户，只占10.01%，比20元以下的户要低12.96个百分点。副食和烟、酒、茶支出的比重在一定程度上也是这样，副食支出前者比后者要低3.84个百分点，烟酒茶支出前者比后者要低0.45个百分点。但就粮食支出，特别是副食支出和烟、酒、茶支出的水平来说，前者大大超过了后者，前者分别为后者的1.47倍、2.98倍和3.1倍。另一方面，平均每人每月生活费支出愈高，其他食品（包括高级食品）支出的比重也愈高，以致平均每人每月生活费支出60元以上的户占8.23%，而20元以下的户只占4.56%。其二，穿着商品、日用品和文娱用品的支出比重同食品支出的比重的变化趋势是相反的。就是说，平均每人每月生活费支出水平愈高，它们占的比重愈高。穿着商品支出的比重，平均每人每月生活费支出60元以上的户占15.45%，比20元以下的户要高3.88个百分点，日用品支出的比重，前者占12.16%，比

---

① 《中国统计年鉴》(1981)，第429、433页。其中日用品和文化生活等项支出，就城市职工家庭支出来说，包括购买商品支出中的日用品、文娱用品、书报杂志、药和医疗用品，以及非商品支出中的水电费、学杂费、保育费、交通费、邮电费和文化娱乐费；就农民家庭支出来说，包括生活用品和其他，以及文化、生活服务支出。

后者高 6.54 个百分点，文娱用品支出的比重，前者占 6.64%，比后者高 4.25 个百分点。其三，书报杂志和非商品支出的比重，在平均每人每月生活费支出高的户中，比低的户也要高，但高得不多。每人每月生活费支出 60 元以上的户比 20 元以下的户，书报杂志只高 0.01 个百分点，非商品支出只高 1.4 个百分点。但支出的水平高得很多。书报杂志要高 2.39 倍，非商品支出高 2.43 倍。其四，药及医疗用品和燃料支出的比重，在平均每人每月生活费支出高的户中，虽然比低的户要小，但它们的支出水平，前者都大大超过了后者。与平均每人每月生活费支出 20 元以下的户相比较，60 元以上的户，药及医疗用品支出高 1.4 倍，燃料支出高 0.55 倍。总之，以上表明在城市职工之间也存在着消费水平高低不同的、多层次的消费结构。

第三，在农民之间也有类似的、高低水平不同的、多层次的消费结构。据对 28 个省、市、自治区 1.8529 万户社员家庭收支的调查，1981 年每人平均纯收入在 300 元以上的农户占 22.6%，200 元至 300 元的占 34.8%，100 元至 200 元的占 37.9%，100 元以下的占 4.7%。显然，这些收入水平不同的社员之间，消费结构也有差别。1981 年每人平均纯收入 300 元以上的富裕户，每人平均生活费支出为 303.7 元，比 100 元以下的困难户要高出 2.29 倍。与此相适应，前者食品支出的比重比后者要低 14.6 个百分点；衣着支出比重要高 1.1 个百分点；燃料支出比重虽然要低 1.8 个百分点，但支出水平要高 1.38 倍；住房和生活用品等支出比重要分别高 10.7 和 4.6 个百分点；文化、生活服务支出的比重虽然是相等的，但支出水平要高 2.32 倍。可见，在农民中间也存在着水平高低不同的、多层次的消费结构。

我们在前面分析了我国消费结构的两个重要特点：一是持续的上升运动；二是高低水平不同的、多层次的消费结构的同时并存。由此还会派生另一个特点：多层次的消费结构的交替上升和相互继起。就是说，当原来的较低层次消费结构向较高层次消费结构发展的时候，原来的较高层次消费结构又向更高层次消费结构前进了。为了说明这一点，我们先列三表于下。

表一 1981 年职工家庭和农民家庭平均每百户拥有的耐用消费品数量的比较①

品名	单位	职工家庭	农民家庭
自行车	辆	135.90	46.32
缝纫机	架	70.41	28.87
手表	只	240.76	57.46
收音机	架	100.52	44.03
电视机	架	57.65	0.92

表二 1981 年全国 46 个城市 8715 户职工家庭平均每百户拥有的耐用消费品数量

品名	单位	职工家庭合计	按平均每人每月生活费收入分组					
			20 元以下	20—25 元	25—35 元	35—50 元	50—60 元	60 元以上
自行车	辆	135.90	79.92	104.23	125.75	140.06	161.43	150.83
缝纫机	架	70.41	46.67	57.20	72.13	68.48	78.23	73.87
手表	只	240.76	149.01	165.03	210.04	249.77	293.41	294.61
收音机	架	100.52	70.24	81.72	96.89	100.80	111.09	121.27
彩色电视机	架	0.59	—	—	0.35	0.43	0.90	4.52
黑白电视机	架	57.06	14.55	28.39	48.07	63.33	70.43	70.03
录音机	架	12.97	0.16	4.01	7.32	13.72	23.63	27.04

表三 1981 年农民中富裕户和困难户平均每百人拥有的耐用消费品数量的比较

品名	单位	平均每人收入 300 元以上的富裕户	平均每人收入 100 元以下的困难户
自行车	辆	14.47	4.09
缝纫机	架	8.35	2.72
收音机	台	12.75	3.21
手表	只	22.03	2.21

表一是全国 46 个城市 8715 户职工和 28 个省、市、自治区 1.8529 万户社员的家庭收支调查资料。这个资料表明：对职工家庭来说，自行车、缝纫机、手表和收音机这些一般耐用消费品已经普及了，现在正在普及电视机等比较高级的耐用消费品；但对农民家庭来说，还正在普及前一种一般耐用消费品，还谈不上普及后一种比较高级的耐用消费品。这当然是就

---

① 资料来源：《中国统计年鉴》(1981)，第 430、434 页。

农民的整体来说的，它并不排除大中城市郊区等收入较高的地区和某些收入较高的农户，也已开始普及后一种比较高级的耐用消费品了。

表二也表明：在城市各种收入水平的职工家庭中，自行车、缝纫机、手表和收音机这些一般的耐用消费品已经基本上普及了。但对平均每人每月收入35元以上的收入水平较高的职工家庭来说，还已经普及了黑白电视机这样的比较高级的耐用消费品，并正在向彩色电视机和录音机这样的更高级的耐用消费品发展；而对平均每人每月收入35元以下的收入水平较低的职工家庭来说，还正在普及黑白电视机这样比较高级的耐用消费品，至于彩色电视机、录音机这类更高级的耐用消费品的拥有量是很少的。

表三表明：平均每人每年收入300元以上的农村富裕户，正在普及自行车、缝纫机、收音机和手表等一般耐用消费品；至于100元以下的困难户，拥有的一般耐用品的数量也很少。这就说明：困难户的收入主要是用于衣食住等基本生活需要，还无力购买一般的耐用消费品。

这样，我们可以看到，就耐用消费品的消费水平来说，存在着四个层次：一是农村困难户一般还无力购买一般耐用消费品；二是农村富裕户正在普及一般耐用消费品；三是城市收入较低的职工，不仅基本上普及了一般耐用品，而且正在普及比较高级的耐用消费品；四是城市收入较高的职工，不仅基本上普及了一般的和比较高级的耐用消费品，而且正在普及更高级的耐用消费品。显然，随着人民收入水平的提高，这四个层次的消费水平都不是停滞的，而是不断变化的。这样，就会形成四个层次的交替上升和相互继起的运动。就是说，由于收入水平的上升，原来的农村困难户开始普及一般的耐用消费品的时候，原来的富裕户就会在基本上普及一般耐用消费品之后，开始普及比较高级的耐用消费品，原来城市收入水平较低的职工在基本上普及了比较高级的耐用消费品之后，也会开始普及更高级的耐用消费品，原来收入水平较高的职工在基本上普及了更高级的耐用消费品之后，还会进一步提高。当然，由于职工和农民之间、职工之间以及农民之间的收入水平提高速度是不等的，因而他们之间的耐用消费品的消费水平的变化也会发生某种不平衡性。但从总的发展趋势来看，各种不同层次的耐用消费品消费水平的交替上升和相互继起的运动，总是存在的。这里虽然举的是耐用消费品消费水平变化的例子，但所有的消费品也都存在某种类似的运动状态。所以，不同水平的消费结构的交替上升和相互继起，是我国消费结构的一个重要特点。

探讨我国消费结构的各项特点，对于揭示我国社会主义经济制度的优越性，对于有计划地安排消费品生产乃至生产资料生产，对于有计划地安排消费品商品的流转，都是必要的。

五、物质文化生活消费形式方面的多样性

我国社会主义消费模式的一个重要特点，就是物质文化生活消费形式的多样性，或者说物质生活消费形式的丰富多彩，文化生活消费形式的万紫千红。

这一点，是同我国悠久的文化历史、各个地区自然条件的差异以及各个民族之间风俗习惯的不同等因素相联系的。在物质生活消费形式多样性方面，我们以蔬菜、菜肴和糕点为例。

我国素有"园艺王国"之称，是世界上蔬菜资源最丰富的国家。根据近几年蔬菜科研工作者对 20 多个省、市、自治区的调查资料，全国常见蔬菜已近 40 个科的 130 余种，其中属于高等植物的有近 30 个科的 120 余种，原来产于中国的有一半以上。[①]

我国菜肴种类之多在世界上也是少有的。仅安徽一省，包括肉菜、水产、蛋禽、野味、甜菜、素菜和其他类共达 228 种。[②]

我国糕点在国际上也久负盛名。糕点花色品种很多，大体可分为纯酥类、蛋糕类、混糖类、酥皮类、油炸类、糖类制品和节令食品等，不下 2000 个品种。[③]

在文化生活消费形式多样性方面，我们以文化典籍和戏曲为例。我国文化典籍极为丰富。据估计，我国自有文字以来至 1919 年，文化典籍达到 8 万种以上。[④]

我国戏曲种类之多也是世界罕见的。据统计，全国约有 367 种地方戏曲。至于歌曲种类之多，更是不可胜计。

还有必要提到：我国又是世界上观赏植物最丰富的国家。据计算，我

---

① 《光明日报》1981 年 11 月 19 日第 1 版。
② 《中国菜谱》（安徽），财政经济出版社 1978 年版，第 1—3 页。
③ 《人民日报》1981 年 7 月 25 日第 3 版。
④ 《光明日报》1981 年 12 月 23 日第 2 版。

国观赏的花木不下两三千种。①

在社会主义制度下，随着社会生产力的发展，这种物质文化生活消费形式的多样性，必将获得进一步的丰富和发展。因为，一般说来，"发展生产力"，"既是发展消费的能力，又是发展消费的资料"。② 事情很清楚，人们要进行多方面的和多样的消费，他们不仅需要有这种消费的资料，而且需要有这种消费的能力。所以，"消费的能力是消费的条件，因而是消费的首要手段"。③ 这样，社会生产力的发展就从消费能力和消费对象两个方面为多方面的和多样的消费提供了物质前提。而从问题的本质和长远的发展趋势来说，社会主义生产关系在发展这种消费方面比资本主义生产关系也具有无可比拟的优越性。因为，第一，社会主义生产关系所能容纳的社会生产力和社会文化的发展高度，是资本主义生产关系远远不及的。第二，社会主义生产"不仅可能保证一切社会成员有富足的和一天比一天充裕的物质生活，而且还可能保证他们的体力和智力获得充分的自由的发展和运用"。④ 劳动者的体力和智力的全面发展，为多方面的和多样的消费提供了主体。第三，只有在社会主义制度下，我国悠久的历史文明和各个国家的文明才能得到正确的吸收和改造，成为发展多方面的和多样的消费的一个重要的积极因素。列宁说过："马克思主义这一革命的无产阶级思想体系赢得了世界历史性的意义，是因为它并没有抛弃资产阶级时代最宝贵的成就，相反地却吸收和改造了两千多年来人类思想和文化发展中一切有价值的东西。"⑤ 同样的道理，社会主义社会在物质文化生活消费形式多样性方面之所以能够远远超过已往的各个时代，也在于它凭借优越的社会主义经济制度，正确地继承和发扬了已往各个时代中一切有价值的东西。因此，我们满有理由说：我国人民物质文化生活消费形式方面的多样性，是我国社会主义消费模式的一个重要特征。

六、与资本主义消费的浪费型相反，具有节约型的特征

从资本主义发展的历史来看，在它的初期，"致富欲和贪欲作为绝对

---

① 《光明日报》1981 年 8 月 30 日第 2 版。
② 《马克思恩格斯全集》第 46 卷下册，第 225 页。
③ 《马克思恩格斯全集》第 46 卷下册，第 225 页。
④ 《马克思恩格斯选集》第 3 卷，第 322 页。
⑤ 《列宁全集》第 31 卷，第 283 页。

的欲望占统治地位"。① 这时候,浪费还没有成为资产阶级生活方式的特征。

但在资本主义的一定的发展阶段上,"已经习以为常的挥霍",成了资本家"营业上的一种必要",并"仍然和积累一同增加,一方决不会妨害另一方"。② 这样,浪费就成了资产阶级生活方式的不可分离的侣伴。

在当代发达的资本主义国家,不仅资产阶级生活上的浪费得到了空前未有的大发展,而且整个资本主义社会的生活消费都具有浪费型的特征。这种浪费型的消费模式的出现,并不是偶然的现象,而是帝国主义制度各种基本矛盾发展的必然产物。在第二次世界大战以后,伴随着现代科学技术的巨大发展及其在生产上的广泛应用,资本主义的基本矛盾,即生产社会性和私人资本主义占有之间的矛盾进一步尖锐化了,国内市场问题变得格外严重起来,伴随着欧亚两洲一系列社会主义国家的建立和帝国主义殖民体系的瓦解,国外市场问题也更加尖锐了。在这种情况下,浪费型的消费模式就成为资本家扩大商品销售市场、缓和经济危机、获取最大限度利润的一个重要手段,成为资本家一种新的营业上的必要。这一点,突出地表现在小汽车过多的使用和过快的更新上。目前美国年收入在 2.5 万美元以上的居民中,近一半的人拥有 2 辆小汽车,1/4 的人拥有 3 辆以上的小汽车。全国小汽车的平均使用年限只有 6 年,1/4 以上的小汽车使用年限不到 3 年。这些必然造成社会资源的巨大浪费。比如,按人口平均计算的能源消费量,美国为 1.1554 万公斤,几乎为世界平均消费量 2069 公斤的 6 倍。这种做法还会造成环境的严重污染,并大大增加环境保护费用。目前美国政府单是环境保护开支每年就高达 100 亿美元以上。可见,这种浪费型的消费模式,白白糟蹋了大量的社会资源,大大增加了消费者的负担,严重污染了环境,其唯一"妙处",就是扩大了资本主义的商品销售市场;这种浪费型的消费模式,既不是人们生存的需要,也不是人们发展和享受的需要,仅仅是资产阶级追求最大限度利润的需要。所以,整个资本主义社会的浪费型消费模式的出现和发展,是资本主义制度腐朽性加深的一个重要表现。

随着资本主义经济制度的消灭和社会主义公有制的建立,也就铲除了

---

① 《马克思恩格斯全集》第 23 卷,第 651 页。
② 《马克思恩格斯全集》第 23 卷,第 651 页。

这种浪费型消费模式的根源，并为建立节约型的消费模式奠定了基础。马克思对于生产资料公有制社会在生产上节约劳动时间的客观必然性，曾经作过精辟的论述。他认为，时间的节约，"在共同生产的基础上仍然是首要的经济规律"。① 诚然，生活上的节约和生产上的节约是有不同的意义的。但是，马克思的上述分析在某种意义上在这里也是适用的。显然，在消费资料量已定的条件下，节约型的消费模式比浪费型的消费模式可以使人们得到更多的实惠。或者说，为了满足人们的一定的消费需要，前者可以用较少的消费资料，因而相对地说来，前者可以节省生产生活资料的劳动，可以增加社会积累，或者可以增加劳动者的"自由时间，即增加使个人得到充分发展的时间"。② 因此，节约型的消费模式是社会主义经济本质的反映，是社会主义经济规律的要求。

在我国社会主义建设的现阶段，建设和发展节约型的消费模式，具有特殊重要的意义。当前我国人民的生活水平尽管比解放初期已经有了很大的改善，但还远远低于经济发达的资本主义国家。随着我国社会生产的增长，这种差距会逐步趋于缩小。但在一个相当长的时期内，这种差距还不会完全消除。在这种情况下，通过建设和发展节约型的消费模式，使人民在消费资料量已定的条件下，得到更多的实惠，就富有更加重要的意义。

在我国建设和发展节约型的消费模式，也有特殊有利的条件。我国人民在已往的长期历史发展中，形成了勤俭持家的优良传统。我国人民没有经过发达的资本主义阶段，但却经历了党所领导的长期的革命战争和社会主义革命与建设。正是这种特殊的历史条件，使得我国人民原有的节约美德，不仅没有受到发达的资本主义社会的浪费型消费模式的腐蚀，而且在党的长期教育下，在马克思列宁主义、毛泽东思想的指引下，得到了进一步的发扬。

我们强调建设和发展节约型消费模式的必然性和意义，在于要求建立与社会主义经济本性相适应的消费模式，在于揭露和抵制资本主义的浪费型消费模式的腐蚀，但并不是提倡禁欲，也不是不要在生产和劳动生产率不断增长的基础上不断地提高人民的物质文化生活水平。为了说明这一点，需要把我们这里所说的节约型消费模式的"节约"含义与日常生活

---

① 《马克思恩格斯全集》第 46 卷上册，第 120 页。
② 《马克思恩格斯全集》第 46 卷下册，第 225 页。

中所说的"节约"含义区分开来。前一种"节约"是指的为了满足一定的消费，要求用较少的消费资料。后一种"节约"除了包含这一重含义以外，还有第二重含义，即节省生活费的支出，使得生活水平低一些。所以，只要把前一种"节约"的含义与后一种"节约"的第二重含义区分开来，那么提倡建设和发展节约型的消费模式同提高人民生活的要求就不是矛盾的。我们依据前一种"节约"的含义，也完全有理由说，要求建设和发展节约型的消费模式，是为了充分有效地、较快地提高劳动者的物质文化生活水平和全面地发展劳动者的体力和智力。